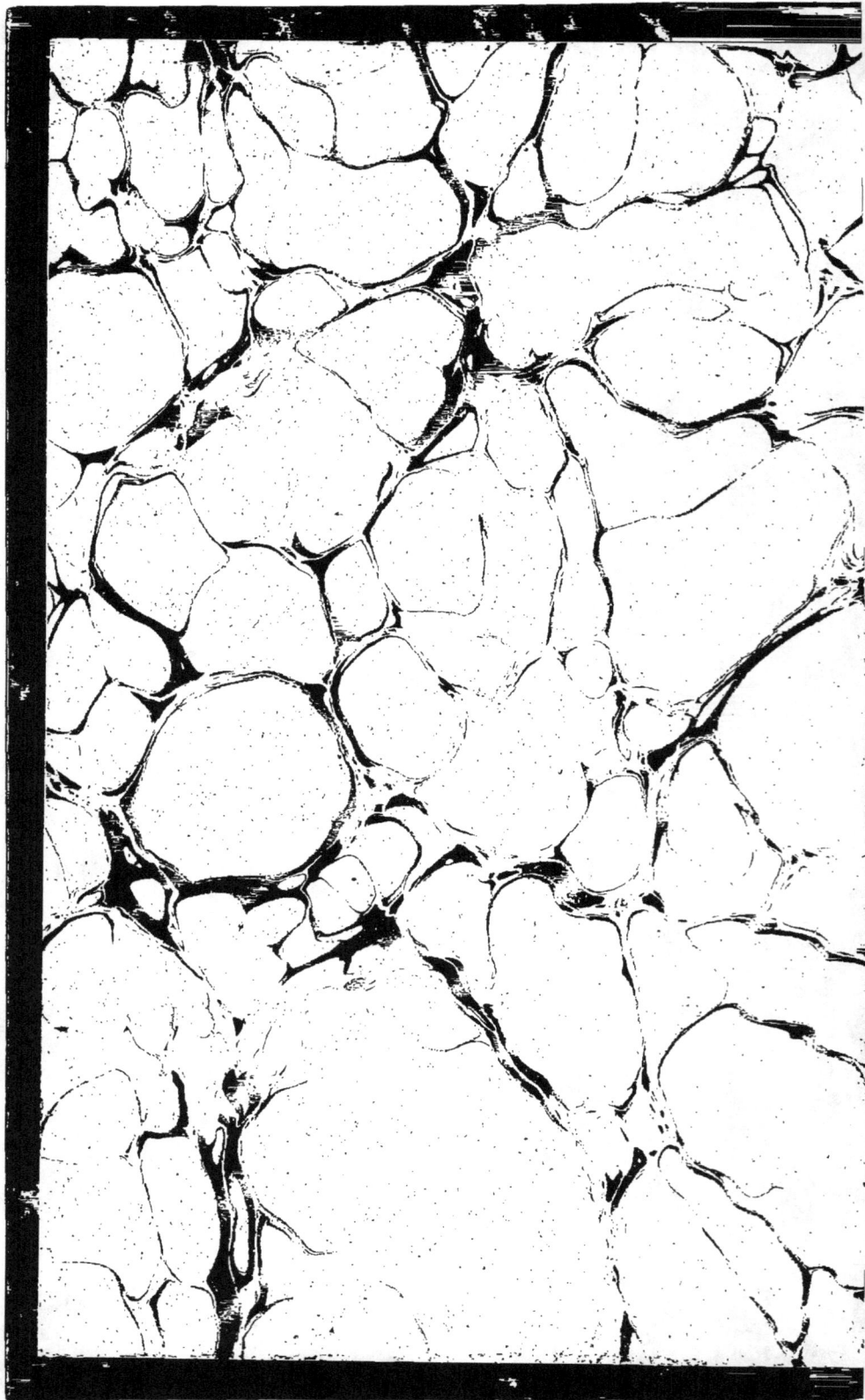

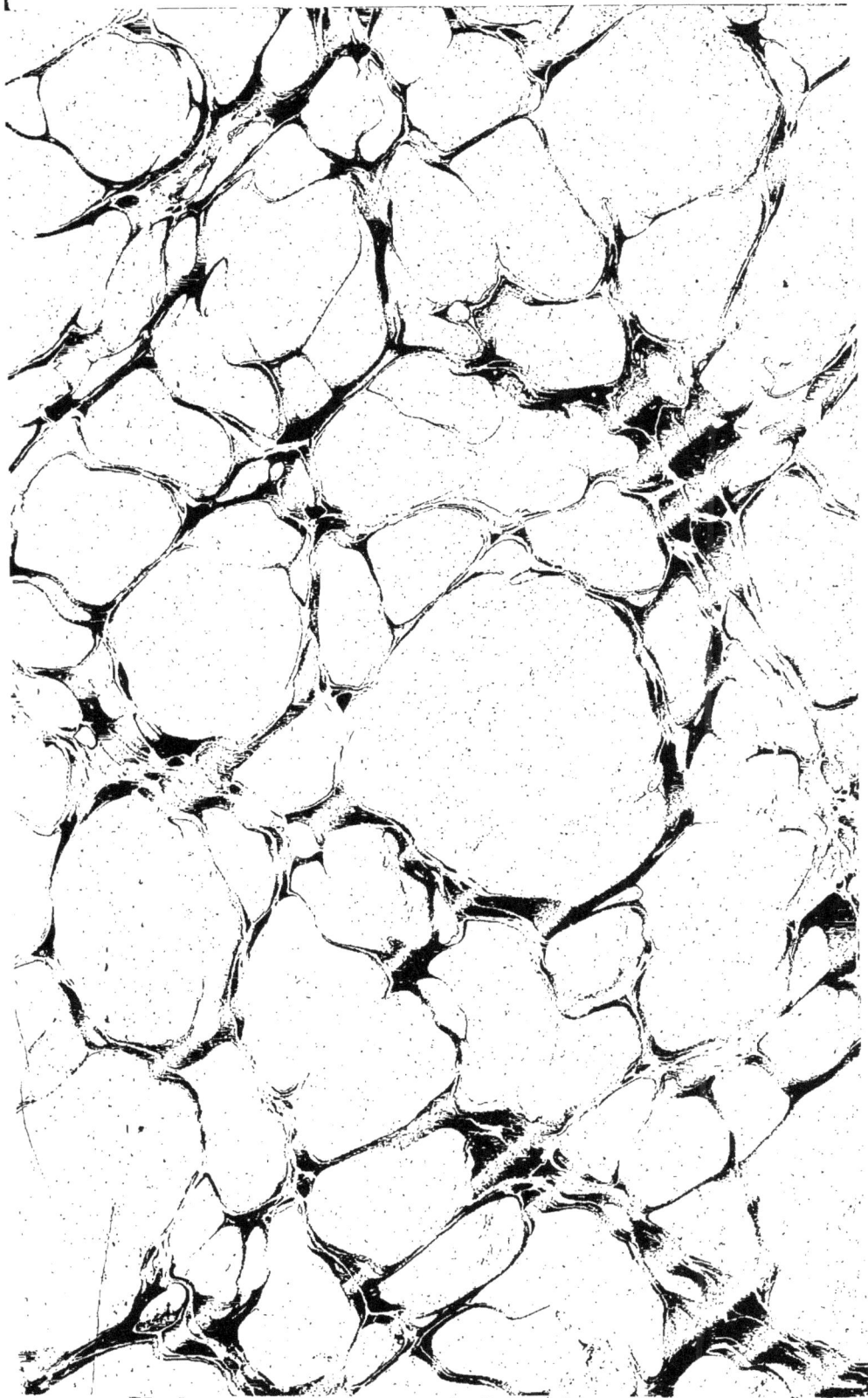

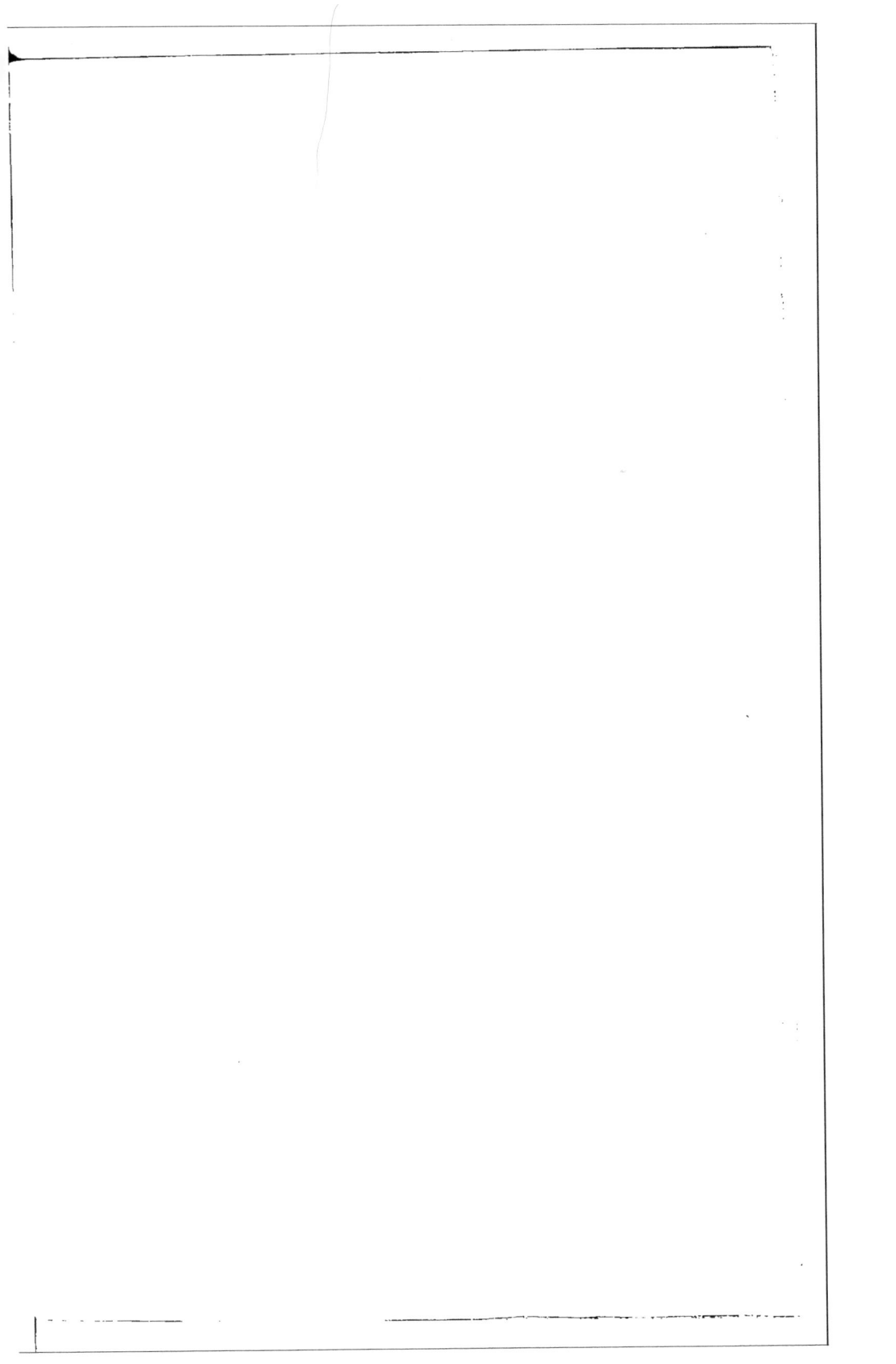

DE L'ALIÉNATION

ET DE LA PRESCRIPTION

DES BIENS DE L'ÉTAT,

DES DÉPARTEMENTS,

DES COMMUNES ET DES ÉTABLISSEMENTS PUBLICS

DANS LE DROIT ANCIEN ET MODERNE,

PAR

ARTHUR DESJARDINS,

DOCTEUR ÈS-LETTRES, DOCTEUR EN DROIT,
SUBSTITUT DU PROCUREUR IMPÉRIAL A TOULON.

PARIS,

AUGUSTE DURAND, LIBRAIRE,

RUE DES GRÈS, 7.

1862.

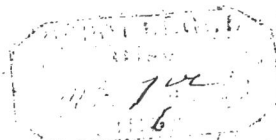

A M. BENOIT-CHAMPY,

Président du Tribunal de la Seine.

HOMMAGE DE RESPECTUEUX DÉVOUEMENT.

C.

DE L'ALIÉNATION

ET DE LA PRESCRIPTION

DES BIENS DE L'ÉTAT,

DES DÉPARTEMENTS,

DES COMMUNES ET DES ÉTABLISSEMENTS PUBLICS

DANS LE DROIT ANCIEN ET MODERNE,

PAR

ARTHUR DESJARDINS,

DOCTEUR ÈS-LETTRES, DOCTEUR EN DROIT,
SUBSTITUT DU PROCUREUR IMPÉRIAL A TOULON.

———

PARIS,

AUGUSTE DURAND, LIBRAIRE,

RUE DES GRÈS, 7.

1862.

PRÉFACE.

Le germe de cet ouvrage est dans un mémoire couronné par la Faculté de droit de Paris, le 9 août 1858. M. Batbie, professeur suppléant, dans son rapport sur le concours de doctorat de 1857, appréciait ainsi ce mémoire :

Ce n'est qu'après une longue hésitation que la Faculté a donné la première médaille d'or à M. Bérard des Glajeux et la seconde à M. Desjardins. Si je dévoile le secret de nos délibérations, ce n'est pas pour diminuer le succès du premier lauréat, mais pour faire justement apprécier le mérite du second. La Faculté m'a chargé de dire qu'elle avait été incertaine, parce qu'il lui a paru conforme à la vérité de rapprocher, autant que possible, les deux couronnes.

Le mémoire de M. Desjardins est une œuvre d'érudition remarquable, et il y a vraiment lieu de s'étonner que, dans l'espace de huit mois, il ait trouvé assez de temps pour remuer une aussi grande quantité de matériaux. Cette surprise augmente, lorsqu'on se rappelle que M. Desjardins partage son temps entre le droit et les lettres et qu'il est aussi estimé à la Sorbonne que parmi nous. Loin d'être effrayé pour les proportions de la matière, il a cherché à l'étendre. Non-seulement il a joint à la question, comme les autres concurrents, le droit romain dont le texte du programme les dispensait, mais encore la comparaison de notre droit avec les législations étrangères. Il a consacré, en terminant, un chapitre intéressant

A

au domaine de l'Etat international et aux modes d'aliénation du droit des gens; c'est le seul qui ait eu la pensée d'annexer au sujet le droit comparé et l'examen des rapports internationaux.

Mais cette généreuse ardeur qui l'a quelquefois bien inspiré, lui a été aussi funeste. D'abord il s'est laissé entraîner par elle sans s'apercevoir que le temps fuyait, et il est arrivé au dernier moment, n'ayant pu revoir son travail, en retrancher les développements exubérants ni suffisamment concentrer son style. Dans plusieurs passages, le lecteur pourrait se croire en présence de simples notes et de matériaux amenés seulement à pied d'œuvre.

Plus d'une fois, l'auteur a traité des matières qui n'avaient avec son sujet qu'un rapport éloigné. Je citerai, par exemple, le chapitre intitulé : « *Jusqu'à quel point l'augmentation de la dette flottante est-elle une aliénation de la part de l'Etat ?* » Et celui où il a exposé « *les règles de comptabilité en matière d'aliénation de biens domaniaux et communaux.* » Ces questions ne dépendaient pas évidemment de la question proposée, et quelque effort que fasse l'auteur pour montrer la liaison, on voit que lui-même sent combien sont artificiels les rapports qu'il cherche à établir.

Cette hardiesse s'est quelquefois changée en témérité ; et lorsqu'il lui était facile de les éviter, M. Desjardins semble avoir pris plaisir à se jouer au milieu des écueils. Est-il, par exemple, une question de législation plus difficile que celle de la *décentralisation administrative ?* M. Desjardins a eu le tort de parler vaguement de libertés provinciales et communales, sans dire en quoi elles doivent consister dans une société bien organisée et de prendre des mots pour une solution.

La partie du mémoire qui est consacrée au droit intermédiaire est surtout défectueuse. Ce n'est pas qu'en ce point M. Desjardins ait été inférieur à lui-même pour le travail et l'érudition. Il s'est, au contraire, plongé avec une intrépidité nouvelle dans le chaos des lois révolutionnaires, et il a fait l'analyse de toutes celles qui étaient relatives aux matières domaniales ; mais il n'a pas fait jaillir la lumière au milieu de ces ténèbres, et son exposition, faite suivant l'usage chronologique, manque de cet ordre lumineux auquel on n'arrive que par la pleine possession du sujet. On dirait, en lisant cette partie du mémoire, que l'auteur écrit à mesure qu'il étudie et sans avoir commencé par acquérir cette intelligence de l'ensemble qui est la condition *sine qua non* de l'unité et de la clarté.

Malgré ces grands défauts, le mémoire de M. Desjardins a été jugé digne du premier rang par plusieurs membres de la Faculté. Ceux qui ont partagé cet avis ont été frappés de la sagacité avec laquelle le concurrent a fouillé ce long développement de lois et d'ordonnances, de la fécondité de ses recherches et de l'ardeur de son esprit. Ils ont mis les imperfections sur le compte du temps, ne doutant pas que M. Desjardins ne les eût fait disparaître, s'il avait pu revoir son travail.

Que la Faculté de droit de Paris me permette de la remercier ici de l'extrême bienveillance avec laquelle elle a apprécié ce premier essai de ma jeunesse.

Je n'avais pas eu le temps de perfectionner, en 1857, ce mémoire, interrompu d'ailleurs par d'autres travaux. Je l'avais écrit avec précipitation, me demandant à chaque page si j'aurais terminé mon œuvre à l'époque fixée; je ne pus pas même relire, alors, les quatre cents dernières pages de mon manuscrit.

Quand je repris en main ce travail, après plus de deux ans, je crus pouvoir, en remaniant les trois premiers livres (sur le droit romain, le droit ecclésiastique et l'ancien droit français), les livrer aux risques de la publicité. Le reste me parut illisible : je fus frappé de la mollesse du style, du vague de certaines idées, de l'incohérence de certains développements et du désordre général de l'ouvrage. Comme le public ne s'informe pas de l'âge des publicistes et n'est pas obligé de mesurer son indulgence à leur jeunesse, je refis complètement cette seconde partie. Le livre qui traite du droit actuel, par exemple, c'est-à-dire le plus pratique de tous, n'offre pas la moindre trace de l'œuvre primitive.

J'ai supprimé les aperçus de droit comparé, comme trop incomplets. J'ai analysé plusieurs lois et plusieurs décrets des années 1860 et 1861 : c'était le seul moyen de mettre au courant de la législation tout le dernier livre, particulièrement les chapitres sur les biens des communes et sur l'Algérie. Enfin j'ai fait précéder cet ouvrage de quelques considérations théoriques, suivant en ce point, *si parva licet componere magnis*, l'exemple d'un de nos plus illustres jurisconsultes.

L'éminent magistrat qui préside avec une supériorité de talent si incontestée le tribunal de première instance de la Seine a bien voulu accepter la dédicace de ce premier essai. C'est à la fois la plus douce récompense de mon travail et le meilleur gage de succès pour mon livre.

Beauvais, 14 août 1861.

INTRODUCTION.

La vie politique de l'Etat est réglée par des traités à l'extérieur, par des lois à l'intérieur ; mais l'Etat exerce, en devenant propriétaire, les droits d'un particulier et vit encore, pour ainsi dire, de la vie individuelle.

Une réflexion s'offre aussitôt à l'esprit : l'Etat s'il peut être propriétaire, le doit-il être nécessairement? Cette qualité n'est pas essentielle à l'Etat : on peut même imaginer une loi qui lui défende de posséder à ce titre une seule parcelle du sol national. Quelque bizarrerie qu'il y ait à le supposer forcé de louer à des particuliers une salle des séances pour son corps législatif et un palais pour le principal représentant de la puissance exécutive, cette hypothèse n'a rien d'absolument inconcevable. Il peut être strictement réduit à son rôle naturel, c'est-à-dire au maintien de la sécurité publique, premier mobile et but indispensable de l'association. Ces principes absolus fléchiront, il est vrai, dans la pratique, parce qu'il est à peu près impossible de circonscrire l'action de l'Etat avec une aussi parfaite précision. Mais nous nous plaçons en ce moment dans la sphère de la théorie pure.

Il est impossible d'admettre l'hypothèse absolument contraire, c'est-à-dire d'ériger l'Etat en propriétaire à l'exclusion des particuliers. Le droit de propriété, nous venons de le dire, et par conséquent les actes de la vie civile qui naissent à sa suite sont des *accidents* dans la vie de l'Etat : l'Etat n'existe pas pour être propriétaire; il serait donc étrange qu'il attirât à lui, par l'anéantissement de la propriété individuelle, le plus précieux des droits civils. La société tout entière, d'autre part, repose sur le droit de propriété privée. Ceux qui l'ont nié ont nié l'évidence, la nature, la loi même de l'humanité. Le plébiscite qui prétendrait supprimer la propriété individuelle devrait d'abord supprimer le travail. La plus insensée tyrannie ne peut pas empêcher le sauvage de s'approprier la branche qu'il a courbée pour en faire une arme, le laboureur, le roc aride qu'il a fécondé : l'homme a su, par le travail, imprimer à ces objets le sceau puissant de sa personnalité. L'absorption de la propriété individuelle dans le droit collectif d'un être idéal troublerait donc l'harmonie des rapports qui dérivent de la nature même des choses.

L'Etat est un être de raison représentant des intérêts généraux; mais cet être de raison ne saurait supplanter l'individu sans une étrange interversion des rapports qui dérivent de la nature des choses. L'individu agit et pense par lui-même : mais cette intelligence et cette activité ne sont pas des facultés d'emprunt : il les a directement reçues de Dieu, qui l'a fait libre et perfectible. C'est lui qui, poussé par un souffle divin, détermine à certaines époques un progrès dans la condition morale ou matérielle de l'humanité. Qu'on parcoure les siècles ; ce n'est pas l'action de l'Etat qui fait les sages, les saints, les savants, les politiques, les écrivains, les Socrate, les Vincent-de-Paule, les Aristote, les William Pitt, les Bossuet. Ce n'est pas même l'Etat qui versait la richesse dans les maisons de ces commerçants de Bruges, dont les femmes inspiraient une si vive jalousie à la reine de France. Si donc l'Etat venait dire : je suis la source de toute richesse, de toute sagesse, de toute sainteté, de toute science, il mentirait ou se tromperait. Si l'Etat voulait intervenir à tous les instants de la production agricole, industrielle ou morale, il risquerait d'arrêter tôt ou tard ce triple élan de l'activité humaine en y substituant l'activité factice d'un être anonyme.

Cette réflexion s'applique au droit de propriété. Telle est la différence entre la personne fictive et la personne réelle, qu'on ne saurait asseoir, pour l'Etat et l'individu, le droit de propriété sur le même fondement. Le droit de propriété repose sur le travail : mais il n'en peut pas être ainsi pour une abstraction. Dès-lors il faut chercher une autre base et l'on n'en saurait trouver qu'une : la convention. Les droits *essentiels* à l'Etat ne sortent pas de la convention, puisque l'Etat n'est pas une invention des hommes : mais les droits accidentels, que l'Etat peut perdre sans cesser d'être lui-même, n'ont pas d'autre origine. Les citoyens se sont dit qu'il pouvait être conforme à l'intérêt général de laisser quelques propriétés foncières à la disposition de l'Etat ; l'Etat est devenu propriétaire foncier, et son droit, dont la source est si différente, a été consacré par la loi positive comme celui de l'individu. Les sophistes qui prétendent absorber la propriété individuelle dans la propriété collective veulent donc absorber la propriété de droit naturel dans la propriété de droit civil. Mais ce droit que la convention a conféré, la convention peut assurément, dans l'application, l'étendre ou le restreindre.

Envisageons successivement à ce point de vue la législation domaniale dans ses rapports avec les espèces de gouvernement, avec la nature du climat, avec la nature du terrain, avec l'esprit général et les mœurs d'une nation, avec le commerce, avec l'agriculture, avec l'ensemble des lois fiscales.

L'examen des sociétés despotiques offre à l'esprit du publiciste un singulier phénomène. La qualité de propriétaire n'est pas essentielle à l'Etat, et cependant l'Etat, dans tous les pays, a toujours été propriétaire; la loi même de l'humanité repousse l'*omnipropriété* de l'Etat, et cependant certaines législations ont paru la consacrer. On lit dans une loi de Moïse : « La terre m'appar-« tient, dit le Seigneur, et je ne fais que te la prêter. » La dîme, dans ce système, revient à Jéhovah, seul détenteur légitime, comme une sorte de charge annuelle, qu'une clause spéciale impose au donataire. Ce que l'individu possède, il le posséderait par grâce, en vertu d'un contrat à titre gratuit, essentiellement et perpétuellement révocable. De pareils Etats, s'il en existe encore, ressemblent à ces momies d'un autre âge, qui se sont conservées jusqu'à nous, immobiles dans la nuit des pyramides. Mais si le gouvernement despotique veut bien lui-même consulter son propre intérêt, il n'a pas besoin de concentrer aux mains de l'Etat une grande masse de propriétés immobilières. Serait-ce dans l'inté rêt du prince? On sait l'antique coutume de la monarchie française de réclamer sans paiement, d'un bout à l'autre du pays, ce qui pouvait être nécessaire *pour le service du roi.* C'était pourtant, entre les gouvernements despotiques, un des moins déraisonnables et des plus tempérés. Mais cet empire absolu sur la fortune publique, ce pouvoir illimité de grossir le chiffre des recettes par de nouveaux impôts, suffit et convient mieux au prince. Le despote lui-même a besoin d'être garanti contre l'abus de sa propre puissance : il dissipera trop facilement un vaste domaine, convoité par ses favoris. Il lui sera moins aisé de tarir les autres sources de la fortune publique; à moins d'être pris du vertige, il ne se dessaisira pas des impôts au profit de quelques courtisans. Quant aux sujets, ils n'ont pas d'intérêt déterminable à voir soustraire une grande quantité d'immeubles à l'appropriation privée. Ce n'est pas même un moyen de leur épargner les confiscations : le despote qui confisque ne se soucie pas ordinairement d'accroître le patrimoine de l'Etat : la loi spoliatrice n'est entre ses mains qu'un instrument de vengeance ou de haine, et le seul moyen d'en supprimer l'effet, c'est d'en supprimer la cause en étouffant le despotisme.

La grande concentration des immeubles aux mains de l'Etat s'explique moins encore sous un régime monarchique. Ecartons d'abord la personne du prince, à qui la nation fait une liste civile, et donne en même temps quelques parcs, quelques jardins, quelques châteaux, « possessions universellement considérées comme objets « de dépense et non comme sources de revenu (1). »

(1) Adam Smith.

La constitution d'un grand patrimoine au profit de l'Etat ne le regarde pas. L'Etat n'a pas plus d'intérêt à se constituer ce grand patrimoine. C'est, dira-t-on peut-être, un moyen d'alléger les impôts. Mais a-t-on réfléchi mûrement à l'organisation des peuples modernes, a-t-on pesé le chiffre de leurs budgets ? Le revenu de trois milliards d'immeubles, possédés par l'Etat, en France, ne dépasserait guère le quart du produit de l'impôt sur le tabac ! Ajoutons qu'une propriété foncière, possédée par un être abstrait et multiple comme l'Etat, ne peut guère prospérer. Le propriétaire n'est aiguillonné ni par un besoin personnel, ni par l'amour du gain, ni par l'insatiable désir de transmettre un meilleur patrimoine à sa descendance. La fraude est à craindre, parce qu'elle est facile et que bien des gens volent l'Etat sans grand scrupule ; la fraude est moins à craindre que l'indifférence et l'inertie. Le même travail, moins bien exécuté que par le père de famille, sera payé deux fois plus cher par l'Etat. Les terres du domaine de la couronne de la Grande-Bretagne, disait Adam Smith, ne rapportent pas actuellement le quart de la rente qu'on pourrait probablement leur faire rendre, si elles étaient en propriétés particulières : si les terres de la couronne étaient plus étendues, elles seraient encore plus mal régies.

Ces arguments se reproduisent avec plus de force sous un régime républicain. Ce régime, qui favorise ordinairement la liberté politique, contribue singulièrement au développement de l'activité individuelle. Or il existe une incompatibilité manifeste entre l'expansion de cette toute-puissante initiative et la constitution d'un système domanial qui lui disputerait sur une grande échelle, le plus

productif et le plus universel de ses instruments, la terre.
Les faits ont consacré ce principe. L'Etat est grand propriétaire dans la république romaine et les lois agraires
soulèvent d'interminables dissensions ; il l'est encore dans
la république américaine, mais pour aliéner sans réserve
et sans restriction : perturbation politique et sociale d'un
côté ; de l'autre, renonciation spontanée à la grande propriété. La concentration de vastes domaines aux mains
de l'Etat devient donc une anomalie choquante dans un
gouvernement républicain. Ces idées si simples furent
cependant méconnues en France, dans ces jours de trouble qui suivirent la chute de la monarchie constitutionnelle : une école d'insensés utopistes prétendit rattacher
au nouveau développement de la forme républicaine un
système qui supprimait la pensée individuelle, la production individuelle, la liberté individuelle, la propriété
individuelle pour ériger l'Etat en seul maître, en seul
producteur, en dispensateur unique de la richesse et de
la pensée. C'est ainsi que de nos jours une dangereuse
théorie pousse encore à l'accroissement indéfini des
droits de mutation qui ralentissent et découragent déjà
la production agricole, comme si l'Etat venait ressaisir et revendiquer une partie de son domaine aliéné.
M. de Montesquiou s'exprimait, en 1808, d'une façon bien autrement saine et logique, lorsqu'il disait :
« Les biens que nous possédons n'appartiennent pas
« à l'Etat ; mais nous devons une portion de leur re-
« venu pour nous assurer la jouissance du reste. »
Dans la théorie contraire, l'Etat étend la main sur une
portion du capital social ; et l'Etat n'a pas le droit d'u-
surper une portion de ce capital, soit indirectement
par l'exagération de l'impôt foncier, soit directement

par la possession non justifiée (1) de grandes richesses immobilières.

Mais les lois changent avec les climats. Montesquieu rapporte au quatorzième livre de l'*Esprit des lois* que la législation des Indes conférait au prince des droits très-étendus sur la propriété foncière. Un pareil système devait, en effet, se réfugier dans ces pays de l'Orient, où l'indépendance personnelle et la dignité même de l'homme paraissent à jamais effacés du cœur humain. Mais les publicistes sont unanimes à proclamer « que « les mauvais législateurs sont ceux qui ont favorisé les « vices du climat, et les bons, ceux qui s'y sont oppo- « sés (2). » Montesquieu lui-même s'attache à démon- trer les vices de cette législation des Indes qui, ôtant aux particuliers l'esprit de propriété, augmente le mauvais effet du climat, c'est-à-dire, la paresse natu- relle. Il oppose à cette loi funeste une coutume du peuple chinois : « Les relations de la Chine, dit-il, « nous parlent de la cérémonie d'ouvrir les terres, que « l'empereur fait tous les ans. On a voulu exciter les peu- « ples au labourage par cet acte public et solennel. De « plus, l'empereur est informé chaque année du labou- « reur qui s'est le plus distingué ; il le fait mandarin du « huitième ordre... Ces institutions sont admirables pour « encourager l'agriculture. » Si donc la tache du légis- lateur est de ranimer ces peuples bâtards contre leur engourdissement séculaire, il renierait sa tâche en ac- cumulant les propriétés sur une seule tête, c'est-à-

_____

(1) Cf. nos considérations sur les forêts de l'État.
(2) V. *Esprit des Lois*. Livre xiv, chapitre v.

dire, en cimentant le pacte d'esclavage par l'affaiblissement de la propriété individuelle au profit de l'Etat.

Mais faut-il appliquer indistinctement ces principes
à toute espèce de terrains, féconds ou stériles, boisés
ou non boisés ? Il est d'abord incontestable que l'Etat,
propriétaire de terres vaines et vagues, de marais
inféconds, risque fort, s'il veut les vendre, de ne pas
trouver d'acquéreurs. L'Etat fera donc bien, pour ces
sortes de terrains, d'attendre une occasion d'aliéner,
peut-être de recourir à certains procédés d'amodiation
qu'il diversifiera suivant les circonstances. Il devra, bien
entendu, laisser à l'action individuelle, en pareille matière, toute la liberté compatible avec les nécessités
de l'agriculture et l'intérêt du pays. Mais il est une
autre espèce de terrains qui doit attirer toute notre
attention. Il peut être utile à l'Etat de garder une
assez vaste étendue de forêts en sa possession, parce
que la conservation des forêts est une question d'intérêt
public.

Les Alpes, les Cévennes et les Pyrénées sont dévas-
tées par les torrents; les Landes envahies par les sables;
les propriétés riveraines du Rhône et de la Loire dé-
solées, quelquefois emportées par des inondations; la
Sologne et la Bresse vouées aux fièvres endémiques et
à la stérilité; les récoltes de la Provence brûlées par
le mistral : la science explique tous ces faits par le déboisement. D'énormes amas de terre végétale s'accumu-
lent à l'embouchure des cours d'eau qui traversent les
pays déboisés : nul obstacle, dans ces contrées, n'arrête
l'évaporation des eaux; nul obstacle ne protège nos départements maritimes contre la violence des vents
d'Ouest ; la Provence, contre les ravages du mistral.

M. de Humbolt visitait la vallée d'Aragua, dans l'Amérique du Sud : les habitants lui parlèrent de l'abaissement des eaux du lac et du dessèchement graduel de la contrée depuis trente ans. M. de Humbolt, après avoir examiné les lieux, attribua sans hésiter cette sècheresse aux nombreux défrichements opérés depuis un demi-siècle :
« En abattant les arbres qui couvrent la cime et le flanc
« des montagnes, a-t-il dit, les hommes, sous tous les
« climats, préparent aux générations deux calamités à
« la fois : un manque de combustible et une disette
« d'eau. » Les défrichements cessèrent, et vingt ans plus tard les eaux du lac avaient pris un mouvement ascensionnel ; la sècheresse avait disparu. La Dalmatie, avant de tomber au pouvoir des Vénitiens, avait deux millions d'habitants et des vallées d'une fertilité merveilleuse ; les Vénitiens déboisèrent le pays pour les besoins de leur marine : cette province n'a plus que 200,000 habitants et peut à peine les nourrir.

Les stratégistes s'accordent à reconnaître que les forêts, comme les fleuves et les montagnes, forment un puissant obstacle à l'invasion du territoire. Il suffit d'ouvrir les *Commentaires de César* pour comprendre quelles entraves naturelles la profondeur des forêts de la Gaule créait aux opérations des légions romaines. L'Assemblée législative avait, le 7 avril 1851, voté une loi qui affranchissait de toute surveillance militaire les chemins de grande et petite vicinalité, dans l'étendue de la zone frontière : mais elle laissait au pouvoir exécutif le soin de déterminer, sous le nom de polygones, les portions de territoire que la surveillance devait encore atteindre.
« Ces polygones ont été réduits au strict nécessaire ;
« néanmoins ils comprennent encore tous les grands

« obstacles naturels, fleuves, *forêts,* massifs de mon-
« tagnes (1). »

La conservation des forêts est indispensable à toute
puissance maritime. Les besoins annuels de notre marine militaire étaient évalués à 30,000 stères par
M. Lainé, par les commissaires de la marine en 1840 à
34,000 stères, par le directeur-général des forêts en 1845
à 40,000 stères, par M. Estancelin, dans ses études sur
l'état actuel de la marine, à 63,795 stères. Le chiffre
de 40,000 mètres cubes, récemment indiqué par
M. Clavé (2), paraît bien faible, quand on songe à l'accroissement de notre marine militaire (3). Les forêts de
l'Etat fournissent en charpente de toutes essences un
produit moyen de 360,500 mètres cubes : mais, s'il faut
en croire M. Clavé, c'est à peine si le sol domanial forestier peut fournir actuellement 10,000 mètres cubes
équarris de bois propres aux grandes constructions navales, et c'est bien peu. La détention de grandes forêts
aux mains de l'Etat se justifie donc par le besoin d'appro-
visionner la marine. A l'époque où nous écrivons, les
armements qui ont eu lieu dans toute l'Europe ont épuisé
les chantiers. Chaque peuple tient naturellement à renouveler ses approvisionnements, et certains bois de
marine ont atteint un prix exorbitant. Cette question
préoccupe spécialement le gouvernement français, et la
solution serait peut-être plus facile et plus simple si

(1) Rapport du ministre de la guerre (16 août 1853).

(2) *Revue des Deux-Mondes* : livraison du 15 mai 1861.

(3) M. Clavé raisonne d'ailleurs sans tenir compte des immenses modifications apportées depuis 1846 au système des constructions navales.

l'État avait gardé sous la main une plus grande masse de terrains boisés.

L'industrie n'est pas moins intéressée à la conservation des forêts. L'entretien annuel de notre marine marchande exige 60,000 mètres cubes de chêne, non compris les bois résineux. L'industrie métallurgique consomme annuellement chez nous dix millions de stères. On a calculé que la construction des chemins de fer français devait absorber, pour la voie seulement, 1,800,000 mètres cubes de bois équarris, leur entretien annuel 180,000 mètres cubes. Enfin les constructions civiles absorbent annuellement plus de 1,600,000 mètres cubes, seulement pour la charpente. Ces chiffres font concevoir quelle perturbation profonde un déboisement téméraire pourrait jeter dans les habitudes du pays.

C'est, dit-on quelquefois, la loi d'une contrée civilisée que les forêts disparaissent pour laisser la place aux céréales : on invoque ainsi les intérêts de l'agriculture contre le maintien des grands terrains boisés. Mais chaque hectare de sol français produit, en froment, huit ou neuf hectolitres de moins qu'une même parcelle du sol britannique. On l'a répété mille fois : il faut travailler à l'amélioration plutôt qu'à l'extension de la culture. Enfin la science démontre que dans plusieurs régions, par exemple dans les Ardennes, le Morvan, l'Alsace, les intérêts de l'agriculture sont unis à ceux de la sylviculture par des liens indissolubles.

Or, entre ces deux moyens d'arrêter le déboisement, laisser aux mains de l'État une grande masse de forêts, imposer d'innombrables restrictions à la propriété privée, le premier nous semble préférable. D'une part, en effet, les propriétaires de bois ont souvent un grand intérêt à défricher, et le législateur doit s'efforcer de prévenir tout prétexte de lutte entre l'intérêt public et l'intérêt privé; d'autre part, il est prouvé qu'en dépit des restrictions, l'intérêt privé, de notre temps, a détruit une très-grande quantité de forêts : en moins d'un demi-siècle toutes les vieilles futaies que d'aveugles aliénations lui avaient livrées ont disparu du sol. Malgré tous les efforts du gouvernement, le territoire boisé de la France a prodigieusement diminué depuis 1850, et cette diminution n'a porté que sur la propriété privée. Dieu nous garde pourtant d'absorber dans le droit exclusif de l'Etat la propriété forestière ! Tous ces raisonnements doivent se combiner avec les tempéraments infinis que l'expérience des nécessités pratiques suggère au législateur.

Mais les lois varient avec l'esprit général et les mœurs des différentes nations. La législation domaniale doit-elle être absolument la même pour un peuple dans l'enfance et pour un peuple civilisé, pour un peuple conquérant et pour un peuple pacifique? Si nous supposons d'abord une nation qui n'occupe qu'un point imperceptible du territoire, comme la république du Val d'Andorre ou la fabuleuse cité de Numa Pompilius, l'Etat ressemble à la commune, et rien n'est plus naturel que d'y réserver des prés ou des champs communs pour faire paître les bestiaux. Si nous supposons encore un gouvernement primitif où l'unique dépense du prince consiste dans l'entretien de sa maison, où son intendant soit le ministre des finances publiques, où les concierges des châteaux royaux soient les seuls gouverneurs du royaume, où le grand-connétable n'ait à s'occuper que des écuries, on conçoit aisément que l'Etat ou, pour

B

mieux parler, le prince détienne un vaste domaine à peu près suffisant, selon toute vraisemblance, à payer toutes les dépenses du gouvernement. Mais cet âge primitif est si loin de nous qu'il faut bien raisonner sur un autre type. Une grande république fédérative s'est élevée dans le Nouveau-Monde. D'immenses terrains s'offraient au travail de l'homme : les plus ardentes convoitises ne suffisaient pas à embrasser et à fertiliser ces régions inexplorées. Le gouvernement fédéral est propriétaire d'une vaste étendue de terres qui forment le domaine de l'Union, et ne pouvait pas manquer de l'être. Mais ce domaine, essentiellement aliénable, devra nécessairement disparaître avec les progrès du défrichement et de la population. La vente des terres domaniales, en 1852, n'avait produit que 2,043,240 dollars (1), en 1853, que 1,667,085 dollars. Grâce au prodigieux mouvement d'immigration européenne qui vint surprendre alors l'Amérique, ce chiffre monte, en 1854, à 8,470,798 dollars, en 1855, à 11,497,049 dollars, en 1856, à 8,917,645 dollars, puis s'abaisse, en 1857, à 3,829,487 dollars, en 1858, à 3,513,685 dollars, quand cette cause accidentelle a disparu. Mais le domaine de l'Union s'amoindrit tous les jours.

Un ensemble de grandes causes amène une diminution semblable dans tous les pays civilisés. Le revenu des domaines atteint à peine trois millions de florins en Autriche (2), deux millions de rixdalers en Danemark,

---

(1) Le dollar vaut 5 fr. 30 c.

(2) Le florin d'Autriche vaut 2 fr. 55 c., le rixdaler de Danemark 5 fr. 66 c., la livre sterling 25 fr., la piastre turque 0 fr. 22 c., le thaler prussien 3 fr. 70 c.

deux cent soixante-dix mille livres sterling en Angleterre, sept cent mille piastres en Valachie, quarante mille francs en Suisse. Ce chiffre est plus élevé, sans être encore bien considérable, dans le royaume de Prusse où il monte presque à dix millions de thalers; il n'atteint de bien sérieuses proportions que dans un seul pays, plutôt en travail de civilisation qu'en pleine possession de la civilisation même, je veux parler de la Russie, où le produit annuel des domaines peut être évalué à cent cinquante millions de francs. Mais si nous arrivons à l'Empire français, nous trouvons à peine un débris de ce vaste domaine immobilier qu'ont possédé nos anciens rois. L'Etat, il est vrai, veille avec une sollicitude infatigable sur ses forêts, qui comprennent une superficie de 1,170,000 hectares et rapportent environ vingt-cinq millions au trésor. Mais que lui reste-t-il en dehors des terrains boisés? A peine quelques marais, quelques dunes, quelques fonds de terre devenus disponibles après l'abandon d'une ancienne route; le produit des domaines proprement dits ne monte pas à cinq cent mille francs.

Cependant on peut concevoir qu'une nation civilisée, lorsqu'elle est en même temps conquérante, se trouve tout-à-coup propriétaire de vastes domaines. Ce n'est pas que sa victoire lui donne le droit d'anéantir la propriété privée chez le peuple conquis. On disait sans doute au dix-septième siècle : « Pour ce qui est des « sauvages de l'Amérique, ce n'est pas tant une guerre « qu'une chasse, et on ne les considère guère que « comme des bêtes qu'on est obligé de tuer pour n'être « point offensé, et dont on se sert quand on peut les

« apprivoiser (1). » Le droit public moderne repousse avec horreur de semblables maximes et n'admet pas plus la confiscation que la servitude. Mais les peuples que l'on conquiert sont encore dans l'enfance ou se sont acheminés vers la vieillesse, ou parfois n'ont fait que vieillir dans une longue enfance. Dans la première et la dernière hypothèse, la nation conquérante peut mettre la main sur de vastes domaines possédés de toute antiquité par une race royale ou sur de grandes masses de forêts qui échappaient à l'appropriation privée. C'est ainsi que l'Etat a subitement, par la conquête française, acquis en Algérie une grande étendue de terrains et plus de douze cent mille hectares de forêts. L'économie politique, en pareille circonstance, commande à l'Etat de réserver les forêts et d'abandonner le reste à l'appropriation privée, mais après un examen sérieux des divers procédés d'aliénation, de manière à réveiller l'instinct de la propriété, à ranimer l'amour de l'agriculture et à féconder le sol conquis.

Concentrer les immeubles aux mains de l'Etat, partant les soustraire à l'appropriation privée et à la circulation, c'est encore heurter les intérêts commerciaux d'un pays. Adam Smith, pour établir cette vérité, commence par démontrer que la propriété foncière se déprécie nécessairement aux mains de l'Etat, puis qu'une législation dont l'effet est d'abaisser le produit de la terre diminue par cela même « le revenu de la masse « du peuple. » Or le revenu du corps entier d'un

---

(1) Claude Fleury. Institution au droit français, publiée par MM. E. Laboulaye et Dareste en 1858.

peuple n'est pas en raison de la rente de la terre, cette portion du produit net qui revient au propriétaire, mais du produit total. En France, par exemple, les économistes s'accordent pour évaluer la rente de la terre au quart de la récolte; c'est en prenant cette base qu'Arthur Young évalue le produit brut territorial de la France à cinq milliards cent soixante-cinq millions, M. Garnier à cinq milliards cinquante-six millions : cette somme est l'équivalent de tous les fruits de toute espèce qui, chaque année, entrent dans la grange du cultivateur et forment le fonds général de subsistance pour tout le peuple. La population française pouvant être évaluée à trente millions d'individus, si l'on divise par ce chiffre le chiffre de cinq milliards cinquante-six millions adopté par M. Garnier, on aura pour chaque tête une valeur de 168 fr. 50 c., qui décroîtra nécessairement avec le chiffre de la production générale. Mais ces produits vont servir à la consommation : l'artisan s'en nourrit, et, remplaçant sa consommation par une quantité correspondante d'ouvrage, reporte ainsi la valeur des substances sur la matière première qu'il a travaillée. On conçoit que le ralentissement se prolongerait indéfiniment à tous les degrés de la production. Adam Smith va plus loin, et dans ce même chapitre où il examine les différentes sources de revenu qui peuvent appartenir à la République, il n'hésite pas à croire que la diminution du produit brut territorial, amenée par la concentration des immeubles aux mains de l'Etat, entraîne nécessairement une diminution correspondante dans la population.

Mais il est clair que l'agriculture même serait la première à souffrir : or il semble qu'un système capable d'affaiblir l'agriculture porte atteinte à la force morale d'une nation. *Omnium rerum ex quibus aliquid adqui-ritur*, disait Cicéron, *nihil agricultura melius*. C'est à l'agriculture, en effet, que Rome dut sa grandeur. Quand Salvien écrivit : *Culturæ vertuntur in silvas*, Rome s'écroulait rongée par tous les vices, minée par le luxe et par la misère.

Tout ce qui peut contribuer à l'affaiblissement de l'agriculture doit faire trembler le législateur moderne. Il semble que la parole de Salvien retentisse à ses oreilles comme une sinistre prophétie. C'est chez nous qu'en Normandie, dans le pays le plus agricole de la France, beaucoup de cultivateurs ont dû naguères (1) appeler à leur aide, pour faire la récolte, les soldats de la garnison voisine. C'est chez nous qu'en dix années le département de la Haute-Saône a perdu trente-cinq mille habitants, le département de l'Isère vingt-huit mille, le département de l'Ariège seize mille, le Finistère, les Côtes-du-Nord et le Morbihan réunis vingt-six mille, le Calvados, la Manche, l'Orne, l'Eure, l'Oise et la Sarthe réunis cinquante-cinq mille, tandis que la population de la Seine s'élevait de quatorze cent mille à dix-sept cent mille âmes : cette population dépasse aujourd'hui deux millions d'habitants.

Si l'on envisage la législation domaniale dans ses rapports avec l'ensemble des lois fiscales, on sentira l'in-convénient qui fut signalé tout d'abord à l'Assemblée constituante. Ces terres échappent à l'impôt foncier ; comme elles ne circulent point, à l'impôt des mutations. Or Adam Smith croit pouvoir affirmer que la rente des

(1) En 1858.

terres d'un pays, réunies aux mains de l'Etat, égalerait à peine le montant des impôts payés par le peuple en temps de paix. Le résultat est clair pour tout le monde: l'Etat ne s'enrichit pas, mais la nation tout entière est appauvrie. Si l'on songe au ralentissement universel de la production qui doit s'ensuivre, on comprendra que le plus sûr effet d'un pareil système est de grever le budget des dépenses en vidant le trésor.

L'histoire a consacré ces leçons de l'économie politique : plus d'un peuple aux abois a cherché son salut dans le sacrifice de son domaine national, et là même où il ne voyait qu'un expédient au jour de péril, il a trouvé plus tard une garantie de richesse et de prospérité. Ce n'est pas sans doute aux armées de la République française qu'a profité la vente des biens nationaux en 1793, alors que le produit immédiat des confiscations était dilapidé par une administration à la fois inepte et coupable, perdu d'avance par l'immense discrédit des assignats : ces ventes n'ont pas empêché les armées révolutionnaires d'être souvent privées de pain, d'armes et de vêtements : mais la diffusion des biens de main-morte a constitué dans notre pays la classe des moyens et des petits propriétaires, dont nous ne prétendons pas examiner ici le rôle politique et social, mais dont le patrimoine incessamment amélioré grossit incessamment, par les charges qu'il supporte, le budget des recettes, et peut être aujourd'hui considéré comme la meilleure ressource du trésor public. Tel sera peut-être le résultat des lois de désamortissement pour l'Espagne contemporaine. On sait que les Cortès ont voté, le 1er avril 1859, un projet de loi qui donne au gouvernement un crédit de deux milliards de réaux (1) pour toute une série de grands travaux à terminer dans un espace de huit années. L'aliénation des biens de main-morte doit faire face à ces dépenses. Quatre lois (1836, 1841, 1855, 1856) avaient commencé l'œuvre; le général O'Donnell l'a reprise et généralisée. Le dernier obstacle a été levé par un règlement avec Rome, qui autorise l'aliénation des propriétés ecclésiastiques au nom de l'Etat. Ces ventes peuvent produire quatre milliards de réaux (2). Mais d'un autre côté, l'Etat s'engage à livrer aux propriétaires dépossédés des titres de rente 3 pour cent, ce qui paraît devoir élever de six milliards de réaux le capital de la dette publique. Il existe, en outre, des biens municipaux appelés *propios*, sur lesquels l'Etat a un droit de 20 pour cent, mais qui sont ordinairement grevés de charges et redevances d'origine diverse. Pour faciliter la vente, on prend le parti de payer les arrérages de ces redevances dus à partir de 1800: de là des fraudes nombreuses, en tout cas d'énormes sacrifices pour l'Etat qui, loin d'avoir à prélever 20 pour cent, sera quelquefois forcé de prendre à sa charge 120 et 130 pour cent. Cependant, si l'opération est bien conduite, ce pays peut légitimement espérer de voir au bout de huit ans des routes créées, des canaux creusés, des chemins de fer en voie d'exécution, une marine militaire restaurée; une ère nouvelle commencerait pour l'Espagne.

Mais il est bon de faire une réflexion générale sur les

---

(1) Le réal espagnol vaut 0.26 c.

(2) M. Hubbard, dans l'*Annuaire international du crédit public*, réduit ce chiffre de moitié.

lois de *désamortissement;* ces lois deviennent facilement tyranniques ou spoliatrices, et les gouvernements doivent craindre de glisser sur une telle pente. On a vu le législateur, dans un accès de fièvre révolutionnaire, dépouiller sans indemnité les communes et les corporations : l'intérêt le commandait peut-être; mais il y a quelque chose au-dessus de l'intérêt, même de l'intérêt public. Aussi, comme les hommes cherchent à colorer de vains prétextes leurs plus grandes iniquités, n'a-t-on pas manqué de sophismes pour expliquer la spoliation dictée par l'intérêt. *Les corps n'ont pas de droits,* disait hardiment Thouret à la Constituante. C'est ici qu'il convient de défendre la propriété communale.

Les économistes contemporains ont attaqué la propriété communale (1). Ils se sont même placés pour l'attaquer sur le terrain le moins favorable, celui de l'histoire. Après avoir proclamé l'inutilité de la propriété communale comme un axiome, ils ont fait remonter le droit des communes à je ne sais quelle concession seigneuriale du dixième siècle; puis, analysant la forme même de l'association communale, ils ont hardiment décidé que dans une commune, « les bourgeois n'é- « taient pas constitués en corps de société de manière « à pouvoir posséder indivisément entre eux un corps « quelconque de propriété foncière (2). »

Le système des économistes n'a guère été combattu chez nous qu'à un point de vue historique et trop exclusivement français. C'est plus haut et plus loin qu'il

(1) Garnier. Notes sur Adam Smith.
(2) Garnier, *loc. cit.*

faut chercher l'origine de la propriété communale. « La « commune est le premier élément de la société, » disait M. de Martignac en 1829. M. Royer-Collard s'exprimait mieux encore : « Elle est comme la famille « avant l'Etat; la loi politique la trouve et ne la crée « pas. » La commune est, en effet, un groupe de familles qui se réunit sur un même point du territoire pour la défense collective de ses intérêts; c'est une personne fictive, mais dont la personnalité se dégage avec une précision parfaite et dont l'origine lumineuse est dans les besoins de la famille agrandie. Mais quels vont être ces intérêts à gérer et à défendre? Le premier intérêt est d'assurer la subsistance même des membres de la commune. Rien n'est moins factice, rien ne ressemble moins aux créations artificielles de la législation positive que l'établissement des pâturages communs où les habitants envoient paître leurs troupeaux. Partagez ce sol indivis, et bien souvent chaque parcelle devient inutile aux mains de son propriétaire; la communauté tout entière est affamée. Mais chacun sent trop vivement le prix d'une semblable indivision pour en provoquer la fin. C'est un lien qui resserre encore l'association. La commune primitive n'est pas seulement une règle abstraite; elle se manifeste à ses habitants par l'existence matérielle d'un patrimoine. C'est leur première ressource, et partant, sa première raison d'être. Il n'en est donc pas de la commune comme de l'Etat : cette jouissance indivise et générale, au lieu d'altérer le caractère primitif et naturel de l'association, le révèle et le consacre. Ce principe de droit naturel est tellement vivace qu'en France, dans notre état de civilisation très-avancée et malgré l'hostilité de certains gouvernements, 25,000 communes sur 36,000 possèdent encore des biens *communaux*.

Mais le droit des communes françaises se légitime, en outre, par une possession vingt fois séculaire. Des textes de César démontrent l'existence de la propriété communale en Gaule, avant la conquête romaine, et des savants assignent une origine celtique à la propriété communale de certains villages du Béarn et de la Prusse rhénane, des îles d'Hœdic et d'Houat. Quant à la municipalité romaine, nous avons mis en relief, au cours de cet ouvrage, sa puissante personnalité, du berceau même de Rome à le chute de l'Empire. Nous avons ensuite établi, comme l'avaient enseigné déjà M. Raynouard, M. de Savigny et M. Guizot, que le régime municipal romain avait survécu à l'invasion. Sans doute, on ne saurait contester qu'au moment où la servitude féodale enveloppa tout le royaume, les alleux municipaux aient été inféodés à leur tour, et, par conséquent, grevés de toutes les redevances inventées à cette époque. Asservie, mais non absorbée, la propriété municipale recouvra la plupart de ses droits par le grand mouvement communal du douzième siècle, qui fut moins une révolution qu'une restauration. Peu à peu la réaction monarchique étouffe jusqu'aux libertés municipales. L'époque arrive où Dijon offre 150,000 livres pour conserver son ancien maire et ses échevins, et où les états du Languedoc votent 500,000 livres pour racheter les libertés communales de la province. Le triste état de la propriété communale finit par inquiéter jusqu'au gouvernement du roi Louis XIV, malgré son ardent amour de la centralisation. L'édit de 1667 annule toutes les aliénations de biens communaux faites depuis quarante-sept ans et

refuse aux seigneurs le droit de *triage*, en vertu duquel
ils se faisaient attribuer le tiers des biens dont la commune avait la jouissance usagère; mais le législateur
s'effraie lui-même de son audace, et, deux ans après,
en permettant aux seigneurs d'exercer le droit de *triage*
sur leurs concessions gratuites, n'attribue aux communes que les biens acquis par elles, à titre onéreux,
à la charge de justifier leur acquisition. La Constituante
reconnaît le droit des communes, rétablit en leur faveur
la présomption de propriété, les autorise à faire révoquer les triages exercés depuis 1669 et réorganise le
patrimoine municipal. La Convention, foulant aux pieds
toutes les traditions de notre histoire, ordonne le partage des communaux. Le Directoire est obligé de suspendre cette mesure désastreuse. L'Empire, en 1813,
livre le patrimoine des communes à la caisse d'amortissement. La Restauration s'empresse de leur restituer
tout ce qui n'a pas été vendu. Vingt ans plus tard, la
vie municipale elle-même renaissait sur le sol de la
France constitutionnelle. Si le patrimoine des communes trouve sa première consécration dans la législation naturelle, il n'est pas moins bien défendu par
l'histoire de notre pays.

Les économistes s'obstinent dans l'idée la plus étroite.
Les biens des communes sont enlevés à la circulation :
cela leur suffit, et leur pensée ne va pas plus loin. C'est
à ce point de vue qu'ils se placent pour demander soit
le partage des communaux, soit la vente de ces biens,
qui seraient remplacés par des rentes sur l'Etat. Mais
l'intérêt des communes repousse cette décomposition
du patrimoine municipal, sous quelque forme qu'elle
se présente. Le premier de ces deux systèmes ne sou-

tient pas l'examen. Les communaux proprement dits ne sont guère susceptibles d'une appropriation individuelle ; les pauvres se trouveraient par là privés de leur plus grande ressource : le jour même où ils deviendraient propriétaires fonciers, ils aliéneraient bien vite un lot inutile entre leurs mains ; cependant on aurait entièrement sacrifié l'intérêt de la génération future, et l'avenir serait appauvri sans profit pour le présent. Aussi rien de moins étonnant que l'exemple, cité par le conseil général de la Meurthe, d'habitants qui s'étaient réunis spontanément, après le·partage forcé de 1793, pour rendre leurs lots à la commune. Le second système a de nombreux partisans ; mais la majorité de nos conseils généraux le repousse avec une haute sagesse. Ces valeurs mobilières seraient rapidement épuisées aux mains des municipalités. L'Etat s'enrichit en aliénant, la commune en conservant. Il existe, assurément, des communes en France qui ont conservé, depuis plus de cinq cents ans, leur patrimoine immobilier : qu'on suppose un caprice du pouvoir central ordonnant, au seizième siècle, la conversion de ce patrimoine ; on peut affirmer qu'il n'en resterait pas, au dix-neuvième, un centime aux communes. Aujourd'hui les municipalités empruntent sans cesse ; elles gardent cependant leurs immeubles, et font bien, car elles remboursent au bout d'un certain temps, et n'en restent pas moins propriétaires. Mais le détenteur d'un capital mobilier n'emprunte pas, il aliène. Les communes aliéneraient évidemment leur rente 4 1/2 p. 100 plutôt que d'émettre des obligations à 5 p. 100. Leur patrimoine disparaîtrait en quelques années, et l'intérêt des générations futures serait encore sacrifié. La dépréciation de la rente correspond à la dépréciation des espèces : la valeur de la propriété foncière s'élève à mesure que l'or s'avilit. Le revenu de ce capital mobilier, déjà réduit, peut l'être encore : il est, au contraire, au pouvoir de la commune d'augmenter sans cesse le revenu de ses biens immobiliers par une sage amodiation. Cette solution rallie à bon droit la grande majorité de nos conseils généraux. Ce n'est pas qu'il faille affermer, à la légère, la totalité de ces biens ; mais l'amodiation partielle et sainement entendue peut amener d'excellents résultats. Ce système a produit les plus heureux effets dans les départements de la Côte-d'Or, du Doubs, de la Haute-Saône, de l'Aube et du Pas-de-Calais. La commune, après un ou deux baux peut-être, reprend la libre possession des biens affermés ; elle aura gagné, par là, plus de revenus que par la conversion même.

Nous avons, il est vrai, combattu la grande concentration des propriétés immobilières aux mains de l'Etat. Mais la situation est bien différente. Les empiètements de l'Etat sont à craindre : les empiètements de la commune ne présentent ni le même danger politique, ni les mêmes inconvénients économiques. Cette commune, d'ailleurs, est sans doute une personne fictive. Mais dans les petites communes, un maire actif, intelligent, dévoué, peut gérer le patrimoine municipal en bon père de famille et l'administrer à peu près comme une propriété privée. Puis, si le chiffre du budget n'est pas trop élevé, les produits du patrimoine municipal peuvent alléger certaines taxes locales, dont la perception est souvent odieuse aux habitants. Enfin on trouve dans la nature même de la propriété communale une garantie contre l'exagération de cette propriété. La conquête et

les confiscations aidées par une fausse théorie du droit
public et par les sophismes des domanistes peuvent ac-
cumuler une grande quantité d'immeubles aux mains de
l'Etat : mais la propriété communale n'a pas cette origine artificielle : elle se proportionne d'elle-même aux
besoins de la commune.

Il n'en est pas des établissements publics comme des
communes : on ne peut pas dire de ces établissements
« qu'ils ont précédé l'Etat; que la loi politique les
« trouve et ne les crée pas. » A plus forte raison, leur
propriété n'a pas de racines dans la législation naturelle.
Il n'en faut pas conclure qu'une loi de *désamortissement*
puisse, au hasard, bouleverser cette propriété. La loi
positive elle-même est sainte. La propriété qui grandit
sous son ombre tutélaire est sacrée. Dans la session de
1861, M. Ricciardi ayant proposé au nouveau parlement italien d'attribuer une moitié des biens de main-
morte à l'Etat et l'autre moitié aux communes, le
gouvernement piémontais lui-même eut la sagesse de
combattre cette proposition qui fut repoussée par la
chambre des députés. C'est qu'en effet dépouiller les
établissements publics, c'est encore violer le droit de
propriété. Mais le législateur peut, à bon droit, se défier de l'accumulation des propriétés immobilières aux
mains des établissements de main-morte. Il doit concilier ici le respect des droits légitimes avec la protection
des intérêts économiques de la société ; respecter le patrimoine une fois acquis, restreindre la facilité des
acquisitions, et tout en écartant le système des conver-
sions forcées ou des mobilisations aventureuses, limiter pour l'avenir les envahissements des main-mortables.

Ajoutons avec M. le premier président Barthe : « Il
« y a certaines attaques qui ont été de tout temps des
« armes de parti et des moyens faciles de popularité
« pour ceux qui les emploient (1). » Le législateur devra
se souvenir que si les établissements publics n'ont pas
précédé la loi positive, ils ont une place indispensable
dans la législation positive de tous les pays civilisés.
On a paru trop souvent oublier cette vérité. Chez nos
voisins d'outre-Manche, où la taxe des pauvres dépasse
neuf millions de livres sterling, les paroisses ou unions
de paroisses entretiennent, pour les pauvres, de nombreuses maisons de travail (Work-Houses). Les « maîtres des pauvres, » qui les administrent, peuvent faire
des emprunts pour les agrandir ou les améliorer. Les
comités de district administrent les établissements de
district, et ordonnent l'achat ou la location des bâtiments nécessaires, de concert avec les commissaires
de la loi des pauvres : ils peuvent aussi contracter des
emprunts. Il existe en outre en Angleterre beaucoup
d'hôpitaux et d'asiles, fondés par la charité privée ou
soutenus par des souscriptions. Ces établissements publics avaient conservé, jusqu'aux statuts de 1853 et
de 1855, une indépendance presque complète pour tous
les actes de la vie civile. De nombreux abus obligèrent
le gouvernement à créer une commission spéciale, sié-
geant à Londres, chargée d'assurer leur bonne administration et la conservation de leurs biens. Ainsi donc,
dans ce pays, le plus avancé de l'Europe en économie
politique, où de pareilles institutions ne peuvent s'ap-

(1) Sénat. 20 mai 1860.

puyer ni sur de vieilles traditions catholiques ni sur l'immixtion du pouvoir administratif dans les actes des citoyens, il existe à côté des paroisses qui peuvent posséder des immeubles sous la double surveillance du recteur ou du vicaire et de la corporation des marguilliers, des établissements publics, les uns plus ou moins dépendant des paroisses, les autres complètement libres sous la surveillance de la commission centrale, tous capables d'aliéner et d'acquérir (1). Nous venons de voir apparaître l'idée de la tutelle administrative.

Une question s'offre à nous : les biens qui sont entre les mains de l'Etat, des communes et des établissements publics doivent-ils donc être l'objet d'une législation privilégiée? Cette question est complexe.

D'une part, l'Etat, la commune exercent un droit de propriété sur des choses nécessaires à la sécurité du territoire et à leurs besoins généraux. C'est l'origine du domaine public national et municipal : les rapports qui dérivent de la nature même des choses assujettissent ce domaine public à des règles exceptionnelles et particulièrement au principe d'inaliénabilité. Mais les autres biens de l'Etat et des communes, tous les biens des établissements publics doivent tomber sous l'empire du droit commun. Les personnes morales ne sauraient posséder autrement que les individus. Mêmes lois, mêmes tribunaux.

Les modes d'aliénation du patrimoine national varieront nécessairement suivant le régime politique; la vo-

(1) Voir les documents publiés à Bruxelles en 1859 sur les finances de la Grande-Bretagne par ordre de M. Frère-Orban, ministre des finances de la Belgique.

lonté du prince, sous un régime despotique; la loi, sous un régime républicain. Sous un régime monarchique bien organisé, le pouvoir législatif interviendra dans toutes les aliénations qui ne pourront pas être considérées comme des actes d'administration pure et simple. Mais l'Etat, en pareille matière, agit sans contrôle et sans tutelle, puisqu'il est souverain, puisqu'il est l'Etat. Les communes, au contraire, peuvent être soumises à la tutelle de l'Etat lui-même.

La question de la tutelle administrative est hérissée de difficultés. Si la liberté doit descendre dans la sphère municipale, s'il importe de graver dans toutes les âmes le sentiment de la vie communale indépendante, la tutelle administrative ne devient-elle pas un danger? Mais la commune est éternellement mineure! On s'est demandé souvent si cette minorité avait jamais existé autre part que dans l'imagination des jurisconsultes : la constitution des communes, a-t-on dit, ne répond pas aux mêmes besoins que celle de l'Etat : leur rôle, parfaitement distinct, n'est ni moins nettement défini ni moins essentiel à la société : pourquoi les soumettre à la tutelle de l'Etat? Quelque séduisante que soit cette théorie, l'expérience l'a jusqu'à présent contredite. Il y avait en Irlande, avant 1848, soixante-onze « corporations municipales » complètement indépendantes. Les officiers de ces corporations en étaient venus à se nommer les uns les autres. On vit les corporations de Trimm et Kells aliéner leurs terres pour que deux ou trois de leurs membres les achetassent à vil prix. Celle de Naass adjugea à l'un de ses membres, moyennant douze livres sterling, des terres qui en valaient cinq cents; celle de Drogheda décida que le fonds de charité serait exclusivement dépensé au profit des membres de la corporation et de leurs familles (1). En Espagne, au contraire, la Constitution laisse un très-grand pouvoir aux *députations* provinciales, non-seulement sur les *provinces*, dont le patrimoine est peu considérable, mais sur les communes, dont les propriétés mobilières et immobilières forment un capital immense. Ces corps provinciaux peuvent autoriser l'aliénation des biens des communes à titre de vente, d'échange, de bail à cens : qu'il s'agisse de meubles ou d'immeubles, l'intervention du gouvernement n'est jamais nécessaire. Le contrôle supérieur n'existe que pour l'examen des comptes : le comptable les rend chaque année à la députation provinciale qui les adresse au gouvernement après en avoir constaté la sincérité ; le ministre de l'intérieur les transmet à la Cour des comptes. Mais c'est là, comme il est aisé de le voir, une organisation toute particulière, qui tient à l'antique mécanisme de l'administration espagnole. Il est impossible de transplanter ce régime spécial : il est plus sage de n'adopter, aujourd'hui du moins, ni l'ancien régime irlandais, ni le régime français du dix-septième siècle, *nec totam libertatem nec totam servitutem.* Si les actes des communes n'engagent que le présent, la surveillance de l'Etat est dangereuse ; elle peut être salutaire s'ils engagent l'avenir, par exemple, s'il s'agit de vendre les biens municipaux, pourvu toutefois que l'Etat se borne au droit de *veto*, sans jamais prétendre au droit d'initiative. Mais cette intervention, même ainsi restreinte, a ses périls : elle devra

(1) Ces faits furent constatés en Angleterre par une enquête parlementaire (1835).

cesser un jour avec les progrès de l'éducation publique et de la civilisation.

Presque tous les gouvernements ont prétendu, jusqu'à présent, se réserver un pareil droit. Dans cette hypothèse même, ils ont encore deux partis à prendre. Le pouvoir central peut exercer lui-même la tutelle administrative : il peut la déléguer à des agents locaux, tels que nos préfets. Le premier système a quelques avantages : la tutelle administrative, ainsi conçue, se dégage plus facilement des préjugés individuels et s'adapte plus exactement au plan général de l'administration; mais la supériorité du système inverse ne nous paraît pas contestable. Une affaire abandonnée à la décision du pouvoir central subit d'inévitables retards : si l'on en laisse l'examen à l'administration locale, les représentants de la commune peuvent aisément se transporter sur les lieux, la suivre dans toutes ses phases et en provoquer la prompte solution. Si l'on peut gouverner de loin, on n'administre bien que de près : on ne saurait refuser, en effet, à l'administration locale l'intelligence des intérêts locaux; seule, elle peut apprécier l'urgence d'une affaire ou son degré d'opportunité; seule, elle peut en saisir, avec une parfaite pénétration, tous les détails et toutes les nuances. Enfin cet essai de décentralisation peut être envisagé comme l'aurore d'une décentralisation plus complète : c'est un grand point que d'habituer les communautés d'habitants à voir les plus importantes affaires se dérouler et se dénouer sous leurs yeux (1) : c'est les façonner à l'indépendance

_____

(1) L'habitude de recourir toujours au gouvernement, de compter sur lui plus que sur soi-même, engendre une paresse, une faiblesse

administrative et compléter, en cette matière ; l'apprentissage du pays. Aussi, quelque inconvénient que présente aux yeux de plusieurs publicistes un nouvel accroissement du pouvoir des préfets en France, croyons-nous que M. le comte de Persigny s'est acquis des titres sérieux à la reconnaissance des hommes éclairés, en provoquant les décrets du 25 mars 1852 et du 13 avril 1861.

La tutelle administrative des établissements publics se conçoit mieux encore que celle des communes. Le pouvoir central doit à la fois surveiller leur naissance, leurs acquisitions et leurs aliénations. L'Etat ne peut souffrir dans son sein des sociétés dont l'existence serait une insulte à la morale, un péril permanent pour l'ordre public ou pour sa constitution politique. Puis, comme on lui reconnaît généralement le droit et le devoir de contrôler la distribution de la richesse nationale, il doit refuser d'autoriser les associations qui ne lui sembleraient pas viables, ou les établissements dont la multiplication lui paraîtrait de nature à compromettre les intérêts économiques du pays. Mais, comme rien n'est absolu dans la conduite des affaires administratives, il exercera ce rôle avec toute la modération possible et conciliera le respect des droits individuels avec le maintien des intérêts généraux.

L'Etat, en abdiquant son rôle protecteur au début même de l'association, perdrait d'ailleurs tout moyen

---

d'esprit qui énervent l'individu et égarent souvent ses sentiments politiques. (M. le comte de Morny à l'ouverture de la session du Conseil général du Puy-de-Dôme, le 26 août 1861.)

de contrôler la gestion des établissements placés en dehors de la loi. On conçoit qu'il veuille surveiller les acquisitions de tous les établissements publics, dans un intérêt économique et dans l'intérêt des familles. D'une part, l'accumulation des immeubles sur la tête des main-mortables a des inconvénients sérieux; d'autre part, il importe de vérifier si le donateur a bien agi dans la plénitude de ses facultés et n'a pas cédé à l'empire de quelque suggestion. Peut-être même, si la donation laisse toute une famille dans la misère, l'Etat devra-t-il trouver dans ses lois ou dans la jurisprudence du pouvoir administratif le moyen d'atté-nuer l'effet de cette iniquité. Mais c'est encore une voie où le gouvernement ne peut entrer qu'avec une cir-conspection minutieuse, puisqu'il s'attaque au principe même de la liberté de tester. D'ailleurs, tandis que d'une main il oppose une barrière à l'accroissement indéfini de ce patrimoine, de l'autre, en arrêtant les aliénations irré-fléchies, il empêchera que ce patrimoine ne soit follement dissipé. Si l'association existe légalement, c'est qu'elle est créée dans une pensée d'utilité publique : qu'elle poursuive donc sa route, libre de toute entrave, et qu'elle ne perde pas, en épuisant son patrimoine, un de ses plus énergiques moyens d'action. Mais l'Etat, bien entendu, ne garde ici qu'un droit de *veto*. Il sortirait de ses attributions en substituant un rôle actif à son rôle passif, et en absorbant l'initiative de l'établissement public dans sa propre initiative.

Voilà le seul privilége que les communes et les éta-blissements publics puissent revendiquer dans une lé-gislation bien faite. Mais le savant rapporteur de la loi de 1837 traçait, en quelques mots, le vrai programme

des gouvernements modernes. « Nous hâtons de nos
« vœux l'instant où le progrès des lumières et l'initiation
« des citoyens au maniement de leurs affaires permet-
« tront d'augmenter le nombre de celles qu'on pourra
« remettre entièrement à leur décision. »

LIVRE PREMIER.

DROIT ROMAIN.

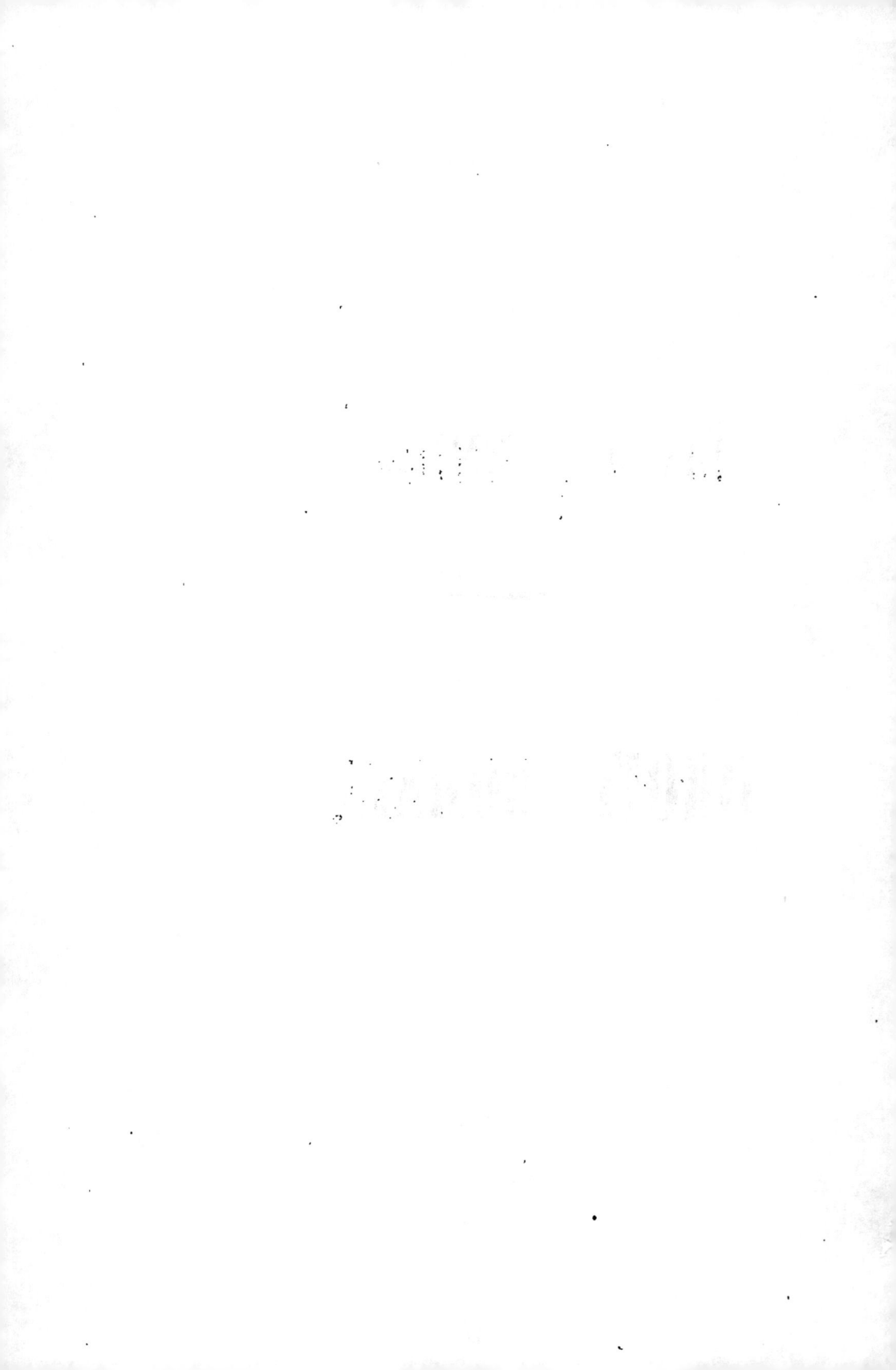

CHAPITRE I.

LE DOMAINE DE L'ÉTAT A ROME.

SOMMAIRE. — Il importe de remonter au droit romain, même pour l'étude des règles du droit public français. — L'*ager romanus*. — Sources du domaine. — La conquête. — Les testaments des princes. — L'arbitrage. — Lois caducaires et confiscations. — Etendue du domaine. — Les paragraphes 7 et 31 du livre II de Gaius. — Le *jus italicum*. — Emploi des terres du domaine. — Différents systèmes sur l'*ager publicus* et l'*ager vectigalis*. — Le *vectigal*, signe distinctif de la propriété nationale. — Autre division. — *Agri limitati*. — Subdivision des *agri limitati* en *assignati* et *quæstorii*. — *Agri arcifinales*. — *Subsecivum*. — Théorie du droit de retrait de la nation sur les terres de l'*ager publicus* et *vectigalis*. — Application de cette théorie aux *agri assignati* ou *quæstorii*. — Quelques différences entre la situation juridique du domaine de la république et du domaine des municipes, à propos d'une théorie de M. Pepin-Lehalleur. — Supériorité du système des municipes. — Appréciation de la théorie du retrait des concessions sans indemnité.

Je me propose d'examiner les règles sur l'aliénation et la prescription des biens de l'État, des communes et des établissements publics dans le droit ancien et moderne.

C'est là une question de droit public. Or, il semble que dans la sphère du droit public nous ayons rompu brusquement avec les traditions antiques, et qu'une fois arrivés dans ces régions élevées, nous ne puissions plus éclairer l'étude de notre droit national à la lumière du droit romain. C'est la méthode suivie par tous les traités de droit administratif. Mais sur aucun point nous ne saurions nous isoler de Rome. Le régime municipal romain, le régime fiscal romain, n'ont-ils pas traversé les siècles?

La monarchie capétienne transformée au moyen-âge ne porte-t-elle pas, comme les institutions municipales de la Gaule, la profonde empreinte du génie romain? Je n'ai pas voulu rejeter dans l'ombre les règles du droit administratif romain sur un si vaste sujet d'étude.

L'*ager romanus*, c'est le sol romain proprement dit, le sol susceptible de propriété privée. A l'origine, c'est tout le pays qui s'étend du Tibre à la route d'Albe jusqu'au sixième mille, et, sous Tibère, c'est là qu'on célèbre encore les *ambarvalia*. Plus tard, l'*ager romanus* s'étend jusqu'au Vulturne; plus tard, c'est l'Italie elle-même.

Mais si l'*ager romanus* est seul susceptible de propriété quiritaire, il ne s'ensuit pas qu'il soit compris tout entier dans le patrimoine privé des citoyens. Rome vient de naître, et déjà nous faisons deux parts de son territoire. Le chef militaire distribue aux conquérants des terres qu'ils transmettront à leurs fils (1). L'*agrimensor*, augure et prêtre, en détermine l'enceinte; un autel s'élève sur la limite du champ consacré.

Mais Rome est une petite commune où l'idée d'une propriété publique apparaît naturellement tout d'abord. Qu'on assigne quelques terres, rien de mieux; mais il faut réserver les bois et les pâturages communs, où les habitants enverront leurs troupeaux. Le domaine public dut même comprendre, dans l'origine, des terres d'une autre nature. En effet, il est constant que l'Aventin presque tout entier fut d'abord un terrain communal (2). Ensuite, on admet généralement que les biens communaux furent affermés même avant Servius. Servius, le premier, les aurait affermés aux plébéiens.

Dès l'origine, Rome avait la notion précise de l'Etat. C'est au début de la République romaine que les consuls, s'il faut en croire Tite-Live, retirent à des particuliers le monopole de la vente du sel pour le transporter à la nation (3). Cette idée si prompte et si nette de la personnalité de l'Etat, n'est pas un fait isolé dans l'histoire ancienne. L'Etat, c'est d'abord la commune;

(1) Varron, I, 10, *de re rustica*.
(2) Nous ne voyons pas que Cicéron dise le contraire au §. 18 du livre II *de republica*. Le *quosque agros ceperat divisit*, ne s'applique pas à l'Aventin.
(3) II. 9.

dès-lors, rien de plus énergique et de plus spontané que le sentiment de l'existence individuelle de l'Etat. La personnalité de la commune est presque de droit naturel. « Dans la Répu-« blique, dit le philosophe de Stagyre, il y a deux patrimoines, « celui de l'Etat, celui des particuliers; » et c'est là comme un axiome de sa politique.

Mais il s'agit du peuple-roi. Le domaine de ce peuple, ce sera bientôt l'univers vaincu.

Ce qui contribuait surtout à former le domaine de l'Etat, c'était la conquête. Dans ces guerres meurtrières qui ensanglan-tèrent l'Italie pendant deux siècles, le territoire des nations soumises, à demi détruites, devenait propriété nationale et composait l'*ager publicus*. C'est ainsi qu'on voit dans Valère-Maxime Curius Dentatus envahissant le pays des Sabins, alliés aux Sammites, y portant le fer et la flamme, réservant une partie des terres pour le domaine et divisant le reste entre les citoyens qui reçurent chacun sept arpents (1). Tarquin l'ancien dit aux habitants de Collatie : « *Deditisne vos populumque Colla-tinum, urbem, agros, aquam, terminos, delubra, ustensilia, divina humanaque omnia in meam populique Romani ditionem? — Dedimus. — Et ego accipio* (2). » C'était la formule consacrée. Plus tard, en l'an 485, la République enlevait aux Herniques domptés les deux tiers de leur territoire; en 338, les deux tiers aux Privernates; en 190, la moitié, ou à peu près, aux Boïens. Enfin, Niebuhr affirme que les Romains s'emparaient ordinai-rement des deux tiers des propriétés après la conquête.

Souvent aussi les princes désignèrent par leur testament le peuple romain pour héritier; par exemple, Attale, roi de Per-game, et Nicomède, roi de Bithynie. C'est un titre semblable qu'invoque la République dans la conquête de l'Egypte, de la Cappadoce et d'autres provinces.

En 444, les habitants d'Aricie et ceux d'Ardée, qui se dispu-taient depuis longtemps un territoire, s'en référèrent à l'arbitrage de Rome : « *Vocatæ tribus judicaverunt agrum publicum populi Romani esse.* »

Enfin les confiscations et les lois caducaires devinrent une source de nouvelles richesses pour la nation.

(1) IV. 3. 2. 5.
(2) T. L. 1. 38.

Ainsi se forma l'*ager publicus*; mais généralement les historiens ne se font pas une idée précise de l'étendue même du domaine public. Qu'un consul, en l'an 190, laisse aux Boïens la moitié de leur territoire, peu importe; s'il veut bien la laisser aux Boïens, c'est que la République y consent; la République y consent, parce que son intérêt l'exige. Mais tout ce qui n'est pas sol romain proprement dit est sol public : « Les fonds italiques, dit « Gaïus, sont susceptibles de *mancipatio* et d'*in jure cessio*. Il en « est autrement des fonds provinciaux (1). On admet généra- « lement, dit le même Gaïus, qu'un fonds provincial ne peut pas « devenir religieux, parce que le sol provincial est la propriété « du peuple ou de César : nous n'en gardons que la possession « ou l'usufruit (2). » Nous suivrons le domaine de l'Etat dans ses diverses transformations; mais le principe ne saurait être méconnu : en dehors de l'*ager romanus*, pas de propriété privée.

Exceptons, toutefois, depuis l'Empire, les cités auxquelles on avait accordé le *jus italicum*. Précisons le caractère du *jus italicum* : il s'attache au territoire, et non aux personnes. Le territoire privilégié devient sol romain. Rien de plus. M. de Savigny veut y voir un autre trait distinctif : une organisation municipale indépendante. C'est un système à combattre. Une cité pouvait avoir une organisation libre et rester en dehors du *jus italicum*; mais on n'accorda ce dernier droit qu'aux *populi fundi* (3), et aux colonies romaines.

Nous croyons avec Turnèbe que le *jus italicum* date seulement de l'Empire, et des innovations financières d'Auguste. Sigonius le fait naître avant les guerres puniques; mais comment s'expliquer alors le silence de tous les documents antérieurs à l'Empire? Ce même argument historique bat en brèche le système de Godefroy qui le croit contemporain de la guerre sociale. D'ailleurs, aucune des colonies fondées avant la dictature de César n'est nommée comme ayant joui du droit italique. Carthage ne fait pas exception, puisqu'elle ne l'a reçu que d'un empereur. Quant à Aix, que cite M. Laferrière, cette ville n'était encore au temps de Pline l'ancien, qu'une colonie latine (4). C'est seulement depuis Auguste que le sol italique, comme jadis le sol

(1) II, 31.
(2) II. 7.
(3) Cic. pro Balbo, 3.
(4) Pline III, 4.

romain, devint exempt de toute charge personnelle ou foncière.
« L'Italie, dit Suétone, était devenue en quelque sorte l'égale de
Rome (1). » Etait-ce une séparation désormais absolue entre
l'Italie et les provinces? Auguste lui-même songea à faire cesser
la séparation pour quelques colonies provinciales. Beryte, en
Phénicie, Foraugusta, en Espagne, furent les premières cités
associées aux priviléges de l'Italie.

Mais quels étaient précisément ces priviléges? Quelle était la
nature du *jus italicum*? Sigonius en fait un droit personnel:
Latinitate deterius, Galliæ provinciæ jure melius. C'est là une
erreur manifeste. Jamais les jurisconsultes n'ont rangé les
Italiens à côté des Latins, des Peregrins, des Deditices. Le *jus*
italicum n'a jamais constitué un état civil des personnes, analogue à la latinité.

Le *jus italicum* consiste dans l'assimilation du sol provincial
au sol italique. Godefroy prouve très-bien que le *jus italicum* est
une immunité. Mais n'est-ce qu'une immunité? Non, certes, et les
textes viennent contredire Godefroy. Paul et Ulpien refusent
positivement le droit italique à Césarée, ville exempte de tout
impôt direct. L'immunité n'est qu'un des éléments du droit. Les
fonds de la cité privilégiée tombent dans le commerce. On peut
les acquérir par tous les modes d'acquisitions propres au droit
civil. La Nation perd son domaine éminent. Le possesseur est
libre de toutes charges et propriétaire incommutable.

M. de Savigny veut voir autre chose dans le *jus italicum*, une
organisation indépendante; la possession de duumvirs, de quin-
quennales, d'édiles, d'une juridiction municipale. Quatre preuves
à l'appui de cette théorie.

1° Ulpien se sert de cette expression : « *Italiæ coloniæ rempublicam.* » Mais Festus se sert du mot *respublica* en parlant
de préfectures qui n'avaient pas la moindre juridiction municipale (*Neque magistratus suos habebant*). (Festus, *Verbo præ-
fectura.*)

2° On trouve un Silène debout sur les monnaies de plusieurs
cités provinciales ayant le *jus italicum*. Or, cette figure est le
symbole de l'indépendance municipale. — Mais douze villes seulement adoptèrent cet emblème, et six ou sept seulement, sur les
douze, avaient assurément le droit italique. Tout ce qu'on peut

en conclure, c'est que les cités jouissaient en même temps du droit italique et d'une organisation municipale indépendante.

3° Une constitution d'Honorius (409) confie le gouvernail des villes en Gaule (*gubernacula urbium*) à un magistrat principal élu par la curie. La présence de ce principal exclurait celle des magistrats italiques, c'est-à-dire des duumvirs avec juridiction. La réponse est simple. D'abord le principal existe à Lucques, à Pouzzoles et à Sabine, cités où devaient nécessairement se trouver des magistrats municipaux dans la théorie de M. de Savigny. Ensuite, les textes du Code Théodosien et les inscriptions amènent forcément à reconnaître l'existence des duumvirs dans des cités qui ne paraissent pas avoir jamais reçu le *jus italicum* (Salone, Narbonne, Périgueux, Marseille, Embrun, etc., etc.).

4° Dans les temps postérieurs, on ne trouve plus dans les cités que des *défenseurs*. Le duumvirat ne s'y rencontre pas, parce que les cités privées du *jus italicum* n'avaient pas de juridiction municipale. — On a répondu à M. de Savigny, que, d'après des textes du Code Théodosien (*apud duumviros, sive defensorem ejusdem civitatis*), la coexistence du défenseur et des duumvirs était un fait démontré, et que d'ailleurs, en Italie même, dans cette dissolution universelle, l'autorité du défenseur se substitue à celle des duumvirs. C'est donc à tort que M. de Savigny, ne rencontrant plus la trace du duumvirat, vient en nier l'existence dans des temps meilleurs et en faire le privilège exclusif des colonies italiques.

Cette théorie moderne une fois écartée, nous pouvons rattacher la théorie du *jus italicum* à cette dissertation sur le domaine de l'Etat. Comment le sol provincial échappe-t-il au droit supérieur de la nation? Par cette concession qui n'est elle-même qu'une aliénation du domaine éminent de l'Etat.

Quel emploi devait-on faire des terres du domaine?

Une première question s'offre à l'historien. Divise-t-on, comme le prétend M. de Savigny, les terres du domaine en deux classes, celle de l'*ager publicus* et celle de l'*ager vectigalis?*

D'après M. Pepin-Lehalleur, dans son histoire de l'emphytéose, l'*ager publicus* serait le fonds commun de Rome elle-même; l'*ager vectigalis* celui des colonies et des municipes.

D'après M. de Savigny, l'*ager publicus* serait, soit celui dont l'Etat se réservait nettement la propriété, en le laissant sans disposition précise et comme une ressource éventuelle, soit celui où l'on fondait des colonies et que l'on partageait au peuple.

L'*ager vectigalis*, au contraire, était l'objet direct, soit d'une adjudication faite par les censeurs au nom de la République, soit d'une sous-concession faite par les adjudicataires primitifs.

Pilati de Tassulo parle des nombreuses destinations que recevaient les terres conquises. Les Romains pouvaient les incorporer au domaine public en les affermant. C'est ce qu'il appelle proprement l'*ager publicus*. Mais les Romains pouvaient encore en vendre une partie, y envoyer des colons, les rendre aux anciens propriétaires, à la charge pour ceux-ci de payer une taxe, quelquefois du vingtième, quelquefois du cinquième. C'est ce qu'il appelle l'*ager vectigalis*. Ce système est abandonné.

Niebuhr conjecture avec une parfaite témérité que les patriciens étaient formellement exclus de toute participation à l'*ager publicus*, et les plébéiens de l'adjudication censoriale des terres de l'*ager vectigalis*. Ce système est dénué de preuves et contraire à la vraisemblance historique.

Il est bien certain que nous ne trouvons dans aucun écrivain de la République la mention de l'*ager vectigalis;* mais si le mot n'existait pas, la distinction n'en était pas moins réelle entre les terres que l'Etat distribuait aux citoyens pour s'y établir ou y fonder des colonies et celles qu'il affermait moyennant une redevance. La différence, à notre avis, consistait dans l'importance du *vectigal :* c'est ce qui résulte d'un passage de Tite-Live : « De- « creverunt consules agrum æstimaturos et in jugera asses vecti- « gales, testandi causa publicum agrum esse, imposituros (1). » L'Etat abandonne des terres à ses créanciers en paiement de leurs avances, et ces terres sont frappées d'une redevance très-faible. Pourquoi? « *Testandi causa publicum agrum esse.* » La redevance, le *vectigal*, est un signe caractéristique qui empêche toute confusion entre la propriété nationale et la propriété privée. Quand il s'agit d'une terre affermée, la nature de la redevance change avec la nature du contrat.

On divise encore les terres du domaine en *agri limitati*, *agri arcifinales et subsecivum*. Les *agri limitati* comprenaient eux-mèmes les *agri assignati* et les *agri quæstorii*.

Les *agri assignati* seraient des portions de l'*ager publicus* concédées à des militaires. On divisait une portion de l'*ager publicus* en deux cents centuries, et chaque centurie en cent parts égales ;

(1) Tite-Live, XXXI, 13.

après quoi, chacune de ces parts était assignée à un vétéran.
Voilà un premier mode de distribution ; en voici un second : les
agri quæstorii, à la différence des terres assignées, étaient vendus aux enchères par les questeurs.

Siculus Flaccus nous parle ainsi des *agri occupatorii* ou *arcifinales* : « *Non ex mensuris actis unusquisque miles modum acce-*
« *pit, sed quod aut excoluit, aut in spe colendi occupavit. Ut*
« *quisque virtute colendi occupavit, arcendo vicinum, arcifinalem*
« *dixit.* » Le droit s'arrête où s'arrête la culture du concessionnaire. Isidore de Séville donne une autre étymologie : « *Arcifi-*
« *nius ager dictus est, quia certis linearum mensuris non conti-*
« *netur, sed arcentur fines ejus objectu fluminum, montium, ar-*
» *borum. Unde et in iis agris nihil susebcivum intervenit.* »

Ce mot *subsecivum* ne saurait passer inaperçu. Certaines portions de l'*ager publicus* n'étaient pas comprises dans l'assignation
ou dans la vente ; alors l'Etat les maintenait dans son domaine.

Ces divisions posées, parlons du droit de retrait que garde la
nation.

L'Etat a droit de ressaisir les terres concédées à des particuliers,
ager publicus ou *vectigalis*. Citons seulement deux textes, l'un de
Tite-Live et l'autre d'Orose.

En l'an 200, la République était pressée de rembourser l'emprunt contracté pendant la guerre contre Annibal ; elle se libéra
du tiers de cet emprunt, en abandonnant aux créanciers de l'Etat
les terres publiques situées dans un rayon de cinquante milles
autour de Rome... *Decretum... ut agri publici qui intra quinqua-
gesimum lapidem erat, copia iis fieret...* (1) Tite-Live ne fait là
aucune distinction entre les terres affermées et les terres assignées ;
il les enveloppe dans une même dénomination. Ce territoire était,
sans doute, aussi bien occupé par des colons que par des fermiers du domaine.

Le texte d'Orose est encore plus curieux, car il s'agit d'une
concession faite aux ministres du culte ; mais leur droit fléchit devant le droit de l'Etat. «*Eodem tempore, cum penitus exhaustum
ærarium...loca publica quæ in circuitu Capitolii pontificibus, au-
guribus, decemviris et flaminibus in possessionem tradita erant,
cogente inopia vendita sunt* (2). La République ne renonça que
fort tard à ce droit de révocation.

(1) XXXI, 13.
(2) V, 18. Cf. T. L. XXVIII, 16.

Faut-il appliquer cette théorie aux *agri assignati* et aux *agri quæstorii?* Distinguons d'abord entre les concessions faites sur le sol provincial et les concessions faites sur le sol romain. Rien ne saurait livrer une parcelle du sol provincial à l'appropriation privée (1); mais le sol romain est susceptible de propriété. quiritaire. Néanmoins, si nous voyons dans la distribution des *agri assignati* une concession du domaine, nous serons bien obligés de reconnaître le droit supérieur de la nation.

Mais nous n'y verrons pas toujours une concession du domaine; autrement l'existence d'une propriété privée en Italie serait un fait absolument inexplicable. L'Italie n'est devenue romaine que par la conquête : on fait deux parts des terres conquises, et la distribution des terres entre les citoyens aboutit à un partage constitutif de propriété quiritaire. Plus tard, l'État fera peut-être des concessions sur le *subsecivum*; alors nous appliquerons les règles propres à l'aliénation du domaine.

La question change pour les *agri quæstorii.* Qui procède à la vente? L'État. Où va le prix de la vente? Au trésor. Les *agri quæstorii* sont donc *terres domaniales* avant la vente : si l'État ne trouve pas d'amateurs, il conservera son droit de pleine propriété. Pour les champs qu'on *assignait* tout de suite après la conquête, le partage était déclaratif de propriété. Pour les *agri quæstorii*, le partage serait précisément translatif de propriété, si l'État pouvait abdiquer ses droits.

Mais supposons que les *agri assignati* soient tirés plus tard du *subsecivum*. L'État fait là une concession à titre gratuit, comme il fait une concession à titre onéreux dans la vente des *agri quæstorii.* Le même droit lui reste.

La théorie du droit de l'État sur les *agri limitati* nous semble applicable aux *agri arcifinales.* Que l'État dise : Gaius Seius, vétéran, possèdera le fonds qui s'étend jusqu'au fleuve ou jusqu'à la montagne, ou bien qu'il circonscrive le champ du soldat, le droit du possesseur est identique.

Revenons un instant au système de M. Pepin-Lehalleur, d'après lequel il faudrait admettre une série de différences bien tranchées entre l'*ager publicus* et l'*ager vectigalis.* Le domaine des municipes et celui de la nation n'étaient pas soumis aux mêmes règles. Mais M. Pepin-Lehalleur, en réservant aux biens des municipes

---

(1) Sauf le privilége du *jus italicum.*

la qualification d'*ager vectigalis*, s'est trop exclusivement renfermé dans le droit des Pandectes. Niebuhr montre très-bien que la constitution de l'ancien domaine public était restée parfaitement étrangère à l'empire d'Orient.

Comparons rapidement la situation juridique du domaine de l'Etat et du domaine des municipes.

« D'après une règle fondamentale de l'ancien droit, dit Niebuhr, « il était impossible de prescrire contre l'Etat. Au contraire, « l'*ager vectigalis* d'un municipe était prescriptible (1). »

La République avait le droit illimité d'expulser le concessionnaire sans indemnité. Au contraire, le possesseur avait une action contre le municipe, quand, malgré le paiement exact du canon, on lui enlevait sa terre (2).

Un municipe donnait par contrat et à quiconque se présentait, l'emphytéose de ses biens; la République, aux seuls membres de l'Etat souverain ou aux anciens possesseurs (3).

Au point de vue politique, le système des municipes offrait de grands avantages. Quelle était la position du domaine de l'Etat ? Quelle était la valeur vénale de ces terres qu'un caprice du peuple pouvait enlever sans indemnité? Quoi de plus singulier que la position des possesseurs eux-mêmes? — En face des tiers. — Propriétaires ! — En face de l'Etat. — Simples détenteurs! Quand les premiers adjudicataires faisaient des sous-concessions, quand ces nouveaux concessionnaires imitaient les adjudicataires primitifs, comment l'Etat pouvait-il user de son droit sans craindre une perturbation générale? L'intérêt de la République va peut-être demander le retrait des concessions; mais tant d'intérêts privés vont heurter cet intérêt public! Voilà donc un conflit d'intérêts qui, dans les temps difficiles, ne saurait manquer de compliquer la crise et d'ébranler l'Etat.

Mais distinguons bien ces deux principes du droit public : le droit de retirer les concessions; le droit de les retirer sans indemnité.

Rome devait son empire à la conquête. Dès lors, il ne faut pas raisonner sur le droit public romain comme sur le droit public d'un Etat où marchent d'un pas égal la race conquérante et les

(1) V. Savigny.

(2) V. Niebuhr.

(3) V. Niebuhr III. 198.

races vaincues. La République était propriétaire du monde romain par la conquête : dès lors, que devenait la propriété privée? Une concession. A quel signe reconnaître la concession? Au vectigal. Qu'on traduise vectigal par impôt ou redevance, les deux mots sont exacts : seulement, dans le système de M. de Savigny, le second s'appliquerait plutôt à l'*ager vectigalis*, le premier à l'*ager publicus*. Arrêtons-nous à l'*ager publicus*. Tout le système de l'impôt romain nous apparaît au grand jour. Dans la société moderne, l'impôt, c'est le prix de la sécurité publique ; c'est encore le fonds commun qui doit subvenir aux dépenses communes. A Rome, c'est le prix de la concession qu'a faite le vainqueur.

La conséquence est claire : si le concessionnaire ne paie pas son prix, l'Etat retire la concession sans indemnité.

Mais si le concessionnaire paie exactement la redevance, l'Etat peut-il néanmoins ressaisir cette portion de l'*ager publicus*? Il le peut, mais dans des cas d'urgente nécessité. Chez les modernes, l'Etat exproprie; chez les Romains, l'Etat a moins à faire. Propriétaire, il redemande à jouir de tous ses droits. Mais qu'il le redemande sans offrir une juste et préalable indemnité, voilà le principe vicieux, disons mieux, voilà le principe inapplicable.

L'Etat dira : Je n'ai pas aliéné. Nul ne le contestera, et pourtant tous les possesseurs se considèreront comme expropriés. L'Etat dira : J'ai le *droit* de retirer la concession sans indemnité. Nul ne le contestera, et cependant le retrait sans indemnité ne sera qu'une spoliation.

Le domaine était inaliénable. Poussons le principe à ses conséquences. Le caprice d'un plébiscite suffira pour prononcer légalement une expropriation de tous les possesseurs du monde romain en dehors du sol quiritaire. — Mais c'est là la plus irréalisable des utopies. Voilà donc un droit qui ne saurait être exercé. Voilà donc une inaliénabilité qui ne sortira pas de la sphère de la théorie pour entrer dans le domaine des faits. Voilà une concession qui n'est pas une aliénation et qui aboutit réellement à une aliénation. Rien de plus logique que cette lutte des faits et des principes, car l'application des principes était la destruction du droit de propriété privée dans le monde romain, et les lois de la morale universelle ne sauraient être effacées par les fausses maximes d'un droit public issu de la conquête.

CHAPITRE II.

LOIS AGRAIRES.

SOMMAIRE. — Définition des lois agraires. — Division de Heyne. — Première espèce de lois agraires. — Partage primitif. — Distribution des
premières terres conquises. Il n'y faut pas voir des lois agraires. — Il
est invraisemblable que la théorie du retrait des concessions publiques
remonte au berceau même de Rome. — Servius Tullius. — Distribution
des biens des Tarquins après leur expulsion. — Tentative et mort violente de Spurius Cassius. — Sénatus-consulte de l'an 485. — Rogations
de 484, 483, 480, 477, 474, 472, etc., etc. — Proposition du tribun
Icilius : elle est adoptée. — Distributions de l'*ager Veientanus*. — Loi
licinienne : son vrai caractère. Analyse de la loi. — Théorie de l'inaliénabilité et de l'imprescriptibilité du domaine. — Loi Sempronia.
Motifs politiques de la loi Sempronia. — Opposition qu'elle soulève.
— L'aristocratie démolit l'œuvre des Gracques. — Transformation du
principe d'inaliénabilité. — Loi Thoria. — Rogation de Saturninus. —
Cicéron et M. Macé. — Rullus. — Loi Julia. — Singulière appréciation
de M. Macé.

Qu'est-ce qu'une loi agraire? Nous n'entrerons pas à ce sujet
dans un long débat pour démontrer ce qui n'est plus mis en
doute par personne, que les lois agraires ont toujours eu pour
but, soit un partage complet, soit une plus équitable distribution
de l'*ager publicus*. Heyne a très bien distingué trois espèces de
lois agraires, et nous n'essaierons pas de suivre une autre division.

1° Partage entre les plébéiens des terres du domaine public,
usurpées par les grands.

2º Partage des terres récemment conquises ou laissées dans le domaine de l'Etat, pour y fonder des colonies.

3º Distribution violente des terres de l'*ager publicus* entre les soldats.

J'exposerai dans ce chapitre quelques considérations sur la première espèce de lois agraires.

Heyne ne commence sa dissertation sur les lois agraires qu'à la proposition de Spurius Cassius. Niebuhr, au contraire, semble vouloir remonter plus haut et chercher l'origine des lois agraires dans les origines même de Rome.

Pline l'ancien a dit dans un texte mille fois cité : « *Bina tunc* « *jugera populo romano satis erant, nullique majorem modum* « *Romulus attribuit.* » Voilà ce partage primitif des terres mentionné par tous les historiens. C'est la constitution même de la propriété privée chez les Romains. Mais j'ai dit que l'idée d'une propriété publique apparut tout d'abord dans la commune. Denys d'Halicarnasse affirme que Romulus maintint une partie des terres dans le domaine de la nation (1). Ces champs prirent le nom de *pascua*, non qu'ils fussent nécessairement des pâturages, mais parce que les citoyens envoyaient leurs troupeaux dans la plupart des terres publiques. On continua d'employer cette expression sous la République et sous l'Empire ; et comme ces terres étaient frappées d'un *vectigal*, les censeurs allèrent jusqu'à inscrire dans leurs registres les redevances sous le nom de *pascua*. Le domaine public existe à côté du domaine privé.

Mais prenons garde : Cicéron, Denys d'Halicarnasse, Plutarque nous attestent que Numa partagea entre les plébéiens les territoires conquis par Romulus. Un historien ajoute : « Ce partage « est une vraie loi agraire. » Denys d'Halicarnasse parle encore de deux autres partages analogues sous les rois suivants.

Il faut bien s'entendre sur ce point ; car, si l'on doit voir dans ces concessions de véritables lois agraires, c'en est fait du système universellement adopté de nos jours sur le caractère de ces lois. La nation va garder le droit de ressaisir les terres acquises depuis le règne de Numa ! C'est à peine si l'on va rencontrer un mode d'appropriation privée en dehors du partage primitif ! Encore

(1) II, 7.

trouvera-t-on quelque sceptique pour reconnaître dans ce partage primitif un simulacre de loi agraire, ou pour dire avec Pilati de Tassulo : « L'établissement de l'égalité des biens chez les premiers « Romains n'est qu'une chimère sortie de l'imagination de quel- « ques auteurs modernes. » Dès lors à quoi bon tant discuter sur le caractère des lois agraires ? S'agit-il de l'envahissement de la propriété privée ou d'un retrait de concessions du domaine public ! Peu importe. La propriété privée est absorbée dans le domaine de l'Etat.

Mais le plus léger examen suffit à renverser ces fragiles théories.

D'abord est-il possible d'avoir une notion précise des concessions du domaine et même de la constitution de la propriété privée sous les premiers rois de Rome?

Je veux bien l'admettre. Mais que deviennent dès lors ces prétendues lois agraires ? Un chef militaire occupe la campagne voisine avec ses compagnons d'armes ; la distribution des terres se fera d'un commun accord ; voilà tout. Les premiers Romains ignoraient, à n'en pas douter, la théorie savante de l'inaliénabilité du domaine public. Ce que leur concède la commune leur est bien et dûment concédé ; ils le détiennent comme propriétaires et ne se figurent pas qu'ils puissent le détenir à un autre titre.

La théorie de l'inaliénabilité du domaine public n'a dû commencer qu'avec les usurpations des grands. Le sentiment national réagit avec violence contre cet audacieux envahissement des propriétés communes. A quelle époque? Peut-être sous le règne de Servius ; mais il faut se défier des théories émises par les écrivains latins ou grecs, et singulièrement par Denys d'Halicarnasse sur le bon roi Servius, dont la légende ou l'histoire a fait un type de monarque populaire et le modèle accompli des futurs tribuns. Quoi qu'il en soit, Servius, d'après Denys, déclare, dans un fort beau discours, qu'à l'avenir les terres publiques ne seront plus le partage de quelques riches ; il veut qu'elles soient divisées entre les indigents pour que le plébéien ne cultive plus la terre d'autrui. Bientôt il ordonne aux détenteurs de l'*ager publicus* d'abandonner leurs possessions et procède à un nouveau partage. Voilà qui nous semble prématuré. Tite-Live est beaucoup moins explicite, et le reproche du rebelle Tarquin : « *Ereptum* « *primoribus agrum sordidissimo cuique dedisse*, » peut très-bien s'appliquer à quelque partage fait à la plèbe, au mépris des prétendus droits de l'aristocratie, sans la moindre dépossession des détenteurs du domaine. Sur ce point, la vérité n'est pas facile à connaître ; mais il nous semble invraisemblable que la théorie du retrait des concessions publiques fût si fermement établie dès le règne de Servius.

Cependant, après l'expulsion des Tarquins, l'aristocratie avait besoin d'associer la plèbe à sa cause. Citons Denys d'Halicarnasse (1) : « Ils mirent en commun les biens du tyran et les aban-
« donnèrent à tous les citoyens avec permission à chacun d'eux
« d'en prendre autant qu'il pourrait. A l'égard des terres qui
« avaient appartenu aux Tarquins, ils les distribuèrent à ceux
« qui n'avaient aucun héritage en fond. Ils exceptèrent cependant
« le champ qui est entre la ville et le fleuve du Tibre, parce que
« autrefois on l'avait consacré au dieu Mars, par un sénatus-
« consulte, comme une prairie excellente pour les chevaux et
« très commode pour former la jeunesse aux exercices des armes ;
« et même, longtemps auparavant il était consacré au dieu de la
« guerre ; mais Tarquin s'en était mis en possession et l'avait fait
« semer. »

Ce passage fait admirablement comprendre comment, en l'an 510, l'aristocratie abandonna une partie du domaine privé aux plébéiens, réunit l'autre partie au domaine public, et se garda bien d'aller plus loin. L'*ager publicus* reste aux mains des concessionnaires, réels ou prétendus.

Tite-Live, en parlant d'une concession individuelle faite pendant la guerre contre l'Etrurie, emploie le participe *datum*. Que signifie ce *datum* ? Est-ce une translation de propriété ? La nation peut-elle encore se dessaisir ? Quelle était définitivement la situation du domaine public ? La question fut résolument posée en l'an 485 par Spurius Cassius.

Spurius Cassius, consul pour la troisième fois, s'émut des usurpations violentes qui livraient aux grands l'*ager publicus*. Vainqueur des Latins et des Herniques, il avait fait entrer une partie de leurs terres dans le domaine de l'Etat. Conçut-il la pensée de relever les peuples vaincus à la hauteur du peuple vainqueur ? Etait-ce une première lueur de la grande politique *italienne* dont Scipion Emilien fut le représentant ? Spurius Cassius osa proposer une distribution générale des terres publiques usur-

_____

(1) Nous préférons au récit de Tite-Live celui de Denys d'Halicarnasse, plus complet et plus sérieux.

2

pées par les grands, entre les plébéiens romains d'une part, les Latins et les Herniques de l'autre. Le domaine est-il inaliénable et imprescriptible? Le peuple romain a-t-il le droit d'expulser les possesseurs, usurpateurs ou concessionnaires? La redevance des terres publiques doit-elle être payée? En un mot, la nation conserve-t-elle envers et contre tous le droit de reconstituer son domaine? Autant de questions qui faisaient trembler l'aristocratie romaine, et la menaçaient dans ses intérêts matériels. Le peuple s'agitait et reconnaissait par une loi, s'il faut en croire Niebuhr, la nécessité d'un partage. Le consul parut l'emporter. La théorie de Spurius Cassius fut admise par un sénatus-consulte. Des décemvirs durent être nommés pour désigner les terres publiques, et parmi ces terres celles que l'on diviserait au peuple, et celles qu'on affermerait moyennant une redevance. Mais peu de temps après Spurius Cassius fut précipité du haut de la roche tarpéienne. C'est ainsi que le sénat préludait à l'exécution de la loi. Mais le sénat ne pouvait pas effacer le passé; le principe survivait à l'homme.

Il n'entre pas dans mon plan de discuter la vraisemblance historique du sénatus-consulte de 485. Je dirai seulement que le sénatus-consulte de 390, après la prise de Veies, nous autorise à penser que le sénat pouvait très-bien adhérer à de pareilles mesures. Ce qui résulte de tous ces événements, c'est que le droit de l'Etat n'était même pas contesté par les intéressés. Mais quand seront nommés les décemvirs? Quand seront désignées les terres? Quand sera fait le partage? Ici l'aristocratie se montrera moins docile.

La proposition de Spurius Cassius est la plus radicale, la plus générale que nous rencontrions dans l'histoire romaine avant les lois liciniennes. C'était l'application pure et simple d'une théorie absolue. Les tribuns eux-mêmes désespérèrent d'y parvenir. Une foule de propositions partielles succédèrent à celle du consul, l'une en 483, l'autre en 484, du tribun Menius, qui fut repoussée par d'atroces violences, d'autres en 482 et 480. En 477, Fabius Cœson, consul pour la troisième fois, conseilla au sénat de prendre les devants, et de partager au peuple le plus également que faire se pourrait (*quam maxime æqualiter*), les terres prises sur l'ennemi. Tite-Live dit simplement : *Patres aspernati sunt.* Mais, pour la seconde fois, un magistrat patricien reconnaissait le principe que devaient appliquer les lois liciniennes.

Nouvelles rogations en 474 et 472. Quatre ans après, les deux

consuls, Emilius et Valerius, proposaient une loi nouvelle. Ici
Denys d'Halicarnasse met dans la bouche d'un vieux patricien,
père du consul Emilius, une déclamation célèbre. — « Les pos-
« sesseurs des terres publiques, y est-il dit, loin de se plaindre,
« devraient se montrer reconnaissants de la longanimité de l'Etat,
« qui les en a si longtemps laissés jouir sans trouble. » La proposition fut rejetée; celles des trois années suivantes eurent le même
sort. Nous arrivons enfin à la rogation du tribun Icilius, en 454.

Tite-Live nous dit (1) qu'Ancus Martius assigna l'Aventin aux
habitants de Politoire, de Tellene et de Ficane. Plus loin, au troisième livre (2), nous trouvons cette phrase : « *De Aventino publi-
cando lata lex est.* » Denys d'Halicarnasse est moins laconique.
Il est vrai que Niebuhr l'accuse de n'avoir pas compris un mot de
la loi Icilia. D'après Denys, que nous respectons davantage, cette
loi comprenait trois dispositions :

1° Les parties de l'Aventin usurpées sur le domaine devaient y
rentrer. Les dépenses faites par les possesseurs sur les terres publiques devaient être préalablement évaluées et remboursées.

2° Mais l'Etat n'usait pas de son droit de retrait vis-à-vis des
concessionnaires légitimes : toute l'étendue de l'Aventin était considérée comme domaine public; néanmoins, les droits des légitimes possesseurs étaient respectés.

3° Les parties de l'Aventin restées vagues durent être partagées
gratuitement aux plébéiens.

La loi d'Icilius était sage et modérée; l'Etat pouvait ressaisir
sans indemnité les terres usurpées : il indemnisait! L'Etat pouvait ressaisir toutes les terres de l'Aventin : il respectait les titres
des concessionnaires! Les patriciens troublèrent l'assemblée et
renversèrent les urnes; mais Icilius alla jusque dans l'assemblée
du sénat soutenir son plébiscite; la loi passa et l'Aventin se couvrit de maisons plébéiennes. La loi d'Icilius avait si bien réussi
que dès l'année suivante il fut question de la généraliser (3).

Tite-Live mentionne ensuite cinq propositions inutiles qui ne
se terminèrent pas toujours tranquillement (440-418).

En 412, nous rencontrons une rogation des tribuns Spurius
Mecilius et Spurius Metilius, bien autrement vague et dangereuse

(1) I, 33.
(2) III, 3.
(3) Denys d'Halicarnasse, X, 2.

pour l'aristocratie. Il s'agit de partager les terres conquises ; mais où s'arrêter ? — « Mecilius et Metilius, disaient les patriciens, de- » mandent le partage des terres conquises..., mais où trouver « une fraction du territoire qui n'appartienne pas au sol con- » quis?... Tout ce que possède la plèbe, elle le possède en vertu » d'une vente ou d'une assignation publique (1). » Une logique inflexible aboutissait peut-être à cette conclusion, quoiqu'il fût bien difficile, à notre avis, de mettre en question le sort des terres assignées et transformées immédiatement après la con- quête. En tout cas, de pareilles lois étaient absolument inexécu- tables. Cette fois, six tribuns s'opposèrent à leurs collègues. Les rogations de 409, de 407, de 397 échouèrent de même.

Nous avons déjà parlé du sénatus-consulte de l'an 390; c'était le lendemain de la prise de Veies. Le sénat accorda sept arpents du territoire conquis à chaque homme de la plèbe. C'était là, se- lon nous, une concession de la pleine propriété de l'*ager veien- tanus*. Cette transformation immédiate des terres conquises ex- plique seule, nous le répétons, l'existence d'une propriété privée en Italie. Au contraire, le territoire de Pomptinum, qui fut onze ans après partagé sur l'ordre exprès du sénat, fut l'objet d'une véritable concession du domaine. En tout cas, ces deux concessions partielles sont l'œuvre d'une politique ha- bile. C'était satisfaire, pour un temps, les intérêts du peuple, et retarder l'explosion contre les usurpateurs du domaine. Mais en 376 C. Licinius Stolon et L. Sextius parvinrent au tri- bunat.

Dix ans ils eurent à lutter contre l'aristocratie, contre leurs collègues, parfois contre la plèbe elle-même, impatiente d'en finir et prête à subir une transaction. Les centuries proclamèrent Sextius; les curies lui refusèrent l'*imperium*. La guerre civile al- lait ensanglanter Rome. Camille, cinq fois dictateur, sept fois tribun militaire, récemment vainqueur des Gaulois, s'interposa. Le sénat céda; l'élection de Sextius fut ratifiée; les lois liciniennes furent adoptées par tous les ordres et vinrent modifier profondé- ment la vieille constitution de la cité.

Nous laisserons de côté tout ce qui concerne la nouvelle orga- nisation du consulat et le remboursement des dettes, pour nous occuper exclusivement des dispositions relatives au domaine.

(1) T. L., IV, 48.

L'historien le plus complet sur cette partie des lois liciniennes n'est ni Tite-Live ni Appien, mais assurément Niebuhr qui reconstruit dans ses moindres détails la rogation tribunitienne, et tâche d'éclaircir beaucoup de points obscurs pour les écrivains de l'antiquité. Mais avant d'aborder la critique des opinions de Niebuhr, nous devons bien établir comment cette partie des lois liciniennes se rattache à l'objet de notre travail.

Montesquieu s'est étrangement mépris sur le caractère des lois liciniennes. — « La permission indéfinie de tester, accordée chez « les Romains, dit-il, ruina peu à peu la disposition politique sur « le partage des terres; elle introduisit, plus que toute autre « chose, la funeste différence entre les richesses et la pauvreté; « plusieurs partages furent assemblés sur une même tête; des « citoyens eurent trop, une infinité d'autres n'eurent rien; aussi « le peuple, continuellement privé de son partage, demanda-t-il « sans cesse une nouvelle distribution des terres (1). » Montesquieu admet le système suivi chez les modernes par Schultz et Huschke; les lois liciniennes tendraient purement et simplement à réduire toute propriété privée à cinq cents arpents.

En effet, les expressions de Tite-Live — « *Ne quis plus quingenta jugera agri possideret* — » ne sont pas absolument décisives. Tite-Live n'est pas un jurisconsulte; chez lui le verbe *possidere* peut être pris dans une très-large acception. Que n'écrivait-il *agri publici*, au lieu de laisser sa pensée dans le vague? D'ailleurs, ne prête-t-il pas ces paroles significatives au patricien Appius Claudius : — « *Nec in mentem venit altera lege solitudines vastas in* » *agris fieri, pellendo finibus dominos?* » Il s'agit donc d'une expropriation!

Nous répéterons ce que nous avons dit plus haut. « L'Etat dira : — « Je n'ai pas aliéné. » Nul ne le contestera, et pourtant tous » les possesseurs se considérèrent comme expropriés. » D'ailleurs, qu'ils le pensent ou non, ils ne manqueront pas de le dire au peuple. C'est ce qu'ils font par l'organe d'Appius Claudius. En second lieu, Tite-Live avait-il besoin d'écrire *agri publici?* Tout le monde connaissait le caractère des lois agraires, et le mot *ager*, sans épithète, offrait un sens très-clair dans la phrase de l'historien. Enfin, si le mot *possidere* ne se rencontrait que cette fois dans Tite-Live, nous pourrions conserver quelques doutes.

(1) *Esprit des Lois*, livre XXVII, chapitre unique.

Nous le trouvons constamment employé par cet auteur; disons, mieux, par tous ceux qui traitent des lois liciniennes.

Mais ce qu'il nous semble impossible de méconnaître, c'est l'enseignement de l'histoire. Les lois liciniennes ne sont pas tombées comme un coup de foudre sur le Forum; elles s'expliquent par une longue suite de faits politiques qui se succèdent sans interruption depuis la rogation de Spurius Cassius. La loi cassienne était prématurée. Les magistrats amis du peuple, tribuns, consuls même, en demandent l'exécution partielle, l'obtiennent quelquefois; puis quand est venu le moment où les plébéiens *forcent enfin les portes de la cité politique*, on généralise des mesures incomplètes. Il ne s'agit pas d'une innovation brusque, inique, incompréhensible; trente rogations ont préparé la loi licinienne.

Enfin il est impossible de se méprendre sur le caractère de la loi *Sempronia*. L'épitome de Tite-Live dit formellement : « *Ne* « *quis plus quam quingenta jugera agri publici possideret* (1). — « Et le témoignage de Cicéron est irréfragable : *Tiberium et* « *Caium Gracchos plebem in agris publicis constituisse, qui agri* « *a privatis antea possidebantur* (2). — » Or, il est certain que la loi de Tiberius Gracchus reproduisait la loi de Licinius Stolon : Appien le dit positivement (3). Les événements antérieurs et postérieurs mettent donc les lois liciniennes dans leur véritable jour.

Je passe à l'examen critique de la loi agraire, telle qu'elle a été refaite par Niebuhr.

On limitera d'une manière bien déterminée l'ager publicus. Cette disposition n'offre rien que de vraisemblable, et je ne vois pas pourquoi M. Macé la traite si rigoureusement dans son histoire des lois agraires. Licinius laissait cinq cents arpents à chaque possesseur; était-ce un motif pour fermer les yeux sur les usurpations à venir? Était-ce un motif pour ne pas mettre un terme à cette confusion déplorable qui facilitait les envahissements et compromettait la fortune publique?

On revendiquera pour la République les terres usurpées par les particuliers. C'est bien là le principe; mais la restriction doit suivre la règle. « A quoi bon, dit M. Macé, déclarer qu'on laisse

(1) 4. VIII.
(2) De leg. agr. II, 5.
(3) 1. 9.

« cinq cents arpents aux anciens possesseurs? Il y a là contra-
« diction flagrante. — » C'est une chicane puérile; Niebuhr sait
bien qu'on abandonne cinq cents arpents aux anciens possesseurs; l'Etat revendique le reste, et voilà tout.

*Les terres dont la propriété est en litige seront vendues, et le
prix partagé entre les particuliers et l'Etat.* Ici j'abandonne
complétement Niebuhr. Ce troisième article ne s'appuie sur aucun
texte; et je ne vois pas comment on pourrait l'établir par voie
d'induction.

*Toute possession qui n'excède pas les limites fixées par cette loi,
et qui n'est ni violente, ni cachée, ni précaire, doit être garantie
contre les tiers.* Niebuhr veut précisément marquer par là quelle
est l'origine des interdits. Il nous semble, en effet, très-plausible
de rattacher la création des interdits aux concessions de l'*ager
publicus.* J'irai plus loin; la question a pu se présenter à l'occasion des lois liciniennes. Il fallait protéger cette possession désormais reconnue par le législateur. Mais il faut bien remarquer,
1º Que la naissance des interdits serait antérieure à l'invention
de la préture; 2º Qu'on avait déjà pu sentir la nécessité de garantir les terres domaniales. — Néanmoins, je le répète, on s'entendait pour la première fois sur les droits respectifs de l'Etat et
des possesseurs; on les déterminait pour la première fois; qu'on
ait voulu dès-lors organiser tout un système, c'est une conjecture
vraisemblable.

*A l'égard des terres nouvellement conquises, si elles n'ont pas
été laissées en la possession des anciens propriétaires, si on ne les
a pas distribuées à la commune, si on n'y a point établi de colonie,
tout Romain est autorisé à en prendre possession, à la charge de
ne point excéder les limites déterminées par la présente loi.* Cette
fois encore Appien et Tite-Live ne disent rien de pareil, et je ne
sais pas si Niebuhr a comblé fort heureusement cette lacune. Les
terres dont il s'agit étaient *res nullius.* Elles appartenaient donc
au premier occupant. Mais la restriction des cinq cents jugères n'a
rien à faire ici. Jamais ces terres n'ont fait partie du *subsecivum.*

*Nul ne possèdera sur le domaine plus de cinq cents jugères de
terres arables ou vergers.* M. Macé remarque avec raison que
Niebuhr ajoute le mot *vergers* au texte d'Appien sans s'appuyer
sur la moindre autorité. J'ajoute immédiatement cet autre article
de la loi de Niebuhr. — *Tout ce que les particuliers possèdent au-
delà de cinq cents jugères, sera réparti en lots de sept jugères et
assigné aux plébéiens en toute propriété.*

Examinons le caractère de ces deux concessions, et, d'abord, fixons-nous sur la quotité des terres réparties entre les citoyens. Une phrase d'Aurelius Victor restreint à cent arpents les cinq cents jugères de Tite-Live. — Les anciennes éditions de Varron, de Pline le Jeune, de Columelle, portent *quinquaginta jugera*, au lieu de *quingenta*, cinquante au lieu de cinq cents. A ces textes on oppose un texte de Caton l'Ancien, conservé par Aulu-Gelle (1). Le censeur soutient qu'on ne doit pas punir une simple intention. Voici ses paroles : — « Où trouver, dit-il, une loi « assez inexorable pour dire : — Quiconque aura souhaité de « posséder plus de cinq cents arpents sera condamné. — » Nous trouvons, d'ailleurs, l'expression répétée dans Tite-Live : — *Lex licinia de quingentis jugeribus*. Mais l'argument historique est encore le plus convaincant. La loi Sempronia n'est qu'un retour aux lois liciniennes et le chiffre de la loi Sempronia ne saurait être contesté. Mais pour cet excédant qu'on va répartir entre les pauvres, où Niebuhr a-t-il pris le chiffre de sept jugères? Là-dessus Tite-Live ne dit rien de précis et Appien ne dit rien du tout. M. Macé présume que ces assignations devaient varier suivant la valeur et l'étendue des terres à partager.

Ce qui est plus important à déterminer, c'est la nature de ces concessions. Voici cinq cents jugères de terres arables abandonnées sur le domaine public. Quelle est la situation juridique des détenteurs? Sont-ils propriétaires? Non sans doute. Les lois liciniennes sont faites dans l'intérêt du domaine; elles consacrent ce même principe que Spurius Cassius a si hardiment posé vingt-six ans après l'expulsion des rois. L'Etat n'exproprie pas à Rome. Plus tard, si la nation l'ordonne, les cinq cents arpents feront retour au domaine; la nation ne saurait effacer son titre. Peut-être possédiez-vous précisément cinq cents jugères? Que ce fût en vertu d'une vente ou d'un bail consenti par l'Etat, ou bien en vertu d'une usurpation, peu importe. La nation valide votre titre, mais elle ne transforme pas vos droits. Elle veut bien fermer les yeux sur l'origine de votre possession, elle ne veut pas l'ériger en propriété. Que si vous possédiez plus de cinq cents jugères, il y a là pour l'Etat une présomption d'usurpation; et quand même vous prouveriez votre titre, l'Etat, en résiliant sa vente ou son bail, ne fait qu'exercer son droit.

(1) VII, 3.

Niebuhr l'a démontré jusqu'à l'évidence ; comment donc s'est-il
contredit jusqu'à voir une *aliénation* dans l'assignation aux citoyens pauvres ? Un citoyen, possesseur d'un champ modique, en
vertu d'une vente antérieure à la loi licinienne, ne pourrait
qu'obtenir une confirmation de son droit : et celui qui reçoit
une même étendue de terrain en vertu de la loi, va se trouver
investi d'un droit de pleine propriété! Ou le domaine est aliénable,
ou il ne l'est pas. S'il l'est, pourquoi Niebuhr ne voit-il pas une
aliénation dans la concession des cinq cents jugères. S'il ne
l'est pas, pourquoi voit-il une aliénation dans la seconde répartition de l'*ager publicus*?

Le concessionnaire n'est donc pas un propriétaire. Mais il
s'agit de bien déterminer la nature et l'étendue de son droit.
Notre théorie est en germe dans un fragment d'Appien. — « La
« partie cultivée était adjugée soit à titre gratuit, soit par vente,
» soit par bail à redevance. Quant à la partie inculte... on en
« abandonnait la jouissance à qui voulait la défricher et la cul-
« tiver, en réservant au domaine la dixième partie des moissons
« et la cinquième partie des fruits perçus (1). » — D'après ce
texte, je distingue :

1º *Les terrains vendus.* Bien que la vente n'aboutît jamais à une
translation de propriété, on avait peine à se plier à l'idée d'une
vente. Ce texte de Festus est souvent cité : « *Venditiones olim*
« *dicebantur censoriæ locationes, quod velut fructus publicorum*
« *locorum veniebant.* » Qu'est-ce, en effet, qu'une vente où le
vendeur peut expulser son ayant-cause? Cette *venditio* n'était
qu'un bail indéfini; la redevance perçue par le trésor en est un
témoignage assuré.

2º *Les terrains donnés à bail par les censeurs.* Ce bail aux enchères était conclu tantôt pour un temps fort court, tantôt pour
un temps plus long. Il est singulier que Niebuhr veuille absolument le restreindre à la durée d'une censure.

3º *Les terrains donnés à bail emphytéotique.* Que la République
ait traité de bonne heure à bail emphytéotique, pour quatre-
vingt-dix-neuf ou cent ans, je ne vois là rien d'invraisemblable.
M. Macé dit fort bien : — « Lorsque l'on mettait en adjudication
« un territoire que la République venait de conquérir après
« d'horribles ravages... il est évident que tout était à faire : les

« maisons à relever, les arbres à replanter, les clôtures à réta-
« blir, la terre à débarrasser de ses ruines pour qu'elle devînt
« productive... Dans ces circonstances, les baux à longs termes
« étaient seuls possibles. » — M. Pepin-Lehalleur a su très-bien
trouver l'origine de l'emphytéose dans les concessions de l'*ager
publicus*.

4° *Les terrains baillés à rentes convenancières*. Ce sont précisément ces terres incultes du domaine dont la Nation abandonnait
la jouissance à qui voulait les défricher, en réservant au trésor
la dixième partie des moissons et la cinquième partie des fruits
perçus. Le convenancier n'a pas de terme assigné comme l'emphytéote. Que si l'Etat reste propriétaire du fonds, la superficie
appartient au preneur; c'est lui qui a bâti sur un sol inhabité,
qui a fertilisé cette terre stérile. On pourrait donc admettre, sans
rompre avec les principes, que ce tenancier ne saurait être expulsé sans indemnité. Concessionnaire d'un sol nu, il crée une
valeur sur laquelle l'Etat n'a rien à prétendre.

5° *Les terrains concédés à titre gratuit*, moyennant le paiement
d'une redevance insignifiante. Nous en avons déjà parlé dans
le premier chapitre. L'Etat, bien entendu, n'abdiquait pas son
droit de retrait.

Examinons maintenant à quelles conditions était soumis
l'exercice du droit des possesseurs.

En premier lieu, cette possession ne pouvait engendrer la prescription à aucun égard. M. Giraud cite cette phrase d'Aggenus
Urbicus : — « *Jurisperiti... negant illud solum, quod solum populi romani esse cœpit ullo modo usucapi a quopiam mortalium
posse.* » L'imprescriptibilité découle de l'inaliénabilité.

En second lieu, cette concession ne pouvait empêcher le droit
des possesseurs d'être assujetti à certaines restrictions.

Sur cette étendue de terres, que détient chaque concessionnaire,
on ne pourra pas faire paître plus de cent têtes de gros bétail,
plus de cinq cents de petit. C'est bien là la traduction la plus conforme au texte d'Appien. Niebuhr, et M. Duruy dans sa remarquable histoire des Romains, préfèrent une autre interprétation :
— « Nul n'enverra aux pâturages publics plus de cent têtes de
« gros bétail..., etc. » — D'après le sens que j'adopte, d'accord
avec M. Macé, cette disposition de la loi licinienne serait une mesure d'économie rurale propre à empêcher la conversion de terres
arables en prairies. Voilà donc une première restriction.

La seconde a trait aux redevances. Niebuhr raisonne avec assez de vraisemblance, d'après un chapitre d'Appien : *Le possesseur du domaine acquittera la dîme pour les terres arables*, comme on peut le voir dans les Verrines. On sait que les Publicains s'appelaient aussi *Decumani*. — *Le possesseur paiera un impôt du cinquième pour les vergers et vignobles* (1). La perception se faisait tantôt en argent, tantôt en nature (2). Les Publicains devaient s'entendre avec les possesseurs sur la redevance à fournir.

La dernière restriction que la loi licinienne mit au droit des possesseurs était une mesure politique de la plus haute portée. — « *Tout possesseur sera tenu d'employer sur ses terres, un* « *nombre d'hommes libres, proportionné à l'étendue de ses biens.* » — Il s'agissait d'empêcher l'extinction de ce tiers-état romain, à l'étroit entre les *latifundia*, décimé par des guerres ardentes, souvent pauvre et sans travail au retour du combat. Il s'agissait de conserver des bras libres au sol de l'Italie. Montesquieu, d'un mot, a flétri l'esclavage : « Il me semble que, quelque pénibles « que soient les travaux que la société exige, on peut tout faire « avec des hommes libres (3). » Cette dernière disposition était donc empreinte d'une profonde sagesse.

Voilà quelles règles établissait la loi licinienne sur l'aliénation et la prescription des biens de l'Etat.

Mais cette loi fut-elle exécutée? Tout le monde sait que Licinius Stolon, lui-même, fut condamné à une forte amende pour en avoir violé les prescriptions. Beaufort affirme, un peu témérairement, que ce fut la seule condamnation de ce genre; j'extrais ce passage des lois agraires de M. Macé. — « En 296, dit Tite-Live, « plusieurs citoyens furent mis en jugement par les Ediles, parce « qu'ils possédaient plus de terres que la loi ne le permettait. » Cette loi est évidemment la loi licinienne. « ... En 295, les Ediles « plébéiens, Ælius Pætus et Fulvius Curvus, condamnèrent à « l'amende les fermiers du domaine et surtout des pâturages, « parce qu'ils avaient fait ou laissé paître sur les terres publiques « plus de troupeaux que la loi ne le permettait.... En 292, des « condamnations semblables sont prononcées contre les fermiers « des pâturages. » — Nous avons une preuve plus décisive encore

(1) App. *de bello civili*, 1, 7
(2) Cf. T. L. XXVII, 3.
(3) *Esprit des lois*. XV, 8.

dans un fragment de Caton, conservé par Aulu-Gelle : — « *Quæ*« *tandem lex est tam acerba quæ dicat*.... *Si quis plus quingenta* « *jugera habere voluerit, tanta pœna esto*.... » La loi était donc encore en vigueur du temps de Caton l'Ancien.

Je mentionne ici simplement les distributions de terres faites en 338, 332, 275, 200, 172, 144. Ce sont là des mesures partielles dont le sénat prend ordinairement l'initiative ; déjà, quelquefois, comme en l'an 200, pour récompenser une armée victorieuse, le plus souvent, sans doute, pour calmer les murmures populaires sur les usurpations nouvelles.

En l'an 133, Tibérius Gracchus fut nommé tribun. Quelles furent les causes de la loi Sempronia ?

L'agonie de la liberté romaine allait commencer ; la plèbe intelligente et vigoureuse des premiers temps s'était éteinte dans les dernières luttes contre l'Italie et dans la guerre contre Carthage.. La classe moyenne était détruite. Ce qu'on appelait désormais la classe moyenne, c'était cette sorte d'hommes que Montesquieu a flétris dans le dernier chapitre du livre treizième de l'*Esprit des lois* : « Tout est perdu lorsque la profession lucrative des traitants « parvient encore par ses richesses à être une profession honorée... « Un dégoût saisit tous les autres états ; l'honneur y perd toute « sa considération ; les moyens lents et naturels de se distinguer « ne touchent plus, et le gouvernement est frappé dans son « principe. » On en était arrivé là. Mais cet ordre chargé par l'État de lever la dîme et la redevance dues pour la jouissance des terres domaniales, les droits pour l'exploitation des salines et des mines, l'impôt foncier dû pour toute propriété non quiritaire, etc., etc., n'était qu'une seconde aristocratie ; aristocratie d'argent, aristocratie bâtarde, prête à subir toutes les hontes, et soupirant après un maître. Le vrai peuple romain était mort à Trasimène, à Cannes, à Zama, dans la Cisalpine, en Espagne. En revanche, dans la première guerre punique seulement, Duilius avait fait huit mille prisonniers, Manlius et Regulus quarante mille, Lutatius trente-deux mille. De 241 à 210, dit un historien, cent mille affranchis entrèrent dans la société romaine. — « Silence, leur disait au Forum Scipion « Emilien, vous que l'Italie ne reconnaît pas pour ses en-« fants ! Ceux que j'ai amenés ici enchaînés ne m'effraieront pas « parce qu'on leur a ôté leurs fers. » Tiberius Gracchus rêva la résurrection de cette plèbe anéantie.

Cicéron cite un mot du tribun Philippe : — « *Non esse in civi-* « *tate duo millia hominum qui rem haberent.* » — En effet, avec le tiers-état romain, avait disparu la petite propriété. Cette populace venue de tous les coins du monde; cette nation d'affranchis, de gladiateurs, de citoyens oisifs et misérables, n'était pas pour conquérir péniblement un domaine de quelques arpents aux dépens des *latifundia*. Les distributions faites par les Ediles, les patrons, les candidats, commençaient à dispenser la plèbe du travail. Les grands capitalistes se gardaient bien de l'appeler aux champs. — « Ils achetaient ou prenaient de force les terres « situées à leur convenance, dit Appien, et les héritages de tous « les pauvres gens leurs voisins. » Et qui venait cultiver ces héritages ? Les esclaves.

Je ne prétends pas que la grande propriété doive aboutir à la ruine de l'agriculture; au contraire, je conçois la grande propriété dans un état aristocratique où le travail est aux mains des hommes libres. Mais dans une société rongée par l'esclavage! dans un état qui devient chaque jour plus démocratique! quel contresens politique! Les comices par tribus tendent à se substituer aux comices par centuries; l'armée devient une puissance et s'isole des honnêtes gens; les plus étranges plébiscites vont sortir de la confusion du scrutin populaire. Que va faire l'aristocratie de cette foule oisive et menaçante? L'aristocratie se ruine elle-même en absorbant la petite propriété; comme elle garde seule un intérêt au maintien des lois, la République finira par se transformer en un gouvernement de caserne, où les grands paieront de leur sang les anciennes usurpations.

Tiberius entreprit de reconstituer, par une loi agraire, la classe moyenne et la petite propriété. Mais la situation générale n'était plus la même qu'au temps des lois liciniennes.

De grands esprits étaient déjà convaincus, prématurément peut-être, de l'inutilité d'une telle tentative. Sans rester spectateurs immobiles de la chute des libertés publiques, quelques hommes, comme Scipion Emilien, cherchaient un autre moyen de régénération. Rome était la dominatrice de la péninsule; il fallait en faire la capitale de l'Italie. Les municipes contenaient une classe moyenne, une population plus saine et plus romaine que le peuple même de Rome. Il fallait mettre l'Italie sur un pied d'égalité parfaite avec la ville conquérante. On devait bien finir par là, mais à quel moment? Quand la classe moyenne et la petite propriété auraient aussi disparu de l'Italie, c'est-à-dire quand la révolution ne pourrait plus sauver l'Etat. Cette fois, en tout cas, Tiberius Gracchus était l'ennemi le plus dangereux d'une pareille réforme. Sa loi frappait avant tout les Italiens.

C'était d'abord une reproduction de la loi licinienne. Nul ne possèdera plus de cinq cents arpents de terres conquises. Nul ne fera paître sur ses terres plus de cent têtes de gros bétail et plus de cinq cents têtes de petit. Chacun aura sur ses terres un certain nombre d'ouvriers de condition libre. Mais la loi *Sempronia* différait en plusieurs points de la loi licinienne.

1° Ces terres seront concédées irrévocablement (1). Appien est formel. C'était une grave innovation. La rogation de Tiberius ouvre une nouvelle ère dans l'histoire romaine. C'était la première brèche faite au vieux principe d'inaliénabilité : disons mieux, le domaine cessait d'être inaliénable. Sans doute, on peut y voir un inconvénient. D'une part, l'Etat serait désormais mal protégé contre les envahissements des grands. D'autre part, les généraux vainqueurs et les tribuns démagogues ne se feraient pas faute de suivre un pareil exemple. Néanmoins, je ne saurais blâmer Tiberius de cette initiative. Je ne conçois pas très-bien ce principe de l'inaliénabilité dans le droit public d'un pays. Quand l'Etat loue, quand il donne à bail emphytéotique, qu'il conserve les droits ordinaires d'un bailleur, rien de mieux ; mais quand il vend, qu'il puisse évincer, qu'il ne soit pas tenu de respecter son contrat, voilà ce que je ne saurais admettre. Dans la sphère de la théorie pure, je ne comprends pas mieux la règle de l'imprescriptibilité. Les lois sont là pour l'Etat comme pour les autres. Que ne s'en sert-il pour revendiquer ses droits ? J'avoue, cependant, que dans la législation romaine, quand l'institution du ministère public manquait à la nation, quand la durée de l'usucapion était si courte, quand les usurpations des grands étaient si faciles, les règles de l'imprescriptibilité devenaient singulièrement justifiables. Du reste, Tiberius ne pose pas un nouveau principe en face du principe vaincu. Le législateur romain ne procède pas ainsi. Les principes du droit public ne sont pas gravés sur le bronze, mais dans les mœurs de la nation. La dérogation spéciale de la loi *Sempronia* modifie aussi profondément un article de la constitution romaine que la plus générale des dispositions législatives.

_____

(1) App. *de bello civili.* I, 2.

D'ailleurs il était difficile à Tiberius d'agir autrement : le mal était si terrible, les grands si profondément irrités, que la loi ne pouvait se passer de quelques tempéraments. On sacrifiera donc les droits du domaine! L'éclatante consécration des usurpations rendra le retrait moins douloureux aux possesseurs. C'est, sans doute, à ce prix qu'on avait obtenu le concours d'Appius, ancien censeur; de Licinius Crassus, grand pontife; du jurisconsulte Scœvola, consul, et de quelques graves sénateurs.

Si les lots étaient irrévocablement concédés, chaque possession devenait propriété quiritaire; la conséquence est évidente; ces lots ne devront aucune redevance au trésor. Il est vrai que l'immense accroissement des revenus publics autorisait une pareille libéralité.

Les détenteurs des terres publiques garderont deux cent cinquante arpents pour chacun de leurs enfants mâles.

C'était encore une concession faite aux grands capitalistes; mais il y avait là quelque idée politique. On peut y voir en germe tout un système de lois de l'époque impériale. — « Ainsi, dit un « historien, l'aisance d'une famille aurait augmenté avec le « nombre même des enfants; tandis que dans l'état misérable « où étaient réduits les plébéiens, chaque enfant qui naissait « augmentait les charges et la misère de la famille. »

La rogation promettait une indemnité. Cette indemnité, l'allouait-on pour le prix des terres cédées? Oui, d'après Plutarque; mais on s'accorde pour adopter la version d'Appien. L'indemnité ne serait allouée aux possesseurs que pour les dédommager des dépenses utiles. Le trésor, dit-on, n'aurait pas suffi au rachat des terres publiques; et, d'ailleurs, y aurait-il eu sagesse de la part de l'Etat, à racheter ce qui lui appartenait, c'est-à-dire, la propriété du fonds que personne ne lui contestait? Je sais que Plutarque n'est pas le plus véridique des historiens; mais je suis bien tenté de me rallier à son opinion. Tiberius lance d'abord ses rogations avec des ménagements infinis; il craint de heurter des préjugés terribles, de puissants intérêts; il a tout fait pour se concilier le parti modéré du sénat, jusqu'à sacrifier les droits les plus incontestables de la nation. Il a reconnu le droit de propriété sur les cinq cents jugères; il était logique d'aller jusqu'au bout et de voir dans l'exercice du droit de l'Etat une sorte d'expropriation que devait accompagner une juste et préalable indemnité. M. Macé objecte que le projet ainsi conçu n'était pas exécutable. En effet, ce projet n'a pas reçu d'exécution.

Ce que l'État aura recouvré sera distribué aux pauvres par des triumvirs que l'on changera tous les ans. Ces nouvelles distributions entraînaient-elles des concessions irrévocables ? J'en suis bien convaincu. Le principe de l'inaliénabilité du domaine abandonné pour les riches ne pouvait pas être maintenu pour les pauvres.

Reste une dernière disposition du projet, que M. Macé qualifie étrangement de disposition fort sage. Tiberius défendait aux citoyens de vendre la portion qui leur aurait été assignée. — « Sans cette prudente restriction, ajoute M. Macé, les plébéiens « eux-mèmes n'auraient pas gardé les terres qui leur au- « raient été accordées. Pressés de jouir, ils les auraient vendues « aux grands, et l'inégalité excessive que le sage tribun essayait' « de combattre aurait promptement reparu. » On n'imagine pas d'utopie plus singulière. Cette disposition pouvait-elle être un moment respectée ? Quelle en serait la sanction ? Les vertus domestiques et les mœurs des nouveaux Romains ne pouvaient plus autoriser une semblable illusion.

En tout cas, si tel était le projet, telle ne fut pas la loi. Je n'essaierai pas de raconter, après tant d'autres, l'opposition d'Octavius, le rapport de Tiberius au sénat, l'appel au peuple, et le vote des tribuns qui déposèrent Octavius. Grâce aux violences tribunitiennes, la loi passa, mais singulièrement amendée. Tiberius, dès qu'il avait vu son collègue opposer un *veto*, s'était hâté de supprimer les dispositions conciliatrices, c'est-à-dire, tout ce qui concernait : 1° l'indemnité ; 2° l'abandon des arpents aux détenteurs et à leurs fils. Ainsi le raconte Plutarque. MM. Michelet et Duruy ne voient là rien que de plausible. M. Macé, fort du silence d'Appien, déclare le fait entièrement controuvé. Voici son principal argument : « Demander l'expulsion des riches posses- « seurs des domaines, c'était de.la folie, et Tiberius n'était pas « fou. » Tiberius n'était pas un fou, mais un ambitieux sans expérience qui perdit ses lois par ses fautes.

Peu de temps après l'acceptation de la loi agraire, Tiberius fit décréter que les trésors d'Attale seraient distribués aux citoyens à qui le sort donnerait des terres pour couvrir les premiers frais de culture. Tous ces biens du roi de Pergame devaient être vendus, et l'argent qui proviendrait de la vente employé à l'achat de bêtes de somme et d'instruments aratoires. Tiberius voulait faire le rapport sur le royaume de Pergame à l'assemblée du peuple. C'était encore une mesure révolutionnaire. Pour mettre le comble à la fureur des grands, il promit le pouvoir judiciaire aux chevaliers. Le sang coula dans Rome, et Tiberius fut tué par les sénateurs. Cependant on lui substitua comme triumvir Licinius Crassus, et sa loi ne fut pas révoquée.

· Mais les triumvirs ne pouvaient arriver à faire exécuter la loi. Il faut voir dans Appien (1) le tableau des inextricables difficultés qu'ils rencontrèrent. Dénonciations, procès, délimitations des domaines privés, chaos de mutations et de translations respectives de propriétés, tout rendait leur tâche impossible. Les Italiens blessés dans leurs droits recoururent au grand citoyen de Rome. Sur la proposition de Scipion Emilien, les fonctions des triumvirs furent confiées au consul Tuditanus. Scipion Emilien fut assassiné.

Sous le tribunat de Caius, la loi de Tiberius fut renouvelée. — « Ce fut sans doute par suite des difficultés que cette loi rencon-« trait, dit M. Macé, que Caius eut recours à la fondation des « colonies, comme à une compensation pour les pauvres, qui ne « pouvaient obtenir des terres près de Rome. » Cependant, après la mort du dernier des Gracques, la grande question des lois agraires ne pouvait rester indécise. L'aristocratie mit quinze ans au moins, vingt et un ans au plus à renverser l'œuvre de Tiberius.

Une première loi permit à chacun de vendre son lot. Cela devait nécessairement arriver. Tous ces héritages pouvaient-ils rester hors du commerce? Le principe de l'inaliénabilité pouvait-il être un moment respecté? C'était, comme on devait le prévoir, le premier échec à la loi *Sempronia*.

Un peu plus tard, un tribun fit passer cette loi. — « On cessera « de diviser le domaine public; les détenteurs resteront en « possession de ce qu'ils conservent encore, à la condition de « payer une redevance qui sera distribuée au peuple. » — Les érudits ont beaucoup discuté sur le nom du tribun. Appien l'appelle Thorius; par malheur, Cicéron dit précisément dans son Brutus que Thorius déchargea de toute redevance les terres du domaine. Enfin, la loi Thoria, retrouvée, restaurée, reconstituée, donne un démenti formel à l'historien grec. M. Dureau de Lamalle lit : « *Varius*, » et M. Duruy : *Borius*; » En tout cas, la loi, qui passa sans difficulté, dénote bien l'état des mœurs

(1) *De bello civ.* XIII, 19.

romaines à cette époque. Plus de lois agraires! C'est un remède énergique que la plèbe ne saurait supporter. A la place des lois agraires, une taxe des pauvres, un *congiarium*. « *Vos vero,* « *quirites, si me audire vultis, retinete istam possessionem gra-* « *tiæ, libertatis, suffragiorum, dignitatis, urbis, fori, ludorum,* « *festorum dierum, cœterorum omnium commodorum* (1). »

En 108, vint la loi Thoria : l'œuvre de Tiberius était détruite; et pourtant la loi Thoria ne fait que développer un principe posé par le premier des Gracques. La propriété de l'*ager publicus* est définitivement garantie; toute conversion des terres publiques en domaines privés est rétroactivement sanctionnée. C'est le tribun cher au peuple, qui lui-même a commencé cette révolution. « *Arcanum imperii evulgatum,* » comme dit Tacite. Mais au moins Tiberius n'allait pas sans quelque ménagement; sa mesure était unique, exceptionnelle, et justifiée par toute une suite de grands projets. Ici la mesure est généralisée. Voici la théorie nouvelle : prendre le domaine tel qu'il était en l'année 133, sauf les changements introduits par quelques actes d'exécution; anéantir toutes les mesures restrictives imaginées par les Gracques; achever le triomphe de la grande propriété en transformant les titres des possesseurs.

Désormais que pouvait faire le tribun Philippe avec une rogation nouvelle? L'ancien domaine était presque à l'abri des lois agraires. Ces lois devaient prendre un caractère inconnu jusqu'alors; le projet de Saturninus inaugure cette dernière période.

Marius venait d'abattre les Cimbres; la Cisalpine devenait romaine. Saturninus proposa la distribution des terres de cette province (2). Il demandait, en outre, que les vétérans de Marius reçussent cent jugères en Afrique, et que des colonies fussent envoyées en Sicile, en Macédoine, en Achaïe (3). Là, le tribun n'osait pas s'armer du droit que l'orgueilleuse théorie des jurisconsultes attribuait à la nation. Comment dépouiller ces populations tranquilles qui n'avaient pas même l'idée des droits imprescriptibles du peuple romain sur l'univers entier? Quant aux terres que l'Etat s'était réservées à lui-même, il était à peu près impossible d'en retrouver la trace dans ces trois provinces.

(1) *In Rullum*, II, 27.
(2) Appien : *de bello civili.* I, 29.
(3) Aurel. Victor. de Vir illust. 73.

Saturninus proposait donc *d'acheter* des terres en Sicile, en Achaïe et en Macédoine. La loi ne fut pas exécutée; seulement Marius, au dire de Plutarque (1), donna quatorze jugères à chaque vétéran. Saturninus avait promis mieux. Marius répondit aux mécontents : — « A Dieu ne plaise qu'il y ait un seul Romain « qui trouve trop petite une portion de terre qui suffit à sa « nourriture! »

Deux autres propositions n'eurent pas plus d'effet. J'arrive au consulat de Cicéron.

Les lois agraires générales devenaient de moins en moins exécutables ; les lois partielles n'avaient pas d'autre résultat que d'épuiser les finances publiques. Aussi, de pareilles propositions n'étaient plus faites que par des tribuns, ardents à servir les intérêts des grands conspirateurs ou prêts à bouleverser Rome pour leur propre compte. On peut discuter sur les vues des Gracques ; mais l'histoire a jugé Saturninus et Rullus. Quand on voit César achever leur œuvre, on sait de quel côté devaient se trouver les amis des lois.

M. Macé, qui défend Rullus, a mal compris la situation de la République à cette époque. L'équilibre était rompu depuis les Gracques. Dès lors, il fallait aboutir à une aristocratie ou à une démocratie. Les grands luttèrent longtemps ; le sénat, malgré ses violences et ses faiblesses, représentait encore la liberté; mais la plèbe et l'armée n'avaient pas besoin de la liberté. César se fit démagogue et soldat. Cicéron agit en citoyen en combattant les propositions de Rullus : je vais suivre pas à pas M. Macé, qui professe un avis contraire.

Le principe général était celui-ci : — « On commencera par « vendre les terres récemment conquises et quelques autres « domaines peu productifs pour l'Etat, ou impossibles à par- « tager entre les citoyens; et avec l'argent qui proviendra de « ces ventes, on achètera des terres qui seront distribuées « ensuite aux citoyens pauvres. » — Vendre pour acheter, voilà qui peut paraître bizarre. Mais tout s'explique quand on songe que les amis de Rullus, ces amis bien plus dangereux pour le sénat que Rullus lui-même (2), ont besoin d'avoir sous la

(1) Vie de Crassus.
(2) *In Rullum*, I, 7. *Si quem magis quam Rullum timetis* (César ou Catilina).

main une populace toute prête à servir leurs intérêts. Qu'alié-
nera-t-on? Les terres éloignées, situées en Asie et en Afrique!
Il s'agit de reconstituer un domaine public en Italie. Dans l'intérêt de la nation? Non pas, vraiment. Ce domaine on le parta-
gera sur le champ entre les créatures de Rullus et de César.
La loi n'aura même pas ce bon côté d'éloigner du théâtre des
tempêtes politiques la lie de la ville éternelle. S'il en devait
être ainsi, Rullus ne l'aurait pas proposée.

On vendra d'abord une forêt de la Campanie, reconnue impartageable. Cicéron proteste. C'est la dernière propriété nationale en Italie! Ensuite, on vendra les terres domaniales en
Grèce, en Macédoine, en Espagne, en Afrique, en Paphlagonie,
en Cappadoce, dans le royaume de Pont. Qui les vendra? Dix
hommes armés d'un pouvoir illimité qui pourront traiter secrè-
tement avec les acquéreurs et aux conditions qu'il leur plaira.
Les censeurs ne peuvent donner à ferme les domaines de
l'Etat que sous les yeux du peuple, et les décemvirs pourront
les vendre aux extrémités du monde romain! Autre source de
spéculation honnête; les décemvirs imposeront à leur gré les
terres publiques.

« *Quo in judicio*, dit très-bien Cicéron (1), *perspici non potest*
« *utrum severitas acerbior an benignitas quæstuosior sit futura...*
« *Nunc quisnam tam abstrusus usquam nummus videtur, quem*
« *non architecti hujusce legis olfecerint? Provincias, civitates li-*
« *beras, socios, amicos, reges denique exhauriunt; admovent*
« *manus vectigalibus populi Romani. Non est satis.* »

Ce n'était pas assez. Rullus exigeait que tout général rendît
compte aux décemvirs du butin qu'il aurait fait, et leur remît
tout ce qui n'aurait pas été employé à des monuments publics ou
déjà versé dans le trésor. On exceptait Pompée. Que les généraux
rendissent compte, rien de mieux, mais qu'ils rendissent compte
aux décemvirs! « *Referre in ærarium lex vetat*, dit Cicéron,
« *prohibet exigi* (2). » C'est-à-dire, l'argent qui proviendra des
comptes rendus par les généraux et de la vente des terres domaniales devra être immédiatement employé à l'achat des terres en
Italie, sans qu'aucun magistrat puisse en demander la remise aux
décemvirs, même pour le verser dans le trésor. Voilà donc les

(1) *In Rullum* I, 4.
(2) *In Rullum* II, 27.

revenus publics détournés de leur destination naturelle, sans qu'on affecte d'autres recettes aux dépenses ordinaires de l'Etat. Ce n'était pas un mince embarras pour le gouvernement de la République.

Avant tout, Rullus laissait dans le vague le maniement des fonds abandonné aux commissaires. On n'établira pas *tant* de colonies dans *tels* lieux avec un chiffre approximatif des dépenses. A Dieu ne plaise! « *Quæ in municipia, quasque in colonias de-* « *cemviri volent, deducant colonos quos volent et iis agros assi-* « *gnent, quibus in locis volent.* » — « Ainsi, dit le consul, quand « l'Italie sera la proie de leurs soldats, votre pouvoir est compro- « mis, c'est peu; vos libertés sont perdues. Qui nous dit, s'écrie- « t-il ailleurs, qu'ils ne vont pas établir une colonie sur le « Janicule? » — En tous cas les décemvirs annoncent leurs pro- jets sur Capoue. Cicéron s'effraie à tort, dit M. Macé. Mais les souvenirs de la guerre sociale pesaient encore sur la triste Italie. La colonie fondée à Capoue par César allait devenir le foyer de toutes les intrigues. C'était une seconde cité politique, refuge et capitale des conspirateurs.

Je laisse de côté la composition même de la commission, le mode d'élection des décemvirs, les exceptions de tous genres introduites en faveur de Pompée; je ne fais pas l'histoire des lois agraires proprement dites, mais seulement l'histoire des règles qui concernent l'aliénation du domaine de la République. Il ne me reste plus qu'à critiquer la conclusion de M. Macé. « Le prin- « cipe de la loi était bon et louable; une loi agraire était urgente « pour calmer l'agitation du peuple, le relever de l'abrutissement « de la misère, délivrer Rome d'une populace turbulente et dan- « gereuse. » M. Macé peut-il le penser? Je vois une pensée politique dans la loi licinienne; les Gracques ont de grands projets; mais quel homme sérieux, au temps de Cicéron, pouvait croire à la régénération de la République par les lois agraires? A cette époque, une semblable tentative de réforme n'aboutissait qu'à de stériles agitations.

Flavius, trois ans après, proposait une nouvelle loi au nom de Pompée. Le sénat se montrait hostile; Cicéron s'interposait. Il s'agissait alors de rallier Pompée à l'aristocratie. Le triumvirat se préparait dans l'ombre; la proposition n'eut pas de suite. Mais la ligue se forma, malgré les honnêtes gens. Quelque temps après, César présentait sa loi; la ville se remplit de vétérans pompéiens. Deux tribuns furent blessés. Bibulus et Lucullus faillirent être

tués ; Caton fut trois fois chassé de la tribune par la violence.
Le projet du futur dictateur passa sans autre opposition. Le domaine public, surtout celui de la Campanie, sera partagé entre
tous les citoyens pauvres qui ont plus de trois enfants. On sup-
pléera à l'insuffisance de ces domaines avec l'argent que Pompée
a retiré de ses conquêtes. Vingt commissaires seront chargés de
ces opérations. César eut l'insolence de proposer à Cicéron une
place de commissaire.

Quelles furent les suites de cette loi *Julia?* M. Macé semble y
voir une restauration de la République. « Rome fut délivrée d'une
« populace insoumise et avilie; l'Italie se repeupla d'hommes
« libres; les mariages furent encouragés. Rome put espérer des
« recrues pour ses armées. Tous ces bienfaits furent obtenus par
« une seule loi. » — Nul, avant M. Macé, n'avait aperçu tous ces
résultats.

J'en ai fini avec la première espèce de lois agraires. Rien de
plus saisissant que cette histoire. Le domaine usurpé, laborieu-
sement reconquis par la nation, puis perdu de nouveau, puis irrévocablement acquis aux usurpateurs; les tribuns abusant d'un
nom cher au peuple; Rome ensanglantée; un grand orateur devenu l'organe des lois et le défenseur de la liberté contre la démocratie; enfin, César venant recueillir l'héritage des tribuns et
commençant la lutte suprême où les lois doivent succomber.
Voilà quels sujets j'ai dû rapidement effleurer. Ici le droit touche
à l'histoire.

CHAPITRE III.

LOIS AGRAIRES *(Suite)*.

SOMMAIRE. — Seconde espèce de lois agraires. — Colonies. — Caractère militaire des colonies. — Cérémonies de la fondation. — Erreur de Beaufort sur les colonies italiques. — Troisième espèce de lois agraires. — Dépossessions violentes en faveur des soldats. — Distributions de Sylla, de César et d'Antoine. — Nouvelle injustice de M. Macé. — Distributions des derniers triumvirs.

Il nous reste à parler des deux autres sortes de lois agraires; les unes aboutissent à la fondation des colonies; les autres à des expropriations violentes et à des distributions de terres aux soldats.

Qu'est-ce qu'une colonie romaine? Romulus, dit Beaufort, avait soin de décharger Rome d'une jeunesse inutile et d'une population indigente à laquelle il partageait les terres conquises en les établissant dans les villes qu'il avait dépeuplées. Cicéron peint d'un trait le système colonial des Romains. — « *Est operæ* « *pretium diligentiam majorum recordari : qui colonias sic ido-* « *neis in locis contra suspicionem periculi collocarunt, ut esse non* « *oppida Italiæ, sed propugnacula imperii viderentur.* » Les colonies de la République étaient toute militaires.

J'ai fait l'histoire des lois agraires proprement dites; c'était parcourir les diverses phases du droit public romain dans l'aliénation des terres domaniales. Je ne ferai pas l'histoire des colonies; ce serait me jeter dans de fastidieux détails dont le jurisconsulte n'a que faire. Je me contenterai de parcourir les principales règles de la législation romaine sur ce nouveau mode d'aliénation des terres du domaine.

Pour qu'on pût établir une colonie, il fallait un sénatus-consulte ou une loi; mais en principe le sénatus-consulte suffisait sans confirmation : en fait, le sénatus-consulte était souvent confirmé par une loi. — « Souvent aussi, dit Beaufort, les tri-
« buns du peuple ont porté la proposition de l'établissement d'une
« colonie devant les comices des tribus, malgré le sénat qui
« s'opposait à toutes les distributions, lesquelles ne se faisaient
« pas sous son autorité. Mais, d'un autre côté, le peuple, en
« raison de sa souveraineté, prétendait disposer de ce qui lui
« appartenait, et exerça très-souvent ce droit. »

Pour l'exécution du sénatus-consulte ou de la loi, le peuple nommait des commissaires, triumvirs, quinquévirs, décemvirs, etc. Ces commissaires étaient élus dans les comices par tribus. Leurs fonctions n'étaient incompatibles avec aucune autre dignité publique.

On dressait un rôle des citoyens désignés. Les commissaires les conduisaient ensuite rangés par compagnies et portant leurs enseignes, nous dit Plutarque. S'il n'y avait pas de ville dans le lieu déterminé par la loi, on traçait une enceinte. Une charrue attelée d'un bœuf et d'une génisse traçait un sillon. — « Ceux qui
« devaient peupler cette colonie suivaient la charrue et renver-
« saient en dedans de l'enceinte les mottes de terre qu'elle
« enlevait. On soulevait la charrue à tous les endroits qu'on
« destinait aux portes de la nouvelle ville. » — Après quoi l'on sacrifiait le bœuf et la génisse. Ce qu'on avait fait pour l'enceinte de la ville, on le faisait pour le territoire de la colonie tout entière. On a cité un passage des Philippiques de Cicéron où il reproche à Antoine d'avoir, en traçant ainsi le territoire de Casilinum, effleuré les portes de Capoue et enlevé à cette ville une partie de son territoire.

Quand une colonie manquait d'habitants, on pouvait très-bien envoyer des citoyens pour la repeupler ; mais ce qui n'était pas permis, c'était de renouveler toutes les cérémonies de la fondation dans un lieu déjà consacré.

« D'ailleurs, dit Beaufort, les Romains n'avaient pas toujours
« besoin de tracer ainsi l'enceinte et le territoire de leurs colo-
« nies, parce que la plupart du temps ils les établissaient dans

« des villes conquises, dont la situation leur paraissait la plus
« avantageuse, tant pour ceux qui devaient y habiter, que pour
« contenir dans le devoir le reste de la contrée. Quelquefois
« même on permettait aux anciens habitants de ces villes de se
« faire enrôler au nombre des colons, et alors, apparemment,
« on leur assignait une égale portion de terres, et on leur ac-
« cordait les mêmes priviléges qu'au reste des colons. »

Nous ne devons rien ajouter à ces courtes réflexions de l'historien ; elles sont raisonnables, et s'appuient sur des textes. Mais
Beaufort s'est mépris sur le caractère des colonies qu'il appelle
italiques. Il divise les colonies en romaines, latines, italiques. Je
n'insiste pas sur cette distinction qui me semble arbitraire; mais
quand il arrive à ces dernières, il s'étonne de les voir affranchies — « de la taxe sur les terres. » — « Cela ferait croire, dit-
« il, que ce droit italique était encore plus avantageux que les
« priviléges dont jouissaient les colonies romaines, chose pour-
« tant à laquelle il n'y a nulle apparence. » — On a longtemps
méconnu le vrai caractère du droit italique. Ce droit était précisément applicable aux colonies, il consistait à rendre leur territoire susceptible de propriété privée. Cette parcelle du sol provincial échappait tout naturellement à la redevance due par toute
propriété non quiritaire.

Heyne voit une troisième espèce de lois agraires dans les dépossessions violentes en faveur des soldats. Ces lois se distinguent
nettement des autres. 1º Elles sont exécutées aux dépens du domaine public et des propriétés particulières tout ensemble;
2º Elles sont l'œuvre de la volonté d'un homme, au lieu de
venir du sénat ou du peuple; 3º Elles ne profitent qu'aux
soldats.

Rome avait grandi par la conquête. Comme toutes les puissances militaires, elle vit sa constitution périr sous les coups des
soldats. Au temps de Marius, l'armée commençait à s'isoler du
peuple. Rome n'envoyait plus ses habitants au combat. Des légionnaires, partis de tous les coins du monde, aussi bien disposés à piller l'Italie que la Gaule ou l'Afrique, voilà bientôt les
seuls électeurs, les seuls maîtres, le seul peuple romain.

Sylla prétendit, par une absurde contradiction, relever l'aristocratie romaine et gorger son armée d'honneurs et de richesses.
Il livra l'Etrurie tout entière à ses vétérans : domaine public et
domaine privé. Tout était confondu. Ne cherchons pas ici les vestiges d'un droit public : *silent leges inter arma.*

Appien nous raconte comment César suivit cet exemple. Il avait promis de partager le domaine public aux vétérans, et ses propres biens en cas d'insuffisance; il fit mieux : il leur partagea le bien d'autrui. — « *Veientem quidem agrum et Capenatum metuintur,* » — dit Cicéron. Cent mille soldats reçurent des terres. On voit qu'il ne s'agissait pas du territoire public de Veïes et de Capène. Après les Ides de mars, un sénatus-consulte confirma ces distributions!

Antoine surpassa son maître; il donna la Campanie tout entière (*largitus est*), domaine public et domaine privé. Quand les circonstances l'obligèrent à quitter Rome, il ne restait plus à partager que le Champ-de-Mars. *Campus martius restabat* (1).

M. Macé affecte de confondre Cicéron avec les spoliateurs de l'Italie. Cicéron est coupable d'un crime irrémissible! Il a demandé des distributions de terres en Campanie pour la légion de Mars! Fallait-il donc laisser aux généraux l'initiative d'une pareille mesure, et mettre le sénat en antagonisme ouvert avec les troupes fidèles? D'ailleurs, Antoine avait disposé de la Campanie. Cicéron ne pouvait-il pas provoquer un sénatus-consulte sur les terres même de la Campanie? En pleine guerre civile, quand Rome est près de succomber, et qu'il faut à tout prix un appui matériel au parti des honnêtes gens, où le chercher, sinon dans l'armée, et comment l'obtenir, sinon par une loi agraire?

A la fin de l'année 43, Antoine, Lépide, Octave, signèrent le second triumvirat. Appien raconte que, pour augmenter le zèle des soldats, les triumvirs leur promirent à titre de colonies dix-huit villes italiennes. Elles devaient être partagées entre les soldats, avec les terres et les édifices qui en dépendaient, comme des villes conquises. Dans le nombre figuraient Capoue, Rhegium, Nucérie, Rimini, Bénévent.

Citons encore des colonies de vétérans établies à Antium, à Pouzzol, à Tarente, et nous aurons terminé l'histoire des lois agraires. Comment distribuer désormais les terres de l'*ager publicus?* L'*ager publicus* a disparu. L'*ager privatus* reste bien encore à la disposition du prince, mais les prétoriens, qui pourraient seuls prétendre à cette libéralité, n'ont garde de franchir l'enceinte de Rome. Au peuple, du pain et des jeux; aux soldats, le *donativum.* Le jour approche où le trône sera mis aux enchères.

(1) Philip. VI, 5.

CHAPITRE IV.

LE DROIT DES PANDECTES.

SOMMAIRE. — L'*ærarium* et le fisc. — Textes d'Ulpien et d'Hérodien. — Les règles de l'administration centrale s'appliquent à l'administration municipale. — Vente des biens du domaine. — Choses litigieuses. — Biens de l'accusé de lèse-majesté. — Affranchissement des esclaves. — Pas de stipulation du double. — Théorie de l'emphytéose dans le droit des jurisconsultes, d'après M. Pellat. — Baux des biens domaniaux. — Patrimoine des cités. — Curateurs. — Affranchissements. — Restitutions en entier. — Aliénation forcée. — Baux. — Imprescriptibilité du domaine de l'Etat et des cités. — L. 15, §. 27 *de damno infecto*. — Les jurisconsultes n'admettent pas unanimement la théorie de l'imprescriptibilité du domaine de l'Etat. — *Res sacræ.*

Nous trouvons à peine quelques renseignements épars dans les Pandectes.

Sous les premiers empereurs romains, nous dit Voet, le *fisc* et l'*ærarium* étaient distincts; le fisc était le trésor du prince et l'ærarium le trésor du peuple. Quelques inscriptions attestent même chez deux ou trois empereurs l'idée de reconstituer un domaine public. Le texte dit : *de privato in publicum restituit* ou *restituere*. Mais ce zèle ne dura pas longtemps.

Néanmoins il est difficile de fixer l'époque précise où le domaine public s'absorba complètement dans le domaine du prince. — « *Hodie ex constitutione imperatoris Antonini,* » dit Ulpien,

« *omnia caduca fisco vindicantur.* » Suivant une opinion qui s'accrédite de plus en plus, ce texte ferait allusion à une constitution de Caracalla qui substitua définitivement le fisc à l'*ærarium*.

D'après un texte d'Hérodien, Pertinax, à peine monté sur le trône, déclara qu'on ne devait pas inscrire sous son nom, sur les registres publics, les terres du domaine, parce que ces terres n'appartenaient point au prince lui-même, mais au peuple et à l'Etat (1); mais ce fut là, vraisemblablement, une tentative isolée dont l'effet fut arrêté par le meurtre de Pertinax.

Il resta néanmoins une différence entre les biens du fisc et le patrimoine privé du prince. Un texte d'Ulpien suffit à le démontrer : *Quodcumque privilegii fisco competit, hoc idem et Cæsaris ratio et Augustæ habere solet.*

Après ces courtes observations parcourons rapidement quelques textes de jurisconsultes.

On nomme *publicains*, dit Ulpien, les fermiers des revenus publics (2). Gaius ajoute : « Les possesseurs des salines, des « mines et des minières, sont regardés comme des publi- « cains. L'édit s'applique de la même manière aux fermiers « des revenus d'une cité municipale (3). » Ce dernier texte contient en germe toute une théorie : les règles de l'administration centrale sont applicables à l'administration municipale, toutes les fois qu'il n'y est pas expressément dérogé. C'est ainsi que, par exception, le privilége du fisc sur les biens du débiteur ne s'étend pas aux municipes (4). J'ai remarqué ce texte de Paul sur les ventes ou sur les baux consentis par les cités : « *Idem respondit,* « *si civitas nullam legem habet propriam de adjectionibus ad-* « *mittendis : non posse recedi à locatione vel venditione prædiorum* « *publicorum jam perfecta, tempora enim adjectionibus præstituta* « *ad causas fisci pertinent* (5). » Dans les ventes consenties par le fisc, on laisse aux tiers un certain délai pour surenchérir : du reste l'acquéreur lui-même, en allant trouver les officiers du fisc, peut se porter surenchérisseur. Mais les cités ne jouissent pas d'un pareil droit.

(1) Hist. Rom. II. 7.
(2) L. XII. §. 3 *de Publicanis.*
(3) L. XIII. §. 1.
(4) L. 10. *Ad municipalem.*
(5) L. 21. §. 7. *Ad municipalem.*

Nous trouvons au titre *de jure fisci* quelques règles sur les ventes des biens du domaine (L. 22, §. 30, L. 46, §. 7. L. 3, §. 5.)

Les choses litigieuses ne doivent pas être vendues par le procureur de César; un rescrit de Sévère et de Caracalla ordonne d'en différer la vente. De même, quand meurt un accusé de lèse-majesté, si l'héritier s'offre à prouver l'innocence de son auteur, la vente des biens doit être suspendue.

Un rescrit de Sévère et de Caracalla défend aux officiers du prince d'aliéner les esclaves administrateurs des biens dévolus au fisc. Le fisc a besoin de ces esclaves qui sont au courant de la gestion des biens. Un affranchissement fait dans ces circonstances serait nul. Hermogénien nous donne une prohibition plus générale encore. — « *Actores qui aliquod officium gerunt, in* « *bonis quæ distrahunt Procuratores, venumdare inconsultis prin-* « *cipibus prohibentur. Et si veneant, venditio nullas vires ha-* « *bebit.* »

D'après un rescrit de Marc-Aurèle, on exigeait la *fides* et la *diligentia* des officiers préposés à la vente; la base du prix de vente était une estimation faite au moment du contrat. Depuis la dernière aliénation la valeur du fonds avait pu singulièrement augmenter par une bonne culture.

Les officiers du fisc ne devaient promettre que le *simple* en cas d'éviction. S'ils promettaient le *double* ou le *triple*, le fisc n'était pas tenu; *tamen fiscus simplum præstabit.*

Le titre III du livre VI des Pandectes a pour rubrique. — *Si ager rectigalis, id est, emphyteuticarius petatur.*

Quelle peut-être la signification du mot *ager vectigalis* à l'époque des jurisconsultes? On appelle ainsi, dit M. Pellat, des fonds appartenant au peuple romain, à des cités, ou à des colléges de prêtres ou de vestales et loués à des particuliers, soit à perpétuité, soit pour un temps plus ou moins long, sous la charge d'une certaine redevance annuelle (vectigal), soit en argent, soit en fruits.

Ici le preneur obtient du préteur une action réelle utile (1).

Il acquiert les fruits dès qu'ils sont séparés du fonds d'une manière quelconque (2).

---

(1) L. 1, §. 1. *Si ager vectigalis.* L. 66, pp. *de evict.*
(2) L. 2, §. 1, *de usuris.*

Il est dispensé de donner certaines cautions prétoriennes dont l'usufruitier n'est pas dispensé (1).

Il peut établir lui-même un usufruit d'après le droit préto-rien (2).

Son droit passe à tous les successeurs universels ou singuliers (3).

L'*ager vectigalis* peut être l'objet d'une action *communi divivundo*. L'adjudication n'aboutira pas seulement à un règlement du mode de jouissance, comme pour un usufruit indivis; le juge transportera le droit entier à l'adjudicataire (4). L'*ager vectigalis* peut être l'objet d'une action *familiæ erciscundæ* (5). Le preneur peut intenter l'action *aquæ pluviæ arcendæ* qu'on refuse à l'usufruitier (6).

Il peut exercer l'action *arborum furtim cæsarum*, ce qui n'est pas permis à l'usufruitier (7).

A-t-il les interdits possessoires ou seulement les interdits quasi-possessoires? Julien lui donne en termes exprès la *possessio rei* (8). Mais le superficiaire n'a qu'un interdit possessoire utile; et le silence des Pandectes ne permet pas de donner à l'emphytéote un interdit possessoire direct, puisque l'usufruitier, malgré le silence des Pandectes, n'a décidément que les interdits quasi-possessoires (9). « En tout cas, dit M. Pellat, il est certain, « au moins, qu'il existait, pour un cas particulier de la jouis-« sance d'un lieu public moyennant le paiement d'un *vectigal*, « un interdit spécial dont la formule est rapportée au titre *de* « *loco publico fruendo*, L. 1, en ces termes : *Quominus loco pu-*« *blico, quem is, cui locandi jus fuerit, fruemdum alicui locavit :* « *ei qui conduxit, sociove ejus, e lege locationis frui liceat, vim* « *fieri veto.* »

(1) L. 15, pp. §. 1, *qui satis dare cogantur.*

(2) L. 1, pp. *quibus modis ususfructus.*

(3) Gaii. Inst. comm. III, §. 145.

(4) L. 7. pp. *communi divivundo.*

(5) L. 10, *Fam. erciscundæ.*

(6) L. 23, §. 1, *de aquá et aquæ pluviæ.* L. 3, §. 4.

(7) L. 5, §. 2 et 3, *arborum furtim cæsarum.*

(8) L. 2, §. 1, *de usuris.*

(9) *Vatic. fr.*, §. 90.

Nous venons de comparer le preneur de fonds *vectigal* à l'usufruitier; comparons-le maintenant au possesseur du fonds provincial.

A l'époque des jurisconsultes, l'Etat ou l'Empereur n'a sur les
fonds stipendiaires ou tributaires qu'une propriété nominale sans
action réelle. Au contraire, l'Etat, la cité, la corporation, en un
mot, le concédant conserve le domaine quiritaire et peut revendiquer par l'action civile. Le concédant peut, à défaut de paiement du *vectigal*, retirer la concession. M. Pellat se demande
pendant combien de temps il faut que la redevance ait cessé d'être
payée; on peut admettre, dit-il, que c'est pendant deux ans, par
argument de l'usage reçu en fait de location ordinaire (1). Mais
l'Etat ou l'Empereur ne pourraient pas, à défaut de paiement du
stipendium ou du *tributum* pendant un laps de temps quelconque,
reprendre le fonds stipendiaire ou tributaire. A mon avis on en
était arrivé là insensiblement. Après la victoire, la République
devenait propriétaire du pays conquis; ce qu'elle laissait aux
anciens habitants, elle le leur laissait à titre de concession, et je
ne doute nullement que le droit de retrait ne s'appliquât à ces
terres comme aux autres. Mais, en fait, comment exercer ce droit?
Rome était-elle assez imprudente pour exproprier le monde
entier? Habile à conquérir, sur quels fondements inébranlables
ne savait-elle pas asseoir sa conquête! Si quelques propositions
isolées, par exemple, celle du tribun Saturninus, montrent que
la nation garda longtemps la conscience de ce droit exorbitant,
reconnaissons néanmoins qu'après la paix générale qui commença
l'ère du principat, le souvenir s'en effaça peu à peu; les jurisconsultes ne virent plus qu'une propriété nominale dans le droit
de l'Empereur.

M. Pellat dit très-bien : — « L'institution de *l'ager vectigalis*
« paraît avoir servi de modèle à celle de *l'ager emphyteuticarius*.
« On en trouve déjà quelques traces dans les textes des juris-
« consultes classiques; par exemple, dans Ulpien, qui pense que
« le sénatus-consulte qui défend au tuteur d'aliéner les fonds de
« terre (*prædia rustica vel suburbana*), du pupille, s'applique au
« fonds emphytéotique, quoique, dans ce cas, dit-il, ce soit
« plutôt un droit sur un fonds, qu'un fonds même qui lui appar-

(1) Cf. L. 56. *Locati conducti.*

« tienne : manière de s'exprimer que nous l'avons déjà vu em-
« ployer pour le *fundus vectigalis* (1). »

Le jurisconsulte Paul donne quelques règles sur les baux des
biens domaniaux. (L. 9, §. 1. 2. 3. *De Publicanis*, L. 45, §. 13
et 15, *de jure fisci*.)

Quelquefois la chaleur des enchères amène le preneur à subir
des conditions très-onéreuses. L'administration doit alors exiger
une caution solvable de l'acquéreur définitif.

Nul n'est preneur qui ne veut; les baux expirés doivent être
renouvelés. Mais le preneur reliquataire ne doit être admis à
renouveler son bail qu'après qu'il a satisfait aux conditions de
son bail antérieur.

Défense est faite aux débiteurs du fisc de prendre à bail les
immeubles domaniaux; ce serait un risque de plus pour l'Etat
créancier; la prohibition est levée, si le débiteur offre une caution
solvable.

Le preneur ne doit rien détacher du fonds; il ne peut vendre
des plants de cyprès ou d'oliviers sans les remplacer; il ne peut
couper les arbres à fruit; la condamnation est au quadruple du
dommage.

Défense est faite de louer aux mineurs de vingt-cinq ans;
l'Etat craint les conséquences du bénéfice de restitution.

Callistrate (2) nous donne un renseignement assez remarquable
sur la durée ordinaire des baux : il cite un rescrit d'Adrien ainsi
conçu : — « C'est une mauvaise habitude que de retenir sur les
« fonds des preneurs incapables de les prendre à bail aux mêmes
« conditions; on trouvera bien plus facilement des locataires,
« s'il est établi qu'ils peuvent s'en aller au bout d'un lustre. »
C'est donc à tort que M. Macé s'exprime en ces termes : « Quant
« à la durée de la concession, j'ai déjà dit que, dans l'opinion de
« Niebuhr l'adjudication se renouvelait tous les lustres, c'est-à-
« dire, tous les cinq ans. J'avouerai cependant que l'on ne
« peut, suivant moi, donner cette opinion que comme une
« conjecture. » — Je ne prétends pas que le principe fût nécessairement appliqué; mais le principe est dans les textes. Niebuhr

---

(1) Cf. L. 3, §. 4, *de rebus eorum qui sub tutela*. L. 71, §. 5 et 6 *de
legatis*. — Nous avons fidèlement suivi, dans cette exposition de principes, le commentaire de M. Pellat sur le livre VI des Pandectes.

(2) L. 3, §. 6, *de jure fisci*.

est assez fécond en conjectures pour qu'on se dispense de lui en prêter.

Le fisc avait élevé une étrange prétention à propos des sous-locations. Emile Ptolémée, preneur d'un fonds domanial, l'avait donné à bail à plusieurs sous-locataires, pour un prix supérieur à celui de la concession première. Les officiers du prince voulaient toucher le montant du prix de la sous-location. C'était injuste; c'était inutile au fisc, qui devait alors prendre à ses risques et périls l'affaire des sous-locations. Le jurisconsulte a donc répondu que le preneur devait seulement le prix du bail (1).

Le droit de résiliation, tel qu'il existait sous l'Empire, est mentionné dans un texte d'Hermogénien : « Quand la redevance n'est « pas payée, on peut expulser le preneur avant l'expiration du « bail (2). » Les interprètes sont partagés sur le sens d'un texte de Paul (3) : « *Agri publici qui in perpetuum locantur, a curatore* « *sine auctoritate principali revocari non possunt.* » Quelques auteurs ont prétendu que l'Etat pouvait encore exercer le droit de retrait sans indemnité : mais le texte se plie difficilement à cette interprétation que vient combattre toute l'histoire du droit public romain. Les anciens principes étaient à jamais abolis. La phrase du jurisconsulte ne dit rien que ce qu'elle semble dire.

Quant à cette redevance elle-même, un rescrit la caractérisait ainsi : — « *In vectigalibus ipsa prædia, non personas conveniri.* » — C'est le fonds lui-même qui doit la redevance; voici la conséquence pratique : *Tout possesseur devra payer les annuités arriérées* (4). Papinien va plus loin : — « Après une vente consentie « par le fisc, l'acheteur doit acquitter les redevances des années « précédentes (5). »

Je veux parler spécialement du patrimoine des *cités*. Faut-il se restreindre aux cités? Les villages étaient capables de recevoir des legs (l. 73, §. 1, *de legatis* 1°). Il faut donc les considérer comme des personnes juridiques! Mais l'histoire des *vici*, comme celle des *fora, conciliabula, castella*, est restée assez obscure pour qu'on débatte la question suivante : Ces divers centres de

---

(1) L. 47, §. 1, *de jure fisci.*

(2) L. 10, §. 1, *de Publicanis.*

(3) L. 11, §. 1, *eòd.*

(4) L. 7, pp *de Publicanis.*

(5) L. 36, *de jure fisci.*

population étaient-ils gouvernés par des magistrats propres, ou par des officiers préposés par une ville dont ils dépendaient? L'absence de documents nous force à nous occuper seulement des cités.

Les cités ont généralement, pour chaque espèce de biens, des administrateurs ou curateurs spéciaux. Elles ont un *curator ka- 'lendarii*, chargé de la gestion de leurs finances, un *curator præ- .diorum*, qui prend soin de leurs immeubles et les donne à bail; un *actor* ou *syndicus*, qui les représente en justice.

L'aliénation des biens des cités excédait les pouvoirs du *curator prædiorum*.

Les cités pouvaient affranchir leurs esclaves. Une loi, rendue sous le principat de Trajan, conféra cette faculté aux villes d'Italie. Un sénatus-consulte, qu'on rapporte généralement au règne d'Adrien, l'étendit aux villes des provinces. Même avant Trajan, les cités n'étaient pas absolument privées de cette faculté. L'affranchissement par la vindicte était une *action de la loi* dont l'exercice était interdit aux villes, puisque *Nemo alieno nomine lege agere potest*. Aussi les cités ne pouvaient-elles donner à leurs affranchis que la possession en fait de la liberté, et depuis la loi *Junia*, la latinité. Les lois de Trajan et d'Adrien dérogent au vieux droit civil.

Les cités peuvent invoquer le bénéfice de la restitution en entier. Dans quel cas? Quand elles ont souffert de la négligence d'un curateur, par exemple, si leurs biens ont été usurpés, leurs actions prescrites, etc.

Passons aux cas d'aliénation forcée. Quand la cité ne se défend pas sur l'action dirigée contre elle, le créancier est envoyé en possession de ses biens. Persiste-t-elle à ne pas se défendre? Le magistrat ordonne par un second décret la vente de ses biens; on suit la marche ordinaire aux exécutions; on vend d'abord ses meubles, puis ses immeubles. Si tout cela ne suffit pas, le créancier est substitué à la ville dans ses créances (1).

Quand une maison menace ruine et que le propriétaire refuse de la réparer, à l'envoi en possession *custodiæ causá*, succède un envoi en possession, résultat d'un second décret. Cette possession mène à l'usucapion. Mais si la maison appartient à une cité, le décret ne mène à l'usucapion que dans le cas où la ville refuse de

_____

(1) L. 8. *Quod cujuscunque.*

fournir la garantie demandée. Si la maison est comprise *inter aedes vectigales*, le second décret ne confère au demandeur que le droit du concessionnaire récalcitrant, droit d'institution prétorienne, et dont la translation est immédiate. (L. 15. §. 26, *de damno infecto*.)

Une responsabilité particulière pesait sur la famille du décurion qui passait un bail au nom de la cité. Quand un fils de famille était nommé décurion, le père était engagé *quasi fidejussor pro filio* à l'accomplissement de toutes les fonctions municipales. Ulpien applique la théorie aux baux des biens des cités : « *Sed et « si vectigalia locavit, pater erit obstrictus* (1). »

Enfin, les décurions ne pouvaient, ni par eux-mêmes, ni par des personnes interposées, prendre à ferme les biens du municipe (2).

Le dernier débris des anciennes théories se retrouve dans l'imprescriptibilité des biens du fisc. Un premier principe est posé dans un texte de Gaius : — *Usucapionem recipiunt maxime res corporales, exceptis rebus sacris, sanctis, publicis populi Romani et civitatum*. Mais remarquons bien ici cette expression: *rebus publicis populi Romani et civitatum*. Les jurisconsultes romains avaient merveilleusement compris la distinction du domaine public et du domaine de l'Etat. Cette distinction ne se trouve nulle part mieux marquée que dans la loi 39, §. 9 et 10 » *de legatis* 1°. — « *Item campum Martium, aut forum Roma- « num, vel aedem sacram legari non posse constat*, dit Ulpien, « *sed et ea praedia Caesaris, quae in formam patrimonii redacta « sub procuratore patrimonii sunt, si legentur: nec aestimatio « eorum debet praestari ; quoniam commercium eorum, nisi jussu « principis, non sit.* » Les deux legs sont sans effet, et pourtant le jurisconsulte distingue! Or, Gaius, à notre avis, dans le texte précité, ne s'attachait qu'aux biens du domaine public. Le texte, en effet, nous représente les biens des cités comme imprescriptibles. Cette théorie ne peut s'appliquer aux biens patrimoniaux des cités, puisque la loi 15, §. 27, *de damno infecto*, dit de ces biens : — « *Dominium per longum tempus adquiri.* » Ce qui est

(1) L. 2, §. 4, *ad municipalem*.
(2) L. 2, §. 1, *de administratione rerum ad civitates pertinentium*.

hors de doute, c'est l'imprescriptibilité de toutes les branches du domaine public.

Quant aux biens du fisc, la règle est bien connue : « *Res fisci nostri usucapi non potest.* » — C'est la phrase des Institutes. Mais bien qu'on ne puisse prescrire contre le fisc, dit Modestin, pourtant l'acheteur d'un fonds compris dans les biens vacants qui n'auront pas été dénoncés au fisc usucapera : en fait, ces biens vacants ne sont pas encore les biens du domaine. (L. 18 *de Usurp.*) — Néanmoins le principe de l'imprescriptibilité des biens de l'Etat n'était pas universellement adopté par les jurisconsultes. Le Digeste ne contient pas trace de l'opinion contraire, mais Paul est formel dans ses Sentences (1) : — *Viginti annorum præscriptio etiam adversus Rempublicam prodest ei qui justum initium possessionis habuit, nec medio tempore interpellatus est.* — Quant à l'Etat, il aura un recours contre les administrateurs négligents. — *Si post motam intra tempora quæstionem, res ad novum dominum emptione transierit, nec is per XX annos fuerit inquietatus, avelli ei possessionem non oportet.* Plusieurs auteurs n'ont pas soupçonné l'existence de ce texte.

Le principe de l'imprescriptibilité n'est pourtant qu'une suite des anciennes théories du droit public romain. Mais quand les derniers vestiges de ce droit public étaient effacés, il n'y avait rien d'étrange à ce qu'un jurisconsulte, par esprit d'équité, songeât à protéger les acquéreurs des biens de l'Etat par une institution (2) qui ne découlait pas elle-même du vieux droit civil.

Il nous reste à parler des *res sacræ*.

Les choses consacrées devenaient inaliénables et imprescriptibles ; mais cette consécration était si grave qu'il fallait consulter le peuple. Le censeur Cassius ayant à consacrer un temple de la Concorde, prit l'avis du collége des pontifes, et M. Emilius, alors souverain pontife, lui répondit au nom de tout le collége qu'à son avis la dédicace ne pouvait être régulière, si le peuple romain ne l'en chargeait particulièrement. Licinia, vestale, sous le consulat de T. Flamininus et de Metellus, dédia une chapelle et un autel au pied de l'Aventin. Le collége des pontifes, par l'organe de Scœvola, déclara que le lieu n'était point sacré, parce que

---

(1) V. Tit. II, *de usurpatione*, §. 4 et 5.

(2) La *prescription* proprement dite.

tout s'était passé sans l'ordre du peuple (1). La loi *Papiria* le réglait ainsi.

Le collége des pontifes tout entier devait intervenir. « Un pon-« tife, dit Clodius, fut présent à la cérémonie. N'avez-vous pas « honte de dire devant l'assemblée des pontifes, qu'un seul « pontife fut présent et non pas tout le collége? » Puis on observait une foule de cérémonies; on appelait un prêtre qui tenait un des côtés de la porte de l'édifice. On invoquait les dieux au son de la flûte, on apportait du feu, on prononçait les formules antiques. Alors enfin la chose était consacrée, et par là mise hors du commerce. L'emplacement restait sacré, même après la destruction de l'édifice.

Sous l'Empire, à l'ordre du peuple il faut substituer l'ordre du sénat ou du prince.

---

(1) Cic. *pro domo sua, passim.*

CHAPITRE V.

LE BAS-EMPIRE.

SOMMAIRE. — La théorie du retrait des concessions impériales. — Forme des ventes des biens du fisc. — Surenchère. — Qui peut se porter acquéreur ou surenchérisseur? — Le fisc co-propriétaire. — Cas d'annulation des ventes consenties par le fisc. — Droit municipal. — Constitution de Léon. — On finit par considérer la fortune des décurions comme une portion de la fortune municipale. — Rubrique d'un titre du code. — Singulière distinction faite par un rescrit de Zénon entre la vente et les autres contrats. — De l'emphytéose dans le droit du Bas-Empire. — *Fundi patrimoniales* et *fundi fiscales.* — *Jus perpetuum salvo canone* et *jus privatum salvo canone.* — Cujas rejette l'identité de l'emphytéose des biens des cités et des biens du domaine. — L. 12. C. *De fundis patrimonialibus.* — Cession du droit de l'emphytéote. — Autorisations. — Le *perpetuarius* est-il soumis à l'impôt foncier? — Confusion et arbitraire. — Prescription. — Prescription de quatre ans opposable au fisc et par le fisc. — Cujas sur la loi 2 *de rei dominicœ.* — Prescription de quarante ans opposable au fisc sous Anastase. — Théorie de l'imprescriptibilité des biens du fisc. — L. 23 *De sacrosanctis Ecclesiis.* — Derniers exemples de concessions, précurseurs de la chute de l'Empire. — Les *agri limitanei.*

On s'étonnera peut-être que dans un chapitre consacré à la législation du Bas-Empire, je n'examine pas les règles sur l'aliénation et la prescription des biens de l'Eglise; mais ces règles feront l'objet d'une étude spéciale : mon premier soin sera de démontrer comment ces principes ont leur source dans les constitutions impériales. — Je vais m'occuper des biens du fisc et des cités.

On a vu le principe du retrait des concessions sans indemnité bien établi dans les premiers temps de la République, puis ébranlé peu à peu, puis disparaissant aux approches de l'Empire. Le principe contraire est enfin formulé de la manière la plus nette dans un rescrit de l'empereur Philippe (1) : — « *Fundum vectigalem ,* « *si suis quibusque temporibus debitæ quantitates inferantur ,* « *invito possessore auferri non posse manifestum est.* » Je sais que ce rescrit se trouve au titre XXX du livre XI du Code, c'est-à-dire, au milieu d'une large exposition du système municipal ; on pourrait y voir la consécration de cette règle que le possesseur avait une action contre le municipe, quand malgré le paiement exact du canon, on lui retirait sa terre. Mais les termes du rescrit sont très-généraux et le mot *fundus vectigalis* ne s'applique pas seulement aux immeubles des municipes. C'est, d'ailleurs, la théorie de Justinien dans la loi 2, *de jure emphyteutico*, sans distinction des *prædia civitatum* et des autres fonds. Les conséquences de cette théorie se trouvent à chaque pas dans le Code.

Une constitution de l'empereur Alexandre défendit au fisc d'élever des prétentions sur les biens dont il avait reçu le prix (2). Les empereurs Valentinien, Valens et Gratien firent un rescrit dans le même sens : — « Ceux-là seront propriétaires incommu- « tables à qui le fisc a vendu aux enchères dans les formes re- « quises ; si jamais un rescrit vient autoriser l'annulation partielle « ou totale du contrat, que nul n'y obéisse (3). » Constantin, quarante ans auparavant, avait dit : — « On vendra les biens de « ceux qui s'obstinent à ne pas s'acquitter envers le fisc ; les ac- « quéreurs seront propriétaires incommutables (4). » Enfin rien de plus formel que le rescrit de Théodose II. — « *Retractare fis-* « *cum quod semel vendidit æquitatis honestatisque ratio minime* « *sinit* (5). »

Ainsi les principes du droit sont nettement posés : respect du

---

(1) L. I. C. *De adminis. rerum public.*
(2) L. 1. C. *Ne fiscus rem quam vendidit evincat.*
(3) L. 5, *de fide et jure hastæ fiscalis.*
(4) L. 1. C. *De capiendis et distrahendis.*
(5). L. 2. C. *eod.*

fisc à ses engagements. Le preneur qui remplira les conditions du bail ne court plus la chance d'être expulsé. L'acquéreur devient propriétaire.

Néanmoins on accorde une dernière faveur au fisc; les procès où il est condamné pourront être revisés dans les trois ans, et même plus tard, au cas de prévarication du juge ou de fraude manifeste de l'adversaire.

Les ventes des biens du fisc étaient entourées de formalités précises. — « Si tu prouves que mon procureur ou mon fondé de « pouvoir était absent, dit Caracalla dans un rescrit, si la vente « n'a pas été faite aux enchères, si les formes requises n'ont pas « été rigoureusement observées, pourvu que tu n'aies pas encore « soldé le prix de la condamnation, tu pourras faire rescinder la « vente (1). L'acheteur de mauvaise foi rendra les choses avec les « fruits qu'il a perçus ou qu'il a dû percevoir. »

Un rescrit de Dioclétien consacre la règle qui laisse aux tiers un certain délai pour surenchérir (2).

On avait émis quelques doutes, à ce qu'il paraît, sur le point de savoir si le *comes rerum privatarum* et d'autres employés du fisc pouvaient se porter acquéreurs ou surenchérisseurs. Zénon tranche la question en leur faveur. — « Que nul n'ait l'audace « d'élever un soupçon sur la validité d'un pareil contrat (3). »

Un rescrit des empereurs Valentinien, Valens et Gratien règle la condition des tiers qui, sur la vente faite par le fisc, se rendent acquéreurs du patrimoine de ses débiteurs. Ils ne devront au fisc que le prix de leur acquisition (4).

Un rescrit de l'empereur Alexandre règlemente la vente des choses sur lesquelles le fisc n'a qu'un droit de co-propriété; quand bien même le fisc ne serait co-propriétaire que pour une très-faible part, la vente se fera par le ministère des officiers du prince; bien entendu, le fisc ne pourra réclamer que la portion du prix à laquelle il a droit (5).

Enfin les ventes consenties par le fisc pourront être annulées :
1° S'il s'agit de vente d'habits d'or et d'agent ou d'esclaves

(1) L. 1, C. *De sententiis adversus fiscum latis retractandis.*
(2) L. 4, *eòd.*
(3) L. 7, *eòd.*
(4) L. 6, *eòd.*
(5) *De venditione rerum fiscalium cum privatis communium.*

appartenant à la maison de l'empereur, et que les officiers du palais se soient rendus acquéreurs. Zénon, dans la constitution que nous avons citée, leva-t-il la prohibition? Songea-t-il à la lever seulement pour le *comes rerum privatarum* et deux autres fonctionnaires? Il est à remarquer que le rescrit prohibitif d'Honorius est adressé précisément au *comes rerum privatarum*. On peut concilier les deux textes, en appliquant strictement la prohibition aux habits et aux esclaves (1).

2° Au cas de vente du patrimoine d'un débiteur insolvable, si la vente est faite à vil prix. — *Etenim periniquum est ut alienis « bonis sub gratiosa actione distractis, parum accedat publico « nomini, cum totum pereat debitori* (2). »

Je passe au droit municipal. Les lois 1 et 2 *de vendendis rebus civitatis* assurent l'acquéreur des biens des cités contre une surenchère et lui garantissent une propriété incommutable. La constitution de l'empereur Léon, qui termine le titre, est de la plus haute importance.

Une maison, des prestations en nature, un édifice quelconque, des esclaves, sont acquis à Constantinople ou à quelqu'autre ville, par succession, legs, fidéi-commis ou donation. La ville, dans son intérêt, a droit de les vendre; le prix, elle pourra l'employer à reconstruire ses murs ou à les réparer. Mais nous veillons à une sage distribution de la fortune municipale; nous voulons écarter des ventes toute espèce de fraude ou de collusion. Voici donc notre décision : — « Si la cité vend ses maisons, esclaves, etc... « elle doit y être autorisée par le prince; dans les provinces on « devra réunir au moins la majorité des décurions; on leur pré- « sentera les Saintes Ecritures; ils donneront, l'un après l'autre, « l'avis le plus conforme aux intérêts de la ville... De cette façon « l'acheteur n'aura plus rien à craindre. »

Il résulte de cette constitution :

1° Que l'emploi de la fortune municipale est surveillé par le pouvoir central;

2° Qu'un sévère contrôle devra présider à l'aliénation des biens municipaux, au sein de la cité. Je remarque, en passant, la per-

---

(1) L. 18 *de rescindenda venditione.*

(2) L. 16, *eòd.*

sistance de ce système de délibération commune contre les empiètements d'un despotisme administratif, le plus étroit et le plus
absolu qui fut jamais. Sous le règne de Léon, les représentants
de la ville sont consultés sur les intérêts de la ville!...

Mais les cités payaient cher cette ombre de représentation : les
décurions, misérables, ruinés par les impôts, fuyaient avec
effroi le périlleux honneur des fonctions municipales. Sans énu-
mérer toutes leurs charges, citons un rescrit bien connu des empereurs Théodose et Valentinien : — « *Si decuriorum consortio*
« *sit alienus, qui curiali successit : competentis eidem juris sive*
« *ex asse, sive ex parte heres sit bonorumve possessor : partem*
« *quartam jure optimo a curia peti decernimus* (1). » — C'est
qu'en effet on finissait par considérer la fortune des décurions
comme une portion de la fortune municipale elle-même. On
voyait là comme une sorte de fonds de réserve que la ville avait
à sa disposition dans les circonstances difficiles. Le décurion ne
pouvait pas quitter la ville sans la permission expresse du gouverneur de la province, sous peine de confiscation! Le décurion
ne pouvait entrer dans le clergé sans abandonner ses biens à la
curie! Enfin, nous venons de voir quel prélèvement, à sa mort,
la curie faisait sur sa succession. La conséquence est claire. Nous
trouvons au Code un titre ayant pour rubrique : *De prædiis decuriorum sine decreto non alienandis*. Un décurion a besoin d'argent : s'il veut vendre ses fonds urbains ou rustiques, il doit s'a-
dresser au juge compétent et lui exposer une à une toutes les
raisons de la gêne où il est réduit. Il ne peut vendre qu'à la
charge de prouver la nécessité de l'aliénation. Ces formes sont
prescrites à peine de nullité de la vente; l'acquéreur devrait rendre
la chose avec les fruits (2). Le rescrit qui forme la première loi du
titre s'occupe des biens des décurions; le rescrit qui fait la seconde
loi s'occupe des biens de la curie. — Les rédacteurs du Code, à
dessein ou non, font la confusion.

Le rescrit de Zénon qui termine le titre, offre une étrange contradiction avec les dispositions précédentes. Du reste, rien de
plus fréquent que ces incohérences et ces anomalies dans le droit
public du Bas-Empire. Zénon maintient, sans doute, la prohibition de vendre les immeubles et les *municipia rustica* sans auto-

(1) L. 1, *Quando et quibus quarta pars.*
(2) *De prædiis decuriorum.* V. L. 1.

risation ; mais les donations, les échanges, les autres contrats, le décurion pourra les faire sans formalités. Le *considérant* du rescrit, c'est qu'on peut argumenter des termes des constitutions antérieures pour conclure que le contrat de vente est seul prohibé. Zénon, législateur, pourrait bien se passer d'un semblable considérant.

Dans le droit du Bas-Empire, les expressions *ager vectigalis. ager publicus* ont disparu. Mais on retrouve les expressions « *fundi civitatum, fundi publici, fundi patrimoniales, fundi divi-* « *næ domus, fundi fiscales.* »

Cujas (1) définit ainsi les *fundi patrimoniales.* — « *Fundi pa-* « *trimoniales sunt qui etiam dicuntur fundi dominici, vel fundi* « *divinæ domus, id est qui sunt in proprio patrimonio principis.* » — Il dit ailleurs (2) : — « Les biens du prince sont les biens du « fisc ou les biens patrimoniaux ; les uns et les autres appar- « tiennent en propre à l'empereur, car la loi 2 ff. *ne quid in loco* « *publico*, dit que les biens du fisc sont comme le domaine propre « et privé du prince. — Mais les biens du fisc sont comme le « domaine propre, en réalité ce n'est pas le domaine propre de « l'empereur. Les biens du fisc ne passent pas à l'héritier du « prince ; les biens patrimoniaux passent à son héritier, quand « même il ne serait pas empereur lui-même. Au fisc est préposé « le comte des largesses sacrées ; aux biens patrimoniaux le *comes* « *rerum privatarum.* »

Mais à côté du *comes rerum privatarum*, nous trouvons un *comes sacri patrimonii*. Faudrait-il donc distinguer même dans le domaine privé du prince ? Non, d'après Cujas. — « *Sed duo* « *sunt comites plane diversi. Comes rerum privatarum gubernat* « *privatam substantiam principis per rationales, per procura-* « *tores... Comes autem sacri patrimonii, est veluti procurator* « *plenus, qui regias, ut ait Cassiodorus, epulas, sollicita ordina-* « *tione disponit, cuique in hoc princeps patrimonium suum com-* « *misit ; ex hoc uno separatur comes sacri patrimonii a comite* « *rerum privatarum.* »

---

(1) *Comment. Jacobi Cujacii in tit. XXXIX de præscrip. Lib. VII. God.* T. IX, p. 1037.

(2) *Jacobi Cujacii in lib. IV. Prioris Codicis Justiniani.* T. X, p. 848.

A ces dénominations nouvelles, dont nous avons voulu préciser le sens, se rattachent plusieurs droits ainsi désignés : *jus perpetuum salvo canone; jus emphyteuticum; jus privatum salvo canone.* Une constitution d'Arcadius et d'Honorius décide que le *jus perpetuarium* ou *perpetuum salvo canone* ne saurait être distingué du *jus emphyteuticum.*

Quel est donc le sens de ces expressions, *jus perpetuum salvo canone*, *jus privatum salvo canone* ?

Le prince pouvait vendre les *fundi patrimoniales* moyennant un certain prix, et en outre, en stipulant de l'acquéreur une redevance perpétuelle. Le fonds ainsi vendu sortait réellement du domaine du prince pour entrer dans le domaine de l'acheteur. *Transferebatur ad jus privatum.* Cependant, comme l'empereur gardait un droit à la redevance, c'était le *jus privatum salvo canone.* L'existence de ce contrat résulte : 1° de la loi 7 *de fundis rei privatæ*, qui défend absolument l'aliénation des *fundi rei dominicæ dempto canone*, et par là permet l'aliénation qui s'en ferait *salvo canone*; 2° de la loi 13, *de fundis patrimonialibus*, qui par une prohibition spéciale interdit l'aliénation des *fundi patrimoniales*, même sous la condition de la redevance du canon, quand ces fonds seront situés dans le diocèse d'Orient.

A ce contrat de vente opposons le contrat de location perpétuelle; le fonds restera, quant à la propriété, dans le domaine impérial. M. Pepin-Lehalleur, pour bien montrer la différence qui sépare le *jus privatum* et le *jus perpetuum*, oppose deux constitutions impériales, dont l'une défend aux *perpetuarii conductores* d'affranchir les esclaves attachés au fonds, et dont l'autre dispose que les acquéreurs du *jus privatum* ont une liberté complète à cet égard.

L'emphytéose fut dans l'origine un contrat de droit public modelé sur le *jus perpetuarium* et tirant sa dénomination du besoin de remettre en culture le sol abandonné. *Culturæ vertuntur in silvas*, disait énergiquement Salvien. Celui qui voudrait cultiver le fonds patrimonial délaissé jouira du bénéfice d'une constitution des empereurs Gratien, Valentinien et Théodose. On leur concède le *jus privatum*, parce qu'il s'agit de terrains abandonnés. Mais ce n'est pas là le contrat d'emphytéose. Nous trouvons le germe du bail emphytéotique dans un rescrit d'Honorius (1). Il s'agit d'une concession sur les biens patrimoniaux

---

(1) L. 16, C. *De omni agro deserto.*

stériles, d'une stipulation formelle de redevance, d'un contrat fait dans toutes les règles. Cette fois nous sommes bien dans l'emphytéose et dans l'hypothèse du *jus perpetuum salvo canone* : comme le contrat intervient à propos de terres incultes, le droit qui en résulte prend le nom de *jus emphyteuticum*.

L'acquéreur du *jus privatum* n'est pas absolument dans la même position qu'un propriétaire ordinaire. On peut conclure de la loi 2 *de fundis privatæ rei* qu'il y aurait eu comme un forfait entre le fisc et le propriétaire sur la quotité de l'impôt. M. Pepin-Lehalleur se demande si l'obligation de payer le canon repose exclusivement sur la tête du sous-acquéreur. Nous avons déjà cité un texte des Pandectes qui pose le principe suivant : — « L'obligation de payer le *vectigal* n'est pas purement per- « sonnelle; mais le fonds lui-même est obligé, par conséquent « le nouveau possesseur est tenu de l'arriéré des charges fiscales. » — Ce texte ne semble pas distinguer entre la redevance, le *canon*, comme on a dit plus tard, et les autres charges. Mais nous trouvons un autre principe formulé dans la loi 3 *de fundis rei pri. vatæ.* — « *Quicumque possessionem rei privatæ nostræ acceptam* « *suo nomine, vel jure perpetuo, et vel titulo conditionis ei credi-* « *derit esse tradendam, qui pensare utilitatem patrimonii nostri* « *solvendo non valeat : is pro eo quem succedaneum subrogavit,* « *perpetuæ solutioni statuatur obnoxius.* » Malheureusement ce texte ne s'applique qu'aux acquéreurs du *jus perpetuum salvo canone* : on conçoit très-bien que le *conductor perpetuarius* soit lié vis-à-vis du fisc par une obligation personnelle dont rien ne puisse le dégager, tandis que l'acquéreur du *jus privatum* étant propriétaire peut faire passer sur la tête d'un tiers son droit, avec les charges dont il est grevé. Néanmoins, il faut convenir que cette redevance peut très-bien être considérée comme une portion du prix, et, par conséquent, comme une dette person- nelle. Nous raisonnons sur la législation au Bas-Empire, et la solution qui doit être admise est la plus favorable au fisc.

Le plus invincible argument qui s'offre à l'appui de notre théorie sur le droit de retrait de la nation dans l'ancienne légis- lation romaine, c'est le soin réitéré que mettent les empereurs à tranquilliser les acquéreurs contre toute espèce de révo- cation. Le nouveau principe est très-nettement établi dans la loi 3, au code Théodosien, *de locatione fundorum juris em- phyteutici*, à propos du bail emphytéotique. Cette loi vise un rescrit de Valentinien. Dans le même titre nous trouvons une constitution d'Arcadius et d'Honorius sur le même sujet. Si l'on ajoute à ces textes la loi 3, au Code, *de fundis patrimonialibus*, on restera bien convaincu de l'irrévocabilité du contrat d'emphytéose, sinon dans la pratique, au moins dans la théorie du droit du Bas-Empire.

Cette fixité s'appliquait même à la redevance. Les deux premières lois du titre *de Pascuis*, au Code, défendent d'augmenter le canon, *pro pascuis saltuum*, sans autorisation du prince.

La constitution de l'emphytéose était entourée des plus grandes précautions. Un rescrit d'Arcadius et d'Honorius, qui contient quelques prohibitions, a été reproduit du Code Théodosien avec une légère addition. — « *Nullus palatinorum qui in officio rei* « *nostræ privatæ militant, conductionis nomine vel per se, vel* « *per quamlibet personam, possessionum hujusmodi conducenda-* « *rum habeat facultatem; cum neque militi neque curiali hoc* « *faciendum permittimus* (1). » — Voilà bien le vice caractéristique d'un gouvernement despotique obligé de se défendre contre ses plus proches serviteurs.

Un rescrit des empereurs Gratien, Valentinien et Théodose défend de concéder le *jus perpetuum* avant de s'être assuré de la solvabilité des preneurs et d'avoir exigé d'eux une caution. Le Code Théodosien contient même un titre ayant pour rubrique : — « *Qui conductores rei privatæ fidejussores exigi non debent.* » Godefroy dit dans son commentaire : « *Consistorianis comitibus* « *id privilegii loco datum relaxatumque ut ne privatæ rei posses-* « *siones conducentes fidejussores dare cogerentur.* » — Cette disposition n'est pas reproduite dans le Code de Justinien. Nous y trouvons seulement une exception d'un autre genre pour ceux dont l'opulence offre au trésor un gage assuré. — « *Patrimo-* « *nium suum publicis implicent nexibus,* » dit un rescrit; mais on n'exigera pas de caution (2).

Dans l'emphytéose ordinaire et dans l'emphytéose des cités, le preneur perd son droit quand il est resté trois ans sans payer la redevance. Il n'en est pas de même pour l'emphytéose d'un bien du domaine impérial. Le preneur perd son droit, non par faute de payer le canon, mais faute de payer l'impôt. C'est la conclusion que Cujas tire de la loi 1, *de susceptoribus*, et de la

---

(1) L. 1. *Quibus ad conductionem.*
(2) L. 7. *de fundis patrim.*

loi 2, *de fundis patrimonialibus.* Le mineur de vingt-cinq ans ne perd pas son droit faute de paiement de l'impôt, mais le mineur est seul excepté par cette dernière loi ; donc le majeur perd son droit. Mais ni le mineur ni le majeur ne perdent leur droit, faute du paiement de la redevance. Cujas blâme donc la solution d'Accurse, qui assimile l'emphytéose des cités à l'emphytéose des biens du domaine impérial (1).

La loi 12, au Code, *de fundis patrim.*, décide que les *possessores vel emphyteuticarii patrimoniales* ne seront pas forcés d'acheter les fonds qu'ils exploitent, mais que par la libéralité du prince et — « *quasi pretiis depensis,* » — ils jouiront de tous les avantages que l'acheteur obtenait — « *inferendo pretium.* » — Ce texte offre une véritable difficulté. S'agit-il d'une assimilation purement nominale aux acquéreurs du *jus privatum*, et qui ne touche en rien au fond du droit, comme paraît le croire M. Pepin-Lehalleur? C'est bien invraisemblable; pourquoi dire aux possesseurs : « Vous n'achèterez pas, mais *beneficio nostri numinis*, vous serez dans la même position que les acheteurs, » si l'on n'a pas l'intention de changer leur position? Ce serait donc abolir dans le passé la distinction du *jus privatum* et du *jus perpetuum salvo canone?* C'est à peine croyable quand un rescrit des mêmes empereurs interdit la concession du *jus privatum salvo canone* pour l'avenir dans le diocèse d'Orient.

Il résulte très-clairement de plusieurs textes :

1° Que l'emphytéote doit faire autoriser par le juge toute aliénation de son droit.

2° Qu'il répond vis-à-vis du fisc de la solvabilité de l'acquéreur, à défaut d'autorisation. (L. 1 *de fundis patrim.* L. 3 *de fundis rei privatæ.*)

Cette autorisation doit-elle être nécessairement accordée? M. Vuy, dans sa théorie de l'emphytéose, se contente de dire que les sources sont muettes sur ce point. M. Pepin-Lehalleur ne croit pas que l'autorisation demandée doive être nécessairement accordée. Il en donne une très-faible raison. — « C'est qu'il « serait impossible d'expliquer autrement l'origine de ce droit, « accordé plus tard par Justinien au propriétaire, de prélever « un cinquantième de la valeur de la chose à chaque mutation, « à titre particulier. » — La réponse de M. Vuy nous paraît plus sage.

(1) Cujas, IX, p. 422.

Il nous reste à parler de la prescription.

Au titre 37 du livre septième du Code, on s'occupe de la pres-cription de quatre ans, opposée par le fisc ou opposable au fisc. La loi 1 traite de la prescription opposable au fisc; il s'agit de la revendication des biens vacants; si le fisc les réclame après quatre ans, il devra succomber dans sa prétention. Il résulte de divers textes cités par Cujas que ce délai de quatre ans court à partir du jour où les biens se sont trouvés vacants, c'est-à-dire, où les ayant-droit les auront répudiés. Accurse a donc tort quand il compte le délai du jour où les biens ont été dénoncés au fisc.

Les deux autres lois traitent de la prescription opposée par le fisc. Le fisc aliène la chose appartenant à autrui ou hypothéquée à autrui. Il n'a pas besoin de la prescription de long temps pour repousser le propriétaire ou le créancier hypothécaire : la pres-cription de quatre ans lui suffit. Quant à l'acquéreur, acheteur, donataire ou échangiste, il n'a plus rien à craindre du proprié-taire ou du créancier hypothécaire. Autrefois, cet acquéreur avait besoin d'une prescription de cinq ans; ainsi l'avait prévu un édit de Marc-Aurèle et de Commode. Un nouveau principe est introduit dans le Bas-Empire. Cujas montre très-bien qu'il fau-dra corriger la loi 13 , §. 9, au Digeste, *De hereditatis petitione*. — « *Item si quis a fisco hereditatem, quasi vacantem, emerit,* « *æquissimum erit utilem actionem adversus eum dari.* » — Dans le droit des Pandectes, la pétition d'hérédité utile pourra être intentée pendant cinq ans contre l'acquéreur. La constitution de Zénon modifie l'ancien système. Il est bien entendu que l'acqué-reur reste tenu des dettes héréditaires. Zénon le garantit contre toute contestation *de dominio vel hypotheca*; mais il ne le dis-pense pas de payer les créanciers de la succession.

Justinien, dans la loi 3, étend la constitution de Zénon aux aliénations des biens de la maison de l'empereur ou de l'impé-ratrice. Rien ne saurait faire tomber ces aliénations; mais on aura pendant quatre ans un recours contre la maison de l'em-pereur. Peu importe qu'on aliène les biens du fisc ou les biens du domaine privé. Enfin les préposés du domaine qui vendent par ordre du prince, ne doivent pas s'obliger, pour le cas d'éviction, comme des particuliers. L'acheteur est propriétaire incommu-table.

Le titre suivant du Code a pour rubrique : — « *Ne rei dominicæ* « *vel templorum vindicatio temporis exceptione submoveatur.* » — Nous avons un commentaire fort précis de Cujas sur la loi 2 de ce titre. Cujas établit très-bien que l'épithète *sacrorum* manque dans les bonnes éditions, parce que le rescrit ne fait allusion qu'aux temples des païens, temples profanes. Voici le vrai sens de la loi : — « Le preneur ou l'emphytéote des biens « du domaine privé ou des temples a-t-il vendu le fonds au « mépris des lois? la vente est nulle; la prescription de long « temps n'est pas opposable ; l'acheteur ne recouvre pas même « son prix. » Peu importe qu'il s'agisse d'un meuble ou d'un immeuble. L'acheteur ne pourra pas même se prévaloir de ces *rescripta obreptitia* qu'il voudra peut-être arracher au prince pour consolider son droit, non plus que d'une déclaration aux officiers chargés de la répartition de l'impôt.

Mais la loi suivante qui émane d'Arcadius et d'Honorius reproduit la même théorie de l'imprescriptibilité des biens du fisc dans une autre hypothèse. Nulle prescription n'est opposable par l'usurpateur des biens du domaine impérial. Ce n'est pas tout : le rescrit d'Alexandre Sévère, qui fait la loi 2 C *communia de usucapionibus*, est ainsi conçu : — « *Jam pridem quidem mancipium « de quo supplicas, comparasse te dicis; sed si cogitaveris rem « fisci nostri usucapi non posse*, etc... » — Enfin nous avons ce texte formel des Institutes : — « *Res fisci nostri usucapi non potest.* »

Dès-lors comment expliquer la constitution d'Anastase qui termine le titre *de fundis patrimonialibus?* La prescription de quarante ans serait opposable par les acquéreurs des *fundi patrimoniales*, des *fundi templorum*, des *fundi agonothetici*, *ex quorum reditu præmia dantur scenicis vel h strionibus*. La loi *4 de præscriptione XXX vel XL annorum* posait déjà ce principe que les droits de l'Etat (*jura publica*) sont imprescriptibles *in quacumque causa*. C'est encore une constitution d'Anastase. La Novelle XXX dit bien que le temps écoulé ne saurait nuire aux droits de l'Etat; mais d'après Cujas, ce texte de la Novelle n'est qu'une reproduction du système émis par la loi 6 *de præscriptione XXX vel XL annorum*. On avait entendu dans un sens très-large la constitution d'Anastase, et les possesseurs s'étaient imaginé qu'un affranchissement total ou partiel de la redevance ou de l'impôt pendant quarante ans les libérait envers le fisc. Anastase s'explique de la manière la plus formelle, car enfin, dit Cujas, nul ne peut être dispensé de payer l'impôt pour avoir cessé de le payer pendant quarante ans.

A notre avis, deux doctrines se sont trouvées en présence sur la théorie de la prescription des biens du fisc.

5

1° Jamais les biens du fisc n'ont pu être *usucapés*.

2° Paul et d'autres jurisconsultes, sans doute par esprit d'équité, admirent que la prescription de vingt ans était opposable à l'Etat.

3° Cette théorie ne fit pas fortune auprès des empereurs. Le rescrit d'Alexandre Sévère ne semble pas la favoriser ; Arcadius et Honorius la repoussent formellement.

4° Anastase innova; on peut induire des textes qu'il corrigea sur ce point l'ancien droit.

5° Mais le principe du droit de Justinien, à une époque où la prescription et l'usucapion sont confondues, n'est pas douteux. D'abord il est écrit dans les Institutes ; ensuite il est formellement consacré au chapitre VII de la Novelle XXX.

6° Comment s'expliquer l'existence des rescrits d'Anastase ? Justinien, en les conservant au Code, a simplement déclaré que, contrairement à la maxime des constitutions impériales, il ne considérait pas ces rescrits comme *obreptitia* et qu'il respectait les droits acquis sous l'empire de la constitution d'Anastase.

Comment s'expliquer la loi 3 C. Th. *de jure fisci?* — « *Justas « etiam et quæ locum habent, fisci actiones, præcipimus concre- « mari, ob hoc solum quod suis temporibus prolatæ non sunt.* » — Accurse a cru qu'il s'agissait là des actions *prématurément* intentées par le fisc. Là-dessus grande controverse. Les uns voulaient que le fisc fût à tout jamais écarté; les autres faisaient dériver *concremari de* κρεμαω suspendre, et doublaient le délai, conformément au nouveau droit. Le barbarisme serait trop fort. Godefroy fait remarquer avec justesse que Constantin, s'il se fût agi d'actions prématurément intentées, n'eût pas dit : *justas actiones* ou *quæ locum habent*. Mais de quoi s'agit-il donc! Constantin, dans un cas spécial, a-t-il voulu, par un mouvement de générosité, assimiler, quant à leur durée, les actions du fisc à celles des particuliers? Peut-être bien ; mais ce qu'il faut remarquer à notre avis, c'est que la loi 3 C. Th. *de jure fisci* contient une disposition *de faveur*, puisque l'Empereur y maintient le principe *du droit absolu* du fisc. *Justa est actio! actio locum habet!*

L'action du fisc pour les contraventions en matière d'impôts se prescrit par cinq ans. (L. 2. C. *de vectigalibus et commissis*.)

La loi 23 *de sacrosanctis ecclesiis*, parle d'un legs, d'un fidéicommis, d'une vente faite à une cité. La ville en pareil cas ne peut être repoussée que par la prescription de cent ans. Il est vrai que ce rescrit assimile les cités à l'Eglise et que la prescription des biens de l'Eglise par cent années fut bien vite abolie; mais Cujas remarque qu'aucun texte ne l'a supprimée pour les cités.

Cependant plus l'Empire s'acheminait vers sa ruine, plus se multipliaient les concessions du domaine. Mais ce n'étaient pas des concessions de fonds patrimoniaux ou du domaine privé. Non; Rome partageait son territoire à ses soldats et à ses ennemis.

Ces tristes aliénations remontent loin : Probus écrivait au sénat : « *Jam Barbari vobis arant.* » Bientôt les barbares allaient labourer pour leur compte les terres conquises. — « Probus, après « avoir fait la paix avec les Perses, dit Vopiscus, revint en Thrace, « et là il établit cent mille Bastarnes sur le territoire de l'Empire. » — Probus fit de même pour les Gépides et les Vandales. Quand l'Empereur les eut quittés de vue, ils se dispersèrent dans le monde romain pour le ravager.

Vopiscus (*Prob.* XVI) parle aussi des concessions aux vétérans: — « *Veteranis.... privata donavit, addens ut eorum filii, ab anno « octavo decimo, mares duntaxat, ad militiam mitterentur, ne « ante latrocinari quam militare discerent.* » — Lampride disait déjà d'Alexandre Sévère qu'il avait donné les terres conquises aux vétérans à cette condition qu'elles passeraient toujours de soldats en soldats, « *dicens attentius eos militaturos, si etiam sua rura « defenderent.* » — Ces concessionnaires s'appelaient *limitanei milites,* et le titre XV du livre VII du Code Théodosien a pour rubrique ces mots : *de terris limitaneis.* On conçoit de quels priviléges ces *milites* durent être comblés. Une Novelle de Théodose exempte leurs terres de toutes les charges publiques, et déclare que nulle prescription n'est opposable aux soldats concessionnaires.

Ces concessionnaires étaient soit des vétérans, soit des *Gentiles,* c'est-à-dire, des barbares incorporés ou transfuges.

La condition de la concession était la défense des frontières. La propriété des *agri limitanei* n'était transmissible qu'à des soldats. La loi 1 C. Th. *de terris limitaneis* consacre ce principe. La loi 2 est conçue dans le même ordre d'idées : — « *Quicumque « castellorum loca quocumque titulo possident, cedant ac deferant; « quia ab his tantum fas est possidere castellorum territoria,*

« *quibus adscripta sunt*, *et de quibus judicavit antiquitas quod si*
« *ulterius vel privatæ conditionis quispiam in his locis*, *vel non*
« *Castellanus miles fuerit detentor inventus*, *capitali sententia*
« *cum bonorum publicatione plectatur.* » Le sens du mot Castella
n'est pas douteux. Ammien Marcellin dit que Valentinien couvrit
la rive du Rhin de *castella*. Ces forts avaient quelques dépendances territoriales, soumises aux mêmes charges que les *agri
limitanei.*

Les mesures prises pour la défense des frontières tournaient
souvent contre la sûreté de l'Empire. Le vieil édifice craquait de
toutes parts; mais le droit romain survit à Rome, et nous retrouvons sa trace ineffaçable dans la législation des nations conqué-
rantes.

Le droit romain nous offre un curieux spectacle; au début un
domaine public constitué sur de larges bases; le double principe
de l'inaliénabilité et de l'imprescriptibilité inscrit dans la législation ; puis ce principe sourdement miné, méconnu, foulé aux
pieds, violé, bientôt le fait et le droit confondus; de nouvelles
règles introduites et le domaine public disparaissant à mesure
que la personnalité du prince s'absorbe dans celle de l'Etat, alors
le domaine du prince grandissant avec ses subdivisions insaisissables, le principe de l'imprescriptibilité reconnu, puis abandonné; de nouveaux contrats issus de la dépopulation et de la
désertion du sol; enfin l'aliénation des biens du fisc soumise à
des règles obscures, innombrables, parfois contradictoires : à
coup sûr les enseignements ne manquent pas dans une si longue période, et sur ce point comme sur d'autres, l'étude du droit
public romain doit précéder celle du nôtre.

LIVRE SECOND.

DROIT ECCLÉSIASTIQUE.

CHAPITRE I[1].

DROIT DU CODE ET DES NOVELLES.

SOMMAIRE. — Rescrit de Léon. — Inaliénabilité des biens de l'Eglise de Constantinople. — Constitution d'Anastase. — Inaliénabilité des biens des Eglises placées sous l'autorité du métropolitain de Constantinople, sauf exceptions. — Justinien défend d'aliéner les objets nécessaires au culte. — Règle sur les baux. — Prescription de cent ans. — Analyse de la Novelle VII. — Dérogations apportées à la Novelle VII par les Novelles XLVI, LVI, etc. — Analyse de la Novelle CXX. — La prescription de cent ans abolie par la Novelle CXI. — La Novelle CXXVI soumet l'Eglise à la prescription de trente ans.

Il peut sembler étrange que j'expose isolément les règles sur l'aliénation et la prescription des biens de l'Eglise. Mais j'arrive au moyen-âge : l'Eglise est la puissance dominatrice. C'est elle qui succède à l'Empire ; elle qui civilise et gouverne l'Europe après l'avoir conquise. Je dois traiter de l'aliénation et de la prescription des biens de l'Etat, des communes et des établissements publics dans le droit ancien et moderne. Il s'agit, au moyen-âge, du premier des Etats, de l'Etat universel. J'ai dû consacrer une partie spéciale à l'Eglise.

Remontons d'abord au droit romain. Il faut distinguer ici le droit du Code et le droit des Novelles.

[1] V. notre article dans la *Revue historique de droit français et étranger*. Année 1860. Troisième livraison.

Au Code, nous trouvons des constitutions de Léon, d'Anastase, de Justinien, qui prohibent ou entravent l'aliénation des biens de l'Eglise.

Le rescrit de Léon s'applique à l'Eglise de Constantinople. Défense est faite à l'archevêque et aux administrateurs d'aliéner d'aucune manière les fonds, les colons, les serfs, les rentes de cette Eglise. — « Car de même que l'Eglise est la mère immortelle « de la religion et de la foi, ainsi son patrimoine doit rester à « l'abri de toute atteinte. » — Quant à l'acquéreur, il perdra : 1° la chose; 2° le prix, qui ne lui sera pas rendu; 3° les fruits, qu'il devra restituer. Il sera responsable sur ses propres biens de la perte qu'il aura fait ainsi subir à l'Eglise. Le tabellion sera banni. Néanmoins, l'Empereur ne prohibe pas les constitutions d'usufruit à titre onéreux, quand l'avantage est évident pour l'Eglise (1).

La constitution d'Anastase est faite pour les églises placées sous l'autorité du métropolitain de Constantinople, et les hospices des pauvres, des étrangers, des orphelins, situés dans la même circonscription. La vente, l'hypothèque, l'échange, l'emphytéose perpétuelle des biens immobiliers leur sont interdits, à moins toutefois que le prix de la vente ou le montant de la somme empruntée ne doive acquitter une dette héréditaire ou quelque autre charge nécessaire, ou ne serve, soit au rachat de quelque objet indispensable, soit à la restauration d'un lieu consacré. L'échange n'est permis qu'au cas d'évidente utilité et pourvu que le revenu de la chose aliénée ne dépasse pas le revenu de la chose acquise; enfin l'empereur n'autorise, en fait d'emphytéose, que celle des terres sans rapport. Un des motifs ci-dessus énumérés doit être mentionné dans l'acte. L'acte doit être passé à Byzance, pardevant le *magister census*; dans les provinces, pardevant les défenseurs des cités, en face des saintes Ecritures, étant présents, pour l'Eglise, les administrateurs et les clercs; pour les monastères, l'abbé et les moines; pour les hospices des pauvres, l'administrateur, les employés et les pauvres; et de même pour les autres établissements. Enfin le consentement de l'évêque est requis. Le maître du cens et les défenseurs ne pourront pas refuser leur concours, sous peine d'une amende de vingt livres. Que si toutes ces formalités ne

_____

(1) L. 64. *De sacrosanctis Ecclesiis.*

sont pas observées, l'acheteur perd son prix et la chose, le
prêteur perd la somme et la créance, etc....; l'emphytéote restitue
le fonds et paie une somme équivalente au montant du préjudice que l'Eglise a pu souffrir. En tout cas, l'aliénation des immeubles est formellement interdite, si l'Eglise a des meubles en
quantité suffisante pour subvenir à ses dépenses (1).

Justinien, par un rescrit, défendit d'aliéner les vases, les
vêtements sacerdotaux et les objets nécessaires au culte. Déjà
l'ancienne législation défendait de vendre ou d'hypothéquer les
choses de droit divin. Mais désormais les acquéreurs de ces
objets pourront être poursuivis par les évêques, les économes
et les gardiens des vases sacrés. La restitution leur est imposée
et nulle action ne leur compètera pour le recouvrement du prix.
Quand même les vases, les ornements n'existeraient plus en
nature, l'église aurait une action pour en répéter la valeur. Du
reste, la prohibition cesse en temps de famine et pour le rachat
des captifs. « N'est-il pas raisonnable de préférer la vie des
« hommes à des vases et à des vêtements? (2) »

Défense est faite aux chartulaires de l'Eglise de Constantinople de louer ou de prendre à bail emphytéotique les biens de
l'Eglise (3). Défense est faite, sous les peines les plus sévères,
aux magistrats de Constantinople, d'acquérir un immeuble de
l'Eglise. Même prohibition pour les économes (4).

Les baux des biens ecclésiastiques ne devront pas dépasser
vingt ans (5). Les emphytéoses perpétuelles sont prohibées; le
bail emphytéotique ne doit pas s'étendre au-delà de deux générations, après la mort du premier preneur. Enfin l'Eglise n'ac-
ceptera que des preneurs parfaitement solvables; l'économe est
garant de leur solvabilité.

Le Code contient même des règles sur la prescription des
biens de l'Eglise.

Cicéron avait déjà dit dans son discours *de aruspicum respon-*
sis : « *Vetera fortasse loquimur, quanquam hoc si minus jure*
« *civili præscriptum est, tamen naturæ communi jure gentium*

(1) L. 17. *De sacrosanctis Ecclesiis.*

(2) L. 21. *De sacrosanctis Ecclesiis.*

(3) L. 25, eòd.

(4) L. 24, eòd. §. 2.

(5) L. 24, eòd. §. 3.

« *sanctum est, ut nihil mortales a diis immortalibus usuca-*
« *pere possint.* » C'est là une fort belle phrase, mais qui
montre clairement que la législation romaine n'avait rien organisé sur la prescription des choses de droit divin à l'époque de
Cicéron.

D'abord, nous dit Cujas (1), l'Eglise fut soumise aux mêmes
règles que les particuliers pour la prescription. Mais Justinien
vint lui donner un important privilége (2). Les intérêts de
l'Eglise et ceux des particuliers ne doivent pas être assujettis à
des lois uniformes. Au cas d'hérédité, de legs, de fidéi-commis,
de donation, de vente faite aux églises, aux hospices pour les
étrangers et les pauvres, aux monastères d'hommes et de
femmes, aux établissements publics créés pour les orphelins,
les enfants et les vieillards, la poursuite des dons et legs, etc.,
devait durer cent ans. L'Empereur eût voulu reculer indéfiniment
la limite; mais enfin il s'est arrêté au terme le plus long de la
vie des hommes.

Voilà quel était le droit du Code. Cette législation tendait à
multiplier indéfiniment les biens de l'Eglise. Dès qu'il s'agissait
d'une acquisition, toutes les voies étaient ouvertes. L'Empereur
encourageait les donations entre-vifs ou testamentaires; il invoquait à l'appui de leur validité le droit sacré de disposer, qui
n'est qu'un corollaire du droit de propriété (3). Lui-même accordait aux Eglises privilége sur privilége, immunités sur immunités. Mais si l'Eglise songeait à se dépouiller, si l'Eglise voulait
aliéner ses droits, des restrictions sans nombre venaient la
protéger. Les acquéreurs étaient placés dans une situation
inique, exceptionnelle, qui commandait le respect des prohibitions; l'Eglise devait s'enrichir. Telle est, du moins, la théorie
en germe dans le droit du Code. Mais, ne l'oublions pas, la
propriété privée languit et meurt; les champs des particuliers
sont déserts, et la misère augmente chaque jour dans l'Empire.
Du moins le patrimoine de l'Eglise est le patrimoine des pauvres,
et quelques terres, souvent exemptes des charges publiques,
nourriront les citoyens misérables qu'a ruinés le fisc ou l'invasion.

Le système du Code est développé dans les Novelles.

(1) Dans son commentaire sur le titre XXXIV du livre VII du Code.
(2) L. 23. *De sacrosanctis Ecclesiis.*
(3) L. 1. *De sacrosanctis Ecclesiis.*

Voici la rubrique de la Novelle VII. — « L'Eglise ne peut pas
« aliéner ses immeubles, ni les donner en échange, ni les grever
« d'hypothèques spéciales. » — Justinien, dans une longue préface, expose qu'il veut statuer sur cette matière d'une manière
complète et définitive. Ici, comme ailleurs, il substituera la
lumière à l'obscurité, l'ordre au désordre. Léon ne s'occupa que
de Constantinople; Anastase lui-même fut incomplet; d'ailleurs,
même après ses propres rescrits, la législation présentait encore
de regrettables lacunes. L'Empereur nous donne une vue générale
de ses innovations.

CHAPITRE Ier. — *Inaliénabilité des immeubles de l'Eglise et des
Etablissements religieux.* — D'abord il ne s'agit plus seulement
du diocèse de Constantinople, ni même des diocèses d'Orient.
La Novelle est faite pour les Eglises de l'Occident jusqu'à l'Océan
atlantique. Du reste, elle s'applique aux établissements religieux
pour les étrangers, pour les pauvres, pour les malades, pour les
orphelins, pour les enfants, pour les vieillards, et aux monastères. Les évêques, administrateurs et abbés, ne pourront aliéner
ni grever d'hypothèques spéciales les immeubles des établissements
publics et des églises. Par aliénation, l'Empereur entend les
contrats de vente, de donation, d'échange et d'emphytéose
perpétuelle. Du reste, le rescrit de Léon est confirmé dans toutes
les dispositions qui ne sont pas contraires à la présente constitution.

CHAPITRE II. — *Exceptions au principe d'inaliénabilité en
faveur du prince.* — Néanmoins, dans l'intérêt bien entendu de
l'Eglise et du prince, on pourra déroger à cette règle. Nul ne
pourra se porter acquéreur des biens de l'Eglise à titre onéreux
ou gratuit, excepté l'empereur. Mais l'Eglise peut en être assurée
d'avance, elle ne perdra jamais au marché. D'ailleurs, quoi de
plus légitime que cette exception? L'Eglise et l'Etat, le sacerdoce
et l'empire, ne sont-ils pas unis entre eux par des liens étroits?
Y a-t-il une si grande différence entre les choses sacrées et les
choses publiques?

CHAPITRE III. — *De l'emphytéose des biens ecclésiastiques.* —
L'emphytéose perpétuelle est prohibée. L'emphytéose sera
constituée pour toute la vie du preneur primitif et de deux autres
personnes, qui doivent être des descendants. Cependant, à défaut
de descendants, le conjoint survivant conservera la jouissance
viagère du droit emphytéotique, si le titre de la constitution
de l'emphytéose autorise cette succession par une clause expresse.

L'emphytéote ne pourra jamais être déchargé de plus d'un sixième de la redevance; il faudra donc bien déterminer le chiffre précis de la redevance, au moment de la constitution de l'emphytéose. On emploiera un mode spécial de calcul pour fixer le canon des biens suburbains. L'emphytéote (on abrège le délai pour l'Eglise) pourra être expulsé, s'il cesse de payer la redevance, pendant deux années; dans ce cas, il n'aura pas d'action pour être indemnisé des améliorations. Les biens de l'emphytéote y seront affectés, ses ayant-cause y seront obligés. Mais, pour écarter tout soupçon de fraude, le contrat sera passé devant deux architectes ou experts, les économes, cinq prêtres, deux diacres et l'évêque. Les experts devront affirmer par serment quel doit être, à leur avis, le montant de la redevance. Enfin on peut induire de quelques expressions que déjà la Novelle exigeait la rédaction du contrat.

Chapitre IV. — *Constitution d'usufruit.* — Justinien ajoute au rescrit de Léon. Il exige l'abandon de la propriété d'un immeuble, en raison de la constitution d'usufruit; mais il permet qu'on laisse la jouissance viagère de cet immeuble à l'usufruitier.

Chapitre V. — *Sanctions.* — Léon avait eu le tort de ne frapper que la vente ou à peu près. Justinien comblera cette lacune. Au cas de vente, l'acheteur perd son prix, rend la chose avec les améliorations et ne conserve aucune action contre l'Eglise; mais il aura son recours contre l'économe ou contre tout autre vendeur. De cette façon, la sanction sera complète. Quant au donataire, il devra rendre non seulement la chose donnée, mais encore une chose équivalente qu'il prendra sur ses propres biens. Dans le contrat d'échange, l'acquéreur sera dépouillé de l'immeuble aliéné par l'Eglise, et ne rentrera pas dans son ancien immeuble; mais il aura son recours sur les biens personnels de l'économe.

Chapitre VI. — *Constitutions d'hypothèques.* — L'empereur défend les constitutions d'hypothèques spéciales. Comme dans les autres cas, le créancier hypothécaire n'aura qu'un recours sur les biens personnels des administrateurs. L'hypothèque générale est permise quand l'Eglise ne peut pas emprunter à d'autres conditions.

Chapitre VII. — Au cas d'emphytéose perpétuelle, le preneur sera déchu de ses droits. Tout ce qui aura été payé sera irrévocablement acquis à l'Eglise; il devra solder tout ce qui resterait à sa charge, si l'emphytéose avait été régulièrement constituée.

défense est faite aux tabellions de prêter leur ministère à ces actes, sous peine de bannissement perpétuel ; défense aux juges de les homologuer, sous peine de destitution et de confiscation.

CHAPITRE IX. — Mais on ne manquera pas de venir arracher par des obsessions quelque permission spéciale à l'empereur. Cette permission est d'avance considérée comme non avenue. Les lois générales doivent s'exécuter plutôt qu'une concession particulière qui vient déranger toute l'économie de la législation. — Mêmes sanctions qu'au chapitre VII.

CHAPITRE X. — Que si les administrateurs veulent prendre pour leur compte les biens de l'Eglise, ils seront regardés comme sacriléges et punis en conséquence.

CHAPITRE XI. — *Inaliénabilité des monastères.* — Des abus s'étaient produits en Egypte ; on avait vendu des monastères, — « *in quibus et altare collocatum est, et sacrum exhi-* « *bitum ministerium, sacris quippe lectis scripturis, et sacro* « *sancta et ineffabili communione tradita et monastica illic fac-* « *ta habitatione.* » — Justinien prohibe ces aliénations pour l'avenir.

La Novelle VII était conçue dans un esprit tout favorable à l'Eglise. Mais il est un intérêt que les empereurs ménagent avec plus de soin, celui du fisc. La Novelle XLVI vient corriger la Novelle VII au point de vue des intérêts fiscaux. L'Eglise peut avoir des dettes envers l'Etat. Dans ce cas, s'il est bien prouvé qu'elle ne peut s'acquitter d'une autre manière, qu'elle vende ses immeubles : l'acheteur paiera son prix aux percepteurs et n'aura pas à craindre une action en revendication. La dette devra bien être constatée par les officiers du fisc : l'empereur exige en outre quelques formalités : une assemblée du clergé, le consentement du clergé, le consentement de l'évêque, un décret du magistrat. Cependant, comme il serait trop extraordinaire de donner au fisc un pareil privilége, sans rien faire pour les autres créanciers, Justinien décide que les églises pourront s'acquitter de leurs dettes en abandonnant à leurs créanciers des possessions immobilières. Quant au fisc, il ne peut recevoir que de l'argent. Du reste, cette Novelle n'est pas applicable à l'Eglise de Constantinople.

La Novelle LIV autorisa le contrat d'échange entre églises ; la Novelle LV autorisa dans son deuxième chapitre le contrat d'emphytéose perpétuelle entre églises. Ce n'est pas là une aliénation à proprement parler. Il n'y a pas *des Eglises* ; il n'y a qu'un seul troupeau, qu'un seul patrimoine, qu'une *seule Eglise*. Néanmoins ce chapitre n'est pas applicable à l'Eglise de Constantinople.

Mais presque aussitôt la Novelle LVI vint modifier la législation sur les échanges réciproques d'immeubles que les Eglises pouvaient désormais consentir entre elles. L'Empereur dévoue à la colère divine ceux qui feront ces échanges sans utilité. Cette Novelle n'est pas applicable à l'Eglise de Constantinople.

Nous avons vu dans l'analyse de la Novelle VII que Justinien avait autorisé le contrat d'échange entre l'Eglise et la maison de l'empereur. Les favoris et les courtisans avaient vu là une occasion de s'enrichir aux dépens de l'Eglise, en provoquant des échanges et en se faisant ensuite concéder les immeubles acquis par le prince. Justinien y mit ordre dans la Novelle LV. — « *Sancimus.... illas solas valere permutationes, quæ ad im-* « *perialem domum in hoc factæ sunt, ut perpetuo apud imperium* « *maneant et non transferantur ad privatum.* » — Autrement le contrat est nul et l'action en revendication de l'Eglise est imprescriptible.

Le chapitre IV de la Novelle LXVII a pour rubrique : — « De l'a- « liénation des immeubles ecclésiastiques. » — L'empereur avait déjà soumis ces aliénations à la formalité préalable d'un décret du magistrat; le décret devra être rendu : 1° en présence de l'évêque diocésain; 2° de l'évêque métropolitain. Au cas où l'évêque métropolitain voudrait lui-même aliéner, il devra, désormais, prendre deux assesseurs parmi les évêques qui composent le synode dont il est président.

Je passe à la Novelle CXX, qui résume et complète toute la législation sur cette matière. C'est ce que dit la préface. L'empereur a voulu réunir et codifier les dispositions éparses dans ses diverses constitutions. Les cinq premiers chapitres sont consacrés à l'Eglise de Constantinople.

Chapitre Iᵉʳ. — Une emphytéose est constituée par une église; cette emphytéose arrive ultérieurement au prince, à une ville, à une autre église. L'église propriétaire a deux ans pour choisir entre le maintien et la résiliation du contrat.

Chapitre II. — L'emphytéose perpétuelle est exceptionnellement autorisée *in his locis in quibus antiquæ habitationes depositæ sunt, et ex quibus nullus præbetur reditus.* Mais, dans ce cas, le canon est fixé au tiers de la redevance antérieure. Si l'emphytéote le préfère, il pourra rebâtir ; les matériaux subsistants seront mis à sa disposition ; on estimera le chiffre équitable de la redevance, et le preneur en paiera la moitié.

CHAPITRE III. — Les baux des biens ecclésiastiques ne pourront excéder trente ans.

CHAPITRE IV. — Dans le cas d'urgente nécessité, les administrateurs pourront grever d'hypothèques spéciales les biens des églises. Le créancier hypothécaire possèdera la chose, en recueillera les fruits et les imputera tant sur le capital de la dette que sur les intérêts. Ces intérêts ne devront pas dépasser 3 °/o.

CHAPITRE V. — Défense est faite aux administrateurs des églises et des établissements religieux de prendre à bail emphytéotique, ou de louer les immeubles des établissements religieux, ou d'en recevoir hypothèque, à peine de nullité du contrat et de confiscation des biens des économes, chartulaires, administrateurs, à leur mort, au profit des églises et des établissements.

Le chapitre VI est intitulé : *Du patrimoine des autres églises.* La plupart des règles ci-dessus exposées leur sont applicables. Néanmoins :

1° Le contrat d'emphytéose perpétuelle leur est définitivement permis, sauf quelques restrictions.

2° L'église débitrice ne veut peut-être pas donner son immeuble en nantissement à son créancier. Alors, après une constatation solennelle de la dette, on apposera les affiches pendant vingt jours dans un lieu public ; un immeuble qui sera désigné sera vendu au plus offrant. Le montant du prix sera versé entre les mains du créancier. S'il ne se présente pas d'acheteur, on abandonnera l'immeuble à ce créancier, pour un dixième en sus du prix de l'estimation.

3° Quand un prêt sera fait à un évêque ou à un administrateur, il sera, jusqu'à preuve du contraire, présumé fait dans l'intérêt de l'évêque ou de l'administrateur. On n'aura d'action contre l'église qu'autant qu'il sera prouvé que le *mutuum* a tourné à son profit.

4° Le contrat d'échange entre églises est autorisé. L'Eglise de Constantinople reste en-dehors de la règle.

5° Les immeubles provenant de la munificence impériale ne pourront être vendus, hypothéqués, donnés en échange, aliénés sous aucun prétexte.

6° Si quelque église, autre que celle de Constantinople, possède un fonds improductif et grevé outre mesure de charges fiscales, lès administrateurs pourront l'aliéner comme bon leur semblera pour la parfaite sécurité de cette église.

7° L'église de Jérusalem a la faculté de vendre les maisons qui ne sont pas situées dans la ville sainte, pourvu que le prix égale au moins cinquante années de redevance.

8° Enfin les vases sacrés qui seront hors de service devront être aliénés dans le cas d'urgente nécessité plutôt que les immeubles de l'église.

Le chapitre XI, qui s'occupe des sanctions, n'est qu'un souvenir de la septième Novelle.

Nous trouvons encore dans le *Corpus juris civilis* une constitution sur ces matières. La constitution XIII de l'empereur Léon réprime des abus qui s'étaient introduits dans les emphytéoses des biens des églises.

Nous arrivons à la prescription des biens ecclésiastiques.

La Novelle IX étend à l'Eglise de Rome et aux Eglises d'Occident le privilége de la prescription de cent ans : — « Car enfin Rome « n'est pas seulement le berceau des lois ; c'est encore, aux yeux « des chrétiens, le siège immortel du pontificat suprème. »

Mais dans la Novelle CXI, Justinien vient dire que l'expérience dément souvent les prévisions. On a reconnu des inconvénients à cette prescription qui n'en finit pas. — « *Per tantum seculi* « *magis quam temporis spatium, nec documentis integritas, nec* « *actis fides, nec ætas valet testibus suffragari.* » — A la prescription de cent ans Justinien substitue la prescription de quarante années. Le chapitre VI de la Novelle CXXVI contient la règle en termes précis, ce qui est rare dans le droit des Novelles : — « *Pro temporalibus autem præscriptionibus decem et viginti et* « *triginta annorum, sacrosanctis ecclesiis.... solam quadraginta* « *annorum præscriptionem opponi præcipimus: hoc ipso servando* « *et in exactione legatorum et hereditatum, quæ ad pias causas* « *relicta sunt.* »

Nous en avons fini avec la législation des Novelles ; nulle part les principes du droit public ou privé ne sont exposés d'une manière plus confuse et plus rebutante. Dans ce chaos de variations sans nombre, de répétitions inutiles, de dispositions contradictoires et de mesures arbitraires, le jurisconsulte se perd et lutte vainement contre les difficultés inséparables d'un pareil sujet. Nous avons suivi l'ordre chronologique dans ce fastidieux exposé ; c'était le plus sûr moyen de montrer les incertitudes et la triste mobilité de cette législation du Bas-Empire.

Mais un enseignement sort de cette étude ; le fait qui saute aux yeux , c'est la puissance de l'Eglise. C'est l'Eglise qui dicte , modifie et renouvelle sans cesse ces lois. Le patrimoine des cités tend chaque jour à disparaître : l'Eglise, au contraire , concentre chaque jour entre ses mains des propriétés nouvelles. On peut déjà prévoir le temps où elle prendra dans la société du moyen-âge une place plus grande encore : elle-même, alors, fera sa loi, comme elle-même l'interprètera. Mais nous aurons trouvé dans le droit des Novelles le germe des principes du droit canonique sur l'aliénation et la prescription des biens de l'Eglise.

CHAPITRE II.

DROIT DES CAPITULAIRES.

SOMMAIRE. — Dagobert exige de tous les détenteurs des biens ecclésiastiques la preuve de leur acquisition. Il prohibe tous les modes
d'aliénation, sauf le contrat d'échange. — La loi des Lombards repousse la prescription de 40 ans : la loi des Bavarois prohibe les
aliénations. — Capitulaires de Charlemagne. — Inaliénabilité des biens
ecclésiastiques. Mesures protectrices. Sentiment de Montesquieu. —
Plaintes des évêques sous Charles-le-Chauve. — Capitulaire de 873.
— Capitulaires de Lothaire et de Louis-le-Germanique. — Constitutions
des empereurs Frédéric 1er, Henri VI et Frédéric II.

Nous avons vu quel était le système de l'Eglise dans le Bas-
Empire : faciliter les acquisitions, entraver les aliénations par
tous les moyens possibles. Le législateur, inspiré par les évêques,
entrait dans ces vues ; les rois barbares ne furent pas moins do-
ciles. Partout où triompha l'Eglise, elle maintint ses traditions et
marcha dans la route ouverte avec une persévérance invincible.

Dagobert est le législateur de la dynastie mérovingienne. Nous
trouvons deux capitulaires de ce prince relatifs à l'aliénation des
biens des églises. L'un de ces capitulaires est tiré de la loi des
Allemands. — « Res Ecclesiæ de laicis, absque chartá nullus præ-
« sumat possidere ; et si chartam non ostenderit, quod comparasset
« a pastore Ecclesiæ, possessio semper ad Ecclesiam pertineat. » —
Dans cette période d'invasions, les anciens habitants des forêts
de la Germanie n'avaient qu'un médiocre respect pour les pro-

priétés d'autrui. Mais les terres de l'Eglise n'étaient pas *terres conquises*. L'Eglise était conquérante, alors que tout pliait autour d'elle. Dagobert exige donc des possesseurs la preuve de leur acquisition.

Dans un autre capitulaire, le roi prohibe tous les modes d'aliénation, sauf le contrat d'échange; encore exige-t-il une preuve écrite de ce contrat. — « Que nul prêtre, que nul pasteur n'aliène une « terre de l'Eglise, si ce n'est contre une autre terre, ni un es- « clave, si ce n'est contre un autre esclave. Et s'il a fait l'échange « *(concambium)* de l'esclave ou de la terre, qu'on en dresse un « écrit pour éviter des procès et l'injuste dépossession de l'Eglise.»

Cependant la loi des Lombards se montrait moins favorable à l'Eglise; elle lui retira le bénéfice de la prescription de quarante ans, toutes les fois que l'affaire se débattait entre un Lombard et l'Eglise. Charlemagne modifia sur ce point la loi des Lombards et rétablit l'ancienne prescription. La loi des Bavarois, comme la loi des Allemands, déclarait que l'Eglise pouvait bien concéder à titre de fief, mais non pas aliéner les choses qu'elle avait acquises.

Un capitulaire de Charlemagne vint défendre positivement d'opposer aux établissements religieux la prescription de dix ans, de vingt ans ou de trente ans.

Le vingt-neuvième capitulaire du second livre traite tout au long de l'inaliénabilité des biens ecclésiastiques. « *Nulla sub Romanâ* « *ditione constituta Ecclesia, vel xenodochium, ptochotrophium,* « *vel nosocomium, vel gerontocomium, vel trephotrophium, vel* « *monasterium contra hæc agere præsumat. Ergo his omnibus non* « *liceat alienare rem immobilem, sive domum, sive agrum, sive* « *hortum, sive rusticum mancipium. vel panes civiles, neque cre-* « *ditoribus specialis hypothecæ titulo obligare. Alienationis autem* « *verbum contineat venditionem, donationem, permutationem, et* « *emphyteuseos perpetuum contractum. Sed omnino sacerdotes ab* « *hujusmodi olienationibus se abstineant, pœnas timentes quas* « *Leoniana constitutio minatur.* » Ici vient une énumération des peines dont Charlemagne menace les infracteurs de la loi, reproduite de la loi 54 C. *De sacrosanctis Ecclesiis.* Du reste, le capitulaire tout entier ne fait que répéter les prescriptions de la loi romaine. Le capitulaire XXX contient une exception au principe du capitulaire XXIX, copiée dans les textes du Bas-Empire. « Si « le prince veut recevoir un immeuble de l'Eglise en échange « d'un de ses immeubles, *liceat hoc facere ei divina pragmatica* « *sanctione ab eo promulgata.* »

Citons encore trois capitulaires de Charlemagne. Le premier, de l'an 803, défend, sous des peines très-graves, de revendiquer auprès du roi les biens de l'Eglise.

Le second déclare que les donations faites aux églises leur sont irrévocablement acquises. — « Car il est impossible de laisser les « puissances de l'ordre spirituel soumises aux caprices des « puissances de l'ordre temporel. »

Le troisième défend aux ministres du culte placés à un rang inférieur dans la hiérarchie de consentir des aliénations ou des hypothèques sans l'autorisation de leurs évêques.

Nous avons un chapitre de l'Esprit des Lois, concis, dogmatique et sentencieux, où l'auteur jette un rapide coup d'œil sur ces donations sans nombre, sur ces mesures de protection réitérées, et sur l'état général des richesses du clergé dans le royaume. Nous venons de voir en effet des capitulaires favorables au clergé ; mais les ordonances du roi n'étaient pas toujours suivies à la lettre. — « *Excitor imprimis querelis sacerdotum et servorum Dei*, disait « Pepin, *qui me sæpius adierunt ut pro sublatis injuste patri-* « *moniis*, etc. » Pepin se posait en vengeur des spoliations : mais qui mieux que son père avait dépouillé les églises? « *Ka-* « *rolus, plurimum juri ecclesiastico detrahens, prædia fisco so-* « *ciavit, ac deindè militibus dispertivit* (1). » Montesquieu dit donc à ce propos : — « Le clergé recevait tant qu'il faut que dans les « trois races on lui ait donné tous les biens du royaume. Mais si « les rois, la noblesse et le peuple trouvèrent le moyen de leur « donner tous leurs biens, ils ne trouvèrent pas moins celui de « les leur ôter. » — La première proposition vise au paradoxe; mais la seconde semble d'une justesse parfaite. On comprend désormais le sens de tous ces capitulaires qui viennent mettre de nouvelles entraves à l'aliénation des biens de l'Eglise. Ces ordonnances protégeaient les biens du clergé; les envahisseurs ne pouvaient pas se prévaloir d'une concession qu'ils auraient arrachée par intimidation : ils n'avaient pas d'autre ressource que la violence ouverte. L'usurpation en était plus facile à reconnaître et à réparer.

Après la mort de Charlemagne, le nombre des capitulaires qui prohibent l'aliénation des biens de l'Eglise va toujours croissant.

Sous Charles-le-Chauve, les évêques se plaignirent énergique-

(1) *Ex chron. Centul*, II.

ment des usurpations des grands : — « La colère divine est sus-
« pendue sur vos têtes; les biens de l'Eglise que les rois et les
« autres chrétiens ont destinés au soulagement des pauvres, au
« rachat des captifs, à la restauration des temples de Dieu, sont
« maintenant aux mains des enfants du siècle. Les serviteurs de
« Dieu n'ont plus ni vêtement ni nourriture, les pauvres ne re-
« çoivent plus l'aumône accoutumée, les captifs gémissent dans
« les fers... Certes, qui l'oserait nier? Les biens de l'Eglise, c'est
« le vœu des fidèles, c'est le patrimoine des pauvres, c'est la
« rédemption des âmes. Comment donc osez-vous ravir ce que
« votre prochain a voué à Dieu, vous approprier ce qu'il a donné
« aux pauvres (1)? » Peu de temps après, un synode réuni à
Beauvais faisait entendre les mêmes plaintes : ce synode fut
suivi d'un capitulaire de Charles-le-Chauve (845). L'article 1er commande le respect du droit ecclésiastique; l'article 3 ordonne la
restitution des objets enlevés aux églises; l'article 5 défend de
soumettre les églises à des charges injustes; l'article 6 ordonne
que l'Eglise soit à l'abri des envahissements et l'article 7 confirme
les priviléges de l'Eglise. Il fallait que l'Eglise fût bien maltraitée.

Nous trouvons en l'an 873 un capitulaire important de Charles-
le-Chauve, qui montre aussi bien l'état du domaine royal que
l'état des biens de l'Eglise à cette époque. — « Ce monde est gou-
« verné par deux puissances, dit le roi, le trône et l'Eglise. *Res*
« *et mancipia Ecclesiarum eo modo contineantur sicut res ad fis-*
« *cum dominicum pertinentes contineri solent.* » Le capitulaire dé-
veloppe cette idée. A toutes les demandes du fisc et de l'Eglise,
les possesseurs opposaient invariablement cette réponse, que
l'immeuble leur avait été transmis par succession. — « Mais, dit
« le roi, votre auteur peut très-bien s'être emparé par violence
« ou par fraude des immeubles du fisc ou de l'Eglise. » Les possesseurs s'appuyaient sur un capitulaire de Charlemagne, qui disait
que *l'hérédité légitime* dispensait de toute autre preuve. A quoi
le roi réplique que l'hérédité légitime est dans le langage de ce
capitulaire l'hérédité « *quæ evenire legitime debuit.* » Mais le capitulaire fut-il observé?

En 877, Charles-le-Chauve confirme, dans un autre capitulaire,
les dons faits à l'Eglise et les déclare irrévocables. Il menace de
sa colère les envahisseurs des biens des monastères et croit même

---

1 *Canones concilii in verno palatio habiti.*

devoir protéger les immeubles de l'Eglise contre les usurpations des gens d'Eglise. Louis-le-Bègue, deux ans après, ordonna aux *rectores ecclesiarum* de posséder les biens de l'Eglise *sine ullá contradictione*. L'ordre fut sans doute observé, mais là seulement où l'Eglise était la plus forte.

Plus l'Eglise était exposée, plus le principe d'inaliénabilité fut hautement proclamé. La première année de son règne, l'empereur Lothaire, à propos des *precaria quæ a rectoribus ecclesiarum irrationabiliter fiebant*, déclare que les successeurs de ces administrateurs imprudents ne seront pas tenus au respect du contrat. De même pour les emphytéoses des biens de l'Eglise imprudemment consenties par les évêques. Un capitulaire de Louis-le-Germanique est encore plus explicite. — « *Quidam autem* « *Episcopi et rectores monasteriorum res Ecclesiarum suarum* « *subtractas et aliis personis largitas esse queruntur, et ideo* « *ecclesiasticas utilitates nequaquam se implere posse dicunt; quæ* « *ut restituantur regiam majestatem imploramus; quia si hi qui* « *eas pro animarum suarum remedio Ecclesiis contulerunt, et* « *præmium merentur, sine dubio damnatione digni sunt qui eas* « *subtrahere moliuntur.* »

La tradition ne se perdit pas en Allemagne. Nous trouvons au second volume des monuments historiques de la Germanie une longue constitution de l'empereur Frédéric Ier, faite à la requête de l'archevêque de Cologne, avec cette rubrique : — « *Sententia* « *de bonis mensæ episcopalis non alienandis* (1153). » — La constitution de l'empereur Henri VI, en avril 1191, est conçue en termes encore plus généraux. — « Entouré des princes et des « grands de notre empire, et de leur consentement, nous avons « décidé que nul évêque ou abbé ne pourrait aliéner les biens de « l'Eglise qu'il tient en sa dépendance : que s'il passe outre, l'a- « liénation peut et doit être révoquée par son successeur. » — Enfin, en septembre 1219, une constitution de Frédéric II annule les aliénations et hypothèques consenties par l'archevêque de Brème. Ces trois citations suffisent pour montrer que la législation ne changea pas en Allemagne.

CHAPITRE III.

DROIT CANONIQUE.

SOMMAIRE. — Qu'entend-on par ces mots : « Biens de l'Eglise? » — Qu'entend-on par le mot « aliénation? » — Mêmes formalités requises pour l'échange et pour la vente. — Difficultés sur l'inféodation. — Quand peut-on voir une aliénation dans un contrat de louage? — Bail à cens. — Constitution d'hypothèque. — Désistement. — Compromis. — Le Pape, les prélats inférieurs, pour une juste cause et avec les formalités requises, peuvent aliéner. — Sur quels biens porte la prohibition? — Biens qui ne peuvent être aliénés, même avec les formalités requises. — Biens qui peuvent être aliénés sans les formalités requises. — Les meubles précieux et les immeubles sont inaliénables. — Enumération. — Pour quels motifs peut-on aliéner? *Necessitas, utilitas, commoditas, pietas.* — Formalités. — Révocation. — Action contre le prélat. — Action contre le possesseur de la chose aliénée. — Qui peut répéter? — *Restitutio in integrum.* — Sanctions. — Imprescriptibilité des lieux et objets consacrés. — Prescription entre Eglises. — Prescription du bénéfice ecclésiastique par quatre ans. — Prescription de quarante ans. — La dîme ne peut pas être prescrite par un laïc. — Pas de prescription sans bonne foi.

Je vais m'occuper des règles du droit canonique sur l'aliénation et la prescription des biens de l'Eglise.

J'examinerai successivement avec les canonistes les questions suivantes :

I. Qu'entend-on par ces mots : « Biens de l'Eglise? »

2. Qu'entend-on par le mot : « aliénation? »
3. Qui peut aliéner?
4. Sur quelles choses porte la prohibition?
5. Pour quels motifs peut-on aliéner?
6. Quelles sont les formes requises?
7. Révocations.
8. Sanctions.
9. Questions de prescription.

I.

Le mot Eglise est pris ici dans un sens très large. Il ne s'agit pas seulement des lieux sacrés et bénis, temples, chapelles, oratoires, mais de tout établissement ayant un caractère religieux, par exemple des monastères, des congrégations, des hospices. Mais les canonistes font remarquer que cette expression ne s'applique pas aux établissements, colléges, hospices *non erecta auctoritate Episcopi*.

II.

Le mot aliénation est pris ici dans son acception la plus étendue, *ob favorem locorum sanctorum*, disent les canonistes. C'est donc :

1° La vente, la donation, l'échange;

2° *Datio in feudum, in emphyteusim, locatio, contractus superficiarius et libellarius, constitutio ususfructûs, servitutis, censûs, hypothecatio, transactio, cessio litis, juris, unio, compromissio, precarium, repudiatio hereditatis, legati*, etc., etc.

Il peut intervenir un échange de choses temporelles : 1° entre un laïc et l'Eglise; 2° entre deux Eglises. Mais toutes les formalités requises doivent être observées; par exemple, le consentement du chapitre, du supérieur, de l'évêque ou du pape. On exige pour les échanges entre églises les mêmes formalités que pour les ventes entre églises. Pourtant cela fit doute; on objectait que les biens de l'Eglise ne sortaient pas de l'Eglise. A quoi les canonistes répondaient : — « La vraie raison de la prohibition, « c'est *ne per multiplicationem permutationum res paulatim « consumerentur et deteriorarentur. Quod locum adhuc habet in « permutationibus inter Ecclesias.* » — Quant aux choses spirituelles, par exemple, les reliques, elles peuvent être échangées *sine solennitate.*

Pour la concession *in feudum vel emphyteusim*, on avait vivement discuté ce point : suffit-il d'une seule inféodation, ou faut-il exiger une double inféodation dans l'espace de quarante ans, pour que l'immeuble soit réputé *solitum dari in feudum*? En effet, une fois que l'immeuble est réputé *solitum dari in feudum*, il peut être de nouveau concédé par le prélat à titre de fief ou d'emphytéose *sine alia solennitate*. Car enfin, disent les canonistes, il n'y a pas là d'aliénation nouvelle. La première aliénation est purement et simplement continuée ou renouvelée. Voici les conditions requises :

1° La seconde concession se fera dans les mêmes termes que la concession primitive;

2° Dans cette seconde concession, *aderit evidens Ecclesiæ utilitas quæ fuit in prima concessione.* Par exemple, on avait donné à bail emphytéotique un champ stérile que la culture a rendu fertile. L'Eglise n'a plus le même intérêt au contrat.

3° Il faut que l'immeuble, à l'expiration du bail emphytéotique, n'ait pas été de nouveau incorporé à l'Eglise. — « *Dicitur autem res denuo incorporata Ecclesiæ, si is ad quem spectat administratio decernat eam non alienare; quod præsumitur fecisse si finita emphyteusi, Prælatus rem descripsit inter bona Ecclesiæ, vel per annum integrum a renovatione seu nova concessione abstinuit.* » Mais une première concession ne peut être faite sans les formalités requises (*sine solennitatibus juris*) parce que c'est réellement une aliénation du domaine utile.

Quand peut-on voir une aliénation dans un contrat de louage? Il faut pour cela que l'Eglise ait consenti des baux à long terme. Dans un premier état du droit, les baux de plus de dix ans furent réputés baux à long terme. Plus tard, il suffit que le bail dépassât trois ans. Si l'immeuble n'était productif qu'au bout de deux ans, les baux de plus de six ans étaient seuls réputés à long terme. On considérait encore qu'il y avait là une sorte d'aliénation du domaine utile. Après controverse on avait fini par annuler le contrat ainsi conçu : *Ut tot sint locationes quot sunt triennia;* « *cum parum intersit Ecclesiæ*, disent les canonistes, *quæ solum intendit rem suam non elocari ultra triennium, an locatio ad longum tempus fiat unica elocatione, an pluribus.* »

Mais le bénéficiaire pouvait-il donc louer à long terme ou vendre régulièrement *absque solennitate* les fruits de son bénéfice? Voici la réponse des canonistes : — « *Fructus non sunt res* « *seu bona Ecclesiæ, sed privati beneficiarii locatoris.* »

A quelle époque précise pouvait-on renouveler le bail avant l'expiration des trois ans? Il fallait que ce second contrat fût passé après la fin de la seconde année pour être valable.

De même pour le *contractus superficiarius* et le *contractus libellarius.* On y voit une aliénation, *si fiat ad longum tempus.*.

Une constitution de servitude est regardée comme une aliénation. La servitude ne peut être acquise ou constituée aux dépens de l'Eglise, sans une juste cause et en l'absence des formalités.

Le bail à cens était également interdit en l'absence d'une juste cause et des formalités requises : en effet, le droit du censitaire était encore plus étendu que celui de l'emphytéote. Car Loisel n'interdit au censitaire qu'une seule espèce d'actes : ceux qui aboutiraient à mettre le fonds hors d'état de fournir le cens. Il y a là, disent les canonistes, une vente de la liberté des biens (*venditio libertatis bonorum*). Du reste, l'Eglise ne pouvait pas plus jouer le rôle du censitaire que celui du seigneur censier. Pourtant elle pouvait acheter une censive; *cum in hoc casu Ecclesia non tam alienet quam' acquirat bonum illud stabile tali onere affectum.*

La constitution d'hypothèque spéciale était interdite en l'absence des formalités requises : mais l'hypothèque générale? La question était vivement controversée par les canonistes. On disait qu'une hypothèque générale engageait moins les biens que la personne et laissait au propriétaire la liberté d'aliéner. Dans cette opinion, l'hypothèque générale pouvait-elle être consentie sans aucune espèce de formalité particulière? On l'admit, surtout dans le dernier état du droit.

Le désistement était regardé comme une aliénation indirecte et soumis aux mêmes prohibitions.

Mais les canonistes distinguaient entre la *cessio juris acquirendi* et la *cessio juris acquisiti.* La première était dispensée des formalités; la seconde y était assujettie. L'Eglise pourra donc bien renoncer sans formalité au droit de commise à défaut de paiement du canon par l'emphytéote; pourtant cette solution n'avait pas été admise tout d'abord. L'Eglise, quand elle sera en possession, ne pourra pas transiger sur son droit « *sine solennitate.* » Enfin l'Eglise ne pourra pas transiger « *sine solennitate* » sur ses droits « *super decimis futuris.* » — La raison en est étrange : « *eò quod*

« *talis transactio sit quædam alienatio et cessio juris acquisiti ad*
« *res futuras.* »

Le compromis n'était pas dispensé des *solennitas juris.*

Mais ces formalités étaient-elles nécessaires pour l'acceptation
ou la répudiation d'un legs ou d'une succession? La question
avait été très-vivement débattue entre les canonistes. Pour l'affirmative, on avait dit, entre autres arguments, que l'Eglise
devait être assimilée à un pupille et que le pupille ne peut pas
répudier un legs sans l'autorisation du tuteur. On avait repoussé
cette assimilation, « *quod pupillo seu minori prohibita sit non*
« *solùm alienatio bonorum, sed etiam omissio lucri; Prælato verò,*
« *solum prohibita sit alienatio, non omissio lucri.* » — Cette dernière opinion triompha. Seulement :

1º L'église ou l'établissement lésé par un acte de négligence
peut obtenir une *restitution en entier*, à moins que la chose ne
fût acquise à un autre établissement religieux, *quod sit melior
conditio possidentis.*

2º Le recours contre l'administrateur est de droit.

3º La répudiation est nulle, si elle est amenée par une collusion frauduleuse avec un tiers et dans la vue de lui procurer le
bénéfice du legs ou de la succession.

En principe, la translation d'un droit quelconque d'église à
église est regardée comme une aliénation : mais les tempéraments
abondent. Une église est opulente, une autre est dans la gêne.
L'évêque pourra transférer à l'une ou à l'autre tel ou tel droit,
sans autre formalité que le consentement du chapitre, parce que
les églises soumises au même évêque sont considérées comme
les membres d'un seul et même corps et doivent se porter un
mutuel secours.

III.

Le pape peut aliéner les biens de l'Eglise. Avant tout, quoi
qu'il fasse en pareille matière, ce législateur suprême échappe
aux sanctions du droit positif, et ne relève que de sa conscience.
Mais qu'il se le rappelle : il a la haute administration, non la
propriété des biens de l'Eglise. Il peut en disposer, non les
dissiper. S'il transfère sans motif plausible le bien d'une église à
quelqu'autre église, *alienatio talis quidem valida*, disent les
canonistes, *non justa.* Que s'il va séculariser ces biens sans
motif, l'aliénation n'est ni juste ni valable : d'où les canonistes
avaient conclu :

1° Qu'en ce cas il était obligé de réparer le tort fait à l'Église.

2° Que le laïc acquéreur n'était pas devenu propriétaire.

Mais toute aliénation consentie par le pape est présumée juste avec juste cause. Du reste, on admettait que le souverain pontife pouvait révoquer les aliénations faites par son prédécesseur.

Les prélats inférieurs peuvent aliéner les meubles et les immeubles des églises, mais pour une juste cause et avec les formalités requises. Voilà le principe. En outre, ils peuvent en toute liberté disposer des revenus des biens ecclésiastiques et concéder l'usage de ces mêmes biens, pourvu qu'il n'y ait là nulle translation du domaine utile. Toute contravention aux prohibitions canoniques est punie conformément à la constitution de Léon, au Code, *de sacrosanctis Ecclesiis.*

IV.

Mais certains biens de l'Eglise ne peuvent être aliénés, même avec les formalités requises :

1° Quand le donataire en prohibe expressément l'aliénation.

2° Qand la donation est faite par l'empereur à l'église; on suppose une prohibition tacite. — (Quand l'aliénation devient absolument indispensable, on requiert le consentement du prince.)

3° L'église ou le monastère ne peuvent pas être sécularisés.

4° Le prélat ne peut acquérir à titre onéreux ou gratuit les biens de son église.

5° Sous aucun prétexte, les biens de l'Eglise ne peuvent être transférés à un hérétique, ou à un juif.

D'autre part, il y a des biens de l'Eglise qui peuvent être aliénés sans les formalités requises :

1° Les meubles de peu de valeur ou sujets à dépérissement. La prohibition, dans les textes, ne porte jamais que sur les immeubles ou les meubles précieux.

2° Les revenus de l'Eglise, *modo largitiones sint moderatæ.*

3° Les revenus de la mense épiscopale, sans cette dernière restriction.

4° Un immeuble de très-mince valeur, pourvu que l'aliénation soit urgente et que cet immeuble sôit isolé. Quelles seront ces terres de mince valeur? En droit commun, celles dont le revenu ne dépasse pas cinq pièces d'or. Mais, sur ce point, le juge aura la plus grande liberté d'appréciation.

5° Les immeubles inutiles à l'Eglise, par exemple, quand les revenus sont inférieurs aux charges. Mais on doit acquérir un autre immeuble au lieu et place du fonds aliéné. C'est là moins un acte de disposition qu'un acte d'administration.

6° Les biens acquis, par exemple, aux Frères mineurs, aux Pères Théatins, à la congrégation de Jésus, avec cette clause expresse qu'ils seront vendus, et que le prix en sera spécialement affecté à tel ou tel emploi.

7° Les biens acquis sous cette condition que l'Eglise pourra les aliéner sans formalités.

8° Les biens sur lesquels l'Eglise n'a que le domaine direct; quand ils retombent aux mains de l'Eglise pour le domaine utile, elle peut les rendre à leur état primitif, tant qu'ils ne sont pas *incorporés*.

9° L'argent trouvé dans la maison du testateur.

10° *Possunt denique sine solennitate alienari melioramenta quæ fecit Rector Ecclesiæ, seu beneficii.*

Nous venons de voir que la prohibition dans les textes ne portait jamais que sur les meubles précieux et les immeubles. Qu'entendait-on par *meubles précieux* et par *immeubles* ?

Sont réputés meubles précieux :

1° Les bibliothèques bien garnies;

2° Les calices, les vases d'or et d'argent, les tapis, etc., etc.

3° Les troupeaux de moutons, de chèvres, de bœufs et de chevaux, etc.

Sont réputés immeubles :

1° Les vignes, champs, maisons, etc., qui sont les dépendances de l'église ou du monastère.

2° *Reditus seu census et pensiones ex re immobili.* On avait longuement discuté cette question : « Fallait-il assimiler aux « autres rentes la rente viagère constituée sur la tête d'un tiers? » Dans le dernier état du droit, les canonistes la regardaient comme un meuble;

3° Les servitudes prédiales;

4° Les droits de chasse et de pêche;

5° Les créances immobilières et les actions immobilières, après quelques controverses;

6° Les bénéfices ecclésiastiques;

7° Le *jus patronatûs* et le *jus sepulcri;*

8° Les serfs de l'église;

9° Le prix d'une vente d'immeubles. L'emploi doit être fait en immeubles; il y a subrogation réelle.

10° Les sommes léguées ou données pour l'acquisition d'un immeuble.

11° Les arbres utiles ou nécessaires, c'est-à-dire, dont la perte causerait au fonds un préjudice notable; à plus forte raison les vergers et les bois. Ces bois ne pouvaient être abattus ni transformés, ni vendus sans formalités. Pour les bois d'agrément la règle était différente.

Enfin les saintes reliques ne pouvaient être vendues. La jurisprudence de la cour de Rome, sinon les textes même du droit canonique', n'en permettait l'aliénation à titre gratuit en faveur d'une autre église, qu'avec certaines formalités requises à peine de nullité.

V.

Pour aliéner il faut une juste cause : nulle formalité ne saurait la remplacer. Sans juste cause l'église est lésée; elle a le bénéfice de la *restitution en entier*. Mais pour qu'une cause soit juste, il faut qu'elle apparaisse avec une parfaite évidence à l'esprit de l'aliénateur; il arrivera peut-être que ce dernier soit tout seul à douter, quand tous les autres seront convaincus, et à bon droit.

Sans doute alors l'aliénation sera valable, mais l'aliénateur aura mal agi. Suffit-il en tout cas qu'il croie à l'existence de la juste cause? La question était controversée : on finit par décider que la bonne foi ne couvrait pas le vice originaire. Mais à quoi reconnaître la juste cause? Les canonistes avaient fini par introduire une classification : *necessitas, utilitas, commoditas, pietas.*

Necessitas. Par exemple, il n'y a pas d'autre moyen de payer les dettes de l'Eglise.

Utilitas. Par exemple, l'Eglise fait emploi du prix de vente d'un fonds improductif. Mais cet intérêt doit être réel et sérieux ; autrement la règle deviendrait illusoire.

Commoditas. Je ne vois pas bien pourquoi les canonistes distinguaient la *commoditas* de l'*utilitas.* Voici un exemple souvent cité. L'exploitation d'un fonds trop éloigné entraîne des frais. L'Eglise peut le vendre et faire emploi du prix.

Pietas. A. Rachat des captifs. — B. Soulagement des pauvres. — C. Reconstruction ou réparation de l'Eglise. — D. Elargissement du cimetière. — E. Dépenses pour la guerre sainte ou pour la propagation de la foi.

VI.

J'arrive aux formalités requises.

Pourquoi ces formalités? Pour entraver les aliénations; c'était le seul moyen de conserver le patrimoine de l'Eglise.

Ces formalités étaient-elles substantielles? Les uns regardaient comme valable, *in foro conscientiæ*, l'aliénation faite par le prélat, sans les formalités requises, dès que le consentement libre des parties contractantes était appuyé sur une juste cause. D'autres opposaient à cette doctrine l'exemple du mariage clandestin ; la nullité du mariage clandestin n'est fondée que sur une présomption de fraude, comme celle de l'aliénation *sine solennitatibus juris*. Néanmoins là où la fraude n'existe pas, le mariage n'en est pas moins nul *in foro conscientiæ*. Les canonistes se rattachèrent généralement à cette dernière opinion plus conforme aux textes.

En tout cas, le contrat était-il fait sans les formalités requises? L'Eglise peut vouloir maintenir le contrat; dans ce cas l'autre partie n'en pourra demander la résiliation. L'Eglise peut vouloir le résilier; dans ce cas l'autre partie n'en pourra demander le maintien. Que si l'Eglise veut maintenir le contrat, elle devra recourir aux formalités omises; c'est un nouveau contrat qui va se former. Dans l'hypothèse d'une résiliation, aura-t-elle le choix entre l'action en répétition et l'action en dommages-intérêts contre l'aliénateur? On avait fini par admettre seulement l'action en répétition. L'opération juridique est nulle, radicalement nulle.

Dans le doute, comment prouver l'existence des formalités requises? Dans quel sens est la présomption du droit canonique?

Quand la délibération et le consentement du chapitre sont des faits établis, c'est une première présomption de validité. Si l'aliénation est restée longtemps à l'abri de toute attaque, quand même l'écrit ne ferait aucune mention des formalités, il y a présomption que ces formalités ont été suivies. Mais ce n'est pas là une présomption *juris et de jure*. Quant au laps de temps exigé, il est de trente ou quarante ans, quand la mention des formalités n'est pas faite dans l'écrit; quand la mention est faite, dix années suffisent.

Mais le contrat, nul à l'origine, peut-il être ratifié par l'accomplissement ultérieur de ces formalités? L'aliénation d'un fief, faite sans le consentement de celui qui conservait le domaine direct, nulle dans le principe, était ratifiée par ce consentement.

On donnait ici une solution analogue. Seulement cette rectification ne rétroagissait pas au jour du contrat.

Quelles sont donc précisément ces formalités ?

1° Le *tractatus capitularis*, c'est-à-dire une délibération du
chapitre présidé par le prélat. Cette délibération doit être bien
établie; non qu'il faille un écrit spécial pour la prouver, mais la
mention doit en être faite dans l'écrit probatif.

2° Le consentement du chapitre, ou des religieux, selon les cas.

3° La *subscriptio* du chapitre. Dans certains lieux, l'usage était
que la signature individuelle des membres fût remplacée par celle
d'un notaire.

4° Le consentement de l'évêque ou du supérieur.

5° Le consentement apostolique.

Le *supérieur*, ont remarqué les canonistes, peut jouer un double
rôle; par exemple, on requiert le consentement de l'évêque pour
l'aliénation des biens de la cathédrale; il aliène et consent. Une
autre fois, il s'agit d'une église quelconque de son diocèse, placée médiatement sous sa juridiction; *tantum consensum suum
præstat*, disent les textes. En tout cas, dans les deux hypothèses,
son consentement doit précéder l'aliénation, à peine de nullité.

Nous ne nous perdrons pas dans les détails infinis où sont entrés les canonistes sur la délimitation précise des attributions
de chaque dignitaire de l'Eglise en ces matières. Nous nous pose-
rons cette seule question : Le consentement du pape était-il nécessaire pour valider les aliénations des biens ecclésiastiques? Il
faut distinguer deux états du droit. D'abord, le consentement
apostolique fut requis pour l'aliénation des biens de l'église
cathédrale, *non ut ea valida esset, sed ut licita esset*. Cette
distinction fut abolie par la fameuse décrétale *Ambitiosæ* dans
les lieux où fut reçue cette décrétale. « *Requiritur consensus
« apostolicus ad alienationem non tantum licitam, sed et validam
« bonorum, non tantum Ecclesiæ Cathedralis, sed et cujuscunque
« alterius Ecclesiæ et loci pii.* »

Mais les canonistes se demandaient s'ils devaient admettre en
pareille matière l'intervention des princes séculiers. Non; le
prince séculier est ici désarmé. Qu'il défende directement aux
clercs d'aliéner, sans son autorisation, les biens ecclésiastiques,
ou qu'il défende aux laïcs de les acquérir sans cette autorisation, c'est là un excès de pouvoir; il empiète sur la juridiction
de l'Eglise. Toute ordonnance ainsi conçue est nulle. Quant aux
Novelles de Justinien, qu'on trouve dans le corps du droit civil,

elles n'ont, par elles-mêmes, aucune force obligatoire; encore une fois le pouvoir temporel n'a là rien à faire. Mais voici le tempérament : une habitude immémoriale et la tolérance de l'Eglise peuvent ici fonder une sorte de droit pour les princes séculiers. C'est ainsi que les constitutions des empereurs chrétiens, transportées par les pontifes dans le corps du droit canonique, ont reçu là comme une consécration, ou sont validées quelquefois par la constante habitude de l'Eglise.

VII.

L'église, lésée par une aliénation, a son recours contre le prélat ou l'administrateur; c'est là une action qu'elle peut intenter même contre leurs héritiers, mais qui n'est plus recevable quand elle est rentrée en possession.

L'église, en effet, a l'action réelle contre le possesseur de la chose aliénée; elle peut encore l'intenter après avoir inutilement exercé son action personnelle contre l'aliénateur. Le possesseur rend la chose avec les fruits, sans indemnité pour les dépenses utiles, s'il est de mauvaise foi. S'il est de bonne foi, il a son action contre l'aliénateur pour récupérer le prix.

Qui peut répéter ?

1º L'aliénateur. Une objection s'élève : « *Nemo auditur in foro « propriam allegans turpitudinem.* » Mais la maxime ne s'applique pas quand on agit au nom de l'Etat ou de l'Eglise. Il est vrai qu'ils peuvent avoir promis par serment de ne pas répéter; eh bien! le serment n'est pas considéré comme obligatoire.

2º Le successeur de l'aliénateur, même s'il a confirmé l'acte de son prédécesseur.

3º Le chapitre, non seulement au cas de vacances du siège, *sed etiam sede plena.* Que si le prélat se montre récalcitrant ou négligent, c'est non seulement son droit, mais son devoir.

4º Le supérieur de l'aliénateur.

5º Enfin, si personne n'agit, un membre quelconque du clergé, non seulement de cette église, mais encore de l'Eglise universelle.

6º Le pape, en vertu de son pouvoir suprême.

La première ressource de l'église est dans l'action en répétition ; la seconde est dans une *restitutio in integrum.* Mais c'est là un remède extraordinaire, anormal, qui ne peut venir qu'à la suite d'une lésion très-grave. Avant tout, l'église doit prouver cette lésion. En principe, l'affaire ira devant les tribunaux ecclé-

siastiques; c'est là, sans doute, une dérogation aux règles de la compétence et à la maxime *Actor sequitur forum rei;* mais on voyait là une sorte de sacrilége dont le juge ecclésiastique devait se réserver l'examen.

VIII.

Les sanctions venaient du droit civil et du droit ecclésiastique.

Nous avons trouvé les premières en analysant les constitutions des empereurs byzantins; nous renvoyons à cette analyse. Il nous suffira de dire qu'ici les prescriptions du droit civil avaient été consacrées par l'Eglise; voici les sanctions canoniques :

1° Le contrat est nul.

2° L'acquéreur et l'aliénateur s'obligent, sur leurs biens personnels, à indemniser l'Eglise.

3° L'évêque ou l'abbé prévaricateur est menacé de la déposition.

4° La peine de l'excommunication est prononcée contre quiconque a participé au contrat.

5° Les préposés à l'administration de l'église qui feront des concessions *ad longum tempus*, au mépris des prescriptions canoniques, sont punis d'une suspension de trois ans.

La décrétale *Ambitiosæ* confirme, étend même les sanctions de l'ancien droit canonique.

Les dispenses, les excuses, les cas d'absolution abondent dans cette législation. Mais je vois là des détails sans nombre, des subtilités infinies, aujourd'hui sans intérêt pour le publiciste et le jurisconsulte. Après une vue générale des règles sur l'aliénation des biens de l'Eglise, je passe aux questions de prescriptions.

IX.

Avant tout, les lieux consacrés, temples, chapelles, monastères, cimetières, et les choses saintes, comme les reliques, les calices, les ornements d'église, et les autres objets du culte, sont imprescriptibles. Tout cela n'est pas dans le commerce. Dieu possède par ses ministres. Voilà du moins pour la prescription opposable par les laïcs; car rien n'empêche qu'une église ne prescrive contre une autre les calices et les objets sacrés. Quant aux biens des hospices, quoiqu'offerts par les fidèles et consacrés en quelque sorte au service du Seigneur, ils sont soumis à la prescription de quarante ans.

Mais un bénéfice ecclésiastique, quand le possesseur n'est ni un simoniaque, ni un intrus, peut être prescrit par trois ans de possession paisible. Ce laps de trois ans va-t-il lui conférer un titre de propriété ? La question était controversée. Il y a là, disent certains auteurs, un intérêt général : on coupe court aux procès; dans cette opinion, la possession confèrerait un titre indélébile. D'autres n'accordaient qu'une simple exception au possesseur et alléguaient entre autres motifs que le *titulus beneficii* peut être seulement conféré par l'institution canonique. On répondait qu'une fois la prescription admise, il y avait là une fiction d'institution canonique (*ille legitime et canonice institutus censendus in beneficio*). Mais les deux systèmes ralliaient un nombre égal de canonistes.

Quant aux circonscriptions ecclésiastiques, diocèses et paroisses, nulle usurpation d'un évêque ou d'un curé sur l'autre ne pouvait mener à la prescription; ces limites sont invariablement fixées. Contre elles rien ne saurait fonder un droit, non plus que contre les circonscriptions des comtés ou des royaumes.

Mais les immeubles de l'église, ses maisons, ses bois, ses terres sont soumis à la prescription de quarante ans.

Les dîmes et le *jus decimandi* ne sauraient être prescrits par les laïcs.

Enfin il faut se rappeler l'axiome du droit canonique : *pas de prescription sans bonne foi.* L'Eglise exigeait la bonne foi, et la bonne foi continue même dans les plus longues prescriptions; *cum quò longiore tempore malæ fidei possessor rem alienam retinet, eo gravius peccet, adeòque multò minus possit præscribere.*

CHAPITRE IV.

ANCIEN DROIT FRANÇAIS JUSQU'AU 2 NOVEMBRE 1789.

SOMMAIRE. — Commentaire de d'Argentré sur la coutume de Bretagne. Grande controverse sur l'article 269 de la coutume. — Les articles 447 et 448 de la coutume d'Anjou. — L'article 37 de la coutume du Maine. — Commentaire de Dupineau. — De la prescription opposable à l'ordre de Malte. — Opinion de nos vieux auteurs. — Jurisprudence. — Divergences des coutumes. — Lettre du roi, de 1383, trouvée dans les archives de Rheims. — Ordonnance de décembre 1606. — Résumé de notre ancien droit civil. — Jurisprudence en matière d'aliénation des biens ecclésiastiques. — Séance du 23 octobre 1789 à la Constituante. — Discours de Thouret. — La spoliation du clergé est une spoliation. — Décret du 2 novembre 1789.

Nos coutumes ne se sont guères préoccupées des règles qui concernent l'aliénation des biens de l'Eglise. Le droit canonique s'était prononcé d'une manière absolue ; il avait tout prévu, tout organisé. Dès lors quel autre législateur eût abordé ces questions de régime intérieur sur lesquelles avait statué la plus haute des puissances législatives ? Mais il n'en était pas de même de la *prescription*. C'était là une source féconde de dispositions pour notre droit coutumier. Chacun veut défendre le droit qu'une longue possession lui confère, même contre le prince, même contre l'Eglise. Il faudra donc que ce droit soit nettement déterminé par la coutume elle-même.

C'est ici qu'il convient d'examiner le commentaire de d'Argentré sur la coutume de Bretagne.

Les choses sacrées sont imprescriptibles, nous dit d'Argentré. Quel exemple, en effet, prennent nos rois, quand ils statuent sur l'inaliénabilité du domaine? Ils le comparent aux choses sacrées. Mais ces choses sacrées, quelles sont-elles? Les temples, les cimetières, les vases, les ornements d'église, etc. Distinguons bien des choses sacrées les immeubles de l'église. La règle de l'imprescriptibilité leur est inapplicable; ils sont soumis à la prescription de quarante ans. Cette prescription court entre églises comme au profit des particuliers.

Les hospices, les léproseries, *les pauvres en général* à qui l'on a laissé quelques legs, ont le bénéfice de la prescription de quarante ans.

Mais les courtes prescriptions, c'est-à-dire les prescriptions de cinq ans et au-dessous, courent contre l'Eglise, sans que le délai soit prolongé.

D'Argentré explique très-bien que ces mots : « Biens des églises, » ne s'appliquent pas aux biens particuliers des prélats et des clercs ; ceux-là sont assujettis aux règles du droit commun.

Dans d'autres pays, la prescription des biens meubles de l'Eglise s'accomplit par trois ans. Mais d'après la coutume de Bretagne, les meubles se prescrivent par dix années. L'Eglise est protégée par cette disposition de la coutume.

Une vive controverse s'était engagée entre nos jurisconsultes coutumiers et les canonistes : « Les biens des églises sont-ils sou- « mis au droit commun sur les appropriances ? » C'est-à-dire, si le possesseur a vendu sa chose, après une année de posses- sion notoire, « et s'il en fait une bannie dont il ait informé la « cour (1), » sans que le prélat ou l'administrateur ait formé op- position, l'acheteur est-il à l'abri de toute revendication? L'ar- ticle 269 de la coutume était ainsi conçu : « Celui qui est appro- « prié d'héritage, par bannies en la forme susdite, est défendu « contre tous ceux du duché; et contre ceux qui sont hors du « duché, il conviendrait que l'acquéreur les eût tenus par an et « jour, après information et certification faite desdites ban- « nies... » Les canonistes disaient : « Les règles du droit com- « mun sur les appropriances ne s'appliquent pas aux biens de « l'Eglise. La coutume ne l'a pas voulu; la coutume ne l'a pas pu. « Sur quoi se fonde l'article 269? sur une présomption de con- « sentement tacite du propriétaire. Comment présumer le consen-

---

(1) *Banniverit, id est, contractum promulgaverit*, dit d'Argentré.

« tement tacite de l'évêque qui n'a pas reçu le libre pouvoir d'a-
« liéner ? » D'Argentré répliquait : « Quand il s'agit de rédiger la
« coutume de Bretagne, on convoqua le clergé. Que n'a-t-il fait
« alors ses observations ? Que n'a-t-il réclamé pour l'Eglise une
« disposition spéciale, dérogatoire à l'article 269 ? L'esprit de la
« coutume s'oppose aux prétentions des canonistes ; il s'agit avant
« tout d'assurer la stabilité des propriétés. Les canonistes pré-
« tendent que la coutume est impuissante à changer le droit sur
« cette matière ! Mais il s'agit d'une attribution de propriété ; et,
« sur ce point, chaque peuple a, chez lui, le droit de faire la loi
« comme il l'entend. Sans doute certaines formes sont requises
« pour l'aliénation des biens ecclésiastiques ; il y a là une cause
« de nullité, quand l'évêque aliène un bien de l'Eglise, au nom
« de l'Eglise ; mais quand on contracte avec un tiers qui vend en
« son propre nom, les règles du droit commun en matière de
« prescription reprennent leur empire. »

D'Argentré, dans toute cette matière, se montre très animé
contre les dispositions incohérentes et contradictoires de la
législation du Bas-Empire. Il déclare qu'il a peine à se reconnaître dans cette *indigesta et dissoluta consarcinatio constitu-
tionum.* Il s'arrête enfin à cette règle que la seule prescription de
quarante ans est applicable ; c'est-à-dire, opposable aux établissements religieux et aux églises, sauf les courtes prescriptions.

D'Argentré consacre un chapitre spécial à la prescription des
choses spirituelles. Il montre très-nettement qu'elles ne sont pas
naturellement imprescriptibles, parce que la prescription peut
courir *inter personas ecclesiasticas.* Mais un vice entache la
possession des laïcs : *ideoque talium adversus eos æterna aucto-
ritas.* — « *Decimæ, primitiæ, oblationes, procurationes, visita-*
« *tiónes, benedictiones, usus certarum cæremoniarum, etiam*
« *ecclesiæ ipsæ totæ cum suo reditu ab. aliis ecclesiis in totum*
« *præscribuntur ; data præscribentium capacitate.* »

La prescription acquisitive de la dîme ne pouvait pas être
invoquée par un laïc. Une église n'était reçue à l'invoquer contre
une autre qu'avec un juste titre et la bonne foi. Quant à la prescription libératoire de l'obligation de payer la dîme, elle n'était
reconnue par aucune législation. Mais d'Argentré pensait qu'on
pouvait s'appuyer sur la prescription libératoire pour ne plus
payer à l'avenir qu'une fraction de la dîme. Il admettait
que la prescription libératoire de la redevance s'accomplissait
par le laps d'une année.

L'article 447 de la coutume d'Anjou s'exprime en ces termes :
« Prescription ne court contre le patrimoine de l'Eglise pas moins
« le temps de quarante ans; c'est à entendre l'héritage de la
« fondacion ancienne et les acquets et accroissements faicts par
« avant quarante ans; et depuis quarante ans prescription court
« comme contre gens laiz.

« Art. 448. — En acquets nouveaux faicts par gens d'église
« depuis trente ans, en matière de prescripcion, ou tenement,
« ils ne sont plus privilegiez ne preferez que gens laiz. »

Il faut remarquer cette dernière disposition de la coutume
d'Anjou. Remplaçons d'abord les mots « depuis trente ans » par
ceux de la coutume du Maine « depuis quarante ans. » C'est la
disposition d'un ancien coutumier manuscrit qui se trouvait
entre les mains de M. Dupineau, commentateur de la coutume.
— Quoi qu'il en soit, dit cet auteur, la disposition du droit
canon, touchant la prescription de quarante ans, est limitée
par notre droit coutumier aux biens acquis par l'Eglise *auparavant* quarante ans. Avant ces quarante ans écoulés, les
immeubles de l'Eglise ne sont point hors du commerce. L'article 37 de la coutume en fait foi. — « Si gens d'église, Frayeries,
« Communitez, ou autres mains-mortes, acquièrent par quelque
« contract, don, légat ou autre acquisition, aucuns héritages,
« domaines, rentes ou autres choses immeubles, le Roy ou ses
« officiers les peut faire convenir en sa court, se bon leur semble,
« pour leur faire injonction de mectre hors de leurs mains tous
« et chacun des dits acquets, dons et legs qui leur ont été faicts
« ou acquis depuis quarante ans; et les seigneurs subalternes
« depuis trente ans, eu regard au temps de l'exhibition des con-
« tracts, ou depuis qu'ils en auraient eu cognoissance. » Grâce
à ce droit de retrait, ces biens ne peuvent pas être véritablement
dits ecclésiastiques, religieux ou sacrés avant quarante ans. —
« Deux lustres, dit Dupineau, ne suffisent pas parmi nous pour
« leur incorporation, quoi qu'ait écrit Chopin, lib. 1. *de domanio*
« tit. 2 num. 10. » Ainsi c'est seulement au bout de quarante ans
que la prescription de droit commun fait place à une prescription
particulière.

Encore cette prescription de droit privilégié n'est-elle pas
admise quand il s'agit de fermages, de loyers et d'arrérages de
rentes. — « Car ce sont des fruits séparés du fonds, dit Dupi-
« neau, qui compètent à la personne ecclésiastique et non à
« l'Eglise. »

Ce droit exceptionnel et favorable cesse pour les courtes prescriptions : sont réputées telles toutes les prescriptions de moins
de dix ans.

Claude Pocquet de Livonnière, professeur de droit français à
l'université d'Angers, a fait une petite dissertation sur la prescription contre l'ordre de Malte. Dupineau soutenait que la prescription de quarante ans courait contre les chevaliers de Malte,
conformément à un jugement du présidial d'Angers du 10 mars
1639. D'après lui, la bulle de Clément VII, qui accorde à cet
ordre le privilége de la prescription centenaire, n'aurait pas été
reçue par l'usage de la France. D'ailleurs, la coutume a été réformée en 1508 du consentement des trois ordres, et ne contient
rien de spécial pour les chevaliers de Malte. Chopin, dans son
traité de la police ecclésiastique, dit que la bulle de Clément VII
fut enregistrée aux parlements de Toulouse et de Provence, mais
qu'il y eut appel comme d'abus au parlement de Paris. Brodeau,
tout en disant que la bulle n'a pas été vérifiée au parlement de
Paris, rapporte un arrêt du même parlement, du 14 décembre
1585, par lequel des lettres-patentes du roi, portant confirmation
de cette bulle, ont été entérinées. Auzanet, sur l'article 123 de la
coutume de Paris, cite à l'appui du système que défend Dupineau, un arrêt de la première chambre des enquêtes, dont il ne
donne point la date, déclarant que la prescription de quarante
ans suffit contre cet ordre. Mais les chevaliers de Malte, appuyés
sur les lois 2 et 4 C. *quibus non objicitur præscriptio*, en vinrent
à soutenir qu'aucune prescription ne courait contre les absents
et qu'ils devaient être réputés perpétuellement absents pour le
service de la république chrétienne. L'ordre citait quinze arrêts
rendus dans ce sens. Pocquet de Livonnière répondait très-sage-
ment : — « Ne reconnaître aucune prescription est un excès qui
« dégénère en vexation et ne saurait subsister. » — Clément VII
n'avait pas cru pouvoir mieux faire que de leur donner la prescription de cent ans ! Eux-mêmes ne demandaient pas autre
chose, lorsqu'ils protestèrent contre la rédaction de l'article 123
de la coutume de Paris ! — « D'ailleurs, ajoute encore Pocquet
« de Livonnière, si une partie de l'ordre de Malte est toujours
« occupée à la guerre contre les infidèles, les commandeurs sont
« souvent en repos et en paix dans leurs commanderies, en état
« de veiller à la conservation de leurs intérêts. » — Mais il
blâmait la solution de Dupineau. La jurisprudence du parlement de Paris montrait assez que la bulle de Clément VII était

reçue en France; d'ailleurs la coutume d'Anjou avait été réformée en 1508; la bulle de Clément VII n'ayant paru qu'en 1523, le silence de la coutume ne signifiait rien. Le jurisconsulte décide donc en faveur de la prescription centenaire. Au commencement du dix-septième siècle, la jurisprudence semblait établie dans ce sens. (Arrêt du parlement de Grenoble du 5 février 1616.) Au milieu du siècle elle penche pour l'imprescriptibilité. (Arrêt du parlement de Toulouse du 6 avril 1636. Arrêts du parlement de Paris de février 1658, août 1666, mars et juin 1667). Mais un arrêt du Grand-Conseil du 10 septembre 1677 décida que la prescription centenaire courait contre les chevaliers de Malte. Cette jurisprudence est adoptée par le parlement de Bordeaux dans un arrêt de la seconde chambre des enquêtes du 2 avril 1705.

Dans quelques coutumes, la prescription est uniforme et réduite à trente ans. Mais les unes, comme celle d'Orléans (articles 260 et 261) et de Montargis (tit. 17, art. 1er), en exceptent les privilégiés. Les interprètes en concluent qu'elles exceptent l'Eglise. D'autres, comme celles d'Auvergne et de Bourgogne, ont dit simplement que toutes prescriptions de choses prescriptibles sont réduites à trente ans. Ici le jurisconsulte n'a qu'à chercher quels sont les biens imprescriptibles dans le patrimoine de l'Eglise : le reste tombe sous l'empire du droit commun. Enfin d'autres coutumes, comme celle du Berry (article 1er du titre 12), déclarent expressément qu'on prescrit par trente ans contre l'Eglise. Cette coutume déclare que néanmoins elle n'entend pas enlever à l'Eglise la *restitutio in integrum* qui peut lui compéter « par « le bénéfice du prince et lettres royaux. » — Les commentateurs ont fait remarquer que l'Eglise devait se pourvoir et obtenir la restitution dans les dix ans. Au demeurant, elle a quarante ans pour défendre ses droits.

Ricard fait remarquer, sur l'article 118 de la coutume de Paris, qu'il faut réduire aux termes du droit commun la prescription des actions personnelles, comme les droits de lods et ventes, arrérages de rentes, etc., parce qu'elles concernent plutôt le titulaire du bénéfice que le bénéfice et l'Eglise elle-même. Mais Lalande dit très-bien, sur l'article 261 de la coutume d'Orléans, que si l'action personnelle tend à l'acquisition d'un capital ou d'un fonds permanent qui demeure à l'Eglise, — « comme serait une « fondation, même un simple legs à une fois payer, » — il faut revenir à la prescription de quarante ans.

Mais quand le titre est nul et défectueux, par exemple, parce que les solennités requises pour l'aliénation des biens de l'Eglise n'ont pas été observées, il n'y a pas même de *præscriptio quadragenaria.* — « *Potius est solam allegare possessionem*, dit « Dumoulin, *quam ostendere titulum defectuosum et minus so-* « *lennem.* »

J'ai dit en commençant ce chapitre que nos coutumes ne s'étaient guère préoccupées des règles qui concernent l'aliénation des biens ecclésiastiques. Néanmoins ce tableau serait inachevé, si je ne mentionnais pour finir quelques mesures conformes à l'esprit du droit canonique et protectrices des intérêts de l'Eglise.

Voici, entre autres exemples, une lettre du roi de France, de l'an 1383, qui se trouve dans les archives administratives de la ville de Rheims.

« 1383. — *Lettre d'arrest que nul seigneur ne peut acquérir* « *bourg ès villes de l'Eglise, ne li bourg ne puet estre dessous* « *autre seigneur.....* — Pourquoi, nous, considéré que nous et « nos prédécesseurs avons toujours esté champions et deffen-« deurs des gens de l'Eglise de nostre royaume, mesmement de « nostre fundation et garde, et de leurs subgets... nous mandons « et commettons.... que vous faciez crier et déffendre publi-« quement de par nous..., que aucun seigneur, de quelque estat « qu'il soit, ne reçoive en sa garde, bourgeoisie, sauvement, ou « autre adveu, aucun des subgiés des dictes Eglises.... » Voilà l'Eglise de Rheims protégée contre les aliénations volontaires ou forcées qu'elle pouvait consentir. Cette même prohibition fut renouvelée bien des fois et en bien des circonstances.

L'article 15 de l'édit de décembre 1606 sur les plaintes et remontrances du clergé assemblé à Paris, confirme les prescriptions canoniques : — « Nous avons déclaré et déclarons les aliénations « faites par les ecclésiastiques et marguillers, du temporel des « églises, sans les solennitez requises par nos ordonnances et « dispositions canoniques, nulles et de nul effet et valeur ; vou-« lons qu'elles soient cassées; les parties, pour voir ce faire, « appelées. »

Voici le résumé de notre ancien droit civil à ce sujet.

Les formalités requises sont : Une information bonne et valable de l'utilité d'aliéner ; une homologation de l'aliénation faite par le juge royal ; à ces fins, une visite des lieux suivie d'affiches et de proclamation ; enfin l'approbation de l'évêque ou d'un autre supérieur. (Arrêts des 1er décembre 1611 et 15 mars 1612.)

Mais l'aliénation est permise dans deux cas :

1° Pour les besoins de l'état et en vertu des lettres-patentes du prince, par les commissaires désignés. Il est vrai que le rachat en est, pour ainsi dire, perpétuel, au moyen des diverses déclarations de nos rois « que le clergé obtient en sa faveur et qui « prorogent ce rachat de temps en temps. » En quelques mains qu'aient passé les biens aliénés, l'Eglise peut les ressaisir en remboursant « le sort principal (*sortem*), *impenses*, frais et « loyaux coûts. » Un arrêt du Grand-Conseil jugea que l'acquéreur évincé de la sorte n'avait pas de recours contre son vendeur, parce que ce rachat se fait en conséquence de la permission du prince, *jure speciali et non ex ulla auctoris culpa*.

2° Pour les besoins de l'Eglise. Les formalités étaient nombreuses « et tellement de rigueur, dit un jurisconsulte, que le « moindre défaut ou la moindre omission anéantit et renverse « toutes sortes d'aliénations des biens de l'Eglise. » Ajoutons que les parlements se montraient fort difficiles sur la preuve de l'accomplissement des formalités. (V. arrêt du 19 février 1658.)

Quand il s'agit de l'aliénation des biens d'un bénéfice ordinaire et particulier, l'information doit être faite à la requête du procureur du roi, et la vente homologuée par le juge royal; mais s'il est question d'aliéner des biens de bénéfices consistoriaux ou de fondation royale, ou que l'objet de l'aliénation soit considérable, il faut des lettres-patentes du roi, enregistrées dans les cours, d'après le procès-verbal *de commodo et incommodo* fait à la requête du procureur général.

Louis XIV créa, en 1691, des greffiers des gens de mainmorte, aux greffes desquels durent être enregistrés tous les contrats d'aliénation des biens de l'Eglise.

Un arrêt du 19 juin 1762, du parlement de Paris, a déclaré valable la vente des fiefs de Calouette et de Haye, faite par le chapitre de Beauvais, sans les formalités prescrites, se fondant sur le peu d'importance des fiefs aliénés.

En 1641, le clergé, assemblé à Mantes, céda au roi pour trente ans la faculté de racheter les biens ecclésiastiques et de faire payer une taxe aux détenteurs qui voudraient être maintenus, trente années durant, en possession de ces biens, sans pouvoir être inquiétés par l'Eglise. De son côté, Louis XIV, en 1656, donne au clergé la faculté de rentrer pendant dix années dans les biens aliénés depuis 1556. En 1675, nouvelle cession faite au roi, par le clergé, de la faculté de racheter pendant trente ans certains biens ecclésiastiques « aliénés pour cause de subvention; » seulement la taxe que le roi pourrait imposer aux détenteurs ne devait pas dépasser un certain taux et les ecclésiastiques pourraient toujours être préférés aux détenteurs, en payant la taxe. Des arrêts du conseil assimilent tous les biens aliénés depuis 1556 aux biens aliénés « pour cause de subvention » et spécialement désignés dans la déclaration de 1675.

Les conditions du rachat étaient tellement onéreuses (1) que le clergé y renonça. En 1702, le clergé abandonna ses droits en consentant que le roi levât une nouvelle taxe sur les biens ecclésiastiques aliénés depuis 1556. Moyennant le paiement de cette taxe, les détenteurs devenaient propriétaires incommutables et à l'abri de tout retrait.

On voit qu'après tout le patrimoine de l'Eglise était assez bien défendu. Tant de causes diverses, tant de précautions, tant de mesures restrictives concouraient à l'accroissement des richesses du clergé !

La réaction fut violente.

Dans la soirée du 23 septembre 1789, l'assemblée constituante autorisa le comité des affaires ecclésiastiques à se procurer tous les renseignements nécessaires sur les dîmes et sur les biens ecclésiastiques (2). A la séance du matin du 10 octobre, un membre lut un projet relatif aux biens du clergé. Il exposa les grands avantages que trouverait la nation à se déclarer propriétaire de ces biens. L'assemblée applaudit à ce plan et en ordonna l'impression. Le 23 octobre l'assemblée décida qu'elle s'occuperait de la motion relative aux biens ecclésiastiques.

Thouret, dans un discours célèbre, émit alors cette théorie : — « Les individus existant indépendamment de la loi et antérieure- « ment à elle, ont des droits résultant de leur nature et de leurs « facultés propres... Tel est le droit de propriété... *Les corps, au* « *contraire, n'existent que par la loi ; par cette raison, elle a sur* « *tout ce qui les concerne. et jusque sur leur existence même, une* « *autorité illimitée. Les corps n'ont aucuns droits réels par leur na-* « *ture, puisqu'ils n'ont pas même de nature propre....* La même « raison qui fait que la suppression d'un corps n'est pas un *homi-* « *cide*, fait que la révocation de la faculté accordée aux corps de « posséder des fonds de terre ne sera pas une *spoliation.* »

(1) Merlin. Répertoire.
(2) Procès-verbaux de l'Assemb. const. t. 5.

Cette théorie est véritablement absurde. Un individu a des droits; une agrégation d'individus n'a pas de droits! Un individu peut contracter, posséder, faire tous les actes de la vie civile avec une sécurité parfaite. Un corps, légalement reconnu, un corps, dont la personnalité n'est pas mise en doute, est privé de cette sécurité par cela même qu'il est un corps! Pour une agrégation d'individus, l'expropriation n'est plus l'expropriation, la dépossession n'est plus la dépossession, la violence et l'injustice perdent ou changent leurs noms, et le caprice du pouvoir constituant est la loi suprême. Je reconnais l'existence des abus ; je suis prêt à dire avec l'orateur : — « Que diraient les fondateurs « morts il y a six ou sept siècles, s'ils voyaient nos monastères « dépouillés d'une grande partie de leurs revenus par les sécu- « liers, et les titres d'abbé et de prieur conservés, pour l'enrichis- « sement des commandataires, à des lieux où il n'existe plus ni « religieux ni maison conventuelle? » — Bien plus, j'entrevois les avantages de la spoliation. Oui, le nombre des individus qui ne possèdent rien doit être diminué : de telles masses d'immeubles doivent rentrer dans la circulation : l'intérêt de l'agriculture exige qu'on substitue des propriétaires réels à des propriétaires fictifs. Mais l'intérêt n'est pas la mesure du droit : la spoliation utile en est-elle moins une spoliation?

Le 2 novembre 1789, l'assemblée nationale décréta :

« Art. 1er. — Tous les biens ecclésiastiques sont à la disposition « de la nation. »

Nous n'avons plus à nous occuper des biens de l'Eglise.

LIVRE TROISIÈME.

ANCIEN

DROIT FRANÇAIS.

CHAPITRE I.

EXAMEN THÉORIQUE DU PRINCIPE D'INALIÉNABILITÉ DES BIENS DU DOMAINE.

Mézerai, dans son abrégé historique, soutient que la maxime de l'inaliénabilité du domaine était constante dès la première race de nos rois.

C'est là une théorie fausse, bizarre, en contradiction avec les faits. Mais l'assertion paradoxale de Mézerai n'en est pas moins précieuse à recueillir. Elle dénote merveilleusement l'état des esprits et les tendances des publicistes au dix-septième et au dix-huitième siècles.

Par un étrange abus de langage, on regardait le principe de l'inaliénabilité du domaine comme étant de *droit naturel*. La raison suprême de cette opinion, on la trouvait dans une phrase de Cujas : — « *Eâ de re cum consulerer, respondi nullam esse* « *legem specialem quæ id prohibuisset, cum ipsis regnis natam,* « *et quasi jus gentium, jus quod initio regni Rex quisque jurare* « *quodammodo solitus esset.* »

Suivons les domanistes sur le terrain même où ils veulent porter la question. Examinons tour à tour la maxime de l'inaliénabilité dans un état despotique, dans un état républicain, dans un état monarchique.

Dans un état despotique, la maxime de l'inaliénabilité peut-elle être injuste? Le prince est maître absolu du domaine, il en

8

dispose; qui pourrait contester son droit? Mais le prince est aussi le maître absolu des biens de ses sujets; qu'il révoque les aliénations, rien de plus légitime.

Quel est donc cet état modèle où le prince est maître absolu des biens de ses sujets? Il s'agit donc d'un despote, soit : mais où trouver ce type idéal du despote, *spoliateur* au nom du droit, *menteur* au nom du droit?

Le chef d'un état despotique peut-il aliéner les biens du domaine, et dire le lendemain : « Je n'ai pas aliéné? » Peut-il dire aujourd'hui : « je vous transfère une partie du territoire; » et dire demain : « La propriété n'est pas transférée? »

Le despote, quand il aliène, n'agit pas comme législateur. Même alors il faudrait nier son droit de révocation : le législateur, avant tout, se doit le respect de lui-même : l'intérêt qu'une loi consacre, la loi du jour suivant ne peut le briser. Mais encore une fois le despote ici n'est pas législateur. Quoiqu'il exerce le pouvoir législatif, il ne l'exerce pas toujours et fatalement : tout acte du despote n'est pas une loi.

Qu'a-t-il fait? Il a contracté. Pour qui? En quel nom? Pour l'Etat, au nom de l'Etat, peut-être! non, l'Etat n'existe pas; la personnalité de l'Etat s'absorbe dans celle du maître. Alors il a contracté comme un simple particulier : c'est ainsi que Pierre ou Paul eût contracté. Le prince fait une donation: sur quels biens? sur les biens du domaine; c'est-à-dire sur ses biens, puisqu'il est lui-même l'Etat.

Oublions donc le législateur, car le législateur s'est effacé. Voilà une vente, une donation consentie par le premier venu, législateur ou non, il n'importe! Et la vente sera légalement anéantie, la donation sera légitimement révoquée! Par qui donc? C'est ici que j'attends les domanistes. Sans doute du consentement des parties intéressées, peut-être en vertu d'une clause insérée dans le contrat? Non; par le législateur. Le législateur franchit le sanctuaire des conventions privées; à la voix du despote, la volonté des parties est anéantie : il y substitue lui-même sa volonté souveraine. Les parties croyaient à l'existence d'une vente, d'une donation; il n'y a ni vente ni donation, *de par la loi*. Quel est donc ce législateur? C'est une des parties contractantes, personnage à double face. Le prince, homme privé, signe le contrat; le prince, législateur, le déchire.

On demande : « Le principe de révocation dans un état despotique est-il de droit naturel? » Oui, si dans un état despotique le principe de la confiscation violente est aussi de droit naturel. Inscrivez donc en tête de ces lois : Le prince, étant législateur, n'est pas tenu au respect de ses engagements.

, Mais ce qui n'est pas juste peut être utile. On lit dans tous les manuels que le prince est exposé aux sollicitations ardentes de ses courtisans; que dès lors il est trop naturellement enclin à prodiguer les biens du domaine et qu'il faut une barrière. Cette barrière sera donc le principe de l'inaliénabilité ! C'est corriger un mal par un autre mal. Les courtisans sont avides, le prince est exposé; le prince a tout à craindre de l'exagération même de sa puissance; eh bien ! qu'on y mette un frein.

Dans une république, l'Etat existe; sa personnalité nous apparaît avec une merveilleuse clarté. Le domaine, c'est le patrimoine de la nation. La nation aliène ou par elle-même ou par ses délégués.

Ici le système de l'inaliénabilité peut être conçu de deux manières. Comme on n'a pas à craindre les sollicitations des privilégiés, ni les entraînements du chef de l'Etat, la constitution peut interdire aux magistrats, à qui elle confère l'initiative, le droit de proposer une aliénation du domaine. Si le gouvernement est bien organisé, la prohibition sera respectée; je dirai plus, elle sera *respectable;* car elle ne contient rien de contraire à l'équité. Mais ce n'est pas une raison pour en faire une maxime d'Etat, l'axiome fondamental du droit public universel, un oracle du droit naturel en cette matière.

Disons-le tout de suite : ce n'est pas ainsi que nos anciens domanistes eussent entendu le principe d'inaliénabilité. D'ailleurs cette manière d'envisager le droit public est contraire à l'essence d'un certain gouvernement rigoureusement républicain, que le philosophe de Stagyre place au dernier degré de l'échelle. Quelle est cette puissance abstraite qu'on prétend substituer à la puissance populaire ? La loi suprême réside dans la suprême manifestation des volontés du souverain, c'est-à-dire, du peuple. On peut encore supposer qu'il existe une constitution; que cette constitution est muette, ou bien autorise expressément le droit de révoquer les aliénations du domaine. L'iniquité du principe est encore évidente.

Le pouvoir législatif décrète une aliénation : est-ce une loi ? C'est une loi, rien de plus certain. Ces mandataires du pays n'ont qu'un rôle à remplir; quoi qu'ils fassent, ils accomplissent leur mission de législateurs. Voilà donc un contrat qui intervient entre la nation et l'un de ses membres; et ce contrat est sanctionné par la majesté de la puissance législative.

Eh bien! si c'était un contrat ordinaire, qui ne blessât en rien l'ordre public et les lois établies, la nation n'aurait pas le droit d'intervenir et de dire après coup, au mépris des droits acquis et du grand principe de la liberté des conventions : je brise votre contrat. De nouvelles garanties vont-elles tout compromettre? Plus le contrat est saint, plus il sera facile à violer! Etrange argumentation! C'est un contrat, donc vous devez le respecter : c'est une loi, donc vous devez la respecter. Mais ce qu'a fait une simple loi, la loi ne peut-elle ne pas le défaire? Ne sommes-nous pas les maîtres d'abroger nos propres actes? Défaites *pour l'avenir*; abrogez *pour l'avenir*; c'est élémentaire. Tout législateur doit retenir cette parole d'une constitution républicaine : — « *L'effet rétroactif donné à la loi est un crime.* » — Voilà le seul principe de droit naturel que je connaisse en cette matière.

J'arrive aux états monarchiques.

Ici, encore, je suppose que la charte ne s'est pas occupée des aliénations du domaine; les chambres ont-elles le droit d'ordonner la révocation des ventes, des donations, des échanges qu'elles ont consentis? L'article 8 de la charte de 1830 répond pour nous. — « Toutes les propriétés sont inviolables. » — Toute la question se résume en deux mots : le pouvoir législatif, dans un état monarchique, a-t-il pu transférer la propriété d'une parcelle des terres domaniales? Il pourrait aliéner tous les biens domaniaux sans violer les règles de la justice et de la raison. Encore une fois, il n'est pas nécessaire que l'Etat ait son patrimoine : mais il est nécessaire qu'on respecte les conventions et qu'on observe les lois.

Ainsi donc, c'est un paradoxe que de faire descendre *du droit naturel* la maxime de l'inaliénabilité; quant à la faculté de révocation, elle heurte directement les principes les plus vulgaires du droit public. Si c'est un article de la constitution, c'est un article à rayer de la constitution; sinon c'est une théorie fausse et dangereuse qu'il faut se garder d'appliquer.

Mais au moins cette maxime, que nous condamnons au nom de la justice, va-t-elle se défendre par d'autres considérations? Parlons d'abord des aliénations à titre onéreux. Si l'Etat met des biens en vente, c'est qu'apparemment il désire trouver des acheteurs et qu'il veut tirer le meilleur parti possible de l'aliénation. Peut-être même a-t-il fallu des circonstances extraordinaires pour déterminer cette mise en vente : une guerre , une famine , de grands embarras de finances. Il est de l'intérêt public que l'Etat trouve des acquéreurs et de l'argent. Que devient la maxime de l'inaliénabilité? *Cette vente n'est qu'apparente* : croyez-vous que l'acquéreur s'y trompe? L'Etat n'en est pas , je le suppose , à son coup d'essai. Qui voudra consentir à ce marché de dupe ? L'Etat, accablé par un principe vicieux, ne pourra plus aliéner, quand même il voudra, quand même il devra le faire.

Alors l'Etat aura recours à des expédients. Le législateur ira déclarer que dans un cas spécial et vu la gravité des circonstances , il s'interdit la faculté de *révoquer* et déroge aux maximes ordinaires du droit public. Nous avons plus d'un exemple d'une pareille déclaration dans notre ancienne monarchie. Mais qu'il y prenne garde, le principe est ébranlé! S'il est mauvais, qu'on l'abroge. Mais conçoit-on que le législateur vienne dire : Voici un principe qui préjudicie à tout le monde, entendons-nous cette fois; nous ne l'appliquerons pas ? D'ailleurs si l'on y déroge une fois, pourquoi, comment n'y pas déroger toujours? Sera-t-il possible de distinguer deux classes d'acquéreurs : 1° ceux que l'Etat prend au sérieux ; 2° ceux qu'il ne prend pas au sérieux? — Voilà un droit public bien extraordinaire.

Cette distinction déplaît aux partisans fougueux du principe de l'inaliénabilité. Tous les acheteurs, à les entendre, sont dans la même situation. Expliquons-nous , cela signifie que tous les acheteurs pourront être également dépossédés , quoi que l'Etat ait pu promettre. Mais voilà un jeu qui n'est pas sans danger. D'abord c'est rendre la clause illusoire et partant revenir aux inconvénients qu'elle voulait éviter. Ensuite je me demande dans quelle région du monde civilisé un tel excès d'arbitraire et d'injustice peut profiter à ses auteurs. On conteste que la meilleure politique soit la plus honnête : mais ce qu'on ne saurait contester, c'est le danger de certaines iniquités qui révoltent le sentiment public et minent plus sûrement les trônes que les conspirations les plus ténébreuses.

Mais nos adversaires nous attendent sur le terrain de l'aliénation à titre gratuit. On réfute aisément leur sophisme principal sur l'utilité du principe d'inaliénabilité dans les Etats despotiques. Leurs objections nous ont conduit à reconnaître le vice de cette forme de gouvernement.

L'Etat doit agir avec une grande réserve dans ses aliénations à titre gratuit. Mais une fois la donation consommée? — « L'âme

« de la donation entre-vifs, dit Bergier sur Ricard, ce qui la
« constitue telle, c'est l'expropriation absolue, irrévocable du
« donateur. » — Pourquoi donc établir un droit spécial en faveur
de l'Etat? La règle de l'irrévocabilité des donations nous semble
excellente, parce que l'instabilité de la propriété nous semble un
mal. Le propriétaire sous condition résolutoire travaille molle-
ment à l'amélioration du sol : on travaille mal pour autrui. L'intérêt général veut que le sol ne tremble pas. Quand l'Etat fait une
donation, l'acquéreur d'un droit fragile reculera devant le
moindre sacrifice et ne rendra jamais à son donateur qu'une terre
longtemps négligée. C'est là un résultat, dans notre esprit, plus
fâcheux encore pour la nation, puisqu'elle y est plus directement
intéressée.

D'ailleurs, ces donations seront le plus souvent des dispositions rémunératoires. Est-il convenable qu'en pareille circonstance la nation donne d'une main et retire de l'autre? L'immeuble
qu'elle donne aux sauveurs du pays, aux précepteurs du genre
humain, n'aura-t-elle pas honte de l'enlever à leurs enfants?

Il faut librement apprécier ces prétendus principes qui n'ont
jamais eu d'existence que dans l'imagination de quelques publicistes dominés par les circonstances, prompts à convertir le fait
en droit, avant tout égarés par l'esprit de servitude.

CHAPITRE II.

DE L'ALIÉNATION DES BIENS DE L'ÉTAT, DU BERCEAU DE LA MONARCHIE JUSQU'AU XIV· SIÈCLE.

SOMMAIRE. — Formules de Marculfe. — Cessions. — Actes confirmatifs. Donations à l'Eglise. Le capitulaire *de Villis* ne contient que des règles d'administration. — Irrévocabilité des aliénations à titre onéreux. — Constitution de Rodolphe Ier, faite à Nuremberg en 1281. Des bénéfices ou fiefs. — Etymologie. — Nature du contrat. — Bénéfices royaux. — Le prince peut-il ressaisir le fief dans l'origine? — Système de Montesquieu, de Robertson et de Mably. — Texte de Montesquieu. Discussion. — Interprétation d'un texte de Marculfe. — Examen du système de M. Guizot. — Des bénéfices temporaires. — Caractère viager des bénéfices royaux. — Mably tire de fausses conséquences du traité d'Andely. — Quand et comment les fiefs devinrent transmissibles. — Textes. — Quand et comment la révolution s'accomplit en Allemagne. — Conditions de l'aliénation dans la collation des bénéfices royaux. — Quelques caractères spéciaux des inféodations royales. — Les bénéfices royaux ont-ils précédé les autres bénéfices. — Il ne faut admettre précisément sur ce point, ni l'opinion de Mably, ni celle de M. Guizot.

Nous diviserons en deux chapitres nos développements sur l'aliénation et la prescription des biens de l'Etat dans notre ancien droit français. Notre premier chapitre prendra la monarchie au berceau et la suivra jusqu'à l'année 1318.

Nous trouvons dans Marculfe une formule des cessions royales ainsi conçue (1) : — « Ceux là sont à bon droit décorés des bien-
« faits de notre bienfaisance et de notre munificence, qui dès
« leur tendre jeunesse nous ont servis, nous et nos pères, avec
« une fidélité constante; » — ou bien quand on s'adresse à quelque lieu consacré : « Nous n'apportons rien en ce monde, a dit
« l'apôtre, et nous n'en pouvons rien emporter, sauf les pieuses
« offrandes que nous aurons faites à l'Eglise pour le salut de notre
« âme. — Que votre Grandeur (ou votre valeur) sache donc ceci :
« nous concédons publiquement à.... de notre pleine volonté,
« la ferme.... située dans le bourg...., dans son intégrité avec
« toutes ses dépendances, au même titre qu'elle a été possédée
« par notre fisc (ou qu'elle est possédée aujourd'hui). C'est
« pourquoi nous ordonnons.... que le susnommé obtienne à
« perpétuité cette ferme avec ses terres, ses maisons, ses édifices,
« ses habitants, ses esclaves, ses vignes, ses bois, etc., etc.,
« libre de toutes charges, affranchi des réclamations des juges
« pour le paiement du *fredum*. » — « Ce *fredum*, dit Montesquieu,
« c'était un droit local pour celui qui jugeait dans le territoire.
« La grandeur du *fredum* se proportionna à la grandeur de la
« protection; ainsi le *fredum* pour la protection du roi fut plus
« grand que celui accordé pour la protection du comte et des
« autres juges.... » — L'auteur ajoute un peu plus loin : « Une
« infinité de chartes contiennent une défense aux juges ou of-
« ficiers du roi d'entrer dans le territoire pour y exercer quelque
« acte de justice que ce fût et y exiger quelque émolument de
« justice que ce fût. Dès que les juges royaux ne pouvaient plus
« rien exiger dans un district, ils n'entraient plus dans ce
« district.... » — Ces paroles de Montesquieu nous expliquent
très-bien une phrase obscure du texte de Marculfe. « *Absque ullius*
introitu judicum in quibuslibet causis ad freda exigendum. »
Notre formule contient une renonciation à ce droit que Charlemagne, dans son capitulaire *de Villis*, met au nombre des grands
revenus du domaine.

Voici la fin de cette formule : « *Ita ut eam jure proprietario,*
« *absque ullius expectata judicum traditione, habeat, teneat atque*
« *possideat, et suis posteris, domino adjuvante, ex nostra largi-*
« *tate, aut cui voluerit ad possidendum relinquat, vel quidquid*

---

(1) I, 14. ed. Hieronym. Bignonii.

« *exinde facere voluerit*, *ex nostro permissu in omnibus habeat*
« *potestatem.* »

Nous trouvons là le caractère de la cession très-nettement
indiqué : l'idée du fief n'apparaît pas encore. Nous voyons
seulement au début de la formule que le roi veut récompenser
un de ses fidèles; et comment le récompense-t-il? par une donation entre vifs de la pleine propriété; donation conçue dans
les termes les plus absolus. Le donataire est affranchi des obligations qui sembleraient les plus inséparables de la qualité
même du donateur.

La formule suivante contient un exemple de cession faite à
l'Eglise : « *Quapropter per præsentem auctoritatem nostram*
« *decernimus quam perpetualitatem mansuram esse jubemus, ut*
« *ipsam villam memorata Ecclesia illa (vel antedictus Pontifex*
« *aut ille abbas) ut diximus, in omni integritate, cum terris et*
« *cæteris quæ superius sunt, ita ut eam et ipsi et successores sui*
« *habeant, teneant et possideant.* » Mêmes idées, même langage.

La confusion n'est pas ici dans le droit, mais dans les faits.
Ce que le droit consacre, les faits viennent si souvent le contredire que le droit lui-même finit par en être obscurci. Ce qu'un
roi vient de faire, son successeur peut le défaire. Il s'ensuit que
ce qui est irrévocable a besoin d'être garanti contre une révocation. De là dans les formules XVI et XVII, les actes confirmatifs
d'une concession royale faite à perpétuité, le premier pour
l'Eglise, le second, *pro secularibus viris.* — « *Quem divina pietas*
« *sublimat ad regnum*, dit la seizième formule, *condecet facta*
« *conservare parentum.* » — Je sais bien qu'un esprit prévenu
peut voir dans ces actes confirmatifs l'origine du principe d'inaliénabilité. Si le roi confirme, il peut révoquer. Mais les termes
même des formules suffisent à montrer que le pouvoir royal ne
s'arrogeait pas ce droit de révocation. Un autre principe vient
heurter le principe de l'irrévocabilité. Il n'est pas bien certain
qu'à cette époque les rois se regardassent comme enchaînés par
les engagements de leurs prédécesseurs; ou plutôt il est certain
qu'ils trouvaient souvent commode de s'y soustraire. La présence
des actes confirmatifs dans les formules de Marculfe n'atteste
qu'une réaction du droit contre le fait.

Du reste il est indubitable que les dons faits à l'Eglise restèrent
soumis à la règle de l'irrévocabilité (*solidata æternitate serventur*).
L'Eglise, plus souvent dépouillée, réclamait plus souvent ces
mesures protectrices. Nous avons une donation de l'an 834 faite

par Louis-le-Débonnaire à un évêque. Cette donation rappelle les termes de la formule de Marculfe, tout en l'exagérant dans ses dispositions. Les biens donnés sont exemptés de toutes les charges publiques ; (*nec ullas publicas functiones aut redhibitiones exigere præsumat*) ; et la donation est tellement irrévocable que l'empereur compte sur les prières des successeurs de l'évêque et de leur clergé pour toute la dynastie.

Le fameux capitulaire *de Villis* ne contient guère que des règles de pure administration. L'article 33 commande d'attendre l'empereur pour disposer des produits du domaine. L'article 6 réserve la dîme de ces produits aux églises situées dans le domaine.

Ces documents suffisent pour démontrer qu'aux premiers temps de la monarchie :

1° Le roi faisait des donations entre-vifs de la pleine propriété ;

2° Ces donations étaient irrévocables en droit ;

3° Elles étaient révocables en fait ;

4° Plus le fait venait contredire le droit, plus le principe de l'irrévocabilité se trouvait énergiquement sanctionné par la formule primitive et par l'acte confirmatif.

Quant aux aliénations à titre onéreux, elles étaient, à notre avis, irrévocables en droit et en fait. La 30ᵉ formule du premier livre de Marculfe, relative aux échanges consentis par le roi, met les deux parties contractantes dans une position identique. De part et d'autre, la propriété est définitivement transférée, et comme nous ne trouvons nulle part d'acte confirmatif des échanges, nous croyons que la convention primitive était respectée.

Le principe de la révocabilité n'est pas né en France. Un des premiers monuments que nous en ayons date de l'année 1281 ; c'est une constitution de Rodolphe Iᵉʳ faite à Nuremberg. Toutes les aliénations des biens de l'Empire, consenties depuis la déposition de Frédéric II, par le concile de Lyon, sont annulées... « *Nisi* « *consensu majoris partis principum in electione Romani regis vocem* « *habentium fuerint approbatæ.* » C'est là une disposition conçue dans un esprit aristocratique et faite pour limiter le pouvoir impérial. Il est étrange que le même principe naisse en France de l'excès du pouvoir royal.

Mais avant d'aborder l'histoire du domaine dans la période qui s'ouvre à l'année 1318 , il nous faut traiter une grande question de droit public. — « Je veux parler de cet événement arrivé une

« fois dans le monde et qui n'arrivera peut-être jamais; » — de ces lois que l'on vit paraître en un moment dans toute l'Europe, sans qu'elles tinssent à celles que l'on avait jusqu'alors connues (1), c'est-à-dire de l'organisation des fiefs et de l'origine de nos lois féodales.

Montesquieu a très-bien montré que chez les Germains il y avait des vassaux et non pas des fiefs, et qu'il n'y avait pas de fiefs parce que les princes n'avaient pas de terres à donner, ou plutôt que les fiefs étaient des chevaux de bataille, des armes, des repas. La cour des rois mérovingiens était pleine des descendants de ces compagnons de chefs Germains dont parle Tacite. Ils formaient une classe distincte et se nommaient fidèles, leudes, antrustions. Ces leudes étaient récompensés de leurs services par des donations de terres. Le mot *thane* s'employait-il dans le même sens chez les Anglo-Saxons ? Hallam remarque qu'il embrassait tous les propriétaires libres et lui donne une acception plus étendue.

Les terres fiscales étaient la source la plus régulière du revenu des princes. La plus grande partie de ces terres fut concédée à des sujets favorisés, à titre de bénéfices : « Il est probable que « la plupart des bénéfices étaient accordés à des courtisans de « profession, aux antrustions, aux leudes, ou à des gouverneurs « de province (2). » Ce bénéfice, c'est le fief. Un publiciste dit que le mot fief signifie, non pas la *terre même,* mais la *mouvance* de la terre; c'est-à-dire, sa relation de dépendance envers le suzerain. — « Ainsi, dit cet auteur, lorsque le roi Louis-le-Jeune notifie « par une charte de l'an 1167, que le comte Henri de Champagne « vient d'accorder, en sa présence, à Barthélemy, évêque de « Beauvais, le fief de Savigny, on doit seulement entendre par « là que le comte Henri a accordé à l'évêque de Beauvais la « mouvance de Savigny... » M. Guizot dit très bien : — « Il est « tout à fait invraisemblable que le nom de la propriété féodale « n'ait désigné d'abord que la qualité, l'attribut de cette pro- « priété et non la chose même; quand on a donné les premières « terres qui sont devenues des fiefs, ce n'est pas la suzeraineté « seule qui a été conférée; on a donné évidemment la terre « même. » — Ce n'est que plus tard, en effet, que la mouvance

(1) Montesquieu.
(2) Hallam.

a pu se distinguer du corps de la terre. Du cinquième au neuvième siècle, ce genre de propriété porte le nom de *beneficium* ; à la fin du neuvième siècle il prend le nom de *feudum*. Les feudistes constatent la synonymie des deux expressions et les retrouvent l'une et l'autre dans une charte de l'empereur Frédéric Ier, de 1162.

Le sens du mot bénéfice est clairement désigné par son origine latine. C'est un bienfait, qui, comme dit Hallam, quand bien même on n'y eût attaché aucune condition expresse de service, n'était pas conféré — « sans l'attente de quelque retour. » Aux antiques présents d'armes, de chevaux, de meubles, succédaient les dons de terres. Les immeubles réservés pour les leudes furent appelés des biens fiscaux (*fiscalia*). Il est dit dans la vie de Saint-Maur, — « *dedit fiscum suum* ; » et dans les annales de Metz, — « *dedit illi comitatus et fiscos plurimos*. » Les biens destinés à l'entretien de la famile royale étaient appelés *regalia* (1). L'ancien système permettait de renouveler les dons à chaque guerre, à chaque pillage : mais après la conquête, pour trouver toujours de nouveaux immeubles à donner aux leudes, il eût fallu sans cesse recommencer la vie errante et les courses guerrières. Il fallait bien s'attacher d'autres *fidèles*. — « De là, « dit très bien M. Guizot, l'effort constant des donateurs de bé- « néfices pour les reprendre, dès que cela leur convient, et s'en « faire un moyeñ d'acquérir d'autres compagons ; d'autre part, « l'effort également constant des bénéficiers pour s'assurer la « possession pleine et entière, immuable, de leurs terres et « s'affranchir même de leurs obligations envers le chef dont ils « les tiennent, mais auprès duquel ils ne vivent plus, dont ils « ne partagent plus les destinées. »

Ici se présente une question très-grave. Du prince qui veut ressaisir, du bénéficier qui prétend garder la propriété, quel est l'usurpateur ? Exposons d'abord sur ce point l'opinion de Montesquieu, de Robertson et de Mably.

Avant Henri Hallam, personne n'avait douté que les bénéfices n'eussent été dans l'origine précaires et révocables, plus tard viagers, enfin plus tard seulement héréditaires. James Craig, Spelman, regardent ce fait comme positif. Mably, dans ses observations sur l'histoire de France, l. 1. C. 3., l'appelle *une*

---

(1) Note de Montesquieu.

vérité que M. de Montesquieu a très bien prouvée; et Robertson affirme (1) « que ces bénéfices n'étaient originairement concédés « qu'à volonté; qu'aucune circonstance relative au moyen-âge « n'est mieux établie, et qu'on pourrait ajouter des preuves « irrécusables et innombrables à celles qui ont été déjà produites « dans l'Esprit des Lois, et par Ducange. »

Comme Robertson n'ajoute pas *ces preuves* innombrables, contentons-nous d'exposer celles que Montesquieu et Ducange apportent à l'appui de leur système. Voici le passage de Montesquieu (2) : — « On ne peut pas douter que d'abord les fiefs « ne fussent amovibles. On voit dans Grégoire de Tours que « l'on ôte à Sunégésile et à Galloman tout ce qu'ils tenaient du « fisc, et qu'on ne leur laisse que ce qu'ils avaient en propriété. « Gontran, élevant au trône son neveu Childebert, eut une con- « férence secrète avec lui et lui indiqua ceux à qui il devait « donner des fiefs et ceux à qui il devait les ôter. Dans une « formule de Marculfe, le roi donne en échange, non-seulement « des bénéfices que son fisc tenait, mais encore ceux qu'un « autre avait tenus. La loi des Lombards oppose les bénéfices « à la propriété. Les historiens, les formules, les codes des dif- « férents peuples barbares, tous les monuments qui nous restent « sont unanimes. Enfin ceux qui ont écrit le livre des fiefs nous « apprennent que d'abord les seigneurs purent les ôter à leur « volonté, qu'ensuite ils les assurèrent pour un an, et après les « donnèrent pour la vie. »

Ducange, à l'appui de cette théorie, cite seulement une lettre des évêques à Louis-le-Débonnaire. — « *Ecclesiæ nobis a Deo* « *commissæ non talia sunt beneficia et hujusmodi regis proprie-* « *tas, ut pro libitu suo inconsulte illas possit dare aut auferre.* » Il en induit que les autres bénéfices étaient réellement soumis à une révocation arbitraire.

Avant d'examiner cet argument, je me demande si la formule de Marculfe, que j'ai citée au commencement de ce chapitre, s'applique aux bénéfices; on pourrait le croire au vu de cette première phrase : — « *Merito largitatis nostræ munere sublevan-* « *tur, qui parentibus nostris vel nobis ab adolescentia ætatis* « *eorum, instanti famulantur officio.* » — Mais ces autres ex-

(1) *History of Charles V.* Vol. 1. not. 8.
(2) .Esprit des Lois. XXX. 16.

pressions : — « *in integra emunitate*, » — et celle-ci : — « *vel* « *quidquid injuste facere voluerit*, » — ne semblent-elles pas contredire toutes les notions admises sur les bénéfices? Pour M. Guizot, la réponse ne semble pas douteuse. — « Marculfe « dit-il, nous a conservé la formule d'un bénéfice héréditaire, « ce qui prouve qu'au VIII⁰ siècle, de semblables concessions « étaient fréquentes. » Mais les expressions, *jure proprietario*, que nous trouvons à la fin de la formule, nous semblent contredire l'assertion de M. Guizot. Il faut admettre, selon nous, que le roi peut très-bien faire une donation sans créer un bénéfice, c'est-à-dire, sans faire une concession qui entraîne l'obligation au service militaire, l'obligation à certains services civils et les devoirs de fidélité inhérents au fief. Marculfe distingue dans ses formules les aleux paternels des aleux acquis : nul doute que ces derniers aleux ne pussent s'acquérir aussi bien à titre gratuit qu'à titre onéreux. Le caractère distinctif de l'aleu résida bien vite dans son indépendance, abstraction faite de son origine. M. Guizot dit lui-même qu'on employa le mot *proprium* comme synonyme d'aleu. Dès-lors, surtout si l'on songe que Marculfe est bien antérieur à l'époque féodale, il semble difficile qu'il s'agisse dans la formule XIV de la collation d'un bénéfice. Si je repousse la théorie de Montesquieu sur l'amovibilité des bénéficiers, je ne crois pas davantage que la théorie contraire fût établie d'une manière absolue à l'époque de Marculfe. Il devait y avoir, en petit nombre et seulement dans l'origine, mais il y avait des donations de pleine propriété : celles là ne furent jamais révocables qu'au mépris de tous les droits et par l'abus de la force. Nous en avons traité séparément.

Mais la théorie de la révocabilité s'applique-t-elle aux fiefs? je vais combattre le système de Montesquieu.

1° Montesquieu lit dans Grégoire de Tours que Sunégésile et Galloman, deux courtisans de Childebert, furent dépouillés de leurs bénéfices, ayant été accusés de trahison et s'étant réfugiés dans une église, dont ils refusèrent de sortir pour paraître en jugement. Mais qu'induire d'un cas de confiscation pour trahison?

2° Gontran, dans Grégoire de Tours, indique à son neveu Childebert, *quos honoraret muneribus, quos ab honore depelleret.* Mais Hallam remarque avec beaucoup de justesse que le mot *honor* est plus souvent employé par les anciens écrivains pour signifier une charge honorifique qu'un bien foncier; et lors même que ce mot aurait ici ce dernier sens, peut-on s'appuyer d'un

exemple pris dans des temps de convulsions civiles et de tyrannie extraordinaire ?

3° « Dans une formule de Marculfe, dit Montesquieu, le roi
« donne en échange non seulement des bénéfices que son fisc
« tenait, mais encore ceux qu'un autre avait tenus. » — Montesquieu cite en note une phrase latine fort obscure qui signifie tout
ce que l'on peut vouloir dire et s'appliquerait très-bien au cas où
le dernier possesseur serait mort.

4° « La loi lombarde oppose les bénéfices à la propriété. »
C'est très-vrai : nous avons même cru pouvoir tirer un argument
très-fort des expressions — « *jure proprietario* » — de la quatorzième formule de Marculfe. C'est une preuve caractéristique de
la nature dépendante des bénéfices, mais non pas de leur révocabilité.

5° « Quant aux livres des fiefs, dit M. Guizot, rédigé à une
« époque très-postérieure, du XII° au XIII° siècle, et par des
« jurisconsultes du temps, » il a commis probablement la même
erreur que Montesquieu ; il a converti le fait en droit.

Enfin l'argument de Ducange, qui n'est qu'une induction tirée
de la lettre des évêques à Louis-le-Débonnaire, doit céder à cette
simple considération que la plupart des bénéfices étaient devenus
héréditaires sous le règne de ce prince. D'ailleurs, Ducange
ajoute une phrase qui contredit singulièrement sa première idée :
« *non temere tamen nec sine legali judicio referebantur.* » — Où
est le principe de l'amovibilité des bénéfices ?

M. Guizot a dit : — « L'amovibilité absolue et arbitraire d'une
« faveur quelconque, bien plus encore d'une concession territo-
« toriale, a quelque chose d'imprévu et de violent qui choque les
« plus simples idées de justice naturelle, et peu d'hommes con-
« sentiraient à recevoir une grâce qu'ils seraient légalement ex-
« posés à perdre au premier caprice. »

Il faut cependant bien admettre l'existence du *précaire* en droit
romain, et la définition d'Ulpien ne souffre pas de réplique : —
« *Precarium est quod precibus petenti utendum conceditur, tamdiu*
« *quamdiu is qui concessit patitur.* » — Mais c'est Montesquieu
qui nous l'a dit : les premiers fiefs étaient des armes et des chevaux de bataille, on dut respecter la terre du bénéficier comme
on respectait le cheval du soldat. Le *précaire* des Romains se lie
à un système très compliqué : la nature des relations entre le
chef et le bénéficier ne laisse pas de place à l'analogie. — « Si
« quelque terre a été enlevée à quelqu'un *sans faute de sa part,*

« est-il dit dans le traité d'Andely, conclu en 587 entre Gontran
« et Childebert, qu'elle lui soit rendue. » — Clotaire II dit dans
un capitulaire : — « *Quidquid parentes nostri anteriores princi-*
« *pes vel nos per justitiam visi sumus concessisse et confirmasse,*
« *in omnibus debeat confirmari...., et quæ unus de fidelibus ac*
« *leodibus suam fidem servando domino legitimo, interregno fa-*
« *ciente, visus est perdidisse, generaliter absque aliquo incom-*
« *modo de rebus sibi debitis præcipimus revestiri.* » — Enfin on a
cité cette phrase d'Eginhard : — « Charlemagne ne souffrait pas
« qu'un seigneur, par quelque mouvement de colère, retirât
« sans raison ses bénéfices à son vassal. »

Mais le droit incontestable du donateur, c'était de retirer le fief
au bénéficier infidèle. En 576, nous voyons Chilpéric enlever à
deux seigneurs rebelles, l'un appelé Godinus par Grégoire de
Tours, l'autre appelé Siggo, les bénéfices qu'il leur avait donnés
sur le territoire de Soissons. De même, au neuvième livre de
Grégoire de Tours, Sunégésile et Galloman, ayant conspiré
contre Childebert II, sont dépouillés de leurs bénéfices et envoyés
en exil. Voilà des révocations légitimes ; mais les historiens modernes montrent très-bien que rien n'étant réglé quant à la durée
des concessions, cette seule clause était sous-entendue : « L'accomplissement des obligations garantit la durée de la concession. »

Néanmoins, je crois que certains bénéfices royaux devinrent
des bénéfices temporaires ; mais ce fut un contrat exceptionnel
issu des spoliations de Charles-Martel. Le chef des Francs austrasiens confisqua sans pudeur une bonne part des biens des Eglises
et les distribua libéralement à ses compagnons d'armes. A l'avènement de Pépin et de Carloman, le clergé s'émut, l'épiscopat se
plaignit, un concile se réunit à Leptines ; on y décida que les
bénéfices concédés par Charles-Martel sur les biens ecclésiastiques
seraient convertis en *precaria*, c'est-à-dire en bénéfices purement
temporaires, mais *vis-à-vis des Eglises*. C'était un moyen de ménager l'épiscopat irrité sans exaspérer les leudes austrasiens.
Charlemagne ordonna qu'à l'expiration du terme de la concession
les Eglises seraient libres de la renouveler ou de reprendre leurs
biens. Charles-le-Chauve prescrivit que, *selon l'ancien usage*, la
durée des bénéfices *in precario* serait de cinq ans et que tous les
cinq ans le bénéficier serait tenu de faire renouveler son titre.
Mais il n'y a pas là, à proprement parler, de bénéfices *royaux*
temporaires.

Le caractère positif du fief est assez bien marqué dans ces deux actes : en 585 mourut Wandelin, qui avait élevé le roi Childebert : — « *Quæcumque de fisco meruit, fisci juribus sunt relata* (1). » En 660, sous Théodoric l'austrasien — « *villa nuncupanti Lati-* « *niaco.... qui.... post discessum ipsius Warratune, in fisco nos-* « *tro fuerat revocata* (2). » — Le bénéfice est viager de sa nature. Quoi de plus simple? Les obligations qu'entraîne une pareille concession ne sont pas de celles qui se transmettent ; la reconnaissance et la fidélité ne passent pas aux héritiers. — « A dater des « rois carlovingiens, dit M. Guizot, de nombreux diplômes dé- « clarent expressément que le bénéfice dont il s'agit est concédé « à vie ; il en est même qui étendent la concession jusqu'au fils « du concessionnaire, mais aussi pour sa vie seulement, et sans « admettre une hérédité illimitée. » — S'il en est ainsi, comment appliquer à la collation d'un bénéfice la quatorzième formule de Marculfe ? Ce n'est qu'en 889 qu'on voit le roi Eudes conférer un bénéfice à Ricabod, son vassal — « *jure beneficiario et fructuario,* » avec cette addition que si Ricabod a un fils, le bénéfice passera à celui-ci, mais pour sa vie seulement (3). L'histoire démontre que Charlemagne, par une surveillance active, s'efforça, pendant toute sa vie, d'empêcher la transformation des bénéfices en aleux. Il avait l'œil ouvert sur l'administration des bénéficiers, afin que l'usufruit dont ceux-ci jouissaient ne tournât point au détriment du propriétaire.

Mais une lutte s'engagea bientôt entre le bénéficier aspirant à la propriété permanente et le donateur, prétendant maintenir le caractère personnel et viager du fief. Le triomphe des bénéficiers fut le signal de l'abaissement définitif du pouvoir royal, et la révolution aristocratique fut accomplie. Cette révolution eut lieu bien plus tôt en Espagne qu'en France. Aussi peut-on voir dans une loi de Chindasuinthe, au sixième siècle, la transmission de bénéfices législativement consacrée. Dans les Gaules, le traité d'Andely fut arraché à Gontran et à Childebert; Mably a tiré de la teneur de cet édit la conséquence de la perpétuité des bénéfices. Mais ces mots *stabiliter conservetur*, ces autres mots *omni firmitate perdurent*, ne nous paraissent pas très-concluants. Nous

---

(1) Greg. tur. VIII, 22.
(2) Mabillon, *de re diplomatica* VI, p. 471.
(3) Mabillon, *de re diplomatica* VI, p. 556.

croyons qu'on s'est généralement trompé sur l'interprétation du traité d'Andely. D'abord est-il possible qu'une pareille révolution se soit opérée sans qu'on ait mentionné la nouvelle règle de la transmissibilité des fiefs? Quand on change un ordre de choses anciennement établi, on s'explique clairement. La quatorzième formule de Marculfe qui ne s'occupe pas des bénéfices, consacre la transmissibilité des biens donnés par le roi pour trancher toute espèce de doute sur la donation, et le traité d'Andely garderait le silence! Les expressions que nous avons citées ne sont-elles pas simplement une protestation contre les révocations arbitraires et l'amovibilité absolue des bénéfices? Le texte se plie facilement à cette interprétation. D'ailleurs la révolution eût été prématurée. Louis-le-Débonnaire passe tout son temps à lutter contre le principe de l'hérédité des bénéfices et ce principe serait adopté par la royauté depuis le sixième siècle! Croit-on que dans cette période qui sépare le traité d'Andely de l'avènement des Carlovingiens, les leudes n'eussent pas profité de leur triomphe et se fussent contentés de la stérile reconnaissance d'un droit imaginaire? Le système féodal ne date pas du sixième siècle, mais du neuvième.

Hallam dit que le plus ancien exemple qu'il y eût d'un bénéfice héréditaire conféré à un simple individu, c'est une concession de Charlemagne, en 795, à un nommé Jean, vainqueur des Sarrazins, dans le comté de Barcelone. Les expressions mêmes du capitulaire nous prouvent qu'il s'agit d'un bénéfice (*donec nobis aut filiis nostris fideles extiterint*). En 814, Charlemagne meurt; en 815, le même Jean se présente à Louis-le-Débonnaire avec la donation héréditaire qu'il tenait de Charlemagne. Louis la confirme et l'étend à de nouvelles terres : en 844, Teutfried, fils de Jean, se présente à Charles-le-Chauve, fils de Louis, et lui demande de vouloir bien confirmer les deux donations antérieures; Charles le lui accorda.

Sous ce prince, l'hérédité des bénéfices était devenue le droit commun. En 860, collation d'un bénéfice héréditaire au leude Adalgise; en 869, à Doolen, vassal d'Otger; en 877, à Oliba, comte de Carcassonne. Enfin parut le fameux capitulaire de 877. Le roi autorise ses *fidèles* à disposer, après sa mort, et comme il leur conviendra, des bénéfices qu'ils tiennent de lui, pourvu, toutefois, qu'ils ne les transmettent qu'à des hommes capables de servir l'Etat (*qui reipublicæ prodesse valeant*).

En Allemagne, la révolution s'accomplit plus tard, comme on

peut le voir aux livres des fiefs. Au commencement du règne de
Conrad II, les bénéfices, dans les pays de sa domination, ne
passaient point aux petits-fils, mais seulement à celui des enfants
du dernier possesseur que le seigneur avait choisi : « Ainsi, dit
« Montesquieu, les fiefs furent donnés par une espèce d'élection
« que le seigneur fit entre les enfants. » Ce droit d'élection ne
subsistait plus au temps des auteurs du livre des fiefs, c'est-à-
dire, sous Frédéric Ier. Un jour, les fidèles au service de l'empereur Conrad lui demandèrent d'ordonner la transmission des
fiefs aux petits-enfants, et même au frère du fidèle mort sans
héritiers légitimes. Conrad fit droit à cette demande. Le livre des
fiefs dit — « que les anciens jurisconsultes avaient toujours
« pensé que la succession des fiefs en ligne collatérale ne passait
« point au-delà des frères germains, quoique dans les temps
« modernes on l'eût portée jusqu'au septième degré, comme par
« le droit nouveau on l'avait portée en ligne directe jusqu'à
« l'infini. »

Les conséquences de l'hérédité des fiefs, dans le droit public et
dans le droit privé, furent innombrables. Montesquieu les décrit
avec sa profondeur accoutumée. Il montre en quelques mots
comment l'hérédité des fiefs et l'établissement général des arrière-
fiefs, qui en était la suite, éteignirent le gouvernement politique
et formèrent le gouvernement féodal, comment les rois furent
privés de leurs domaines et rencontrèrent un obstacle invincible
dans l'indocilité des grands vassaux. La royauté fut perdue jusqu'à
ce qu'elle acquit au moins la force d'un grand fief. Quant à tous
les changements que cette révolution provoqua dans l'organisation
politique du pays, nous ne saurions les examiner sans perdre de
vue notre sujet.

Assistance et fidélité réciproques, voilà le principe du contrat
féodal, et ce ne sont pas là des mots vagues ; le lien de fidélité
n'est pas un lien purement moral, sans autre sanction que celle
de la voix intérieure. Disons mieux, le contrat féodal n'est pas
réellement un contrat à titre gratuit. L'obligation, d'abord indéterminée, se précise bien vite après la conquête.

La première condition de l'aliénation, c'est l'obligation au service militaire. Voici sur ce point deux textes des capitulaires, l'un
de 807, l'autre de 812.

« Que tous nos bénéficiers viennent combattre l'ennemi.

« Quiconque tenant de nous des bénéfices, aura été convoqué
« pour marcher contre l'ennemi et ne sera pas venu au lieu assi-

« gné pour la réunion, sera tenu de s'abstenir de vin et de
« viande autant de jours qu'il aura tardé à se rendre à la
« convocation. »

Un troisième texte de l'an 812 prive de son fief le bénéficier qui
manque à l'appel.

La seconde condition de l'aliénation, c'est l'obligation à certains services civils et domestiques. Le texte le plus précis qu'on
cite à ce sujet est la XXVIᵉ épître d'Eginhard au comte du palais
de Louis-le-Débonnaire : — « Frumold, plus accablé par les
« infirmités que par la vieillesse, possède un petit bénéfice en
« Bourgogne, dans le pays de Genève où son père a été comte.
« Il craint de le perdre si votre bonté ne vient à son secours,
« car son infirmité l'empêche de se rendre au palais. Il vous
« prie donc de supplier l'empereur qu'il daigne lui permettre
« de conserver son bénéfice, jusqu'à ce qu'ayant recouvré ses
« forces, il puisse se rendre en la présence de son souverain et
« se recommander à lui. » Il est donc certain, comme l'a dit
M. Guizot, que les rois recevaient de leurs bénéficiers certains
services qui obligeaient ceux-ci à se rendre à la cour, soit à des
époques fixes, soit sur la réquisition du prince, et que leur négligence pouvait leur faire encourir la perte du bénéfice.

Quelquefois le délinquant échappait à la confiscation pour subir
une amende. Ainsi, dans l'expédition de Philippe III contre le
comte de Foix, en 1274, les barons furent taxés, pour défaut de
service, à cent sols par jour, pour les dépenses qu'ils s'étaient
épargnées, et à cinquante sols d'amende au profit du roi ; les
bannerets à vingt sols pour leurs dépenses et à dix d'amende ;
les chevaliers et les écuyers dans la même proportion.

Le contrat féodal, indépendamment de l'obligation de fidélité
qui était de son essence, donnait au suzerain d'autres avantages
qu'on a appelés *droits féodaux*, comme les reliefs, les droits de
déshérence et de confiscation, etc. Mais un traité complet sur les
droits féodaux serait ici déplacé. Mentionnons seulement ce
qu'ont de spécial les inféodations royales.

Droits de relief. En Angleterre, le droit du seigneur de prendre
possession du fief, lorsque l'héritier ne peut pas payer le relief,
et d'en conserver la jouissance pendant une année, n'appartenait
qu'au roi. *Droits pour aliénation.* En Angleterre, l'usage des sous-
inféodations fut aboli par la grande charte. Un statut accordait
en même temps le droit d'aliéner, à condition que le nouveau
tenancier relèverait immédiatement du suzerain de l'aliénateur.

Les vassaux de la couronne n'étaient pas compris dans ce statut. Ce fut seulement un statut postérieur qui leur donna la faculté d'aliéner, à la charge de payer à la chancellerie une composition fixée au tiers du revenu annuel de la propriété (1).

Pour les fiefs royaux, dans la cérémonie de la prestation du serment de fidélité, le roi était représenté, tantôt par le chancelier ou le garde des sceaux, tantôt par la chambre des comptes, tantôt par le bureau des trésoriers.

Mais voici la plus importante différence entre les résultats juridiques du contrat féodal ordinaire et du contrat féodal conclu par la royauté. Je m'appuie sur le texte du chapitre 49 des établissements de Saint-Louis. — « Si le sire dit à son homme-lige ● Venez vous-en avec moi, je veux guerroyer mon seigneur, qui me dénie le jugement de sa cour, le vassal doit répondre : J'irai s'il en est ainsi que vous me dites. Alors il doit aller trouver le supérieur et lui dire : Sire, le gentilhomme de qui je tiens mon fief se plaint que vous lui refusez justice, je viens savoir la vérité, car je suis semoncé de marcher en guerre contre vous. Si la réponse est que volontiers il fera droit en sa cour, l'homme n'est point obligé de déférer à la réquisition du sire ; mais il doit ou le suivre ou se résoudre à perdre son fief, si le chef-seigneur persiste dans son refus. » — Le mot *seigneur* est remplacé par le mot *roi*, dans un manuscrit. Ce texte s'applique en effet exclusivement au roi. Quand la justice est refusée par le roi à l'un de ses vassaux, celui-ci peut sommer ses vassaux sous peine de confiscation de leurs fiefs de l'assister pour obtenir justice par la force. Pierre de Dreux, comte de Bretagne, avait usé de ce droit pendant la minorité de Saint-Louis.

D'après Mably, ce fut seulement après Charles Martel que les propriétaires, autres que le roi, commencèrent à donner des bénéfices. M. Guizot déclare que la nature des choses repousse absolument cette supposition : pourtant il est bien obligé de convenir que les plus anciens documents nous entretiennent seulement des bénéficiers du roi ; et que c'est à peine à la fin de la première race « que les vassaux des comtes, des leudes, des évêques, paraissent fréquemment dans l'histoire. » Il ajoute que les présomptions de la raison doivent remplir les lacunes du silence des chroniqueurs. Il nous semble, quant à nous, que

(1) Blackstone.

l'opinion de Mably n'est pas tellement dépourvue de vraisemblance, si l'on corrige ce qu'elle a de trop absolu. Sans doute, il est téméraire d'affirmer que cette seconde espèce de bénéfices commença seulement à l'époque de Charles-Martel ; mais il est très-plausible de conjecturer qu'aux débuts de la monarchie franque, les leudes, qui ne formaient pas encore une aristocratie territoriale bien fortement constituée, ne se dépouillaient pas eux-mêmes d'une part de leurs terres pour les donner à leurs propres compagnons. Ils durent bien plutôt à la forme des bénéfices préférer celle des terres censives assujetties à une redevance fixe, et dont la libre propriété reste au maître. Plus tard, les leudes s'enrichissent ; l'accroissement de leur puissance politique correspond à l'accroissement de leur puissance territoriale. Le sol et la souveraineté peuvent se morceler à l'infini.

CHAPITRE III.

DE L'ALIÉNATION ET DE LA PRESCRIPTION DES BIENS DE L'ÉTAT, DU QUATORZIÈME SIÈCLE A LA RÉVOLUTION DE 1789.

SOMMAIRE. — 1. — REVUE HISTORIQUE.

Ordonnance de juillet 1318. — De la prétendue assemblée de Montpellier. — Ordonnance du 5 avril 1321. — Ordonnance du 2 octobre 1349. — Popularité des révocations. — Ordonnance de mars 1356. — Ordonnances de 1359, 1364, 1366, 1400, 1401, 1404, 1407, 1388, 1403, 1413, 1425, 1428, 1438. Singulière théorie de l'ordonnance du 26 novembre 1447. — Ordonnances de 1456, 1461, 1463, 1465, 1483, 1492, 1517, 1519, 1521, 1539, 1540, 1569. — Analyse de l'ordonnance de 1566. — Ordonnance de 1579. — Ordonnance d'avril 1667.

II. — DE L'ÉTENDUE DU PRINCIPE D'INALIÉNABILITÉ.

Existe-t-il un *domaine privé* qui participe à la nature privilégiée du domaine de la Couronne? — De l'existence d'un domaine privé et aliénable antérieurement à 1566. — Union expresse. — Union tacite. — Nouvelle théorie imaginée par le parlement de Paris en 1591. — Portée de l'édit de 1607. — Réfutation de l'interprétation d'Enjubault. — Texte emprunté à François-de-Paule Lagarde, qui écrivait en 1753. — Aliénabilité du domaine privé sous Louis XV. — Dans quel sens dit-on que les fruits et revenus ordinaires du domaine ne pouvaient être aliénés? — De l'aliénation des casuels. — Demi-révocations et révocations complètes. — Formes. — Lettres et brevets. — Questions controversées. — Jurisprudence. — De l'aliénation des offices. — Textes de Loyseau. Nature particulière des offices domaniaux. — Des offices héréditaires par privilége. — Des offices vénaux proprement dits. — Adjudication des offices vénaux. — Le roi vendeur et garant. — Loyseau sur le droit de remboursement. — Procès-verbal de la séance du 4 août 1789. — Suppression de la vénalité des offices. — De l'aliénation des meubles de la couronne. — Ils échappent au principe de l'ordonnance de 1566. — De l'aliénation du petit domaine. — Déclaration de 1695. — De l'aliénation des terres vaines et vagues. — C'est une sorte d'acte d'administration. — De l'aliénation en faveur de l'Eglise. — Examen de la faculté de rachat. — Edit de 1494. — De l'aliénation pour la rançon du roi et autres cas semblables. — Des apanages. — Trois époques : 1° de Hugues-Capet à Louis VIII; 2° de Louis VIII à Philippe-le-Bel; 3° depuis Philippe-le-Bel. — Ordonnance de Charles V en 1374. — L'apanage excessif peut être diminué par le successeur du roi donateur. — Le droit et le fait. — Enumération des droits qui compètent à l'apanagiste. — Charges de l'apanage. — Nature de l'apanage. — Réunion de l'apanage. — Questions à propos des fiefs qui sont dans la mouvance de l'apanage. — Douaires des reines.

III. — ECHANGES; DONS; INFÉODATIONS; BAUX A CENS.

Echange. — Sentiment de Chopin. — Fraudes sous prétexte d'échange. — Edit de 1711. — Rôle de surveillance confié à la chambre des comptes. — Dons. — Des dons à l'Eglise. — Le roi peut-il remettre la régale à l'Eglise, affranchir l'Eglise des charges féodales, etc...? — Charondas sur la restitution des fruits. — Le détenteur d'un bien du domaine peut-il jamais être en état de bonne foi? — Inféodations. — — Les vassaux aliénés peuvent-ils se racheter *oblato pretio?* — Arrêt du parlement de Normandie de 1675. — L'aliénation des vassaux est tolérée en cas d'échange. — Le *parage* a-t-il lieu contre le roi? — Baux à cens. — Prohibitions. — Des terres vagues et vaines et des hôtels du roi en la ville de Paris.

IV. — DOMAINES ENGAGÉS.

Faut-il distinguer la vente avec faculté de rachat du contrat pignoratif proprement dit? — Théorie de Loyseau. — Elle doit être rejetée. — — Nouvelles réflexions sur le principe d'inaliénabilité. — Enumération des formalités. — Droits des engagistes. — Controverses. — Charges des engagistes. — Controverses.

J'examinerai dans ce chapitre l'origine et les progrès du principe d'inaliénabilité. Je traiterai de l'aliénation du domaine en général et de la portée des prohibitions écrites dans les ordonnances royales. Je m'occuperai des dons, inféodations, baux à cens, et des échanges des biens du domaine. Après quoi je parlerai des domaines engagés. Je terminerai par les questions de prescription.

I.

En juillet 1318, Philippe V rendit une ordonnance pour le *profit du roy et le gouvernement de son hôtel.* Cette ordonnance portait dans son article 15 : — « Et n'est pas notre intention que « nous dongnons point de nostre domaine ne de notre héritage, « si ce n'est au cas que nous le doions faire par raison. » L'article 39 ajoutait : — « Les quien deniers et rachats, gardes, tiers, « dangiers de bois qui sons nos domaines et rentes, les quien « l'on nous demande souvent, et sont de greigneur value que « nous ne cuidons, nous devons être avisié, se aucun les nous » demandent, et se requestes nous en sont faites, ils seront rap- « portez au jour du mois devant notre conseil. »

Il est évident que le roi sent déjà le besoin de se garantir des obsessions qui l'entourent; il cherche lui-même un secours contre l'excès de sa puissance. Il manifeste les intentions les plus sages ; il provoque la surveillance de son conseil: mais un contrôle dépendant n'est pas un contrôle.

Onze jours après cette déclaration, le 29 juillet, parut une ordonnance portant révocation de tous les dons faits par les rois précédents depuis saint Louis.

« Nos très chers seigneurs père et frère.... ayant fait dons très
« granz et outre mesure.... au grand préjudice de nous et de nos
« royaumes....

« Ordonnons.... que tous tiels dons.... soient dés maintenant
« pris, et après levé, exploitié en nostre main, jusques à tant
« que chacun ayt montré son titre, en quoy il soit connu et dé-
« clairié par devant nous; en nostre court, que en sera à faire
« par droit et par raison à laquelle nous ne voullons défaillir
« à nul. »

Philippe V ordonne la révocation; mais le droit de révoquer n'est pas élevé à la hauteur d'un principe.

L'auteur de *Fleta*, qui est une espèce de pratique du droit anglais, suppose une grande assemblée tenue à Montpellier, où tous les rois chrétiens convinrent qu'à l'avenir le domaine de leur couronne serait inaliénable et que les aliénations seraient révoquées. Selden, dans sa dissertation sur *Fleta*, démontre que tout ce récit est une fable; on n'en trouve pas trace dans les auteurs ni dans les documents de l'époque. En 1275, c'est-à-dire dans l'année même de cette prétendue réunion, nous trouvons une concession du territoire de Bologne faite au pape Grégoire par l'empereur Rodolphe, où l'on ne fait pas mention de la déli-bération de Montpellier. Selden remarque que John Fortescue qui, sous Henri II, fit un traité complet de la révocation des dons royaux, ne s'en occupe pas davantage. Mais il est certain que la nécessité de révoquer les donations royales se fait sentir presque partout à la fois et semble éclater en même temps dans tous les Etats de l'Europe. En Allemagne, c'est Rodolphe (1281); en Italie, c'est Jacques, roi de Sicile (1285); en France, ce sont les fils de Philippe-le-Bel.

N'allons pas chercher la moindre idée de droit public dans la révocation des dons royaux à cette époque; les fils de Philippe IV ont besoin d'argent : altérer les monnaies, confisquer, voilà des moyens auxquels on veut bien recourir; mais au moins, auparavant, faut-il essayer de remèdes plus doux, et la révoca-tion des aliénations du domaine atteint le but que la royauté se propose.

Une ordonnance de Charles-le-Bel, du 5 avril 1321, ordonne la révocation des domaines aliénés, à l'exception des biens « quæ
« in Ecclesias et alia pia loca fuerunt pia largitione translata. »

Cette dernière restriction ne fut pas d'abord rigoureusement observée dans la pratique, comme le prouve la révocation des donations faites à l'église Saint-Lucien de Beauvais.

L'élan était donné; le 2 octobre 1349, une ordonnance de Philippe VI ordonna le retrait des domaines aliénés dans la prévôté et la vicomté de Paris.

Ces révocations étaient populaires. Les états-généraux de la monarchie ne cessent d'y applaudir ou de les provoquer. Comme le nombre des privilégiés est toujours restreint, jamais leur sort n'inspire une grande sollicitude aux assemblées publiques. Les droits acquis semblaient ici arrachés par la force ou la fraude, et le tiers-état comprenait très-bien que l'appauvrissement du domaine était un mauvais moyen d'arriver à la diminution des charges publiques.

Aussi voyons-nous, en mars 1356, une ordonnance « faite en « conséquence de l'assemblée des trois États du royaume de « France de la langue d'oïl, » s'exprimer de la manière la plus absolue dans son article 41 : — « Pour ce que les gens des dits « trois Etats nous ont avisé et montré moult gracieusement « comment plusieurs choses avaient esté étrangiés au temps « passé par dons excessifs et inutiles, et faiz à personne qui « n'estaient mie dignes, ne souffisants de prendre tels dons, ne « si excessifs.... Nous tenrons, garderons et deffendrons de « tout nostre pouvoir, les hautesses, noblesses, dignités, fran- « chises, de la dicte couronne, et tous les domaines qui y ap- « partiennent et peuvent appartenir, et que iceulz nous ne alié- « nerons et ne soufferrons estre aliénés. » — Le 14 avril 1357 parut une semblable ordonnance qui révoquait toutes les aliénations consenties par Philippe-le-Bel. Cette ordonnance, si l'on en croit le texte, aurait été rendue — « en conséquence d'une as- « semblée des trois estats de la langue d'oc. » — Est-ce langue d'oc ou langue d'oïl qu'il faut lire? Il y avait bien eu en octobre 1355 une assemblée des états de la langue d'oc, mais l'ordonnance du 5 février 1356, qui confirme tout ce qu'on avait arrêté dans cette réunion, ne dit pas un mot des questions domaniales. On pourrait donc penser qu'il s'agit encore de la grande assemblée de la langue d'oïl. Mais on a remarqué que l'ordonnance était adressée aux baillis d'Auvergne et de Montaignes; dès lors on peut supposer une réunion postérieure des trois états de langue d'oc, à moins que cette assemblée n'ait jamais existé que dans l'imagination des auteurs de l'ordonnance. En tout cas, le

14 mai 1358, Charles, régent, rendit une ordonnance, — « faite
« en conséquence de l'assemblée des trois estats du royaume de
« France de la langue d'oïl, qui établit une aide et qui renferme
« plusieurs règlements sur différentes matières. » — Et cette
ordonnance disait dans son article 10 : — « Toutes les choses
« domaniales qui ont esté aliénées ou échangées depuis le
« temps de Philippe-le-Bel, seront réunies au domaine, excepté
« ce qui a été donné aux princes du sang en partage ou par
« forme de don, ou pour cause de douaire, ou de récompenses
« d'autres héritages ; excepté aussi ce qui a esté donné à
« d'autres personnes pour récompense des services rendus à
« l'état. » — Nous trouvons déjà la règle et l'exception for-
mulées dans cet article ; mais nous verrons le cercle des exceptions se rétrécir.

En même temps le régent cherchait dans un contrôle efficace
une garantie contre les abus du pouvoir royal. En mars 1356, il
s'engageait *à ne faire ou passer aucuns dons*, qu'en présence de
trois personnes au moins du conseil, à peine de nullité. Le 3 juillet 1357, il déclarait que toutes lettres de dons au-dessus de *cent*
francs, devaient mentionner les dons antérieurs *faits à cette même*
personne depuis Philippe-le-Bel ; il n'exceptait que les dons faits
aux messagers estranges, c'est-à-dire aux ambassadeurs, et aux
officiers du roi. Six jours après, c'était le contrôle de la chambre
des comptes qu'invoquait le dauphin : — « Les lettres de confir-
« mation des dons faits depuis Philippe-le-Bel ne seront exécutées
« qu'après que les gens de la chambre des comptes auront
« examiné : 1° Les lettres de dons accordées depuis ce règne ;
« 2° Les services des donataires, et qu'ils en auront rendu compte
« au dauphin. »

L'institution des chambres des comptes est une des plus importantes de l'ancienne monarchie. A une époque où l'organisation administrative manquait au pays, nos rois eurent l'heu-
reuse idée de confier à un corps de magistrature la haute surveillance des intérêts domaniaux. L'étendue des attributions de la
chambre des comptes, son pouvoir judiciaire et règlementaire,
l'autorité de ses décisions, contribuèrent à prévenir bien des di-
lapidations et à maintenir les véritables règles du droit public
sur l'administration et l'aliénation du domaine. Toutes les affaires domaniales revenaient aux chambres des comptes, et
comme elles n'avaient pas seulement à prononcer sur des questions de comptabilité, comme elles avaient à vérifier autre chose

que des chiffres et des pièces justificatives, elles pouvaient surveiller la gestion des finances, l'emploi des revenus et toutes les
branches de l'administration des biens du roi. Si le contrôle fut
incomplet, c'est qu'il devait l'être avec les institutions de l'ancienne monarchie. Un des plus précieux avantages de la liberté
politique, c'est de sauvegarder les finances de l'Etat; il n'y a pas
de contrôle parfait sans liberté.

Le régent, à la date du 18 mars 1357, fit une dérogation en
faveur de Jean de Dormans à l'ordonnance qui exigeait la mention des dons antérieurs, à peine de nullité. C'est là précisément
un exemple du rôle incomplet et parfois ridicule auquel une pareille organisation condamnait les pouvoirs chargés du contrôle.
Vous ferez respecter les maximes du droit français sur les aliénations des biens du domaine : sans doute ; mais à condition
de respecter d'abord toutes les violations de ce droit public qui
partiront du pouvoir royal.

Dans l'ordonnance du 27 janvier 1359, le principe d'inaliénabilité est posé d'une manière timide et presque irrésolue. Le
roi veut : — « Que tous dons faiz et octroiez par nous à héritage,
« à vie, à temps ou à voulenté, seront veuz et visitez par ceulz
« que nous ordenerons à ce, afin que tout ce qui en sera trouvé
« avoir esté fait raisonnablement.... tieigne, vaille et soit con-
« fermé, se mestier est; et ce qui aura été fait sans desserte ou
« cause raisonnable ou trop excessivement soit retraitié et rap-
« pellé du tout, ou attrempé et modéré raisonnablement. » —
L'ordonnance du roi Jean, du mois de décembre de l'année
suivante, est moins modérée dans la forme. Voici le texte de
l'ordonnance de 1360. — « Excepté les choses qui auraient esté
« baillées à Dieu et à sainte Eglise, duement, senz préjudice
« d'autruy, ou à nos très-chiers enfanz le duc de Normandie,
« dauphin de Viennois, le duc d'Anjou et du Maine, le duc de
« Berry et d'Auvergne et le duc de Touraine, pour tenir leurs
« Estats. » — L'ordonnance se termine en ordonnant un triple
enregistrement au parlement, à la chambre des comptes, au
trésor.

Cependant nous lisons dans la préface du quatrième volume
des ordonnances (1) : — « Nos rois qui ont été presque toujours
« généreux et magnifiques, avaient de la peine à refuser ceux

(1) Edit. 1734.

« qui leur demandaient des dons de choses domaniales. C'est
« pourquoi les gens de la chambre des comptes de Paris, pour
« empêcher autant qu'il était en eux, que les rois ne fussent im-
« portunés à ce sujet, tâchèrent de cacher au public la connais-
« sance des domaines du roi, et dans un règlement qu'ils firent
« en 1359, *pour les petits clercs de la chambre*, il est défendu à
« ceux-ci de *révéler* aux étrangers qui ne seront pas du corps de
« la chambre, les domaines et les revenus du royaume. » —
Voilà une des précautions les plus curieuses qu'on puisse imaginer! Le secret des opérations de la chambre regardé ordinairement comme le plus grand obstacle à l'efficacité de son action,
transformé en garantie publique! Le roi forcé de cacher sa fortune pour donner le change à ses courtisans! Mais cette ruse
eut-elle les résultats qu'on attendait?

Le 24 juillet 1364, une nouvelle ordonnance vint révoquer les
aliénations consenties depuis le règne de Philippe-le-Bel, sauf:
1º les choses baillées à Dieu et à sainte Eglise; 2º les choses
baillées à nos très-chiers frères, le duc d'Anjou, le duc de Berry,
le duc de Bourgogne.

En septembre 1366, des lettres de Charles V, rédigées en latin,
portent que la ville de Dourlens ne sera plus séparée du domaine
et de la couronne de France. Les *considérants* s'appuient sur les
nombreuses révocations opérées par les prédécesseurs de
Charles V, et singulièrement par son père, aussi bien que par
Charles V lui-même, et sur la nécessité de maintenir dans son
intégrité le domaine royal. Mais il faut faire remonter plus haut
ce genre de déclarations, que motivaient, en réalité, les demandes
des villes et l'avantage qu'elles trouvaient à être placées sous
l'autorité immédiate du roi. C'est ainsi que Louis VII, à Bourges,
en 1171, déclare que l'abbaye de Cusset ne sera pas séparée de
la couronne et que des lettres de Philippe-Auguste, en 1184,
confirment cette déclaration. De même, au cinquième volume
des ordonnances, nous trouvons des lettres portant que l'île
d'Oléron sera unie inséparablement au domaine de la couronne.
Les exemples de ces déclarations sont innombrables.

Le roi faisait souvent des dons à vie. Mais quand le donataire
venait à mourir, il ne manquait pas de princes du sang, de
courtisans, d'officiers royaux pour réclamer la succession!
Charles V, dans des lettres du 24 avril 1381, qui portent que tous
les biens dont il avait fait don à vie au comte de Sarrebruche
seront réunis au domaine, se plaint de ces importunités et dé-

clare que nonobstant les demandes qui lui sont faites, il opère
le retrait de la concession au profit du domaine.

Mais les inconvénients que nous avons signalés dans nos considérations théoriques sur le principe d'inaliénabilité ne devaient
pas tarder à se faire sentir.

En mai 1400, des lettres du roi Charles VI donnent au duc
d'Orléans la ville de Château-Thierry, pour la tenir en pairie et
de la même manière qu'il tient les terres de son apanage,
« nonobstant quelconques ordonnances faites ou à faire de non-
« aliéner aucune chose de nostre domaine. » — Le 21 décembre
1400, nouvelle donation de la ville de Coucy et des terres qui en
dépendent, « nonobstant quelconques édiz, usaiges, cous-
« tumes et observances de nostre court, de nostre dit parlement
« et de nostre royaume et quelconques ordonnances faictes ou
« à faire à ce contraires. » Bien plus, en janvier 1401, le roi
fait une ordonnance de révocation longuement et merveilleusement motivée, et qui se termine, le croirait-on? par de nouvelles donations irrévocables faites au même duc d'Orléans.
Cette pièce est trop curieuse pour ne pas être citée : — « Le prin-
« cipal regart et considération de nostre pensée est et doit estre
« après acquerrir l'amour de nostre seigneur, vaquer et en-
« tendre au bon gouvernement de nostre royaume, et à garder
« et conserver en bon estat les droits de nostre couronne et de
« nostre domaine, sans les diminuer ne souffrir estre diminuez
« aucunement; car tant que nos diz droiz et domaines demeu-
« reront entiers.... nous pourons tant mieulx supporter les
« grandes charges qui chacun jour nous surviennent, pour sou-
« tenir les grans faiz de nostredit royaume, et préserver nos
« subjez de griefves exaccions et les gouverner et garder en bonne
« justice.... Considérant aussi que nos prédécesseurs ont été
« sacrez et aussi nous quand nous le feusmes, ilz ont juré et
« aussi jurâmes-nous solennellement, présents à ce les Pers,
« plusieurs prélats et autres princes de nostre dit royaume, garder
« les diz droiz de nostre dicte couronne et aussi le dit domaine
« entier, et non le aliéner.... » — La conséquence est claire :
nous révoquons. Mais le principe fléchit quand on arrive au duc
d'Orléans : — « Il a eu trop petites parties de terres pour son
« appanage, en regart à ce que nous ne avons plus frère que lui
« et aux appanages qui ont été bailliez tant à feu nostre oncle,
« le duc d'Orléans, etc., etc.... Nous avons ordené que par
« nostre conseil soient veues et avisées les terres et seigneuries

« qui lui ont été baillées pour son dit appanage ; et aussi que
« nostre dit conseil voie et avise les appanages de nosdiz oncles
« et tost nous rapportent ce qu'ils en auront trouvé ; et au cas
« que nostre dit frère ne aura eu aussi grand appanage comme
« a eu l'un de nos oncles, dessus diz, nous lui assignerons et
« parferons et ferons assigner et parfaire ce qui en défaudra,
« telement qu'il devra estre content. » — En 1404, deux nouvelles
ordonnances du 22 mai, une troisième du 5 juin, appliquèrent
la déclaration de 1401. Le duc d'Orléans reçut de nouvelles dona-
nations *irrévocables.*

Qu'arriva-t-il ? Après la mort violente de ce prince, des lettres
du mois de novembre 1407 prononcèrent la réunion des terres
que Charles VI avait données en accroissement d'apanage au duc
d'Orléans. On trouve dans l'ordonnance de révocation des considérants tels que ceux-ci : — « Attendans aussi le grant nombre
« d'enfants que de présent avons, et que encore par la grâce
« de Dieu sommes disposés d'avoir » — Triste spectacle que
celui d'un roi fou, environné de princes qui se disputent les
lambeaux de son domaine ! Le roi donne et le roi révoque !
Mais le duc d'Orléans, maître de la personne et de la signature
royale, obtient que le roi ne révoquera pas ; puis quand le scan-
dale de son enrichissement est monté au comble, il meurt ; et le
roi ment encore une fois de plus à sa parole en rétractant la
promesse de maintenir ses donations.

Grands et petits, tous pillaient à l'envie le domaine royal. Le
21 juin 1388, Charles VI défend à ses officiers d'acheter des rentes
ou des héritages de son domaine. Trois mois auparavant,
Charles VI avait déjà ordonné (1) que les rentes sur son domaine,
achetées à vil prix par les officiers royaux, fussent retirées de leurs
mains et réunies au domaine. Mais ce retrait se fit assez équita-
blement, comme on peut en juger par les termes de l'ordonnance.
« Nous voulons la convoitise de tels officiers refrener et afin que
« les autres se gardent mieulx de enfreindre les dites ordonnances
« royaulx, avons ordené et ordenons par délibération de nostre
« conseil, que les titres des diz acheteurs soyent apportés....
« en la chambre de nosdicts comptes, et que toutes les dites
« rentes ainsi achetées soient mises et appliquées à nostre do-
« maine, *en rendant auxdiz acheteurs le prix de l'achat,* réduit
« toutevoyes ce qu'ils auront reçeu des diz arrérages. »

(1) Ces deux ordonnances se trouvent dans le supplément du XIIᵉ vol.

Le 6 juin 1396, le 27 février 1398, le 9 mars 1400, Charles VI
défend à trois reprises à la chambre des comptes d'expédier ou
de passer en compte aucune lettre de dons faits ou à faire sur son
trésor ou sur son domaine. Le roi compte sur la désobéissance
de ses magistrats et de ses trésoriers.

Pour couronner ces édits inqualifiables, Charles VI, dans une
ordonnance du 15 mai 1403, donne pouvoir à la reine son épouse
de s'opposer aux dons qu'il aura faits sur son domaine. Le roi
ne sachant plus où trouver un contrôle de ses dépenses et un refuge contre sa générosité, s'adresse à sa femme.

Enfin parait cette ordonnance de 1413, dont M. Michelet a fait
si grand bruit. L'article 89 est consacré aux révocations. Les apanages seuls sont exceptés. Quant aux autres terres du domaine :
— « Nous voulons et ordonnons qu'elles soyent recouvrées sur
« eux par toutes voyes et manières que faire se pourra. » Plus le
peuple était malheureux, plus il était mécontent de l'aristocratie ;
et plus il en était mécontent, plus la maxime de la révocation
devait être populaire. « Mais la promulgation des constitu-
« tions réformatrices fut à peine entendue parmi les cris forcenés
« des partis (1). »

Henri VI, roi d'Angleterre, dans un règne si court, trouve le
moyen d'imiter ses prédécesseurs français. Nous trouvons, à la
date du 20 avril 1425, des lettres de Henri VI, roi d'Angleterre,
soi-disant roi de France, portant défense de sceller, vérifier ou
allouer « aucunes lettres de dons de finances. »

L'année suivante, Charles VII révoque les dons et mandements
de finance par lui précédemment accordés et fixe les formes de
ces mandements pour l'avenir. — « Ces lettres et mandements
« ne seront délivrés que nous estant et assis en notre conseil, et
« en la présence et par l'advis de nostre mère et des généraux
« conseillers sur le faict et gouvernement de noz dictes finances,
« ou de quatre d'iceux devant nous. »

Le 13 août 1428, nouvelles lettres très-importantes d'Henri VI,
roi d'Angleterre, soi-disant roi de France. L'objet principal de
l'ordonnance est la réparation des biens accordés en don par le
roi. Diverses personnes avaient reçu des immeubles qu'elles né-
gligeaient d'entretenir, coupant les bois, « démolissant les mai-
« sons et désolant les héritages. » Pour remédier à cet abus,

(1) Henri Martin.

Henri ordonne que les donataires mettent, dans l'espace d'un an, ces biens dans l'état où ils les ont reçus ; qu'ils y soient contraints, et que ceux qui auraient démoli, distrait ou *aliéné, perdent leurs biens et réparent les dommages.* Mais il arrivait que les possesseurs, après avoir réparé, subissaient une éviction, ce qui empêchait les autres de faire des réparations semblables. Les mêmes lettres consacrent un principe fort important, la restitution des dépenses faites par les possesseurs, et ordonnent qu'à l'avenir les réparations seront faites par autorité de justice.

Quand le roi de France rentra dans sa capitale, les dons et aliénations faits par les princes anglais des biens des sujets fidèles furent déclarés nuls par des lettres-patentes (2 août 1436). Il importait de cicatriser les plaies du pays : Charles VII eut aussi sans doute à se reprocher de violentes représailles. Des lettres du 15 décembre 1438 annulèrent toutes les donations et aliénations postérieures à son départ de Paris.

L'ordonnance générale *sur le fait des finances* du 26 novembre 1447 inaugure dans son article 9 un système fort bizarre : « Au « regard des biens meubles.... les trésoriers ne pouvaient ne « debvraient vérifier pour la partie à qui en aurions fait don, « que de la moitié au plus, et l'autre moitié se recevra par nos « receveurs ordinaires des lieux pour en faire recette à notre « profit. » — De même pour les dons de *droits royaux* (quint-denier, aubenages, etc...) « Les gens des comptes n'y auront « égard que pour la moitié au plus. » L'esprit le plus complaisant chercherait vainement à trouver la raison d'une pareille théorie. Le domaine n'est donc plus inaliénable ? Ou s'il l'est encore, ces meubles, ces droits ne rentrent donc pas dans le domaine ? Mais s'ils n'y rentrent pas, comment justifier cette demi-inaliénabilité ?

Le 8 avril 1456, Charles VII révoqua par des lettres-patentes les aliénations du domaine en Dauphiné, faites par son fils, dauphin de Viennois. Le roi de France avait un double motif : défaire ce qu'avait fait son fils ; appliquer une maxime toujours chère à la couronne.

Louis XI, à peine monté sur le trône, déclare que, pour accomplir le serment fait à son sacre, il révoque toutes les aliénations du domaine (1461).

Mais le 1er novembre de la même année, Louis XI, à Amboise, avait oublié déjà son serment. Il faisait don du comté de Beaufort à René d'Anjou, roi de Sicile. « Nonobstant que l'on peust

« dire et alléguer que les dits don, cession ou transport feussent
« aliénation de nostre domaine, et quelzconques ordonnances óu
« défences par nous ou nos prédécesseurs faites ou à faire de
« non aliéner aucune chose de nostre dit domaine. » Cette
ordonnance fut suivie d'une foule d'autres. M. de Pastoret dit à
ce sujet : — « De semblables lettres-patentes ne peuvent être
« considérées comme de véritables lois ; elles ne prescrivent
« rien, ni pour la nation en général, ni même pour quelques-
« unes de ses provinces, de ses villes, de ses corporations....
« Nous ne les imprimons pas ordinairement dans le recueil des
« ordonnances. Néanmoins, comme ces dons royaux et la trans-
« mission des propriétés publiques ne sont pas étrangers à la
« législation et aux principes qui régissent un gouvernement,
« nous croyons pouvoir de temps en temps les faire connaître. »
Nous sommes d'accord avec M. de Pastoret : d'une part, ce ne
sont pas là précisément des lois ; d'autre part, il faut cependant
faire connaître ces dispositions particulières. On appréciera d'autant mieux ces prétendues maximes de droit public qu'on con-
naîtra plus clairement les abus nés d'un pareil état de choses et
le singulier personnage que joue ici le prince, aliénant contre
son serment, révoquant pour obéir à son serment, placé entre la
foi due aux conventions privées et la foi due aux conventions
publiques.

Le 20 août 1463, parurent des lettres-patentes pour faire employer au recouvrement des domaines aliénés les sommes consi-
gnées au parlement, au Châtelet, aux requêtes de l'hôtel et du
palais. Louis XI y rappelle que, d'après le serment fait à son
sacre de restituer au domaine de la couronne les terres et revenus
aliénés par ses prédécesseurs, il est dans l'intention de racheter
les pays et seigneuries de Picardie, engagés par le traité d'Arras
au duc de Bourgogne ; qu'il a, pour y parvenir, dans son
épargne, deux cent mille écus d'or sur quatre cent mille qui sont
nécessaires ; mais qu'il ne veut pas obtenir les autres deux cent
mille livres par des mesures oppressives pour ses sujets ; que
la voie la plus courte et la plus facile lui paraît être de prendre
les deniers consignés au parlement, au Châtelet, aux requêtes de
l'hôtel et du palais. La voie peut être courte et facile, mais
elle semble quelque peu tyrannique. Néanmoins, le roi ordonne
au chancelier, au président de la chambre des comptes, à Juvé-
nal des Ursins, et à quelques autres, de se transporter au parlement, et là, les chambres assemblées, d'y demander que ces

sommes leur soient délivrées, en offrant pour la restitution toutes les sûretés convenables. Par des lettres données quelques jours après, le roi s'oblige derechef à restituer toutes ces sommes. A ces lettres est jointe une commission donnée par Louis XI à Guillaume Colombel, avec un ordre absolu d'employer à la restitution les premiers deniers qu'il percevra, quelques mandements contraires qu'il pût recevoir.

Une donation du comté d'Etampes avait été faite à Richard, frère du duc de Bretagne, par Charles VII. Elle fut ratifiée. Le duc de Bourgogne s'était opposé à l'entérinement des lettres, sous le prétexte que ce comté avait appartenu à Jean, duc de Berry, dont il était cessionnaire. Le procureur général s'y opposa de même, soutenant que le comté avait été donné en apanage au comte d'Evreux et que celui-ci n'avait pu le vendre au duc de Berry, *vu l'inaliénabilité du domaine.* — La maxime semble assise dans nos lois d'une manière inébranlable; mais, dans l'espèce, Louis XI confirme la donation en 1485, « nonobstant *que le* « *comté d'Etampes soit du domaine de la couronne et que ce do-* « *maine soit inaliénable.* » C'est toujours le même système.

En 1483, Charles VIII rendit l'ordonnance accoutumée. Mais il faut bien remarquer que les églises, loin d'être exceptées cette fois, sont expressément soumises à la révocation. Les gens d'église seront contraints par la saisie de leur temporel, et les laïcs par prise de corps et de biens.

On serait tenté de croire que ces ordonnances étaient une comédie jouée périodiquement par le pouvoir royal. Trois ans après, le tiers-Etat réclame à grands cris la révocation des domaines aliénés ! L'ordonnance de 1483 n'avait-elle pas été suivie d'exécution, ou dans ce court espace de temps la régente s'était-elle montrée assez libérale pour effrayer l'opinion publique? Quoi qu'il en soit, le roi fit droit aux doléances du tiers.

Une ordonnance du 24 juin 1492 porte que les lettres de dons et aliénations du domaine seront adressées à la chambre des comptes et aux généraux des finances, à l'exception des dons au-dessous de cent livres. L'ordonnance est très-longuement motivée. Les *considérants* sont : l'appauvrissement du domaine, la nécessité d'introduire une comptabilité rigoureusement exacte, le défaut d'enchères pour l'adjudication de certains offices, etc., etc.

Sous Louis XII, nous ne trouvons pas d'ordonnance générale de révocation, mais seulement : 1° des édits d'aliénation; 2° un édit de 1498 confirmant la singulière législation de 1447 sur la réduction de certaines donations Au contraire, les ordonnances de révocation abondent sous François Ier.

La première est de 1517. J'y remarque cette phrase : « D'avan-« tage sommes-nous tenus, *par constitution*, garder et observer, « à nostre pouvoir, et sans aliénation nostre dit domaine. » — Le roi invoque décidément un principe constitutionnel, élevé par la coutume et la tradition au-dessus du pouvoir illimité des rois. Mais l'édit excepte les apanages et les aliénations faites pour sub-venir aux frais de la guerre. Une déclaration du 23 mars 1519 confirma celle de 1517. Le déplorable état des finances provoqua un troisième édit en juillet 1521. Il est vrai qu'au mois d'août un premier édit permit aux officiers du roi, même aux commissaires nommés pour l'aliénation de son domaine, d'en acquérir des portions, nonobstant les prohibitions des ordonnances. Un se-cond édit portait que les duchés, terres et seigneuries donnés par le roi à Louise de Savoie et à Marguerite d'Orléans, duchesse d'Alençon, n'étaient pas compris dans la disposition de l'édit du mois de juillet. Combien d'autres terres n'y étaient pas comprises sans qu'une *déclaration* les en eût exceptées !

Le 30 mai 1539, le roi rendit un édit d'un nouveau genre. Il s'agit de transformer rétroactivement en donations viagères toutes les aliénations à titre gratuit faites par la couronne. La raison, c'est qu'on a besoin d'argent. Le prétexte, « c'est que de pré-« sent on ne sait à quel titre ni pour quelle cause ont été et sont « possédées lesdites terres. » On eût pu mieux trouver. Voici la subs-tance de cet étrange édit : « Avons voulu, déclaré, etc.., que « quelques dons qui ayent été cy-devant faits par nos prédéces-« seurs et nous à quelques personnes et pour quelque cause ou « occasion que ce soit, ne seront continués en la personne de « leurs enfants ni autres leurs successeurs ; mais que incontinent « après le décès des donataires advenu seront lesdites choses « réputées et censées être retournées et réunies à notre domaine « et avons commandé et enjoint, commandons et enjoignons, « par ces présentes, aux receveurs de notre domaine, présents « et advenir, chacun en sa charge, d'en faire recette incontinent « ledit cas advenu et sans autre déclaration et sur peine d'en « respondre en leurs propres et privés noms. » — Le roi a grand soin d'ajouter que cet édit ne déroge en rien à l'édit général de juillet 1521.

Cependant ces nombreux édits jetèrent une très-grande pertur-bation dans l'état de la propriété. Les ordonnances de révocation étaient exécutées avec une rigueur impitoyable ; de nombreux procès s'ensuivirent. Alors parut l'ordonnance du 30 juin 1539. Elle diffère absolument des précédentes ; loin de procéder par voie de révocation générale ou spéciale, en vertu d'une ordonnance antérieure, elle pose une théorie, elle discute, elle énonce scientifiquement un grand principe de droit politique. Pour couper court à toutes les prétentions, le roi déclare que le domaine est inaliénable et imprescriptible : pourquoi ? Parce que le domaine est sacré ; parce qu'il ne peut tomber au commerce des hommes ; nul de nos sujets ne doit l'ignorer. Bien mieux, nulle jouissance d'un bien domanial ne peut être fondée sur un titre valable ! Cette jouissance « ne pourrait procéder sans male-foy et charge « de conscience, tant envers Dieu que nous. » — D'ailleurs, ces aliénations, ces longues possessions, d'où résultent-elles le plus souvent ? De la connivence ou de la négligence des officiers royaux. Le roi combat, le roi gouverne ; il ne peut pas lui-même, à chaque instant, surveiller toutes les parties de son immense domaine. D'ailleurs la prescription est suffisamment interrompue par l'ordonnance que chaque prince rend à son avènement au trône. Là-dessus, François Ier n'avait pas de reproche à se faire.

François Ier luttait énergiquement contre la mauvaise organisation de l'administration française. Les officiers royaux ne remplissaient pas assurément toutes leurs fonctions, même sous son règne. Le roi ordonne, le 28 décembre 1540, que l'on fasse publier à son de trompe et à cri public, que tous les possesseurs des biens du domaine devront déclarer leur détention dans les trois mois, sous peine d'amende arbitraire ; la jouissance viagère du dixième est accordée aux révélateurs. Le roi espère ainsi contrôler les déclarations de ses officiers.

Le 20 juillet 1559, François II monte sur le trône ; le 18 août, il rend une déclaration qui révoque tous dons et aliénations de la couronne de France.

Enfin parut l'ordonnance de 1566, en vingt-et-un articles. Cette ordonnance règlemente définitivement la matière ; elle fut observée jusqu'en 1789.

L'article premier consacre le principe de l'inaliénabilité du domaine, sauf dans deux cas : 1° L'apanage des fils puînés de la maison de France ; 2° la nécessité de la guerre.

L'article deuxième répond à cette question : Qu'est-ce que le domaine ? « Le domaine de nostre couronne est entendu celui « qui est expressément consacré, uni et incorporé à nostre cou-

« ronne ; ou qui a été tenu et administré par nos receveurs et
« officiers par l'espace de dix ans et est entré en ligne de
« compte. »

L'article quatrième exige la formalité des enchères pour les
baux des biens domaniaux et pose cette règle très-sage : — « Qu'il
« ne sera baillé aucune exemption des payements des droits
« appartenans et dépendans dudit domaine. »

L'article cinquième défend aux parlements et aux chambres
des comptes d'avoir égard aux ordonnances spéciales qui déro-
geraient au principe général de l'article premier.

L'article sixième place les détenteurs dans une présomption
légale de mauvaise foi ; ces détenteurs seront tenus de rendre les
fruits perçus.

Les articles huitième, neuvième, dixième, onzième, s'occupent
des forêts royales. L'article neuvième pose le principe de l'inaliénabilité des bois du domaine en haute futaie. Non-seulement
le sol est inséparable du domaine ; mais on ne pourra faire
aucun don « des coupes d'iceux ou des deniers qui en pro-
« cèderont. » Mais (art. 8) les forêts peuvent être aliénées ou
engagées dans les cas exceptionnels prévus par l'article premier
de l'ordonnance. « Les acquéreurs ne pourront néanmoins couper
« les arbres de haute futaie. » Pour les bois de haute futaie
qui restent aux mains du roi, nulle coupe n'en peut être faite
que sur des lettres-patentes — « sur peine de nullité et resti-
« tution des valeurs, fruits et profits. » De même pour les baux
des terres vaines et vagues.

Les articles quinzième, seizième et dix-septième, traitent des
questions d'inféodation ; l'article dix-septième proclame qu'à
l'avenir nulle terre domaniale ne pourra être aliénée par inféodation à vie, à long temps ou perpétuité..... « et ce sans préju-
« dice des inféodations déjà faites. » L'article quinzième déclare, qu'au cas d'aliénation des terres domaniales, la réception
en foi et hommage des fiefs appartient au roi : l'article seizième
déroge à l'article quinzième pour les concessions d'apanage.

Enfin, l'article vingt et unième décide que — « les baux à
« ferme des terres de nostre domaine, se feront à la charge de
« ne demander aucun rabais pour quelque cause que ce soit,
« sinon pour hostilité et fait de guerre. »

Ici la législation est fixée. Le principe est règlementé. Notre
revue historique touche à sa fin. Les articles 329 et 340 de l'ordonnance de mai 1579 traitent du domaine de la couronne et

reproduisent les principes de l'ordonnance de Charles IX, sauf quelques modifications insignifiantes. Voici le texte de l'article 329 : « Voulant que les édits faits par les rois nos prédécesseurs « pour la conservation du domaine de nostre couronne, même « celui fait par le feu roi Charles, nostre très cher seigneur et « frère, l'an 1566, contenant les règles et maximes anciennes de « nostredit domaine, soient exactement et inviolablement gardez « et observez. Enjoignons à nos procureurs généraux et à leurs « substituts d'empêcher les contraventions, si aucunes se faisaient, « à peine de privation de leurs états. »

Les édits de juillet 1607, d'Henri IV, et de juin 1611, de Louis XIII, n'innovent pas davantage en cette matière. Nous terminerons ces développements historiques par une vue générale de l'ordonnance de 1667.

Les *considérants* ne changent pas; c'est toujours l'embarras des finances et la nécessité de soulager le peuple. Le roi révoque les aliénations; mais ici la liste des exceptions est plus nombreuse. Les dons faits aux églises, douaires, apanages et échanges faits sans fraude ni fiction, en conséquence d'édits bien et duement vérifiés, sont irrévocablement maintenus.

A cette question : Quels biens sont compris dans le domaine? l'ordonnance répond en reproduisant le texte de l'article deuxième de l'ordonnance de 1566.

Tous les détenteurs de biens patrimoniaux seront obligés de représenter les pièces justificatives de leurs droits; « autrement « et à faute de ce faire dans le temps qui leur sera prescrit par « lesdits commissaires, sera par eux procédé à la réunion desdits « domaines ainsi qu'il appartiendra. »

Les détenteurs qui ne présenteront pas de titre valable, restitueront les fruits perçus par eux et par leurs auteurs; mais ici la législation de 1566 est modifiée — « et ne pourra, la possession, « quelque longue qu'elle soit..., » empêcher la restitution des fruits de la jouissance entière, à moins que le détenteur ne soit de bonne foi et n'élève aucune contestation.

L'ordonnance détermine d'une manière assez précise la situation des engagistes : nous réservons nos développements sur ce point.

L'ordonnance fixait ensuite les droits des échangistes.

L'édit de 1667, reproduisant l'édit de 1566, s'occupait avec le même soin des bois de la couronne et exigeait des procès-verbaux d'estimation des bois et forêts, des enquêtes sur le fait des dégradations. Défense était faite aux engagistes d'abattre les bois de haute futaie, d'avancer les coupes, etc., etc.

Enfin on remet en vigueur une disposition des édits de François I⁰ʳ « sur les révélateurs. » « Ceux qui donneront avis et « fourniront des mémoires de nos domaines usurpés ou aliénés « auront le dixième de ce qui nous en reviendra, dont ils seront « actuellement et préférablement payés. »

II.

Après avoir examiné l'origine et les progrès du principe d'inaliénabilité, je traiterai de l'aliénation du domaine en général et de la portée des prohibitions écrites dans les ordonnances royales.

Il s'agit d'abord de bien déterminer la consistance du domaine royal. Le domaine se distingue-t-il du patrimoine du roi? On conçoit très-bien que les rois peuvent avoir fait des acquisitions avant leur avènement à la couronne. Ce patrimoine va-t-il participer à la nature privilégiée du domaine? Devient-il inaliénable?

Non, dans l'ancien droit français avant 1566. *L'union* devait être expresse, précise et formelle; mais *l'union* ne se présumait pas. De là vient, dit un domaniste, que nous trouvons des lettres-patentes *d'union* de quelques domaines expédiées par nos rois, et vérifiées dans les cours souveraines après quatre-vingt-dix et cent cinquante ans de possession. En voici un exemple : en l'an 1271, le comté de Toulouse avait été acquis à la couronne par le décès, sans enfants, d'Alphonse de France, comte de Poitiers, et de Jeanne, son épouse, fille du dernier comte de Toulouse. Les officiers de Philippe-le-Hardi prirent possession de ce comté, et quoique depuis ce temps les rois ses successeurs en eussent joui, ce fut seulement au bout de quatre-vingt-dix ans que le roi Jean l'unit expressément à la couronne par des lettres-patentes de novembre 1361.

Bien mieux, les fiefs mouvants de la couronne, possédés comme domaines particuliers par nos rois, lors de leur élévation au trône, et qui, ce semble, auraient dû être unis de plein droit à la couronne, c'est-à-dire au domaine, étaient néanmoins conservés dans leur nature de *patrimoine domestique et particulier*, faute d'union expresse. En voici un exemple : au mois d'août 1284, Philippe-le-Bel épousa Jeanne, reine de Navarre, comtesse de Champagne et de Brie. Cette reine mourut au mois d'août 1304, et son fils aîné Louis lui succéda. Louis devint lui-même roi de France en 1314. Les comtés de Champagne et de Brie furent considérés comme *domaine particulier* du roi. C'est ce qui résulte 1° de la transaction faite entre Philippe-le-Long, régent du royaume, et Eudes IV, duc de Bourgogne, oncle maternel de la fille de Louis-le-Hutin; 2° du contrat de mariage de Jeanne de France avec Philippe d'Evreux; 3° de l'accord passé entre Philippe de Valois et Charles II, roi de Navarre.

On ne comprend pas dès lors comment Dupuy a pu écrire que nos rois n'ont jamais eu de domaine particulier, et comment cette opinion s'est si fort accréditée.

La maxime de l'*union tacite* n'était même pas admise sous Louis XII. La reine Anne devint enceinte en l'année 1509. Louis, au mois de septembre, fit expédier des lettres-patentes portant que les seigneuries de Blois, Dunois, Soissons et Coucy, étant domaines particuliers des ducs d'Orléans, « il n'entendait pas « qu'ils fussent confus avec le domaine royal et public, mais « voulait qu'ils demeurassent en leur première condition privée, « comme héritage maternel et féminin de la maison d'Orléans, « *aliénable* et transmissible à tous ses héritiers de même sang et « ligne. »

De là cette théorie d'un vieux domaniste : « Nos princes étaient « maîtres absolus de tous les biens particuliers, ou qui leur ap-« partenaient lors de leur élévation à la couronne, ou qui leur « échéaient pendant leur règne. Ces biens, quant à leur nature, « n'étaient différents en aucune autre chose de tous les domaines « possédés et appartenant aux sujets de leur état. »

La théorie de l'union tacite est consacrée par l'ordonnance de 1566. Mais on n'a pas voulu, remarquons-le bien, que cette union se fît de plein droit; au contraire, on a donné dix ans aux rois; on a voulu que pendant ce temps le patrimoine qui leur était particulier fût administré confusément avec le patrimoine de la couronne par les officiers royaux, et entrât en *ligne de compte*. Après quoi, le patrimoine du roi est uni au domaine de la couronne. Nous n'en sommes pas encore à l'union de plein droit ? « On « n'a pas trouvé juste, dit un vieil auteur, de mettre nos rois « dans une espèce d'interdiction; » ce qui serait néanmoins arrivé, si leur patrimoine et tout ce qui leur échéait par succession, donation ou autrement, était à l'instant même et de plein droit *uni* au domaine de la couronne.

Henri III mourut le 2 août 1589. Le 13 avril 1590, Henri IV fit expédier des lettres-patentes, par lesquelles il déclara vouloir tenir son patrimoine séparément et distinctement de celui de la couronne. Ces lettres furent vérifiées au parlement de Bordeaux, par arrêt du 7 mai 1590. Mais le parlement de Paris, séant à Tours, ne voulut pas les vérifier ni déférer aux lettres de jussion qui lui furent adressées en date des 8 avril et 29 mai 1591. On lit dans le dictionnaire des arrêts : « L'arrêt rendu à ce sujet, le « 29 juillet, sera un monument éternel de la fermeté avec laquelle « cette cour souveraine préféra l'intérêt de la couronne à l'in- « térêt particulier et domestique du prince. » Il est néanmoins douteux que cette compagnie se fût conformée aux anciennes maximes et aux prescriptions de l'ordonnance de 1566. Mais son obstination désarma le roi. En juillet 1607, parut le fameux édit de réunion du domaine privé. Le roi se fondait sur de nombreuses réunions expresses faites par ses prédécesseurs; il parlait du *saint et politique mariage* avec la couronne de France, et révoquait ses lettres-patentes d'avril 1590. L'arrêt du parlement de Paris, du 29 juillet 1591, était confirmé. — « Et en ce faisant déclaré et dé- « clarons les duchés, comtés, vicomtés, baronnies et autres sei- « gneuries mouvantes de nostre couronne, ou des parts et portion « de son domaine, tellement accreus et réunis à iceluy, que dès « lors de notre avènement à la couronne de France, elles sont « advenues de mesme nature et condition que le reste de l'ancien « domaine d'icelle, les droits néantmoins de nos créanciers de- « meurant en leur entier et en la même force et vertu qu'ils étaient « auparavant notre avènement à la couronne. » Cet édit, quelle qu'en soit l'importance, ne statue néanmoins que sur un fait particulier : la réunion expresse du domaine privé d'Henri IV au domaine de la couronne. Henri IV, en opérant cette réunion, invoque les précédents et se conforme à l'exemple de quelques-uns de ses prédécesseurs. Mais on ne saurait voir là une loi générale.

Il est curieux, après l'examen de ce document, de se reporter à l'interprétation qu'en donne Enjubault, dans un rapport cé- lèbre à la Constituante, au nom du comité des domaines : — « La loi fondamentale qui unit irrévocablement et de plein droit « au domaine public les propriétés particulières du chef de la « nation, ne peut plus être méconnue, depuis que Henri IV, « après l'avoir longtemps combattue, a fini par la consacrer de « la manière la plus expresse. » Rien de plus faux. Et plus loin : « C'est à cette loi conservatrice que la monarchie française doit « son intégrité...... Aussitôt que la propagation des lumières

« en a fait apercevoir les principes, la nation et le monarque
« s'y sont attachés, comme à des vérités éternelles dont l'igno-
« rance des peuples n'avait guères pu affaiblir l'énergie ni alté-
« rer la pureté. » Le chancelier Sillery n'avait guère prévu un
pareil commentaire. « On abjura comme autant d'erreurs tout
« ce que la tradition pouvait opposer de contraire; et l'édit de
« 1607, en la sanctionnant, ne s'exprima pas comme établissant
« une loi nouvelle; il la présenta comme une vérité préexistante,
« et il lui attribua expressément un effet rétroactif. » — Singulière appréciation de l'édit d'Henri IV.

M. François-de-Paule Lagarde, dans son traité historique des
droits du souverain en France (1), soutient avec talent la distinction d'un domaine public ou royal expressément consacré,
uni et incorporé à la couronne, qui est inaliénable, et d'un domaine privé, composé des terres, seigneuries et biens qui adviennent journellement au roi régnant.... par acquisitions, donations et autres titres particuliers. Il parle de *l'union expresse*
et de *l'union tacite* des deux domaines et donne un exemple
d'union tacite qui mérite d'être cité. — « Le roi Louis XV a acquis
« de M. le comte de Clermont, par contrat du 26 décembre 1736,
« les domaines et droits domaniaux de Châteauroux et dépen-
« dances, forges, terres, etc, etc...., laquelle acquisition ce
« prince a compris dans le nouveau bail des domaines, à l'ar-
« ticle 494, pour six années commencées au 1er janvier 1739; et
« le prix en est confondu dans le prix de la ferme générale des
« domaines. Or, si après l'expiration de ce bail il s'en fait un
« autre, quand il ne serait que pour quatre ans, où les mêmes
« domaines seraient aussi compris et le prix confondu, ils se-
« raient réellement unis et de la même nature que l'ancien do-
« maine, et par conséquent il serait hors de la puissance du roi
« de les aliéner. » — Voilà donc l'existence d'un domaine privé,
distinct du domaine de la couronne, sous le règne de Louis XV,
reconnu par un écrivain du dix-huitième siècle! et quel est le
trait essentiel de la différence? Il consiste précisément dans l'aliénabilité du domaine privé.

C'était un usage reçu que les fruits et revenus ordinaires du
domaine ne pouvaient être aliénés; mais cela demande une explication. Une constitution d'usufruit, voilà ce que l'on prohi-

(1) Paris, 1753.

bail. Cette constitution d'usufruit eût absorbé tout l'émolument de la propriété. Car la seule manière de jouir des fruits qu'on ne consomme pas, c'est de les vendre.

Mais les domanistes nous disent que les casuels peuvent être aliénés : — « Ces casuels, dit Lefèvre de la Planche, peuvent « fournir un fonds pour récompenser ceux que le roi veut « gratifier. » — C'est, par exemple, le droit d'aubaine, le droit de légitimer les bâtards, le droit d'anoblir les roturiers, le droit de régale sur les évêchés et archevêchés vacants; les déshérences, trésors cachés, épaves, biens vacants ou sans maitres, les amendes et confiscations, droits *seigneuriaux*; ceux de huitième denier ecclésiastique et de sixième denier laïque, etc.

Le 7 février 1388, Charles VI défend d'avoir aucun égard aux dons par lui faits des amendes et forfaitures, lorsque ces dons précèdent la condamnation. Il paraît qu'après la condamnation ces dons étaient valables. Etrange spéculation des concessionnaires; plus étrange aberration du pouvoir royal !

Nous avons vu que l'ordonnance de 1447 défendait aux gens des comptes d'avoir égard pour plus de la moitié aux dons des droits royaux. L'édit du 5 février 1498 réduit à moitié les droits de lods et ventes, quints et requints, droits d'aubaine, épaves, amendes, confiscations, légitimations, amortissements, etc....., et ordonne aux trésoriers et gens des comptes de ne vérifier et consentir les lettres de dons, quand même elles porteraient expressément concession de la totalité desdits droits que pour *la moitié seulement*. Quant à l'autre moitié, elle devra être par eux recouvrée pour être employée aux affaires du royaume. Rien de plus extraordinaire que cette attribution à des particuliers d'une portion, peut-être d'une branche des revenus publics.

Voici un autre mode, aussi vicieux, de distribution de ces mêmes revenus : en 1685, le roi attribue au receveur général du domaine *un sol pour livre* de ces casuels; en 1689, *un sol pour livre* aux contrôleurs du domaine. C'est là, dans le langage des domanistes, une véritable aliénation. L'édit de décembre 1701 augmente de six deniers l'attribution faite au receveur général ancien; il attribue dix-huit deniers à un second office de receveur, créé par le même édit, et encore un nouveau sol aux contrôleurs; autant d'aliénations nouvelles. Les casuels échus avant chaque attribution ne sont pas moins grevés au profit des officiers donataires. Ainsi l'ont décidé plusieurs arrêts de l'ancienne législation.

On admettait que le principe de révocabilité ne s'appliquait pas à de pareilles donations. Mais la règle n'était pas bien absolue. Nous avons vu la demi-révocation consacrée par les anciennes ordonnances. Une ordonnance de 1561 prononça même la révocation complète, mais elle resta sans exécution.

Ces dons du casuel peuvent être expédiés en forme de brevets ou en forme de lettres. Nous lisons dans les anciens traités du domaine, que le simple brevet s'expédie par le secrétaire d'état de quartier, qui signe d'abord le nom du roi et signe ensuite lui-même. Les lettres sont signées par le secrétaire d'Etat au nom du roi, ensuite par le secrétaire d'Etat même, visées par le chancelier et scellées. Le brevet doit être enregistré à la chambre du domaine ou dans les bureaux des finances. Alors même, le brevet sera considéré comme une preuve et non comme un titre.

Plusieurs ordonnances (1492, 1554, 1579) établissaient des différences fondées sur la valeur des donations. Dans le dernier état de la législation, les seules donations de droits royaux au-dessus de 3,000 livres devaient aller à la chambre des comptes; mais tout cela n'était pas suivi dans la pratique, et l'enregistrement à cette chambre était uniformément exigé. Une ordonnance de juillet 1539 prohiba d'une manière absolue les dons de confiscation. Cette partie de l'édit qui défend d'obtenir des dons avant la condamnation fut seule exécutée.

Les domanistes se demandaient, au cas où les mêmes droits avaient fait l'objet de deux concessions, laquelle devait l'emporter sur l'autre.

Quand le roi déroge expressément à la première grâce, il n'y a pas de difficulté; si le roi donne d'abord une *somme* sur le revenu d'un droit particulier et spécifie ensuite une donation du droit lui-même, il n'y en a pas davantage.

Un arrêt de la cour des aides du 10 février 1676 avait jugé que le premier don, le seul valable, c'était le premier mis au rôle. Mais l'usage de faire un rôle des brevets disparut. Le brevet valable est le premier brevet expédié. Charondas avait cru que la date de l'enregistrement devait fixer celle du brevet; cet avis ne prévalut pas. « Le premier don, disait Dumoulin, l'emporte; « quant au second, il doit être réputé subreptice (*subreptitium*) en « dépit de la bonne foi de l'impétrant. » Une controverse s'élevait sur ce point : — « Faut-il préférer le porteur du brevet au por- « teur de lettres postérieures? » Lefèvre de la Planche ne le croyait pas et réputait les lettres subreptices comme un second brevet.

Mais on faisait observer qu'au demeurant le brevet n'indique pas une solution définitive, tandis que les lettres contiennent l'ordre formel du prince. « Du reste, les juges pourront or-« donner que dans un délai arbitraire. l'impétrant sera tenu de « se retirer par devers le roi pour en obtenir lettres sur son brevet; « sinon les lettres de son adversaire seront exécutées. »

Quelques difficultés s'élevaient sur la *surannation* des brevets et des lettres de dons. Barberius qui écrivait vers l'an 1475, disait : — « La surannation vient au bout d'un an. Toutes les lettres du « prince sont annales, conformément à la théorie du chapitre « *Plerumque* des Décrétales. C'est la pratique de toutes les cours « et de tous les parlements dans le royaume de France. » La surannation d'un premier brevet, resté sans exécution pendant une année, rendait ce brevet inutile. Mais on distinguait ordinairement, pour la surannation des lettres, entre celles que le roi donne de son propre mouvement et celles qu'il accorde aux prières de ses sujets. Les premières, disait-on, appartiennent à *l'ordre de la législation*, et par conséquent ne tombent pas dans la surannation. D'ailleurs, elles en seraient relevées de plein droit par une simple manifestation de la volonté royale. Le premier président de Harlai disait que les lettres du prince ne tombent pas en surannation. Mais les lettres obtenues par les particuliers sont, comme les brevets, sujettes à déchéance. On y sous-entendait la condition de s'expliquer, dans le courant de l'année, sur l'usage que l'impétrant voudrait en faire. Sinon, disent les domanistes, ces lettres sont nulles.

On n'était pas d'accord sur l'origine de cette surannation. Loyseau dit que cet usage a été tout simplement introduit pour le profit des officiers de chancellerie, qui prenaient anciennement la précaution d'insérer dans les lettres, la clause : — « Les pré-« sentes, après l'an, non valables. » — Peu à peu, la formule fut sous-entendue.

Les domanistes rapportent des déclarations et des arrêts qui ont tranché quelques questions d'interprétation. Il résulte de ces arrêts : 1° Que les actions passives à diriger contre le roi, comprises dans une succession, ne pouvaient pas grossir le don de cette même succession; 2° que le roi, débiteur d'un condamné, n'entend pas comprendre ces actions passives dans le don des confiscations; 3° que le roi, dans le don d'une succession, ou d'une confiscation, n'entend pas comprendre les domaines engagés; 4° que lorsqu'un office se trouve dans une succession échue au roi, comme cet office n'est établi qu'en faveur du concessionnaire et de ses futurs représentants, il retourne à celui qui l'a créé, c'est-à-dire, au roi, en dépit de toutes les donations, lorsque le titulaire ne laisse personne pour le représenter.

Voilà pour les dons des casuels. Nous ne saurions terminer ces considérations sur le domaine incorporel sans parler de l'aliénation des offices.

Loyseau dit très-bien : « C'est la vérité qu'en bonne jurispru-
» dence, tant s'en faut que la propriété de l'office appartienne à
« l'officier, que même elle n'appartient pas au monarque souve-
« rain, mais il n'en a que la collation lorsqu'il vient à vaquer;
« ainsi qu'un évesque n'est pas propriétaire des bénéfices qui sont
« en sa collation; mais la vraie propriété des offices et bénéfices
« est publique, et de droit public, et partant ne peut appartenir
« à aucun et n'est nullement en commerce, mesme on peut dire
« que celle des offices n'appartient pas à l'Estat, en sorte que les
« Estats du royaume la puissent aliéner par expropriation par-
« faite, ainsi que le domaine de la couronne pourrait être aliéné
« absolument sans inconvénient ni absurdité, si ce n'était la
« prohibition de la loy : mais la propriété des offices ne peut, à
« part soy, être absolument aliénée et irrévocablement séparée
« de l'Estat sans absurdité et sans démembrer l'Estat mesme, qui
« consiste principalement en la propriété de la puissance pu-
« blique (1). » — « Néantmoins, poursuit-il, en France, on a
« trouvé trois inventions pour attribuer aux particuliers la pro-
« priété des offices; l'une par inféodation des justices; l'autre
« par l'aliénation à faculté de rachat d'aucuns offices domaniaux,
« c'est-à-dire desquels l'exercice avait accoutumé d'ancienneté
« tant devant que depuis l'érection des parties casuelles, d'estre
« baillé à ferme au profit de la couronne, comme les autres
« droicts domaniaux d'icelle, et la troisième par la pure volonté
« du roy, qui, sans y apporter ces cérémonies, a voulu attribuer
« ce privilége à certains offices, qu'ils ne vacqueraient point par
« mort, mais seraient héréditaires, de mesme à peu près, qu'es-
« taient les milices romaines. »

Dans le chapitre suivant, Loyseau nous parle des prétentions des titulaires d'offices féodaux qui voulaient se constituer des

(1) Loyseau. *Des offices*, II, 1.

offices patrimoniaux au détriment des droits du prince et sans son aveu. Citons seulement l'arrêt du Parlement, qui débouta Guy de Mirepoix du titre de « maréchal de la Foy, par lui pré-« tendu héréditairement, à cause qu'un de ses prédécesseurs « avait esté maréchal en l'armée de Simon de Montfort contre les « Albigeois; et fut dit que les offices de France n'estaient hé-« réditaires, si expressément n'était ordonné. »

Quant aux offices domaniaux, ils avaient tout ensemble la nature d'office et de domaine aliéné « parce que la fonction « personnelle en laquelle ils consistent formellement, leur con-« serve le nom et l'estre d'office et d'ailleurs ils consistent ma-« tériellement en certains droits du Roy qui sont aliénés aux « particuliers, à faculté perpétuelle de rachat sous le spécieux « titre d'office, tant désiré en ce siècle. »

Loyseau s'exprime en ces termes dans son chapitre *des offices héréditaires par privilége* : « Comme par petites mutations, on « vient à de grandes absurdités, on inventa une autre sorte « d'offices héréditaires, à sçavoir, ceux qui ne sont point doma-« niaux, mais sont seulement héréditaires par privilége. Car sous « couleur que les forêts du roy sont du domaine de la couronne, « le feu roy Henri III, bon prince certes autant qu'il en fut « jamais, mais trop facile et trop indulgent aux partisans, se « laissa persuader à donner le privilége d'hérédité moyennant « un petit supplément de finance, à la pluspart des officiers des « forests, savoir est : aux fruyers, verdiers, forestiers, chaste-« lains, segrayers, garde-marteau, maistres, sergents des eaux « et forêts, bien que ces offices n'aient jamais été domaniaux et « que par l'édict de cette hérédité, ils ne soyent point uniz ou « incorporez au domaine. »

Ces offices diffèrent en deux points des offices domaniaux : 1° ceux-ci ont un droit domanial séparé de l'office, et qui pour-rait être baillé à ferme par le roy, si mieux il n'aimait le vendre avec faculté de rachat; 2° les offices domaniaux sont adjugés au plus offrant et dernier enchérisseur, et possédés en vertu de cette adjudication comme un domaine. « Au contraire les offices « héréditaires par privilége ont été premièrement conférés par « le roy, comme purs offices à vie, puis le privilége de l'hérédité « leur a esté attribué, moyennant finance, et seront toujours pos-« sédez en vertu de lettres de provision des roys, qu'il faut ob-« tenir à chaque mutation d'iceux, ainsi qu'ès offices à vie. »

Il faut distinguer les offices vénaux des offices héréditaires.

L'aliénation des offices vénaux est bien plus complète : « dans
« les offices héréditaires par privilége, rien n'est transféré à
« l'héritier, dit Loyseau (1), que la faculté de le vendre, *ou bien*
« *de le prendre lui-même pour le prix qu'il en tirerait d'un autre.*
« Mais il faut toujours qu'il en obtienne la permission du roy,
« et par après, qu'il s'y fasse recevoir, s'il en est capable ; de
« sorte que, par l'hérédité, il ne luy est transféré aucun droict
« en l'office, mais un simple droit à l'office. » Passons aux offices
vénaux. Nous n'avons pas besoin d'examiner longtemps le principe de la vénalité des offices. Deux mots de Loyseau sont plus
éloquents qu'une longue tirade : « Ayant égard à ce qui se doit faire,
« nuls offices ne sont vénaux, et ayant égard à ce qui se fait, tous
« offices sont vénaux. » Ainsi parlait un ancien jurisconsulte.

Les offices de finances étaient vénaux à l'égard du roi et entre
particuliers. Les offices de judicature n'étaient vénaux qu'à
l'égard du roi.

Le conseil du roi faisait une première taxe de l'office ; « comme
« en nos décrets on affiche une première enchère de quinze
« jours avant de procéder à l'adjudication (2). » Cette première
taxe est mise *au rôle du registre des parties casuelles*, où les
parties intéressées peuvent en prendre connaissance. Après
quinzaine, l'office est adjugé par les membres du conseil des
finances, au plus offrant et dernier enchérisseur : « *Et sic virtus*
« *post nummos* (3). » Cet acquéreur doit donner caution.

C'est là une vraie vente qui ne ressemble pas à la vente des
offices domaniaux. L'adjudicataire vient d'acquérir un droit
irrévocable. Le roi vendeur est garant. La clause formelle de
non-garantie ne l'empêche pas d'être soumis à l'obligation de
restituer le prix en cas d'éviction. Le titulaire est garanti contre
une destitution par la maxime *quem de evictione.* Mais le roi
pourrait-il rembourser cet acquéreur ? Loyseau répond admirablement à cette question. « C'est un contrat de bonne foy, s'il y
« en a aucun, que celui de vente, qui ayant esté une fois parfait,
« ne peut plus être révoqué, ni résolu, sinon d'un mutuel con-
« sentement, et comme l'officier ne serait pas recevable, après
« que l'office serait diminué de prix, de le vouloir rendre au roy

(1) Des offices. L. III.
(2) Loyseau.
(3) V. Loyseau.

« pour ravoir son argent; aussi estant haussé de prix, le roy n'est
« pas fondé à le redemander en rendant l'argent à l'officier. Ce
« qui doit être observé à plus forte raison par le roy, lequel
« doit avoir plus de retenue et de confiance en ses contracts
« que les particuliers. » Que de choses dans ces paroles de
Loyseau!

Le jurisconsulte admet pourtant que si le bien public exige la
suppression de quelque office, le roi peut alors rembourser le titulaire et supprimer l'office inutile. Mais peut-il démembrer ces offices
ou leur imposer de nouvelles charges? Oui, pourvu qu'il indemnise
le titulaire.

C'est avec le procès-verbal de la nuit du 4 août 1789 qu'il faut
terminer ces réflexions sur les offices vénaux.

« Plusieurs officiers de justice, parlant au nom de tous, s'ap-
« prochent du bureau et essayent de percer la foule des députés
« qui, empressés d'apporter leurs diverses renonciations, en
« couvraient les degrés, et d'élever la voix pour exprimer l'aban-
« don des priviléges de leurs charges, n'aspirant qu'à la consi-
« dération d'un service agréable et utile à la nation.

« A cet instant, un député de Franche-Comté, d'accord avec
« ceux de Provence, stipulait l'extinction de la vénalité des of-
« fices. L'assemblée accueillait cette idée avec transport; plusieurs
« députés de la province y joignaient le vœu de la suppression
« de leur parlement.

« Un secrétaire de l'assemblée a saisi ce moment pour offrir
« aux représentants de la nation l'hommage respectueux des
« cours souveraines. Il a dit qu'après le sacrifice noble que le
» monarque avait fait de l'espèce de prérogative dont il était en
« possession, relativement à la législation, il ne restait plus rien
« aux officiers de sa cour à offrir à la nation, qui fût digne
« d'elle et de ses glorieux exemples; qu'à peine osait-il lui pré-
« senter et la prier d'accepter, comme il faisait pour lui et ses
« collègues, le trop faible sacrifice de quelques vaines préroga-
« tives de charges, le *committimus*, l'hérédité des offices, etc., etc.;
« mais que ce qui était en leur pouvoir, ce qu'ils regardaient
« comme un devoir sacré dont ils donneraient l'exemple à tous,
« ils le promettaient par son organe, savoir, un dévouement
« sans borne à l'exécution des lois nationales, etc., etc. (1). »

(1) Procès-verbaux de l'assemblée constituante. T. 2.

Le 18 septembre 1789, le président de l'assemblée constituante donna lecture d'une réponse du roi sur la vénalité des offices, ainsi conçue :

« Je ne mettrai aucun obstacle ni opposition à cette partie des « délibérations de l'assemblée nationale. Je désire seulement que « l'on recherche et que l'on propose les moyens propres à m'as- « surer que la justice sera toujours exercée par des hommes « dignes de ma confiance et de celle de mes peuples. La finance « des charges de magistrats était une propriété qui garantissait « au moins une éducation honorable ; mais on peut y suppléer « par d'autres précautions. Il est convenable aussi que l'assemblée « prenne connaissance de l'étendue du capital des charges de « judicature ; il est considérable et ne coûte à l'état qu'un mo- « dique intérêt. Ainsi on ne peut l'acquitter sans un grand sacri- « fice. Il en faudra d'autres, également importants, si les émo- « luments des juges doivent être payés par les contributions « générales. »

Le 30 septembre 1789, l'Assemblée nationale décrète : « La « création et la suppression des offices ne pourront avoir lieu « qu'en vertu d'un acte du corps législatif, sanctionné par le « roi. »

Enfin, le 8 août 1791, la Constituante décrète le fameux préam- bule : « L'assemblée nationale, voulant établir la constitution « française sur les principes qu'elle vient de reconnaître et de « déclarer, abolit irrévocablement les institutions qui blessent la « liberté et l'égalité des droits............................

« Il n'y a plus ni vénalité, ni hérédité d'aucun office public. »

Après avoir exposé ces règles du droit public sur l'aliénation du domaine incorporel, nous devons parler de l'aliénation des meubles de la couronne. Le silence des ordonnances royales sur ce point est digne de remarque. A quoi l'attribuer, sinon au mépris général de nos anciens auteurs pour la fortune mobilière? « *Vilis est eorum possessio.* »

Chopin dit que le roi devient maître des meubles de son pré- décesseur. Un jurisconsulte, membre du parlement de Paris, ajoute que les meubles, bagues et joyaux de la couronne font partie du domaine.

On se demandait comment les meubles du roi *contractaient la nature du domaine*. Nous avons vu dans l'ordonnance de 1566 que leur confusion avec les biens du domaine pendant dix années, un même mode de gestion, une même comptabilité aboutissaient à ce résultat. Pour les meubles, la présomption se tirait de la confusion dans un inventaire.

Lefèvre de la Planche remarque que, s'il arrive un changement de roi avant la confection de cet inventaire, on ne peut douter que les meubles ne deviennent sur le champ des biens du domaine, « tant parce que le roi ne peut les recueillir que comme « meubles de la couronne, et par conséquent faisant partie de « son domaine, que parce que c'est une maxime que le roi ne « reçoit rien de son prédécesseur qui ne soit domaine, quoique « mobilier de sa nature. »

Pouvait-on aliéner les meubles de la couronne? Nous le pensons. Le principe de l'ordonnance de Moulins n'était pas fait pour les meubles. Ce qu'on voulait, c'est, comme l'a dit un auteur, « une « espèce de caractère de publicité qui fit qu'ils ne pussent être « aliénés qu'avec les appareils des opérations de la puissance « publique. » L'aliénation de ces meubles doit donc être autorisée par lettres-patentes enregistrées au parlement. C'est ainsi qu'après la mort de Louis XIV on ordonna, pendant la régence, la vente des meubles de Marly; on en fit expédier des lettres-patentes.

La vente des meubles est une vente véritable sans faculté de rachat. Les meubles sont sujets à dépérissement; que rachèterait-on au bout d'un certain temps? D'ailleurs les meubles ne sont pas soumis à la règle des ordonnances.

Enfin, le domaine corporel comprenait le grand et le petit domaine. « Le grand domaine renfermait des seigneuries ayant « justice haute, des duchés, marquisats, principautés et leurs « mouvances; les forêts royales, les chemins publics, les fleuves, « les rivages de la mer étaient attribués expressément au roi « en propriété par les ordonnances de Louis XIV, de 1669 et de « 1681. Le petit domaine se composait d'objets détachés qui ne « constituaient pas un corps de seigneurie, comme des prés, des « bois, des fours, des moulins, des marais, etc., (1). »

On lit dans les manuels que les objets dépendant du petit domaine pouvaient être aliénés irrévocablement. En effet, la déclaration du 8 avril 1672 porte aliénation à perpétuité des petits domaines jusqu'à concurrence de 400,000 livres de revenu; mais en 1695, le roi déclare qu'il a été aliéné à très-vil prix des

1) Laferrière

domaines d'une valeur et d'une étendue considérables, « ce qui « est tout à fait opposé à l'esprit de la déclaration de 1672, et « nous met en droit aujourd'hui de tirer des possesseurs d'iceux « un droit de confirmation pour leur assurer une possession « incommutable. » Cet édit d'avril 1695 est précédé d'un long préambule où le roi expose : 1° Les précédents historiques. 2° Les motifs de l'édit de 1667. 3° La nécessité de subvenir aux dépenses de la guerre. 4° Qu'il vaut mieux tirer des secours de l'aliénation des revenus du roi, que d'employer d'autres moyens qui seraient à charge à ses sujets. En conséquence, « avons confirmé et con- « firmons tous les possesseurs de nos domaines cy-devant aliénés « en exécution de notre dite déclaration, même de ceux lesquels « n'étaient point de la qualité portée par icelle, en leur possession « et jouissance à perpétuité, à la charge par eux de nous payer « par forme de supplément, les sommes auxquelles ils seront « modérément taxés par les rôles qui seront ci-après arrêtés en « notre conseil, lesquelles leur tiendront lieu d'augmentation « de finance, si mieux ils n'aiment la revente être faite sur « lesdits domaines à notre profit. » On voit que la royauté, même dans ces contrats sur le petit domaine, ne se pique pas d'une foi parfaite à ses engagements. La maxime de l'aliénabi- lité fut consacrée par les édits de 1708 et de 1711.

A côté du petit domaine, plaçons les terres vaines et vagues. Une ordonnance particulière, de février 1566, permet de les alié- ner, à l'exception de celles qui sont enfermées dans les bois du roi, ou qui sont sur la lisière. Chopin explique (1) qu'une sem- blable aliénation est avantageuse au domaine par la censive im- posée à l'acquéreur lors des mutations; tandis qu'auparavant ces fonds étaient complètement inutiles, « cum ejusmodi res in- culti soli nullum antea fructum retulerint. » Aussi les domanistes les plus attachés à la règle d'inaliénabilité ne voulaient-ils pas voir là une exception à cette règle et traitaient-ils cette opération comme un acte d'administration.

Nous avons énuméré les diverses restrictions que la nature même des biens de l'Etat pouvait apporter au principe constitu- tionnel. D'autres restrictions dérivent des circonstances spé- ciales qui ont motivé l'aliénation.

L'aliénation peut être faite en faveur de l'Eglise. Là dessus,

(1) III, 18.

l'ancienne législation ne fut pas invariable. Nous avons cité un texte d'ôrdonnance où les dons faits à l'Eglise étaient expressément révoqués. Mais c'est là une disposition tout exceptionnelle. Les traditions de la monarchie, la mutuelle alliance de l'Etat et de l'Eglise, le dévouement des rois aux intérêts du clergé, tout nous explique l'irrévocabilité de ces donations.

L'ordonnance de 1566 permet l'aliénation des biens du domaine pour les nécessités de la guerre, mais elle ajoute formellement que c'est à charge de rachat perpétuel. L'ordonnance de 1667 contient la même formule. Cette faculté de rachat n'était pas pour faciliter les ventes. Citons seulement, à ce propos, un édit fort curieux du 11 août 1494, engageant le domaine jusqu'à la somme de six-vingt mille écus d'or pour subvenir aux frais du voyage d'Italie : « Toutefois, dit le roi, au moyen des ordonnances et
« révocations faites sur le fait de nostre dit domaine, par les-
« quelles on veut dire et maintenir que ne le devons aliéner, sé-
« parer, ni démembrer, *aucuns doutans, à cause de ce, ne pouvoir*
« *jamais jouir des conditions qui leur seront faites, pourront*
« *craindre à y employer et mettre leurs deniers, et par ce moyen*
« *ne pourrions fournir ni recouvrer ladite somme de six-vingt*
« *mille escus, dont nous adviendrait grand inconvénient.* Nous,
« qui voulons pourvoir à ce, de bonne heure et que trop mieux
« nous vaut employer nostre dit domaine et nous en aider
« que de cheoir et tomber en nécessité de nostre dite affaire; at-
« tendu mesmement que y sommes venu en personne et en
« estrange pays, voulant aussi comme raison est, asseurer les dits
« acheteurs de ce qu'ils mettront dans notre dit domaine, et que
« ce leur soit chose seure et certaine, ordonnons que les ache-
« teurs en joyront et useront, ensemble leurs hoirs et successeurs
« ou qui d'eux auront cause en telle prérogative, prééminence
« et authorité... et jusqu'à ce que par nous ou nos successeurs
« les deniers qu'ils y auront employés leur ayent été restitués...
« sans que au moyen desdites ordonnances ou révocations faites
« ou à faire sur les aliénations de nostre dit domaine, ils puissent
« être inquiétés, molestés, ni travaillés en la possession et jouis-
« sance d'icelles seigneuries en quelque manière que ce soit. »
Quelle meilleure critique pourrait-on faire du fameux principe?

Il peut arriver dans l'Etat, disent les domanistes, des disgrâces accablantes qui font cesser toutes les règles. On lit dans le journal des audiences du parlement : « Talon pour le procureur géné-
« ral du roi a dit... La seconde espèce d'aliénation qui est ab-

« solue et sans retour, se fait en quelques cas, comme lorsqu'il
« s'agit de la rançon d'un roy. »

Nous avons encore à parler des apanages et des douaires des
reines.

Apanage, du mot *apanagium*, signifie la portion qui est donnée à un des enfants pour tout héritage. Le mot *apanagium* vient
d'*apanare*. Quand l'aîné d'une famille noble ne partage pas également avec ses frères, mais qu'il est obligé, par les lois, de leur
céder une partie de son fief, par exemple, le tiers ou même
moins, on dit alors que les puînés tiennent en *parage* de leurs
aînés la succession qui leur est échue. Ils vont comme de *pair* avec
le principal possesseur du fief. Mais quand l'aîné est seulement
obligé de donner à ses cadets une pension alimentaire, on dit
alors qu'il leur donne un apanage. « L'apanage, dit le Diction-
« naire des Arrêts, est ordinairement à la discrétion de l'aîné;
« mais c'est la loy ou la coutume qui prescrit la portion du fief
« qu'il doit céder à ses frères par la raison de parage. »

Des domanistes discutaient entre eux cette question : « La lé-
« gislation en matière d'apanage déroge-t-elle au principe de
« l'inaliénabilité? »

C'était bien là une dérogation. Néanmoins, par un entêtement
inconcevable, quelques jurisconsultes professaient un avis contraire et raisonnaient ainsi : « Le soin de la subsistance des en-
« fants de France puînés est au nombre des dépenses publiques.
« La désignation de certains fonds à ce destinés n'est pas aliéna-
« tion. Ce n'est que l'assignation de certains revenus. »

Les domanistes remontaient ordinairement aux premiers temps
de la monarchie, et commençaient l'histoire des apanages à la
mort du *grand Clovis*. « Après la mort de Clovis, dit Grégoire de
« Tours, ses quatre fils, Théodoric, Chlodomir, Childebert et
« Clotaire, reçoivent son royaume et se le partagent également
« (*et inter se æqua lance dividunt*). »

On en concluait que, sous la première race, « les puînés pre-
« naient leur partage en propriété dans le patrimoine de la cou-
« ronne. »

Même système sous la seconde race. On citait entre autres
exemples cette phrase d'Eginhard : « *Pepinus autem apud Pari-*
« *sios.... obiit, superstitibus liberis Karolo et Karolomanno, ad*
« *quos successio regni divino nutu pervenerat : Franci siquidem*
« *facto solemniter generali conventu, ambos sibi reges constituunt,*
« *ea conditione præmissa, ut totum regni corpus ex æquo parti-*

« *rentur. Suscriptæ sunt utrinque conditiones et pars regni divisi*
» *juxta modum sibi propositum ab utroque recepta est.* »

De même, il n'est pas douteux que la pleine propriété des domaines ne fût donnée en dot, sous la première race, aux filles de France. Grégoire de Tours raconte un traité fait entre Gontran, roi d'Orléans; Childebert, fils de Sigebert, roi d'Austrasie, et la reine Brunehilde, d'après lequel les villes et terres du domaine de la couronne que Clotilde, fille de Gontran, et Chlôdesuinte, fille de Childebert, posséderont au décès de ces rois, leur appartiendront en propre. « Comme c'était une coutume alors que les « maris dotaient leurs femmes, nos rois, pour y satisfaire, con- « stituaient aux femmes qu'ils épousaient une dot en fonds et en « domaines qui passaient après elles à leurs héritiers. Le traité « rapporté par Grégoire de Tours, qu'on a cité ci-dessus, en « contient la preuve sous la première race (1). »

Sous la seconde race, on voit Charles-le-Simple donner la Normandie en dot à sa fille Gisèle, lorsqu'il la marie à Rollon. Gisèle morte sans enfants, le duché demeure aux mains de Rollon et passe, après son décès, aux enfants qu'il eut de sa seconde femme, fille du comte de Senlis.

Le même Charles-le-Simple donne à sa femme, *en pleine propriété*, à titre de dot, Corbigny et Pontigny, maisons royales; de sorte que non seulement elle en put alors disposer entre-vifs et à cause de mort, disent les domanistes, mais encore, en cas de décès sans enfants, elles devaient retourner à ses héritiers collatéraux.

Mais bien que cette coutume de *doter les femmes par les maris* se conservât universellement en France, néanmoins, depuis que Hugues Capet fut élevé à la couronne de France, elle ne fut point pratiquée par les rois ses descendants : du moins, nous ne trouvons nulle part qu'un roi de la troisième race ait donné à sa femme, en *dot*, des domaines de la couronne en *pleine propriété*. Ce qui prouve suffisamment, disent les domanistes, que cette manière de *dot* fut par eux entièrement retranchée, rejetée et abolie, comme préjudiciable à l'Etat.

Au contraire, le comté d'Auxerre fut donné à une fille de Hugues Capet, Alix de France, en pleine propriété, sans aucune charge de réversion. De même le Vexin normand à Marguerite de France,

(1) Lefèvre de La Planche.

fille de Louis-le-Jeune. « En quoi, dit un ancien domaniste, l'on « tient que le roi Louis VII manqua grandement de politique. » Quoi qu'il en soit, l'époux de Marguerite étant mort sans enfants, Henri Court-Mantel, qui trouvait « que le Vexin normand était « entièrement à sa bienséance, » le garda malgré Philippe-Auguste et le transmit à son fils Richard. Philippe-Auguste le ressaisit, mais par la guerre (1193), et le garda, mais par un traité.

Depuis Philippe-Auguste, la dot des filles de France ne fut plus constituée qu'en deniers payés comptant, ou en jouissance de domaines pour sûreté du paiement des sommes promises et jusqu'à parfait paiement. Louis VIII, par son testament de 1225, après avoir apanagé ses trois puinés en terres et domaines, ne lègue à Isabelle de France, sa fille unique, qu'une somme de vingt mille livres. Saint Louis donne cent mille livres en dot à Blanche de France, sa seconde fille, en la mariant avec Ferdinand, prince de Castille, etc., etc. Cependant Lefèvre de La Planche fait remarquer que Charles, régent pendant la prison du roi Jean, donna plus tard la ville de Sommières à Isabelle, sa sœur, en la mariant avec Jean Galéas, de Milan. Le roi, de retour, y substitua le comté de Vertus. Mais un domaniste ne voit là qu'un *assignat :* le château et la ville de Sommières n'avaient été donnés en dot que pour assurer le paiement d'une somme d'argent, avec la clause de retour à la couronne, *à défaut d'hoirs.* Enfin, Chopin (1) parle d'une *domestica lex* du roi Charles V, qui déclare qu'on ne dotera désormais les filles de France qu'en deniers. Loyseau dit donc très-bien : « ....Aujourd'hui... les terres « du domaine ne sont plus baillées purement et simplement en « mariage aux filles de France, mais seulement en paiement des « deniers dotaux à elles liquidement promis et comme un en- « gagement ou vente à faculté de rachat ; et néantmoins, pour « le mérite du sang royal, cela est comparé en tout et partout « au vray appanage, même est souvent dans nos livres rappelez « de ce nom (2). »

En matière de *vray appanage*, il faut distinguer trois époques : « chacun de ces temps, dit un domaniste, a eu sa jurisprudence « spécifique et singulière. » 1re époque : De Hugues-Capet à Louis VIII. — 2e époque : De Louis VIII à Philippe-le-Bel. — 3e époque : Depuis Philippe-le-Bel.

(1) II. 3, n° 8.
(2) Des offices, IV, 9.

PREMIÈRE ÉPOQUE.

Les fils de France tiennent leurs apanages en pleine propriété.

C'est ainsi que le duché de Bourgogne est donné héréditàirement à Robert de France, fils du roi Robert.

C'est encore ainsi que le comté de Dreux fut donné à Robert de France, fils de Louis-le-Gros. Ce domaine passa dans la descendance féminine et revint seulement à la Couronne par l'acquisition qu'en fit Charles V.

DEUXIÈME ÉPOQUE.

Cette jurisprudence change à partir de Louis VIII.

L'auteur des annotations sur Du Tillet, chapitre dé *Messeigneurs, fils de France, leurs appanages et bien-faits*, a écrit qu'en février 1223, Louis VIII fit apanage à Philippe de France, comte de Boulogne, son frère, de Clermont en Beauvoisis, à la charge de retour à la couronne, *à défaut d'hoirs*. Le testament de Louis VIII rappelle cette clause : « *Item præcipimus et volumus, quòd terra* « *quam carissimus frater et fidelis noster Philippus comes tenet* « *ex donatione nostra, revertatur ad successorem nostrum, Regem* « *Franciæ, si idem Philippus comes Boloniæ decesserit sine he-* « *rede.* »

Il fut reconnu :

1° Que le mot *hoirs*, apposé dans la clause, comprenait les héritiers des deux sexes. C'est ainsi que Jeanne, fille de Philippe de France, recueillit le comté de Clermont en Beauvoisis, et en jouit paisiblement jusqu'à sa mort. De même, le comté d'Artois fut déclaré apanage féminin par une sentence arbitrale de Philippe-le-Bel. Cette sentence fut confirmée par un arrêt rendu en l'assemblée des pairs, présidée par Philippe-le-Long, et par un autre arrêt de 1331.

2° Que la clause de retour à la couronne ne se bornait pas aux seuls *hoirs* des apanagés, mais s'étendait aux hoirs de leurs hoirs indéfiniment. Expliquons-nous par un exemple : Jeanne de Boulogne, qui avait recueilli le comté de Clermont en Beauvoisis, mourut sans enfants. Saint Louis prétendait que le comté devait revenir à la couronne ; ses frères Charles et Alphonse soutenaient le contraire. Pour quel cas Louis VIII avait-il stipulé le retour? « *Si idem Philippus Comes Boloniæ decesserit sine he-* « *rede.* » Or, ce n'est pas Philippe, comte de Boulogne, mais bien sa fille Jeanne qui meurt sans héritiers! Donc le roi n'est pas fondé dans sa prétention. C'était une subtilité. Les pairs de France décidèrent le contraire.

3° Qu'au cas où le roi donateur ne s'était pas clairement expliqué, la clause devait être entendue dans un sens favorable au droit de retour. C'est ce que jugèrent les pairs et seigneurs de France tenant le parlement de la Pentecôte, l'an 1284, en faveur du roi Philippe III contre Charles d'Anjou.

4° Que, dès que l'apanagé parvenait à la couronne, la réunion de son apanage se faisait de plein droit au patrimoine royal, sans nul égard à la clause de retour, de sorte que ses hoirs n'y pouvaient plus désormais rien prétendre. C'est ainsi que Marie de France ne put succéder au comté de La Marche, l'ancien apanage de son père Charles-le-Bel.

TROISIÈME ÉPOQUE.

Les domanistes remarquent que cette troisième *jurisprudence* n'eut pas d'effet rétroactif.

Désormais le mot *hoirs* est restreint aux mâles, à l'exclusion perpétuelle des femmes.

Le roi Philippe-le-Bel, en effet, ordonna par son codicille de 1314, que le comté de Poitou, qu'il avait donné par son testament de 1311, à Philippe son puîné, qui fut roi dans la suite, retournerait à la couronne à défaut d'hoirs mâles.

C'est donc à tort que Chopin (1) ne fait commencer cette troisième législation qu'au roi Jean et à Charles V. Sans doute les lettres-patentes de l'apanage du duché de Bourgogne, accordées par le roi Jean à Philippe-le-Hardi, son quatrième fils, répètent sans cesse que les seuls hoirs qui puissent empêcher le retour sont les hoirs capables de succéder au duché. Mais la règle remonte plus haut.

« L'exclusion absolue des femmes de la succession aux apa-
« nages, a été, depuis cette disposition de Philippe-le-Bel, re-
« connue comme une loi de l'Etat; de manière que les mâles,
« descendants des filles, n'y peuvent être admis (2).

Cependant, cela ne va pas sans quelque tempérament; le 27 mai 1400, le duc de Berry obtint des lettres-patentes par lesquelles il lui fut permis de donner le duché d'Auvergne, son

(1) II, 3. Nᵒˢ 6 et 7.
(2) Lefèvre de la Planche.

apanage, à Marie de Berry, sa fille et aux enfants mâles pouvant naître du mariage qui dès-lors se préparait avec Jean de Bourbon.

Mais les descendants mâles de l'apanagé succèdent en ligne collatérale à quelque degré que ce soit; *n'étant requis autre chose, sinon qu'ils tirent leur origine en ligne directe du tronc commun* (1).

Quand l'apanagiste parvient à la couronne, son domaine est réuni de plein droit, comme dans la seconde période.

Les héritiers du prince apanagiste ne succèdent pas à l'apanage en cas de forfaiture, comme ils y succèderaient en cas de mort naturelle. C'est ainsi qu'en exécution de l'arrêt rendu en 1527 contre le connétable de Bourbon, François Ier, en janvier 1530, réunit à la couronne tous les biens que la branche aînée de la maison de Bourbon avait possédés. Ce fut par une pure grâce qu'au mois d'août 1538, le même roi donna à Louis de Bourbon, prince de La Roche-sur-Yon, les seigneuries de Montpensier et du dauphiné d'Auvergne.

Enfin vint une ordonnance du roi Charles V en octobre 1374. Ce prince administrateur et réparateur sent tous les inconvénients de ces démembrements du domaine. Il ordonne donc : « que son « fils Loys ait pour tout droit de partaige ou appanaige, à lui « appartenant en nos terres et seigneuries, pour raison de nostre « devant dite succession ou autrement,... douze mil livres de « terres au tournois, avec tiltre de comte et quarante mille « francs en deniers pour lui mettre en estat. » L'article 4 assigne le même apanage aux enfants à naître. Nous avons vu, dans notre revue historique, que le duc Louis, sous le règne de son frère, ne se contenta pas de ce modeste apanage. Les états généraux, sous le règne de Louis XI, « réclamèrent l'exécution d'une « ordonnance si favorable à l'unité territoriale du royaume; « mais le principe passa dans la doctrine des jurisconsultes et « des domanistes, et non dans les faits. Les apanages furent « constitués suivant l'ancien usage (2).

La quotité de l'apanage dépend de la volonté du roi qui fixe la somme. Pour fournir cette somme, on procède à l'évaluation des domaines donnés en apanage. (Edit d'octobre 1711. Déclaration d'août 1712.) Du reste, l'apanage excessif peut être diminué par le successeur du roi donateur. « Le roi Charles V fit adjour-

---

(1) V. Chopin; II, 19. Nº 10.
(2) Laferrière.

« ner Philippe de France, duc d'Orléans, fils puîné de Philippe
« de Valois, pour parvenir au retranchement de son appa-
« nage (1). » Il y eut une transaction.

Chopin, fidèle au principe du roi Charles V, soutient que l'a-
panagé n'a plus qu'une pension annuelle et pécuniaire dont le
paiement est assuré par la délivrance d'une certaine quantité de
terres. Mais c'est la chimère d'un théoricien qui ne veut pas plier
sous un fait. Un rapide examen nous montrera la nature de ce
démembrement du domaine et la situation réelle de l'apanage.

D'abord, l'apanagé peut rendre la justice en son nom. Il a, de
droit, la nomination des officiers des bailliages et des officiers
subalternes, comme les notaires, les procureurs, les huissiers.
Il n'a pas, de droit, la nomination aux charges des présidiaux,
ni des tribunaux établis pour connaître des droits du roi; mais
elle peut lui être accordée. La déclaration de 1626 est formelle.
L'apanage de la maison d'Orléans, accordé par édit de 1661, est
constitué sous une clause semblable. Chopin remarque que la
connaissance des cas royaux n'appartient pas aux juges de
l'apanage. Les bureaux des finances, élections, greniers à sel,
sont toujours sous la main du roi.

Loyseau cite une déclaration de 1568, par laquelle le roi ordonne
que la justice du bailliage et du présidial d'Angers s'exercera en
son nom et que le duc d'Anjou aura la nomination aux offices de
l'ordinaire. Cette déclaration devait satisfaire tout le monde; le
roi, parce que la justice demeurait royale; l'apanagé, parce qu'il
avait l'émolument des cas royaux.

L'apanagé peut établir des chambres des comptes dans son domaine; mais les receveurs devront envoyer des doubles à la
chambre des comptes du roi. (Edits de 1661 et de 1710.)

L'apanagé jouit du patronage et de la collation des bénéfices;
mais il n'a aucun droit sur les évêchés; il perçoit le droit d'indemnité pour raison des terres tombées en main morte.

Il a l'usage des bois de haute futaie; mais les coupes ne
doivent être faites que pour l'entretien des bâtiments de l'apanagé
et en vertu de lettres-patentes.

Il a les droits de déshérence et de confiscation. Mais a-t-il les
droits de confiscation pour un crime commis avant la concession?
Chopin les lui refuse en alléguant qu'il ne faut pas regarder le

---

(1) Lefèvre de la Planche.

temps de la condamnation, mais celui du délit. Au contraire, Lefèvre de la Planche pense avec raison que le crime n'est pas le titre de la confiscation, qu'il en est simplement la cause, et que le droit naît au moment de la condamnation.

Quant aux amendes prononcées aux grands-jours qui se tiennent dans le lieu de l'apanage, l'apanagé n'y peut rien prétendre.

Le *trésor d'or* appartient-il au roi ou à l'apanagiste? Il appartenait au roi, quand l'or était monnayé. Chopin, quand l'or n'était pas monnayé, le partageait par tiers entre le seigneur haut-justicier, le propriétaire de l'héritage et l'inventeur, suivant la règle ordinaire. Lefèvre de la Planche n'admet pas cette distinction et s'appuie sur un texte des établissements de Saint Louis. « Nul n'a de fortune d'or, se il n'est roy, fortune si est quand « elle est trouvée dedans terre, et terre en est effondrée. »

Il faut sous-entendre dans toutes les concessions d'apanage ce qu'on réservait expressément dans l'arrêt d'enregistrement de l'apanage de François, comte d'Angoulême : « *Cum reservatione* « *jurium regiorum, et aliorum quæ in apanagiis reservari so-* « *lent.* » Mais cette clause demande un commentaire. Il faut dire que le roi va quelquefois jusqu'à sacrifier les prérogatives les plus essentielles à la dignité royale. Le roi Louis XIV, dans ses lettres-patentes du 2 juillet 1710, accorde à son petit-fils, duc de Berry, le droit de nomination aux évêchés.

Quant aux charges de l'apanage, « elles consistent au paiement « des fiefs et aumônes et à l'acquittement des autres charges du « domaine; à entretenir et faire entretenir les fondations des « églises, les maisons, châteaux et forteresses en bon état de « réparation, comme on le voit par l'apanage accordé à la mai- « son d'Orléans, en l'an 1661, et depuis à M. le duc de Berry, « au mois de juin 1710 (1). »

L'apanage est indivisible. « *In panagio quod regni naturam ex* « *quo delibatum est, imitatur, unus et tantum gradatim heres,* » dit Chopin.

L'apanage ne peut être aliéné ou hypothéqué, dit Chopin, si ce n'est pour le paiement de la rançon de l'apanagé. Dans ce cas, la nature domaniale de l'apanage fait plutôt considérer cet abandon comme un engagement que comme une aliénation. Des

---

(1) Lefèvre de la Planche.

lettres doivent permettre l'aliénation ou l'hypothèque. Charles d'Orléans, prisonnier des Anglais, obtint des lettres qui lui permirent d'aliéner Beaugency : ces lettres furent enregistrées, sous cette condition que la faculté de réméré serait insérée dans le contrat et qu'en cas de rachat, le fonds reprendrait sa nature d'apanage.

Un arrêt de juillet 1446 admet l'hypothèque de l'apanage pour sûreté de la dot et des conventions matrimoniales.

Mais il faut bien remarquer que l'apanage revenait à la couronne tel qu'il en était sorti, affranchi de tous droits réels, charges et hypothèques. Il est étonnant qu'on ait pu soulever cette question : dans le cas de réunion par confiscation, les créanciers hypothécaires conservent-ils leur droit? Nul ne doutait que ce droit ne fût perdu, quand la félonie entraînait la confiscation. Mais il est bien évident que, dans aucun cas, la propriété de l'apanage n'a pu être le gage des créanciers. Jamais on n'a pu grever l'apanage pour l'avenir. Cette maxime est tellement vraie que les baux consentis par l'apanagiste sont anéantis. Chopin déclare cependant qu'il est de l'équité du prince de maintenir les baux de durée très-courte (*breviuscula*).

Pour apprécier dans quelle mesure l'aliénation du domaine est faite par le roi, nous devons nous demander si l'apanagiste acquiert les fiefs dans sa mouvance.

Supposons d'abord une cause ancienne (*causam antiquam*); par exemple l'extinction de l'arrière-fief par la fin de la famille du concessionnaire. L'arrière-fief doit se réunir nécessairement au fief dont il relève, et, dans l'espèce, à l'apanage; mais l'apanagé va-t-il jouir de cette partie du domaine ainsi réunie? On pouvait en douter, puisque le domaine utile en avait été distrait avant la concession de l'apanage. Mais la position de l'apanagiste était essentiellement « *favorable*, » comme disent les jurisconsultes. D'ailleurs, par cela même que le seigneur conserve le domaine direct, on peut soutenir très-bien que la terre qui se réunit n'a jamais cessé d'être jointe à l'apanage. Cette solution nous semble raisonnable.

Mais si la réunion arrive *ex causa nova?* Par exemple, le vassal désavoue le seigneur, ou se rend coupable de félonie. L'apanagiste va-t-il profiter de la commise? Dumoulin l'admet et cela ne nous semble guère contestable. Mais l'apanage finissant, la terre commise se réunira-t-elle au domaine, ou passera-t-elle aux héritiers de l'apanagiste? Chopin et Lefèvre de la Planche prennent ce dernier parti. Mais leur opinion ne nous semble pas conforme aux principes. Il ne faut pas s'épuiser en discussions stériles sur le point de savoir si les terres acquises à titre de commise sont *in fructu* ou *in patrimonio*. La concession de l'apanage ne doit pas préjudicier d'une manière définitive au domaine; voilà le principe. Si l'on veut rechercher en cette matière l'intention des parties contractantes, croit-on qu'un retour complet, absolu de tous les biens et droits à la couronne, n'ait pas été dans la pensée du donateur?

Le retrait féodal peut être exercé par l'apanagé; comme tout autre seigneur de fief, il a le droit de se subroger à l'acheteur de l'arrière-fief, en l'indemnisant. Quelles seront les conséquences du retrait féodal? D'abord il est permis à l'apanagé de déclarer que, s'il exerce le retrait féodal, c'est dans l'intention de concéder de nouveau ce fief. Il peut encore ressaisir expressément l'arrière-fief et le tenir isolé du fief. Mais s'il ne s'est pas expliqué, nous croyons, avec Chopin, que lors de l'extinction de l'apanage, il y aura réunion complète et qu'il restera dans la succession de l'apanagé une créance à l'effet d'obtenir le remboursement de ce qui a été dépensé pour l'exercice du retrait féodal. Tel n'est pas l'avis de Lefèvre de la Planche. D'après lui, cette terre que l'apanagiste acquiert à prix d'argent est un bien *personnel;* ce n'est pas un démembrement du domaine grevé de la charge de réversion. C'est là une subtilité. Cette terre est unie et incorporée *en fait* au fief de l'apanagiste; le domaine utile a rejoint le domaine direct, et cela par une conséquence nécessaire des principes du droit féodal. Lefèvre de la Planche cite encore une déclaration du 19 juillet 1695, où le roi, en accordant aux engagistes « le « droit de retirer les terres mouvantes de l'engagement, renonce « en termes formels, à pouvoir, en rentrant dans le domaine, « retirer de l'engagiste les terres par lui retirées, même en rem- « boursant. » L'éditeur de Lefèvre remarque avec beaucoup de justesse qu'en général, de la loi de l'engagement, il ne faut pas conclure à la loi de l'apanage, parce que dans les engagements, comme il s'agit d'appeler les enchérisseurs, on offre les meilleures conditions possibles.

Par un sentiment de respect, on attachait au douaire des reines les mêmes prérogatives qu'aux apanages.

Nous avons parlé plus haut des dots que les rois donnaient à leurs femmes. Un douaire en deniers, pris et assigné sur des fonds jusqu'à concurrence de 3,533 écus soleil de revenu, dit Lefèvre de la Planche, avait succédé à ces dots. Le surplus se payait sur le trésor royal. Chopin remarque que les reines ne pouvaient percevoir par elles-mêmes cette somme assignée sur un fonds du domaine, mais par les fermiers du roi, et qu'elles jouissaient seulement de l'habitation de ce fonds domanial.

L'édit de 1667 met au rang des causes légitimes de l'aliénation du domaine les douaires des reines : on s'accordait pour ne voir dans cette sorte d'aliénation qu'une aliénation du revenu.

Talon, dans ce plaidoyer de 1641 que j'ai déjà cité, dit que les officiers sont pourvus par la reine, mais qu'elle ne reçoit pas les hommages et que la justice ne se rend pas en son nom, ce qui impliquerait contradiction. L'éditeur de Lefèvre prétend que ce droit de nomination n'est qu'un droit de présentation au roi, ce qui sauve la contradiction.

Le délaissement fait à la reine pour assurer le paiement de son douaire lui donne-t-il la faculté de vendre ou d'engager les fonds assignés? Les gens du roi soutinrent la négative dans un procès célèbre. Les domanistes conclurent dans leur sens. Ils voyaient dans cette assignation une libéralité personnelle et précaire. « Or « celui qui possède précairement ne peut pas vendre. »

Nous avons dû sommairement analyser les doctrines des domanistes pour donner une idée exacte des aliénations du domaine en matière d'apanage. Nous terminons ainsi la liste des exceptions au principe constitutionnel.

III.

Après avoir traité de l'aliénation du domaine en général et de la portée des prohibitions écrites dans les ordonnances royales, je m'occuperai spécialement des échanges, des dons, inféodations, baux à cens des biens du domaine. Je réserve la question des domaines engagés.

ÉCHANGES.

Les premières ordonnances de Philippe-le-Bel ne semblent guère distinguer entre les échanges et les autres contrats. L'ordonnance de 1321 excepte bien de la révocation « ce qui sera « loyaument échangé; » mais laisser l'examen de la loyauté des échanges, sous Philippe-le-Bel, à l'arbitraire des commissaires du roi, n'était-ce pas y appliquer la règle de la révocabilité?

On conçoit très-bien, *a priori*, que comme l'échange n'est qu'une *mutatio dominii*, la règle puisse ici fléchir. Chopin signale tout d'abord une distinction : « *In commutatione feudorum* « *cessare videtur ratio edicti illius Molinensis quo novæ Domanii* « *infeudationes prohibentur.* » Cela résulte de la nature même du contrat.

Néanmoins Chopin, un peu plus loin, déclare qu'après tout l'échange est une aliénation. Il cite un arrêt du 1er avril 1555 qui casse un échange fait pour cause nécessaire, par le seul défaut des formalités requises. C'était une suite de la jurisprudence en matière d'échange de biens ecclésiastiques. Les parlements ne manquaient jamais de casser de semblables échanges, faute d'accomplissement des formalités requises (1).

Un peu plus loin, Chopin va jusqu'à décider que ces sortes d'échanges ne sont pas définitivement consommés, même par l'observation des formalités, et que le droit de révoquer appartient toujours au roi. Nous allons voir si cette doctrine s'est perpétuée jusqu'aux derniers temps de la monarchie; mais auparavant, établissons bien ce fait, que l'Etat, lorsqu'il revenait sur un échange révocable, *était tenu* de rendre l'immeuble reçu en échange. L'édit de 1607 était formel : « Nous pouvons rentrer dans nos « domaines échangés en rendant les autres biens et droits qui « nous auront été donnés en échange, lorsque nous aurons « souffert une lésion énorme, ou que l'évaluation desdits do- « maines aura été faite sans les formalités requises, par fraudes, « fictions et contre les édits concernant les domaines. » Aussi lit-on dans le *Dictionnaire des Domaines* : « Les biens concédés à titre « d'échange peuvent être également réunis lorsque l'échange n'a « pas été fait avec les formalités prescrites, ou qu'il y a eu « lésion dans l'évaluation, en rendant, par le roi, les biens qui « avaient été donnés en contre-échange. » Nous verrons au livre suivant que la loi du 1er décembre 1790 respecta ces principes. C'est ainsi que le 4 mai 1792, l'échange fait le 21 mars 1768 entre le roi et M. de Bosmelet ayant été révoqué, cet échangiste fut réintégré dans la possession des fermes cédées à l'Etat par son père pour en jouir au même titre qu'avant l'échange.

Ce terme d'échange était souvent employé pour colorer des actes onéreux à l'Etat, des contrats faits au mépris du principe

(1) V. arrêts du 26 mars 1640, du 28 février 1667, du 29 mars 1666, etc.

constitutionnel. Le parlement s'en plaignit à plusieurs reprises. Dans les remontrances faites à la reine-régente en 1648, le parlement se plaint qu'on élude l'exécution des ordonnances par des échanges abusifs. De là cette étrange doctrine de Chopin : « Pour « savoir si l'échange est valable, il faut voir s'il est utile au roi : « la validité du contrat se mesure sur l'intérêt de la couronne. » Avec une pareille doctrine, comment trouver des échangistes raisonnables ? Il était évident que l'Etat serait lésé dans tous les contrats d'échange. Lefèvre de la Planche cite le contrat d'échange de Sédan, du 20 mars 1651, et mentionne les protestations du procureur général près la chambre des comptes. La chambre des comptes et le parlement ne tarissaient pas en remontrances sur ce sujet.

L'édit de 1711 intervint. Voici les phases de la procédure nécessaires pour arriver à la consommation des échanges : 1° Le roi nommait une commission chargée de faire dresser des procès-verbaux d'évaluation par des experts. Cette commission n'était pas nécessairement composée de magistrats de la chambre des comptes ; 2° la commission exerçait tous les actes de juridiction nécessaires pour arriver à la confection des procès-verbaux d'évaluation ; 3° quand les procès-verbaux d'évaluation étaient dressés, on les rapportait au conseil d'Etat pour qu'ils fussent examinés par le roi en son conseil ; 4° si le conseil d'Etat était d'avis de confirmer ces procès-verbaux, le roi faisait expédier des lettres-patentes qu'on a souvent appelées *lettres de ratification ;* 5° ces lettres-patentes étaient enregistrées à la chambre des comptes.

C'est ce qui résulte des art. 1, 3 et 4 de l'édit de 1711. D'après cet édit, remarquons-le bien, l'Etat avait trois sortes de garanties : 1° La confection des procès-verbaux d'évaluation ; 2° l'examen de ces procès-verbaux par le conseil d'Etat qui avait le droit de ne pas les confirmer ; 3° l'enregistrement à la chambre des comptes des lettres-patentes de ratification. La chambre des comptes pouvait ajourner l'enregistrement, faire les remontrances, et elle usait de ce droit. La commission avait l'*instruction*, le conseil du roi le *jugement*, si je peux m'exprimer ainsi, et la chambre des comptes un contrôle souverain.

Mais, remarquons-le bien, une fois la dernière formalité remplie, c'est-à-dire une fois les lettres de ratification nécessaires pour compléter l'acte intervenues, l'échange n'était plus révocable en principe. Dès-lors, pour s'assurer que le contrat était sérieux, le procureur général près la chambre des comptes pouvait suivre et surveiller l'affaire dans toutes ses phases; requérir, conclure, s'opposer et stipuler en tout état de cause ce qu'il conviendrait pour le service du roi. Quand tout était fini, l'échange n'était plus révocable que pour une cause de lésion énorme.

Mais le contrat pouvait devenir irrévocable, même avant l'apparition des lettres-patentes, si l'Etat s'était mis immédiatement dans l'impossibilité de rendre l'objet reçu en contre-échange. En effet, pour que l'action du domaine soit fondée, il faut qu'au moment même où il l'intente, il puisse dire à l'échangiste : « J'ai « votre immeuble à ma disposition et je vous offre de vous le res- « tituer. » Or le domaine ne peut tenir ce langage, par exemple, quand il a déjà vendu l'objet qu'il a reçu, d'abord parce qu'en vendant il rend la restitution réciproque impossible, ensuite parce qu'en vendant il fait acte de maître et ratifie le contrat.

Chopin, après des développements confus sur cette matière, ajouté que les règles du droit public sur l'échange des biens domaniaux ne s'appliquent pas au domaine particulier du roi.

On lit dans une vieille traduction de Chopin : « Que resoudrons- « nous en celuy qui est propriétaire de certaines terres, lesquelles « le roy aurait prises de luy par échange, en lui baillant au lieu « l'usage perpétuel de quelque forest royale? En ce cas, celuy « que jouyt par échange de la dite forest, sera-t-il tenu de de- « mander au maître des forests congé et permission d'abattre « ou couper un arbre? Plusieurs ont tenu qu'il n'était pas tenu « de demander aucune permission, d'autant que tel particulier « est plutôt seigneur ou propriétaire, en vertu de l'échange, « que simple usager. Toutefois, la cour, en fait semblable, jugea « suivant les conclusions et au profit du procureur du roy, par « arrest du 1er mars 1568. » Chopin cite ensuite les principales clauses de l'échange, « afin que le fait se puisse mieux con- « noistre. »

Enfin l'éditeur de Lefèvre de la Planche fait remarquer que la chambre des comptes doit veiller à ce que l'on ne transporte pas les droits régaliens avec les domaines donnés en contre-échange.

DONS.

Nous ne reviendrons pas longuement sur la théorie générale des donations en faveur de l'Église. Presque tous les auteurs, comme presque tous les édits, voyaient là une exception au principe constitutionnel. Mais les domanistes discutaient quelques points spéciaux ; par exemple, le roi peut-il remettre la Régale à l'Église ? En l'année 1203, l'exemption de droit de Régale fut accordée à l'église d'Arras ; en 1206, 1207, 1209, 1212 à celles d'Auxerre, de Troyes, de Mâcon, de Nevers : de toutes ces églises, celle d'Arras conserva seule l'exemption, mais à *titre onéreux*. Ce n'était pas une véritable exemption. La charte d'exemption de Nevers était ainsi conçue : « *Quittarimus in perpetuum illi et suis successoribus.* » Après 300 ans de possession, après plusieurs arrêts confirmatifs, un arrêt de 1574 en déposséda l'église de Nevers. Des arrêts de 1582 et de 1596 enlevèrent l'exemption à l'évêque de Luçon et à l'archevêque de Bordeaux. On lit dans le *Dictionnaire des arrêts :* « Le Parlement, sacré dépositaire des droits de la couronne, a « si bien reconnu que ces exemptions gratuites des droits de « Régale données par aucuns de nos roys et principalement par « Philippe-Auguste, étaient préjudiciables à la couronne que • sans s'y arrêter, il a jugé que nos rois avaient droit de Régale « en tous ces évêchés, nonobstant les remises prétendues. »

Le roi peut-il affranchir une église des charges féodales ? Oui sans doute. Lefèvre de la Planche dit à ce propos que l'église affranchie ne sera plus dans la suite de la *gradation féodale* et va se trouver étrangère dans l'ordre des fiefs. Mais son annotateur, qui semble l'avoir édité pour le contredire, montre très-bien qu'il ne s'agit pas là d'une abdication de seigneurie ; l'évêque est toujours *un fidèle.* Si l'on admet la donation de la pleine propriété, pourquoi ne pas admettre la remise des charges féodales ? Pourtant ce n'était pas la jurisprudence des Parlements.

La maxime de l'inaliénabilité avait fait une fortuue singulière. Comme c'était, après tout, une restriction mise au pouvoir royal, les Parlements l'avaient adoptée et la mettaient en pratique avec un enthousiasme toujours croissant. Au XVe siècle, on avait admis sans difficulté que les donations faites en récompense de services importants rendus à la guerre étaient irrévocables. Cette jurisprudence change au XVIe siècle. L'ordonnance de 1566 fournit un texte aux Parlements ; dès-lors leur jurisprudence fut invariable. Chopin se plaint de cette rigueur excessive ; il oppose aux Parlements quelques paroles d'Athalaric, roi des Goths, qu'il emprunte à Cassiodore. Mais cette citation ne rallia personne.

Le principe une fois posé, voici la conséquence : Les officiers du roi sont toujours en droit d'attaquer les possesseurs pour arriver à la réunion.

Mais comment règlementer la restitution des fruits ? L'édit de
1667 ordonne cette restitution ; néanmoins la doctrine des
domanistes n'était pas bien nette à ce sujet. Les vrais principes
ont été posés par Charondas, au chapitre XXII du livre premier
de ses pandectes du droit français : « La dite ordonnance ayant
« prescrit la forme d'aliéner les biens du domaine, qui de
« leur nature sont inaliénables, et déclaré nulles les aliéna-
« tions faites hors la dite forme, elle rend les possesseurs de
« mauvaise foi qui détiennent le dict domaine, contre la pro-
« hibition de la loy, et ne peut les excuser la bonne foy précé-
« dente d'eux ou de leurs prédécesseurs. Car la condition de
« retour ou réunion advenue, ils commencent de posséder
« et jouir induement et de mauvaise foy, les biens qu'ils ne
« peuvent ignorer estre du domaine et ne leur appartenir,
« ains à la couronne de France et partant ils sont tenus de res-
« tituer tous les fruits, dès-lors qu'ils sont constituez en mauvaise
« foy, tant ceux perçeus devant la saisie ou contestation de cause,
« que depuis icelle, les pendans perçus, recueillis on consom-
« mez, les naturels ou industriaux. Et puisque les autheurs du
« droit romain l'ont ainsi décidé en tous possesseurs de mau-
« vaise foy, il doit aussi et à plus forte raison estre observé pour
« les injustes détempteurs du domaine du roy. Mais si l'aliénation
« du domaine a esté faite sans charge de retour, et pour récom-
« pense, ayans les lettres du roy été vérifiées en la chambre des
« comptes, et qu'elles soient aidées des confirmations des succes-
« seurs rois et longue possession, encore que telle aliénation soit
« nulle, pour n'avoir été vérifiée en la cour du Parlement : toute-
« fois le tiltre coloré, joinct avec la bonne foi, fera que le posses-
« seur ne sera tenu de restituer les fruits que depuis la saisie,
« comme a esté jugé par arrest de la cour, infirmant pour ce
« regard, la sentence du Thrésor, du 1er jour d'avril 1585, avant
« Pasques. »

Remarquons, du reste, que la *vérification en la Cour du Parlement* n'imprime, pas plus que l'enregistrement à la chambre des
comptes, le sceau de l'irrévocabilité aux dons royaux. Nous en
avons vu un exemple dans les exemptions de Régale.

Lefèvre de la Planche nie que le détenteur du domaine puisse
être en état de bonne foi, « parce que personne ne peut ignorer
« que les lois de l'Etat défendent l'aliénation du domaine. »
Mais son éditeur remarque avec beaucoup de raison qu'il y a
une certaine bonne foi dans celui qui suit la foi du prince

même, sans trop se soucier du principe constitutionnel, et que la maxime : « *Juste possidet qui prætore auctore possidet*, doit tempérer la maxime : « *Nemini jus ignorare licet.* »

L'ordonnance de Louis-le-Hutin, de 1314, dite la *Charte normande*, condamne les détenteurs du domaine sans juste titre à la restitution des fruits. Par un édit plus récent, de décembre 1628, le roi en ordonnant la vente de son domaine de Forez, y comprend les portions usurpées et décide que ces usurpateurs seront tenus de restituer les fruits.

INFÉODATIONS.

Au fond, qu'est-ce qu'une inféodation ? Une donation avec réserve de foi et hommage; l'inféodation dépouille le roi de tout le domaine utile. Or, comme on l'a très-bien remarqué à l'époque où le principe constitutionnel s'établit d'une manière définitive, le service que promet un vassal à son seigneur dans l'investiture d'un fief, n'est plus une chose assez importante pour être mise en balance avec la valeur réelle de l'héritage. On en concluait que l'inféodation non accompagnée de l'imposition d'une rente seigneuriale était une véritable aliénation. « Toutefois, disait Cha-
« rondas, parce que l'inféodation transfère la propriété en celuy
« qui'prend la chose en fief, elle est réputée aliénation, à meil-
« leure raison que l'emphytéose, laquelle encores qu'elle ne
« semble estre comprise soubs le nom d'aliénation, est néant-
« moins estimée défendue, si l'aliénation est interdite. » Cha-
rondas cite ensuite l'article 17 de l'ordonnance de Moulins, qui prohibe les inféodations pour l'avenir, sans préjudice des *inféodations antérieures.* « La raison s'en peut prendre, dit naïvement
« Charondas, de ce que le bon empereur Trajan a répondu à
« Pline, qu'il ne faut facilement rétracter et annuler les choses
« auparavant justement données, afin que la seureté de plusieurs
« ne soit renversée. » Que devient le principe de l'inaliénabilité avec les idées du bon empereur Trajan ?

Quand le roi cède une mouvance, les vassaux vont être obligés de reconnaître un autre seigneur immédiat que le roi : ils vont descendre d'un degré dans l'ordre de la féodalité. Dans l'ancien droit, cette maxime qu'un seigneur ne pouvait aliéner ses vassaux était universellement admise : « *Vassalagium invito vassalo non
« posse in alium transferri.* » Dans le nouveau droit, cette aliénation fut permise aux seigneurs particuliers. L'était-elle au roi ?

Portugal (1) pose la question en ces termes : « Les vassaux ainsi
« aliénés peuvent-ils se racheter *oblato pretio?* » « Le problème
« est ardu, dit-il, *ardua quidem quæstio est.* » Mais il n'hésite
pas à trancher la question en faveur des vassaux du roi. Le premier motif qu'il en donne, c'est qu'il vaut mieux être vassal du
roi que d'un simple particulier. Le second motif, c'est qu'il faut
bien s'attacher à cette règle de l'inaliénabilité des vassaux du
roi dans un intérêt public, « *maxime cum reipublicæ intersit do-*
« *minium regium non mutari.* » « Si le domaine est inaliénable,
« dit Lefèvre de la Planche, comment pourrait-on soutenir que
« les mouvances qui en sont la plus noble partie sont suscep-
« tibles d'aliénation, et que le roi peut se dépouiller du droit de
« recevoir l'hommage des vassaux qui relèvent de lui, pour le
« faire passer à un autre et se priver des secours qu'il est en droit
« d'exiger d'eux dans les guerres qu'il est obligé de soutenir? »
Cette dernière raison ne se comprend plus guères au XVIIIe siècle;
mais enfin les domanistes de tous les temps semblent être unanimes. Ils citent de nombreux exemples de l'opposition des vassaux du roi à de semblables aliénations. C'est Artus, duc de Bretagne, avec toute la noblesse de sa province; ce sont les seigneurs
du Languedoc; quelquefois des États provinciaux; quelquefois
enfin, des parlements qui résistent à ces sous-inféodations. On
appliquait la règle antique dont parle Cujas (2) : « L'aliénation
« du fief, sans le consentement du vassal, ne peut être faite
« qu'à un seigneur égal ou supérieur. » Cette règle enchaîne le
roi.

Lefèvre de la Planche fait une revue de la jurisprudence en
cette matière et la trouve presque invariablement conforme à la
doctrine des domanistes. Citons un seul exemple que rapporte
Basnage sur l'article 204 de la coutume de Normandie : « Il n'est
« pas permis à un seigneur de changer les vassaux qui tiennent
« de lui noblement, dit Basnage: cela a été jugé par un arrêt
« donné en la grand'Chambre, le 21 août 1675, qui est d'autant
« plus considérable que l'aliénation avait été faite par le roi. »
Cet arrêt fut rendu sur des oppositions à l'enregistrement de
lettres-patentes accordées à M. Lesens de Folleuille, lieutenant-
général dans les armées du roi, en décembre 1674. Il juge en ces

(1) De Donat. Reg. II. 4, § 285.
(2) II, p. 1220.

termes : « La Cour a dit en bonne cause, les oppositions des
« précédents fiefs et rotures y réunies, tant sujets que non sujets
« à rentes envers le roi, à cause de la comté d'Orbec en la vi-
« comté de Folleuille, dont les mouvances et tous droits utiles
« ou casuels demeureront au roi. » L'édit de mai 1715 tranche
toutes les questions en déclarant que l'intention du roi n'a
jamais été d'aliéner les mouvances des fiefs relevant de la Couronne.

Mais l'aliénation des vassaux était tolérée en cas d'échange.
Lefèvre de la Planche cite à ce propos le contrat du 22 mars 1651,
entre le roi et le duc de Bouillon. L'utilité des échanges, la
faveur exceptionnelle accordée à ce contrat autorisaient cette
dérogation.

Les mouvances de la Couronne se conservent, disent les domanistes, quoique la cause qui les y a fait attacher ait cessé. Par
exemple, la terre de Coulomniers est demeurée mouvante de la
Tour du Louvre(1), même après l'extinction du duché de Nemours.
De même après l'extinction du duché de Beaufort, par la vente
faite en 1688 à M. de Montmorency, le fermier général qui soutint que la mouvance de la terre de Beaufort était conservée à
la Tour du Louvre, obtint un arrêt en sa faveur. Quant aux arrêts
contraires, les domanistes n'en tenaient aucun compte; ils allaient
jusqu'à déclarer que cette clause dans les lettres d'érection de
pairie : « La mouvance demeurera attachée à une seigneurie
« particulière, » était contraire au droit public et ne devait pas
être enregistrée; bien plus, n'avait pas d'effet par l'enregistrement.

Le principe de la conservation de la mouvance du roi a fait
juger que « lorsque Sa Majesté a uni en un seul corps de dignité
« plusieurs terres relevantes également de lui, » ces terres ne
pouvaient être séparées dans la suite qu'à la charge de relever
directement du roi. (V. arrêts du 12 juillet 1584, du 5 septembre 1685, du 5 septembre 1695, du 17 juillet 1699.)

Le parage est un démembrement du fief; puisque les puînés
tiennent alors de leur aîné la succession qui leur est échue. On
se demandait si le parage aurait lieu contre le roi. La négative
était soutenue par quelques auteurs qui s'appuyaient sur une

(1) V. sur la mouvance de la Tour du Louvre et de la Couronne, l'annotateur de Lefèvre de la Planche.

ordonnance de Philippe-Auguste et sur des lettres de Charles-le-Bel. Mais à ces ordonnances on opposait les coutumes. Si l'acte de Philippe-Auguste eût eu pour objet d'exclure les fiefs mouvants, les officiers du roi, dit Lefèvre, n'auraient pas manqué de manifester leur opposition au nom de Sa Majesté, lors de la rédaction des Coutumes. La mouvance du roi va bien se trouver diminuée; mais c'est là une loi fondamentale de la constitution des fiefs; on ne peut la changer sous ce prétexte qu'il faut conserver dans son intégrité la mouvance royale.

BAUX A CENS.

En principe, le bail à cens est prohibé. Quel est le motif de la prohibition? D'abord c'est un contrat désavantageux au domaine. Le bail à cens doit disparaître avec les progrès de l'agriculture. Ensuite un pareil contrat pouvait trop facilement déguiser de véritables libéralités.

Mais il faut bien remarquer que l'ordonnance de Moulins, si formelle à l'égard des inféodations, ne défend pas expressément les accensements. Bien plus, un autre édit de février 1566, dans le moment de la publication de l'ordonnance, ordonne l'accensement des marais et des terres vaines et vagues. Voici la règle telle qu'elle est formulée par le traducteur de Chopin : « Il y a « une exception pour ce qui est des terres vaines et vagues : car « il est permis de les bailler aux particuliers, ou à cens, ou à « rente perpétuelle, ou moyennant certaines charges et presta- « tions, ou par contrat emphytéotique, en considération que « telle sorte d'héritages consiste en terres désertes et de nul rap- « port et qui n'a ès-années précédentes porté aucuns fruits. »

Le titre XVIII du livre troisième de Chopin est entièrement consacré aux terres vaines et vagues. Chopin (n° 9) remarque qu'aux termes de l'ordonnance spéciale elles doivent être bail-lées à *titre de cens et rentes annuelles à perpétuité*, et non par contrat emphytéotique. Il parle d'un privilége particulier « de « procéder par main-mise et saisie royale sur les terres chargées « de cens et rente *ou autre redevance non payée*, » et remarque que ce privilége ne s'étend pas à l'emphytéose. Aux termes de l'article 12 de l'ordonnance de Moulins, et par arrêt du parlement intervenu sur la vérification de « l'édit des terres vaines et vagues, » le montant du droit d'entrée payé par les preneurs est exclusivement employé au rachat des domaines engagés. Chopin cite à ce propos un texte de Suétone où l'empereur Tibère ordonne que le legs fait à la république pour la construction d'un théâtre soit exclusivement et nécessairement employé à cette construction. « Ainsi ne doit ledit argent qui se paye pour le droit d'entrée « estre employé à autre usage qu'au rachapt du domaine aliéné. »

Dans le même édit spécial, le roi commande que les aliénations des terres vaines et vagues soient faites par adjudication publique. Cette adjudication entraîne certaines formalités, des publications, des affiches, des criées, etc. Si les formalités ont été remplies, « les opposants, dit Chopin, ont la bouche fermée et « ne peuvent se plaindre que d'eux-mêmes et de leur négligence « propre pour avoir négligé et méprisé leur droit. »

Ces sortes d'aliénations, dit un domaniste, sont moins des aliénations que des augmentations du domaine.

Néanmoins l'enregistrement à la chambre des comptes est formellement exigé par l'édit.

Des arrêts du parlement assimilaient aux terres vaines et vagues les maisons et hôtels du roi en la ville de Paris, bâtis par les anciens rois et les princes du sang, et les grands seigneurs, « lesquels pour n'être habitez et hantez tombaient en décadence « et menaçaient tous les jours de ruine. » Chopin en cite plusieurs exemples.

Enfin l'acquéreur a toujours la faculté de déguerpir aux termes de l'article 109 de la coutume de Paris. C'était le droit commun, et nul édit n'y avait dérogé.

IV.

Je vais parler des domaines engagés.

Quelques jurisconsultes distinguaient deux sortes d'engagements.

Ils voyaient une grande différence entre la véritable vente avec faculté de rachat et le *contrat pignoratif* proprement dit. Par la vente à réméré, l'acquéreur est propriétaire jusqu'au rachat : au contraire, dans le contrat pignoratif la propriété n'est pas transférée. L'acheteur gagne les fruits de l'héritage *jure dominii* dans le premier cas. « En l'engagement, dit Loyseau, il les doit rendre, « si ce n'est ès-coustumes où l'antichrèse est tolérée; encore en « ces coustumes ne les gagne-t-il pas distinctement et à l'infiny,

» mais jusques à la concurrence de l'intérêt licite. » Eh bien !
cette distinction, d'après Loyseau, s'applique même aux ventes
du domaine. Les unes sont de véritables ventes avec faculté de
rachat ; d'autres ne sont que de simples engagements. Il y a vente
véritable, toutes les fois qu'aux termes des ordonnances, l'aliénation est faite publiquement, sans fraude, au plus offrant et dernier
enchérisseur et à deniers comptants, pour la nécessité de la
guerre. Faite par contrat privé pour le paiement de dettes antérieures au contrat, ce n'est plus qu'un simple engagement. « Tout
« ainsi qu'aux particuliers, quand le marché commence par la
« vendition sans fraude, ny déguisement, c'est vente à faculté
« de rachat ; mais quand il commence par le prest, c'est engage-
« ment simple, bien que le contract soit conçeu en forme de
« vente (1). »

Dumoulin ne s'embarrasse pas de ces distinctions. Il dit simplement (2) que cette vente de biens domaniaux avec faculté de
rachat tient plus de l'antichrèse que de la vente. Dans la pratique, les deux opinions vont au même résultat. Ce n'est pas qu'il
faille, dans la théorie du droit, confondre l'antichrèse avec la
vente à réméré. Dumoulin faisait très-bien la distinction : « *Verum*
« *advertendum quod licet antichresis non multum distet ab emp-*
« *tione ipsius fundi sub eodem pacto redimendi ; tamen non tam*
« *parum abest quin sit notabilis distantia.* » Mais un contrat
pignoratif de cette sorte ne pouvait jamais être considéré comme
un contrat usuraire. C'est ce que Dumoulin montre très-bien. La
faculté de rachat transforme la position des parties : « *Tunc non*
« *est proprie antichresis, sed simplex temporaria securitas.* »
Cela posé, nous sommes conduit à faire comme les domanistes
du XVIIIe siècle, c'est-à-dire à rejeter la distinction de Loyseau.

Précisons : de quoi s'agit-il ? d'un engagement. Le domaine est
engagé. L'acquéreur est un *engagiste*. Le domaine engagé, c'est
bien cette sûreté temporaire dont parlait Dumoulin. L'engagiste
est créancier ; le prince est débiteur : il pourra retirer son gage en
remboursant l'argent qu'il a reçu.

Si nous n'avions trouvé que cette application du principe de
l'inaliénabilité du domaine, nous aurions pu contester l'utilité
de la maxime constitutionnelle ; nous aurions réclamé moins

(1) Loyseau.
(2) *Tractatus contract. usur. quæstio.* 58.

vivement au nom de l'équité. Mais, faisons-le remarquer, dans notre ancienne monarchie, les révocations violentes se succédèrent sans interruption avant qu'on inventât cette théorie du contrat pignoratif; et même après les grandes ordonnances, quand la jurisprudence des parlements eut donné cette forme définitive à la plupart des aliénations à titre onéreux du domaine royal, on appliquait sans scrupule le vieux principe aux donations et à toutes les aliénations à titre onéreux, qui ne pouvaient pas être regardées comme des engagements. Lefèvre de la Planche dit très-nettement que dans tous les cas non prévus, toutes les aliénations du domaine sont contraires aux lois de l'Etat, et partant « les officiers du roi sont toujours en droit d'attaquer ceux qui « sont en possession, pour parvenir à la réunion. »

Ainsi lorsque le roi déclare qu'il vend un bien du domaine, sans rien ajouter, c'est un engagement. Les parties, il est vrai, ne s'y trompent guères. Mais s'il ajoute qu'il aliène irrévocablement, nonobstant la coutume antique, c'est encore un simple engagement. Les parties doivent bien comprendre le sens de cette phrase : « J'aliène sans faculté de rachat, » cela veut dire : « J'aliène avec faculté de rachat. » L'histoire éclairera les acquéreurs.

L'histoire est encore là pour nous enseigner l'origine des engagements du domaine. Pasquier les fait remonter à Charles VIII; Chopin à François Ier. Mais pourquoi chercher une date précise ? Le fait a précédé le droit. A la révocation arbitraire succède la révocation légale ; il fallait trouver un *principe.* Cette aliénation fragile n'est qu'un engagement ! La transformation s'est insensiblement opérée, grâce aux domanistes et aux parlements.

Etudions d'abord les formalités requises; ensuite les droits, enfin les charges de l'engagiste.

Les formalités sont très-simples :

1° L'aliénation doit être faite à deniers comptants. C'est clair. L'engagement contient un prêt et l'emprunteur a besoin d'argent.

2° L'aliénation doit être faite en vertu de lettres-patentes enregistrées au parlement. Le parlement devra se poser deux questions : 1° L'engagement est-il nécessaire ? 2° L'engagement est-il fait à des conditions raisonnables ? Il accordera ou refusera l'enregistrement suivant les circonstances. Citons à ce sujet un passage de d'Aguesseau : (1) « Mais à qui ces lettres-patentes seront-elles

(1) Tome VII, page 529.

« adressées ? Le même principe résout toujours également toutes
« les questions que l'on peut former sur ce sujet. Toutes lettres-
« patentes qui sont expédiées pour autoriser les ventes.... du
« domaine du roi, doivent être adressées au Parlement, et elles
« le sont toujours, en effet. C'est cette compagnie qui est chargée
« principalement de la défense et de la conservation du domaine
« de la couronne, et surtout des lois salutaires qui en avaient si
« sagement défendu l'aliénation. On ne peut déroger à ces
« lois que par des lettres-patentes qui soient enregistrées au par-
« lement : sans cela l'aliénation serait nulle. »

3º Les aliénations se firent d'abord par actes devant notaires ;
ensuite par adjudication au plus offrant et dernier enchérisseur,
passées devant des commissaires. Ceux-ci furent tirés d'abord du
parlement et de la chambre du domaine et choisis depuis parmi
les conseillers d'Etat et les intendants des finances.

Quels sont les droits des engagistes ? L'engagiste ne succède
pas indistinctement à tous les droits du prince. Il y a des droits
que le prince exerce en vertu de sa prérogative royale : ceux-là
ne peuvent être détachés de la couronne. Mais où trouver le
criterium dans notre ancien droit français ? Le principe est
timidement proclamé par les domanistes, et fléchit à chaque
instant dans la pratique. Chopin cite un arrêt célèbre du parlement de Rouen, du 20 juin 1505, qui fait autorité dans cette
matière. Cet arrêt énumère les restrictions du droit des engagistes.
Le chapitre de Lefèvre sur les domaines engagés n'est qu'un
commentaire de la décision du parlement de Rouen. Les domanistes convenaient qu'il fallait excepter du droit des engagistes
tous les cas royaux. Rien de plus vague. Mais ne fallait-il
pas au moins n'excepter que les cas royaux ? Encore une fois,
il est impossible de se rattacher à un principe. Arrivons aux
détails.

A. L'engagiste n'a pas droit à l'hommage des vassaux dépendant de la terre engagée. Cette restriction avait soulevé de
graves objections. Ce n'est pas un *cas royal*, avait-on dit! Mais,
répond Chopin, le contrat pignoratif ne transfère pas la propriété
de la chose! Le prince reste seigneur direct. Au contraire, « *les
profits de foy et hommage et ce qui en dépend*, » doivent appartenir à l'acquéreur. Un arrêt du conseil jugea, en 1676, que la
clause précise qui accorderait d'autres droits à l'engagiste n'aurait aucune exécution. Loyseau dit très-bien : « Comme seule-
« ment ce qui consiste en fruits et commodité appartient à

« l'usufruitier et non ce qui consiste en pur honneur séparé du
« profit... il faut remarquer que l'apanage emportant la pro-
« priété de l'héritage quoique sujet à réversion, transfère les
« droits honorifiques aussi bien que les profitables ; mais l'en-
« gagement ne produisant qu'une espèce d'usufruit, ne transfère
« que les droits utiles et non les honorables en tant qu'ils
« peuvent estre séparés des profits (1). » L'engagiste, comme le
montre Loyseau, « ne se peut qualifier duc, ne comte, ne
« mesme seigneur haut justicier. (Car c'est le roy qui demeure
« le vray propriétaire et seigneur du domaine engagé). » Bacquet
cite un arrêt du 5 juillet 1554, « par lequel la cour trouva mau-
« vais que l'acquéreur par engagement d'une haute justice, eust
« fait mettre ses titres et ceintures funèbres à la paroisse
« d'icelle. » L'arrêt est du 5 mai 1554, d'après Lefèvre, et permet à l'engagiste de faire mettre des armes à un pilier élevé
au-dessous de celles du roi. Le jurisconsulte ajoute que cette
réserve est contraire aux principes. Néanmoins le parlement de
Grenoble, enregistrant l'édit de novembre 1639, qui ordonnait
l'aliénation du domaine de Dauphiné, ordonne que les acquéreurs pourront faire mettre leurs armes en places publiques,
sur un poteau, au-dessous de celles du roi.

De ce principe que le roi reste seigneur direct, les domanistes
et les parlements tiraient de nombreuses conséquences.

L'engagiste ne peut saisir féodalement (arrêt du 11 septembre
1703), si ce n'est à la requête des procureurs du roi près les bureaux des finances ou du procureur général près la chambre
comptes.

L'engagiste ne peut exercer le retrait féodal. Aucun des motifs
qui ont fait établir le retrait féodal ne peut s'appliquer à l'engagiste. « Et en ce cas, dit Bacquet, le meilleur est d'avoir lettres
« du roy adressantes à messieurs les trésoriers de France, pour
« retenir par retrait féodal le fief vendu, et l'unir à la chatel-
« lenie dont il était mouvant. Et d'autant que le remboursement
« qu'il convient faire à l'acquéreur, sera fait par celui qui tient
« un engagement du roy de la dite chatellenie : par les mêmes
« lettres sera mandé aux dits seigneurs trésoriers, laisser jouir
« dudit fief le détenteur de la dite chatellenie, à la charge de
« laisser au roy le dit fief, lorsque la dite chatellenie sera retirée

----

(1) Des offices, livre IV. Chap. IX.

« par ledit seigneur roy, en remboursant l'acquéreur des deniers
« par lui fournis pour la réunion dudit fief, frais et loyaux cousts,
« tels que de raison. »

Mais Bacquet cite un peu plus loin l'exemple d'un seigneur à
qui le roi permet par lettres-patentes du 12 mars 1586 d'user du
droit de prélation, retenue et retrait féodal, « tout ainsi que Sa
« Majesté pourrait faire et user. » Ces lettres furent enregistrées
au Châtelet de Paris et à la Chambre du Trésor.

Cependant les parlements ne s'entendaient pas sur le droit des
engagistes en matière de retrait féodal; le parlement de Toulouse.
par exemple, avait adopté une jurisprudence plus favorable aux
acquéreurs. Une déclaration du 19 juillet 1695 vint mettre un
terme aux controverses. Le roi cédait à ceux qui se rendraient
adjudicataires de ses domaines à titre d'engagement le droit de
retrait féodal, « sans qu'après l'expiration de l'engagement, Sa
« Majesté pût retirer des mains des engagistes les terres sur les-
« quelles ils auraient exercé le retrait, même en remboursant le
« prix. »

L'engagiste peut-il exiger une indemnité quand la main-morte
acquiert des droits dans la mouvance du domaine engagé? Dumoulin donne une bonne définition de cette indemnité : « *Indem-*
« *nitas est illa pensatio quæ præstatur Domino pro interesse suo,*
« *loco jurium utilium quæ veresimiliter percepturus erat, rema-*
« *nente fundo in privatorum manu quæ sæpe mutatur variis mo-*
« *dis.* » Mais aux termes de la déclaration du 21 novembre 1724,
il faut bien se garder de confondre l'*indemnité* et le *droit d'amor-*
tissement. — Art. 2. « Lorsque les biens seront dans notre mou-
« vance ou censive, il nous sera payé par les dits ecclésiastiques
« et gens de main-morte outre *l'amortissement*, le *droit d'in-*
« *demnité* sur le pied fixé par les coutumes et usages des
« lieux. »

Le droit d'amortissement est dû au roi, « puisqu'il s'agit d'un
« pouvoir émané de la puissance royale (1). »

A qui est due l'indemnité proprement dite? Avant 1724, la
jurisprudence du conseil d'Etat était contre l'engagiste. En effet:
1° l'engagiste ne saurait être assimilé à l'usufruitier; 2° la réserve tacite doit être présumée, parce que l'engagiste est acquéreur à vil prix et qu'il a dû prévoir ce fâcheux évènement. Mais

(1) Lefèvre de la Planche.

d'autre part : 1° l'indemnité est une récompense *des droits utiles*
revenant à l'engagiste ; 2° un édit de mars 1655, ordonnant l'aliénation des droits de censives et justices dépendantes des domaines
du roi, pourvoit au dédommagement des engagistes. N'y avait-il
pas un argument *a fortiori* à tirer des dispositions de cet édit?
Lefèvre de la Planche en tire un argument *a contrario*. Mais en
1724, le roi déclare que l'indemnité sera payée désormais en
rente foncière. Puis assimilant les engagistes aux apanagistes,
il leur donne la jouissance de la rente pendant la durée de
l'engagement. Cette déclaration lève tous les obstacles ; désormais l'engagiste touchera les arrérages.

B. L'engagiste n'a pas le droit de patronage ; il n'a donc pas le
droit de présentation aux bénéfices, qu'un concile de Tolède avait
accordé aux patrons. En effet, le droit de patronage ne peut être
cédé isolément. Un tel contrat, dit Chopin, serait considéré
comme simoniaque. Mais les publicistes vont plus loin ; ils regardent le patronage appartenant aux rois comme incessible.
Chopin décide qu'une clause expresse serait non avenue. Lebret,
en rapportant les édits de 1638 et de 1639 qui accordent aux engagistes le droit de nommer aux bénéfices, voit là des mesures
exceptionnelles, isolées, contraires au principe constitutionnel.
« Ce droit est d'une nature singulière, dit Lefèvre de la Planche ;
« quoique temporel, il est attaché au spirituel, et se règle par
« d'autres principes que les autres droits des fiefs. »

C. « Es-engagements, dit Loyseau, la justice opère au nom du
« roi seul, et ainsi s'observe notoirement partout ; et j'ay veu
« donner un arrest portant défense d'en agir autrement. »

C'était là une très-ancienne règle du droit public. Chopin rapporte que dans les registres de la Chambre des comptes on trouvait un arrêt ainsi conçu (1262) : « *In dono a Rege facto cujus-*
« *cumque jurisdictionis altam justitiam non comprehendi.* » Il
cite une ordonnance de 1311 et l'opinion de plusieurs jurscon-
sultes. Le même Chopin disait dans son *Commentaire sur la coutume d'Anjou :* « La haute justice n'est pas concédée par une
« donation générale, s'il n'en est fait mention expresse ; et cela
« doit être entendu en ce sens : Si l'aliénation n'est profitable
« qu'à cette condition et si le principal revenu de la terre pro-
« vient de cette jurisdiction. » Mais c'était une interprétation
donnée par un arrêt dans un cas spécial. Ces mots « s'il n'en est
fait mention expresse » s'expliquent naturellement et sans commentaire. Mais la justice, même spécialement concédée, devait

se rendre au nom du roi. Ainsi l'avaient décidé des arrêts de février 1525 et de décembre 1521.

D. Le droit de nomination aux offices appartient-il aux engagistes?

Loyseau dit au chapitre IX du livre IV de son *Traité des Offices :* « Pour ce que ceux auxquels ces terres sont transportées, doivent « avoir les fruits d'icelles et que la collation des offices est fruit,.. « il a esté trouvé raisonnable de leur conserver ce droit de choisir « et nommer les officiers. » Mais cette opinion, comme le remarque Lefèvre de la Planche, ne vient que de la prétendue distinction faite par Loyseau entre les acquéreurs à pacte de rachat et les engagistes proprement dits. La vraie doctrine se trouve un peu plus loin dans le même chapitre de Loyseau. « En « ces mesmes terres les officiers de la justice demeurent en la « même collation du Roy et n'y ont les acquéreurs aucun droit « de nomination sinon qu'elle leur ait été nommément vendue « et encore en ce cas n'ont-ils que la nomination des officiers « précisement spécifiez en l'évaluation qu'on a coutume de faire « lors de ces engagements. » Mais comment concilier cette théorie de Loyseau avec l'article 331 de l'ordonnance de Blois, qui n'exclut les engagistes que du droit de nomination aux offices extraordinaires? Loyseau répond qu'il ne faut pas tenir compte de l'ordonnance de Blois, et que comme toutes les terres baillées en apanage ou engagées demeurent domaniales, « aussi ces of- « fices demeurent royaux. »

Cependant un édit de mars 1639 vint accorder aux engagistes la faculté de nommer aux offices. Une déclaration de 1648, il est vrai, la leur retira; mais deux édits postérieurs (décembre 1652, décembre 1654) rendirent aux engagistes ce droit de nomination qui leur fut enlevé de nouveau par des déclarations du 15 janvier et du 8 mars 1657; rendu par une autre déclaration du 15 mars et définitivement consacré par un édit de mars 1695 et une déclaration de septembre 1696.

Mais ce droit n'a trait qu'aux offices ordinaires, « et non aux « offices extraordinaires des élections, greniers à sel, eaux et « forests et autres extraordinaires. Et ce pour deux raisons : « l'une, que ces justices et offices extraordinaires ont esté inven- « tez et érigez longtemps depuis que les ducs et les comtes ont « usurpé la propriété de leurs seigneuries et qu'elles leur ont été « inféodées; l'autre et la principale, qu'ils concernent tout à fait « les droits royaux et les finances du roy, lequel ne doit être

« réduit à demander justice à ses vassaux et prendre par leur
« choix des officiers pour le maniement de son bien (1). »

Enfin Chopin s'appuie sur une ancienne ordonnance enregistrée en la chambre du Trésor, pour décider que, si la haute justice
est exceptée dans l'aliénation, le tabellionage est de même
excepté, « d'autant, dit son traducteur, que la conséquence de
« la jurisdiction contentieuse à la volontaire est fort bonne et
« bien receue parce que toutes les deux se règlent d'une mesme
« sorte et par mesmes maximes (2). »

E. La garde des mineurs, en Normandie, n'est jamais comprise
dans les engagements du domaine.

Ainsi l'entendait l'arrêt d'enregistrement de l'article 381 de
l'ordonnance de Blois.

F. Les profits de confiscation pour crime de lèse-majesté divine et humaine ne reviennent pas à l'engagiste.

G. Les bois de haute-futaie sont encore exceptés de l'engagement.

La règle était posée dans l'article 8 de l'ordonnance de Moulins : « Ceux auxquels nostre domaine aura esté aliéné ne pour-
« ront néantmoins couper les bois de haute fustaye ny toucher
« ès-forest qui seront terres dudict domaine ; et si faict l'avoient,
« seroient tenus à la restitution du proffit et dommage qui en
« seroit advenu. » C'est ainsi que des lettres-patentes de 1528
défendirent au duc de Ferrare de toucher aux bois de haute-
futaie dépendant des domaines de Montargis et de Gisors, qui lui
avaient été délaissés lors du mariage de Mme Rénée de France.

Une ordonnance de 1592 se relâche un peu de cette sévérité.
Cette ordonnance donnait pouvoir, en faisant les ventes du domaine, de vendre jusqu'à cent arpents de bois de haute-futaie,
séparés du corps des grandes forêts.

Le parlement n'enregistra cette ordonnance qu'en exigeant que
les bois vendus fussent au moins éloignés d'une lieue du corps
des grandes forêts. La chambre des comptes alla plus loin : d'a-
près l'arrêt d'enregistrement, 1° elle se réserva le pouvoir d'apprécier l'opportunité et la légalité de l'aliénation ; 2° elle déclara
que les bois de haute-futaie ne seraient aliénés « sinon à faute

---

(1) Loyseau.

(2) La jurisprudence de la chambre des comptes admettait l'aliénation
des tabellionnages. Voir d'ailleurs l'ordonnance de 1598.

« qu'il ne se trouvast acquéreurs des autres parts et portions
« dudit domaine. »

L'ordonnance de 1669 (art. 5) fixe nettement le droit des engagistes, lorsqu'elle décide qu'ils ne peuvent disposer d'aucunes
futaies, arbres anciens et nouveaux ou baliveaux sur taillis, ni
de chablis, arbres de délits, amendes, restitutions et confiscations en provenant; mais que le tout demeurera réservé au profit
de Sa Majesté, et qu'ils ne pourront faire couper aucun arbre
pour entretien ou réparation des bâtiments dépendant du domaine, si ce n'est en vertu de lettres-patentes (V. arrêt du
24 mars 1725) (1).

Portugal (2) se demande si le donataire successeur de l'apanagé
peut se prévaloir d'une clause qui lui confère des droits égaux à
ceux de l'apanagé. Il résout la question contre le donataire. La
même maxime s'applique à l'engagiste. Mais Portugal admet un
tempérament : s'il est certain que le roi, de sa *certaine science*,
a voulu concéder à l'acquéreur une grâce nouvelle et spéciale,
in omnibus servabitur donatio. Je doute que le parlement et la
chambre des comptes eussent enregistré l'édit d'aliénation.

Nous avons à peu près décrit les droits de l'engagiste en énu-
mérant ceux que lui refusait notre ancienne législation. Résumons-nous. L'engagiste avait les droits seigneuriaux comme les
cens, rentes, loyers, fermages, etc.; les revenus annuels ou
casuels du domaine engagé; les amendes, deshérences, les
confiscations, les bâtardises; la faculté expresse ou tacite de
rentrer dans les terres, rentes et droits distraits du domaine
engagé, à moins qu'ils n'eussent fait l'objet d'un engagement
antérieur. L'engagiste jouit de tout ce qui s'ajoute naturellement
au domaine. Au contraire, quand l'acquisition provient du fait du
roi, l'engagiste n'en profite pas, puisqu'elle n'était pas comprise
dans le contrat d'engagement : quand l'acquisition provient du
fait de l'engagiste, et « qu'il l'a faite comme tout étranger l'au-
« rait pu faire, le roi n'en profite pas (3). »

Passons aux charges de l'engagiste.

Le roi doit savoir à quoi s'en tenir sur l'état et la consistance
des domaines engagés. Voilà un premier point hors de doute.

---

(1) V. Lefèvre de La Planche.
(2) III, 44.
(3) V. Lefèvre de La Planche, XII, 4.

Les engagistes seront donc tenus (1) de faire rédiger des procès-verbaux de l'état des lieux dépendant de l'engagement et de la visite des bois par les officiers des eaux et forests; en outre, ils fourniront aux greffes des trésoriers de France les états détaillés de la consistance et du revenu du domaine engagé. Mention sera faite du prix et de la date du contrat (arrêt du 19 septembre 1684). Les procureurs du roi près les bureaux des finances étaient chargés de l'exécution; mais il parait que ces dispositions ne furent guère appliquées, non plus que l'édit de 1701 et les arrêts conformes de 1710 et de 1712 qui obligeaient les receveurs généraux des domaines en chaque généralité de fournir tous les dix ans à la chambre des comptes un état de la consistance des domaines dans cette généralité.

En tout cas, aux termes du fameux arrêt de Rouen de 1505, que nous avons cité plus haut, les engagistes devaient tous les trois ans *certifier* la chambre des comptes de l'exécution des charges qui leur étaient imposées.

L'engagiste doit faire les réparations de toute nature, sinon il y sera contraint par la saisie de son revenu, et faute par lui d'y satisfaire dans les six mois de la saisie, une adjudication sera faite dans les bureaux des finances, et le prix des réparations avec les frais sera payé sur les revenus du domaine par préférence à toutes autres dettes.

L'engagiste doit-il payer les fiefs et aumônes? Affranchi de cette charge en 1643, il y est soumis de nouveau (arrêt de 1647, déclaration de 1659), et en est affranchi définitivement par un édit de 1705.

« Les engagistes doivent aussi les frais de justice, mais non
« pas indistinctement, et on trouve une exception à cette
« règle dans un arrêt du 16 juin 1699 qui, en les assujettissant
« aux frais faits par les prévôts pour capture et conduite de
« prisonniers, les affranchit de ceux faits pour faire juger leur
« compétence et pour l'instruction des procès des vagabonds et
« autres faits à leur juridiction, et c'est suivant ces distinctions
« qu'on doit entendre l'édit du mois d'octobre 1705... qui assu-
« jettit les engagistes au paiement des frais de justice (2). »

L'engagiste doit-il au roi la foi des domaines engagés? Doit-il

(1) Edit d'avril 1667.
(2) Lefèvre de la Planche.

lui payer les frais de mutation? Bacquet adopte la solution négative
dans ses *diverses questions sur les baux des boutiques du palais* :
— « Comme pareillement les terres féodales vendues par le roy
« à la faculté de réméré ne sont chargées de foy et hommage, et
« les acquéreurs d'icelles n'ont accoustumé d'entrer en foy... »
Bacquet, il est vrai, professe une opinion contraire dans son traité
des droits de justice. Des lettres-patentes du 2 août 1543, un
arrêt d'enregistrement du parlement de Grenoble, du 27 juillet
1638, se prononcent de même contre les engagistes. Mais si le
roi conserve la propriété et même la possession du domaine engagé, on ne peut pas lui faire rendre la foi de sa propre chose.
L'acheteur du domaine engagé est simplement subrogé à la jouissance des revenus du domaine. La question fut tranchée en
faveur des engagistes par un édit d'octobre 1706. Mais depuis ce
temps il intervint des arrêts dans un sens opposé, et l'annotateur
de Lefèvre de la Planche prétend qu'avant tout il faut voir là une
question de fait subordonnée à l'intention des parties.

V.

Il nous reste à parler de l'imprescriptibilité du domaine.

Chopin, qui ne manque jamais de remonter au temps les plus
reculés, énumère les diverses dispositions du droit domanial des
Lombards, du royaume de Sicile et du royaume de Hongrie. Mais
à ces prescriptions de soixante ou de cent années, il oppose avec
orgueil l'imprescriptibilité absolue du domaine de la couronne
en France. Son raisonnement est très-simple. Il faut approuver
tout ce qui tend à maintenir dans son intégrité le domaine royal;
la maxime de l'imprescriptibilité qui aboutit à ce résultat doit
donc être universellement approuvée.

Nous ne reproduirons pas les considérations verbeuses des
anciens publicistes sur la maxime de l'imprescriptibilité du domaine. Les économistes et les vrais jurisconsultes condamneront
l'imprescriptibilité. Mais c'est un corollaire du premier principe.

Distinguons trois époques : 1° avant 1539 ; 2° de 1539 à 1667;
3° depuis 1667.

Avant 1539 aucun texte formel ne proclame l'imprescriptibilité.
Mais il est évident que, même avant 1539, les droits de la sou-
-veraineté sont imprescriptibles en France. Les droits que le prince

peut seul exercer ne sauraient être prescrits acquisivement par un de ses sujets. Ce morcellement serait la ruine d'un état. Mais quels sont proprement les droits attachés à la souveraineté? C'est là une autre question qui ne saurait être résolue que par la constitution même du royaume. Les droits du prince ne sont pas les mêmes au moyen-âge et au XVIIᵉ siècle. Mais cette formule est rigoureusement exacte : un droit qui devient prescriptible cesse d'être un attribut de la souveraineté.

Un arrêt du parlement de Grenoble, de juin 1460, jugea que les acquéreurs prescrivaient par quarante ans contre le droit de lods et ventes. Un autre arrêt, de mai 1460, débouta le trésorier général de sa demande, quoiqu'il eût fait des proclamations pour avertir les débiteurs.

Louis XI, au contraire, soutint contre le duc de Bretagne qui avait usurpé plusieurs droits dépendant du domaine et qui prétendait les avoir prescrits, que le domaine royal était imprescriptible.

L'ordonnance de 1539 confirma cette prétention des rois de France.

Mais Bacquet traite avec la dernière légèreté l'ordonnance de 1539. Voici comment il s'exprime au chapitre VII de son *Traité du droit de déshérence*, après avoir cité plusieurs affaires où la prescription de cent ans fut admise : « De sorte que
« pour le jourd'hui il est certain que la possession immémoriale
« est reçeue contre le Roy en tous héritages et droicts domaniaux
« de la Couronne de France, nonobstant l'édit publié en la Cour du
« parlement de l'exprès commandement du roy François, premier
« du nom, le troisième juillet 1539, par lequel toute prescription
« même la centenaire est tolluë contre le roy, et ordonné qu'on
« ne pourra s'ayder d'aucune prescription, pour s'attribuer les
« droits et héritages appartenant à Sa Majesté, lequel édit n'a
« jamais été suivy, *neque in consulendo, neque in judicando*. Et
« quand un seigneur n'a titre valable pour se défendre contre
« un procureur du roy, des droits de justice, censive, péage et
« autres desquels il jouit, le plus seur est qu'il allègue possession
« centenaire et immémoriale, l'articule et vérifie bien duement :
« en ce faisant, il reculera bien fort un procureur du roy et le
« mènera bien loin de ses desseins. » Voilà l'effet du *très-exprès commandement*.

Bacquet, dans ce même chapitre, distingue :

1º Les droits attachés à la souveraineté qui sont absolument

imprescriptibles : (Prestation de foi et hommage, droit de natu-
raliser les étrangers, droit de battre monnaie, etc.)

2° Les droits domaniaux proprement dits « estant de l'ancien
« domaine de toute antiquité consacré à la couronne de France,
« ou bien anciennement ayant esté unis et incorporez au domaine
« d'icelle et les seigneuries, héritages échus au roy par succession
« ou tout autre mode d'acquisition et dont il a été fait recette
« *par plus de dix ans* en la Chambre des comptes. » Ici Bacquet
admet la prescription de cent ans.

3° Les biens ainsi acquis au Roi et dont il n'a pas été fait recette en la Chambre des comptes. « Plusieurs sont d'avis que la
« prescription de trente ans a lieu, attendu que le Roy les possède
« comme privé et particulier. »

4° Les terres acquises au roi à titre d'aubaine, bâtardise, déshérence ou confiscation. Selon quelques auteurs qui se fondent sur
un arrêt du 8 juin 1570, la prescription de vingt ans serait admise. Mais on faisait remarquer que la coutume de Paris exclut
la prescription de moins de quarante ans contre les privilégiés
et partant contre le fisc : « *Contra fiscum currit præscriptio XL*
« *annorum eo casu quo præscriptio X vel XX annorum currit*
« *contra privatum.* » C'est l'avis de Lebret. Bacquet dit au contraire : « Les biens tant meubles qu'immeubles qui adviennent
« au roy par confiscations, aubaines, bâtardises et déshérences
« qui sont biens casuels, du tout distincts et séparez des héri-
« tages domaniaux appartenant à Sa Majesté, se prescrivent
« par le temps de trente ans, trouvé par trois diverses consul-
« tations faites sur un même fait d'aubaine, avec les anciens et
« fameux avocats de la Cour. » Le raisonnement de Bacquet et
des partisans de ce dernier système est très-simple : les ordonnances n'ont pas établi de privilége à cet égard ; on retombe
sous l'empire du droit commun. Bacquet citait les textes du
Code et alléguait que la pétition d'hérédité ne se prescrivait que
par trente ans.

5° Les lods et ventes, quints et requints, achats, reliefs et
autres profits dus au roi à cause des ventes, aliénations et mutations des fiefs mouvans de sa couronne. Nous retombons sous
l'empire de la prescription centenaire : « Et ainsi est porté, dit
« Bacquet, par la nouvelle coutume de Paris, art. 12, nonobs-
« tant les remontrances lors faites... par le procureur du roy au
« Chastelet de Paris. »

Nous sommes loin, comme on le voit, de la maxime de l'imprescriptibilité. Voici la phrase de Loyseau dans ses *Institutes coutumières :* « Car contre le roy, n'y a prescription que de cent « ans, qui est ce qu'on dit communément, *qui a mangé l'oie du* « *roi cent ans après en rend la plume.* »

D'Argentré va plus loin ; après avoir dit que le patrimoine privé du roi est soumis aux prescriptions du droit commun, il déclare qu'on peut opposer au domaine de la couronne la prescription de quarante ans et réfute les partisans de la prescription centenaire.

Comment s'étonner de la résistance des auteurs et des parlements quand le prince dérogeait lui-même aux règles qu'il avait posées ? En 1539, François Ier proclame l'imprescriptibilité ; le Dauphiné réclame. En 1555, Henri II ordonne que tous les procès soient *jugés selon le droit et ainsi que par ci-devant.* C'était maintenir la prescription centenaire en Dauphiné.

Néanmoins, Godefroi, sur l'article 521 de la coutume de Normandie, déclare qu'en pareille matière, il faut se référer aux ordonnances et laisser de côté les coutumes particulières. Il cite l'ordonnance de 1539 et déclare qu'elle fait le droit commun du pays : « Et ne faut pas dire que l'ordonnance de François Ier n'a « jamais été pratiquée, vu qu'elle est répétée par celle de 1566 et « confirmée aux Etats de Blois de 1579. » Il invoque même à ce propos l'autorité de Thémistocle et de Caton le censeur.

Enfin Godefroi montre assez nettement qu'une fois que le domaine privé est entré par dix ans en ligne de recette à la chambre des comptes, il est assimilé par là même au domaine de la couronne et garanti de la même façon contre toute espèce de prescription.

L'opinion de Godefroy, partagée par d'autres auteurs, nous semble la plus conforme au texte des ordonnances. Mais remarquons bien qu'avant 1667, la maxime de l'imprescriptibilité rencontrait encore beaucoup d'adversaires.

L'édit de 1667 était formel. Il rallia les domanistes et les parlements. Les dispositions contraires des coutumes furent considérées comme abrogées. « C'est ce qui a été jugé dans la « coutume de Bourbonnais qui admet la prescription de cent ans, « par arrêt de la grande chambre du 22 juillet 1701. » (Lefèvre de la Planche, XII.)

Mais quand le domaine est-il imprescriptible ? Alors seulement qu'il est inaliénable, et cela est vrai même après 1667. C'est ainsi que les droits qui arrivent au roi, à titre d'aubaine, de bâtardise, déshérence, etc., restent prescriptibles. L'imprescriptibilité, en un mot, doit se restreindre aux biens réellement incorporés au domaine, aux termes de l'ordonnance de 1566.

Mais le domaine sorti des mains du roi conserve-t-il cette prérogative?

Non, en cas d'échange, puisque la terre donnée en échange perd le caractère domanial. Oui, quand le bien sorti des mains du roi garde le caractère domanial. Ainsi des droits de pêche ne peuvent se prescrire contre une église à qui le roi en a fait don : « Celui « qui opposerait la prescription à cette église n'en tirerait aucun « avantage, puisqu'il courrait le risque d'être évincé par le roi « qui est toujours fondé à rentrer dans un bien domanial de sa « nature (1). »

Supposons un bien qui fait partie du domaine sans être domanial par sa nature : le prince donne ce bien à l'Eglise. L'annotateur de Lefèvre de la Planche fait remarquer avec beaucoup de justesse que les biens ainsi donnés par le prince doivent, pour faire l'objet d'une donation régulière et légitime, être destinés à l'acquit d'un service public dû par l'Eglise; c'est donc moins une aliénation qu'une *destination*. La véritable propriété reste aux mains du prince sous la charge de l'emploi des fruits à l'usage prescrit. C'est donc encore un véritable domaine soustrait à toute prescription.

D'Argentré se demande par quel laps de temps se prescrit l'action de l'Etat contre un comptable reliquataire. Il ne voit pas là des actions domaniales proprement dites et les soumet à la prescription de vingt ans. Les héritiers du comptable pourraient même opposer la prescription décennale. D'Argentré s'appuie sur une réponse de Trajan à Pline le Jeune qui défend de poursuivre, après vingt ans, les magistrats municipaux pour malversations. Il cite un arrêt conforme du parlement de Rennes (12 mai 1610), confirmé neuf ans après par un arrêt du conseil d'Etat et des finances du 14 février 1619, au profit des héritiers d'un comptable décédé.

Enfin les fermiers des domaines n'ont qu'un temps fort court pour intenter leurs actions après l'expiration de leur bail. Les cens, rentes, droits seigneuriaux et autres pour lesquels ils n'auront pas obtenu condamnation sont perdus pour eux. Un arrêt de la

(1) Lefèvre de la Planche, XII, 7.

chambre des comptes de Nantes du 19 décembre 1645 les déclare forclos après la fin du bail. (Voir une sentence de la chambre du Trésor du 2 janvier 1680.) Quelques années après, un arrêt infirmatif d'une sentence du bureau des finances d'Amiens accordait un délai d'une année pour intenter l'action et obtenir condamnation, au mépris d'une ordonnance de 1681 qui déclarait les fermiers forclos au bout de *six mois*, s'il n'y avait demande, condamnation ou obligation précédente. Deux arrêts, l'un du 29 septembre 1699, l'autre du 22 août 1719, étendirent ce délai à trois ans. Un arrêt du 17 septembre 1720, qui fixa la jurisprudence, le réduisit à une seule année. Dans deux cas spéciaux seulement, la règle fut modifiée. Les fermiers eurent trois ans pour le recouvrement des amendes, six mois pour les droits de greffe (arrêts du 29 octobre et du 31 décembre 1720).

CHAPITRE IV.

COMPÉTENCE EN MATIÈRE D'ALIÉNATION DU DOMAINE DE LA COURONNE.

SOMMAIRE. — Compétence des cours des aides. — Compétence de la chambre des comptes. — Compétence des bureaux de finances et de la chambre du domaine. — Compétence du parlement de Paris.

Il importe de déterminer avec précision les attributions de la cour des aides, des bureaux des finances, de la chambre du trésor ou du domaine, de la chambre des comptes et du parlement en matière d'aliénation des biens et droits de la couronne.

Les cours des aides (1) ne devaient sous aucun prétexte s'attribuer la connaissance des procès relatifs au domaine corporel et aux propriétés foncières de la couronne. Mais elles connaissaient de l'exemption des tailles et autres impositions, qu'on pouvait considérer comme une véritable aliénation du domaine incorporel, et par conséquent de tous les privilèges accordés en matière d'impôts aux ecclésiastiques, officiers de la maison du roi, secrétaires du roi, etc. Elles jugeaient encore, en première instance et en dernier ressort, les difficultés qui naissaient des contrats passés avec les fermiers et les traitants.

(1) Il y avait cinq cours des aides : 1° à Paris; 2° à Bordeaux; 3° à Clermont; 4° à Aix; 5° à Grenoble.

Les neuf chambres des comptes du royaume (1) n'avaient pas toutes la même juridiction. Celle de Paris, seule, etait chargée de veiller à la conservation du domaine de la couronne. Elle connaissait, en conséquence, des dons et dépenses ordinaires ou extraordinaires du roi : elle entérinait les lettres de dons et pensions. Elle vérifiait les baux des fermes adjugés au conseil du roi, et toutes les lettres-patentes délivrées à toutes les catégories de comptables. Elle recevait « la foi et hommage » que rendaient les vassaux des principautés, duchés-pairies, marquisats, comtés, vicomtés, baronnies, châtellenies et autres fiefs immédiats du roi. Elle vérifiait les concessions d'apanages et les contrats de mariage des enfants de France. Enfin elle entérinait tous les édits sur le domaine, et vérifiait toutes les aliénations de biens domaniaux. Cette chambre, on le voit, n'avait pas d'attributions contentieuses.

Les procès du domaine étaient portés en premier ressort aux bureaux des finances et à la chambre du trésor. Il y avait, en France, 34 *généralités* ou circonscriptions financières, y compris celle de Paris : dans toutes ces généralités, un bureau spécial, indistinctement appelé bureau des finances ou bureau des trésoriers de France, jugeait les causes de cette nature. A Paris, ces attributions contentieuses furent déférées à une chambre spéciale : jusqu'à la fin du xve siècle, les trésoriers de France y avaient jugé comme ailleurs les procès du domaine : Charles viii, en 1496, créa la chambre du trésor, qui fut provisoirement chargée de juger ces procès dans tout le royaume, coneurremment avec les trésoriers de France ; François Ier, en février 1543, restreignit cette juridiction à la prévôté et vicomté de Paris, et aux bailliages de Senlis, Melun, Brie-Comte-Robert, Etampes, Dourdan, Mantes, Meulan, Beaumont-sur-Oise et Crépy-en-Valois. Louis XIV, en 1693, créa deux chambres distinctes dans l'ancienne chambre du trésor, la chambre du trésor proprement dite et la chambre du domaine. Désormais le corps des trésoriers de France était confondu avec la première chambre, jugeait certaines questions de voirie et de finances, enregistrait des lettres de noblesse, procédait à la réception des principaux officiers de finances nommés dans le ressort, etc. La seconde chambre ou chambre du do-

(1) Paris, Rouen, Dijon, Nantes, Montpellier, Grenoble, Aix, Pau, Blois.

maine jugeait en première instance les procès du domaine dans
l'étendue de la généralité de Paris. Elle enregistrait les brevets
de dons faits par le roi des droits d'aubaine, déshérence, confiscation, bâtardise. Enfin les baux et adjudications du domaine se
faisaient aussi devant elle.

Cette juridiction était encore chargée de rechercher les usurpations du domaine. Les vassaux du roi venaient devant elle,
après que la chambre des comptes avait reçu leur foi et hommage,
déclaraient le nombre et l'étendue des terres inféodées, les
charges et rentes dont elles étaient grevées et déposaient au
greffe la copie des actes de foi et hommage duement colla-
tionnée. Le procureur du roi près la chambre du trésor était
soumis à la surveillance du procureur-général près la chambre
des comptes ; le procureur du roi près la chambre du domaine
était soumis à la double surveillance du procureur-général près
la chambre des comptes et du procureur-général au parlement
de Paris.

C'est aux parlements, en effet, qu'étaient portés les appels de
la chambre du trésor et des bureaux des finances. Le roi plaidait
lui-même sa cause, par l'organe de son procureur-général, quand
les avocats des parties avaient été entendus. C'est pourquoi les
anciens jurisconsultes ont emphatiquement appelé le procureur-
général au parlement de Paris *le directeur de la chose publique, le
défenseur du domaine, le conservateur de la décoration du trône, l'appui et le fondement de la colonne de l'empire français.* Le parlement
de Paris, seul, connaissait en outre en première instance « des
droits des terres qui sont tenues en apanage de la couronne » et des
exemptions de régale ; enfin comme les questions de compétence
n'étaient pas tranchées avec une précision parfaite sous l'ancien
régime, il arrivait souvent que de grands procès entre le domaine
et les particuliers étaient *de plano* portés à la grand'chambre,
soit que des pairs y fussent intéressés, soit que l'importance de
la cause déterminât le procureur-général à saisir directement la
plus haute juridiction du royaume. C'était, en effet, une vieille
maxime que le parlement de Paris pouvait connaître en première
instance « de toutes les causes auxquelles M. le procureur-géné-
« ral est partie pour les droits du roi. » Mais il est facile de voir
que la rigoureuse application de cette maxime eût érigé le parlement de Paris en juge unique de tous les procès du domaine.

CHAPITRE V.

DE L'ALIÉNATION ET DE LA PRESCRIPTION DES BIENS

DES COMMUNES ET DES ÉTABLISSEMENTS PUBLICS

AVANT 1789.

SOMMAIRE. — La commune n'est jamais morte en France. — Textes. — Type méridional : les communes de Provence. — Type septentrional : Rheims. — Contrat de prêt (1315). — Accord avec les maîtres des comptes sur les frais du sacre (1317). — Transaction entre la ville, représentée par les échevins et le couvent de Saint-Nicaise (1319, 1321, 1322). — Du droit de l'échevinage sur la fortune municipale. — Comptes de léproserie. — Comptes de l'échevinage. — L'échevinage traitant avec l'archevêque sur la jouissance des biens communaux et le gouvernement de la léproserie. — Chartreries. — Des revenus de la cité. — Le pouvoir central a-t-il le droit de contrôler l'emploi des deniers municipaux? — Deniers patrimoniaux. — Questions d'échange. — Résumé. — Courtes réflexions sur la commune d'Amiens. — Textes de Beaumanoir. — Texte de la somme rurale. — Beaumanoir, Balde et Domat sur la minorité des communes. — Établissement universel de la tutelle royale. — Remontrances d'une cour des aides au dernier siècle. — Antagonisme des édits de 1667 et de 1669. — Edit de 1683. — Dernier état de la législation. — Les biens patrimoniaux des communes sont-ils inaliénables? — Discussion. — Juste cause d'aliéner. — Prescriptibilité des biens patrimoniaux. — D'Argentré sur le domaine public communal. — Des biens communaux proprement dits. —

Biens de main-morte. — Chopin et l'article 79 de l'édit de 1576. —
Assimilation des biens de l'Eglise et des biens des établissements publics dans le premier état de la législation. — Nuances nécessaires.
— Privilége accordé en 1656 à l'hôpital-général de Paris. — Déclaration de 1698. — Déclaration de 1762. — Le droit commun dans une
ordonnance de l'impératrice Marie-Thérèse. — Formalités de l'aliénation. Causes de rescision. — Difficultés sur l'aliénation des biens acquis
sans lettres-patentes. — L'édit de 1780 bouleverse la législation des
établissements de bienfaisance.

L'Etat, personne fictive, abstraction pure, n'existe pas au début
de notre histoire, à l'époque où Clovis promène ses tribus à travers la Gaule. Les Carlovingiens empruntent bien quelques théories
administratives aux souvenirs du vieil empire d'Occident : mais
ils ne cherchent pas dans le droit romain l'idée, longtemps
vivace, de la personnalité de l'Etat. Qu'est-ce enfin que l'Etat
sous les Capétiens? Le duc de France est propriétaire de son duché,
plus tard d'un second duché, plus tard d'un troisième, à la fin
de tout le territoire qui va du Rhin jusqu'à l'Océan. L'idée même
de l'Etat germe à peine dans les écrits de quelques publicistes.
L'Etat, c'est moi, dit le roi de France. Quel est donc le chef d'é-
chevinage qui osa jamais dire en France : c'est moi qui suis la
commune? C'est que la conquête n'avait pas balayé cet autre
souvenir. Quand l'idée de la grande association s'effaçait, l'idée
de l'association locale vivait encore dans les âmes des bourgeois
de la Gaule. La commune n'est jamais morte en France : elle a
toujours conservé son patrimoine en conservant sa personnalité,
non-seulement dans les provinces méridionales où plusieurs
villes n'ont pas cessé d'avoir un droit municipal précis, sorti de
la législation romaine, mais dans les provinces du nord : là, les
traditions, comprimées en apparence sous la servitude germanique, se perpétuèrent dans l'ombre et ressaisirent leur place au
grand jour par l'irrésistible explosion de l'insurrection communale.
Quel sens aurait ce capitulaire de l'an 802? « Si les hommes
« libres qui habitent auprès des lieux maritimes, avertis par un
« message de venir au secours, négligent leur devoir, que cha-
« cun d'eux paie une amende de vingt sols, la moitié au fisc, la
« moitié au peuple. » Le fisc d'un côté, la commune de l'autre.
Que signifierait ce capitulaire de l'empereur Lothaire, en 824 ?
« Si une église est construite en quelque lieu où elle soit néces-

14

« saire, les hommes libres, qui doivent entendre l'office divin, la
« doteront de douze arpents de terre et de deux serfs, afin que le
« prêtre puisse trouver sa subsistance. » Le capitulaire ajoute :
« *Quod si populus facere noluerit, destruatur.* » Mais ce peuple,
dit très-bien un moderne, ne peut fournir à la dotation de l'église
qu'en délibérant et en s'imposant des contributions, en achetant
un terrain et des esclaves, en faisant un acte de donation en
faveur de l'église... Le patrimoine de la commune est retrouvé.

La commune peut donc aliéner : on prescrit contre elle. Je n'en
veux d'autre preuve que ce texte cité par Ménard dans son histoire de Nîmes : « L'aleu que les hommes de ville-luc vendirent aux
« hommes de ville-quart... » Voilà pour les biens patrimoniaux.

L'existence des biens communaux proprement dits n'est pas
moins incontestable. On lit dans une formule de Lindemborg un
acte de transmission des biens, *cum terris, silvis, campis, pratis,
pascuis, communiis nec non et mancipiis*. Ces communaux, dit Raynouard, indiquent le droit que l'acquéreur obtenait de participer
aux avantages qui compétaient à sa propriété nouvelle sur les biens
communaux où ordinairement les troupeaux paissaient, où les
propriétaires coupaient du bois, etc., etc.

Dans un acte de vente de l'an 877, on trouve l'expression *cen-
terius communalis*, sentier communal.

Enfin je lis dans Raynouard : « Le comte Geoffroy fit, en 1055,
« une donation d'une propriété à laquelle l'acte indique pour con-
« fins les vignes du fief communal d'Arles, et c'est le comte,
« le prince lui-même qui reconnaît l'existence de ce fief com-
« munal. » A la fin du même siècle, les fils de Geoffroy, vicomte
de Marseille, font une vente à l'universalité des citoyens de Marseille, *civium massiliensium universitati*. Si Marseille acquiert,
Marseille aliène. Nous savons même comment Marseille peut
aliéner, car nous trouvons en Provence un *fief communal*.

Pour s'initier à la vie municipale, il serait inutile de chercher
des documents généraux avant le seizième siècle : il faut descendre au sein de la commune et l'interroger elle-même. Nous
étudierons donc successivement deux types : nous irons chercher le premier dans un pays de droit écrit, en Provence, le
second dans un pays de droit coutumier, en Champagne.

Les biens des communes, en Provence, n'ont pas cessé d'être
aliénables conformément au titre du code *de vendendis rebus civitatis*, c'est-à-dire aux enchères. Le simple accensement des biens
d'une commune pour dix ans était regardé comme une aliénation et

annulé, s'il était fait sans enchères (1). Des arrêts du parlement de Provence des 23 novembre 1640, 19 avril 1652, 18 novembre 1665, 27 janvier 1667, réglant des difficultés soulevées à l'occasion des enchères, décidaient qu'on « recevrait les nouvelles offres en « la vente des biens des communautés, après la délivrance et « le contrat passé, quand il y avait nullité aux enchères et con- « trats, et avantage pour les communautés. » En 1780, la cour des aides, séant à Aix, fit un règlement préparatoire pour coordonner et fixer d'une manière définitive les formalités préparatoires des baux à ferme des communautés. Quand il s'agissait d'aliéner le bien patrimonial d'une commune, le *conseil général de tout le peuple*, c'est-à-dire les chefs de famille, se réunissait d'abord, dès les premiers temps de notre histoire, sans autorisation, plus tard avec autorisation du parlement ou de la cour des aides pour en délibérer. La minorité opposante, dans la première période de cette législation, pouvait déférer l'affaire à la cour souveraine qui la tranchait conformément à l'intérêt de la commune. Dans la seconde période (2), l'arrêt qui autorisait la délibération autorisait par là même l'aliénation (3).

Nous chercherons notre second type dans les archives administratives de Reims. Ici la voie n'est pas frayée; et comme les règles d'ensemble manquent complètement, la personnalité de la commune est bien plus difficile à ressaisir. Nous allons reconstruire l'édifice en réunissant quelques documents épars.

Le 6 septembre 1315, Louis, roi de France, envoie des lettres par lesquelles « Il confesse avoir reçu de prest, des échevins et « citoyens du ban de l'archevêque de Rheims, la somme de deux « mil livres parisis. • Les lettres de Louis X nous apprennent que les villes peuvent prêter au roi.

Le 25 avril 1317, une commission du roi Philippe vient contraindre « les clercs et marchands pour contribuer aux frais de la « cloture de la ville. » Le roi se mêle des finances de la ville et de la répartition des charges communales. C'est une habitude qui commence avec les successeurs de saint Louis et qui va toujours en se fortifiant.

(1) Arrêt du parlement de Provence du 28 septembre 1675.
(2) Vers le milieu du xviii° siècle. V. arrêt de la cour des aides de Provence, du 5 mars 1755.
(3) Cf. Bérard des Glajeux, p. 254 et 255.

Le 24 octobre 1317, intervient un accord entre les échevins et les maîtres des comptes du roi, sur les frais du sacre. Les questions litigieuses que soulevaient les prêts faits au roi et les aliénations imposées à la ville étaient portées devant la chambre des comptes.

En 1319, le parlement fut saisi d'un procès sur une question de propriété entre la ville et le couvent de Saint-Nicaise. Tout fut terminé par une transaction : le droit qu'ont les échevins de transiger est écrit dans ce texte.

En 1321, un arrêt donne aux échevins les biens *que leur disputait l'archevêque*. Cette fois encore, les échevins représentent la commune dans une question de propriété. La même année intervint une transaction des échevins avec le chapitre, à l'occasion des barrières que le chapitre avait placées devant son cloître pour en interdire l'accès.

Il est question dans une commission du roi Charles IV, en avril 1322, d'un passage communal sur un certain pré. Le roi maintient les échevins dans le droit et la possession de ce passage.

Mais si les échevins représentaient la ville, quant à l'administration et à l'aliénation de son patrimoine, ce pouvoir n'était pas sans contrôle au sein de la commune. Nous trouvons dans les archives administratives, à la date du 18 mai 1322, une réclamation des habitants contre les échevins qui ont trop payé pour les frais du sacre. Le droit municipal de l'ancienne France n'exclut donc pas ces contestations entre les représentants de la commune et la commune souveraine. Du reste, une déclaration royale du même temps semble accorder à l'échevinage le pouvoir le plus absolu sur la fortune municipale. « Seront taillez (les « bourgeois) et imposez par les échevins de Rheims. »

En 1333, le roi mande à ses commissaires de ne pas faire attention à l'opposition de certains bourgeois sur le prêt exigé « pour garnir la main du roi. » Il paraît que les bourgeois délibéraient sur ces sortes d'actes ; que leur consentement n'était pas une affaire de forme, et que le roi se réservait le droit de briser toute opposition.

En 1336, nous trouvons les premiers comptes de léproserie rendus à l'échevinage. Cette pièce est fort curieuse. Voilà, en effet, un établissement public qui n'est pas un établissement religieux, qui dépend de la commune et qui lui rend ses comptes ! Cet établissement a son domaine particulier, régi comme le patrimoine communal! Les recettes sont ainsi divisées dans le compte : *Recettes en deniers à Rheims. Recettes en deniers hors Rheims. Recettes en nature hors Rheims.* Dans ces recettes se trouvent les revenus et fermages des maisons, terres, etc., données à bail par les échevins. L'année suivante, l'échevinage lui-même rend ses comptes. A qui? C'est ce qu'il est difficile de savoir. Mais ce qu'on peut constater dans les pièces, c'est la régularité de cette antique comptabilité communale, l'existence de pièces justificatives, la preuve *par lettres* de recettes et de dépenses.

Plus nous avançons, plus l'intervention royale dans le maniement des deniers communaux devient active. Nous allons voir le roi Philippe VI organisant lui-même le mode de gestion des deniers municipaux. En septembre 1341, voici des lettres du roi Philippe à qui les habitants de Rheims ont accordé un droit sur les denrées vendues dans la ville et qui à son tour abandonne aux habitants le quart de la somme qu'ils lui ont octroyée. « Et « est nostre entente que le quart denier dessus dit, les dits bour- « geois et habitants convertissent à maintenir la forteresse, les « ponts et la deffense de la dicte ville. »

En 1342, « un accord fut passé par monseigneur l'archevêque « avec les échevins, pour les herbages des marez et pasturages « du gouvernement de Saint-Ladre, et autres.... » Voici donc *l'échevinage* traitant avec *l'archevêque* : 1° Sur la jouissance des biens communaux : il est décidé que ces herbes appartiendront aux habitants ; 2° Sur le gouvernement de la léproserie. L'administration de la léproserie reste définitivement acquise à l'échevinage. On conçoit que les villes ne devaient pas facilement obtenir un pareil droit. En 1343, le droit de *herber et cueillir herbes* fut contesté encore une fois à la commune. Il fut décidé que l'archevêque n'avait aucun droit sur les chemins communaux.

A cette époque les archives administratives font mention des chartreries. Il y avait un corps de vingt-quatre administrateurs, gouvernant les biens et revenus qui appartenaient aux pauvres des douze paroisses de la ville de Rheims. Les biens de ces chartreries consistaient en terres, maisons, censives, cens et rentes. Ces administrateurs étaient appelés chartriers. Il y en avait deux choisis par les paroissiens dans chacune des paroisses de la ville. Ils avaient seuls l'administration de ces héritages et en convertissaient les revenus en pains et en lard qu'ils distribuaient chacun aux pauvres de leur paroisse. Nul doute qu'ils n'eussent aussi le pouvoir d'aliéner dans les cas urgents. « Ces « vingt-quatre chartriers formaient un corps de communauté. » Voilà donc *un corps de communauté*, au sein de la commune, indépendant de l'archevêque, ayant son existence propre et son gouvernement particulier. Le fait devait se reproduire dans d'autres villes du royaume.

Le 8 janvier 1356, nous trouvons « une commission au bailli « de Vermandois, pour forcer à s'acquitter de leurs devoirs les « répartiteurs d'une taille levée afin de couvrir un *emprunt* fait « par les échevins. » Cet emprunt avait été employé *tam in stipendiis quam equis, armaturis et aliis rebus necessariis gentibus armorum, sine stipendiis.*

La même année, les archives administratives nous offrent « une « main-courante, tenue par le clerc de l'échevinage, du compte « des chaussées, que rendent les échevins greffiers et gouver- « neurs des chaussées à leurs compagnons échevins. » Ce compte, fort curieux, nous montre que les routes, ou du moins un cer- tain nombre de routes, étaient à la charge de la commune; qu'on tenait une comptabilité régulière des dépenses qu'exigeait leur entretien, et que les comptes se rendaient dans le sein même de l'échevinage.

Le 18 août 1361, intervint un accord entre les échevins et un bourgeois, héritier de sommes prêtées à l'échevinage : « Lidit « eschevins croiront le dit Jehan, ou le porteur des lectres à faire « sur le dit accord, par son serment; et en cas que lidit eschevins « seroient défaillants de païer, comme dit est, que jà n'avengne, « que le dit Jehans puist chascun empétrer executoire comme « d'arrest freschement donné en parlement, sans lesdits esche- « vins estre receus en opposicion. » Les échevins 1° transigent sur une question de propriété; 2° s'engagent à croire la partie adverse sur son serment; 3° accordent par la seule force de la convention une sorte de titre exécutoire contre l'échevinage.

Les revenus de la cité sont, en petit, ce qu'étaient ceux de la monarchie, et se divisent en deux branches : 1° Ils proviennent du domaine et se nomment alors patrimoniaux; 2° ils sont ali- mentés par l'impôt direct ou indirect.

Il résulte des nombreux documents épars dans les archives administratives et législatives de la ville de Rheims que jamais le conseil de ville ne reconnut au pouvoir central le droit de contrôler l'emploi des deniers patrimoniaux; mais d'autre part les délégués du pouvoir central n'admirent pas cette prétention du conseil de ville.

Cependant la cité, plus indépendante dans l'emploi des deniers patrimoniaux, cherche toujours à en accroître l'importance. C'est ainsi qu'elle rangea parmi les deniers patrimoniaux une partie des octrois. Les rois eux-mêmes favorisèrent quelquefois cette prétention. Aussi, sous l'ancienne monarchie, les comptes des deniers patrimoniaux et d'une partie des octrois se trouvent-ils presque toujours confondus dans la comptabilité de la ville de Rheims. L'arrêt du 15 janvier 1689, qui supprima l'octroi des farines, rendit perpétuel celui des bois et des foins, ou du moins en subordonna l'existence à la volonté du conseil de ville qui, loin de l'abolir, en disposa comme de ses deniers publics et patrimoniaux.

Mais à dater de 1773, la centralisation devint complète, et les deniers patrimoniaux furent eux-mêmes soumis au contrôle de la Chambre des comptes.

Du reste, aucun doute ne saurait s'élever sur la nature et l'existence des véritables deniers patrimoniaux. A l'article *recettes extraordinaires* du compte de l'année 1431, nous trouvons le revenu d'une petite maison de Rheims, achetée par la ville et louée à son bénéfice. Dans le compte des années 1434 et 1435, cette maison est échangée contre une grange avec cour dans une autre rue. L'échange s'était fait par le ministère du prévôt de Rheims, il y avait eu soulte et le prévôt avait prélevé un certain droit.

Le 18 avril 1525, un édit supprima les assemblées générales et concentra le pouvoir dans le « conseil ordinaire. » Mais Bidet fait remarquer dans son histoire de l'échevinage « que les habi-
« tants, en donnant tous les ans plein pouvoir aux lieutenants
« et gens du conseil de régir et manier toutes les affaires de la
« ville, ne leur communiquent ce caractère que pour la simple
« administration et nullement pour la disposition du fond et de la
« propriété de leurs droits patrimoniaux, dont les officiers mu-
« nicipaux ne peuvent absolument pas disposer à leur insçu et
« sans leur consentement, et ainsy que tout ce qu'ils entrepren-
« nent à cet égard sans eux, comme il est arrivé en 1639 et 1670,
« est nul de plein droit. »

Cette dernière assertion me paraît un peu hardie en présence du règlement de février 1633 qui ne laisse figurer que les notables sur les listes électorales. « Or, on entend par ce terme notable ,

« dit Bidet, tous ceux qui sont compris au rôle de la taxe des
« pauvres, n'y aiant que ceux qui n'y sont point cotisés qui n'y
« ont point de voix, ni active, ni passive, suivant qu'il a été
« arrêté et réglé au conseil de ville par une conclusion du 7 dé-
« cembre 1628. » Il nous parait difficile d'admettre ce contrôle
suprême de gens qu'on prive de leurs droits politiques. Des habitants qui ne sont pas même électeurs ne peuvent pas intervenir
dans l'administration quand les pouvoirs du conseil de ville sont
insuffisants. Il s'agit plutôt d'une convocation des notables.

J'en ai fini avec la ville de Rheims; j'ai tâché d'y retrouver:

1° La personnalité de la commune.

2° L'existence d'un patrimoine communal.

3° La faculté d'aliéner par échange ou autrement et à ce propos:
A. Un certain pouvoir des échevins et plus tard du conseil de
ville. — B. Un conseil supérieur résidant au moins dans le corps
des notables. — C. L'intervention du pouvoir central. — D. Des
règles de comptabilité.

4° L'existence d'établissements, indépendants de l'église et
possédant un patrimoine assujetti aux mêmes règles d'organisation et de comptabilité que le patrimoine de la commune.

On peut encore étudier avec fruit les vieilles chartes des villes
du nord, par exemple, celle d'Amiens. Parmi les quatre officiers
comptables de la ville, nous trouvons un *payeur des présents et
rentes à vie*. Ce fonctionnaire avait un rôle très-important: il avait
mission de distribuer les présents de vin faits par la ville. On a
dressé un tableau fort curieux, contenant, mois par mois,
l'énumération des causes de ces distributions quotidiennes. On
faisait ces donations au bailli pendant la tenue des assises, au
maire d'Amiens, à certaines corporations; parfois, à titre de pi-
tance, aux ordres mendiants; à titre de récompense, aux personnes qui avaient travaillé à éteindre un incendie; aux jeunes
gens qui s'étaient distingués dans une joute; enfin à celui qui
annonçait une bonne nouvelle, par exemple, l'extinction d'une
rente viagère payée par la ville.

M. Bouthors a montré, avec son talent ordinaire, comment les
rentes viagères étaient une des ressources de la commune dans
les moments de crise. S'agit-il de réaliser un emprunt forcé? La
ville affecte une portion de ses revenus au paiement de rentes
viagères qu'elle constitue au profit des prêteurs. Les acheteurs
se présentaient en foule. L'échevinage délibérait, prenait en grande
considération l'âge ou les infirmités, et se déterminait d'après les

chances d'extinction. Voici une délibération du 5 août 1415. « Sur
« ce que Philippe Lemaire, receveur de la baillie d'Amiens, re-
« quérait que, à Colin Lefebvre, son neveu, fut accordé à vendre,
« à la vie dudit Colin, 40 livres des 300 livres de rente à vie
« dernièrement ottroiées à vendre par le roi notre sire sur la
« dite ville. Délibéré a esté, considéré le jeune âge du dit Colin,
« et qu'il y a personnes assez plus agées de lui qui le requièrent,
« que la dite rente sera accordée à la personne plus âgée que lui,
« et non audit Colin. » Les rentiers à vie pouvaient transporter
leurs titres de créance. La commune avait le droit d'éteindre la
dette en remboursant à l'acquéreur le prix de la rente; mais elle
était privée de l'exercice de ce droit dès qu'elle avait payé un
terme d'arrérages (1). Les porteurs de rentes à vie avaient pour
principale obligée la commune, et pour caution chacun de ses
membres : « Ainsi, les rentiers domiciliés hors d'Amiens, pour
» être payés de leurs arrérages, faisaient quelquefois pratiquer
« des saisies sur les marchandises que les habitants colportaient
« dans les villes voisines; non pas que ceux-ci fussent person-
« nellement leurs débiteurs, mais parce que la saisie était un
« moyen de forcer la commune à éteindre la dette pour dégager la
« marchandise. Le payeur des présents était le payeur des rentes. »
   Beaumanoir (2), seul au moyen-âge, semble poser quelques
principes en matière d'aliénation du domaine municipal.
   Il déclare que l'aliénation d'un bien communal ne serait pas
valable, *s'il n'était vendu par l'accord de la commune, laquelle
chose ne serait pas légière à faire.* Henrion de Pansey cite encore
ce passage : « Se li maire ou li juris qui ont les besognes à gou-
« verner fesaient fraude ou malice, pourquoi la ville fut deshé-
« ritée ou endettée, et ils en auraient fait leur proffit malicieuse-
« ment, en tel cas seront tenus à restorer le dommage à la ville,
« et s'ils n'avaient pas vaillant, ils ne devraient pas la chose
« tenir qui mauvaisement et malicieusement fut faite.» Beaumanoir
suppose que le maire ou les échevins ont vendu un bien de la
commune, mais avec fraude ou malice : deux intérêts, en définitive, sont en présence, celui de la commune et celui des tiers;
maintenir le contrat, indemniser la commune, voilà bien le

---

(1) Edit du 13 novembre 1315, de Louis X.

(2) Coutume de Beauvoisis. Ces principes, bien entendu, ne doivent
pas être uniformément appliqués à toute la France.

meilleur parti. Mais s'ils *n'avaient pas vaillant*, ces échevins
débiteurs d'une indemnité, l'intérêt de la commune prévaudra :
le marché ne tiendra pas. Mais les tiers sont peut-être aussi de
mauvaise foi? « Si on peut savoir qu'ils sont compagnons de ma-
» lice, dit Beaumanoir, ils doivent être compagnons de rendre
« le dommage. »

Mais il ne faudrait pas conclure de ces textes que nulle intervention supérieure ne restreignit l'indépendance de la commune
dans les actes de la vie civile : « Chacun sire, dit Beaumanoir,
« qui a bonne ville dessous li, és quelle il a quémune, doit savoir
« l'état de la ville et comment elle est démenée et gouvernée par
« leurs mayeurs et par cheux qui sont établis pour la garder et
« memburnir... Se il advient qu'une ville de quémune doit plus
« qu'elle n'a vaillant... peuvent-ils avoir départ par le seigneur
« souverain pour que la ville ne se dépièche et défasse du tout,
« et ne pourquant ce ils ont tant vaillant qu'ils puissent tenir
« leurs convenanches, lesquelles sont à tenir sans que la ville
« soit toute dégâtée, ils doivent être contraints à ce faire. » Voilà
donc les communes expressément placées sous la garde du seigneur souverain, sans lequel elles ne pourront transformer leur
patrimoine dans les temps de crise financière.

On peut voir par un texte de la Somme rurale (1) où l'on en
était arrivé du temps de Charles VI : « S'il est aucun qui achète
« aucune chose, supposez que à celui titre d'achat il eût acquis
« prescription de longtemps, si l'achat n'est trouvé trop légitime
« et droiturier, et que ce ait été converti en très-grands profits
« de la communauté, que si autres officiers viennent après ; et ils
« peuvent montrer que ce a été fait à moins de profit pour les
« susdits ou que pour le présent ce seroit profit à la communauté
« de ravoir leur chose, ravoir la doivent : car *commune a toujours*
« *restitution... quiconque achète de commune bien se garde...* si
« aura la commune, s'il n'était confirmé du prince souverain. »
Ainsi, d'après ce texte, la confirmation du prince souverain,
c'est-à-dire du haut baron investi de la puissance civile comme
de la puissance militaire et jugeant en dernier ressort, est nécessaire à la régularité de l'aliénation. Mais remarquons bien
cette autre règle : « la commune a toujours restitution. » Qu'une
irrégularité dans le contrat, une lésion très-grave entraîne cette

(1) Titre 47.

restitution, on peut le concevoir; mais que ce seul motif : la résiliation est avantageuse à la commune, entraîne la résiliation, parce que « pour le présent ce leur serait profit de ravoir leurs « choses, » quelle étrange législation! La source de cette erreur juridique et politique était dans cette vieille phraséologie qui assimilait les communes aux mineurs : « Aucunes fois, avait « déjà dit Beaumanoir, l'on secour les bonnes villes de quémunes « en aucun cas comme l'enfant sous âgé. » Balde, à la fin du XIVe siècle, en assimilant les communes aux mineurs, faisait remarquer que cette assimilation n'était pas une fiction, puisque la commune renfermait dans son sein des mineurs égaux en droit au reste des habitants. Domat en donne une raison meilleure : « Une communauté, même laïque, n'a point le droit « d'engager ses fonds, soit qu'elle s'oblige en corps, soit qu'elle « contracte par son syndic, parce que *le bien appartient à ceux* « *qui composeront par la suite la communauté*, auxquels on ne « peut faire préjudice. Cette règle ne souffre d'exception que « dans le cas où l'obligation a été contractée pour le bien de la « communauté avec la permission du supérieur ou du juge. » Henrion de Pansey résume ainsi cette idée : « Les biens commu- « naux sont grevés d'une substitution perpétuelle. »

Cependant le titre 47 de la Somme rurale consacre le droit des hauts barons. Ce droit était sans doute plus précis au temps de Charles VI qu'au XIIIe et au XIVe siècles. Mais il allait désormais s'affaiblir devant le pouvoir toujours croissant du roi. La substitution de la tutelle royale à la tutelle des seigneurs s'opéra d'abord isolément et partiellement : ce fut ensuite le droit commun. Mais à quelle époque? Vers l'an 1640, d'après Henrion de Pansey. Ce fut seulement à cette époque, en effet, que Richelieu consomma la ruine de l'aristocratie.

L'article 284 de l'ordonnance de mai 1579 ordonnait déjà aux procureurs du roi d'informer contre ceux qui avaient séduit ou forcé des communes pour les amener à des aliénations, déclarant « dès à présent telles soumissions, compromis, transactions « ou sentences arbitrales ainsi faites, de nul effet. » L'article 206 de l'ordonnance de janvier 1629 défendit aux seigneurs gentilshommes d'usurper les coutumes des villages et de les appliquer à leur profit, de les vendre, engager ou bailler à cens... « et si « aucunes ont été usurpées, seront incontinent restituées. » Mais ces textes excipent de la fraude ou de la violence et non du défaut d'autorisation.

Henri IV, en mars 1601, avait permis aux communautés d'habitants de rentrer dans les biens qu'elles avaient aliénés à la suite des troubles du xvie siècle : les communes avaient un délai de quatre ans et devaient rembourser le prix d'acquisition. La déclaration du 22 juin 1659 permit aux communautés de Champagne et de Picardie de rentrer, sans aucune formalité de justice, dans les biens communaux aliénés depuis vingt ans, pour quelque cause que ce fût, à la charge de rembourser en dix annuités le prix principal des aliénations faites pour cause légitime. Merlin cite à ce propos un arrêt du 23 novembre 1660 qui autorise la communauté d'Egly, en Champagne, à rentrer dans les héritages aliénés et ordonne à l'acquéreur de retirer, dans les trois semaines, les matériaux des bâtiments construits sur ces héritages, si mieux il n'aimait céder aux habitants trois fois autant d'héritages de pareille valeur : l'acquéreur avait huit jours pour opter. Mais ce qui doit surtout attirer notre attention, c'est le préambule de la déclaration : « Plusieurs communautés.... ont été portées à « vendre et à aliéner à des personnes puissantes, comme sei- « gneurs des lieux, juges, magistrats ou principaux habitants des « villes, leurs biens, usages, bois et communaux, *ce qu'il ne leur* « *était pas loisible de faire sans notre permission et décret de* « *justice.* » Ces derniers mots, qui donnent la formule de la tutelle administrative au milieu du xviie siècle, supposent, comme le montre très-bien M. Bérard des Glajeux, en l'absence d'un texte législatif, une jurisprudence établie et qu'on peut faire remonter au moins à l'année 1640, ce qui nous ramène à la théorie d'Henrion de Pansey.

La tutelle administrative, définitivement acquise à la royauté, s'appesantit à ce point sous les règnes de Louis XIV et de Louis XV, qu'une cour des aides, au dernier siècle, fit monter jusqu'au trône les remontrances suivantes : « Depuis que des « ministres puissants se sont fait un principe politique de ne « point laisser convoquer d'assemblées nationales, on en est « venu, de conséquences en conséquences, jusqu'à déclarer nulles « les délibérations des habitants d'un village, quand elles ne « sont pas autorisées par l'intendant, en sorte que si cette com- « munauté a une dépense à faire, il faut prendre l'attache du « subdélégué de l'intendant ; par conséquent, suivre le plan « qu'il a adopté, employer les ouvriers qu'il favorise, les payer « suivant son arbitraire ; et si la communauté a un procès à « soutenir, il faut aussi qu'elle se fasse autoriser par l'intendant.

« Il faut que la cause soit plaidée.à ce premier tribunal avant
« d'être portée devant la justice ; et si l'avis de l'intendant est
« contraire aux habitants, ou si leur adversaire a du crédit à
« l'intendance, la communauté est déchue de la faculté de
« défendre ses droits. Voilà, sire, par quels moyens on a travaillé
« à étouffer, en France, tout esprit municipal, et éteindre, si
« on le pouvait, jusqu'aux sentiments de citoyen. On a, pour
« ainsi dire, *interdit* la nation entière et on lui a donné des
« tuteurs (1) ».

(1) Ces remontrances sont citées par M. Edouard Laboulaye dans son
histoire politique des Etats-Unis.

Il n'est pas hors de propos de rappeler ici des lettres fort curieuses
« de validation de contrats de vente pour l'hôtel de ville de Paris, » du
4 novembre 1684, des 7 et 17 avril 1685 et du 2 août 1686. Voici les lettres de 1684 :

· « Le roi ayant, par les arrests de son conseil, des 7 juin 1670 et 11
« mars 1671 et lettres patentes du mois de juillet 1676, ordonné au pré-
« vost des marchands et eschevins de sa bonne ville de Paris de former
« les remparts de la dite ville de Paris, depuis la porte Saint-Antoine jus-
« ques vers celle de Saint-Honoré, et d'y planter des arbres pour y faire
« un cours tant pour la décoration de la dite ville, que pour procurer des
« promenades aux bourgeois et habitants d'icelle, ils auraient avec beau-
« coup de soin et de dépense formé les dits remparts et porté le dit cours
« jusqu'à la porte Sainte-Anne, dite Poissonnière, ayant, à cet effet,
« fait démolir l'ancienne porte du Temple pour la faire construire de
« neuf au delà du dit cours, et ayant, sa dite Majesté, esté informé par
« les dits prévost des marchands et eschevins, que pour donner une en-
« tière perfection aux dits ouvrages, suivant le plan qui en avait été levé
« par ses ordres, et dont elle aurait ordonné l'exécution par les dites
« lettres-patentes et arrests, il convenait réduire et aplanir plusieurs
« buttes de terre en plusieurs endroits et environs du dit cours, qui ser-
« viraient à remplir les dits marais et trous étant le long d'iceluy et de
« faire acquisition de plusieurs maisons qui se rencontraient dans l'ali-
« gnement du dit cours qui devaient être démolies et de quelques terres
« et marais nécessaires pour former iceluy ; ce qui devait coûter des
« sommes considérables. Et qu'il y avait le long du dit cours depuis la
« porte Saint-Antoine jusques où il doit être porté suivant le dit plan,
« quelques places vaines et vagues, en buttes, marais et fossés, même
« quelques masures de maisons de peu de valeur construites sur les
« dits remparts et ès environs d'iceluy, dont on pourrait disposer et en

L'édit de 1667 étendit à toutes les communes du royaume la mesure réparatrice que la déclaration de 1659 avait appliquée à la Picardie et à la Champagne. Colbert s'était ému du fâcheux état de la propriété communale : « J'ai appris, lui écrivait un de ses délégués » en 1665, l'appréhension qu'ont les paysans des gentilshommes « ou des officiers des villes, lesquels jouissent presque de tous » leurs usages, et quelques autres usuriers auxquels les pauvres » communautés sont engagées, qui ont eu l'adresse de prêter de « l'argent aux principaux en leur particulier, ont intimidé ces » pauvres gens par la crainte de leur autorité et par les menaces « qu'ils font à leurs débiteurs de les faire périr en prison... » L'édit de 1667 accuse hautement les seigneurs et les officiers municipaux d'avoir impudemment dépouillé les communes ; il rend donc à celles-ci tous les biens usurpés, en annulant les ventes

« tirer quelqu'avantage : Ouy le rapport du sieur Lepelletier, conseiller « ordinaire au conseil royal, contrôleur général des finances : Sa Majesté « en son conseil, *a ordonné et ordonne* que les dits prévost des marchands « et eschevins de la ville de Paris *fassent construire de neuf* ladite porte « du Temple, suivant et conformément au plan qui en a été dressé ; et, « à cet effet, Sa Majesté leur permet de prendre les maisons, terres, « marais et héritages qui se trouveront dans l'étendue de la dite porte, « ou le long du cours qui doit être construit en tout ou partie, en remboursant les propriétaires d'iceux et pour leur donner moyen de subvenir aux dépenses à faire pour raison de ce, Sa Majesté leur permet « de *vendre et disposer* des places vaines et vagues, fossés, marais, « petites maisons et édifices qui se trouvent depuis la porte Saint-Antoine jusqu'à celle Saint-Martin, que la dite ville avait cy devant donné « par baux emphytéotiques ou autrement, en remboursant néanmoins « les détempteurs d'iceux, qui justifieront par quittance avoir payé quelques sommes à Sa Majesté pour jouir en propriété des dits héritages, « à la charge d'employer les deniers qui proviendront des dites ventes, « tant à la construction de la nouvelle porte du Temple qu'au dédommagement des dits propriétaires desdites maisons et héritages qui seront pris pour former les dits remparts, cours et autres ouvrages qu'il « conviendra faire pour les construire. Et sera le présent arrest exécuté, nonobstant oppositions ou appellations quelconques, dont si « aucunes interviennent, Sa Majesté s'en réserve et à son conseil la « connaissance, et icelles interdites à toutes ses cours et juges. »

Ces lettres peuvent donner une idée de la tutelle administrative à la fin du XVIIe siècle.

ou prétendues aliénations qui avaient eu lieu depuis 1620 : il annule enfin le droit de triage, en vertu duquel les seigneurs se faisaient attribuer le tiers des biens dont les communes avaient la jouissance usagère. Nul doute que la noblesse, frappée dans ses plus chères prérogatives, n'ait sur-le-champ tout mis en œuvre pour renverser la loi nouvelle. Un arrêt du conseil, en date du 14 juillet 1667, défend presque aussitôt aux habitants de se mettre en possession des anciens domaines municipaux avant d'avoir obtenu l'autorisation des commissaires royaux : c'est peut-être un moyen de suspendre l'exécution de l'édit. Mais le revirement apparait dans tout son jour en 1669 : l'ordonnance des eaux et forêts permet aux seigneurs d'exercer le triage sur leurs concessions gratuites et attribue aux communes la pleine propriété des biens acquis par elles à titre onéreux, *à la charge* de justifier d'un acte d'acquisition ou d'une prestation quelconque. On a fait très-justement remarquer (1) l'étonnant contraste qu'offrent ces deux mesures à deux ans de distance. Mais l'aristocratie expirante se débattait en vain contre l'ascendant toujours croissant du pouvoir royal.

Cependant l'édit de 1667 parait avoir fixé la législation sur les autres points : l'édit de 1683 qui établissait en quelque sorte le budget des communes ne fit que développer la première pensée de Colbert, en consacrant la souveraine tutelle de la royauté. Résumons ce dernier état de la législation :

Biens patrimoniaux. Ils ne sont pas inaliénables. Une phrase de Domat a induit en erreur quelques publicistes : « Comme ces « communautés sont perpétuelles et se conservent toujours pour « le bien public, leurs biens et leurs droits qui les font subsister « doivent toujours demeurer au corps, et c'est ce qui rend ces « biens et ces droits *inaliénables.* » Cela signifie que la commune, à elle seule et de son chef, ne peut aliéner ses biens patrimoniaux. L'ordonnance de 1667, en prohibant les aliénations à peine de nullité des contrats, de perte du prix pour les acquéreurs et de trois mille livres d'amende contre les administrateurs, réservait au pouvoir central la faculté d'accorder des *permissions spéciales.* L'édit de 1683 s'exprimait, il est vrai, de la façon suivante : « Défendons expressément aux habitants desdites villes

(1) V. l'excellent article de M. Le Berquier dans la *Revue des Deux-Mondes* du 15 janvier 1859.

« et gros bourgs fermés de faire aucune vente ni aliénation de
« leurs biens patrimoniaux, communaux et d'octroi. » Mais l'édit
voulait empêcher les communes obérées de vendre leurs immeubles pour acquitter leurs dettes, et ne posait pas un principe
d'inaliénabilité absolue. L'imprescriptibilité eût découlé de l'inaliénabilité, et pas un texte ne consacre le principe d'imprescriptibilité au profit du patrimoine communal. Un arrêt du parlement
de Paris, du 24 juillet 1779, confirmatif d'une sentence du bail-
lage de Châlons, du 23 décembre 1774, déclara les habitants de
Juvigny non recevables dans leur prétention de rentrer en possession de sept fauchées de pré, aliénées pour mille vingt-cinq
livres, par contrat du 7 février 1623. Cet arrêt n'accorde aux
communes, comme on le voit, ni le bénéfice de l'inaliénabilité ni
celui de l'imprescriptibilité. L'aliénation et la transaction qui équivaut à une aliénation se faisaient donc après l'enregistrement
de lettres-patentes au tribunal supérieur dans le ressort duquel
était située la commune. Un arrêt du parlement de Flandre, du
27 janvier 1698, annule une transaction faite par une commune
pour défaut d'autorisation. Le président Wimantz rapporte deux
arrêts semblables du conseil du Brabant, qui sont mentionnés
par Merlin dans ses *questions de droit*.

Mais les biens patrimoniaux de la commune ne peuvent être
aliénés sans juste cause. Quelle sera cette juste cause? D'abord,
la commune ne peut aliéner ses immeubles à titre gratuit : *dona-
re est perdere*. L'échange est permis, s'il est avantageux. La
transaction est permise, quand elle est manifestement équitable.
« Quant à l'aliénation par vente, dit Henrion de Pansey, elle
« n'est licite et ne repose sur une juste cause que lorsqu'elle
« profite généralement à tous les habitants de la commune, et
« qu'elle est de nature à porter son influence sur les générations
« les plus reculées. » Dès-lors nous comprendrons facilement les
dispositions restrictives de l'ordonnance de 1669. Aux termes de
l'article 2, le quart des bois communaux doit être mis en réserve pour croître en futaie. L'article 8 met les quarts en réserve
sous la main du gouvernement et défend aux maires, syndics, etc.,
de faire aucune coupe du quart de réserve, et aux officiers des
maîtrises de permettre ces coupes, à peine de deux mille livres
d'amende contre les premiers et de la perte des offices contre
les seconds. Cependant, en cas d'incendie ou de ruine des édifices publics, les habitants pourront s'adresser au gouvernement
qui autorisera les coupes en connaissance de cause. Le législateur

s'occupe ensuite des coupes ordinaires, en détermine le mode et le nombre et règlemente même la situation des ouvriers. L'article 11 déclare que les bois ainsi coupés seront partagés suivant la coutume. D'après l'article 12, ces coupes ordinaires, au lieu d'être partagées entre les habitants, peuvent être vendues pour le plus grand avantage des communes, mais avec l'autorisation du grand-maître des eaux et forêts, et sous la condition que les deniers provenant de la vente seront exclusivement employés aux réparations extraordinaires et aux affaires urgentes.

Les biens patrimoniaux étaient-ils prescriptibles par quarante années dans les pays où la coutume prorogeait de dix ans pour « les personnes privilégiées » le délai ordinaire de la prescription? D'Argentré prétend qu'il n'y a pas de règle générale à poser en cette matière, parce que tout dépend des priviléges locaux accordés par le prince. Néanmoins il enseigne que les biens des communes se prescrivent par *quarante ans*, de droit commun; mais que les termes de l'article 266 de la Coutume de Bretagne lui paraissent absolus et que l'acquéreur sera approprié « par tenue notoire de « quinze ans prouvant le titre. » D'Argentré distinguait très-bien, du reste, entre le domaine public communal, imprescriptible par sa nature, et le domaine privé de la commune. Une question s'était élevée : Le propriétaire voisin d'un chemin communal peut-il, si la commune ne réclame pas et s'il laisse aux passants un espace suffisant, prescrire la propriété d'une partie de ce chemin? D'Argentré semblait adopter la solution négative. On s'était encore demandé si le principe de l'imprescriptibilité du domaine public communal était opposable au roi : sur ce point, la solution des jurisconsultes n'était pas très-claire.

Biens communaux proprement dits. Leur inaliénabilité n'existait pas en droit, mais en fait. « Henrys, dit Brillon (1), tient « qu'on ne peut changer des bois et pâturages communs. Usages « et pâtis des communes ne peuvent être saisis réellement pour « dettes de leur communauté. » Les communes avaient souvent un droit d'usage sur les bois de l'Etat ou des particuliers. Pouvaient-elles aliéner ce droit? Coquille répondait négativement et déclarait ces usages *réels et perpétuels.* Les communaux étaient également considérés, en principe, comme impartageables.

(1) V°. Communaux.

Cependant un édit de juin 1762 permit, dans la province des Trois-Evêchés, le partage des communaux entre les ménages existants et par portions égales tirées au sort : mais ces parts devaient être individuelles, inaliénables, héréditaires seulement en ligne directe. Les parts vacantes devaient passer aux plus anciens habitants de la commune, mariés, et qui n'en auraient pas encore. Un édit de 1774 étendit ces dispositions aux communes du duché de Bourgogne, du Mâconnais, de l'Auxerrois, du pays de Gex et Bugey. Des arrêts du conseil de 1771, 1773 et 1777 permirent aux communes des généralités d'Auch et de Pau de partager également leurs marais, landes et autres terrains, entre leurs membres respectifs, ménage par ménage, mais à la charge d'une redevance envers la commune. Des lettres-patentes de 1777 reproduisirent à peu près pour la Flandre les dispositions de l'édit de 1774. Enfin des lettres-patentes du 13 novembre 1779 autorisèrent le partage des communaux, dans la province d'Artois, entre tous les chefs de famille de chaque lieu, mariés ou célibataires. Ces mesures nombreuses, en moins de vingt ans, avaient peut-être été dictées par un esprit de réforme aventureuse : cependant la royauté avait eu la prudence de ne pas procéder par voie de disposition générale.

Nous allons exposer brièvement les règles principales sur l'aliénation des biens des gens de main-morte. On appelle gens de main-morte les corps et les établissements publics dont l'existence se perpétue par la subrogation toujours successive des personnes qui les composent ou les administrent (1).

Les lois sur l'aliénation des biens d'église sont étendues aux monastères et hôpitaux, même aux confréries, dit Chopin. En effet, l'article 79 de l'édit de Blois de 1576, au chapitre des Universités, s'exprime en ces termes : « Si aucunes choses ont été « vendues, échangées, copermutées, engagées, hypothéquées ou « autrement aliénées sans autorité de justice, et les solennités « en tel cas requises et accoutumées en aliénations de biens ec- « clésiastiques et communautés, non observées ne gardées, seront « telles venditions et aliénations révoquées, cassées et annulées. » Nous avons longuement traité, dans un livre spécial, de l'alié-

(1) Définition de Merlin.

nation des biens de l'Eglise. Il faut ici seulement substituer, pour les établissements publics, au consentement du chapitre, celui des *supérieurs, sénieurs, maîtres* et *principaux*; pour les fabriques, celui d'une assemblée générale de la paroisse et de l'évêque : mais le concours du roi fut bientôt indispensable : « En France, « dit Fleury (1), il faut l'autorité du roi, parce qu'il est le protec-« teur des églises du royaume et le conservateur des biens du « royaume. »

L'hôpital général de Paris, par un édit d'avril 1656 (article 46), reçut le privilége spécial d'échanger, vendre ou aliéner par ses directeurs, sans en rendre compte à personne, tous les biens dont il voudrait se débarrasser. Cet édit ne fut pas abrogé par la déclaration du 12 décembre 1698 qui vint bouleverser la législation des hôpitaux. Ces établissements durent être administrés par un bureau ordinaire de direction et des assemblées générales. Ce bureau se composait du premier officier de la justice du lieu, du procureur du roi, de l'un des échevins, consuls ou autres et du curé. Les assemblées générales étaient composées, outre le bureau ordinaire, des anciens directeurs de l'hôpital et des autres habitants qui avaient droit de se trouver aux assemblées de la communauté du lieu. La présidence de l'un et de l'autre conseil appartenait à l'évêque. D'après l'article 12, les baux ne pouvaient être faits que dans le bureau de la direction des biens et aux enchères. D'après l'article 14, il ne pouvait être fait ni emprunt ni acquisition sans une délibération préalable de l'assemblée générale. La déclaration se taisait sur les aliénations; M. Bérard des Glajeux pense qu'elles étaient interdites dans la pensée des rédacteurs, et cette opinion nous semble plausible.

Une déclaration du 20 juillet 1762 consacra le droit des gens de main-morte de donner, avec les formalités requises, leurs biens à bail emphytéotique, à cens, à rente perpétuelle, et leur permit de céder le retrait féodal ou censuel, pourvu que la cession fût faite à des gens de main-morte. Cette déclaration présuppose, chez les gens de main-morte, la faculté d'aliéner. Il faut, en effet, chercher le droit commun de cette époque dans une ordonnance de Marie-Thérèse, en date du 15 juillet 1753, faite seulement pour la Lorraine, et dont les dispositions s'appliquaient en fait, non-seulement au ressort du parlement de

---

(1) Institutes du droit canon. Partie 2, ch. 12.

Nancy, mais à toute la France. L'impératrice y réitérait (article 19) toute défense d'aliéner les biens amortis ; mais en cas d'évidente nécessité, l'aliénation pourrait être autorisée par lettres-patentes. Rousseaud de Lacombe énumère ainsi les formalités : information *de commodo et incommodo* à la requête du procureur du roi ; homologation de la vente par-devant le juge royal, et pour les aliénations importantes, lettres-patentes enregistrées dans les cours, sur procès-verbal *de commodo et incommodo* fait à la requête du procureur-général. Les ventes pouvaient être annulées pour inobservation des formalités et pour cause de lésion. D'après quelques auteurs cités par Rousseaud de Lacombe, la jurisprudence du parlement de Paris maintenait les aliénations irrégulières s'il n'y avait eu lésion notable.

L'aliénation que les gens de main-morte peuvent faire des biens acquis par eux sans lettres-patentes forme-t-elle une fin de non-recevoir contre les revendications des héritiers ou des seigneurs ? Quand le tiers acquéreur a possédé pendant un temps suffisant pour mener à la prescription, ce tiers acquéreur est à l'abri de toute éviction, mais voici la difficulté telle que la pose Merlin : « Lorsque les gens de main-morte sur qui on revendique « un bien acquis par eux sans lettres-patentes d'octroi, se trou- « vent l'avoir aliéné, doit-on considérer ce bien comme existant « encore en leur possession, en sorte que, si le tiers acquéreur « n'a pas prescrit, ils soient obligés de le retirer de ses mains « pour le restituer en nature, et qu'en cas de prescription de la « part de ce tiers acquéreur, ils soient au moins tenus d'en four- « nir la valeur sur le pied de l'estimation qui en serait faite s'ils « le possédaient encore et qu'un obstacle invincible s'opposât à « la restitution ? »

Distinguons trois époques : Aliénations faites avant le 1er janvier 1681. Aliénations faites avant le 1er octobre 1738. Aliénations faites après le 1er octobre 1738.

La déclaration de 1738 avait un effet rétroactif ; mais cet effet rétroactif s'arrêtait au 1er janvier 1681. Or, à cette époque, la jurisprudence était formelle : loin d'interdire aux gens de main-morte l'aliénation des biens qu'ils avaient acquis sans lettres d'octroi, elle leur en faisait une obligation personnelle et expresse. Dès-lors ils étaient à l'abri de toute poursuite.

Cette jurisprudence change en 1738. La déclaration du 9 juillet, enregistrée le 1er octobre, assure un droit aux héritiers et aux seigneurs des vendeurs ou donataires sur les biens possédés illégalement par les gens de main-morte; elle regarde ce droit comme sacré; le ministère public n'est autorisé à faire vendre ces biens qu'après avoir fixé un délai aux parents et aux seigneurs pour revendiquer. La déclaration de 1738 lie les mains aux gens de main-morte, comme dit Merlin : il n'est plus en leur pouvoir d'aliéner au préjudice de ceux qui pourraient réclamer par la suite. L'article 26 de la déclaration de 1738 décide que toutes les aliénations postérieures au 1er janvier 1681 doivent être assimilées aux aliénations postérieures au 1er octobre 1738. Un arrêt du 1er septembre 1750, un second du 23 avril 1768, un troisième du 11 mai 1776 se conforment à la lettre de la loi.

Merlin se demande si la raison ne peut rien opposer à de pareilles décisions. « Depuis 1681, comme auparavant, dit-il, la « jurisprudence de tous les tribunaux permettait, ordonnait « même, à tous les corps de main-morte qui acquéraient ou re- « cevaient des immeubles sans la permission du prince de les « mettre hors de leurs mains.... Comment concevoir après cela « qu'ils aient agi frauduleusement? » Merlin attaque donc l'interprétation habituelle de l'article 26 de la déclaration. « Les gens « de main-morte qui n'ont pas été inquiétés avant le 1er octobre « 1738, peuvent dans l'année obtenir du roi des lettres-patentes « de confirmation! Leur position est donc bien préférable à celle « des acquéreurs postérieurs à 1738! D'ailleurs rien ne saurait « ébranler l'autorité de la maxime : *Bonæ fidei possessor est qui* « *qui auctore judice compararit.* » Enfin cette seconde solution est celle de deux arrêts du 9 juillet 1739 et du 29 juillet 1775.

Un édit enregistré au parlement le 14 janvier 1780 modifia singulièrement les dispositions antérieures sur l'aliénation des biens des hôpitaux. Le roi, dans un long préambule, déclare que le mauvais état de la fortune des hôpitaux l'engage à prendre des mesures énergiques. Le moyen le plus sûr et le plus court de remédier à ces maux est dans l'abrogation du vieux système de prohibition. L'article premier autorise tous les hôpitaux du royaume, sans distinction, à procéder à mesure d'occasions favorables et par voie d'enchères publiques à la vente de leurs immeubles. Le produit de ces ventes doit être appliqué par préférence au remboursement des dettes des hôpitaux ou en nouvelles constructions de lieux claustraux autorisés par le roi. Quant au reste du produit, les administrateurs peuvent le placer suivant les règles de l'édit de 1749 ou le verser dans la caisse générale des domaines. Dans ce dernier cas, il sera passé, au profit de l'hôpital, par les commissaires du conseil du roi, un contrat de constitution de rente. Les arrérages sont fixés à cinq pour cent sans retenue. Tous les vingt-cinq ans, il sera passé un nouveau contrat au profit de l'hôpital et dans les mêmes termes, mais avec l'accroissement d'un dixième en capital et arrérages sur les capitaux et arrérages primitifs (art. 2 et 3), et cela, disait le préambule, pour prévenir toutes les objections relatives à la dépréciation du numéraire, ensemble pour dédommager les établissements de bienfaisance des chances de plus-value de leurs immeubles, sur lesquelles ils auraient pu compter.

Nous retrouverons à quatre-vingts ans de distance une circulaire ministérielle qui reproduit assez fidèlement ces dispositions, et nous apprécierons alors la portée de semblables mesures. Cette fois, du moins, l'édit avait son prétexte et son excuse dans les terribles embarras de finances qui assaillirent la monarchie mourante et hâtèrent la chute de nos institutions.

LIVRE QUATRIÈME.

DROIT INTERMÉDIAIRE.

CHAPITRE I.

CONSTITUTION ET DÉLIMITATION

DU DOMAINE PUBLIC.

SOMMAIRE. — Sens de ces mots « droit intermédiaire » dans les questions de droit public. — Loi du 1er décembre 1790 et rapport d'Enjubault. — Loi du 11 nivôse an II.

Ces mots « droit intermédiaire » n'ont pas le même sens dans les livres de droit civil et dans les livres de droit public. L'extrême mobilité de nos institutions politiques ne permet pas au jurisconsulte, dans ces dernières matières, de faire une halte à la promulgation du Code Napoléon. Cette remarque convient surtout au sujet qui nous occupe. La révolution française bouleversa notre législation domaniale : elle y introduisit de nouveaux principes qu'elle ne cessa d'appliquer avec violence : elle enfanta par là des réformes salutaires et de grands malheurs. La trace de ces malheurs n'était pas encore effacée, quand le premier Empire succomba. D'autre part, cette fraction qu'on détachait du domaine national pour l'affecter au Prince, et qu'on appela le domaine de la Couronne, eut à subir des destins divers, chaque fois qu'une révolution modifia le pacte constitutionnel. Il arrive donc que, sur plusieurs points, la période du droit intermédiaire s'arrête seulement au règne de Napoléon III.

Il y a des biens que la nation possède comme un simple particulier. D'autres biens de l'État, au contraire, ne sont pas suscep-

tibles d'appropriation privée. Ceux-là doivent être classés à part. Ils ont reçu la dénomination de biens du domaine public. L'assemblée constituante, qui posait volontiers des principes, énumère et distingue les diverses branches du domaine national dans la loi du 1er décembre 1790. « Le domaine national propre-
« ment dit s'entend de toutes les propriétés foncières et de tous
« les droits réels ou mixtes qui appartiennent à la nation, soit
« qu'elle en ait la possession et la jouissance actuelles, soit qu'elle
« ait seulement le droit d'y rentrer par voie de rachat, droit de
« reversion ou autrement (article 1). » « Les chemins publics, les
« rues et places des villes, les fleuves et rivières navigables, les
« rivages, lais et relais de mer, les ports, les havres, les rades, etc.,
« et en général toutes les portions du territoire national qui ne
« sont pas susceptibles d'une propriété privée sont considérées
« comme des dépendances du domaine public (article 2). »

Le Comité des domaines classait donc à part ces portions du territoire national qui ne peuvent pas être l'objet d'une propriété privée. Ecoutons Enjubault : « Ce domaine éminent, qui ne dif-
« fère de la puissance publique que comme la cause diffère de
« son effet, assure à la nation la propriété directe de toutes les
« portions de ce territoire qui, par leur nature ou leur destination,
« ne peuvent appartenir à personne en particulier. » M. Laferrière fait ressortir de cette distinction deux conséquences importantes :
1° Le droit de l'Etat sur le domaine public s'exerce par un pouvoir d'administration et de surveillance : mais tout autre est son droit sur le domaine privé : sa gestion est celle qui tient au titre de propriété ; 2° chaque chose qui fait partie du domaine public est hors du commerce et imprescriptible, chaque chose qui fait partie du domaine de l'Etat est aliénable est prescriptible.

L'article 3 de la loi du 1er décembre 1790 est ainsi conçu :
« Tous les biens et effets, meubles et immeubles, demeurés va-
« cants et sans maître, et ceux des personnes qui décèdent sans
« héritiers légitimes ou dont les successions sont abandonnées,
« appartiennent à la nation. » Voilà bien la contre-partie de l'article 2. Ces mots « appartiennent à la nation » font antithèse aux expressions « sont considérés comme des dépendances du
« domaine public. » Le Comité des domaines l'entendait bien ainsi : « Les grands chemins, disait-il, les fleuves, les rivages de
« la mer sont d'une première classe ; les biens vacants et les
« successions délaissées faute d'hoirs sont compris dans la se-
« conde. »

L'article 5 de la loi portait que les murs et les fortifications des villes entretenus par l'Etat et utiles à sa défense faisaient partie des domaines nationaux. Il en était de même des anciens murs, fossés et remparts des villes qui n'étaient point places fortes ; mais les villes et communautés qui en avaient la jouissance actuelle y étaient maintenues, si elles étaient fondées en titres ou si leur possession remontait à plus de dix ans ; quant à celles dont la possession aurait été troublée ou interrompue depuis quarante ans, elles y devaient être rétablies. Il est facile d'apercevoir dans ces dispositions le germe des articles 540 et 541 du Code Napoléon.

Enfin, la loi s'exprimait ainsi dans ses articles 9 et 10 : « Les « droits utiles et honorifiques ci-devant appelés *régaliéns*, et « notamment ceux qui participent à la nature de l'impôt, « comme droits d'aides et autres y joints, contrôle, insinuation, « centième denier, droit de nomination et de casualité des of- « fices, amendes, confiscations, greffes, sceaux, et tous autres « droits semblables, ne sont point communicables ni cessibles ; « et toutes concessions de droits de ce genre, à quelque titre « qu'elles aient été faites, sont nulles, et en tout cas révoquées « par le présent décret » (article 9). « Les droits utiles, men- « tionnés en l'article précédent, seront, à l'instant de la publi « cation du présent décret, réunis aux finances nationales... » (article 10). Le Comité des domaines avait vu avec surprise que ces droits n'eussent pas été mieux respectés que le domaine corporel lui-même. Mais ce système bizarre allait cesser désormais, et les droits nés de la souveraineté ne pourraient plus être séparés de la souveraineté.

Cependant une erreur s'était glissée dans l'œuvre de la Constituante, lorsqu'elle avait placé les lais et relais de la mer parmi les dépendances du domaine public. Le 11 nivôse an II, la Convention, considérant que les lais et relais de la mer faisaient partie des propriétés nationales, dans lesquelles les communes n'avaient aucun droit de s'immiscer, annulait toute entreprise ou partage qui pouvait avoir été fait par les habitants de Quent, Saint-Quentin et Saint-Firmin, « des terrains renclos provenant « des lais et relais de la mer, » et maintenait provisoirement les *concessionnaires et fermiers* de ces biens dans leur ancienne jouissance. On voit que les lais et relais de la mer font partie du domaine privé.

CHAPITRE II.

BIENS DE LA COURONNE.

APANAGES, MAJORATS ET FIEFS IMPÉRIAUX.

SOMMAIRE. — Domaine de la couronne sous Louis XVI. — Le principe de dévolution devant l'Assemblée constituante. — Liste civile. — Apanages de Monsieur, du comte d'Artois et du duc d'Orléans. — Conséquences de la destruction du pouvoir monarchique par la Convention. — Lois de circonstance. — Réaction du 9 thermidor. — Lois du Directoire. — Domaine de la couronne sous Napoléon Ier. — Sénatus-consulte du 28 floréal an XII. — Le principe de dévolution est écarté. — Domaine de la couronne. — Domaine privé. — Douaire de l'impératrice. — Apanages. — Domaine extraordinaire. — Loi du 1er floréal an XI. — Arrêté du 12 prairial an XI. — Féodalité impériale. — Duchés grands-fiefs. — Majorats de propre mouvement. — Opinion de M. Thiers. — Sénatus-consulte du 30 janvier 1810. — Décrets complétant ou modifiant la législation des majorats. — Destinées du domaine extraordinaire en 1814 et en 1815. — Liquidation du domaine extraordinaire sous la Restauration. — Loi du 12 mai 1835 sur les majorats. — Pourquoi la République elle-même a respecté les majorats de propre mouvement? — Domaine de la couronne sous la Restauration. — Loi du 8 novembre 1814. — Loi du 15 janvier 1825. — Apanage de la famille d'Orléans. — Expulsion des Bourbons. — Donation du 7 août 1830 et sort de cette donation. — Décret du 22 janvier 1852. — Les questions de droit public qui se rattachent à la formation d'un domaine de la couronne sont pour la première fois sérieusement examinées par les mandataires du pays. — Discussion de 1832 à la chambre des députés. — Liste civile de Louis-Philippe. — Décrets du gouvernement provisoire. — Lois du 25 octobre 1848 et du 4 février 1850.

La confusion cessait entre l'Etat et la personne du prince. Le roi n'était plus qu'un fonctionnaire, la nation ressaisissait elle-même tout l'ancien domaine de la couronne. Mais il devenait indispensable d'allouer un domaine spécial au prince, pour l'aider à subvenir aux charges de la royauté. La constitution d'un domaine de la couronne était donc inhérente au maintien du pouvoir monarchique.

Sous l'ancien régime, deux systèmes avaient partagé les publicistes. Existait-il un domaine privé distinct du domaine public de la couronne? Nous pensons que la réponse n'était pas douteuse au xvie siècle : le domaine privé se distinguait du domaine public de la couronne. Mais après que le parlement de Paris, séant à Tours, eut refusé d'obéir aux lettres de jussion qui lui furent adressées par Henri IV, en date des 8 avril et 29 mai 1591, la solution n'est plus aussi claire. On parle beaucoup du *saint et politique mariage de nos rois avec la couronne.* Delaguesle écrit que le domaine public attire le domaine particulier, et qu'il se fait un mélange indissoluble du tout. Cependant les Etats-généraux disparaissent, les Parlements sont comprimés, la monarchie devient chaque jour plus absolue : un publiciste avance que, *comme tout ce qui est à l'Etat est censé appartenir au roi*, tout ce qui appartient au roi est censé appartenir à l'Etat. Lefèvre de la Planche déclare « que toute distinction entre le domaine public « et le domaine privé est inconnue aujourd'hui. » Néanmoins la controverse avait duré jusque dans la seconde moitié du xviiie siècle. Nous avons, du reste, donné notre avis au livre précédent et cité sur ce point un texte concluant de François de Paule Lagarde. Enjubault se trompait donc, quand, dans son rapport à la Constituante, il représentait la réunion forcée comme *une émanation, une suite naturelle de nos lois féodales.* L'antique distinction, la distinction des temps féodaux ne s'altère qu'à la dernière époque de la monarchie : l'idée de la toute puissance royale acheva de persuader la majorité des publicistes. Ce qu'on ne saurait nier, c'est que le prince était propriétaire de l'un et de l'autre domaine, et que les deniers de l'Etat se confondaient avec ses propres deniers. Le roi ne songeait même pas à défendre qu'on portât en recette à la chambre des comptes les biens qu'il possédait comme particulier. Dix ans passés, le mélange était irrévocable.

Mais il s'agissait de retirer le domaine de l'Etat des mains du roi. La Constituante va créer une *liste civile*. Que deviendra le principe de l'union expresse ou tacite ? « L'abolition du système « féodal, disait Enjubault, obligera l'assemblée nationale de « consacrer cette réunion, pour l'avenir, par un décret formel. »

Lorsque le Comité des domaines voulut proposer la vente des biens de l'Etat, il se demanda si les immeubles que possédait Louis XVI à son avènement devaient être compris dans cette vente. Le Comité répondit affirmativement. L'union, expresse ou tacite, s'était opérée : la dévolution fut consacrée pour le passé. Restait l'avenir. La Constituante se demanda si le principe de *l'union forcée* s'appliquerait aux biens acquis par Louis XVI pendant son règne : « Votre comité, dit Enjubault, plein de respect « pour le grand principe de l'union domaniale, n'a cependant « cru devoir le consacrer qu'avec une exception que la rigueur « de la loi semble réprouver; *mais il a cédé à l'empire des circons-* « *tances*. Il a pensé que, si un monarque dispensateur absolu « des deniers publics, était dans l'impossibilité d'acquérir pour « lui-même, *l'admission de la liste civile pouvait aujourd'hui faire* « *fléchir le principe* et suspendre momentanément l'effet de la « réunion. Il a même cru qu'un *monarque économe* pourrait user « de cette faculté à l'avantage de ses puinés. »

Nous allons donc voir sur le trône de France un *monarque économe* qui pourra songer à l'avenir de ses enfants. Le roi sera prié d'indiquer les domaines qui lui conviennent pour sa jouissance (15 août 1790). Les actions relatives aux domaines nationaux dont le roi a la jouissance seront intentées et soutenues par l'intendant de la liste civile, ou par celui que désignera le roi, à la charge de notifier la contestation au Directoire du département lorsqu'elle intéressera la propriété. En ce cas, le procès ne pourra être intenté et jugé qu'en la présence du procureur-général syndic, qui sera tenu d'intervenir à la diligence du procureur syndic du district (4 mai 1791). Il sera payé par le trésor public une somme de vingt-cinq millions pour la dépense du roi et de sa maison. Cette somme sera versée, chaque année, en douze paiements égaux, aux mains du roi, sans anticipation ni retard. Grâce à ce paiement annuel, la nation ne sera tenue d'aucune

dette contractée par le roi en son nom. Les rois ne seront tenus
en aucun cas des dettes de leurs prédécesseurs. La dépense du
garde-meuble sera entièrement à la charge de la liste civile. Le
douaire de la reine est fixé à quatre millions, payables de mois
en mois. Le Louvre, les Tuileries, un certain nombre de parcs
et de châteaux sont réservés au roi. Le roi en percevra les revenus,
en acquittera les contributions, et fera les frais des réparations.
Les bois et forêts dont la jouissance est réservée au roi seront
exploités suivant l'ordre des coupes et des aménagements existants, ou de ceux qui y seront substitués dans les formes
déterminées par les lois (26 mai 1791).

Mais sous l'ancien régime, à côté du domaine du prince, il y
avait le domaine de sa famille. Le 4 octobre 1790, la Constituante
déclarait nationaux tous les biens des apanages. Le 22 novembre,
le décret sur les apanages, après bien des remaniements successifs, recevait sa dernière formule : » Il ne sera concédé à l'avenir
« aucuns apanages réels. Les fils puînés de France seront élevés
« et entretenus aux dépens de la liste civile, jusqu'à ce qu'ils
« se marient et qu'ils aient atteint l'âge de vingt-cinq ans accom-
« plis. Alors il leur sera accordé, sur le trésor national, des
« rentes apanagères dont la quotité sera, à chaque époque, dé-
« terminée par la législature en activité. Les fils puînés de France
« et leurs enfants et descendants ne pourront, en aucun cas,
« prétendre ni réclamer rien dans les biens meubles ou immeu-
« bles délaissés par le roi, la reine, ou l'héritier présomptif de
« la Couronne. »

L'abolition des apanages réels était un grand bienfait. Le Comité
des domaines s'en félicitait; il rappelait énergiquement le principe de l'indivisibilité de la monarchie; il montrait que la théorie
des apanages réels remontait aux temps d'ignorance et de bar-
barie. Charles V et l'Hôpital avaient commencé la réforme : l'Assemblée la complétait.

La Constituante, dans sa séance du 13 août, avait bien vite
retiré aux apanagistes les droits régaliens et qui participaient
de la nature de l'impôt. Les apanagistes devaient, au contraire,
continuer de jouir des domaines et droits fonciers compris dans
leurs apanages jusqu'au mois de janvier 1791. Ils pourraient faire
couper et exploiter à leur profit, dans les délais ordinaires, les
portions de bois et futaies dûment aménagées, et dont les coupes
étaient affectées à l'année présente par leurs lettres de concession.

Le Comité des domaines avait présenté un article d'après lequel une rente apanagère d'un million devait être payée tous les ans à chacun des trois princes dont les apanages étaient supprimés. Une discussion très-vive s'engagea sur cet article. Plusieurs membres voulaient le diviser, d'autres l'amender; enfin l'Assemblée vota l'ajournement et le renvoi aux comités des finances, des impositions et des domaines. La question des apanages revint devant la Constituante le 20 décembre 1790. Il fut décidé qu'il serait payé tous les ans, de six mois en six mois, une rente apanagère d'un million à chacun des trois princes.

Mais les apanagistes ne se trouvaient pas suffisamment indemnisés. Un état de dépenses fait en mai 1789 portait toutes les dépenses réunies de la maison des deux frères du roi à 8,240,000 livres. Puis leurs contrats de mariage assuraient à leurs femmes *une somme convenable, proportionnée à leur naissance et à leur rang, pour l'entretien de leur état de maison*, et des déclarations du roi, enregistrées dans les cours, avaient établi et fixé le train des maisons de ces princesses. Le Comité des domaines pouvait bien dire que les enfants des rois seraient à l'avenir de simples citoyens; qu'ils se distingueraient par leur modération et leur mépris du faste, et qu'un modique apanage suffirait à leurs besoins. Cet heureux moment n'était pas encore arrivé. Le Comité lui-même était obligé de reconnaître que les deux petits-fils de Louis XV, élevés à la Cour fastueuse et prodigue de leur aïeul, n'avaient pas appris de bonne heure à mépriser ce luxe séduisant dont l'éclat avait fixé leurs premiers regards, et qu'un immense superflu leur était nécessaire, que deux princesses étaient venues d'un pays étranger partager leur destinée, et que la promesse d'une maison brillante avait pu les séduire et influer sur leur consentement. Enfin qu'allaient devenir les dettes des apanagistes? Le déficit annuel de la maison du duc d'Orléans s'élevait à 300,000 livres, les dettes annuelles du comte d'Artois montaient à deux millions : *Monsieur*, à son état de situation, faisait joindre un mémoire où il réclamait qu'en dehors de toute rente apanagère et de tout traitement : 1° l'Etat se chargeât des 673,152 livres de rentes viagères dont il était débiteur; 2° on le mît en état de faire acquitter les 2,985,756 livres dont il était débiteur, sans compter l'arriéré des dépenses de sa maison. Un anglais, créancier du duc d'Orléans pour 58,000 livres de rentes viagères, écrivait à l'Assemblée qu'il était de bonne foi, qu'il avait contracté avec un apanagiste, et qu'on ne pouvait mettre le duc d'Orléans dans l'impossibilité de remplir ses engagements. Le Comité qua-

lifia toutes ces demandes de pétitions irréfléchies : les représentants du peuple pouvaient-ils charger la nation de dettes
qu'elle n'avait point faites? Mais d'après le rapport même d'Enjubault, il y avait des convenances auxquelles les plus austères
réformateurs devaient sacrifier. Comment émettre de sang-froid
un vœu qui livrerait le sang des rois de France à toutes les hu-
miliations que subit un débiteur dont la solvabilité devient douteuse? La nation devait donc venir au secours des apanagistes,
non en se chargeant d'une masse énorme de dettes qu'elle n'a-
vait pas contractées, mais « en adoucissant pour eux, en leur
« graduant, pour ainsi dire, le passage d'une opulence excessive
« à cette aisance simple et noble qui convient seule à un pays
« libre. »

La Constituante accorde donc à chaque apanagiste, frère du
roi, un traitement annuel d'un million, en sus de la rente viagère :
leurs femmes, en cas de survie, devaient toucher annuellement
la moitié de cette somme, tant qu'elles habiteraient le royaume
et qu'elles demeureraient en viduité. C'étaient, du reste, des dispositions tout exceptionnelles, dont aucun des fils ou des petits-
fils de France ne jouirait à l'avenir. Une somme annuelle de
500,000 livres fut affectée au paiement des dettes de Monsieur ; la
nation se chargeait du paiement des rentes viagères dues par le
comte d'Artois, dont le roi avait bien voulu promettre l'acquit
par sa décision de décembre 1783. Ces fonds devaient être remis
tous les ans aux mains d'un séquestre. Enfin « il sera payé à
« M. le duc d'Orléans, outre le milion de rente apanagère, la
« somme d'un million chaque année, pendant vingt ans, à titre
« d'indemnité des améliorations faites par ses auteurs et lui,
« dans les fonds de son apanage, lequel million sera affecté à
« ses créanciers pour leur être payé directement, suivant les
« délégations que fera M. le duc d'Orléans. Et sera ledit million
« conservé aux créanciers dans le cas même où M. d'Orléans
« viendrait à mourir avant l'expiration desdites vingt années. »

Enfin, à l'extinction de la postérité masculine du concessionnaire, la rente apanagère devait être éteinte au profit du Trésor.

La Révolution devait bientôt emporter ces lois de transition. La
monarchie n'était pas encore renversée, et l'Assemblée législative
décidait que tous les biens de la liste civile seraient régis par
l'administration générale des biens nationaux (6 septembre 1792).
Le 9 septembre, on alla plus loin. Le ministre des contributions
demanda que l'argenterie des maisons dépendant de la liste ci-

vile fût portée aux hôtels des monnaies pour être monnayée. Cette demande, convertie en motion, fut décrétée.

La Convention supprima la monarchie elle-même. Dès le 20 octobre, elle ordonne la vente des meubles et effets des maisons « ci-devant royales ». Le 28 février 1793, elle décréta, sur le rapport de son comité du commerce, que les terrains en friche et buissons dépendant de la ci-devant liste civile et des domaines ci-devant royaux, non affermés, le seraient pour la récolte de 1793, par petites portions *dont chacune ne pourrait excéder trois arpents pour chaque adjudicataire.* C'était l'application parfaitement démocratique et parfaitement ridicule de la maxime du morcellement du sol. Bientôt parut un décret en 57 articles, motivé sur le besoin de faire servir à la défense de la liberté et à l'accroissement de la prospérité nationale « le mobilier somp-« tueux des derniers tyrans de la France, ainsi que les vastes « possessions qu'ils réservaient pour leurs plaisirs. » L'inventaire devait être terminé dans le délai d'un mois : les meubles estimés au-dessous de mille livres devaient être vendus sur-le-champ : la Convention voulait avant tout *utiliser* ce mobilier. Les matelas, couvertures, etc., seront mis à la disposition du ministre de la guerre : les chevaux, voitures, selles, iront à l'armée. La vente des effets précieux sera faite en présence de deux commissaires de la Convention. Si la plus-value résultant de la façon n'est pas trop considérable, la monnaie est là pour recevoir et convertir en espèces tous les ouvrages d'orfèvrerie. Quelques formalités spéciales sont prescrites pour la vente des perles, diamants et pierres précieuses. Du reste, la nation admet en paiement du mobilier toutes les créances sur le Trésor, même les créances duement liquidées sur la liste civile. La liquidation des dettes de la liste civile se fera d'une manière fort expéditive. Les titres qui n'auront pas été déposés, dans le délai de plus de deux mois, au bureau du commissaire liquidateur, sont rejetés et annulés. Le commissaire liquidateur est tenu lui-même, à peine d'être poursuivi par corps pour la restitution de son traitement, de terminer l'opération entière avant le 1er janvier 1794. Même brutalité dans les voies de recouvrement du mobilier distrait. D'abord tous les dons de mobilier « pré-« tendus faits par le ci-devant roi et sa famille » sont déclarés nuls, à moins qu'on ne représente un bon de sa main, contre-signé par l'ordonnateur ou intendant du garde-meuble. En outre, tous détenteurs de meubles provenant de la couronne ou de la liste civile, leurs héritiers ou ayant cause sont tenus de faire, dans le

délai d'un mois, leur déclaration au secrétariat du Comité d'aliénation, et cela sous peine d'être poursuivis *comme voleurs d'effets
publics*. Les meubles recouvrés seront vendus. Enfin les maisons,
parcs, jardins, et tous les héritages dont la conservation n'aura
pas été décrétée pour les établissements publics, seront aliénés
conformément aux lois. Ainsi donc cette famille qui jadis avait
possédé la France n'avait plus une parcelle du sol français.

La Convention devait donner un éclatant exemple du mépris
impudent avec lequel elle se jouait de tous les droits : le décret
du 14 août 1793 vint ainsi modifier la position des créanciers de
la liste civile : « La Convention nationale rapporte son décret du
« 10 juin dernier concernant les créances exigibles, et déclare
« comme principe que la nation ne peut être redevable des dettes
« contractées par Louis Capet. La Convention décrète en outre
« que la liste des créanciers de la liste civile sera imprimée, et
« renvoie, pour les secours qui pourront leur être accordés, à
« un nouvel examen du comité. » La nation doit : elle offre des
secours à ses créanciers et ne paie pas ses dettes. La Convention
fit mieux encore : le 27 prairial an II, elle exigea de ces créanciers des certificats d'indigence.

On conçoit quels obstacles devait rencontrer, sous un pareil
régime, la vente avantageuse et loyale des meubles de la couronne. La loi du 11 ventôse an II vint statuer, dans son article 9,
que les diamants, perles et pierres précieuses déposés à la trésorerie nationale ne pourraient en sortir qu'en vertu d'un décret
du Corps législatif *ou d'un arrêté du comité de salut public*, et
seulement pour l'échange des denrées ou marchandises de première nécessité, tirées de l'étranger.

Une série de mesures réparatrices commence à partir du 9 thermidor. C'est ainsi que, le 2 fructidor an II, la Convention déclare
rentes viagères nationales les rentes viagères dont l'état est
dressé par le directeur général de la liquidation de la liste
civile. C'est ainsi qu'une loi du 24 nivôse an III fait un sort moins
inique aux créanciers de la liste civile : cette loi distingue néanmoins entre les créances antérieures et les créances postérieures
au 10 août 1791. Celles-ci seront payées en assignats : celles-là
seront remboursées aux créanciers au moyen d'une inscription
au grand livre de la dette publique, égale au vingtième du capital
liquidé. C'est encore ainsi qu'une loi du 11 pluviose an III régla
les secours à donner aux titulaires d'offices, gagistes et pensionnaires de la liste civile. Enfin on modifia encore, en germinal

an III, la situation des créanciers de la liste civile, qui ne devaient guère plus savoir à quoi s'en tenir. Ils durent recevoir le remboursement de leurs créances en assignats jusqu'au *maximum* de dix mille livres.

Deux lois du 3 nivôse an IV autorisèrent le directoire, la première à traiter de la jouissance des forêts royales de Fontainebleau, Laigue et Hallate pour un espace de trente ans, la seconde à faire procéder, dans la forme ordinaire, d'après les divisions et subdivisions qui seraient jugées les plus utiles, et devant les administrations de département, à la vente des maisons et parcs de Saint-Cloud, Meudon, Vincennes, Madrid, Bagatelle, Choisy, Marly, Saint-Germain, etc., et des autres maisons et parcs dépendant de la ci-devant liste civile, ou provenant des ci-devant princes émigrés, à l'exception des maisons principales de Versailles, Fontainebleau et Compiègne, destinées à des établissements publics. Ces ventes devaient être faites en numéraire ou en assignats, au gré du directoire. Ces deux lois furent attaquées avec une grande persévérance. Une résolution des Cinq-Cents, qui les rapportait, fut elle-même rapportée par l'article 18 de la loi du 28 ventôse an IV. Une pétition qui en demandait l'abrogation, trois ans plus tard, fut renvoyée simplement à une commission (1).

A peine le général Bonaparte eut-il jeté les Cinq-Cents par les fenêtres que les consuls, par un message en date du 21 brumaire, annoncèrent aux commissions législatives leur installation au palais des Tuileries. Quand le premier consul fut devenu monarque héréditaire, il fallut reconstituer un domaine de la couronne.

Le sénatus-consulte du 28 floréal an XII déclara que la liste civile de l'empereur serait réglée comme l'avait été celle de Louis XVI en 1791. Mais il fallait aussi déterminer la situation de la famille Bonaparte. Treilhard, Cambacérès, Daru, Regnault de Saint-Jean-d'Angely préparèrent à cet effet un projet de sénatus-consulte. Ce projet porta jusqu'à sa dernière rédaction le préambule suivant qu'on retrouve dans les bulletins du conseil d'Etat (n° 1795). « Considérant que l'acte des constitutions du « 28 floréal an XII a seulement posé les bases de la législation « relative à la dotation de la couronne et à celle de la famille

(1) Séance du conseil des Cinq-Cents du 2 thermidor an VII.

« impériale; qu'il laisse des lacunes à remplir en ce qui concerne
« les apanages; que la condition des biens acquis par l'empereur
« à titre singulier n'est pas textuellement fixée. Considérant qu'on
« ne peut ni suppléer à la législation actuelle, ni la compléter
« par le droit antérieur, le seul droit en vigueur sur ces matières
« étant celui que les constitutions ont établi; que cependant il
« ne serait pas sans inconvénient d'abandonner pour l'avenir,
« à l'incertitude des interprétations, des objets aussi importants
« qui se lient aux droits de la souveraineté; qu'il est au contraire
« indispensable de déterminer avec précision et de compléter
« le système des lois qui doivent les régir invariablement.... »
Enfin, Regnault de Saint-Jean-d'Angély, présentant le projet au
sénat, s'exprimait en ces termes (1): « Ce que la loi civile a fait
« pour tous les Français, la loi politique doit le faire pour la
» famille auguste appelée au trône par les vœux de la France.
« C'est cette loi, qui est, pour ainsi dire, le code de la dy-
« nastie impériale, que nous vous apportons. Son auguste
« chef veut la fonder, comme sa monarchie, sur les institu-
« tions et sur les lois, autant que sur la gloire et sur la puis-
« sance. »
La dotation de la Couronne se compose des palais, terres, bois,
parcs, domaines, rentes, manufactures compris dans les dispositions des articles 1 et 4 de la loi des 26 mai-1er juin 1791. Mais
que de biens compris alors dans la dotation avaient été vendus
depuis 1791 ! Le sénatus-consulte avisait à les remplacer. Il classe
donc dans les biens de la couronne plusieurs palais italiens, par
exemple, ceux de Turin et de Parme, le palais Pitti à Florence,
le palais de la Crocetta, le poggio impérial, le poggio de Cajano.
le castello de Protellino, la villa Caffaggiolo, les palais de Pise
et de Livourne, avec une dotation en terres et en domaines comprenant un revenu net annuel de 2,900,000 francs. Le sénatus-
consulte comprend encore parmi les biens de la dotation les diamants, perles, pierreries, tableaux, statues, pierres gravées et
autres monuments des arts épars dans les musées et dans les
palais impériaux. Les meubles meublants, voitures, chevaux, etc.,
font également partie de la propriété de la couronne jusqu'à
concurrence d'une valeur de trente millions. Voilà ce que l'Etat
aliénait au profit de la couronne de France.

_____

(1) Bulletin du Sénat. Séance du 20 janvier 1810.

Or, ces biens formant la dotation de la Couronne, le sénat les déclare inaliénables et imprescriptibles. Il en prohibe l'engagement ou l'hypothèque. L'échange en sera autorisé par un sénatus-consulte, le bail emphytéotique par un décret délibéré en conseil d'État : les baux ordinaires ne pourront excéder le temps déterminé par les articles 595, 1429, 1430 et 1718 du Code civil. Mais les dettes de l'Empereur décédé ne peuvent pas grever les biens de la Couronne : c'est une conséquence du principe d'inaliénabilité. Ces dettes sont acquittées sur le domaine privé. De même pour les pensions. Excèdent-elles les ressources de ce domaine? Elles devront être confirmées par l'Empereur régnant.

Arrivant au domaine privé, Regnault de Saint-Jean d'Angély disait avec une parfaite raison : « Souvent le monarque est sa-
« tisfait; l'homme ne l'est pas, et le souverain peut envier quel-
« que chose à ses sujets. Il jouira du domaine de la Couronne,
« mais il n'en disposera pas; il disposera du domaine extraor-
« dinaire, mais il n'en jouira pas. Usufruitier de ces biens à
« jamais substitués, dépositaire de ces trésors qu'il a le droit de
« distribuer, un empereur peut cependant regretter, pour lui ou
« pour sa famille, le plaisir attaché à la possession, à la dispo-
« sition d'une propriété privée. Et si ce sentiment, ou si l'on
« veut, cette faiblesse trouve accès dans le cœur du monarque,
« cette loi serait-elle *juste*, serait-elle *sage*, qui le placerait entre
« le sacrifice de ses goûts et le sacrifice de ses devoirs, qui l'obli-
« gerait à dissimuler un penchant que la nature aurait mis dans
« son cœur, qui le forcerait à descendre à des voies cachées pour
« le satisfaire?.... » Le rapport de M. Demeunier au Sénat est encore plus net et plus concluant : il contient même cette proposition, « que nos rois ont toujours eu spécifiquement un do-
« maine privé. » « Qu'une dynastie commence ou qu'elle soit
« très-ancienne, ajoute-t-il, le prince doit avoir à sa disposition
« les moyens d'ajouter à la splendeur de sa famille et de créer
« par ses largesses ou ses bienfaits des appuis au trône. L'éta-
« blissement d'un domaine privé est donc un principe dans la
« monarchie. »

Quelles sont les ressources du domaine privé? Les acquisitions entre-vifs ou à cause de mort, à titre gratuit ou onéreux, conformément au droit civil. Il faut encore y comprendre : 1° tous les meubles de la Couronne excédant les trente millions dont il est parlé ci-dessus; 2° l'argent comptant et les valeurs de toute espèce, déposés dans les caisses de la Couronne et du domaine privé, au moment de l'ouverture de la succession. L'Empereur dispose de son domaine privé sans être lié par les prohibitions du Code Napoléon. Les dispositions entre-vifs sont faites par un décret impérial, contre-signé par l'intendant-général administrateur. Si la disposition est faite sur le domaine mobilier, l'intendant délivre au profit des parties prenantes une ordonnance qui sera acquittée par le trésorier général. Si la disposition est faite sur le domaine immobilier, l'intendant dressera un état des biens, et le donataire entrera en possession, en remplissant les formalités prescrites par les lois. Lorsque l'Empereur disposera par acte testamentaire des biens de son domaine privé, si le testament est par acte public, l'archi-chancelier, assisté du secrétaire d'état de la maison impériale, recevra sa dernière volonté écrite sous la dictée de l'Empereur en présence de deux témoins. Si le testament est mystique, l'acte de suscription sera dressé par l'archi-chancelier et inscrit par le secrétaire d'état de la maison de l'Empereur. Ils signeront l'un et l'autre avec l'Empereur et les six témoins qu'il aura indiqués. Le testament mystique de l'Empereur sera déposé au sénat par l'archi-chancelier (1). L'Empereur ne peut, avant vingt-cinq ans, faire aucune disposition entre vifs de son domaine privé. L'Empereur, âgé de seize ans, pourra disposer par acte de dernière volonté jusqu'à concurrence d'une somme de douze millions. On voit qu'il est pleinement dérogé aux prescriptions du droit civil.

L'article 48 du sénatus-consulte proclame le principe de la non-dévolution. L'article 49 écarte même toute idée d'assimilation au domaine des anciens rois de France : « La réunion n'est « pas présumée, même dans le cas où l'Empereur aurait jugé à « propos de faire administrer les biens de son domaine privé « pendant quelque laps de temps que ce soit, confusément avec « le domaine de l'État ou de la Couronne et par les mêmes offi- « ciers. » M. Demeunier, dans son rapport, se plaignait de l'obscurité du droit ancien sur cette question. Quant au principe de la non-dévolution, il recevait une exception dans l'article 51. Tout diamant ou pierre précieuse, taillée ou gravée, d'une valeur supérieure à 300,000 francs, tout tableau de peintre mort depuis cent ans, toute statue, médaille ou manuscrit antique devaient être réunis de plein droit au mobilier de la Couronne.

1) V. le statut du 30 mars 1806.

Le douaire de l'Impératrice est à la charge de l'Etat: la quotité en est fixée par un sénatus-consulte lors du mariage de l'Empereur ou du Prince Impérial.

Les apanages sont dus: 1° aux princes fils puinés de l'Empereur régnant, ou de l'Empereur et du Prince Impérial décédés; 2° aux descendants mâles de ces princes, lorsqu'il n'a pas été accordé d'apanage à leur père ou aïeul. Les princesses n'ont pas d'apanage. Elles sont dotées par l'Empereur sur son domaine privé ou sur le domaine extraordinaire; si le domaine extraordinaire et le domaine privé sont insuffisants, par l'Etat, d'après un sénatus-consulte. Quand la princesse n'épouse pas un Français régnicole, la dot ne peut être constituée qu'en argent: elle n'est accordée que sur la réquisition de l'Empereur, et est fixée, par un sénatus-consulte, à la somme que l'Empereur indique. Quant à l'apanage, il n'est pas nécessairement immobilier: mais la plus grande partie de l'apanage doit consister en immeubles: il n'est, du reste, fourni par l'Etat qu'en cas d'insuffisance des biens du domaine extraordinaire et du domaine privé. Les biens personnels des apanagistes ne sont pas confondus avec l'apanage proprement dit. L'apanage est transmis de mâle en mâle, par ordre de primogéniture: en cas d'extinction de la branche masculine, il fait retour soit au domaine de l'Etat, soit au domaine privé, soit au domaine extraordinaire. L'apanage s'éteint encore par la vocation de l'apanagiste à une couronne étrangère, lorsqu'il n'existe aucun prince appelé à recueillir l'apanage après lui. L'apanage sur le domaine de l'Empereur est concédé par décret et enregistré au sénat. La fixation de l'apanage n'est pas uniforme: elle est déterminée par l'Empereur, sans pouvoir être élevée néanmoins à un revenu de plus de trois millions. Le Palais du Luxembourg et le Palais-Royal sont concédés à des princes apanagistes. Enfin les immeubles et les rentes qui forment les apanages ne peuvent être aliénés ni engagés: ils sont imprescriptibles: l'échange ne peut avoir lieu qu'en vertu d'un sénatus-consulte: tous autres échanges sont nuls. Mais il est défendu aux cours et tribunaux de connaître de la nullité: cette nullité est prononcée par le Conseil d'Etat sur la dénonciation du grand juge, ministre de la justice.

Un sénatus-consulte du 1er mai 1812 réunit divers immeubles au domaine de la Couronne.

Un décret impérial signé au quartier-général de Wilna, le 11 juillet de la même année, détermina la forme et les conditions des actes d'échange avec le domaine de la Couronne. Nous n'insisterons pas sur ce décret qui n'offre guère d'intérêt historique, et qui n'offre plus d'intérêt pratique.

Nous arrivons au domaine extraordinaire. On se rappelle ces camps placés par les Empereurs romains sur la limite des fleuves ou au pied des montagnes qui séparaient le monde civilisé du monde barbare. Ces stations militaires, ces concessions dont parlait Vopiscus, nous les retrouvons organisées dans la loi du 1er floréal an XI.

Le pays des vingt-sixième et vingt-septième divisions militaires est un pays conquis ; il a donc besoin d'être surveillé et défendu. Les militaires blessés, et âgés de moins de quarante ans, qui voudraient s'y fixer, recevront à titre de supplément de récompense nationale, un nombre d'hectares de terres d'un produit égal à leur solde de retraite. Ces vétérans concessionnaires seront tenus de résider sur les terres qui leur seront distribuées, de les cultiver, d'en payer les contributions et de concourir à la défense des places frontières. Il sera donc formé dans ces divisions des camps de vétérans. Dix millions de biens nationaux sont affectés aux cinq premiers camps qu'on établira dans les vingt-sixième et vingt-septième divisions militaires, savoir : quatre millions dans la vingt-sixième division et de préférence sur les propriétés nationales les plus voisines de Mayence et de Juliers ; six millions dans la vingt-septième et de préférence sur les propriétés nationales les plus voisines d'Alexandrie et de Fenestrelle. Ces propriétés ne pourront être engagées, cédées ou aliénées pendant l'espace de vingt-cinq ans. Les enfants mâles de ces vétérans ne pourront conserver la part héréditaire qu'autant qu'ils rempliront eux-mêmes jusqu'au laps de vingt-cinq ans depuis la formation du camp les conditions auxquelles étaient soumis leurs pères. Si le vétéran meurt sans enfants, sa veuve conservera pendant sa vie l'usufruit de sa portion de terre : si elle épouse un militaire ayant dix ans de service, elle lui apportera en dot cette portion de terre dont elle deviendra propriétaire incommutable. Après la mort de la veuve non remariée à un militaire, la République rentrera dans la propriété de cette province, et le gouvernement en disposera en faveur d'un militaire âgé de moins de quarante ans et blessé dans les guerres de la liberté. Voilà le germe et le principe du domaine extraordinaire.

La loi du 1er floréal ne reçut son entier développement que par l'arrêté du 12 prairial an XI. Les camps ci-dessus désignés seront composés de 405 hommes. Il sera tracé pour chaque camp une enceinte où l'on réunira les habitations des vétérans destinés à le composer : cette enceinte sera placée dans une position saine, militaire, rapprochée du centre des terres destinées à sa dotation. Chaque vétéran sera logé dans une maison rurale. En outre les maisons nationales bâties sur le terrain désigné pour l'emplacement des habitations seront affectées au logement des vétérans. Il sera procédé à l'évaluation particulière des différentes natures et qualités de terres affectées à la dotation des camps. Le préfet du département de la situation nomme à cet effet des experts munis des pouvoirs nécessaires. La répartition se fera par les soins de ce préfet, de concert avec un agent du domaine et un officier supérieur. La portion de terre de chaque vétéran sera « distinguée par des bornes ou limites qui devront être placées « avec l'exactitude nécessaire pour prévenir toute contestation « avec les propriétaires des terres voisines. »

Mais ces modestes distributions de territoire ne sont que le prélude d'autres distributions, empreintes d'un tout autre caractère et conçues dans un esprit aristocratique. Le 7 mars 1806 parurent sept décrets impériaux. Le premier érigeait en duchés grands-fiefs les provinces de Dalmatie, d'Istrie, de Frioul, de Cadore, de Vicence, de Padoue et de Rovigo. Le second disposait de la principauté de Neufchâtel en faveur du maréchal Berthier. Le troisième érigeait les pays de Massa et de Carrara en duchés grands-fiefs. Le quatrième érigeait les États de Parme et de Plaisance en duchés grands-fiefs. Le cinquième déclarait Joseph-Napoléon roi de Naples et de Sicile, et instituait six grands fiefs de l'Empire avec le titre de duchés dans le royaume des Deux-Siciles. Le sixième transférait les duchés de Clèves et de Berg en toute souveraineté au prince Joachim. Le septième disposait de la principauté de Guastalla en faveur de la princesse Pauline, sœur de l'Empereur, et du prince Borghèse, son époux. Le 5 juin 1806, un décret analogue conférait à M. de Talleyrand le titre de prince de Bénévent, et au maréchal Bernadotte le titre de prince et duc de Ponte-Corvo.

Dans cette vaste hiérarchie d'États vassaux, dépendant de l'Empire français, Napoléon, comme l'a dit M. Thiers, voulait *un second et un troisième rang*, composés de grands et de petits duchés sur le modèle des fiefs de l'Empire germanique : il rêvait un vaste système de vassalité comprenant des ducs, des grands-ducs, des

rois sous sa propre suzéraineté, auxquels il conférait non pas
de vains titres, mais de véritables principautés, soit en domaines
territoriaux , soit en riches revenus. Il est curieux d'examiner
un instant ce régime féodal improvisé. Berthier, par exemple,
devait posséder en toute propriété et souveraineté la principauté
de Neufchâtel, la transmettre à ses enfants mâles légitimes par
ordre de primogéniture. L'Empereur se réservait, en cas d'extinction de cette descendance, de transmettre cette principauté aux
mêmes titres et charges , à son choix, et ainsi qu'il le jugerait
convenable pour le bien de ses peuples et l'intérêt de sa couronne. Au contraire , en cas d'extinction de la descendance du
roi de Naples et du duc de Clèves, il appelait tant au royaume
qu'au duché sa propre descendance masculine, légitime et naturelle. Voici deux articles du décret d'érection des duchés de
Parme et de Plaisance. « Nous nous réservons de donner l'inves-
« titure desdits fiefs, pour être transmis héréditairement , par
« ordre de primogéniture , aux descendants mâles légitimes et
« naturels de ceux en faveur de qui nous en aurons disposé ; et
« en cas d'extinction de leur descendance masculine légitime
« et naturelle, lesdits fiefs seront reversibles à notre couronne
« de France pour en être disposés par nous ou nos successeurs
« (article 2). Les biens nationaux qui existent dans lesdits Etats
« de Parme et de Plaisance seront réservés, tant pour être affec-
« tés auxdits duchés que pour en être disposé en faveur des
« généraux, officiers ou soldats qui ont rendu le plus de ser-
« vices à la patrie et à notre couronne, et que nous désignerons
« à cet effet : lesdits généraux, officiers ou soldats ne pourront,
« avant l'expiration de dix années, vendre ou aliéner sans notre
« autorisation la portion desdits biens qui leur a été accordée. »
De même, pour les douze duchés créés dans les Etats Vénitiens,
l'Empereur se réservait la disposition de trente millions de domaines nationaux situés dans ces Etats.

Le sénatus-consulte du 14 août 1806 vint décider qu'au cas où
l'Empereur autoriserait l'échange ou l'aliénation des biens composant la dotation des duchés, fiefs de l'Empire français, il serait
acquis des biens en remplacement sur le territoire de l'Empire,
avec le prix des aliénations.

Mais ce n'était là que le sommet du nouvel édifice. Le décret
du 1er mars 1808 établit des majorats sur demande et des majorats de propre mouvement, dans la vue « d'entourer le trône de
« la splendeur qui convient à sa dignité, et de nourrir au cœur

« des Français une louable émulation en perpétuant d'illustres
« souvenirs. » Nous parlerons très-brièvement des majorats de
propre mouvement.

Quand la totalité de la dotation d'un titre est accordée par
l'Empereur, son décret et l'état des biens affectés au majorat
doivent être adressés à l'archi-chancelier qui, sur la poursuite
de l'impétrant, fait expédier les lettres-patentes. L'archi-chance·
lier donne communication de ces lettres-patentes au sénat, et les
fait transcrire sur les registres. Ces biens ne peuvent être aliénés
ni engagés, ni saisis: tout acte judiciaire ou extrajudiciaire passé
au mépris de cette règle est nul de plein droit. Néanmoins l'Empereur se réserve d'autoriser et même d'ordonner, quand les
circonstances l'exigeront, l'aliénation des biens situés hors de
l'Empire et affectés par lui à la dotation d'un titre, pour être
remplacés par des biens situés en France. Le conseil du sceau
des titres examinera les projets de vente ou d'échange, et le
contrat aura lieu en présence du procureur-général du conseil
du sceau des titres ou de son délégué. Le remploi doit être fait
dans les six mois. En outre (1) il est créé dans les pays autres
que la France, où il existe des biens affectés par l'Empereur à la
dotation des majorats, des *agents conservateurs* chargés de veiller
à ce que le titulaire jouisse en bon père de famille et à ce que
les biens retournent sans retard à la couronne, échéant le cas
de retour. La régie de l'enregistrement, d'une part, l'administration forestière de l'autre, remplissaient les fonctions de conservateurs pour les majorats de propre mouvement constitués en
France.

C'est ainsi que l'Empereur accordait à ses glorieux soldats des
récompenses qu'ils avaient achetées au prix de leur sang dans
d'héroïques campagnes : « Cependant, à notre avis, dit M. Thiers,
« dans les sociétés modernes où l'envie est soulevée contre les
« institutions aristocratiques, ce qu'un gouvernement a de mieux
« à faire, c'est de laisser les lois de la nature humaine agir sans
« s'en mêler aucunement. » Mais l'éminent historien ajoute que, si
quelqu'un pouvait échapper à l'odieux ou au ridicule ordinairement
excité par l'établissement de pareilles institutions, c'était celui
« qui, dans sa vaste imagination, rêvait une société grande comme
« son génie et son âme, et qui avait, pour créer de puissantes

(1) Décret du 4 mai 1809.

« familles, des noms immortels et des trésors; qui pouvait les
« appeler Rivoli, Castiglione, Montebello, Elchingen, Auerstœdt,
« et leur donner jusqu'à un million de revenu annuel.» A ces conditions, titres et biens, tout va se transmettre héréditairement, de
mâle en mâle, et malgré le code civil. A Lannes, trois cent quatre-
vingt huit mille francs de revenu et un million en argent; à
Davoust, quatre cent mille francs de revenu et cinq cent mille
francs en argent, etc., etc... Les domaines que l'Empereur distribuait ainsi étaient pour la plupart des domaines impériaux en
Italie, royaux ou grands-ducaux en Prusse, en Pologne, en
Hanovre, en Westphalie. Napoléon se réservait en Pologne
vingt millions de domaine, en Hanovre trente, en Westphalie un
capital représenté par cinq ou six millions de revenu, etc., etc.

Enfin ce vaste domaine, ce *domaine extraordinaire* fut organisé par le titre second du sénatus-consulte du 30 janvier 1810.
Voici la définition qu'en donne le sénat : « Le domaine extraor-
« dinaire se compose de domaines et biens mobiliers et immo-
« biliers, que l'Empereur, exerçant le droit de paix et de guerre,
« acquiert par des conquêtes ou des traités, soit patents, soit
« secrets. » L'Empereur dispose de ce domaine : 1° pour subvenir
aux dépenses des armées ; 2° pour récompenser les grands services
militaires ou civils rendus à l'Etat ; 3° pour élever des monuments, pour exécuter des travaux publics, encourager les arts, et
ajouter à la splendeur de l'Empire. Ces biens sont assujettis aux
charges privées et publiques de la propriété. L'Empereur dispose
du domaine extraordinaire par décret; s'il dispose du domaine
mobilier, l'intendant délivre, au profit des parties prenantes, une
ordonnance qui doit être acquittée par le trésorier du domaine
extraordinaire. S'agit-il du domaine immobilier? L'intendant
dresse un état des biens et l'envoie à l'archi-chancelier, qui fera
faire l'acte d'investiture par le conseil du sceau des titres en
faveur du donataire. La réversion des biens donnés par l'Empereur sur le domaine extraordinaire sera toujours établie dans
l'acte d'investiture. Toute disposition de ce domaine, faite ou à
faire, est irrévocabble.

Deux décrets du 3 mars 1810 vinrent modifier la législation sur
les majorats de propre mouvement.

Le premier décret établissait un *siège des majorats* « dans une
« maison d'habitation à laquelle le majorat devait être attaché.»
Il statuait que les ducs, comtes, barons et chevaliers qui avaient
reçu de l'Empereur des dotations en pays étranger seraient tenus

de vendre les biens compris dans ces dotations, au moins la moitié dans un délai de vingt ans, et l'autre moitié dans les vingt années suivantes. Tous ces biens devaient être convertis soit en rentes, soit en domaines dans l'intérieur de l'Empire, avant quarante années. Les ventes, le remploi et le placement provisoire des fonds provenant des ventes devaient être autorisés par un conseil établi à cet effet auprès de l'intendant du domaine extraordinaire.

Le second décret décidait que toute dotation accordée pour des services civils ou militaires, à laquelle un titre ne serait point attaché, serait néanmoins assimilée aux majorats quant aux règles de possession et de transmission. Ce décret ordonnait encore aux titulaires de majorats constitués en rentes ou en actions de la Banque d'immobiliser ces rentes et ces actions : les rentes immobilisées pourraient être aliénées par les titulaires dûment autorisés qui voudraient convertir leur dotation en fonds de terre.

Un décret du 3 janvier 1812 autorisa la transmission des dotations de la dernière classe (1), accordées pour cause d'amputations de blessures graves ou en récompense des services militaires, à défaut d'enfants mâles, aux filles des donataires, par ordre de primogéniture, à condition, pour elles, d'épouser, quand elles seraient en âge de le faire, des militaires en retraite par suite d'honorables blessures ou d'infirmités contractées à la guerre.

Plusieurs décrets, rendus à diverses époques, organisèrent en société les titulaires de dotations constituées en pays étranger. Il y était ordinairement statué que si un sociétaire vendait sa part et faisait le remploi en immeubles dans l'intérieur de l'Empire, en rentes sur l'Etat ou en actions de la Banque, il aurait la faculté de se retirer de la société pour régir et administrer lui-même les biens provenant du remploi et en toucher les revenus (2).

Le décret du 11 novembre 1813 s'occupe des pensions mises à la charge des majorats de propre mouvement. A l'avenir aucune pension ne pourra être affectée sur ces majorats que de la pure

(1) Il y avait six classes de dotations.

(2) Ces décrets ne s'appliquaient ordinairement qu'aux dotations des quatrième et cinquième classes.

libéralité de l'Empereur et par un décret spécial. Les propositions faites à cet effet ne pouvaient excéder le cinquième du revenu. Les débats entre les donataires et les pensionnaires sur la quotité du revenu devaient être réglés par l'intendant-général du domaine extraordinaire.

Le sénatus-consulte organique sur la régence de l'Empire, qui suivit la naissance du roi de Rome, s'occupa du domaine extraordinaire et du domaine privé. Le sénat ordonnait de mettre en réserve, de placer le fonds du domaine privé pendant la régence, et d'en capitaliser les revenus. Quant au domaine extraordinaire, le régent dispose, s'il le juge convenable, de toutes les dotations de 50,000 francs et au-dessous qui ont fait retour à ce domaine pendant la minorité du Prince : les autres dotations restent en réserve jusqu'à sa majorité. Les fonds qui se trouveront au trésor du domaine extraordinaire au moment du décès de l'Empereur seront versés au trésor de l'État, et y resteront jusqu'à la majorité du nouvel Empereur.

Les événements de 1814 amenèrent une perturbation profonde dans la situation du domaine extraordinaire. Les titulaires de majorats situés dans les pays étrangers se trouvaient dans un grand embarras : les *considérants* de l'ordonnance des 18-22 septembre 1814, exposent les perplexités de Macdonald, duc de Tarente, et d'Oudinot, duc de Reggio, dont les majorats étaient situés dans le royaume de Naples. Tous les titulaires de dotations situées dans ce royaume sont autorisés à en faire telle disposition qu'ils jugeront convenable. Les fonds provenant de la cession de ces dotations seront employés en France, sans qu'il soit nécessaire de consacrer aux dotations nouvelles de plus grandes sommes « que celles provenant des cessions et ventes autorisées « par les présentes. » D'autre part, qu'allaient devenir les concessions domaniales des vétérans des camps de Juliers et d'Alexandrie ? Une ordonnance du 2 décembre 1814 accorda aux officiers, sous-officiers et soldats de ces deux camps le double de leur solde de retraite, aux veuves et orphelins une pension proportionnée au grade des militaires décédés. On sent aisément que la transition n'était pas facile à ménager. Napoléon lui-même eut à subir tous les embarras de la situation.

Un décret impérial rendu pendant les Cent-Jours (du 6 avril 1815), institua une *caisse de l'extraordinaire*, où durent être versées les recettes casuelles non portées au budget et détournées, dit le texte, des caisses du trésor au profit de la liste civile en

1814 et en 1815. Une moitié des fonds versés dans cette caisse devait être employée à donner des secours aux donataires des sixième, cinquième et quatrième classes, qui avaient perdu leurs dotations, et jusqu'à ce que la liquidation du domaine extraordinaire mit l'Empereur à même d'en faire le remplacement. La répartition des secours était faite proportionnellement aux besoins présumés des donataires; pour les dotations de sixième classe, à raison de la moitié du revenu annuel de chaque dotation; pour les deux classes supérieures, à raison du quart de ce revenu. Il était également accordé des secours aux donataires des trois premières classes : du moins le décret en faisait la promesse.

Les représailles commencèrent après les Cent-Jours. Une loi du 12 janvier 1816 attribue au Roi le droit de priver de tous biens concédés à titre gratuit : 1° les généraux et officiers qui l'ont trahi avant le 23 mars 1815; 2° Soult, Excelmans, Bassano, et trente-cinq autres placés sous la surveillance de la police le 27 juillet 1815. Le Roi se réservait en outre la faculté de les expulser du territoire. Le Conseil d'Etat jugea, le 29 janvier 1823, que le rappel d'un banni n'impliquait pas restitution des biens dont il avait été privé. La loi du 12 janvier 1816 fut, du reste, rapportée le 11 septembre 1830, et l'article premier de la loi nouvelle ordonna la réintégration des bannis dans leurs biens et leurs droits.

Une ordonnance du 22 mai 1816 affecta spécialement aux secours à distribuer aux donataires des trois dernières classes les biens et revenus provenant de la famille Bonaparte. Ces secours leur seront délivrés en raison de leurs besoins jusqu'à ce que le Roi puisse reconstituer des dotations équivalentes aux dotations primitives. Les biens, droits et actions de ce domaine continueront à former sous la même dénomination un domaine distinct et séparé de celui de l'Etat et de celui de la Couronne. Ces dispositions n'étaient que provisoires, et dictées par la nécessité de pourvoir dès-lors à l'acquittement des charges du domaine extraordinaire. La loi du 15 mai 1818 déclara que le domaine extraordinaire faisait partie du domaine de l'Etat, et que les dotations et majorats qui, en vertu de leur concession, étaient reversibles au domaine extraordinaire, seraient reversibles au domaine de l'Etat. La régie de l'enregistrement devait prendre possession de l'actif du domaine extraordinaire, en recouvrer les créances, en percevoir les revenus, et mettre en vente dans la forme usitée pour l'aliénation des biens nationaux les biens-fonds et maisons non affectés à des dotations. Mais la situation fut définitivement réglée par la loi du 26 juillet 1821. Les donataires français, entièrement dépossédés de leurs dotations situées en pays étranger et qui n'auraient rien conservé en France, les veuves et les enfants de donataires décédés *pourront être* inscrits au livre des pensions, en indemnité de la perte desdites dotations, avec jouissance du 22 décembre 1821, pour une pension dont le montant est ainsi réglé : donataires des quatre premières classes, 1,000 francs ; de cinquième classe, 600 francs ; de sixième classe, 250 francs. Mais il faut bien remarquer ces mots « pourront être inscrits ». C'est une faculté que la loi confère au gouvernement. Le Conseil d'Etat a jugé, le 21 mai 1823, qu'un donataire ne pouvait réclamer par la voie contentieuse contre une décision ministérielle qui aurait refusé cette indemnité.

Une décision ministérielle du 13 juin 1822 exempte ces pensions de la retenue prescrite à la charge de toutes les pensions au-dessus de 500 francs. Ces pensions, aux termes de la loi, sont reversibles sur les veuves et les enfants des donataires ; elles sont d'abord possédées par le donataire, ensuite moitié par la veuve et moitié par les enfants. L'inscription en est faite sur la liste arrêtée par le Roi, et la liste insérée au *Bulletin des lois*. Ces pensions échappent aux règles prohibitives du cumul. Enfin le Conseil d'Etat a jugé, le 16 novembre 1832, que les dotations, même sans titre, ne pouvaient passer à l'enfant adoptif du possesseur qu'autant que l'adoption aurait été consentie par le gouvernement. Même solution pour la pension représentative de la dotation (1). Même situation pour la descendance naturelle.

Une ordonnance royale du 25 mai 1816 avait déclaré que les actions du canal du Midi, accordées par l'Empereur à MM. Merlin et Berlier, comme majorat de leurs titres de comte, étaient restituées à la famille Caraman. Le conseil d'Etat annula l'ordonnance le 31 mai 1832, et ordonna la réintégration des comtes Merlin et Berlier. Le 18 août 1832, la question se présenta de nouveau entre la famille Caraman et le comte Réal. Le conseil jugea que l'ordonnance du 25 mai 1816 violait la loi du 12 janvier 1816, *qui donnait seulement au Roi la faculté de priver les donataires y désignés de tous biens possédés par eux à titre gratuit.* Le titulaire d'un majorat est donc ici considéré comme un acquéreur à titre

(1) Cf. Décret du 14 octobre 1831.

onéreux! En tout cas, le conseil ordonne la restitution au comte Réal des biens rendus à la famille Caraman en 1816. Le 23 mars 1836, cette jurisprudence change. L'hôtel Choiseul avait été enlevé au comte Sieyès, comme les actions du canal du Midi aux comtes Merlin, Berlier et Réal. Le conseil déclare « que la possession du comte Sieyès, fondée sur une loi spéciale portant donation d'un immeuble décerné spontanément et à titre de récompense nationale, ne pouvait être considérée comme une concession à titre onéreux; » d'où il suit que les actes qui ont prononcé la réunion dudit immeuble au domaine de l'Etat avaient fait une exacte application de la loi du 12 janvier 1816. M. de Cormenin juge d'un mot ce changement de jurisprudence : « Les contradictions politiques ne peuvent s'expliquer que par les versatilités politiques. »

L'article 25 de la loi du 2 mars 1832 porta qu'il ne serait plus formé de domaine extraordinaire, et qu'en conséquence les biens meubles ou immeubles acquis par le droit de la guerre ou par les traités appartiendraient à l'Etat. C'était couper court à l'établissement de nouveaux majorats de propre mouvement, la loi du 15 mai 1818 ne permettant pas au prince de disposer par ordonnance des biens qui composent le domaine de l'Etat (1).

La loi du 12 mai 1835 abolit les majorats pour l'avenir. Mais devait-elle en même temps frapper les majorats dans le passé? Le législateur distinguait. Les majorats de propre mouvement avaient été fondés pour récompenser d'éclatants services ; d'autre part, ces biens devant un jour revenir à l'Etat, il ne fallait pas le priver de son droit éventuel. Les Chambres maintinrent la transmission à deux degrés pour les majorats sur demande ; elles maintinrent purement et simplement les majorats de propre mouvement. La République, qui changea cette législation pour les premiers, la laissa subsister pour les seconds. Il y a donc encore

(1) L'article 12 de la loi du 8 juillet 1837 rattacha au budget de l'Etat les rentes provenant de l'ancien domaine extraordinaire. L'article 12 de la loi du 6 juin 1843 décida que le solde, existant à la caisse des dépôts et consignations, des fonds affectés par l'article 8 de la loi du 26 juillet 1821 aux indemnités autorisées par l'article 98 de la loi du 18 mai 1818 en faveur des donataires de l'ancien domaine extraordinaire, serait versé au Trésor et appliqué aux produits divers du budget de l'exercice courant.

aujourd'hui des majorats de propre mouvement, qui peuvent revenir à l'Etat, soit par l'extinction de la descendance masculine du premier titulaire, soit par une transaction avec le titulaire détenteur. Le capital ainsi reversible à l'Etat s'élevait à la fin de 1847, tant en biens immobiliers qu'en rentes cinq pour cent évaluées au pair et en capitaux garantis ou non garantis, à plus de vingt-trois millions. Ajoutons que, pour environ douze cents actions des canaux d'Orléans et du Loing, comprises dans les dotations, la loi du 5 décembre 1814 réserve le droit de retour aux anciens propriétaires dépossédés.

Les vestiges de la féodalité impériale s'effaçaient à chacune des trois révolutions qui suivirent la chute du premier Empire. Mais ces révolutions avaient elles-mêmes bouleversé la législation du domaine de la couronne.

La loi du 8 novembre 1814 fixa la liste civile et la dotation de la couronne. Cette liste civile est de vingt-cinq millions qui seront versés en douze paiements égaux entre les mains du roi. L'article 3 de la loi énumère les palais, bâtiments, emplacements, terres, prés, corps de ferme, bois et forêts composant la dotation immobilière de la couronne. L'article 4 statue que les diamants, pierreries, tableaux, etc., qui se trouvent dans les palais royaux ou dans les garde-meubles, forment la dotation mobilière de la couronne, et qu'il en sera dressé un inventaire. Les manufactures royales continueront d'appartenir à la couronne. L'article 7 rappelle que la liste civile est fixée pour tout le règne du roi, conformément à l'article 22 de la Charte. Les biens formant la dotation de la couronne ne pourront être aliénés, engagés, hypothéqués ou prescrits; ils ne peuvent être échangés qu'en vertu d'une loi. Ils ne supportent pas les contributions publiques. Les biens de la couronne ne sont pas grevés des dettes contractées ni des pensions accordées par le roi décédé. M. Dupin s'appuya plus tard sur le texte de la loi de 1814 pour soutenir que ces pensions ne pouvaient pas être mises à la charge du Trésor public. Les pensions de retraite accordées pour services dans la maison civile du roi ne subsisteront, après son décès, qu'autant qu'elles auront été établies sur un fonds formé à cet effet par une retenue sur le traitement des employés et placé sous l'administration du ministre des finances. M. Dupin s'appuya plus tard sur le texte de la loi de 1814 pour soutenir que le Trésor public ne pouvait pas être tenu de ces pensions, et que, s'il accordait quelque chose, c'était à titre de secours, par une somme fixe, et non indéfiniment (1). Les domaines productifs affectés à la dotation de la couronne peuvent être affermés, sans que néanmoins la durée des baux puisse excéder le temps déterminé par les articles 595, 1429, 1430 et 1718 du code civil, à moins qu'un bail emphytéotique n'ait été autorisé par une loi. Enfin le roi peut acquérir des domaines privés par toutes les voies que reconnaît la loi civile. Les biens particuliers du prince qui parvient au trône sont de plein droit et irrévocablement réunis à l'Etat. Ce vieux principe de dévolution, ressuscité, produisit sur-le-champ de fâcheux effets. Le comte d'Artois s'empressa de faire donation de ses biens à son fils puîné. Quand il fut devenu Charles X, le dauphin eut les mêmes craintes. Comme il n'avait pas d'enfants, il n'acheta pas un pouce de terre en France et fit ses placements à l'étranger. M. Dupin disait plus tard à la Chambre : « Par suite des événe- « ments, cela peut être très-profitable pour lui ; mais enfin le « dauphin sentait très-bien que, s'il achetait des biens en France, « il n'en conserverait rien dans ses propriétés privées lors de « son avènement au trône. » Du reste, les domaines privés possédés ou acquis par le roi à titre singulier sont et demeurent, pendant sa vie, à sa libre disposition. Mais s'il vient à décéder sans en avoir disposé, ils sont réunis « de plein droit » au domaine de l'Etat. Le roi dispose de ses domaines privés sans être lié par aucune des dispositions prohibitives du code civil.

Il sera payé annuellement par le trésor public une somme de huit millions aux princes et princesses de la famille royale, *pour leur tenir lieu d'apanage.* Le paiement de cette somme se fera par douzièmes, la répartition au gré du roi. Ce chiffre ne sera modifié qu'avec le nombre des membres de la famille royale, et en vertu d'une loi.

La loi du 15 janvier 1825 fixa la liste civile de Charles X. Elle réunit, non pas au domaine de l'Etat, mais à la dotation de la couronne, les biens acquis par le feu roi. Le chiffre de vingt-cinq millions fut maintenu. La somme de huit millions accordée par l'article 23 de la loi de 1814 fut réduite à sept millions.

Il n'y avait pas lieu de pourvoir spécialement la branche d'Orléans, qui trouvait un établissement suffisant dans son apanage. Mais il convenait de *rappeler* cet apanage, et de faire une

(1) Séance de la Chambre des Députés du 15 avril 1834.

déclaration du droit préexistant du prince apanagiste. L'article 4 de la loi de 1825 est ainsi conçu : « Les biens constitués à la « branche d'Orléans en exécution des ordonnances royales des 18 « et 20 mai, 17 septembre et 7 octobre 1814, et provenant de l'apa- « nage constitué par les édits des années 1661, 1672 et 1692, à *Mon- « sieur*, frère du roi Louis XIV, pour lui et sa descendance mascu- « line, *continueront* à être possédés aux mêmes titres et conditions « par le chef de la branche d'Orléans, jusqu'à extinction de la « descendance mâle, auquel cas ils feront retour au domaine de « l'Etat. » La discussion de cet article 4 fut assez vive. On pen- sait que la liste civile devait être votée par acclamation, et par conséquent présentée seule. Mais cet article 4, ajoutait-on, n'eût pas dû figurer dans la même loi ! C'était, dit un membre, de la contrebande dans les voitures du roi. M. de la Bourdonnaye s'emporta contre l'inutilité d'une semblable loi, quand l'apanage existait en vertu d'ordonnances royales antérieures à la Charte, et partant émanées d'un pouvoir dictatorial souverain, au-dessus du pouvoir représentatif. M. de Villèle répondit en ces termes : « On nous demande pourquoi recourir à la sanction législative. « Parce que la législation existante nous met dans cette obliga- « tion. Et, en effet, Messieurs, il existe une loi de 1791, qu'on « s'est bien gardé de citer, parce qu'elle est contraire à la pro- « position qu'on soutient en ce moment, et cette loi contient des « dispositions d'après lesquelles la possession de l'apanage pour- « rait être contestée. Elle déclare, dans son article premier, qu'il « ne sera plus concédé aucun apanage. Elle révoque, par son « article 2, toutes les concessions d'apanages faites antérieure- « ment; elle semble indiquer, dans son article 9, qu'on suppri- « mera les apanages pour en faire des biens nationaux. Telle est « la loi qu'on pourrait être tenté d'invoquer pour attaquer la « possession régulière de l'apanage. Elle n'a été rapportée par » aucune loi. Les ordonnances subséquentes n'ont rien établi à « cet égard; il y avait donc nécessité de demander une disposi- « tion législative pour sortir du provisoire *et pour faire cesser* « *l'embarras de cette situation.* Il y avait, en outre, nécessité de « faire décider cette question dans la loi même relative à la liste « civile; car c'est par cette loi que vous accorderiez une rente « apanagère à M. le duc d'Orléans, s'il n'avait pas recouvré son « apanage. »

Mais après la révolution de 1789, sous l'empire de la Charte, un prince peut-il encore, malgré les nouveaux principes, malgré le nouveau droit public de la France, conserver un apanage en terres? Le général Foy n'hésitait pas sur cette question : « Je « crois que, dans notre état social, il est *mieux* que les apa- « nages consistent en propriétés; que, par là', *les princes se trou-* « *vent dans un rapport plus intime avec la cité*, qu'ils procurent « un grand avantage en donnant aux arts et à l'industrie l'occa- « sión de se développer sur de grands domaines. »

Une ordonnance du 21 décembre 1825, qui vise l'article 4 de la loi du 15 janvier, prescrit au duc d'Orléans de faire dresser des états, par département, de la consistance des biens de l'apa- nage. Ces états seront transmis au ministre des finances: l'exac- titude en sera vérifiée. Il sera fait alors une déclaration de la consistance des biens composant l'apanage. Sur cette déclaration, le Roi délivrera des lettres-patentes, qui seront enregistrées dans les cours et tribunaux de la situation des biens, comme elles l'eussent été jadis au Parlement.

Ainsi, dans le nouveau droit public, lorsqu'il faut s'en prendre au Trésor ou au Domaine pour constituer un apanage, l'apanage ne peut exister qu'en vertu d'une loi, car aucune partie du do- maine ne peut être aliénée qu'en vertu d'une loi. Après que l'apanage est constitué, s'il était nécessaire d'y apporter des changements par échange, réunion, ou quelque autre voie de ce genre, il faudrait également une loi; mais alors le consentement du prince serait indispensable, parce qu'on ne peut modifier les droits acquis à l'apanagiste malgré l'apanagiste.

En 1830, Louis-Philippe fut proclamé par les Chambres. Sa fortune se composait de deux éléments divers : 1° L'apanage créé en 1661 par Louis XIV, au profit de son frère Philippe; 2° Son patrimoine privé : biens recueillis dans la succession maternelle, biens recueillis dans la succession bénéficiaire de son père, acquisitions entre vifs à titre onéreux. Le 9 août 1830, l'apanage cessa par l'avénement de Louis-Philippe au trône : tous les biens qui le composaient firent retour au domaine de l'Etat. Le 7 août 1830, Louis-Philippe, duc d'Orléans, avait disposé par donation entre-vifs, régulière en la forme, au profit de ses enfants, de ses propriétés patrimoniales. Le décret du 22 janvier 1852 déclara nulle cette donation et prononça la restitution au domaine de l'Etat des biens qui en avaient fait l'objet. Voici le texte du décret :

Le Président de la République,

Considérant que sans vouloir porter atteinte au droit de pro-

priété dans la personne de la famille d'Orléans, le Président de
la République ne justifierait pas la confiance du peuple français,
s'il permettait que les biens qui doivent appartenir à la nation
soient soustraits au domaine de l'Etat;

Considérant que, d'après l'ancien droit public de la France,
maintenu par le décret du 21 septembre 1790 et par la loi du
8 novembre 1814, tous les biens qui appartenaient aux princes
lors de leur avènement étaient, de plein droit et à l'instant même,
réunis au domaine extraordinaire de la couronne; qu'ainsi le
décret du 21 septembre 1790, de même que la loi du 8 novembre
1814, portent: « Les biens particuliers du prince qui parvient au
« trône et ceux qu'il avait pendant son règne, sont de plein droit
« et à l'instant même réunis au domaine de la nation, et l'effet
« de cette union est perpétuel et irrévocable ; »

Que la consécration de ce principe remonte à des époques fort
reculées de la monarchie (1); qu'on peut, entre autres, citer
l'exemple de Henri IV : ce prince, ayant voulu empêcher, par
des lettres-patentes du 15 avril 1590, la réunion de ses biens au
domaine de la couronne, le parlement de Paris refusa d'enregistrer ces lettres-patentes, aux termes d'un arrêt du 15 juillet 1591 ;
et Henri IV, applaudissant plus tard à cette fermeté, rendit, au
mois de juillet 1601, un édit qui révoquait ses lettres-patentes ;

Considérant que cette règle fondamentale de la monarchie a été
appliquée sous les règnes de Louis XVIII et de Charles X, et reproduite dans la loi du 15 janvier 1825; qu'aucun acte législatif ne
l'avait révoquée le 9 août 1830, lorsque Louis-Philippe a accepté
la couronne; qu'ainsi, par le seul fait de cette acceptation, tous
les biens qu'il possédait à cette époque sont devenus la propriété
incommutable de l'Etat ;

Considérant que la donation universelle, sous réserve d'usufruit, consentie par Louis-Philippe au profit de ses enfants, à
l'exclusion de l'aîné de ses fils, le 7 août 1830, le jour même où
la royauté lui avait été déférée, et avant son acceptation qui eut
lieu le 9 du même mois, a eu uniquement pour but d'empêcher
la réunion au domaine de l'Etat des biens considérables possédés
par le prince appelé au trône ; que, plus tard, lorsqu'il fut
connu, cet acte souleva la conscience publique ; que si l'annulation n'en fut pas prononcée, c'est qu'il n'existait pas, comme

---

(1) V. Livre III, chap. 4, notre opinion sur ce point.

sous l'ancienne monarchie, une autorité compétente pour réprimer la violation des principes du droit public, dont la garde était anciennement confiée au Parlement; qu'en se réservant l'usufruit des biens compris dans la donation, Louis-Philippe ne se dépouillait de rien, et voulait seulement assurer à sa famille un patrimoine devenu celui de l'Etat ; que la donation elle-même, non moins que l'exclusion du fils aîné, dans la prévoyance de l'avènement au trône de ce fils, était de la part du roi Louis-Philippe la reconnaissance la plus formelle de cette règle fondamentale, puisqu'il fallait tant de précautions pour l'éluder ; qu'on exciperait vainement de ce que l'union au domaine public ne devait résulter que de l'acceptation de la couronne par celui-ci, et de ce que cette acceptation n'ayant eu lieu que le 9 août, la donation consentie le 7 du même mois avait dû produire son effet ;

Considérant qu'à cette dernière date, Louis-Philippe n'était plus une personne privée, puisque les deux Chambres l'avaient déclaré roi des Français sous la seule condition de prêter serment à la Charte; que, par suite de cette acceptation, il était roi dès le 7 août, puisque, ce jour-là, la volonté nationale s'était manifestée par l'organe des deux Chambres, et que la fraude à une loi d'ordre public n'existe pas moins, lorsqu'elle est concertée en vue d'un certain fait qui doit immédiatement se réaliser ;

Considérant que les biens compris dans la donation du 7 août, se trouvant irrévocablement incorporés au domaine de l'Etat, n'ont pas pu en être distraits par les dispositions de l'article 22 de la loi du 2 mars 1832; que ce serait, contrairement à tous les principes, attribuer un effet rétroactif à cette loi, que de lui faire valider un acte radicalement nul d'après la législation existante à l'époque où cet acte a été consommé; que d'ailleurs cette loi, dictée dans un intérêt privé par les entraînements d'une politique de circonstance, ne saurait prévaloir contre les droits permanents de l'Etat et les règles immuables du droit public;

Décrète :

Article 1er. Les biens meubles et immeubles qui sont l'objet de la donation faite par le roi Louis-Philippe le 7 août 1830 sont restitués au domaine de l'Etat.

Article 2. L'Etat demeure chargé du paiement des dettes de la liste civile du dernier règne.

Article 3. Le douaire de 300,000 fr. attribué à la duchesse d'Orléans est maintenu.

Article 4. Les biens faisant retour à l'Etat, en vertu de l'article premier, seront vendus en partie à la diligence de l'administration des domaines pour le produit en être réparti ainsi qu'il suit.

Article 5. Dix millions seront alloués aux sociétés de secours mutuels autorisées par la loi du 15 juillet 1850.

Article 6. Dix millions seront employés à améliorer les logements des ouvriers dans les grandes villes manufacturières.

Article 7. Dix millions seront affectés à l'établissement d'institutions de crédit foncier dans les départements qui réclameront cette mesure, en se soumettant aux conditions jugées nécessaires.

Article 8. Cinq millions serviront à établir une caisse de retraite au profit des desservants les plus pauvres.

Article 9. Le surplus des biens énumérés dans l'article premier sera réuni à la dotation de la Légion-d'Honneur pour le revenu en être affecté aux destinations suivantes, sauf, en cas d'insuffisance, à y être pourvu par les ressources du budget.

Article 10. Tous les officiers, sous-officiers et soldats de l'armée de terre et de mer qui seront à l'avenir nommés ou promus dans l'ordre national de la Légion-d'Honneur, recevront, selon leur grade dans la légion, l'allocation suivante : les légionnaires, deux cent cinquante francs; les officiers, cinq cents francs; les commandeurs, mille francs; les grands-officiers, deux mille francs; les grands-croix, trois mille francs.

Article 11. Il est créé une médaille militaire donnant droit à cent francs de rente viagère en faveur des soldats et sous-officiers de l'armée de terre et de mer placés dans les conditions qui seront fixées par un règlement ultérieur.

. . . .

La famille d'Orléans, dans ses défenses, s'appuyait sur la donation du 7 août pour la partie des domaines acquise avant 1830; subsidiairement sur la prescription résultant d'une possession deux fois décennale avec juste titre et bonne foi; pour la partie des domaines acquise après 1830, ils agissaient comme héritiers de leur père et de madame Adélaïde, leur tante.

On sait que les héritiers du roi Louis-Philippe adressèrent une requête au président du tribunal de la Seine, tendant à faire déclarer que leurs agents, expulsés des domaines de Neuilly et de Monceaux, l'avaient été sans droit; qu'ils seraient en conséquence maintenus dans la possession et la propriété de ces deux domaines. Le président permit d'assigner aux fins de cette requête. A l'audience du 16 avril 1852, le ministère public, au nom du préfet de la Seine, présenta un déclinatoire tendant à ce qu'il plût au tribunal se déclarer incompétent. Mes Paillet et Berryer demandèrent que le tribunal retint la cause. Le tribunal se déclara compétent. Le préfet de la Seine éleva le conflit, et l'affaire fut portée devant le conseil d'Etat. Là, le commissaire du gouvernement soutint que l'acte du président de la république était essentiellement politique; que les pouvoirs du prince-président, le 22 janvier, étaient illimités, et que les décrets rendus en vertu de ces pouvoirs ne pouvaient être discutés ni devant l'autorité administrative ni devant l'autorité judicaire. Il rappela comment le conseil d'Etat, dans une espèce analogue, avait rejeté la requête de M. Laffite, parce qu'elle tenait à une question politique dont la décision revenait exclusivement au gouvernement (1). Mais les contrats de mariage! mais la prescription! Le commissaire du gouvernement cita un arrêt du Conseil d'Etat du 5 décembre 1838, où il était dit que la faveur et l'irrévocabilité des contrats de mariage ne pouvaient aller jusqu'à anéantir l'effet d'une loi politique. Le conseil d'Etat, s'appuyant sur le texte même du décret et sur la nature politique de cet acte, confirma l'arrêté de conflit, sauf pour la portion des domaines de Monceaux et de Neuilly acquise postérieurement à la donation du 7 août 1830.

Tel fut le sort de la donation faite par Louis-Philippe de ses biens patrimoniaux à ses enfants, à la veille du pacte qui faisait du duc d'Orléans le premier magistrat de la France constitutionnelle. Mais pour être roi constitutionnel, Louis-Philippe n'en avait pas moins besoin d'une liste civile. La liste civile de la nouvelle monarchie fut votée dans la session de 1832.

Y aura-t-il une liste civile? comment doit-elle être organisée dans une monarchie constitutionnelle? Quel en sera le chiffre et quelles hautes raisons peuvent déterminer à l'élever ou à l'abaisser? Y aura-t-il une dotation de la couronne? un domaine privé? Faut-il admettre le principe de dévolution? Autant de questions de droit public qui se rattachent à la question plus générale de l'aliénation des biens de l'Etat, car l'Etat aliène quand

(1) 1er mai 1822.

il crée une liste civile avec une dotation mobilière ou immobilière de la couronne, et la dévolution des biens privés du monarque peut être regardée comme une condition de cette aliénation. Ces questions, on peut le dire, ne furent librement et sérieusement examinées qu'une seule fois par les députés du pays : la discussion de 1832 mérite donc toute notre attention.

Le ministère demandait une liste civile de quinze millions.

M. de Corcelles attaqua le projet. Il trouvait qu'on n'avait pris aucune précaution contre « l'invasion possible, présumable « même, d'un système de cour, » et regardait « cette exubérante « liste civile » comme un impôt qu'il fallait alléger le plus possible.

M. Marchal pensait, il est vrai, que la question d'économie était secondaire, et qu'il ne fallait pas ternir, par une mesquine parcimonie, l'éclat des lieux où réside la famille royale; mais il exprimait néanmoins la crainte « que les sanglots de la chau- « mière ne répondissent à l'allégresse du palais. » Il demandait une liste civile de dix millions : « Plus de ces châteaux dont la « magnificence, onéreuse aux contribuables, est inutile au roi, « qui peut-être ne les visitera jamais. Laissez vendre ces habita- « tions somptueuses où personne ne doit plus habiter... La pro- « priété privée mettra la charrue dans les parcs, elle placera des « métiers dans les anciens palais... Qu'on ne nous parle plus « d'entretenir, à grands frais, des lieux incultes, des bâtiments « inhabités; le délaissement est au sol ce que l'oisiveté est aux « individus : l'un et l'autre sont impies. Si l'homme est con- « damné au travail, les éléments lui sont abandonnés pour oc- « cuper ses forces, et lui en dérober une partie, c'est aller contre « la volonté du créateur (1). »

M. Thouvenel crut devoir montrer que Charles X aimait la chasse et que Louis-Philippe ne l'aimait pas; que Charles X était grand dépensier et Louis-Philippe fort économe. Il affirma que Louis-Philippe, avec une liste civile deux fois moins forte que celle de Charles X, serait deux fois plus riche que lui. D'après l'honorable membre, l'économie, comme la charte, devait être une vérité.

M. Clerc-Lassalle demanda une liste civile de huit millions.

M. Dupont (de l'Eure) réclama longuement en faveur des gou-

(1) Ce genre de rhétorique n'était pas rare en 1832.

vernements à bon marché, et demanda six millions de liste civile.

M. de Montalivet, ministre de l'intérieur, déclare qu'une liste civile républicaine est aussi impossible avec une monarchie qu'une monarchie avec des institutions républicaines. Comment, en 1791, la Constituante, si hardiment novatrice, s'était-elle unanimement arrêtée au chiffre de vingt-cinq millions ? Il faut que le représentant d'une grande nation soit le premier, autant par l'influence de ses richesses que par sa dignité même; il faut que le luxe, qui fait la prospérité des peuples civilisés, ne soit pas banni de l'habitation du roi, car il le serait bientôt de celle de ses sujets.

M. Lherbette attaque l'inaliénabilité des biens de la Couronne, qui les enlève à la circulation. Il prétend que la constitution d'un domaine de la couronne, pour rester conforme à l'esprit de la Charte, ne doit donner au roi qu'un simple droit de résidence dans quelques biens du domaine de l'Etat. Il ne veut pas d'un domaine privé. L'orateur indique ici le motif de « l'identification du roi avec l'Etat. » Les biens adviennent-ils à titre onéreux? Le roi n'a pu les acheter qu'avec des économies faites sur la liste civile. Adviennent-ils à titre gratuit? « Un roi est trop puissant « pour qu'on lui permette d'acquérir ainsi. » *Plus de cour sous un roi citoyen :* telle doit être la devise d'un gouvernement constitutionnel.

A la séance du lendemain, M. Sapey demande qu'on ne fasse pas expier à la royauté populaire les prodigalités de la royauté déchue. Le trésor d'un roi n'est qu'un réservoir d'où l'or va se distribuer, suivant l'exigence des besoins, entre l'industrie, le commerce, les arts et l'infortune.

M. Robert (des Ardennes) combat le projet: « La gloire d'un « roi est dans le bonheur général : sa cour est tout son peuple : « sa force est dans les liens indissolubles qui l'unissent à la « nation. »

M. Salverte déclare que, si la Constituante a donné 25 millions de liste civile à Louis XVI, c'était un vote de transition. Quant au vote de 1825, il rappelle le mot éloquent de Casimir Périer à une chambre qui ne représentait plus le pays : « Nous sommes « six dans cette enceinte, et trente-deux millions au dehors. » L'honorable membre repousse le principe de dévolution : ce n'est plus qu'une fiction, et Charles X l'a bien prouvé : un acte entrevifs, des legs particuliers, enfin tous les moyens connus pour éviter une disposition générale , suffiront pour que le domaine privé ne fasse jamais retour à la couronne. Il faut quitter le système de dévolution pour entrer dans une voie de franchise et de vérité.

M. Gauthier de Rumilly réclame en faveur des gouvernements à bon marché. Il se résume dans cette phrase métaphorique :
« La momie d'un descendant de Sésostris était placée dans l'in-
« térieur d'une magnifique salle de la grande pyramide : elle
« était revêtue d'or et de pierreries , éclatants attributs de la
« souveraineté. Lorsque les prêtres de Memphis voulurent le
« présenter aux hommages des Egyptiens , elle tomba en pous-
« sière : elle n'était plus en rapport avec l'atmosphère et la cha-
« leur du soleil. »

M. de Schonen , rapporteur, ferma la discussion générale au commencement de la séance du 6 janvier en présentant les idées de la commission.

L'article premier fut ainsi adopté : « La liste civile dont le Roi
« doit jouir pendant toute la durée de son règne, conformément
« à l'article 19 de la Charte, sera composée d'une dotation immo-
« bilière et d'une somme annuelle assignée par la présente loi
« sur le Trésor public. » La dotation immobilière , contrairement aux lois du 8 novembre 1814 et du 15 janvier 1825, n'est ici fixée que pour la durée du règne. « Si cette dotation devait suivre
« la dynastie, disait M. de Schonen , elle pourrait devenir trop
« considérable et n'être plus analogue à ses besoins. »

Le projet pour l'établissement de la dotation immobilière se référait simplement aux palais, bâtiments, etc., désignés par la loi du 1er juin 1791 , par les sénatus-consultes du 30 janvier 1810. du 1er mars 1814, du 14 avril 1813 , etc. Il énumérait non pas les domaines compris dans la dotation , mais les domaines exclus de la dotation. M. Salverte demanda qu'on suivit le procédé inverse. M. Mauguin fit observer que tous les domaines formant l'ancienne dotation de la couronne ne seraient peut-être pas maintenus dans cette dotation ; qu'il y avait même lieu d'en exclure plusieurs : l'honorable membre alla jusqu'à proposer de vendre les forêts de Compiègne, de Saint-Germain et de Rambouillet. M. Dupin montra très-bien que les bois étaient utiles à la richesse, nécessaires à la défense du pays : il rappela qu'à la Convention , sous prétexte que les jardins des Tuileries étaient inutiles , on avait proposé de les détruire pour y planter des pommes de terre et demanda à la Chambre de ne pas revenir à un pareil système. M. Odilon Barrot insista pour le vote séparé. On vota séparément. C'est ainsi que la Chambre, à une majorité de 165 voix contre 157, refusa de comprendre Rambouillet dans la dotation de la Couronne. L'article 2 fut définitivement adopté comme il suit : « Les biens immeubles comprendront le Louvre, « les Tuileries et leurs dépendances, l'Elysée-Bourbon, les châ« teaux, maisons, bâtiments, manufactures, bois et forêts com« posant principalement les domaines de Versailles, Marly, Saint-« Cloud, Meudon, Saint-Germain-en-Laye, Compiègne, Fontaine« bleau et Pau; la manufacture de Sèvres et celle des Gobelins; « celle de Beauvais, le bois de Boulogne, le bois de Vin« cennes et la forêt de Sénart, tels qu'ils ont été désignés par « la loi du 1er juin 1791, par les sénatus-consultes des 30 jan« vier 1810, 1er mai 1812, 14 avril 1813; par les lois des 8 no« vembre 1814, 15 janvier 1825, et par diverses autres lois sur« venues relativement à des acquisitions ou échanges de biens « royaux. »

L'article 3 était ainsi conçu : « Seront distraits de la dotation « de la couronne les palais, châteaux, hôtels, bâtiments et biens « dont l'énumération est contenue dans le tableau annexé à la « présente loi, lesquels seront employés ou vendus au profit de « l'Etat. » La valeur de ces propriétés montait à dix-huit millions.

L'apanage d'Orléans, constitué par les édits de 1661, de 1672 et de 1692, avait été anéanti par les lois de la Révolution et restitué à la famille par quatre ordonnances de 1814. Le parti de l'émigration, hostile aux d'Orléans et à la France, représenté par MM. Dudon et de La Bourdonnaye en 1825, combattit seul la restitution. En 1830, l'apanage fut réuni à la Couronne. Que fallait-il faire de ces biens ? Le Gouvernement avait d'abord songé à reconstituer l'apanage sur la tête du fils aîné du roi. Rien de moins conforme au droit ancien, puisque les apanages ne s'accordaient qu'aux fils puinés. D'ailleurs la Chambre ne voulait plus d'apanages réels. Mais allait-on laisser ces biens dans le domaine de l'Etat proprement dit ou les attribuer à la dotation de la Couronne ? La commission de la Chambre des députés estima qu'il fallait considérer le sentiment d'affection du Roi pour ces propriétés et ne pas lui enlever la jouissance de domaines qu'il avait trouvés dans un état de détérioration complète et qu'il s'était plu à embellir. Le projet accordait en outre aux d'Orléans une indemnité spéciale, exigible à la fin du règne de Louis-Phllippe, à raison des accroissements faits à l'apanage jusqu'au moment de la réunion au domaine. Ce paragraphe souleva une discussion fort animée. M. Mauguin prétendit qu'il appartiendrait plutôt à l'Etat de réclamer une indemnité contre l'apanagiste ; que, d'après les titres constitutifs, l'apanagiste devait produire 200,000 livres tournois ; qu'il produisait 3 millions ; qu'on avait évidemment pris dans le domaine de l'Etat la valeur fixée par les titres ; que, d'après les dispositions spéciales des titres constitutifs et l'article 8 de l'ordonnance de 1566, les apanagistes ne pouvaient faire dans les biens apanagés aucune coupé de futaie ; que cependant des coupes nombreuses avaient été faites. MM. de Schonen et Dupin répondirent très-bien : 1º Que la valeur du marc d'argent avait considérablement varié de 1661 à 1832 ; 2º que cette somme de 200,000 livres était l'énonciation de la valeur de l'apanage et non pas un revenu de 200,000 livres constitué en apanage ; que, si l'on avait voulu constituer un apanage de 200,000 livres de rente, on l'aurait assigné sur des biens immeubles. Au contraire, c'était des biens immeubles qu'on avait donnés en apanage en énonçant simplement leur évaluation. M. Odilon Barrot fit observer que le droit à l'indemnité n'était nullement préjugé par les dispositions de la commission : on se bornait à décider que ce droit pourrait être exercé tant que l'apanage resterait dans les mains du Roi, sauf à l'héritier à exercer ce droit lors de la réunion et aux tribunaux à régler la contestation. L'article 4 fut ainsi voté : « Sont « en outre réunis à la dotation immobilière les biens de toute « nature composant l'apanage d'Orléans, constitué par les édits « de 1661, 1672 et 1692, ainsi que la petite forêt d'Orléans qui « en faisait originairement partie, et qui, par l'avènement du Roi, « ont fait retour au domaine de l'Etat. Dans le cas où il y aurait « lieu à indemnité à raison des accroissements faits à cet apa-« nage depuis qu'il a été rendu à la maison d'Orléans jusqu'au « moment où il a fait retour au domaine de l'Etat, cette « indemnité ne sera exigible qu'à la fin du règne actuel. La « partie non apanagère du Palais-Royal appartenant à Madame « la princesse Adélaïde d'Orléans, pourra également être réunie « par la voie d'échange opéré en d'autres biens faisant partie du « domaine d'Orléans. »

Article 5. « La dotation mobilière comprend les diamants, perles, « pierreries, tableaux, statues, pierres gravées, musées, biblio-« thèques et autres monuments des arts, ainsi que les meubles

« meublants contenus dans l'hôtel du garde-meuble, et les divers
« palais et établissements royaux. Les objets de même nature
« contenus dans les palais, châteaux et hôtels distraits du do-
« maine de la Couronne feront partie de cette dotation. » « En 1808,
« dit M. de Schonen, l'Empereur donna une fête magnifique, et
« il lui parut convenable que l'Impératrice s'y montrât avec de
« riches parures : il ne trouva rien de mieux à faire que de
« prendre des camées antiques de la plus grande beauté dans
« le conservatoire de la bibliothèque de la rue de Richelieu. Ces
« camées furent ainsi pris en vertu d'un décret impérial, et le
« retrait en fut fait de la bibliothèque. » La Chambre décida
que les camées distraits de la bibliothèque de la rue de
Richelieu en vertu d'un décret du 2 mars 1808, y seraient réintégrés.

Article 6. « Il sera dressé par récolement, aux frais de la liste
« civile, un état et les plans des immeubles, ainsi qu'un inven-
« taire descriptif de tous les meubles. » M. Dupin demanda
vainement la suppression des mots *aux frais de la liste civile*,
non pour la décharger du paiement de ces frais peu considérables, mais pour ne pas la rendre responsable de l'inexactitude
des opérations. « Ceux de ces meubles susceptibles de se délé-
« riorer par l'usage seront estimés. » Pourquoi cette estimation ?
« Est-ce dans la pensée de rendre la liste civile responsable ?
« disait M. Dupin. En vérité, la responsabilité ne pouvait frap-
« per personne, car les meubles meublants non seulement se
« détériorent par l'usage, mais perdent généralement de leur
« prix, parce qu'ils cessent d'être au goût du jour. Quand vous
« ferez une nouvelle liste civile, assurément le mobilier, quoique
« identiquement le même, n'aura plus la même valeur. Quel sera
« donc le résultat de cette estimation ? Sera-ce pour demander à
« la liste civile ou à ses agents la représentation et la valeur de
« l'estimation ? Je ne pense pas que telle soit l'intention de la
« Chambre. » Tel fut le vote de la Chambre. « Des doubles
« tant de l'état des immeubles et des plans que de l'inven-
« taire du mobilier seront déposés dans les archives des
« Chambres, après avoir été certifiés et signés par un ministre
« responsable. »

Article 7. « Les monuments et les objets d'art qui seront pla-
« cés dans les maisons royales, soit aux frais de l'État, soit aux
« frais de la Couronne, seront et demeureront dès ce moment
« propriété de la Couronne. »

La Chambre passa ensuite à l'examen de la jouissance (1) des biens formant la dotation de la Couronne. Leur inaliénabilité, leur imprescriptibilité est reconnue sans discussion. Le débat ne porte que sur la nature des meubles qui pourront être aliénés moyennant remplacement. La Chambre n'autorise cette aliénation que pour les meubles susceptibles de détérioration, dont il est parlé dans l'article 6. L'échange des biens composant la dotation de la Couronne ne pourra être autorisé que par une loi.

D'après l'article 10, les biens de la Couronne ne pourront pas plus que le trésor public être grevés des dettes des rois ou des pensions par eux accordées. Or le projet du gouvernement attribuait à la liste civile toutes les valeurs appartenant à la caisse des retraites de vétérance, créée le 8 novembre 1814, et la chargeait d'acquitter les pensions à la charge de cette caisse. M. de Marmier soutint les droits des pensionnaires. Il demanda qu'on n'allât pas jeter le désespoir dans deux mille familles; il invoqua les précédents historiques, et cita ce fragment d'un rapport sur la liste civile anglaise : « Les pensions sur la liste civile ont tou-« jours été considérées comme accordées pour la vie des pen-« sionnaires, et il n'y aurait aucun exemple qu'une pension « accordée par un roi ne l'eût pas été par ses successeurs. » M. Odilon Barrot répondit : « Il ne s'agit pas seulement d'impo-« ser à la nouvelle liste civile l'obligation de payer les serviteurs « de Charles X, mais l'obligation de conserver la caisse de vété-« rance, de fonder à toujours une caisse de vétérance, en telle « sorte que les serviteurs d'un roi auraient un droit acquis à • être employés par son successeur. » Enfin M. Salverte fit observer qu'il y avait là une caisse particulière, un contrat entre le maître et ses successeurs, et non entre l'Etat et ses employés. Le projet du gouvernement fut repoussé.

Article 11. « La durée des baux, à moins qu'une loi ne l'auto-« rise, ne dépassera pas dix-huit années. Ils ne pourront être « renouvelés plus de trois ans avant leur expiration. »

Article 12. « Les forêts de la Couronne seront soumises aux « dispositions du code forestier en ce qui les concerne; elles « seront assujetties à un aménagement régulier. Il ne pourra « être fait aucune coupe extraordinaire quelconque ni aucune

(1) Le projet du gouvernement disait *propriété*. La commission et la chambre substituèrent à ce mot celui de jouissance.

« coupe de quarts en réserve ou de massifs réservés par l'amé-
« nagement pour croître en futaie, qu'en vertu d'une loi. » Le
rapporteur demandait qu'on se contentât d'une ordonnance
royale. Un membre soutint qu'une loi était indispensable : autrement l'Etat n'avait plus de garantie sérieuse : d'ailleurs l'article 9
ne permettait les échanges qu'en vertu d'une loi : dans l'espèce,
il y aurait eu contradiction à n'exiger qu'une ordonnance. La
Chambre adopta cet amendement.

D'après l'article 14, le Roi est maître d'ordonner les changements, additions ou démolitions utiles à la conservation et à
l'embellissement des domaines de la Couronne. D'après l'article 15, l'entretien et les réparations des meubles et immeubles
de la Couronne sont à la charge de la liste civile.

Il s'agit de fixer le chiffre de la liste civile. Le président, du
Conseil déclara qu'il y avait là une question de dignité, d'avenir,
et que le chiffre n'était qu'un symbole. Il établit que la cour de
Charles X coûtait plus de quarante millions à la France, et montra que cette somme était réduite à quinze millions : « Messieurs,
« ne voyez dans cette discussion ni une question d'argent ni
« une question de personnes, ni une question ministérielle :
« voyez-y ce qui s'y trouve réellement (Ecoutez ! écoutez!), une
« question de dignité publique, une question de force nationale,
« la question de la royauté! Aussi, quel que soit votre vote, faites
« surtout qu'il arrive au trône d'une manière aussi convenable
« pour vous que pour lui, aussi digne de la nation au nom de
« laquelle il est offert que du Roi qui n'a rien demandé à cette
« nation que son estime et sa confiance (Bien! Très-bien!). » Le
chiffre de douze millions fut adopté à une grande majorité. Cette
somme dut être comptée de mois en mois et par avance à la personne commise par le roi à cet effet.

Le titre II de la loi s'occupe du douaire de la Reine, de la dotation de l'héritier de la Couronne, et des princes et princesses, fils
et filles du Roi. En cas de décès du Roi, il sera attribué un
douaire à la reine survivante, consistant en un revenu annuel
et viager, fixé législativement. L'Elysée-Bourbon lui sera assigné
pour sa résidence. L'héritier de la Couronne, prince royal, aura
un revenu fixe d'un million. Mais il fut bien entendu qu'un supplément lui pourrait être accordé à l'époque de son mariage,
toutefois avec cette réserve que le pays serait seulement obligé
de fournir ce supplément en cas d'insuffisance des revenus particuliers du Roi. Les Chambres, dans ce cas, pourraient avoir

ainsi l'occasion de s'exprimer sur la convenance politique du mariage. Il est encore évident que la maison du Roi ne viendra pas demander une dot pour les princes assez riches de leur propre patrimoine. C'est seulement au cas d'insuffisance du domaine privé que les dotations des fils puînés du Roi et des princesses ses filles seront réglées par des lois.

La Chambre arriva à discuter la question du domaine privé. M. Salverte se prononce énergiquement contre le principe de dévolution, proclamé par la commission : « Sans doute la dévo- « lution pouvait avoir lieu quand le domaine entier de l'Etat était « censé le domaine du Roi ; mais aujourd'hui le domaine de l'Etat « est constitué sur ses véritables bases. Le Roi ne peut-il pas sou- « haiter de conserver son domaine privé, de le transmettre à ses « héritiers ? Il n'y a qu'à assimiler le domaine privé du Roi à « celui des autres propriétaires , à le considérer comme le pre- « mier père de famille de son royaume , à soumettre ses biens « aux mêmes conditions que ceux des autres propriétaires et à « lui en laisser tous les avantages. » Le général Bertrand répon- dit, il est vrai, que Hugues-Capet n'eût pas conservé un domaine privé distinct du domaine de la Couronne. M. Dupin remontant alors, à tort ou à raison , jusqu'au capitulaire *de villis* , montra l'origine féodale du principe de la dévolution. Il suivit le déve- loppement de cette maxime à travers les siècles et fit remarquer que la crainte de la dévolution avait toujours suggéré la pensée de recourir à des moyens de fraude.

Ce principe était, en effet, contraire au système général de la monarchie constitutionnelle. La Chambre admit, avec raison , que le roi conserverait la propriété des biens qui lui apparte- naient avant son avènement au trône. Ces biens et ceux qu'il acquerra dans la suite formeront son domaine privé. Le Roi peut disposer de ce domaine par acte entre-vifs ou testamen- taire, sans être assujetti aux règles qui limitent la quotité dis- ponible. En effet, le maintien de ces règles eût pu faire passer à des souverains étrangers, par l'effet du mariage des princesses, une partie considérable de la succession royale. Un article proposé par la commission et attribuant à l'Etat le domaine privé du Roi; si le Roi venait à décéder sans en avoir disposé, disparut, par une conséquence naturelle, avec tout le système de la dévolution.

L'article 25 abolissait à tout jamais le domaine extraordinaire.

Le dernier titre de la loi qui s'occupait des droits des créan- ciers et actes judiciaires statuait , dans son article 28 , que les titres des créanciers seraient seulement exécutoires sur les meubles et immeubles du domaine privé, jamais sur le mobilier des palais et maisons royales. Enfin l'article 39 déclarait les deniers de la liste civile insaisissables.

Deux jours après la chute de la monarchie constitutionnelle, un décret du gouvernement provisoire ordonna que les biens de la liste civile feraient retour au domaine de l'Etat. Le domaine privé fut placé sous séquestre. Le 1er mars, M. Armand Marrast fut chargé de l'administration de tous les biens meubles et immeubles composant l'ancienne liste civile et de tous les biens du domaine privé. Le 9 mars, à la suite d'un rapport où M. Garnier-Pagès, ministre des finances, affirmait « de toute la force d'une « conviction éclairée et loyale que si la dynastie d'Orléans avait « régné quelque temps encore, *la banqueroute était inévitable,* » le gouvernement provisoire, considérant que les diamants de la Couronne dont la royauté n'était qu'usufruitière, et les autres valeurs mobilières servant à l'ornement et à la splendeur des résidences royales appartenaient à la nation, autorisa le ministre des finances à vendre les diamants de la Couronne au prix fixé par des experts assermentés et à faire convertir en monnaie au type de la République l'argenterie et les lingots provenant des Tuileries, du château de Neuilly et de toutes les résidences attribuées à la famille déchue par la loi de 1832. Les objets d'art étaient seuls exceptés.

Un décret du même jour autorisait le ministre des finances à aliéner, *s'il le jugeait nécessaire*, les terres, bois, forêts, corps de ferme, qui composaient les biens de l'ancienne liste civile. Cette aliénation devait se faire aux conditions suivantes : 1º l'acquéreur paiera sur-le-champ en espèces le quart du prix d'acquisition ; 2º pour les trois quarts restants, il souscrira des billets à l'ordre du receveur-général des finances de sa circonscription. L'échéance de ces billets ne pourra pas dépasser un an à partir du jour de l'acquisition. Enfin ces billets, revêtus de l'estampille de l'Etat et garantis par lui aux tiers-porteurs, pourront être négociés.

L'Assemblée constituante, le 25 octobre 1848, vota des mesures propres à accélérer la liquidation des dettes de l'ancienne liste civile et du domaine ; le 4 février 1850, l'Assemblée législative décida que le séquestre mis sur les biens du domaine privé serait levé le 1er août. Mais déjà s'apprêtait une révolution nouvelle qui devait rendre au gouvernement du pays la forme monarchique.

CHAPITRE III.

DES ANCIENS DOMAINES ÉCHANGÉS ET ENGAGÉS.

SOMMAIRE. — 1. — DOMAINES ÉCHANGÉS (1789-1814).

Discussion sur l'échange du comté de Sancerre. — Loi du 1er décembre 1790. — Injuste extension de la loi du 10 frimaire an II et loi du 7 nivôse an V. — Fixation des principes par la loi du 14 ventôse an VII. — Articles 5, 6 et 7 de la loi du 11 pluviôse an XII.

II. — DOMAINES ENGAGÉS (1789-1814).

Les Domaines engagés sous la Constituante. — Les Domaines engagés sous l'Assemblée législative. — Les Domaines engagés sous la Convention. — Commentaire de la loi du 14 ventôse an VII. — Loi du 11 pluviôse.

III. — DOMAINES ÉCHANGÉS OU ENGAGÉS. (1814-1820).

Article 116 de la loi du 28 avril 1816. — Loi du 15 mai 1818. — Loi du 12 mars 1820 et conséquences de cette loi.

I.

Ce fut par l'examen d'une question d'échange que commencèrent les discussions de législation domaniale à la Constituante. Le 2 octobre 1789, cette assemblée décida qu'elle s'occuperait dans sa séance du soir de l'échange du comté de Sancerre. Un membre dénonça cet échange comme abusif, onéreux et préjudiciable à l'État. La discussion s'engagea sur ce point et plusieurs motions furent proposées. L'objet de ces motions était la nomination d'un comité qui s'occupât sans délai des domaines en général et de cet échange en particulier. L'assemblée décida « qu'il « serait nommé un comité de trente-cinq personnes, savoir : une « par généralité pour la recherche et l'examen de tous les enga- « gements, échanges, concessions et aliénations quelconques des « biens et domaines de la Couronne et spécialement du comté « de Sancerre. »

Le 24 mars 1790, la Constituante déclara qu'il y avait lieu de surseoir aux échanges de domaines nationaux non consommés. Mais le 8 novembre elle exemptait de toute recherche et confirmait « en tant que besoin » les contrats d'échange faits régulièrement dans la forme et consommés sans fiction, lésion ni fraude avant la présente session. Le comité des domaines avait été forcé de présenter ses idées sur ce point avec la plus grande réserve : « Le quatrième paragraphe traite des échanges. Ce mot, Messieurs, « excite vos murmures... et votre indignation n'est que trop « fondée. » Le comité parlait « des basses intrigues, des ma- « nœuvres odieuses que des courtisans corrupteurs et des mi- « nistres corrompus avaient souvent employées pour couvrir du « voile de l'échange les déprédations les plus condamnables. » Mais il rappelait que le législateur devait être impassible et descendre à l'examen du droit civil pour apprécier la valeur de ces contrats : il mentionnait l'ordonnance de 1667 et les formalités rigoureuses que les édits exigeaient à peine de nullité. Il analysait la nature du contrat d'échange, dissertait sur un arrêt de la Chambre des Comptes du 2 avril 1776, et décidait que les échanges consommés avec toutes les formalités requises devaient être regardés comme irrévocables. L'Assemblée décidait : 1º que tous contrats d'échange non consommés seraient examinés pour être confirmés ou annulés par un décret formel des représentants de la nation ; 2º que les échanges seraient censés accomplis alors seulement que toutes les formalités prescrites auraient été observées, qu'il aurait été procédé aux évaluations ordonnées par l'édit d'octobre 1711, et que l'échangiste aurait obtenu et fait enregistrer dans les cours les lettres de ratification nécessaires pour donner à l'acte son dernier complément ; 3º que tous contrats d'échange pourraient être annulés et révoqués, malgré l'exacte observation des formes prescrites, s'il s'y trouvait fiction, fraude ou simulation, ou si le domaine avait souffert une lésion du huitième, eu égard au temps de l'évaluation ; 4º que les échanges consommés seraient maintenus ; 5° que l'échangiste évincé serait, au même instant, remis en possession réelle et actuelle de l'objet par lui cédé en contre-échange, « et s'il a été payé des retours « ou soultes, de part et d'autre, ils seront rendus à la même « époque ; et si les soultes n'ont pas été payées, il sera fait rai- « son des indemnités pour le temps de la jouissance; » 6° que les échangistes qui auraient rempli toutes les conditions prescrites « et qui, par le résultat des opérations, se seraient trouvés « débiteurs d'une soulte dont ils auraient dû payer les intérêts « jusqu'à ce qu'ils eussent fourni des biens et domaines fonciers « de même nature, qualité et valeur, seraient admis à payer les- « dits retours en soultes, avec les intérêts en deniers ou assi- « gnats, sans aucune retenue, et que l'administrateur général des « domaines serait autorisé à donner quittance et tenu de verser « le tout dans la caisse de l'extraordinaire. » Le sort des échangistes se trouva ainsi fixé dans les séances du 8 et du 11 novembre 1790.

C'est en vertu de ces nouveaux principes que la Constituante révoqua l'échange du Clermontois passé le 15 février 1784 entre les commissaires du roi et le prince de Bourbon-Condé (27 mars 1791), un autre échange passé le 24 mars 1768 entre les commissaires du roi et le sieur de Bosmelet; et que l'Assemblée législative révoqua le contrat d'échange intervenu le 3 octobre 1786, entre le roi et les princes de Rohan-Soubise.

La Convention, le 10 frimaire an II, décrétait la dépossession immédiate de tous les engagistes, avec déchéance de toute répétition contre l'Etat à l'égard de ceux qui ne feraient pas, dans les délais fixés, les déclarations prescrites ou la remise de leurs titres. La Convention ne s'était pas occupée des échangistes; cependant la régie, se fondant sur le caractère général de la loi, s'empara indistinctement des biens des engagistes et des échangistes, sans restituer à ceux-ci les biens que l'Etat avait reçus en contre-échange. L'exécution de cette loi fut suspendue le 22 frimaire an III. La loi du 7 nivôse an V vint enfin mettre un terme à cette injustice : « Les échangistes, dit-elle, dépossédés depuis la loi « du 10 frimaire an II, sans avoir été rétablis dans la jouissance « des objets cédés en échange par eux ou leurs auteurs, seront « réintégrés sur-le-champ, par les administrations centrales, « dans les biens dont ils ont été dépouillés, sans préjudice des « droits de la nation et de ceux des échangistes, qui les feront « valoir ainsi qu'il appartiendra. »

La fameuse loi du 14 ventôse an VII s'occupe encore des échanges dans ses articles 5 §. 1, 6 et 7. L'échange, pour être maintenu, doit avoir été légalement consommé, être fait sans fraude, fiction ou simulation prouvée par la lésion du quart eu égard au temps de l'aliénation. L'édit de 1667 parlait de *lésion énorme*; la loi du 1er décembre 1790 de lésion du huitième, la loi de ventôse de lésion du quart. Enfin l'échange devait avoir été consommé avant le 1er janvier 1789, ou avant l'époque des réunions, quant aux pays réunis à la France depuis le 1er janvier 1789.

La loi de ventôse fut complétée par la loi du 11 pluviôse an XII (articles 5, 6 et 7) (1). L'échangiste, dit l'article 5, sera remis en possession des biens par lui donnés en contre-échange, et il sera procédé à la liquidation soit des soultes ou retours de part et d'autre, soit des indemnités à raison des améliorations ou dégradations. Si les biens donnés en contre-échange, ajoutait l'article 6, se trouvaient avoir été vendus, la valeur entrera en liquidation au profit de l'échangiste. Elle sera réglée d'après le prix commun des biens de même espèce, à l'époque où l'échangiste aura reçu l'avis de sa liquidation et où il devra faire le délaissement des forêts nationales qu'il a reçues en échange. Enfin l'article 7 donne aux échangistes le droit de recevoir le montant de la liquidation en domaines nationaux. Le Conseil d'Etat s'inspira de cette loi pour annuler un échange passé entre le sieur Cotte et le gouvernement et non revêtu des formalités prescrites en 1711, quoique les terrains donnés en contre-échange ne pussent plus être restitués à l'échangiste. La restitution des objets donnés en contre-échange semblerait pourtant devoir être, en pareille matière, une condition nécessaire de la résiliation du contrat.

II.

Le 10 avril 1790, la Constituante ordonna l'impression d'un rapport sur les domaines possédés à titre d'engagement.

Le 11 novembre 1790, elle décrétait que tous contrats d'engagement postérieurs à l'ordonnance de 1566 seraient sujets à

---

(1) Cette loi s'applique aux concessionnaires de forêts au-dessus de 150 hectares.

rachat perpétuel : ceux d'une date antérieure n'y devaient être assujettis qu'autant qu'ils en contiendraient la clause expresse. Les ventes et aliénations des biens de l'Etat, postérieures à l'ordonnance de 1566, seraient réputées simples engagements, et comme telles, perpétuellement sujettes à rachat, quoique la stipulation en eût été omise au contrat, ou même qu'il y fût inséré une disposition contraire. Quant aux provinces réunies après 1566, c'est à la date de la réunion qu'on devait s'attacher et non à celle de l'ordonnance. Cette date de 1566 s'explique très-bien. Dans l'opinion des membres du Comité, la maxime de l'inaliénabilité ne s'était introduite en France qu'à ce moment. Il fallait bien déterminer une époque au-delà de laquelle il ne fût pas permis de remonter : « Autrement toutes les propriétés particu-« lières seraient ébranlées, et nous nous éloignerions du vrai « but de tout bon gouvernement, qui doit être de maintenir la « propriété. » Le Comité exceptait les aliénations antérieures faites avec clause de retour, parce qu'aucun détenteur ne peut prescrire contre son propre titre.

Articles 26 et 27 du décret : « Aucuns détenteurs de biens na-« tionaux sujets à rachat ne pourront être dépossédés sans avoir « préalablement reçu ou été mis en demeure de recevoir leur « finance principale avec les accessoires. En procédant à la liqui-« dation de la finance due aux engagistes, les sommes dont il « aura été fait remise ou compensation lors du contrat d'enga-« gement à titre de don, gratifications ou autrement, seront « rejetées. On ne pourra faire entrer en liquidation que les deniers « comptants réellement versés en espèces au trésor public... »

La loi de 1790 statuait encore sur les autres modes d'aliénation, les dons, les baux emphytéotiques, etc. Les dons, concessions, et transports à titre gratuit des biens et droits domaniaux postérieurs à 1566, ou antérieurs à 1566, mais faits avec clause de retour, étaient déclarés révocables à perpétuité, même avant l'expiration du terme fixé pour la réversion. C'est ainsi que furent annulés les dons et concessions faits en 1648 au prince de Condé des terres de Stenay, Dun, Jametz, etc. L'assemblée confirmait les baux à cens ou à rente des terres vaines et vagues passés légalement et régulièrement. Quant aux baux emphytéotiques ou même viagers, elle les regardait comme des aliénations. Tous les fermiers de biens nationaux dont les baux excédaient neuf ans devaient remettre au Comité des domaines, dans le délai d'un mois, des copies collationnées de leurs baux et emphytéoses, pour être examinées par le Comité, et sur son rapport être statué ce qu'il appartiendrait.

Toutes ces mesures étaient dictées par un grand esprit de modération. La Constituante, en transformant le droit public, sut allier à l'esprit nouveau le respect des droits acquis dans le passé. Les détenteurs du domaine étaient moins rigoureusement traités par l'assemblée révolutionnaire qu'ils ne l'avaient été souvent par la monarchie.

L'assemblée législative eut aussi sa loi sur les domaines engagés. Le 3 septembre 1792, toutes les aliénations déclarées *révocables* par la Constituante, furent *révoquées*. Les détenteurs remettront leurs contrats, quittances de finances, etc., au commissaire national, directeur-général de la liquidation. La dépossession n'aura lieu qu'après le remboursement. Les détenteurs qui se regarderont comme propriétaires incommutables seront tenus de se pourvoir dans le délai de trois mois devant le tribunal du district de la situation des biens, pour faire statuer ce qu'il appartiendra, contradictoirement avec la régie des domaines. Les détenteurs qui ne se conformeront pas à la loi seront dépossédés de plein droit. La régie prendra possession des biens sur un procès-verbal dressé par le juge de paix : elle fera vérifier l'état des biens contradictoirement avec les détenteurs. Les biens dont la régie aura pris possession seront administrés comme biens nationaux. Si les biens déclarés aliénables étaient vendus avant que les détenteurs eussent consenti ou contesté leur dépossession, la première offre des soumissionnaires leur sera notifiée, et faute par eux de s'être pourvus avant l'adjudication définitive, ils ne pourront plus obtenir que la restitution des sommes perçues par la nation. Les engagistes ne pouvaient plus passer aucun bail des biens détenus par eux : il devait être procédé à l'adjudication des baux pardevant le directoire du district de la situation des biens. L'assemblée se réserve de confirmer ou de révoquer les sous-aliénations et accensements faits par les engagistes détenteurs de biens nationaux en vertu de contrats d'inféodation, baux à cens ou à rente : mais elle confirme les sous-aliénations et accensements faits par les engagistes détenteurs, avant le 1er décembre 1790, des terres vaines et vagues au-dessous de dix arpents, des terres défrichées, en vertu des anciennes ordonnances, sur les lisières des forêts, sur les bords des grandes routes, des fossés et terrains situés dans les villes de moins de dix mille âmes, sur lesquels les sous-aliénataires ont fait un établissement quelconque, à la charge par eux de remplir certaines conditions imposées par la même loi. Le 17 septembre suivant, l'assemblée, pressant l'exécution de ces mesures, autorisait les directoires de départements à commettre des agents pour recueillir et inventorier les titres d'aliénations et propriétés domaniales qui auraient pu se trouver dans les greffes des ci-devant parlements, chambres des comptes, chambres du domaine et bureaux des finances.

C'était trop peu pour la Convention qui, le 10 frimaire an II, abrogea toutes les lois votées sur cette matière. Tous les engagements des domaines et droits domaniaux déclarés sujets à rachat perpétuel par la Constituante, sont révoqués. Les aliénations que les « ci-devant Rois » ont faites depuis le 1er février 1566 des biens qu'ils possédaient hors du territoire français, les baux emphytéotiques, les baux à une ou plusieurs vies, les baux au-dessous de neuf ans, sont compris dans cette révocation. Sont exceptés les inféodations et accensements des terres vaines et vagues, landes, bruyères, palus et marais, autres que celles situées dans les forêts ou à cent perches des forêts (pourvu qu'il n'y ait eu ni dol ni fraude, etc.), les sous-aliénations de même nature ayant date certaine avant le 14 juillet 1789, etc., *les aliénations des terrains épars, de contenance au-dessous de dix arpents, pourvu que tous ces objets soient actuellement possédés par des citoyens dont la fortune est au-dessous d'un capital de dix mille livres...*, car tous les citoyens, sous ce joug terrible, ne sont plus égaux devant la loi.

Aussitôt après la publication de ce décret, la régie de l'enregistrement prendra possession, au nom de la nation, après en avoir référé aux directoires des districts, de tous les biens dont l'engagement est révoqué, et cela quand bien *même les détenteurs auraient satisfait aux formalités et fait les déclarations prescrites par les précédentes lois.*

On remboursera les impenses, pourvu qu'elles aient été autorisées par le contrat ou par une clause postérieure, et jusqu'à concurrence de la plus-value. Des experts dresseront un procès-verbal d'estimation. Ils distingueront dans ce procès-verbal : 1° la valeur à l'époque de l'aliénation par le gouvernement; 2° la valeur sur le pied du prix en 1789 des objets sous-inféodés et exceptés de la révocation. Si les titres d'aliénation contiennent quelques-uns de ces droits féodaux supprimés sans indemnité, les experts les exprimeront dans leur procès-verbal, et détermineront pour quelle valeur ils sont entrés dans ces aliénations. L'estimation servira de base aux enchères ; les frais d'estimation seront à la charge de la nation. Les experts ne pourront être choisis que *parmi les agriculteurs ou artisans qui n'avaient pas d'autre état avant la révolution*, et qui n'auront été ni agents ni fermiers des ci-devant privilégiés.

Les contestations en matière domaniale seront jugées par des arbitres nommés l'un par le directoire du district, l'autre par le détenteur : s'il y a partage, un tiers-arbitre sera nommé par le juge de paix. « Le jugement des arbitres sera exécuté *sans appel,* » dit l'article 26 : cela veut dire que le détenteur mécontent ne pourra pas appeler ; mais quand les intérêts de la République auront été lésés, *il y sera statué par le Corps-Législatif.* L'appel n'est permis qu'à l'Etat.

Les dépositaires publics ou particuliers et les détenteurs à un titre quelconque des titres relatifs aux domaines et aux droits domaniaux seront tenus d'en faire leur déclaration au directoire du district dans l'arrondissement duquel ils seront domiciliés, *sous peine d'être déclarés suspects et comme tels mis en état d'arrestation.*

Ces biens et droits seront vendus comme les autres domaines. La régie dressera deux états des biens situés dans le district, l'un pour le district, l'autre pour l'administration centrale. Tous les administrateurs qui n'auront pas terminé ce travail dans les six mois *seront destitués.* Les détenteurs qui n'auront pas fait remise de leurs titres avant le 1er messidor sont déchus de toute répétition envers la République, *déclarés suspects et arrêtés en cas de refus.*

S'il résulte du procès-verbal des experts que le revenu des domaines aliénés pendant les dix dernières années réunies équivaut au montant de la liquidation, *il n'y aura lieu à aucun remboursement,* à moins que les détenteurs ne prouvent par titres suffisants que ce revenu provient des réparations et améliorations faites pendant cette époque.

Le même caractère se retrouve dans les lois suivantes. Citons celle du 15 frimaire an II. La Constituante avait respecté les droits des fermiers des biens vendus. Des fermiers de l'ancien régime ! La loi du 15 frimaire confère aux nouveaux acquéreurs un droit absolu de résiliation. Les fermiers, il est vrai, auront droit à une indemnité qui, si elle n'est pas réglée par les baux, demeure fixée pour les maisons et moulins à une demi-année de loyer ;

pour les biens ruraux à une somme égale au quart des fermages qui auraient couru depuis la résiliation jusqu'à la fin des baux. « L'indemnité ci-dessus, dans le concours d'un fermier-général « avec un sous-fermier, appartient au sous-fermier en totalité, « et si c'est le sous-fermier qui est acquéreur de la propriété, il « ne devra aucune indemnité pour la résiliation. » Quel sentiment de l'égalité civile !

Nous l'avons vu : l'exécution de cette loi grotesque fut suspendue après la réaction du 9 thermidor (22 frimaire an III). Le Comité des domaines fut chargé de présenter un projet de loi sur les biens engagés. Le conseil des Cinq-Cents, le 11 pluviôse an IV, désigna de nouveaux commissaires et leur adjoignit quelques membres le 10 thermidor. Un premier rapport fut fait au Conseil dans la séance du 6 brumaire an V. Cependant on invitait de toutes parts les législateurs à faire cesser la déplorable incertitude qui résultait des lois de frimaire an II et de frimaire an III : le conseil renvoya l'examen de ces plaintes à sa commission. Une première résolution du 23 brumaire an VI fut rejetée le 28 nivôse par le Conseil des Anciens. Après des rapports nombreux et des discussions interminables, une nouvelle rédaction fut proposée par la commission et adoptée par le Conseil des Cinq-Cents le 27 thermidor an VI. Cette résolution fut encore rejetée par les Anciens (8 vendémiaire an VII). Enfin une nouvelle résolution prise dans la séance du 22 frimaire devint la loi du 14 ventôse an VII. Nous allons commenter cette loi ; nous diviserons ce commentaire en neuf sections.

PREMIÈRE SECTION. — *Dispositions générales sur la confirmation ou la révocation des aliénations faites par l'Etat.*

L'article premier confirme les aliénations antérieures à l'année 1566, pourvu qu'elles aient été entièrement consommées avant cette époque et qu'elles aient été faites sans clause de retour ni réserve de rachat. Ainsi l'avait déjà décidé la Constituante. Quant aux pays réunis à la France après 1566, les aliénations faites avant la réunion seront réglées par les lois qui régissaient alors ces pays ou suivant les traités de réunion (article 2).

L'article 3 prononce la révocation des aliénations faites avec clause de retour ou réserve de rachat sans distinction de temps ni de lieu. Il y avait des aliénations contenant clause de *retour conditionnel*, par exemple, les concessions faites à titre d'apa-

nage ou jusqu'à défaillance de la descendance masculine. L'édit
de 1566 ordonnait la réunion, *le cas arrivant*. Toutes ces distinctions s'effacent devant la loi de ventôse. Un arrêt de la Cour de
cassation du 11 octobre 1809, décide cependant que la loi de
ventôse n'a pas révoqué les aliénations de biens domaniaux
faites dans le ci-devant Piémont par le roi de Sardaigne, avec
renonciation au droit de rachat, à la charge que les acquéreurs
en verseront le prix dans la caisse *di revenzione* ou des rachats.
La preuve de l'accomplissement de cette charge dispense les acquéreurs de prouver que les aliénations ont été faites pour cause
d'urgente nécessité ou d'utilité manifeste. Un autre arrêt du
8 mars 1810, rendu sur les conclusions conformes de Merlin,
procureur-général, juge que les aliénations de biens domaniaux
faites en Piémont pour cause d'utilité publique, à titre de *fief réel
et propre*, antérieurement à 1729, malgré la clause de retour à la
Couronne en cas d'extinction de la descendance masculine, étaient
affranchies de la faculté de rachat et partant ne tombaient pas sous
le coup de l'article 3 de la loi de ventôse. La Cour s'appuyait sur
des édits de Charles-Emmanuel, de mai et juillet 1797, qui convertissaient tous les fiefs du Piémont en alleux et abolissaient le
droit de retour. Ce nouveau caractère imprimé aux anciens fiefs
ôte tout effet même à la réserve du droit de rachat. Donc l'article 3 ne révoque pas les aliénations faites sous cette réserve dans
le Piémont.

Article 4. « Toutes autres aliénations, même celles qui ne
« contiennent aucune clause de retour ou de rachat, faites et
« consommées dans l'ancien territoire de la France postérieure-
« ment à l'édit de février 1566, et dans les pays réunis, postérieu-
« rement aux époques de leur réunion, sans autorisation des
« assemblées nationales, sont et demeurent révoquées, ainsi que
« les sous-aliénations qui peuvent les avoir suivies, sauf les
« exceptions ci-après. » Le raisonnement du législateur est bien
simple. L'édit établit un principe : le principe est-il suivi ? l'acquéreur est détenteur précaire. Est-il abandonné ? l'acquéreur n'a
pu échapper aux recherches ordonnées par les lois d'avril 1667,
de mars 1695, d'avril 1702, de mai 1708, d'août 1717, et par les
règlements des 14 juillet 1722, 13 mai et 20 juin 1724, 26 février,
12 juin, 20 septembre 1725, 24 mars 1739, 7 mai 1777,
14 janvier 1781. C'est ici le cas d'appliquer la règle de la loi de
1790 : « Aucun laps de temps, aucune fin de non-recevoir,
« excepté celle qui résulte de la chose jugée, ne peuvent couvrir

« l'irrégularité des aliénations faites sans le consentement de la
« nation. »

Mais la loi eût manqué son but, si elle se fût embarrassée des
distinctions de l'ancien régime. Ainsi, par exemple, les *petits domaines* sont assimilés aux *grands domaines* : « Car on retrouve
dans leur nombre, et pour ainsi dire en détail, les avantages que
les grands domaines présentent en masse (1) ».

Aux termes d'un arrêt du Conseil d'Etat du 19 fructidor an VIII,
l'aliénation d'une terre ayant fait partie du ci-devant duché de
Bar n'a pu enlever au gouvernement français , représentant des
anciens souverains du duché , le droit de rentrer dans les domaines aliénés de ce duché. La Cour de cassation, le 30 janvier
1821, a jugé le contraire. Un autre arrêt du 15 juillet 1828, de la
Cour de cassation, a jugé que les terres en friche, échues aux
ducs de Lorraine avant la réunion à la France, tombaient dans
leur domaine privé aliénable et non dans le domaine de l'Etat.
En conséquence, les concessions de ces terres, consenties par les
anciens ducs , ne peuvent être considérées comme aliénations
révocables aux termes de la loi de ventôse.

Mais déterminons à quels cas s'applique cet article 4. La loi
révoque évidemment toutes les aliénations du domaine faites
par les apanagistes. Les apanages n'existent plus ! D'ailleurs l'a-
panagiste était dans l'impuissance perpétuelle d'aliéner. L'article
23 de la loi de ventôse annonce qu'il sera statué sur les concessions à vie, sur les baux emphytéotiques, à cens ou à rente : mais
les baux emphytéotiques passés par les apanagistes sont nécessairement révoqués en l'absence d'un texte contraire. La loi
révoque encore toutes les concessions à titre gratuit : c'est aux
donations qu'on devait s'attaquer le plus volontiers. La loi
révoque encore les inféodations et sous-inféodations , à quelque
degré que les mouvances soient descendues dans la hiérarchie féodale. Qui ne peut aliéner ne peut inféoder. L'article 17
de l'ordonnance de 1566 était formel. On ne pouvait argumenter
de la déclaration du 8 avril 1672 ni des lettres-patentes du 5 mai
1687 , qui s'étaient relâchées de la rigueur des principes. Les
édits de la monarchie (octobre 1691 , mars 1695 , janvier 1712),
avaient prononcé la révocation en dépit des promesses de la

_____

(1) V. le rapport aux Anciens.

monarchie : le principe était hors de doute ! La loi révoque encore les ventes qui ont été faites à titre de propriété incommutable, par exemple en septembre 1591, avril 1672, septembre 1674, décembre 1682, juillet 1686. C'est un fait bien établi qu'une pareille clause n'est qu'une manière honnète et constitutionnelle de duper les acquéreurs : « Le Roi ne peut promettre que ce qu'il peut maintenir, » disait un arrêt du Conseil du 14 janvier 1681. La loi révoque enfin tous les engagements. Une décision du ministre des finances fut rendue le 3 mars 1806 au sujet d'un engagiste qui avait sous-aliéné une partie du domaine. Cet engagiste était lui-même propriétaire incommutable aux termes de la loi de ventôse. Il voulait évincer le sous-aliénataire, prétendant que les engagements de biens nationaux avaient été anéantis en l'an VII, qu'il s'était formé un nouveau contrat entre le gouvernement et les engagistes maintenus ; que, pour la résurrection des sous-engagements antérieurs à l'an VII, il aurait également fallu de nouveaux contrats ; enfin que si les engagistes, pour être préférés à d'autres soumissionnaires, devaient payer le quart de la valeur du bien dans le mois, à peine de déchéance, le sous-engagiste aurait dû offrir, dans le même délai, le quart de la valeur de son engagement pour être maintenu. Mais le ministre déclara que l'engagiste ne pouvait évincer le sous-aliénataire. Le Conseil d'Etat rendit, le 3 février 1819, un arrêt conforme à la décision ministérielle.

DEUXIÈME SECTION. — *Exceptions aux révocations.*

I. Echanges.

Nous avons parlé plus haut des échanges.

II. Aliénations confirmées par des décrets particuliers des assemblées nationales.

Cette disposition de la loi de ventôse est confirmée par l'article 94 de la Constitution de l'an VIII. Art. 94. « La nation française « déclare qu'après une vente légalement consommée de biens « nationaux, quelle qu'en soit l'origine, l'acquéreur légitime ne « peut en être dépossédé, sauf aux tiers réclamants à être, s'il y « a lieu, indemnisés par le trésor public. » Ainsi quand l'autorité administrative aura vendu, par erreur, le domaine de Pierre ou de Paul, Pierre ou Paul n'a plus droit qu'à une indemnité, s'il a négligé de former opposition à la vente avant l'adjudication. Ainsi le décide un arrêt du Conseil d'Etat du 17 mars 1815.

III. Inféodations et accensements de terres vaines et vagues.

Les inféodations des terres vaines et vagues avaient été maintenues par la loi du 1er décembre 1790, même par la loi du 10 frimaire an II! La résolution des Cinq-Cents du 27 thermidor an VI révoquait inflexiblement toutes les aliénations de ce genre excédant quatorze hectares : mais cette résolution fut rejetée par les Anciens.

La loi subordonne le maintien de ces aliénations à quelques conditions (article 5, § 3, 8, 9 et 10). 1° Les terres vaines et vagues doivent être situées au moins à 715 mètres des forêts ; 2° les concessions doivent avoir été faites sans *dol* ni *fraude* ; 3° les terrains concédés doivent avoir été mis et être actuellement en valeur. La Cour de cassation a jugé, le 10 février 1808, « que la vente d'un « bois, dont le sol n'est passé dans les mains de l'acquéreur « qu'avec la condition de le défricher et de le convertir en nature « de pré fauchable, était comprise dans l'exception de l'article 5, « § 3 de la loi ; » 4° le dol et la fraude peuvent être prouvés, la preuve entraîne la révocation ; 5° la preuve peut être faite par la notoriété publique, ou par une enquête, ou par des actes écrits, tels que les actes de vente et de partage, baux, déclarations censuelles, etc. ; 6° la fraude est présumée dans certains cas. A. « Dans « le cas où un contrat d'aliénation, inféodation, bail ou sous-bail « à cens ou à rente porterait à la fois sur des terrains désignés « comme vains et vagues, landes, bruyères, palus, marais et « terrains en friche, et sur des terres désignées comme étant « cultivées ou autrement en valeur, sans énonciation de conte- « nance des uns et des autres, la révocation aura lieu pour le « tout. » (Article 8). La totalité des terrains concédés devait donc être inculte lors de l'aliénation. Qu'on suppose une partie cultivée, sans énonciation de contenance, nul moyen de distinguer la partie soumise à la règle de la partie soumise à l'exception. Si le titre énonce la quotité des terres en valeur et des terres incultes, la révocation ne s'appliquera plus qu'aux terrains cultivés. B. La fraude est présumée quand l'aliénation a été faite à un gentilhomme titré, prince, duc, comte, vicomte, baron ou marquis, ou bien à un gentilhomme ayant charge à la Cour, c'est-à-dire, ayant une charge : 1° dans la maison d'honneur du roi, de la reine et des princes ; 2° dans leur maison militaire ; 3° dans leur maison domestique : mais il ne faudrait pas leur assimiler les titulaires d'un grand nombre de petites charges qui ne conféraient que le titre de commensal et le droit à certaines exemptions, non plus que les gens composant les différentes troupes de la maison militaire : singulière façon de comprendre l'abolition des distinctions féodales ! « C'est un paralogisme, écrivait Montesquieu (1), « de dire que le bien particulier doit céder au bien public : cela « n'a lieu que dans les cas où il s'agit de l'empire de la cité, c'est- « à dire de la liberté du citoyen: cela n'a pas lieu dans ceux où « il est question de la propriété des biens, parce que le bien « public est toujours que chacun conserve invariablement la pro- « priété que lui donnent les lois civiles. » La présomption de fraude s'étend encore au sous-inféodataire, s'il portait, comme le premier soumissionnaire, la qualité de gentilhomme titré ou ayant charge à la Cour. Si l'inféodation primitive n'a pas été faite à un gentilhomme titré, le sous-inféodataire, quoique gentilhomme titré, n'est pas soumis à la présomption légale, parce que la première concession n'est pas entachée de fraude. C'est du reste l'époque des concessions primitives qu'il faudra consulter et non la qualité de ceux qui possédaient au moment de la révolution.

IV. Aliénations de terrains épars.

La loi de ventôse établit plusieurs conditions : 1º Les aliénations et sous-aliénations doivent avoir une date certaine antérieure au 14 juillet 1789 ; 2º les terrains ne doivent pas contenir plus de cinq hectares ; 3º les terrains n'ont dû comprendre au moment de la concession ni châteaux, ni moulins, ni fabriques, à moins que ce ne fût sous la condition de les démolir et que cette condition n'ait été remplie ; 4º s'il s'agit de terrains situés dans l'enceinte des villes, les habitations qui y étaient comprises lors de la concession doivent être portées en l'an VII sur les rôles de la contribution foncière pour une somme inférieure à 40 fr. de principal.

V. Aliénations des fossés, murs et remparts des villes.

Les officiers municipaux de plusieurs villes, interprétant une déclaration du 6 novembre 1677, avaient cru pouvoir disposer des murs, fossés, remparts et fortifications. Un arrêt du Conseil du 24 septembre 1678 leur rappela la domanialité de ces biens;

---

(1) Esprit des lois, XXVI, 15.

ce principe fut consacré par un édit de décembre 1681. Les révocations suivirent donc les aliénations. L'article 28 de la loi du 3 décembre 1792 exceptait de la révocation « les fossés et ter-« rains situés dans les villes au-dessous de dix mille âmes, sur « lesquels il aura été fait un établissement quelconque. » La loi du 10 frimaire an II exigeait que les inféodations et accensements des fossés et remparts des villes eussent été « justifiés par « des titres valables ou par une possession paisible et publique « depuis quarante ans, et qu'il y eût été fait des établissements « quelconques ou qu'ils eussent été mis en valeur. » L'article 5 §. 5 de la loi de ventôse reproduit ces expressions. Mais l'article 11 exclut de l'exception les concessions qui auraient été faites à une seule personne, par un même titre, de la totalité des *murs*, *remparts, fortifications d'une ville et terrains en dépendant*. Ici la loi révoque les concessions qu'elle juge arrachées par l'intrigue ou la faveur. Mais les sous-concessionnaires ne peuvent guères être soupçonnés de dilapidation et de déprédation des biens domaniaux. La loi, pour eux, maintient l'exception.

Les dispositions qui concernent la révocation s'appliquent aux biens que l'engagiste aurait pu réunir par puissance féodale ou censuelle, dit l'article 12. L'engagiste n'a pu devenir propriétaire incommutable d'aucune portion des terres engagées. La réunion du fief *servant* au fief *dominant* s'est-elle opérée par voie de commise, de confiscation, de déshérence ? L'engagiste, acquéreur *ex causa lucrativa*, ne recevra aucune indemnité. Au contraire, si les engagistes ont exercé le retrait féodal, le prix entier du retrait devra leur être restitué.

TROISIÈME SECTION. — *Confirmation des engagements.*

Article 13. « Les engagistes qui ne sont maintenus par aucun « des articles précédents, et même les échangistes dont les « échanges sont déjà révoqués ou susceptibles de révocation, sont « tenus, à peine d'être déchus de la faculté portée en l'article sui-« vant, de faire, dans le mois de la publication de la présente, à « l'administration centrale du département où sont situés les biens « ou la majeure partie des biens engagés ou échangés, non en-« core vendus par la nation, ni soumissionnés en vertu de la • loi du 28 ventôse an IV et autres y relatives, la déclaration « générale des fonds faisant l'objet de leur engagement, échange « ou autre titre de concession. » Le Conseil d'Etat a jugé, le 27 décembre 1832, sur le rapport de M. de Cormenin, qu'une concession de bois ne pouvait être considérée comme un engagement quand les lettres-patentes n'avaient pas été enregistrées et que le concessionnaire n'avait jamais été mis en possession ; partant que le concessionnaire n'était pas recevable à invoquer les articles 13 et 14 de la loi de ventôse. Article 14. « Ceux qui « auront fait la déclaration ci-dessus pourront, dans le mois « suivant, faire devant la même administration la. soumission « irrévocable de payer en numéraire métallique *le quart de la* « *valeur desdits biens* estimés, comme il sera dit après, avec « renonciation à toute imputation, compensation ou distribution « de finance, ou amélioration. En effectuant cette soumission, ils « seront maintenus dans leur jouissance ou réintégrés en icelle, « s'ils ont été dépossédés et que les biens se trouvent encore sous « la main de la nation ; déclarés en outre et reconnus proprié- « taires incommutables et en tout assimilés aux acquéreurs de « biens nationaux aliénés en vertu des décrets des assemblées « nationales. »

Cet article ne fut ainsi rédigé qu'après de longs débats au sein des conseils. Quelques membres jugeaient la mesure inconstitutionnelle ; d'autres la trouvaient infiniment préjudiciable aux intérêts de l'Etat. L'article 374 de la Constitution de l'an III place les acquéreurs sous la garantie de la foi publique, après une adjudication légalement consommée ; mais l'article n'exige pas précisément des enchères, et l'adjudication est légale, de quelque manière qu'elle ait été consommée. D'autre part, l'Etat n'est pas lésé. Ce qu'il s'agit de payer, c'est le quart estimé non suivant la valeur des fonds en l'an VII, mais suivant la valeur des fonds en 1790, ce qui est très-avantageux à la nation. Remarquons encore que l'acquéreur, après la confirmation, n'a droit à aucune indemnité. Or ces indemnités et répétitions eussent été très-onéreuses à l'Etat. Les conseils virent encore dans ce système un appât qui pouvait déterminer les détenteurs à faire promptement et nettement leurs déclarations.

La soumission une fois faite lie les détenteurs.

L'estimation a pour base la valeur des biens en 1790 ; mais cette prescription de l'article 19 n'a pas toujours été sainement entendue. L'engagiste qui veut devenir propriétaire incommutable devrait, aux termes d'un arrêt du Conseil d'Etat de messidor an XIII, confirmatif d'un arrêté préfectoral du 15 germinal an XII, payer le quart de la valeur en l'an XII, c'est-à-dire la valeur d'un terrain couvert de constructions nouvelles.

Des difficultés s'élevèrent sur le paiement des rentes dont le bien était grevé. Le paiement du quart n'en décharge pas l'engagiste, d'après un arrêt du tribunal de cassation du 5 nivôse an XIII. Un avis du Conseil d'Etat des 16-22 fructidor an XIII trancha la question dans un sens opposé. Mais il n'y a pas lieu de restituer les arrérages payés avant cet avis (arrêt du Conseil d'Etat du 3 juin 1806). Un arrêt de la Cour suprême, du 11 novembre 1837, cassant un arrêt de la Cour de Nancy, a décidé que l'engagiste qui, conformément à la loi du 14 ventôse an VII, a fait sa soumission de payer le quart de la valeur des biens dont il se trouve détenteur, est tenu, en outre, de continuer le service des rentes et prestations dont ces biens sont grevés envers le domaine, lorsque cette obligation lui a été imposée, sans réclamation de sa part, par l'arrêté administratif qui l'a déclaré propriétaire en acceptant sa soumission (1). Quant aux arrérages échus à l'époque où l'engagiste a été maintenu, ils doivent être payés quand même les rentes seraient féodales. C'est ce que le tribunal suprême, cassant un jugement du tribunal de Lyon, jugea sur les conclusions de Merlin. Merlin, à l'audience du 10 brumaire an XII, se demande avant tout qui doit profiter de l'abolition des rentes féodales. A son avis, les propriétaires seuls. Il montre que tel était l'esprit des lois du 25 août 1792 et du 17 juillet 1793; qu'il a fallu une loi spéciale du 1er brumaire an II pour étendre la dispense aux fermiers, et que cette dernière loi doit être modifiée par une autre du 27 brumaire an V. Or l'engagiste n'est pas un propriétaire incommutable; il ne peut donc pas plus réclamer le bénéfice des lois abolitives des rentes féodales que les possesseurs de domaines congéables (2). La Cour de cassation persista dans cette jurisprudence (3).

La compétence en matière de paiement du quart fut fixée par un arrêt du Conseil d'Etat du 13 janvier 1816, annulant un arrêté

---

(1) Cf. arrêt de la Cour de cass. du 7 janvier 1829 et du 23 juillet 1833. Mais il en serait autrement si l'engagiste n'avait pas accepté l'obligation de servir les rentes. Cf. arrêt de la Cour de cass. du 24 novembre 1834.

(2) Pour les possesseurs de domaines congéables, la loi du 9 brumaire an VI est formelle.

(3) Cf. arrêt du 16 août 1829.

du Conseil de préfecture de l'Eure. Cette compétence est exclusivement judiciaire (1).

QUATRIÈME SECTION. — *Declarations. Nominations des experts.*

La soumission doit réunir plusieurs conditions : 1° Elle doit contenir la nomination des experts ; 2° elle doit être accompagnée d'un état des biens que l'engagiste entend garder ; 3° cet état doit être détaillé et présenter la situation des biens, leur nature telle qu'elle était à l'époque de la concession, leur état actuel, leur produit ; 4° la soumission doit comprendre la totalité des domaines aliénés par un même titre, ou ce que l'engagiste se trouve posséder encore. Ces règles sont prescrites à peine de nullité.

Article 16. « La valeur des biens dont il s'agit aux trois articles « précédents sera réglée aux frais de l'échangiste ou engagiste sou- « missionnaire par trois experts nommés, savoir : l'un par ledit « soumissionnaire, le second par le directeur des domaines, et le « troisième par l'administration centrale dans le ressort de la- « quelle la majeure partie des biens d'iceux sont situés. Ces deux « derniers experts seront nommés dans la décade de la soumis- « sion, à la diligence de la régie des domaines. »

L'article 17 établit des incapacités. Ne pourront être experts : 1° Les détenteurs de biens sujets à rachat. On a dit avec raison qu'ils feraient cause commune avec l'engagiste ; 2° les engagistes dépouillés de leur jouissance par la loi du 10 frimaire an II. Leur ressentiment présumé est un motif de récusation ; 3° les ci-devant nobles. Cette incapacité fut abolie par la loi du 4 nivôse an VIII ; 4° les agents au service soit des détenteurs actuels, soit des ci-devant nobles. L'article 17 prononce la peine de l'amende contre les experts nommés au mépris de ces prescriptions , l'article 18 les peines de l'amende et de l'emprisonnement contre les experts prévaricateurs.

CINQUIÈME SECTION. — *Estimation.*

L'article 19 établit deux modes distincts d'estimation : 1° pour les maisons, usines, cours et jardins qui en dépendent ; 2° pour les terres labourables, prés, bois, vignes et autres terrains. Il doit être fait trois opérations pour ces deux genres d'estimation. Par

---

(1) Cf. cependant un arrêt du Conseil d'État du 21 décembre 1808.

une première opération, les experts estimeront la valeur d'après leurs connaissances locales et relativement au prix commun actuel des biens de même nature dans le lieu ou les environs. Cette règle s'applique à toutes les espèces de biens. La seconde opération n'est pas la même dans les deux cas. Pour les *maisons*, *usines*, etc., si les baux de 1790 s'élèvent au véritable revenu de cette époque, ces baux servent de renseignements; s'ils sont au-dessous de cette valeur moyenne, on n'y doit avoir nul égard. On fixe alors le véritable revenu de l'année 1790 ; on en forme un capital égal au revenu multiplié par seize et qui fait le prix commun de 1790. Pour les terres labourables, comme la contribution foncière de 1793 avait été portée au quart du revenu des biens, tel qu'il avait été fixé par les états faits en 1790 et en 1791, le quadruple de cette imposition est précisément le revenu, net annuel de 1790. Sa multiplication par vingt donne donc la véritable valeur des fonds en 1790. Pour la troisième opération, on ne consulte plus que les baux de 1790. Les maisons sont évaluées à seize fois, les terres labourables à vingt fois le prix du bail. Le législateur éclaire et contrôle chaque résultat l'un par l'autre. Ainsi la contribution foncière, de l'avis général, annonce un revenu quelquefois supérieur, souvent inférieur au revenu véritable justifié par les baux. Le résultat le plus avantageux à la nation devra toujours être préféré. C'est une règle prescrite aux experts à peine de nullité.

SIXIÈME SECTION. — *Mode de paiement du quart.*

Article 20. « Le quart de la valeur du terrain estimé d'après les
« règles portées en l'article précédent sera acquitté dans le mois
« de la date de l'arrêté de l'administration qui en aura fixé le mon-
« tant d'après le rapport des experts, savoir : un tiers en numé-
« raire et les deux autres tiers en obligations ou cédules acquit-
« tables aussi en numéraire, savoir : un tiers dans deux mois à
« partir de l'expiration du second terme; le tout avec intérêt sur
« le pied de cinq pour cent par an à compter du jour de la prise
« de possession, à l'égard de ceux qui avaient cessé d'être déten-
« teurs, et à compter du jour de l'arrêté ci-dessus à l'égard des
« autres. »
La soumission est irrévocable. L'effet en est immédiatement garanti à l'État (article 21) par une hypothèque légale et générale sur les biens de l'engagiste.

Si le soumissionnaire vend la totalité ou une partie des biens compris dans la soumission, il doit obliger son acquéreur à remplir les obligations qu'il a contractées lui-même envers l'Etat, c'est-à-dire à payer à la régie du domaine la somme due à la République et dans les mêmes termes, et cela nonobstant les oppositions formées entre ses mains par les créanciers du vendeur. La régie, dans ce cas, doit décerner contrainte contre l'engagiste soumissionnaire, avec commandement de payer le principal, les intérêts et les frais, et dénoncer cette contrainte aux acquéreurs qu'ils ont subrogés dans leurs droits, en déclarant aux uns et autres que si dans le délai d'un mois ils ne se libèrent pas, la déchéance par eux encourue sera prononcée par le préfet. (Décision du ministre des finances du 25 mai 1809.)

Les acquéreurs, par ce versement, « demeureront subrogés aux « droits de propriété de la nation et affranchis des hypothèques « du chef de leur vendeur, comme les acquéreurs des domaines « nationaux. Néanmoins, si le prix de la vente faite par l'enga-« giste était inférieur au montant de l'estimation ordonnée par « l'article 19, la République conservera pour l'excédant son pri-« vilége et son hypothèque, même sur la chose vendue, jusqu'au « paiement intégral du quart dû par l'engagiste, sans être tenue « de poursuivre l'inscription de sa créance aux registres publics « de la conservation des hypothèques. » En un mot, la République conserve son gage jusqu'au paiement intégral du quart.

On a fait très-justement observer que, si le domaine vendu était affranchi, c'était seulement jusqu'à concurrence des droits de la nation. Par exemple, si l'on suppose un domaine estimé 80,000 francs, et vendu 60,000 francs, le quart est de 20,000 francs. L'acquéreur ne sera grevé des hypothèques du vendeur que jusqu'à concurrence de 40,000 francs. Mais il en sera grevé dans cette mesure.

SEPTIÈME SECTION. — *Exercice de l'action résolutoire.*

L'article 22 suppose que les détenteurs ne veulent pas *confirmer leur engagement.* Il s'agit d'intenter l'action résolutoire. Cette preuve pourra résulter des *titres primitifs, récognitifs* ou *énonciatifs.* Mais quand le titre *énonciatif* pourra-t-il servir de preuve? S'il était énoncé, dans un titre ancien, qu'un héritage fît partie du Domaine, et si la possession était conforme à cette énonciation, le titre *énonciatif* serait opposable. Encore faut-il rechercher si l'énonciation peut faire présumer une aliénation antérieure ou postérieure à l'année 1566. La régie des domaines devra faire signifier avec la copie des titres que, dans le délai d'un mois après la signification, elle poursuivra la vente des biens et elle interpellera les détenteurs de nommer un expert dans la décade. Les experts nommés par le détenteur, la régie et l'administration centrale du département devront, dans les deux décades de leur nomination, procéder à l'examen des titres, mémoires et renseignements qui leur seront remis par la régie des domaines et les détenteurs. Ensuite 1° ils estimeront le capital d'après les règles ci-dessus établies. Le but de cette estimation sera de fixer la *mise à prix* pour préparer les enchères; 2° Ils estimeront le revenu annuel, parce que la mise à prix devra comprendre un certain nombre de fois le revenu, et, d'autre part, pour arriver à la liquidation de la quotité de fruits et de revenus que l'engagiste devra restituer à l'Etat; 3° Ils règleront la valeur des améliorations d'après la plus-value; 4° Ils évalueront les dégradations; 5° Ils estimeront les fruits perçus et recueillis par le débiteur depuis l'année 1791 inclusivement. A cet égard, ils retrancheront les impositions, tiendront compte des années mauvaises et devront tâcher d'arriver non pas à la valeur approximative, mais à la valeur réelle des fruits perçus et recueillis. Mais ceux qui auront fait la déclaration de leurs biens, conformément à la loi du 1er décembre 1790, seront censés avoir joui du consentement de la nation, et partant libres de toute restitution.

Après la remise du rapport des experts, les biens seront vendus à la chaleur des enchères, conformément aux lois des 16 brumaire an V et 26 vendémiaire an VII (1). « La première mise à « prix des biens ruraux sera de huit fois le revenu annuel; celle « des maisons, bâtiments et usines servant uniquement à l'ha« bitation et non dépendant de fonds de terre sera de six fois « le revenu annuel. »

La jurisprudence a développé le sens de ces articles. Nous avons vu quelles espèces de titres la régie pouvait invoquer à l'appui de sa prétention. La Cour de Colmar a jugé que la production de copies de titres, certifiées par des archivistes, ne pouvait suppléer la production des titres originaux pour prouver la doma-

---

(1) V. le chapitre suivant.

nialité (1). Quant à la présomption légale de domanialité, invoquée par un préfet qui se dispense ainsi de représenter le titre primordial, la Cour de cassation l'a nettement repoussée (2). Mais l'article 1337 du Code Napoléon qui demande à tout acte récognitif de relater le titre n'est pas applicable aux anciens domaines engagés. L'édit d'avril 1667 dispose formellement que la preuve de la domanialité « pourra être faite par des extraits de papiers-terriers, hommages, aveux, dénombrements, baux à ferme, partages et autres actes concernant les domaines; » et cette disposition législative est un des éléments les plus importants de la conservation du domaine (3).

La jurisprudence a déterminé en plusieurs circonstances l'étendue du droit de révocation. Une terre domaniale avait été mise sous le séquestre pendant les guerres de l'Empire. Une clause secrète du traité du 30 mai 1814 ordonna qu'elle serait restituée au concessionnaire, sujet d'une des puissances contractantes. La Cour de cassation jugea que la main-levée du séquestre qui avait suivi n'avait pu changer la condition du titre primitif et soustraire cette terre domaniale à la loi de ventôse (4). Un arrêt du Conseil eût-il autrefois débouté le fermier et l'inspecteur-général du domaine de leur demande en révocation, la Cour de Cassation ne voit pas là de motif à l'exception de la chose jugée, ni d'obstacle à l'application de la loi de ventôse (5). Elle ne croit pas davantage que le rachat, fait entre les mains de l'État avant la loi de ventôse par les sous-concessionnaires de domaines engagés, de rentes mises à leur charge par l'acte de concession, puisse être considéré comme une ratification de l'aliénation ou comme une renonciation à l'exécution de la loi (6). Cette solution serait encore vraie, quand l'État aurait touché le prix de rachat d'une rente emphytéotique grevant les immeubles engagés (7). Mais les droits d'usage et de pacage concédés par l'État ne sauraient être

---

(1) 19 juillet 1832.

(2) 13 novembre 1838.

(3) Arrêt de la Cour de cassation du 12 novembre 1838, rejetant le pourvoi contre un arrêt de Dijon du 22 janvier 1836.

(4) 17 février 1840.

(5) 13 décembre 1831.

(6) 7 janvier 1840.

(7) 2 juin 1834.

considérés comme l'objet d'un engagement ni soumis à la loi de ventôse (1).

L'article 26 est ainsi conçu : « Si, après l'adjudication faite « dans les délais et formes ci-dessus, le ci-devant détenteur éle- « vait quelques prétentions relatives à la propriété, elles se ré- « soudront de plein droit en indemnités sur le trésor, s'il y « échet. »

Nous reviendrons sur les questions de compétence.

HUITIÈME SECTION. — *Paiement des adjudications et des indemnités.*

Article 30 : « Le prix de l'adjudication qui sera faite en exécu- « tion de l'article 25 sera, en totalité, payable en numéraire mé- « tallique. Les paiements sont divisés comme il suit : 1° Le quart « de la valeur du terrain estimé d'après les articles 19 et 23, sera « acquitté entre les mains du receveur des domaines nationaux « dans les dix jours qui suivront l'adjudication, savoir : le pre- « mier tiers en numéraire et les deux autres tiers en *obligations* « ou *cédules* payables aussi en numéraire; savoir, le second tiers « dans le délai de deux mois, et le dernier tiers dans quatre mois; « le tout à dater de la souscription des cédules avec intérêt sur « le pied de cinq pour cent par an jusqu'au paiement effectif; « 2° Le surplus du prix de l'adjudication restera entre les mains « de l'acquéreur pour fournir jusqu'à due concurrence soit aux « indemnités de l'engagiste, soit aux plus amples reprises de la « République. Il ne sera exigible qu'après la liquidation des in- « demnités, et sera payable en trois portions égales à partir de la « notification qui sera faite à l'acquéreur de l'arrêté définitif de « liquidation. L'on ajoutera au dernier paiement tous les inté- « rêts qui auront couru jusqu'alors, sur le même pied de cinq « pour cent par an. » Le paiement du premier quart est, comme on le voit, indépendant de toute liquidation. Au Conseil des Anciens, plusieurs membres trouvèrent qu'une dépossession de l'engagiste, antérieure au remboursement intégral, était parfaite- ment injuste, et réclamèrent contre ce prélèvement absolu du quart en faveur de la République. Mais nous lisons dans le rap- port aux Anciens : « Les nécessités publiques ont commandé la

(1) 1er juin 1836.

« mesure qui vous est proposée. Que peut demander le déten-
« teur qu'on évince, a-t-on dit, et qu'on évince parce qu'il le
« veut bien ? Il ne peut demander que ce qui est au pouvoir de
« la République. Or, qui oserait soutenir qu'il est en son pou-
« voir de rembourser les engagistes avant d'avoir vendu le
« domaine engagé ? » Cette réponse explique pourquoi le remboursement est postérieur à la dépossession, mais non pourquoi
le prélèvement du quart sera fait sans retour au profit de la
nation. Ici seulement le rapport aux Anciens dit qu'on ne doit
pas se borner à raisonner en jurisconsulte et qu'il faut savoir
raisonner en homme d'Etat. Il ajoute : « Ce n'était pas pousser
« la supposition trop loin que d'admettre que l'Etat avait été
« lésé du quart dans toutes les concessions ou aliénations des
« domaines. » Ici le prélèvement du quart correspond au
paiement du quart dans l'hypothèse de la confirmation des engagements. Le législateur échappera peut-être, sinon à toutes les
critiques, du moins au reproche d'inconséquence.

Article 31. « Si par le résultat de la liquidation énoncée en
« l'article 29, le ci-devant concessionnaire n'était reconnu
« créancier que d'une partie de la somme restée aux mains de
« l'acquéreur, il sera remboursé sur le terme premier des de-
« niers mis en réserve par l'article précédent, subsidiairement
« sur les second et troisième; et la République ne touchera
« l'excédant qu'après qu'il aura été remboursé. »

Article 32. « S'il arrivait qu'il fût dû au concessionnaire au-delà
« de la somme restée en dépôt, il la retirerait en entier, et serait
« remboursé du surplus de sa liquidation comme les autres
« créanciers de l'Etat; savoir, deux tiers en bons de deux tiers
« et l'autre tiers en bons du tiers consolidé. » On reconnaît
encore ici, dit un auteur, combien les engagistes ont d'intérêt à
payer le quart de leurs domaines pour en conserver la propriété,
surtout s'ils ont des indemnités à réclamer.

NEUVIÈME SECTION. — *Objets sur lesquels il n'est pas statué.*

Il est renvoyé à des lois ultérieures pour certains domaines
tenus à bail viager ou emphytéotique, pour les concessions faites
dans les colonies, pour la possession des îles formées dans le
sein des rivières navigables, ou des lais et relais de la mer.
Enfin il devait être statué plus tard sur les concessionnaires

de forêts au-dessus de 150 hectares, auxquels la soumission de payer le quart était déclarée inapplicable.

C'est pour combler cette dernière lacune que fut votée la loi du 11 pluviôse an XII. Celle-ci n'ordonnait pas la dépossession immédiate et sans indemnité préalable des concessionnaires. Les concessionnaires qui, dans le délai de trois mois, avaient fait le dépôt de leurs titres à la préfecture et nommé un expert pour procéder aux estimations, ne pouvaient, dit l'article 8, « être dépossédés sans avoir préalablement reçu l'avis de leur « liquidation pour en toucher le montant. » Les autres devaient être dépossédés à l'échéance du délai de trois mois. Toutefois les bois et forêts compris dans les concessions révoquées devaient rentrer immédiatement sous l'administration publique, et jusqu'au paiement de la liquidation le prix des coupes devait appartenir pour un quart à l'Etat et pour le surplus au concessionnaire. C'était un moyen de concilier l'intérêt de l'Etat qui voulait naturellement ressaisir l'administration de ces biens, et celui du concessionnaire qu'on ne pouvait sans injustice dépouiller avant d'avoir réglé et soldé sa liquidation. Comme, d'un autre côté, le préjudice éprouvé par l'Etat, à l'époque de l'aliénation, était estimé au quart de la valeur, le législateur, jusqu'à la liquidation, conservait au concessionnaire les trois quarts du revenu et attribuait l'autre quart à l'Etat.

Le 3 floréal an XIII, un avis du conseil d'Etat décida que lorsqu'un engagiste posséderait une forêt domaniale composée de futaies (1) et bois taillis ou autres, et qu'il voudrait en devenir propriétaire incommutable, l'expertise préalable devait comprendre deux prix : l'un, du quart de la valeur du bois, sans y com-

_____

(1) V. deux arrêts récents, l'un de la cour de cassation (2 février 1851); l'autre du conseil d'Etat (27 février 1852).

Mais le conseil d'Etat, annulant une décision du ministre des finances, a jugé que lorsque le ministre, par une décision prise en conseil du contentieux, a fixé le prix de consolidation à payer par les détenteurs de forêts engagées au quart de la valeur des futaies par eux possédées, le même ministre ne peut, par une décision postérieure, déclarer les mêmes engagistes débiteurs des trois quarts non payés de la valeur des futaies.

prendre la futaie; l'autre, de la valeur *totale* de cette futaie, et que l'engagiste devait payer les deux prix. Le Conseil d'Etat et la Cour de cassation sont inflexibles sur la nécessité de l'estimation séparée.

Mais quand le bois soumissionné par l'ancien engagiste se compose de bois taillis et futaies, l'engagiste, en payant le quart de la valeur, n'est devenu propriétaire incommutable que du taillis. La futaie continue de former au profit de l'Etat une propriété indivise, qui lui donne le droit de la soumettre au régime forestier jusqu'au paiement de la totalité de la valeur estimative (arrêts de la cour de cassation des 30 mai et 22 août 1843). Les mêmes arrêts décident qu'en cas de vente du bois taillis par l'ancien engagiste, l'exercice du droit de l'Etat sur la futaie peut bien donner lieu, au profit des tiers acquéreurs, à une action contre le vendeur, mais non à une action en dommages-intérêts contre l'Etat lui-même. Enfin, les engagistes ne pouvant abattre les bois de haute futaie, avancer les coupes de taillis ni dégrader d'aucune manière les forêts de l'Etat qu'ils tiennent à engagement, on doit, dans la fixation du prix de la sommission, évaluer les parties qui ont subi des coupes anticipées ou d'autres dégradations au même taux que celles qui n'en ont subi aucune. (Arrêt du conseil d'Etat du 16 février 1833.)

III.

Il était bien facile de prévoir que ces lois seraient modifiées sous la Restauration.

La loi du 5 décembre 1814 ordonnait la restitution des biens non vendus des émigrés. Mais plusieurs de ces émigrés avaient tenu des bois de plus de 150 hectares à titre d'engagement : il n'était pas facile au gouvernement nouveau de soumettre cette catégorie d'engagistes aux prescriptions de la loi du 11 pluviôse an XII. L'article 116 de la loi du 28 avril 1816 leva la difficulté : « A l'égard des biens à restituer qui consisteraient en domaines « engagés, la loi du 11 pluviôse an XII et le paragraphe 2 de l'ar- « ticle 15 de la loi du 14 ventôse an VII sont rapportés.... La pré- « sente disposition sera commune à tous les engagistes. » Mais la loi de pluviôse n'était rapportée qu'à l'égard des engagistes. La loi du 15 mai 1818 leur assimila les échangistes.

Le gouvernement demandait que les évaluations faites conformément à l'édit de 1711, quoique non suivies des lettres de ratification, missent les échangistes à l'abri de toute résiliation. Mais l'ancien droit exigeait, pour la consommation de l'échange : 1° des évaluations ; 2° des lettres de ratification. La commission de la chambre des Députés pensa qu'il n'était pas conforme aux principes d'enlever à l'État la faculté d'exercer les droits déterminés par la loi de l'an VII, tant que les lettres de ratification n'avaient pas consommé l'échange. Au contraire, si l'État, en aliénant l'immeuble reçu en contre-échange, s'était mis dans l'impossibilité de le restituer, le contrat devenait inattaquable, et l'obligation de l'échangiste devait se borner au paiement de la soulte. Ces idées furent adoptées par la chambre.

Cependant un grand nombre de propriétaires étaient toujours sous le coup de la loi de ventôse : le domaine avait réservé ses droits sur un grand nombre de terres dont l'origine lui paraissait suspecte. Il importait, pour emprunter les expressions mêmes du ministre des finances, en 1820, « d'écarter des propriétés l'incer-
« titude qui a toujours le fâcheux effet d'en affaiblir la valeur. »
Le gouvernement demanda l'abrogation de la loi de ventôse en 1820 : la commission de la chambre des Députés ne pensait pas que cette loi dût être abrogée; mais la chambre repoussa les conclusions de la commission. Toutefois, au délai d'un an que le gouvernement demandait pour rechercher les engagistes et les échangistes qui ne s'étaient pas mis en règle, elle substitua un délai de neuf années. Telle fut la loi du 12 mars 1820.

Trente ans après la promulgation de la loi de ventôse, les domaines cédés à titre d'échange ou d'engagement allaient être déclarés « propriétés incommutables entre les mains des posses-
« seurs actuels. » Le 12 mars 1829 était le terme fatal. L'adminis-
tration des finances se hâta d'interrompre la prescription. Plus de dix mille sommations furent ainsi signifiées aux détenteurs réels ou prétendus, et l'action domaniale se trouva prorogée de trente ans. Quelques-uns des nombreux procès que souleva cette résurrection de la loi de ventôse se sont débattus à une époque encore bien récente. Mais aujourd'hui tous ces procès sont terminés, et l'étude des lois qui ont tour à tour modifié la situation des engagistes, échangistes et autres acquéreurs de l'ancien domaine royal n'a plus qu'un intérêt historique.

« Parmi les détenteurs des biens du domaine, les uns se sont
« maintenus dans leur propriété en payant le quart, les autres ont

« été dépossédés après liquidation, d'autres ont repoussé les pré-
« tentions de l'administration en se plaçant à l'abri des prin-
« cipes auxquels il n'avait pas été dérogé par les lois domaniales;
« quelques-uns, enfin, et c'est le petit nombre, ont échappé à
« toutes les recherches et sont restés, sans bourse délier, en
« possession d'un bien domanial où nul ne viendra les trou-
« bler (1). »

(1) Anatole des Glajeux. De l'aliénation et de la prescription des biens
de l'Etat, des communes et dès établissements publics. On peut consulter
avec fruit cet excellent ouvrage pour tout ce qui concerne les domaines
échangés ou engagés.

CHAPITRE IV.

HISTOIRE DE L'ALIÉNATION DU DOMAINE.

SOMMAIRE. — Création de la Caisse de l'extraordinaire et des assignats. — La Constituante décrète la vente des domaines aux municipalités. — Nouvelles dispositions sur les assignats (17 avril 1790). — Enumération des biens nationalisés. — Loi du 14 mai 1790 : elle consacre et régularise le premier système d'aliénation. — Second système, admettant les particuliers à enchérir concurremment avec les municipalités. — Modes de paiement successive ment fixés aux acquéreurs particuliers. — L'Assemblée législative. Nouvelle liste de biens nationalisés et vendus. — La Convention adopte un troisième système d'aliénation, qui enlève aux municipalités le droit d'acquisition. — Décret du 1er avril 1793. — Nouvelle catégorie de biens nationalisés et vendus : exception dictée par la nécessité. — Mise en vente des biens des émigrés. — Vente des créances des biens nationaux pour accélérer la rentrée des assignats. — Décrets divers sur les dettes des municipalités, les reventes dans les départements insurgés, etc. — Nouvelle liste de biens nationalisés et vendus. La loi sur les biens des émigrés est étendue aux autres biens confisqués. — Réaction thermidorienne : mesures diverses. — Lois de ventôse an III : nouveau mode de paiement des biens nationaux. — Mise en loterie des immeubles appartenant à la nation. — Liquidation des droits des créanciers des émigrés (1er floréal an III). — Cinquième mode d'aliénation des biens nationaux (12 prairial, an III) et sixième mode (17 prairial an III). — Derniers décrets de la Convention. — Loi du 28 ventôse an IV : mandats territoriaux. Mesures d'exécution. — Loi du 16 brumaire an V. Loi du 9 germinal an V. Loi du 2 fructidor an V.

— Loi du 9 vendémiaire an vi. — Loi du 16 frimaire an vi. — Loi du 26 vendémiaire an vii. — Loi du 27 brumaire an vii. — Loi du 16 floréal an vii. — Loi du 18 messidor an vii. — La loi du 11 frimaire an viii commence à régulariser la position des acquéreurs. — Reconstitution du patrimoine des hospices (15 brumaire an ix, 4 ventôse an ix, 7 messidor an ix, 27 frimaire an xi). — Loi du 30 ventôse an ix. — Restitutions aux émigrés : sénatus-consulte du 6 floréal an x. — Formule du serment prêté par l'Empereur. — Article 9 de la Charte de 1814. Variations dans la jurisprudence de la Cour de cassation. — Restitution aux émigrés de tous les biens encore possédés par l'État : loi du 5 décembre 1814. — Le milliard d'indemnité : loi du 27 avril 1825. — Libération définitive des acquéreurs de l'ancien domaine.

Ce fut à la séance du 19 décembre 1789 qu'un membre de l'Assemblée constituante s'avisa de réclamer en faveur du principe de l'inaliénabilité du domaine. Mais les déprédations des officiers du fisc et des fermiers généraux, la détestable organisation des impôts, l'absence d'un contrôle sérieux, le gaspillage universel des revenus publics avaient creusé le profond abime où le domaine et la monarchie allaient disparaître à la fois. L'Assemblée répondit à cette réclamation en décrétant la formation d'une caisse de l'extraordinaire, où seraient versés les fonds provenant de la vente des domaines. « Les domaines de la Couronne, à « l'exception des forêts et maisons royales dont Sa Majesté voudra « se réserver la jouissance, seront mis en vente ainsi qu'une « quantité de domaines ecclésiastiques, suffisante pour former la « valeur de 400 millions. » L'assemblée créait donc sur la caisse de l'extraordinaire des assignats de 1000 livres chacun, portant intérêt à 5 %, jusqu'à concurrence de la valeur des biens à vendre : ces assignats devaient être admis de préférence dans l'achat de ces biens; ils devaient être éteints par les ventes, par les rentrées des contributions patriotiques et autres recettes extraordinaires, cent millions en 1791, cent millions en 1792, quatre-vingt millions en 1793, quatre-vingt millions en 1794 et le surplus en 1795.

Le 17 mars 1790, l'assemblée décréta que les biens domaniaux et ecclésiastiques dont elle avait ordonné la vente jusqu'à concurrence de 400 millions seraient aliénés aux municipalités du royaume auxquelles il pourrait convenir d'en faire l'acquisition. A cet effet, douze commissaires devaient être pris dans le sein de l'assemblée pour aviser, contradictoirement avec les membres élus par la municipalité de Paris, au choix et à l'estimation desdits biens, jusqu'à concurrence de deux cents millions demandés par cette municipalité. De leur côté, les municipalités étaient tenues de remettre sans retard les biens domaniaux et ecclésiastiques au plus offrant et dernier enchérisseur, dès qu'il se présenterait quelque acquéreur qui voudrait acheter ces biens au prix fixé par l'estimation des experts. Le rapport de M. Anson, au nom du Comité des finances, du 9 avril 1790, déclarait que déjà de nombreuses soumissions avaient été faites, que de très-grandes municipalités annonçaient leur adhésion à ce genre d'acquisition, « les unes pour douze millions, les autres pour dix; d'autres « pour de moindres sommes. » Néanmoins les opérations marchaient lentement, et le rapporteur était obligé de compter sur l'organisation prochaine des assemblées de départements pour l'accélération des ventes.

Trois cents millions de déficit sur l'année 1790, une dette de 170 millions envers la caisse d'escompte, l'insuffisance des billets de cette caisse à peu près renfermés dans l'enceinte de Paris, la rareté d'un numéraire qui se resserrait chaque jour davantage, la nécessité de mettre un terme aux anticipations sur les années suivantes; tels étaient les motifs de l'aliénation des biens domaniaux et de la création des assignats.

Nulle mesure n'était plus utile et plus simple que l'aliénation des biens nationaux. La Constituante, en jetant les bases d'un nouveau droit public, inaugurait une ère nouvelle dans l'histoire du Domaine. Que sous un régime absolu où la personnalité de l'Etat s'efface dans celle du Roi, l'Etat possède un grand nombre de biens, que ces biens forment la source principale de ses revenus, cela se comprend. Mais la personnalité de l'Etat s'est enfin dégagée. Où seront désormais les ressources de l'Etat? Dans la fortune de chaque citoyen. Il nous faut des magistrats, une flotte, une armée. Que tout détenteur d'un capital fasse le sacrifice d'une faible portion de ses revenus pour assurer le reste : c'est ainsi que le pays saura pourvoir aux dépenses publiques. Mais qu'on augmente le nombre des capitalistes et particulièrement le nombre des propriétaires, la fortune publique augmentera par là même. Où le sol était exploité par des détenteurs à titre précaire, où des provinces entières étaient pillées par des fermiers et des traitants qui ruinaient à l'envi les sujets et le maître, le citoyen travaillera pour lui et possèdera pour lui.

Aujourd'hui les créanciers de l'Etat seront remboursés en assignats ; demain, nantis de ces assignats, ils pourront se porter acquéreurs des biens du Domaine. L'industrie est engourdie par la stagnation des espèces : un nouveau numéraire circule et va la réveiller. « L'autorité de ce numéraire résultera de la con-
« vention solennelle d'une grande famille composée de créan-
« ciers et de débiteurs qui, pour l'intérêt commun, soldent leurs
« créances avec des contrats hypothéqués sur des immeubles
« jusqu'à la vente prochaine des biens fonds qui doit éteindre la
« dette (1). » Mais il faut agir avec prudence. Le Comité des finances refusait de porter la masse des assignats au-delà de 400 millions. Il voulait que cette masse fût inférieure à la quotité des impositions ; il voulait surtout rassurer l'esprit public. « Il faut
« que chaque assignat corresponde, pour ainsi dire, avec l'arpent
« de terre qu'il représentera. » Enfin cette grande opération allait lier tous les citoyens à la chose publique. Tous les possesseurs d'assignats allaient avoir entre leurs mains le gage de l'aliénation des biens domaniaux. « De toutes les classes de citoyens s'élèveront des voix qui accéléreront les ventes (2). »

Cependant, le 17 avril 1790, l'Assemblée déclara les dettes du clergé nationales. Elle affecta et hypothéqua aux créanciers les propriétés et revenus dont elle pourrait disposer. Mais les biens ecclésiastiques aliénés en vertu du décret du 19 décembre 1789 sont libérés de toutes hypothèques de la dette légale du clergé, et nulle opposition à la vente légale de ces biens ne pourra être admise de la part desdits créanciers. Les assignats créés par les décrets des 19 et 21 décembre 1789 auront cours de monnaie entre toutes personnes dans toute l'étendue du royaume, et seront reçus comme espèces sonnantes dans les différentes caisses publiques et particulières. Il sera alloué aux porteurs d'assignats trois pour cent d'intérêt à compter du 15 avril 1790. Mais l'ancien mode de remboursement est changé. Ces remboursements auront lieu successivement par la voie du sort aussitôt qu'il y aura une somme d'un million réalisée en argent sur les obligations données par les municipalités pour les biens qu'elles auront acquis, et en proportion des rentrées de la contribution patriotique des années 1791 et 1792. On créera des assignats depuis mille livres

(1) Rapport du Comité des finances.
(2) Même rapport.

usqu'à deux cents livres : l'intérêt se comptera par jour, et l'assignat vaudra chaque jour son principal plus l'intérêt acquis. On le prendra pour cette somme. Le dernier porteur recevra, au bout de l'année, le montant de l'intérêt qui sera payable à jour fixe par la caisse de l'extraordinaire. En attendant la vente des domaines désignés, leurs revenus seront versés sans délai dans la caisse de l'extraordinaire pour être employés au paiement des intérêts des assignats. Les obligations des municipalités y seront déposées également, et à mesure que les deniers rentreront par les ventes que les municipalités feront de ces biens, ces deniers seront versés sans retard et sans exception à la caisse de l'extraordinaire. Enfin les assignats emporteront avec eux hypothèque et délégation spéciale tant sur le revenu que sur le prix desdits biens. Ainsi, l'acquéreur qui achètera des municipalités aura le droit d'exiger qu'il lui soit légalement prouvé que son paiement sert à diminuer les obligations municipales et à éteindre une somme égale d'assignats.

Cependant, avant de procéder à la vente du domaine national, il fallait s'entendre sur un point : quels biens devra-t-on désormais comprendre sous cette dénomination ? Le rapporteur des Comités ecclésiastique, d'aliénation des biens nationaux, des domaines et des finances réunis, voulait que la Constituante nationalisât : 1° tous les biens du domaine de la Couronne; 2° tous les biens d'apanage ; 3° tous les biens du clergé ; 4° tous les biens des fabriques ; 5° tous les biens des fondations ; 6° tous les biens des séminaires, colléges, établissements d'étude ou de retraite destinés à l'enseignement public ; 7° tous les biens des hôpitaux, maisons de charité, même celles connues sous le nom de Monts de piété, et de tous les établissements destinés au soulagement des pauvres, ainsi que ceux de l'ordre de Malte et de tous autres ordres religieux et militaires. L'Assemblée, le 4 octobre 1790, déclara qu'elle entendait seulement par biens nationaux : 1° tous les biens du domaine de la Couronne; 2° tous les biens des apanages ; 3° tous les biens du clergé ; 4° tous les biens des séminaires diocésains.

Le premier des systèmes adoptés par les assemblées de la Révolution pour arriver à la vente avantageuse et prompte des biens de l'ancien domaine, reçut son développement et sa consécration dans la loi du 14 mai 1790. Cette loi se divise en trois titres.

Titre premier. — *Des ventes aux municipalités.* — Le Conseil général de la commune autorisera les municipalités à soumissionner : leurs demandes seront adressées au Comité d'aliénation. Quant aux particuliers, le Comité recevra leurs offres pour les renvoyer aux administrations ou directoires de départements. Mais fallait-il conserver un droit de préférence aux municipalités? L'Assemblée, qui se taisait cette fois sur ce point, le leur refusa six semaines plus tard : le Comité dut enregistrer leurs demandes, suivant l'ordre de leurs délibérations authentiques, celles des particuliers suivant l'ordre de leur réception.

Le vrai capital des objets portés dans les demandes doit être fixé d'après le revenu net des biens mis en vente qui seront, à cet effet, rangés en quatre classes. — *Première classe.* « Les biens « ruraux consistant en terres labourables, prés, bois attachés aux « fermes et métairies, ou qui servent à leur exploitation avec les « bâtiments et autres objets relatifs. » — *Deuxième classe.* « Les « rentes et prestations en nature, de toute espèce, et les droits « casuels rachetables en même temps. » — *Troisième classe.* « Les « rentes et prestations en argent et les droits casuels par lesquels « ces rentes et prestations sont dues. » Toutes les autres espèces de biens formeront la *quatrième classe*, à l'exception des bois et forêts aménagés sur lesquels l'Assemblée se réserve de statuer. L'estimation du revenu des trois premières classes de biens sera fixée d'après les baux à ferme existants, passés ou reconnus pardevant notaires, ou à défaut de bail de cette nature, d'après un rapport d'experts fait sous l'inspection des directoires, déduction faite des impôts dus par le titulaire. Les municipalités seront obligées d'offrir vingt-deux fois le revenu net pour les biens de la première classe, vingt fois pour ceux de la seconde, quinze fois pour ceux de la troisième ; le prix des biens de la quatrième sera fixé par une estimation. L'Assemblée, le 8 novembre 1790, ajoutait une nouvelle disposition : « Néanmoins, si des biens « de diverses classe se trouvaient compris dans un même bail, « l'offre du denier vingt suffira ; elle pourra n'être que de quinze « fois le revenu, si des maisons ou usines forment la partie la « plus notable du bail. »

L'Assemblée n'exigeait pas des municipalités un paiement immédiat de la somme tout entière ; rien n'eût été plus contraire au but qu'elle se proposait. Elle accordait de grandes facilités pour le paiement ; les municipalités devaient déposer dans la caisse de l'extraordinaire, dès leur acquisition, quinze obligations payables d'année en année et montant ensemble aux trois quarts du prix convenu. Elles étaient forcées d'acquitter une obligation chaque année. Ces obligations devaient porter un intérêt de 5 pour cent qui serait versé, comme les capitaux, dans la caisse de l'extraordinaire. Enfin, tous les frais relatifs aux ventes et reventes étant mis à la charge des municipalités, il leur était alloué le seizième du prix capital des reventes faites aux particuliers, à mesure et à proportion des sommes payées par les acquéreurs. L'affaire pouvait être bonne ou mauvaise pour les municipalités, suivant les circonstances ; mais il faut avouer que le législateur leur donne là un singulier rôle.

TITRE SECOND. — *De la préférence réservée aux municipalités sur les biens situés dans leur territoire.* — Il ne s'agit pas ici de la concurrence entre les municipalités et les particuliers, mais de là concurrence entre municipalités. Quand deux municipalités veulent se porter adjudicataires, à laquelle donner la préférence? Bien évidemment à la municipalité sur le territoire de laquelle les biens sont situés. Bien plus, après l'acquisition, cette dernière municipalité pourra se faire subroger aux autres. Cette subrogation ne pourra se faire sans l'autorisation du pouvoir législatif. Pour éviter toute ventilation, la subrogation devra comprendre la totalité des objets qui auront été compris dans une seule et même estimation.

TITRE TROISIÈME. — *Des reventes aux particuliers.* — Les biens nationaux ne peuvent pas rester aux mains des municipalités. Leur acquisition ne peut être que provisoire. Toute idée contraire serait inconciliable avec les vues de la Constituante sur la transformation et la régénération de la propriété privée. Bientôt (juin 1790) elle appellera les citoyens eux-mêmes à concourir avec les municipalités, et l'ardeur de ceux-ci sera telle que le Comité d'aliénation recevra journellement les soumissions d'un grand nombre de particuliers « qui offriront de payer comptant « ou dans des termes plus courts que ceux fixés par le décret « du 14 mai (1). »

L'assemblée comprenait qu'il fallait élever enfin le paysan français à la dignité de propriétaire libre. « Les prodiges de la « propriété, dit Arthur Young, métamorphoseraient du sable en « or. Donnez à un homme la propriété assurée d'un roc inculte, « et il en fera bientôt un jardin. Donnez-lui un jardin à bail pour « neuf ans et il le convertira en un désert. » N'était-ce rien,

_____

(1) Rapport de M. de La Rochefoucauld.

d'ailleurs, au point de vue social, que de conférer aux fils des anciens serfs le titre et la qualité de seigneurs du sol français? Il est difficile d'inspirer à celui qui ne possède rien que ses vêtements la notion sainte et le respect de la loi. Les prescriptions compliquées de notre législation cesseront de lui paraître vexatoires le jour même où il sera intéressé à leur maintien. Les scènes de la Jacquerie ne se sont pas renouvelées depuis 1789 dans les campagnes de la France.

Dans les quinze jours de l'acquisition, les municipalités seront tenues de faire afficher dans divers lieux indiqués par le décret un état imprimé et détaillé de tous les biens qu'elles auront acquis, avec énonciation du prix de l'estimation de chaque objet, et d'en déposer des exemplaires aux hôtels de ville desdits biens, pour que chacun puisse en prendre communication ou copie. Dès qu'il sera fait une offre au moins égale au prix de l'estimation, pour totalité ou partie des biens vendus à une municipalité, elle sera tenue de l'annoncer par des affiches où seront indiqués le lieu, le jour et l'heure des enchères. Alors aura lieu la vente. Enfin, si quelque municipalité désire exceptionnellement conserver, dans une vue d'utilité publique, une partie des biens par elle acquis, elle sera tenue de se pourvoir dans les formes requises pour obtenir l'autorisation nécessaire, après laquelle elle sera admise à enchérir concurremment avec les particuliers.

Nous l'avons dit : ce premier système, à peine mis en vigueur, fut délaissé le 26 juin 1790 : le nouveau décret était ainsi conçu : « Les municipalités seront considérées comme acquéreurs parti- « culiers. » Les acquéreurs particuliers et les municipalités étaient mis sur un pied d'égalité parfaite.

Cependant l'Assemblée avait déclaré plusieurs fois que la limite de 400 millions ne serait pas dépassée. Les ventes faites aux municipalités du royaume, le Comité se trouva fort embarrassé : les demandes dépassaient 400 millions. Les municipalités, les particuliers comptaient sur les promesses du corps législatif. A qui donner la préférence? L'Assemblée vota un décret ainsi conçu : « L'Assemblée nationale, sur ce qui lui a été exposé par son « Comité d'aliénation des domaines nationaux que les 400 mil- « lions auxquels elle avait borné la vente des domaines natio- « naux aux municipalités étaient insuffisants pour remplir « l'attente de celles qui, ayant fait leur soumission avant le 16 « septembre dernier, ont satisfait depuis à toutes les formalités

« prescrites pour parvenir à l'acquisition de ces domaines, au-
» torise son Comité d'aliénation à lui proposer des décrets de
« vente au profit de toutes les municipalités qui se sont mises
« en règle dans le délai prescrit par son décret du 31 décembre
« dernier. »

Mais il devenait indispensable de statuer sur le mode de paiement qu'on entendait fixer aux acquéreurs particuliers. L'assemblée divise les paiements en plusieurs termes pour appeler un
plus grand nombre de citoyens à la propriété (25 juillet 1790).
La quotité du premier paiement devait être déterminée par la
nature des biens, selon qu'ils étaient plus ou moins susceptibles
de dégradation. Dans la quinzaine, les acquéreurs des bois,
moulins et usines paieront 30 pour cent du prix d'acquisition,
ceux des maisons, 20 pour cent, ceux des terres labourables
12 pour cent. Le surplus sera divisé en douze annuités égales,
payables en douze ans. La Constituante fut assez vite obligée de
modifier ce premier décret. Le Comité d'aliénation se plaignait des
difficultés que plusieurs acquéreurs avaient élevées au sujet du
calcul des annuités. Il fut décidé que ces acquéreurs auraient
la faculté de remettre un nombre égal d'obligations qui porteraient
intérêt au profit du trésor à compter du jour de l'acquisition.
Les paiements anticipés étaient toujours permis. A dater du
premier paiement, les directoires de district devaient remettre
les baux courants et autres pièces aux acquéreurs (24 février 1791).

Cependant la Constitution fut votée. Le principe de la division
des pouvoirs que l'Assemblée y avait inscrit ne pouvait rester à
l'état de pure théorie. Quand les anciennes administrations détruites n'étaient pas encore remplacées par les administrations
nouvelles, la Constituante, investie de tous les pouvoirs, avait
dû former dans son sein un Comité chargé de préparer, d'accélérer, de diriger la vente des biens nationaux. Mais le Comité
d'aliénation lui-même n'acceptait que provisoirement des fonctions qui revenaient naturellement au pouvoir exécutif. A son
propre pouvoir il entendit substituer un établissement central
sous la direction d'un préposé responsable nommé par le Roi et
surveillé par le corps législatif. Le Comité jeta les yeux sur le
commissaire du Roi, administrateur de la caisse de l'extraordinaire. L'Assemblée décida que tous les décrets sur les biens nationaux lui seraient transmis ; que les directoires de département,
dans une correspondance suivie, le mettraient au courant de tous
les faits relatifs à l'aliénation, et lui adresseraient les pièces né-

cessaires ; qu'il surveillerait toutes les opérations, maintiendrait l'observation des règles prescrites et indiquerait aux adjudicataires les moyens d'exécuter les lois; enfin qu'il dénoncerait les irrégularités graves au ministre de l'intérieur. Mais la haute surveillance appartenait toujours à l'Assemblée nationale. Le Comité d'aliénation préparera les projets de loi nécessaires à la suite de l'opération de l'aliénation des biens nationaux et surveillera, de concert avec les commissaires de la caisse de l'extraordinaire, les travaux et les mesures confiés au commissaire du Roi. Ainsi s'opéra la translation des fonctions administratives du Comité d'aliénation des biens nationaux au pouvoir exécutif.

Mais avant de se retirer, le Comité, pour montrer l'excellence du système adopté, présentait un état des ventes de biens nationaux faites aux particuliers jusqu'à la fin de février 1791, comparé aux estimations qui en avaient été faites. Il ressort de cet état que les adjudications s'élevaient à la somme de 171,914,855 livres 4 s. 6 d. Le prix des estimations n'avait pas dépassé 98,887,068 livres 4 s. 1 d. La chaleur des enchères avait donc amené une augmentation de 73,037,787 livres 6 d.

Cependant, l'Assemblée ne demeura pas bien fermement convaincue de la perfection de son système. Elle crut devoir, en dépit des chiffres que son Comité lui avait soumis, modifier encore, dans le dernier mois de ses séances, sa législation sur le paiement du prix des domaines nationaux. L'interposition des municipalités était, en définitive, une mesure bizarre qui, au lieu d'accélérer les ventes, en ralentissait la marche, d'ailleurs préjudiciable au Trésor, puisqu'elles avaient dans les reventes un bénéfice du seizième, et que leurs obligations étaient restreintes aux trois quarts du montant de leur adjudication. La Constituante avait fait un rôle fort important, dans ces ventes, aux directoires de district et de département : des difficultés de comptabilité s'élevaient chaque jour entre les municipalités et les receveurs du district. Enfin la nation n'avait aucun intérêt à percevoir chaque année le quinzième en capital des obligations souscrites par les municipalités; cette marche si lente aboutissait encore à des complications multiples dans la comptabilité de la caisse de l'extraordinaire. Les municipalités ne paient chaque année que le quinzième de leurs obligations : les acquéreurs particuliers, au contraire, paient le huitième, le cinquième et même le tiers de leur acquisition, suivant la classe des biens acquis! En outre, les acquéreurs particuliers payaient souvent au-delà du prix déterminé par le premier paiement. Enfin, le prix des adjudications faites aux particuliers avait été ordinairement supérieur des deux tiers au prix des ventes faites aux municipalités.

Désormais (28 septembre 1791), ni les municipalités ni les acquéreurs particuliers ne souscriront d'obligations. Tout, pour ceux-ci, sera terminé par le procès-verbal d'adjudication : il suffira d'y insérer que l'acquéreur, dans la quinzaine, paiera 12, 20 ou 30 pour cent du prix, selon la classe des biens. Le système des obligations gênait ces acquéreurs, embarrassait et encombrait les directoires de district. Mais de bien autres complications résultaient des opérations préliminaires à remplir pour faire toucher le seizième du produit aux municipalités. Le directoire du district devait avoir connaissance du décret d'aliénation et en donner la date au receveur. Les obligations devaient être souscrites, déposées en original à la caisse de l'extraordinaire, en *duplicata* à celle du district ; le receveur devait faire le décompte des 5 pour cent dus par la municipalité à partir de la date du décret d'aliénation jusqu'au jour de la revente, etc., etc. La Constituante voulut, avant de se séparer, simplifier tout cela. Pour le calcul du seizième, tout se réduit désormais à deux états, celui des aliénations faites à chaque municipalité, celui des paiements faits par les acquéreurs sur revente. Les acquéreurs sur revente, au lieu de payer directement le seizième aux municipalités, paieront les seize seizièmes aux receveurs de district, de qui les municipalités toucheront la portion du produit qui leur est attribuée dans les reventes.

Malgré l'aridité de certains détails, l'étude des travaux de la Constituante, sur un point spécial, offre toujours un véritable intérêt. Il est facile de retrouver dans ces mesures un assez vif esprit d'empiètement, parfois une grande inexpérience, souvent la manie des règlementations minutieuses, mais aussi, disons-le vite, le besoin de mettre partout l'ordre et la lumière, et l'amour ardent du bien public. La Constituante avait tout à reconstruire : son plus grand tort fut dans cette naïveté sublime qui ferma l'accès de la législature suivante à ses membres. La nouvelle Assemblée fut l'indigne héritière de la première.

Le 17 mars 1792, l'Assemblée législative ordonna la vente des biens des ci-devant ordres royaux hospitaliers et militaires de Notre-Dame du Mont-Carmel et de Saint-Lazare de Jérusalem ; elle supprimait en même temps tout paiement sur les revenus de ces biens aux commandeurs, chevaliers et pensionnaires de ces

ordres. Le 25 juillet 1792, elle ordonna la vente des palais épiscopaux, le 17 août celle des maisons occupées par les religieux,
le 19 août celle des immeubles réels affectés aux fabriques des
églises. Toutes ces mesures sont conçues dans un même esprit.
Les *considérants* de la loi sur les palais épiscopaux sont rédigés
dans un style épigrammatique ; la nation y déclare qu'elle veut
débarrasser les évêques d'une jouissance évidemment onéreuse. Le
17 août, c'est à peine si l'Assemblée excepte des décrets de spoliation
les religieuses consacrées au service des hôpitaux ; le 19 août, elle
valide rétroactivement les ventes illégales des biens de fabriques
et se contente de *promettre* à ces fabriques l'intérêt à 4 pour
cent du produit net de la vente. Le 30 août, un membre propose de décréter que tous les biens des abbayes et communautés
étrangères ou qui proviennent des bénéfices des ci-devant jésuites
seront vendus au profit de l'Etat. Les biens des communautés
étrangères n'étaient-ils pas de bonne prise ? On observe que le
Comité des domaines est sur le point de faire un rapport. L'Assemblée décrète que les revenus de ces biens seront provisoirement mis en séquestre, et que les Comités diplomatique et des
domaines réunis demeureront chargés de proposer « un mode
d'exécution relativement à la propriété desdits biens. » Enfin,
le 14 septembre, l'Assemblée, *dans l'intérêt de l'agriculture*, prononça la résiliation de tous les baux passés au profit des émigrés et des prêtres déportés, et le 19 septembre, elle nationalisa
les biens de l'ordre de Malte. Ces deux derniers décrets étaient
contresignés *Danton*. Nous arrivons au règne de la Convention.

La Constituante avait successivement adopté deux régimes sur
la vente des biens nationaux ; en premier lieu, le droit exclusif
des municipalités à l'acquisition de ces biens ; en second lieu,
la concurrence des municipalités et des particuliers. La Convention établit bien vite un troisième système en écartant les municipalités. Moins de deux mois après sa réunion, elle recomman-
dait et pressait l'exécution des décrets du 5 août et du 28 septembre 1791 sur l'affectation au paiement des dettes municipales
du seizième du produit de la revente ; elle prit quelques mesures
de détail sur la liquidation de ces dettes. Mais dans la même
séance (19 novembre 1792), elle décrétait qu'il ne serait plus accordé aux villes et communes, administrations de district et de
département, aucune autorisation à l'effet d'acquérir des bâtiments, maisons et domaines, nationaux ou non. Les villes, il
est vrai, peuvent avoir besoin de bâtiments pour le service de la

commune; elles demanderont un bail. Leur demande passera du directoire de district au directoire du département, du directoire du département au Ministre de l'Intérieur, et du Ministre à la Convention qui pourra sans doute, mieux que tout le monde, apprécier l'opportunité de la demande. Etrange manie de tout ramener à soi-même, qui fait agir le despotisme et l'aiguillonne sans cesse! La Convention ne pourra pas consentir un bail de plus de trois ans. Pour assurer aux communes le moyen d'indiquer les immeubles dont la location leur serait nécessaire, il est sursis pendant deux mois à la vente des maisons et bâtiments susceptibles d'être employés à un service public. Beaucoup d'amendements furent présentés et rejetés. La Convention ne veut pas que les municipalités puissent acheter des biens nationaux, sans doute en haine du fédéralisme et par amour de la République indivisible.

La Convention, par un décret du 1er avril 1793, ordonna la vente, par lots séparés, de toutes les grandes propriétés nationales, *toutes les fois que la vente en masse serait reconnue moins avantageuse*. Après la levée des plans et l'avis des municipalités, les directoires de district feront tracer les divisions et dresser les procès-verbaux d'estimation; ils adressent les procès-verbaux accompagnés de leurs observations aux directoires de département qui les examinent, proposent les changements, et envoient le tout à l'administrateur des biens nationaux. Cet administrateur indique les changements qu'il juge nécessaires aux directoires de département, recueille les observations des corps administratifs, et fait enfin passer le tout à la Convention, qui statue. Ces ventes seront alors faites par lots. Les enchères seront ouvertes sur chacun des lots, d'après l'estimation ci-dessus indiquée. Il ne pourra être passé outre à l'adjudication définitive qu'autant que la dernière enchère couvrira cette estimation. Les derniers articles s'occupaient des demandes qui pourraient être faites par les villes d'abandon des bâtiments ou terrains nationaux sur un motif d'élargissement des rues, agrandissement des places, etc. La Convention distinguait. S'agissait-il d'un alignement dont l'exécution intéressât essentiellement la sûreté publique? l'abandon des terrains était fait aux villes à titre gratuit. Mais si l'objet de l'abandon n'était que la commodité des citoyens ou l'embellissement d'un quartier, les terrains laissés à la disposition des communes devaient être payés par ces communes.

Cependant l'Assemblée législative n'était pas allée assez loin dans la voie des confiscations, au gré de la Convention. Le 24 avril, les biens meubles et immeubles possédés par les ci-devant chevaliers et par les compagnies connues sous le nom d'arquebusiers, archers, arbalétriers, couleuvriniers ou autres corporations étaient nationalisés et désignés pour être vendus. C'était toujours l'application de l'incroyable théorie professée par Thouret devant la Constituante : « Les corps n'ont pas de droits. » Cependant, le 1er mai, la Convention dut subir une nécessité pénible. Sur le rapport de son Comité des secours publics, elle décrétait que les biens formant la dotation des hôpitaux desservis par les anciennes congrégations séculières des deux sexes, vouées au service des pauvres, étaient *provisoirement* exceptés de la vente ordonnée par la loi du 18 août 1792, portant suppression desdites congrégations. Le 5 mai, elle fixait les droits des créanciers de certaines congrégations séculières des deux sexes et de certains ordres, les restreignait arbitrairement aux dettes contractées pour l'amélioration et l'utilité des biens situés en France, et assimilait la liquidation de ces dettes à la liquidation des dettes de l'Etat. Enfin, le 10 mai, elle annulait tous les baux anticipés faits par les membres ou agents des ci-devant ordres de chevalerie, corporations séculières et régulières, colléges et universités, postérieurement au 2 novembre 1789.

La Convention, poursuivant son œuvre, décréta la confiscation et la vente des biens des émigrés (Loi du 3 juin 1793). Ces biens seront vendus aux enchères. Dans les communes qui n'ont pas de terrains communaux à partager, il sera fait, sur ces terres, un prélèvement suffisant pour donner un arpent à chaque chef de famille non propriétaire. Les estimations et divisions seront faites par des commissaires experts, de concert avec les officiers municipaux. Il est enjoint au procureur syndic de faire procéder sur le champ aux estimations et divisions. Mais la Convention est défiante : elle commet la surveillance du procureur syndic à tous les citoyens, qui pourront lui adresser des sommations et le dénoncer au procureur général syndic du département. L'article 13 de la loi prescrit des affiches et publications. L'adjudication sera faite à la seconde publication. Les biens des émigrés seront vendus francs et quittes de toutes les dettes, rentes et re devances foncières, dons, douaires et hypothèques. La République se charge de les acquitter, mais seulement jusqu'à concur-rence des biens, meubles et immeubles de chaque émigré. Les

rentes et redevances foncières seront remboursées sur le pied de 5 pour cent. Le capital de ces rentes sera prélevé sur le prix total de l'héritage qui en était grevé, par privilége et préférence à toute autre créance. Un émigré peut avoir des droits indivis : ces droits seront vendus tels qu'ils se comportent ! des droits de nue-propriété : ces droits seront vendus tels qu'ils se comportent ! des droits d'usufruit : les biens sujets à l'usufruit seront affermés. Les paiements pourront être faits en espèces ou en assignats, *et en titres quelconques de créances sur les biens des émigrés*, pourvu que ces créances aient été liquidées conformément aux lois. Ces créances pourront même être admises en paiement des biens de l'émigré débiteur, quoique non encore liquidées, à la charge, par le créancier, de donner bonne et suffisante caution d'en rapporter le montant jusqu'à due concurrence dans le cas où la créance serait rejetée ou réduite. La Convention n'avait pas renoncé au système des paiements partiels. « Le prix de la vente sera ac-
« quitté en dix termes et paiements égaux : le premier dans le
« mois qui suivra l'adjudication et avant l'entrée en possession ;
• les neuf autres d'année en année, avec les intérêts à 5 pour cent
« sans retenue, décroissant à mesure des remboursements. » Les frais de la vente sont à la charge de l'adjudicataire.

Mais toutes ces confiscations ne diminuaient pas les embarras financiers. Le 5 juin 1793, un membre du Comité des assignats fit un rapport sur la rentrée de ces assignats. La Convention, sur sa proposition, décrète que dans la vue de procurer aux citoyens un moyen très-avantageux d'employer leurs assignats et d'en tirer un parti annuel de 5 pour cent, en même temps pour faire cesser l'agiotage, reparaître le numéraire et baisser le prix de toutes les choses nécessaires à la vie, les créances des biens nationaux seront vendues. Singulière façon de faire rentrer l'argent dans les coffres de l'Etat ! L'Etat se fait brocanteur de créances ; mais cet expédient ridicule n'aboutira ni à relever le papier-monnaie, ni à modifier la situation financière. Le bon état des finances est lié à la prospérité publique, et le règne de la terreur a commencé. En tout cas, les porteurs d'assignats peuvent trouver là un bon placement. Ils se présenteront au directoire du district, qui possède les créances ; ils paieront le prix de la vente au receveur, en assignats, et sur le vu de la quittance du receveur, le directoire du district leur fera cession de tout ce qui reste dû à la nation, tant en principal qu'en intérêts échus ou à échoir, avec subrogation à tous les droits, hypothèques et priviléges y attachés, sous la ga-

rantie de la nation entière. La cession sera faite au bas d'une expédition du procès-verbal d'adjudication des biens affectés à la
créance, et sera notifiée au débiteur. En outre, on n'est pas
obligé d'acheter toute une créance : chaque citoyen peut acquérir
la partie payable au terme qui lui convient le mieux. Enfin les
cessionnaires pourront rétrocéder leurs droits à la nation en paiement des biens nationaux. *Paul*, possesseur d'assignats, et lui-
même acquéreur achètera la créance de l'Etat sur *Pierre*, acquéreur. Mais *Paul* sera lui-même dans l'embarras au moment de
payer le prix de sa propre acquisition. Il rétrocèdera sa créance
à l'Etat, à qui ce circuit d'opérations juridiques profite par une
rentrée plus prompte des assignats.

Dans la même séance, la Convention votait un décret sur le
paiement des dettes exigibles contractées par les municipalités
aliénataires. Ce décret mettait les dettes exigibles des municipalités à la charge du Trésor jusqu'à concurrence du seizième des
bénéfices dû à ces municipalités. Néanmoins le Trésor pouvait
prélever sur ce seizième le montant des avances et fournitures
qu'il avait faites lui-même aux municipalités.

A la séance du 6 juillet, un membre apprend à la Convention
que dans les départements du Rhin il existe un grand nombre de
fiefs reversibles, à l'extinction de la descendance des possesseurs,
à la ci-devant Couronne de France : il demande que les directoires des deux départements du Rhin soient chargés de faire le
recensement de tous ces fiefs et de l'envoyer à la Convention nationale, pour qu'en temps utile elle les réunisse au domaine national
et en ordonne la vente. Cette proposition est renvoyée aux
Comités des domaines et diplomatique réunis, où le membre qui
l'a faite *déploiera ces principes* relativement aux fiefs. En attendant,
la Convention décrète « que les fiefs reversibles, à l'extinction
« des possesseurs, à la ci-devant Couronne de France seront pro-
« visoirement mis en séquestre, sauf à restituer ce qui pourrait
« ne pas appartenir à la nation. »

Le 9 juillet, après la lecture d'un rapport du général Keller-
mann, la Convention parvint à surpasser en violence ses plus
violents décrets : « Dans les départements dont les administra-
« tions sont en état de révolte, il ne pourra être procédé à la
« revente des biens nationaux sur folle enchère, jusqu'à ce qu'il
« en ait été autrement ordonné. Les administrateurs des dépar-
« tements qui ordonneraient ces ventes, ceux des districts qui y
« procèderaient *seront punis de mort.* » Sanction fort claire et

fort expéditive. Quant aux adjudicataires, ils sont simplement déclarés *traîtres à la patrie*, ce qui n'a guère un autre sens.

On se demande pourquoi l'Assemblée s'occupe, quelques jours après, de la vente des biens des Jésuites. Ne devaient-ils pas être confondus depuis longtemps dans la régie des biens nationaux? L'explication de cette apparente anomalie se trouve au procès-verbal de la séance du 18 juillet. Un membre demandait la question préalable : un autre membre fit observer que les Jésuites, ayant fait le commerce, ont grevé leurs biens de beaucoup de dettes qu'il ne faut pas mettre à la charge de la Nation. « Il de-
« mande, en conséquence, qu'en se chargeant de la vente de
« ces biens, il soit tenu une comptabilité particulière pour leur
« produit être distribué aux créanciers, sans que ceux-ci puissent
« faire aucune répétition en cas de déficit. Cette dernière pro-
« position est adoptée. » (Suit le décret du 18 juillet.) Le premier jour du second mois de l'an II de la République française, nouveaux décrets qui confisquent et mettent en vente les biens des rebelles de Lyon et de Toulon. Le 13 brumaire, confiscation de tout l'actif des fabriques, vente au profit de l'État des meubles et immeubles provenant de cet actif. Les créanciers seront tenus de présenter leurs titres avant le 1er germinal. Trois jours après, la Convention décrétait que tous les baux des biens nationaux produisant du froment, du méteil, du seigle, de l'avoine, du foin, de la paille, etc., ne seraient renouvelés qu'avec la clause de payer en nature de denrées! Il semblait que les derniers vestiges de la civilisation disparussent de jour en jour. Le 4 nivôse, confiscation des biens appatenant aux ci-devant tribunaux consulaires. Le 23 nivôse, confiscation des meubles et immeubles appartenant aux ci-devant fermiers-généraux. Le 13 pluviôse, confiscation des biens provenant des Jésuites de Trèves ou appartenant aux abbayes, communautés et corps étrangers. Tous ces biens seront mis en vente. A la même séance, l'Assemblée, à bout de ressources, ordonnait une coupe extraordinaire de bois dans toutes les forêts du territoire. Chaque propriétaire était tenu de faire couper dans l'année même la partie des bois qui aurait dû être mise en coupe l'année suivante; les corps administratifs avaient l'ordre de pourvoir sans retard à l'exploitation des coupes dans les bois et forêts des particuliers qui refuseraient ou négligeraient d'y procéder; et deux jours après on accordait un supplément de traitement aux gardes des forêts nationales pour stimuler leur zèle! Le 25 pluviôse, confis-

cation des marchandises expédiées à Commune-Affranchie (ci-devant Lyon), avant la révolte de cette ville. Le 22 ventôse, confiscation des biens des ecclésiastiques et frères-convers qui ont été déportés. Puis une loi du 26 messidor vint nationaliser les biens des hôpitaux et autres établissements de bienfaisance qu'on avait jusqu'alors respectés. Leur passif était mis à la charge de l'Etat, et la déchéance prononcée contre les créanciers qui n'auraient pas produit leurs titres avant le 1er nivôse an III. La loi faisait bon marché des besoins des pauvres ou des malades, et ordonnait la vente de tout l'actif de ces établissements. Enfin, comme s'il avait fallu donner au monde une éclatante et nouvelle preuve du régime dégradant que le despotisme conventionnel prétendait imposer au pays, les biens des académies et sociétés littéraires furent nationalisés le 6 thermidor et assimilés, pour la vente et la liquidation du passif, au reste des biens nationaux.

Nous avons analysé la loi du 2 juin 1793, relative à la vente des biens des émigrés. Ces mesures furent étendues, par la loi du 26 frimaire an II, à tous les biens confisqués au profit de la République. L'accusateur public, les présidents des commissions militaires adresseront dans la quinzaine expédition des jugements de confiscation et de déportation à l'administrateur des domaines nationaux. Ce tableau sera envoyé par l'administrateur 1° au Comité d'aliénation; 2° à tous les départements, districts et municipalités; 3° aux *sociétés populaires*. Un tableau additionnel sera dressé tous les mois. Les débiteurs des condamnés, les détenteurs de leurs biens, qui n'auront pas fait les déclarations prescrites par la loi, seront traités comme suspects. Enfin tout acte contenant donation, aliénation, reconnaissance, obligation ou engagement quelconque de la part d'un individu mis hors la loi, déporté ou dont les biens ont été confisqués par jugement, est nul et sans effet à l'égard de la République, s'il n'a une date certaine et authentique, antérieure soit au décret de déportation ou de mise hors la loi; soit au décret d'arrestation ou d'accusation, au mandat d'arrêt ou à l'ordonnance de prise de corps.

A partir du 9 thermidor, les décrets de la Convention commencent à perdre de leur caractère sauvage. Nous avons vu les fermiers de biens nationaux soumis à l'obligation de payer leurs prestations en nature; une loi du 28 thermidor admet à se libérer en assignats tous ceux qui ne pourront pas se conformer à cette prescription. Le 5 brumaire an III, un décret conçu dans un esprit d'équité manifeste réintègre dans la jouissance de leurs propriétés les prévenus d'émigration dont les biens avaient été séquestrés, qui avaient réclamé et justifié de leur résidence en temps utile sur le territoire de la République, et par suite obtenu des arrêtés favorables des corps administratifs. Cependant les prévenus d'émigration seront tenus de donner caution de la valeur de leur mobilier et ne pourront aliéner leurs immeubles jusqu'à ce qu'il ait été définitivement statué sur leurs réclamations par le Comité de législation. Les produits des biens versés dans la caisse des domaines nationaux ne leur seront également restitués qu'à cette époque. Le 13 nivôse, c'est un décret sur le *crédit public*. Il s'agissait de faire revivre le commerce et revenir les capitaux. La liberté du commerce est rétablie, les transactions avec les puissances étrangères seront respectées : en même temps, les dettes des émigrés sont déclarées nationales. La loi n'excepte que les émigrés en faillite ou notoirement insolvables à l'époque de la confiscation. Le mobilier des émigrés sera vendu « de la « manière la moins dispendieuse et la plus utile. » Provisoirement le législateur ne dit rien de plus. La commission des revenus nationaux dressera un état des biens qu'il est utile de vendre avec célérité, par exemple, des bâtiments non loués qui surchargent la République de frais de garde et de réparation. Le Comité des finances présentera ses vues sur le moyen d'en accélérer l'aliénation, de manière qu'elle s'élève à un milliard dans le courant de l'année. Enfin ce Comité fera encore un rapport général sur les lois portant peine de déchéance envers les créanciers de la République, « afin que la Convention soit à « même de modifier celles qui lui paraîtraient trop rigoureuses. » Le 30 ventôse an III, l'Assemblée, tout en confirmant les ventes terminées, décrétait qu'il serait sursis à la vente des biens confisqués par suite de jugements des tribunaux révolutionnaires, commissions militaires ou populaires.

La Convention crut devoir encore modifier (6 ventôse et 8 ventôse an III) la législation sur la vente des meubles et sur le mode de paiement des immeubles. Les meubles de l'État sont divisés en deux classes : 1° les objets précieux destinés au *Museum* ; 2° tout le surplus du mobilier. Le mobilier de la seconde classe, après une expertise et une estimation, sera vendu aux enchères, dans des ventes publiques. Les ventes, dans les villes au-dessus de 5,000 âmes, seront annoncées au moins quinze jours à l'avance, par des affiches qui indiqueront en masse les objets les plus précieux. Les commissaires aux ventes enverront à la commission des revenus nationaux le procès-verbal du prix d'estimation et du prix de vente. L'ancien mode de paiement des immeubles est changé. Les acquéreurs solderont dans le mois et avant l'entrée en possession le *quart* du montant de leurs adjudications : le surplus sera payé en six années par portions égales, un sixième chaque année, à condition de solder l'intérêt à 5 pour cent du capital encore dû. La loi donne une prime de 2 pour cent par année aux acquéreurs qui paieront par anticipation, « de sorte que « cette prime sera de 12 pour cent sur les termes qui auront à courir. » (Art. 6 déc. 6 ventôse). Les inscriptions sur le grand-livre de la dette consolidée seront admises jusqu'au 1er vendémiaire an IV en paiement des domaines nationaux vendus ou à vendre. « Elles seront calculées par vingt fois leur montant an-« nuel, lorsqu'on fournira en même temps trois fois la même « valeur en assignats. » Cette disposition législative peut donner une idée de la dépréciation du papier-monnaie.

On le voit : tout était essayé pour accélérer la vente des biens nationaux. La Convention, dans la séance du 29 germinal, eut recours au moyen le plus étrange qui fut jamais. Elle décida que les maisons et bâtiments appartenant à la nation seraient aliénés successivement *par voie de loterie*, à raison de cinquante livres le billet. On commencera par les maisons des émigrés, et les tirages de cette loterie se feront de mois en mois, tant qu'il y aura des objets à vendre. La Convention était forcée d'exciter la cupidité des citoyens par l'appât d'un gain immoral. Le 8 prairial, il était décrété que les loteries de meubles et immeubles provenant des émigrés seraient composées par moitié desdits meubles et immeubles, et par moitié de bons au porteur admissibles en paiement des domaines à vendre. L'article 2 mérite d'être cité : « Le Comité des finances présentera dans la décade « à la ratification de la Convention le *prospectus* de la première « loterie. » Le premier tirage eut lieu dans le mois de fructidor. Le 27 vendémiaire an IV, il fut décrété que tous les porteurs de billets gagnants seraient déchus faute de réclamer leurs lots dans le mois. Un peu plus tard, ce délai fut prorogé. Enfin la loi du 23 brumaire an V décida que ces porteurs ne pourraient réclamer les lots en nature, s'ils avaient été vendus, et qu'ils auraient un droit pur et simple à recevoir le prix de la vente.

Mais le règlement des droits des créanciers n'offrait pas de moindres difficultés. Une loi de germinal an III avait prétendu

régulariser la situation des créanciers des hôpitaux. Ces derniers
ne devaient plus savoir à quoi s'en tenir sur le paiement de leurs
créances. Les créanciers des hôpitaux non encore liquidés par
décret avaient reçu leur remboursement en assignats jusqu'à
concurrence de 10,000 livres. La Convention organisa bientôt un
système plus complet : un décret en 130 articles fut voté
(1er floréal an III), relatif aux créances et droits sur les biens
nationaux provenant des émigrés. La République se reconnaissait débitrice directe des dettes des émigrés. Le tribunal de cassation rejetant (11 nivôse an IX) un pourvoi contre un jugement
du tribunal civil de l'Hérault, décidait que la loi de floréal, faite
en faveur des créanciers, n'avait pas voulu éteindre les droits
qu'ils avaient contre les autres co-débiteurs, soit personnels,
soit hypothécaires des émigrés, et qu'en conséquence le créancier qui avait deux espèces d'actions à exercer, l'une hypothécaire contre un détenteur de biens, l'autre en liquidation contre
le fisc, pouvait choisir entre ces deux actions.

La loi reconnaît comme créanciers des émigrés ceux dont les
titres ont une date certaine antérieure à la promulgation de la
loi du 9 février 1792 ou à l'émigration de leurs débiteurs. Les
créanciers devront faire le dépôt des titres et pièces justificatives
au secrétariat de l'administration du district du domicile fixé à
leur débiteur par la liste générale des émigrés, dans un délai de
quatre mois après la publication de la liste. Les créanciers qui
se trouvent en déchéance aux termes des lois antérieures ont un
délai de trois mois pour déposer leurs titres. Ces divers délais
furent prorogés par des lois ultérieures. Les créances seront liquidées par les administrations de département, et à Paris, par
un bureau particulier de liquidation. Les intérêts courront du
jour de la demande en justice ou du dépôt fait au secrétariat de
l'administration du district. Les rentes ou prestations purement
foncières et non féodales, maintenues par l'article 2 de la loi du
17 juillet 1793, ainsi que les rentes constituées perpétuelles, seront liquidées au denier vingt du capital des revenus effec-
tifs, etc. La Convention s'occupait ensuite avec un soin minu-
tieux des débiteurs insolvables. Leurs biens, disait l'article 43,
seront administrés et vendus par les corps administratifs, comme
les biens nationaux, et payés dans les mêmes termes : néanmoins les créanciers recevront le prix de la vente aussitôt qu'elle
aura été effectuée.

Les administrations de département et le bureau de liquidation à Paris délivreront aux créanciers dont les titres seront jugés légitimes des reconnaissances de liquidation définitive en paiement des sommes qui leur sont dues. Les créances exigibles n'excèderont pas 2,000 livres : les créances constituées dont le capital sera au-dessous de 1,000 livres seront payées en assignats. En conséquence, les reconnaissances de liquidation définitive délivrées pour les créanciers de cette nature seront échangées contre des assignats. Quant aux reconnaissances de liquidation des créances exigibles ou des créances constituées qui excèderont ces sommes, elles seront admissibles en paiement de biens nationaux sans distinction d'origine ou en inscriptions sur le grand-livre de la dette publique. Les administrations de département liquideront, la commission des revenus des biens nationaux vérifiera et soumettra le tout à la Convention. Les administrations de département et le directeur du bureau de liquidation sont autorisés à délivrer aux créanciers des certificats du montant de la créance dont les titres ont été déposés, lesquels seront admissibles en paiement de biens nationaux, à la charge par eux de justifier, ainsi qu'il a été prescrit, de la solvabilité de leurs débiteurs, et de donner bonne et suffisante caution de rapporter le montant de leur créance, avec les intérêts à 5 pour cent dans le cas ou tout ou partie des droits ne serait pas admis par le résultat de la liquidation définitive (article 84).

Tous les biens possédés par indivis avec des émigrés sont mis sous le séquestre. Il sera sursis à la vente jusqu'au partage des biens et à la liquidation des droits indivis. Tout co-propriétaire non émigré sera tenu de produire ses titres au directoire du district dans le délai de trois mois. Ce délai passé, les biens indivis seront vendus en entier, sauf les droits du co-propriétaire dans le prix de la vente. Les meubles, assignats, matières d'or et d'argent, etc., seront divisés en lots par les experts et partagés par la voie du sort entre la nation et les co-propriétaires. La loi déterminait exactement les formes du partage des immeubles. Quant aux biens mobiliers ou immobiliers reconnus impartageables, ils seront vendus dans les formes prescrites pour l'aliénation des biens nationaux. Le mobilier indivis sera payé comptant par les acquéreurs. Quant aux immeubles, le prix en sera acquitté, pour la portion afférente à la République, dans les termes fixés par la loi; pour le surplus, immédiatement après l'adjudication. Les contestations seront jugées par des arbitres.

Le 14 floréal, la Convention, continuant l'œuvre de réparation qu'elle avait commencée depuis le 9 thermidor, ordonnait la restitution des biens confisqués à la suite des jugements rendus par les tribunaux révolutionnaires depuis le 10 mars 1793.

Termes de droit, termes de grâce, on avait tout accordé aux acquéreurs de biens nationaux, et cependant la situation financière empirait tous les jours. Un décret du 24 floréal oblige les acquéreurs retardataires à payer le premier à-compte dans la décade: les adjudicataires postérieurs, dans le mois. Les biens rentrés dans les mains de la nation par la déchéance des adjudicataires seront vendus selon les formes prescrites. Les procureurs syndics des districts, immédiatement après la consommation de ces ventes, seront tenus de constater le déficit et de liquider les sommes dues par l'acquéreur évincé, à l'effet d'en poursuivre le remboursement par les voies de droit.

Le décret du 12 prairial an III vint déterminer un nouveau mode de vente des biens nationaux. La vente pourra ne plus être faite aux enchères. Il suffira qu'un citoyen se soumette, par écrit, à payer en assignats le denier soixante-quinze du revenu annuel de 1790, pris sur les baux de 1790. L'adjudication sera faite le même jour que la soumission ou au plus tard dans les trois jours suivants, à la charge de solder le prix de la vente en quatre paiements dont les époques, très-rapprochées, sont fixées par l'article 2. L'entrée en possession n'aura lieu qu'après les deux premiers paiements accomplis. A défaut de paiement à l'un des termes fixés, la déchéance est prononcée. L'acquéreur sera remboursé de ce qu'il aura déjà versé en bons au porteur délivrés à la trésorerie et admissibles en paiement d'autres biens nationaux. Les articles 5, 6, 7 et 8 du décret règlent le mode d'évaluation et d'estimation des biens à vendre. L'article 10 règle le cas de concurrence. L'adjudicataire sera le soumissionnaire le plus diligent : si plusieurs personnes se présentent en même temps, le sort décidera entre elles de la priorité. Les biens nationaux qui ne se trouveront pas vendus par ce nouveau mode ou par la voie des loteries continueront d'être mis à l'enchère suivant les lois anciennes.

Dès le 17 prairial, la Convention s'arrêtait à un autre mode, et cette fois l'intitulé du décret croyait devoir déclarer la législation définitivement fixée. Les soumissions seront faites par devant les directoires de district. Dans les dix jours, ces directoires enverront l'état sommaire des soumissions aux départements. Les directoires de district dresseront un état séparé des

biens non soumissionnés. Les directoires de département adresseront ces états à la commission des revenus nationaux. Les adjudications faites en vertu de la loi du 12 prairial ne vaudront que comme de simples soumissions. Tout soumissionnaire pourra poursuivre l'adjudication à la chaleur des enchères, en prenant pour première enchère le montant de sa soumission. C'est l'abrogation du principe de la loi du 12 prairial. L'article 5 règle ainsi la procédure des adjudications :
« L'affiche qui indiquera le jour de la première enchère et de
» l'adjudication définitive se fera au plus tard dans cinq jours
« après la déclaration des soumissionnaires qu'ils entendent faire
« procéder à la chaleur des enchères sur leur soumission. La
« première enchère et seconde affiche indiquant le jour de l'ad-
« judication définitive se fera dix jours après, et l'adjudication
« définitive se fera quinze jours après la première enchère... »
Les adjudications seront ainsi soldées : 1° un tiers du montant de la soumission dans le premier mois; 2° le second tiers dans le deuxième; 3° le dernier tiers dans le troisième. Le surplus de l'adjudication excédant le montant de la soumission sera acquitté en trois paiements égaux dans les autres mois suivants.

Les derniers décrets de la Convention sont conçus dans un vif esprit de réaction contre les excès de la Terreur. Le 13 messidor, la vente des biens des ecclésiastiques reclus, déportés ou sujets à la déportation est suspendue. Un décret du 25 thermidor abroge le décret du 5 juin 1793 qui autorisait la vente des créances nationales et leur admission en paiement des domaines nationaux. Le 9 fructidor, ordre de surseoir à la vente des biens des hospices et autres établissements de bienfaisance. Un décret du 13 fructidor détermine le mode de vente des maisons nationales situées dans l'enceinte de Paris. Un décret du 22 fructidor an III rapporte les lois de confiscation des biens des ecclésiastiques déportés ou reclus, et détermine le mode de remise de leurs biens. Enfin le décret du 28 fructidor an III règle le mode de liquidation des créances sur les biens indivis des émigrés. Les co-propriétaires et co-débiteurs seront convoqués. L'État sera représenté par un commissaire spécial. Dans le cas où une créance serait contestée, notification sera faite au créancier : une seconde assemblée se réunira. Les contestations seront jugées par les arbitres, sans appel. Sur la notification qui sera faite par le créancier, à l'administration du département ou au bureau de liquidation, du jugement rendu par les arbitres ou du procès-verbal constatant que le commissaire de la nation et les co-propriétaires et co-débiteurs ont reconnu et alloué la créance, l'administration du département ou du bureau de liquidation fera procéder à la liquidation pour la portion qui concernera la nation, conformément à la loi du 1er floréal.

Nous avons suivi dans toutes ses fluctuations la pensée de la Convention nationale : tâche ingrate et pénible! Nous allons trouver sous le Directoire une série de lois moins violentes sans doute, mais qui n'en reflètent pas moins la triste situation de cette époque : l'inextricable embarras des finances publiques et le désordre général de l'administration française.

Le mécontentement excité par les lois révolutionnaires détermina tout d'abord les conseils à suspendre la vente des biens nationaux jusqu'au 1er prairial an IV. A la séance du 6 ventôse an IV, les Cinq-Cents entendirent la lecture d'un rapport de la commission des finances. On demandait le rapport de la loi qui suspendait la vente. La discussion fut ajournée. Le 7 ventôse, on proposa divers projets sur le mode d'aliénation des biens nationaux pour faciliter les moyens de retirer les assignats. Les Cinq-Cents ordonnèrent le renvoi à une commission. Le 17 ventôse, le Conseil entendit un message du Directoire sur les moyens qu'il convenait d'employer pour faciliter les ventes, et ordonna le renvoi à la commission des dépenses.

Dans la même séance, les Cinq-Cents déclarèrent la vente des biens nationaux ouverte dans toute l'étendue de la République. A la séance du 19 ventôse, un membre, au nom de la commission des finances, présenta un projet de résolution dont le but était de déterminer le mode de vente des domaines. Le Conseil ajourna à trois jours la discussion, qui fut pourtant commencée le lendemain et reprise dans la séance du 21. Plusieurs orateurs furent entendus. Les articles du projet furent successivement discutés, amendés, mis aux voix et adoptés avec plusieurs articles additionnels. Mais la résolution du 22 fut rapportée le 28 ventôse. Enfin le projet de résolution présenté le 26 par la commission des finances devint la loi du 28 ventôse an IV. Cette loi porte création de 2 milliards 400 millions de mandats territoriaux ayant cours de monnaie entre toutes personnes, emportant avec eux hypothèque, privilège et délégation spéciale sur tous les domaines nationaux situés dans l'étendue de la République, de manière que tout porteur de ces mandats pouvait se présenter à l'administration du département de la situation du

domaine national qu'il voulait acquérir : « Le contrat de vente
« lui en sera passé sur le prix de l'estimation qui en sera faite,
« à la condition d'en payer le prix en mandats, moitié dans la
« première décade et l'autre moitié dans les trois mois. » Tous
les paiements faits par les acquéreurs de domaines nationaux
en assignats ou mandats territoriaux, tant que ces espèces de
papier-monnaie étaient en circulation, ont été déclarés valables,
et toute décision contraire annulée par un arrêté des consuls du
2 prairial an x.

D'après l'article 6 de la loi, la valeur des biens à vendre était
fixée sur le pied de 1790 et calculée à raison de vingt-deux fois le
revenu net pour les terres labourables, prés, bois et vignes. A
défaut de baux, la valeur était fixée d'après le montant de la contribution foncière de 1793, en prenant pour revenu net quatre
fois le montant de cette contribution et en multipliant cette somme
par vingt-deux. Les maisons, usines, cours et jardins étaient évalués à dix-huit fois leur revenu net d'après les baux de 1790. A
défaut de baux, l'estimation devait être faite par experts, l'un
nommé par le soumissionnaire, l'autre par l'administration du
département. En cas de partage, le tiers devait être nommé par
l'administration centrale. En aucun cas, l'estimation de l'an IV
ne pouvait être inférieure aux estimations précédentes.

Ne sont pas compris dans les domaines nationaux hypothéqués
aux mandats les bois et forêts au-dessus de 300 arpents, ni les
maisons et édifices destinés par la loi à un service public (article 7).

Comme il s'agissait avant tout de faire cesser la dépréciation
du papier-monnaie, « qui prenait sa source dans la disproportion
« entre la quantité en émission et la valeur du gage, » le directoire exécutif transmet aux conseils le tableau des domaines destinés à servir de gage aux mandats.

Le 6 floréal parut une instruction législative pour l'exécution
de la loi du 28 ventôse. L'instruction entrait dans les détails où
la loi n'avait pu descendre. Il y était dit, par exemple, que les
biens tenus à bail emphytéotique seraient évalués d'après la contribution et non d'après les baux; que nul n'étant tenu à rester
dans l'indivision, les biens indivis seraient aliénés pour la portion appartenant à la République, si les droits du co-propriétaire
étaient reconnus; que la valeur des biens grevés d'usufruit devait
être fixée à la valeur de la pleine propriété, si l'usufruitier avait
plus de cinquante ans, aux trois quarts s'il avait moins de cin-

quante ans. Quant aux bois, ils ne pouvaient être estimés ni d'après les baux, ni d'après la contribution foncière ; ils seront estimés, dit l'instruction, en fond et en superficie. Les contestations sur la propriété étaient renvoyées aux administrations de département, qui devaient prononcer dans la décade.

Les Conseils avaient voté la loi du 28 ventôse pour rendre un libre essor à l'industrie et au commerce « entravés par le défaut « de confiance. » Mais il ne suffit pas d'un texte législatif précédé de *considérants* pompeux pour rétablir le crédit : « Les pha« langes républicaines ont vaincu par la force des armes les en« nemis de la liberté, écrivait le Directoire aux Conseils ; il *faut* « que la République triomphe encore par les finances. » Mais c'est la victoire qui se commande le moins. « Celles des puis« sances rivales sont ébranlées, les fictions sur lesquelles elles « portent sont connues, leur échafaudage chancelle. Placez dans « son vrai jour la situation de celles de la France ; on peut parler « de ses besoins et les faire connaître, lorsqu'il n'est pas permis « de douter de l'immensité de ses ressources. Une seule chose « est à faire à leur égard, c'est d'en utiliser l'emploi, c'est d'en « conserver toute la valeur pour la faire tourner au bonheur de « la nation, mais de la nation tout entière. » On n'a jamais si magnifiquement vanté la situation financière du pays qu'à la veille des banqueroutes. « Les assignats ont fait leur service, poursui« vait le Directoire, la patrie en sera reconnaissante, il fallait « les remplacer ; les mandats ont été créés. *Les assignats ont fait* « *trembler l'Europe coalisée ; ils ont détruit les priviléges ; ils ont* « *fixé l'égalité parmi nous. Les mandats doivent étonner les en*« *nemis qui restent à combattre ; ils doivent assurer le règne de la* « *liberté ; ils doivent réparer les pertes que l'agriculture et le* « *commerce ont faites nécessairement dans le cours des évènements* « *qui nous occupent encore.* » Les assignats n'ont rien fait de tout cela ; quant aux mandats, ils étaient discrédités avant leur émission.

Cependant l'instruction législative du 6 floréal an IV prévenait les acquéreurs qu'on exigerait d'eux, avant la soumission, la consignation du quart, au moins, du prix présumé, dans la vue d'écarter les spéculations avides et de donner à la République une garantie de l'exécution des soumissions. Une loi du 22 prairial fixa le terme du paiement du second quart ; une loi du 19 messidor celui du troisième ; une loi du 13 thermidor celui du dernier. Cette loi déclarait que le paiement serait fait en mandats au cours; elle ordonnait une remise sur le prix des maisons d'habitation en faveur de ceux qui se libéreraient avant les délais prescrits. Elle autorisait les soumissionnaires à céder tout ou partie de leurs acquisitions. Enfin l'article 10 défendait aux acquéreurs d'anticiper les coupes de bois taillis et les époques de pêche des étangs; d'abattre des futaies et de faire des démolitions avant le paiement définitif de leur acquisition. Une loi du 20 fructidor prorogea le délai accordé en thermidor; il y était dit « qu'à compter du jour de la publication de la loi, il « ne serait procédé à la vente des domaines nationaux non sou- « missionnés que sur enchères, dans les formes qui seraient « incessamment prescrites. » Mais, le 11 brumaire an VII, il restait plus de 68,000 comptes à régler sur les ventes antérieures à la loi du 28 ventôse an IV; plus de 11,000 sur les ventes consenties en exécution de cette loi. Les corps administratifs reçurent l'ordre de régler tous ces comptes avant le 1er pluviôse an VII. Les acquéreurs en vertu des lois antérieures au mois de ventôse an IV durent se libérer en numéraire, suivant la valeur représentative des assignats au cours du jour de la vente ou souscrire, dans le mois, des obligations payables dans le trimestre. Les acquéreurs en vertu de la loi du 28 ventôse an IV furent admis à se libérer « pour ce qui restait dû sur les trois premiers quarts, « en tiers consolidé inscrit, pour le surplus, en numéraire. »

La mesure annoncée en fructidor an IV ne fut votée qu'en brumaire an V. La loi du 16 brumaire an V était relative aux dépenses ordinaires et extraordinaires de l'année. Les fonds extraordinaires, c'est-à-dire les fonds destinés aux dépenses de la guerre, étaient affectés sur le revenu des domaines nationaux et des forêts nationales, et pour compléter la somme de 550 millions en valeurs disponibles, il devait être vendu une quantité suffisante de domaines. D'après l'article 8, tous les domaines nationaux, y compris ceux des départements réunis, à l'exception des domaines réservés pour le service public et des grandes masses de forêts, devaient être mis en vente « pour atteindre le « montant des fonds extraordinaires. » Le Directoire devait rendre compte successivement du produit de ces aliénations.

Ces ventes seront faites par les administrations de département, sur enchères reçues conformément aux lois antérieures au 28 ventôse, quinzaine après l'affiche. Les enchères seront ouvertes sur une première offre égale aux trois quarts du principal de l'évaluation des biens estimés en vertu des lois précédentes.

Quant aux biens non estimés, le revenu en sera fixé par des experts, et les enchères seront ouvertes sur l'offre de quinze fois le revenu. Le prix sera payé : un dixième en numéraire, moitié dans les dix jours avant la prise de possession, et moitié dans le semestre; quatre dixièmes en quatre obligations ou cédules payables dans les quatre ans, une chaque année; le reste du prix pourra être acquitté avec des ordonnances de ministres pour fournitures faites à la République, ou en bordereaux de liquidation de la dette publique, ou en bons de réquisition, bons de loterie et ordonnances ou bons de restitution ou d'indemnité de pertes occasionnées par la guerre dans les départements frontières et dans ceux de l'Ouest, ou en inscriptions sur le grand-livre de la dette perpétuelle, calculées sur le prix de vingt fois la rente. Faute de paiement dans les délais indiqués, le bien sera revendu dans les formes de la première vente; le prix sera payable : 1° comptant pour la partie des obligations échues et non payées; 2° à la charge d'acquitter à leur échéance les obligations non échues; 3° à la charge de payer le surplus du prix, s'il y en a, entre les mains du précédent adjudicataire ou de ses ayant-droit, un mois après le paiement de la dernière de ses obligations, le tout avec intérêt à cinq pour cent. Dans le cas où le prix de la vente ne couvrirait pas ce qui reste dû par le premier acquéreur, il sera poursuivi et ses biens saisis pour en parfaire le paiement.

L'article 20 admettait les ci-devant religieux de Belgique à payer les domaines avec les bons à eux délivrés pour leur tenir lieu de pension de retraite. Aux termes de l'article 22, les coupes de bois et les démolitions antérieures au paiement du prix intégral étaient punies par l'exigibilité des sommes qui restaient dues, à moins que ces acquéreurs n'eussent obtenu de l'administration de département une autorisation spéciale, sur l'avis de l'administration municipale.

Le 22 thermidor an IV, les Cinq-Cents nommèrent une commission pour examiner « s'il ne serait pas contraire au crédit « public d'accueillir les demandes tendant à faire distraire les « maisons de la loi commune aux ventes. » Une résolution fut prise après une discussion qui remplit les séances des 23 et 24 ventose : elle devint la loi du 9 germinal an V. Il sera procédé à la vente des bâtiments nationaux qui ne tiennent point à des propriétés rurales ou à des usines, sauf quelques exceptions énumérées en l'article 2. Les ventes seront ouvertes, par les admi-

nistrations de département, quinzaine après l'affiche, faites sur
enchères', conformément à la loi de brumaire an v et selon le
mode de paiement déterminé ci-après. Article 4. « Les enchères
« seront ouvertes sur une première offre égale aux trois quarts
« de l'évaluation des bâtiments... Quant aux bâtiments non
« estimés, le revenu en sera fixé par des experts, et les enchères
« seront ouvertes sur l'offre de quinze fois le revenu. » Ar-
« ticle 5. « Le prix des bâtiments vendus sera payable en entier
« en inscriptions au grand-livre de la dette publique perpétuelle.
« Le quart sera acquitté dans les dix jours de l'adjudication et
« avant la prise de possession. Les trois quarts restants seront
« acquittés dans les deux mois suivants » : les inscriptions seront
reçues sur le prix de vingt fois le montant de la rente. Ainsi se
trouvaient heureusement simplifiés les modes de paiement extraordinaires créés par la loi de brumaire an V, et les conseils avaient
bien raison de ne voir là « rien de contraire au crédit public. »

Le 13 messidor an v, les Cinq-Cents votèrent une résolution
qui consacrait la loi de brumaire en organisant le mode et les
termes de paiement : elle fut rejetée par les anciens. Une seconde
résolution devint la loi du 2 fructidor an v : la loi du 9 germinal
sur les bâtiments nationaux est maintenue. Le législateur continue à modifier les règles sur le paiement des biens aliénés.

La fameuse loi du 9 vendémiaire an vi conservait en inscriptions au grand-livre le tiers de la dette publique, ordonnait le
remboursement pour les deux autres tiers en bons au porteur
délivrés par la trésorerie nationale. Cette loi, qui se préoccupe
beaucoup de la pacification de l'Europe, encore bien éloignée,
décide qu'un mois après la ratification du dernier traité de paix
générale, le prix des ventes des domaines nationaux ne pourra
être acquitté en totalité qu'avec ces bons au porteur. La vente
des biens nationaux sera poussée avec vigueur, de manière à
être terminée dans l'année qui suivra la paix générale. Si après
l'épuisement par vente de la totalité des biens nationaux (sauf
les grandes masses de forêts), il reste encore dans la circulation
des bons de remboursement, les Conseils ont un moyen pour
sortir de la difficulté. Aussitôt après la paix générale, le gouvernement fera procéder à l'état des biens nationaux, terrains vagues
et non défrichés qui peuvent exister *dans les colonies :* on les
vendra, et le prix sera acquitté en bons de remboursement.

La loi du 15 frimaire an vi vint abroger les distinctions faites
entre les bâtiments et les autres biens nationaux. Les Conseils

pensent que la loi du 9 vendémiaire abrogeait déjà ces distinctions; mais ils jugent nécessaire de s'expliquer. Ils déclarent donc qu'à l'avenir tous les domaines nationaux seront vendus conformément à la loi du 16 brumaire an v, de façon que la moitié de la mise à prix soit payée en numéraire, obligations ou inscriptions du tiers consolidé, et le surplus en bons de remboursement.

Une loi du 29 fructidor an vi ordonna de surseoir aux ventes jusqu'au mois de nivôse; l'administration française ne pouvait plus sortir des prodigieux embarras de comptabilité qu'avait créés la multiplicité des lois sur le domaine. Cette loi fut rapportée le 26 vendémiaire an vii. Le législateur, en vendémiaire, ordonnait une aliénation jusqu'à concurrence de 127 millions. Les formes de la vente étaient celles de la loi de brumaire an v. La première mise à prix des biens ruraux était de huit fois le revenu, celle des bâtiments de six fois le revenu. Le montant de la première mise à prix et des enchères devait être payé en numéraire métallique. Il était accordé à l'acquéreur dix-huit mois pour payer cette première mise à prix, un égal délai pour payer les enchères. Tout adjudicataire pouvait, dans les trois jours de l'adjudication, faire des déclarations de command ou ami (1). Le command ou ami ne sera pas tenu à un droit d'enregistrement autre que celui qu'aurait payé l'adjudicataire lui-même. La Cour de cassation a jugé que l'acquéreur désigné comme command ne peut lui-même en désigner un autre, encore que les deux déclarations successives soient faites dans les vingt-quatre heures. La loi n'admet pas deux élections de command. Les actes de vente en vertu de la loi du 26 vendémiaire seront sujets au droit de 2 pour cent. Du reste, les Conseils consacraient la plupart des dispositions de la loi de brumaire an v.

La loi du 27 brumaire an vii vint corriger celle du 9 vendémiaire au vi. Les Cinq-Cents finirent par trouver que la quantité des bons de remboursement des deux tiers de la dette publique

---

(1) *Command*. J'achète un immeuble au profit de Paul, sans nommer Paul dans le contrat. Cette faculté offre une grande analogie avec le mandat. Cependant la situation n'est pas la même. Dans notre droit, le mandant seul est obligé. Au contraire, celui qui contracte se soumet ici personnellement à toutes les conséquences de son opération, s'il ne fait pas désignation d'une autre personne.

était insuffisante pour le paiement des domaines nationaux vendus. Les Conseils admirent donc les acquéreurs en vertu de la loi du 9 vendémiaire, à se libérer en numéraire, pourvu qu'ils le fissent dans les quatre mois. Ces acquéreurs ne devaient alors payer que un franc quatre-vingt-dix centimes pour cent de la somme due en bons de remboursement. On augmentait cette somme de cinq centimes pour ceux qui ne se libèreraient que dans le troisième mois, de dix centimes pour ceux qui se libèreraient dans le quatrième. A l'expiration des quatre mois, les retardataires seront déchus de plein droit. Enfin, après les cinq décades qui suivront la publication de la loi du 27 brumaire, les acquéreurs ne pourront se libérer qu'en numéraire. Mais la loi établissait un mode particulier de paiement pour les usines et bâtiments servant à l'habitation : « Le prix ne pourra « en être payé qu'en bons de remboursement et les acquéreurs « auront un délai de dix-huit mois. » L'article 13 assujettissait les actes de vente au droit d'enregistrement de un pour cent de la première mise à prix.

Une loi du 16 floréal an VII, que nous mentionnons sans l'analyser, vint encore déterminer un nouveau mode de paiement pour les acquéreurs de biens nationaux en exécution des lois du 29 vendémiaire an VI et du 27 brumaire an VII. Après les vingt jours accordés aux acquéreurs pour faire leurs déclarations, l'administration centrale devait faire apposer sans délai des affiches pour la revente des biens nationaux non payés. Le tribunal de cassation a jugé qu'un acquéreur tombé en déchéance à défaut de paiement n'est pas exempt du droit de mutation qu'il devait à raison de l'adjudication (12 ventôse an XI).

Cependant, le 27 frimaire, un message du Directoire avait invité les Cinq-Cents 1° à déterminer de quelle manière se libèreraient définitivement les adjudicataires en exécution des lois des 16 brumaire et 9 germinal an V; 2° à examiner s'il ne serait pas utile d'accorder un nouveau délai à toutes les classes d'acquéreurs autres que ceux qui avaient acheté en exécution des lois des 9 vendémiaire et 16 frimaire an VI; 3° à examiner s'il n'y aurait pas avantage à supprimer le mode de revente à la folle enchère. Ces questions ne furent pas tranchées par les Conseils. Le 8 messidor an VII, les Anciens se contentèrent d'adopter une résolution des Cinq-Cents sur l'aliénation des domaines nationaux tenus par baux à vie ou emphytéotiques. Les Conseils se réfèrent à la loi des 18-27 avril 1791. Des experts estimeront la redevance. Quand l'estimation dépassera le revenu réel, le soumissionnaire offrira 1° six fois le revenu de la rente emphytéotique (1); 2° le capital de l'excédant au même denier, mais eu égard à la non-jouissance que l'acquéreur éprouvera jusqu'à l'expiration du bail, le tout suivant les tables de proportion annexées à la loi de la Constituante.

Le 18 brumaire an VIII, la France apprit que le Directoire exécutif était remplacé par une commission consulaire et les Conseils par deux commissions législatives. Une proclamation au peuple français annonçait que « la République et la liberté « cesseraient d'être de vains noms. » En effet, la République et la liberté disparaissaient; mais le coup d'État allait faire cesser en même temps le désordre dans le gouvernement du pays et le désordre dans la législation du domaine. La loi du 11 frimaire an VIII commence à mettre quelque clarté dans ces ténèbres. C'est, du reste, la seule œuvre sérieuse qu'ait élaborée cette législature provisoire.

Un nouveau délai était accordé aux acquéreurs pour se libérer ; ce délai ne dépassait pas le 1er vendémiaire an IX. *Aliénations antérieures à la loi du 28 ventôse an IV.* Ces acquéreurs, qui devaient encore leur prix en assignats, étaient admis à se libérer en numéraire, suivant la valeur représentative des assignats au cours du jour du procès-verbal de la vente. *Loi du 28 ventôse an IV.* Ces acquéreurs sont admis à se libérer en numéraire pour le premier quart du prix d'acquisition. Pour la somme due en mandats, la valeur représentative des mandats sera estimée d'après le cours du jour du procès-verbal de la vente; cette disposition spéciale fut modifiée quelques jours plus tard ; ces derniers mots furent remplacés par ceux-ci « au cours du jour de la soumis-« sion. » *Lois du* 16 *brumaire an* V *et du* 2 *fructidor an* V. Ces acquéreurs se libèreront en numéraire de la première moitié de la mise à prix; ils acquitteront à raison de deux francs pour chaque somme de cent francs la deuxième moitié de la mise à prix et le produit des enchères, dus originairement en bons des deux tiers ou en effets de la dette publique. *Loi du* 9 *germinal an* V (*maisons et bâtiments*). Ces acquéreurs solderont un tiers de la somme totale du prix en tiers consolidé, le reste en numéraire, à raison de deux francs pour chaque somme de cent francs due

(1) Il est facile de voir que l'expression du législateur est inexacte.

originairement en bons des deux tiers. *Lois des 9 vendémiaire et 16 frimaire an vi.* Ces acquéreurs se libèreront en tiers consolidé de la première moitié de la mise à prix ; le produit des enchères, dû originairement en bons des deux tiers, ainsi que la seconde moitié de la mise à prix, s'acquitteront à raison de deux francs pour chaque somme de cent francs. Tous les acquéreurs sont tenus de déclarer dans le mois, à partir du 11 frimaire an viii, qu'ils entendent profiter du bénéfice de la loi, sous peine de déchéance et de dépossession. Mais les délais fixés par la loi du 11 frimaire an viii furent prorogés par des lois ultérieures.

Le 24 nivôse an viii, une loi déclara que toute rente due à la République pourrait être rachetée par le débiteur ou aliénée à des tiers, à raison de quinze fois la rente. Le mode de paiement était simple, un dixième dans le mois et le surplus en trois obligations payables, sans intérêt, de six mois en six mois à compter du jour de l'acquisition.

Le 26 nivôse, une loi ordonna l'aliénation des marais salants appartenant à l'Etat, dans les départements de l'Ouest et sur les côtes de la Méditerrannée. L'article 2 fixait la mise à prix pour les enchères à quinze années de revenu ; l'article 3 déterminait un mode assez compliqué de paiement du prix.

Le 29 messidor an viii, un arrêté consulaire déclara non admissibles les demandes en indemnités et restitutions de fruits des anciens propriétaires portés sur la liste des émigrés.

Le 15 brumaire an ix, un arrêté consulaire vint compléter la loi de vendémiaire an v, qui avait rendu aux hospices leur individualité. Les sommes qui restaient dues à ces hospices leur étaient payées en capitaux de rentes appartenant à la République. Les administrateurs des hospices ne pourront aliéner ces rentes que jusqu'à concurrence des dettes et après une autorisation du gouvernement donnée sur un avis préfectoral constatant la nécessité de l'aliénation. En outre, une somme de quatre millions de revenu en domaines nationaux était affectée aux différents hospices civils en remplacement de leur patrimoine aliéné. La loi du 4 ventôse an ix complète la réparation en statuant que toutes rentes appartenant à la République, dont le paiement se trouverait interrompu, et tous les domaines nationaux qui auraient été usurpés par des particuliers, seraient affectés aux besoins des hospices les plus voisins. Par usurpation, d'après un arrêt de la cour de Colmar (13 juillet 1824), la loi entend ici toute espèce de possession injuste à titre de propriétaire; par exemple, une détention non légitime de bois domaniaux par une commune. Les administrations des hospices recevront les avis que leur donneront les préfets, sous-préfets, etc., et tous autres citoyens qui auront connaissance de rentes ou domaines de cette espèce. A leur première requête, les commissaires du gouvernement près les tribunaux seront tenus d'en poursuivre la restitution au profit de ces hospices. Un arrêté consulaire du 7 messidor an IX autorise les commissions administratives des hôpitaux qui pourraient découvrir des biens ecclésiastiques possédés autrement qu'en vertu de décrets de l'assemblée nationale, à les réclamer et à poursuivre, en conséquence, les fermiers, locataires, concessionnaires, etc. Le principe est nettement posé dans l'arrêté du 27 frimaire an XI pour les rentes provenant de l'ancien domaine national. « Toute « rente provenant du clergé, de corporations supprimées, d'éta- « blissements publics, de communes ou de toute autre origine « que ce soit, qui n'est pas inscrite sur les registres de la régie « des domaines ou dont cette régie, quoiqu'elle en eût les titres, « n'aurait pas fait le recouvrement ou ne l'aurait pas fait pour- « suivre, et serait, dès-lors, censée en avoir ignoré l'existence, « pourvu, toutefois, que six ans au moins se soient écoulés « depuis le moment où la rente a été mise sous la main de la « nation. » C'est ainsi que le gouvernement des Consuls réparait les iniquités des assemblées révolutionnaires.

Cependant les aliénations de biens nationaux n'avaient pas cessé. La loi du 30 ventôse an IX affecte aux dépenses de l'instruction publique et des militaires invalides un capital de 180 millions en biens nationaux, valeur de 1790. Ces biens devaient être incessamment distraits de la masse : ils ne pourraient être aliénés sans une loi. La même loi ordonnait la vente en numéraire d'une portion du restant des domaines nationaux jusqu'à concurrence de 120 millions, valeur de 1790. Il devait être prélevé sur le produit de ces ventes 30 millions au service de l'an VIII, 20 millions au service de l'an IX. Le surplus devait être versé à la caisse d'amortissement pour être employé à l'amortissement de la dette publique.

Jusqu'à la loi du 15 floréal an X, dont plusieurs dispositions sont encore en vigueur, nous trouvons un arrêté ordonnant de surseoir à la vente des domaines nationaux (1), sauf quelques

(1) 9 floréal an IX.

exceptions; un arrêté réglant la déchéance et le mode de paiement des acquéreurs de maisons et usines nationales (1); un arrêté (2) relatif aux acquéreurs de bois nationaux, dont les traités sont attaqués comme entachés d'illégalité, défendant à tous acquéreurs de faire dans ces bois, avant la confirmation de leurs acquisitions par l'autorité compétente, ni coupe, ni exploitation, ni défrichement, ni autre entreprise au-delà des coupes ordinaires.

La loi du 15 floréal an x vint enfin fixer la législation; nous analyserons cette loi en traitant du droit actuel.

Mais quelques jours auparavant (6 floréal an x) un grand acte de réparation avait mis le comble à la gloire du premier consul. Bonaparte considérait le rappel des émigrés comme le complément de la pacification générale. Il forma la résolution de faire rentrer les émigrés en masse, sauf quelques exceptions. « Mais « je ne fais rien, disait-il, si je rends à ces émigrés une patrie « sans leur rendre leur patrimoine. Je veux effacer les traces de « nos guerres civiles, et, en remplissant la France d'émigrés « rentrés qui resteront dans l'indigence, tandis que leurs biens « sont là, sous le séquestre de l'Etat, je crée une classe de mé · « contents qui ne nous laisseront aucun repos. Et ces biens, • restés sous le séquestre de l'Etat, qui croyez-vous qui les achète « en face de leurs propriétaires? » Le premier consul voulait, en conséquence, rendre tous les domaines non vendus, sauf les bâtiments affectés aux services publics. La discussion fut vive au conseil privé. La contestation porta sur l'étendue des restitutions. Les conseillers appelés à délibérer repoussèrent obstinément la restitution des forêts. • C'était, à leur avis, re- • mettre des richesses immenses entre les mains de la grande « émigration, priver l'Etat d'une énorme valeur et surtout de • forêts d'une utilité indispensable pour le service de la guerre « et de la marine. Malgré tous ses efforts, le premier consul fut « obligé de céder, et il garda ainsi, sans y songer, l'un des plus « puissants moyens d'influence sur l'ancienne noblesse, celui qui • depuis a servi à la lui ramener presque tout entière. Ce moyen • était la restitution individuelle qu'il fit plus tard de leurs biens « à ceux des émigrés qui se soumettaient à son gouvernement (3). »

---

(1) 3 ventôse an x.
(2) 29 ventôse an x.
(3) Thiers.

Ce projet devint le sénatus-consulte du 6 floréal. Le sénat y rappela (1) que des divisions intestines et une guerre de géants avaient amené des mesures de rigueur; mais qu'aujourd'hui, la paix étant faite, il fallait rallier tous les cœurs et cicatriser toutes les blessures. Mais en même temps il maintenait avec énergie le principe de l'irrévocabilité des ventes nationales. L'article 17 du sénatus-consulte est ainsi conçu : « Ceux des biens « qui sont encore dans les mains de la nation (autres que les « bois et forêts déclarés inaliénables par la loi du 2 nivôse an IV, « les immeubles affectés à un service public, les droits de pro-« priété ou prétendus tels sur les grands canaux de navigation, « les créances qui peuvent leur appartenir sur le trésor public, « et dont l'extinction s'est opérée par confusion au moment où « la République a été saisie de leurs biens, droits et dettes actives) « leur seront rendus sans restitution de fruits... » Les fruits devaient revenir à la République jusqu'au jour de la délivrance du certificat d'amnistie.

Le 28 floréal an XII, l'Empire est proclamé. Aux termes du sénatus-consulte organique qui fixe la formule du serment prêté par l'Empereur, le chef de l'Etat, en jurant de maintenir l'intégrité du territoire, de faire respecter l'égalité des droits, la liberté politique et civile, jurait en même temps « de respecter et faire « respecter *l'irrévocabilité des ventes des biens nationaux.* »

L'article 9 de la Charte de 1814 déclara toutes les propriétés inviolables, sans aucune exception de celles qu'on appelle *nationales*, la loi ne mettant aucune différence entre elles.

C'est sur l'article 9 de la Charte que se fonda la Cour suprême, cassant un arrêt de la cour royale d'Aix, le 11 avril 1820. Des juges ne peuvent, sans violer la loi, décider que des acquéreurs de biens nationaux sont tenus, par une *obligation naturelle* envers l'ancien propriétaire dépouillé, soit à restituer les biens, soit à les céder en cas de revente pour un prix inférieur au prix vénal. Néanmoins, le 23 juillet 1833, la cour de cassation décidait que l'obligation souscrite par l'acquéreur d'un bien vendu nationalement au profit de l'ancien propriétaire pour prix d'une ratification de la vente, était valable; qu'elle ne pouvait être considérée comme étant sans cause ou comme n'ayant qu'une cause fausse ou illicite. Cette obligation n'est d'ailleurs ni révo-

(1) Dans les considérants.

quée ni annulée, d'après la cour, par la loi du 27 avril 1825
qui donne une indemnité d'un milliard aux émigrés. Ces deux
arrêts nous semblent contradictoires : le second, conforme à
d'autres arrêts de 1831 et de 1832, semble marquer le dernier
état de la jurisprudence.

Les biens appelés *nationaux* se composaient en grande partie
de l'ancien patrimoine des émigrés. La Restauration ne pouvait
pas maintenir des mesures de rigueur contre d'anciens serviteurs de la famille royale. Le retour des Bourbons rendait aux
émigrés une patrie, des droits, la vie civile et politique. Mais
comment concilier une loi réparatrice avec la promesse solennelle
de confirmer l'irrévocabilité des ventes nationales? Où chercher
les éléments de reconstitution des fortunes brisées? En tout cas,
quelques débris de ces biens restaient encore aux mains de l'Etat.
Le Roi proposa, les Chambres adoptèrent la loi du 5 décembre 1814.

Article 1er. — « Sont maintenus et sortiront leur plein et entier
« effet, soit envers l'Etat, soit envers les tiers, tous jugements et
« décisions rendus, tous actes passés, tous droits acquis avant
« la publication de la Charte constitutionnelle, et qui seraient
« fondés sur des lois ou des actes du gouvernement relatifs à
« l'émigration. » C'est le respect des droits acquis. Entre deux
titres de vente nationale, le plus ancien l'emportera. Le soumissionnaire en vertu de la loi du 28 ventôse an IV est acquéreur
incommutable s'il a obtenu un décompte qui le libère, quand
même il ne lui aurait pas été passé de contrat de vente. Le pouvoir administratif ne peut accueillir la demande d'un émigré
tendant à l'annulation d'une vente faite par un représentant du
peuple en mission, non réformée dans les délais fixés par les
lois révolutionnaires. Un émigré n'est pas recevable à attaquer,
par la voie de la tierce-opposition, un décret rendu contradictoirement avec le domaine représentant cet émigré. Voilà les
plus importantes conséquences que le conseil d'Etat ait tirées de
cet article(1). Ce qu'on peut opposer d'ailleurs à l'émigré, c'est
un jugement, c'est une loi, c'est un acte du pouvoir administratif
dans la sphère gouvernementale, mais non pas un acte d'économie domaniale ou de gestion administrative, par exemple,

_____

(1) 3 décembre 1817; 23 avril 1818; 28 juillet 1819; 16 août 1820.

une décision préfectorale ou ministérielle reconnaissant, au nom du domaine, un droit d'usage acquis à des tiers (1).

Article 2. — « Tous les biens immeubles séquestrés ou confis-
« qués pour cause d'émigration, ainsi que ceux advenus à l'Etat
« par suite de partages de successions ou présuccessions qui
« n'ont pas été rendus et font actuellement partie du domaine
« de l'Etat, seront rendus en nature à ceux qui en étaient pro-
« priétaires ou à leurs héritiers et ayant cause. Les biens qui
« auraient été cédés à la caisse d'amortissement et dont elle est
« actuellement en possession, seront rendus, lorsqu'il aura été
« pourvu à leur remplacement. » Quelques difficultés s'élevèrent
sur l'interprétation de cet article. Une maison appartenant à un
émigré a été portée sur des états d'édifices affectés au service
public. Cette affectation avait suspendu les soumissions ; elle ne
s'oppose pas, néanmoins, à la réintégration de l'émigré. Ainsi
l'a jugé le conseil d'Etat (2). L'héritier d'un émigré, sous l'empire
des anciennes lois qui dépouillaient son auteur, a renoncé à la
succession : la cour de cassation lui permet de revenir sur cette
renonciation (3). Mais quelle est la situation précise de l'émigré,
revenu dans ses foyers, en face de ses créanciers ? *Première hypothèse* : on n'a rien rendu à l'émigré. Sera-t-il toujours tenu des
dettes antérieures à l'émigration ? La Cour de Toulouse se décida
pour la négative (4), bien que le défaut de restitution ne pût
guère modifier la situation des créanciers. *Seconde hypothèse* : les
émigrés ont été remis en possession de leurs biens non vendus.
La restitution va-t-elle profiter aux créanciers ? Non, d'après la
cour de Dijon (5) : l'Etat rend ces biens à titre de libéralité :
donc l'émigré n'est tenu que des charges auxquelles son ancien
patrimoine était soumis entre les mains de l'Etat donateur : or
les lois ont prononcé la déchéance des créanciers envers l'Etat.
Mais tel ne fut pas l'avis de la Cour de Paris (6) : la loi du 5 décembre, d'après cette Cour, rétablissait les rapports primitifs
entre les débiteurs et les créanciers, et ceux-ci, par conséquent,

(1) 22 janvier 1824.
(2) 3 février 1819.
(3) 22 avril 1816.
(4) 20 août 1824.
(5) 12 et 14 avril 1821.
(6) 23 juillet 1821.

« dans toutes actions personnelles ou réelles ». La mort civile, les déchéances, etc., tout cela, aux termes mêmes des lois révolutionnaires, a été proclamé dans l'intérêt exclusif du fisc et des tiers parmi lesquels ni les émigrés ni leurs créanciers ne peuvent être placés. La chambre des requêtes, sous la présidence d'Henrion de Pansey, rejeta le pourvoi contre cet arrêt (1).

Article 3. « Il n'y aura lieu à aucune remise de fruits perçus; « néanmoins les sommes provenant de décomptes faits ou à faire, « et les termes échus et non payés, ainsi que les termes à écheoir « du prix des ventes de biens nationaux provenant d'émigrés, « seront perçus par la caisse des domaines qui en fera la remise « aux anciens propriétaires desdits biens, à leurs héritiers ou « ayant-cause. » L'intention du législateur est évidente. A-t-on fait le versement? Les émigrés ont droit à la restitution de tout ce qui n'a pas été versé (2).

Article 4. « Seront remis ainsi qu'il est dit en l'article 2 les « biens qui, ayant été déjà vendus ou cédés, se trouveraient « cependant actuellement réunis au domaine, soit par l'effet de « la déchéance définitivement prononcée contre les acquéreurs, « soit par toute autre voie qu'à titre onéreux. »

Article 5. « Dans le cas seulement de l'article précédent, les « anciens propriétaires, leurs héritiers ou ayant-cause, seront « tenus de verser dans la caisse du Domaine, pour être remis « à l'acquéreur déchu, les à-comptes qu'il aurait payés. La liqui- « dation de ces à-comptes sera faite administrativement au Do- « maine même, suivant les règles accoutumées. »

Article 6. « Les biens que l'Etat a reçus en échange de biens « d'émigrés, et qui se trouvent encore en sa possession, seront « rendus, sous les réserves et exceptions énoncées dans la pré- « sente loi, aux anciens propriétaires des biens échangés, à leurs « héritiers ou ayant-cause. »

Article 7. « Sont exceptés de la remise les biens affectés à un « service public pendant le temps qu'il sera jugé nécessaire de « leur laisser cette destination ; mais l'indemnité due à raison de « la jouissance de ces biens sera réglée dans les budgets de « 1816. »

---

(1) Cf. Un autre arrêt de la Cour de cassation du 12 août 1822.
(2) Cf. Arrêt du conseil d'Etat du 20 novembre 1815.

Article 8. « Sont encore exceptés de la remise les biens dont,
« par des lois ou des actes d'administration, il a été définitivement
« disposé en faveur des hospices, maisons de charité et autres
« établissements de bienfaisance, en remplacement de leurs
« biens aliénés ou donnés en paiement de sommes dues par
« l'Etat. Mais lorsque, par l'effet de mesures législatives, ces éta-
« blissements auront reçu un accroissement de dotation égal à la
« valeur des biens qui n'ont été que provisoirement affectés, il
« y aura lieu à la remise de ces derniers biens en faveur des
« anciens propriétaires, leurs héritiers ou ayant-cause. Dans le
« cas où les biens, donnés soit en remplacement, soit en paie-
« ment, excèderaient la valeur des biens aliénés et le montant
« des sommes dues à ces établissements, l'excédant sera remis à
« qui de droit. »

Le ministère proposait de ne laisser aux hospices les biens des
émigrés que jusqu'au moment où ces établissements auraient recouvré d'autres biens, égaux en valeur à ceux qui leur auraient été
ravis pendant la révolution. Le ministère considérait alors le revenu des hospices comme une branche du revenu public : il voulait imposer aux hospices les mêmes obligations qu'à l'Etat. La
commission de la chambre des Députés n'admit pas ce système.
Le rapporteur soutint que les hospices n'étaient pas des établissements *politiques*, qu'ils pouvaient avoir des propriétés particulières, comme toute corporation civile. La commission pensait
donc que les biens abandonnés aux hospices par l'Etat ne pouvaient leur être repris que si les titres des hospices étaient purement provisoires ; que la propriété des hospices devait rester
inviolable dans le cas où il y aurait titre définitif à leur profit.
L'article 8 de la loi reproduit assez fidèlement cette pensée. Le
mode d'exercice des actions en reprise contre les hospices fut
réglé par l'ordonnance du 11 juin 1816. Aux termes de cette ordonnance, si les biens concédés après la loi du 16 vendémiaire
an v, en remplacement de l'ancienne dotation vendue en vertu
de la loi de messidor an II, excèdent la valeur de cette dotation,
cet excédant « sera restitué aux émigrés dont tout ou partie de
« ces biens sera provenu, dans quelque forme que la concession
« ait été faite. » Bien plus, si l'Etat a affecté depuis la loi de vendémiaire ou *vient à affecter par la suite* d'autres biens aux hospices,
il sera remis aux émigrés y ayant droit ou à leurs héritiers une
portion correspondante de biens provenant d'eux ou de leurs
auteurs. L'ordonnance va jusqu'à déclarer que les donations

entre-vifs ou testamentaires faites aux établissements par des particuliers avec l'autorisation du gouvernement seront comprises dans ces affectations. Le ministre de l'intérieur (1), sur l'avis conforme du conseil d'Etat, pensa que les concessions de biens d'émigrés faites par l'Etat aux hospices ne pouvaient être regardées comme de véritables ventes, et que les hospices ne pouvaient pas être réputés avoir à cet égard les mêmes droits que les particuliers : « L'intérêt qu'inspiraient des établissements de charité
« dépouillés au moment même où l'assemblée constituante mettait
« les secours publics au premiers rang des objets de sa sollicitude,
« avait, disait-il, porté le ministère à tolérer les évaluations des
« agents des domaines : les hospices ont donc reçu en général,
« en remplacement de leurs pertes, des biens supérieurs à l'es-
« timation portée dans les états de concession : mais le gouver-
« nement qui, à cette époque, pouvait être libéral envers les
« pauvres, le serait aujourd'hui aux dépens des émigrés, s'il
« laissait les hospices en possession de l'excédant de la valeur des
« biens qui ont été accordés en remplacement sur la valeur des
« biens qu'ils avaient perdus. » L'ordonnance de 1816 et la lettre ministérielle de 1817 fixèrent la jurisprudence du conseil d'Etat.

Article 9. « Seront remis aux termes de l'article 2, les rentes
« purement foncières, les rentes constituées et les titres de
« créances dus par des particuliers et dont la régie serait actuelle-
« ment en possession. »

Article 10. « Les actions représentant la valeur des canaux de
« navigation seront également rendues, savoir : celles qui sont
« affectées aux dépenses de la légion-d'honneur, à l'époque
« seulement où, par suite de l'ordonnance du 19 juillet dernier,
« ces actions cesseront d'être employées aux mêmes dépenses ;
« celles qui sont actuellement dans la main du gouvernement,
« aussitôt que la demande en sera faite par ceux qui y auront
« droit et celles dont le gouvernement aurait disposé, soit que la
« délivrance en ait été faite, soit qu'elle ne l'ait pas été, par l'effet
« du droit de retour stipulé dans les actes d'aliénation. »

Article 11. « Pour obtenir la remise ordonnée par la présente
« loi, les anciens propriétaires, leurs héritiers ou ayant-cause
« se pourvoiront par devant les préfets des départements où les
« biens sont situés. »

---

(1) Lettre du 19 novembre 1817.

Article 12. « Les préfets, après avoir pris l'avis des directeurs
« du domaine, des conservateurs des forêts et s'être assurés des
« qualités et des droits des réclamants, transmettront les pièces
« justificatives avec leur avis motivé au secrétaire d'Etat des
« finances. »

Article 13. « Le secrétaire d'Etat des finances enverra toutes
« ces demandes à la commission chargée de prononcer sur ces
« remises. » Voilà donc une juridiction spéciale créée par la loi
du 5 décembre. Le comité du contentieux du conseil d'Etat est incompétent pour statuer sur les réclamations élevées contre les
arrêtés des préfets ou des conseils de préfecture à propos des
restitutions (1) : c'est du moins la première jurisprudence du conseil aux termes de laquelle l'appel doit être déféré à la commission.
Une jurisprudence postérieure (2) semble admettre qu'un arrêté
de la commission spéciale n'est pas une décision de justice administrative, mais une simple déclaration d'abandon ou de dé-
semparement, non attributive de propriété et laissant toute
latitude aux pouvoirs administratif et judiciaire. Mais une dernière
jurisprudence (3) admit que la commission pouvait exercer par
délégation une branche de l'autorité administrative et que ses
arrêtés conservaient ou perdaient un caractère de *décision*, suivant
les cas : s'ils avaient le caractère de décision, le pourvoi pouvait
être formé devant le conseil d'Etat.

La loi du 5 décembre 1814 était conçue dans un grand esprit de
modération. Mais quand Charles X fut devenu roi, le parti de l'é-
migration s'agita. On se demanda si les victimes des confiscations
révolutionnaires avaient pu perdre un instant leurs droits de
propriété. De là le millard d'indemnité et la loi de 1825.

Un ancien ministre de février 1848 apprécie en ces termes la
loi de 1825 : « C'était non seulement la réparation des confiscations
« sur les innocents, mais l'apaisement des inquiétudes de ces
« nouveaux possesseurs eux-mêmes jouissant sans sécurité d'un
« bien douteux. » « En finances, poursuit M. de Lamartine, ce
« milliard de réparation demandé à l'Etat représentait deux ou
« trois milliards de rehaussement de prix de ces propriétés na-
« tionales relevées à leur valeur naturelle par la tache de leur

(1) 23 décembre 1815.
(2) 11 décembre 1816, 12 août 1818.
(3) 12 juin 1823.

» origine lavée enfin sur les titres de leurs possesseurs... En
« morale , donc, c'était une réconciliation des classes et des
« cœurs ; en finances , c'était une monnaie incalculable battue
« avec la poussière à demi stérile des biens confisqués. » Cependant le roi Louis XVIII, à qui nul ne refusera l'intelligence de
cette situation politique, avait reculé devant une telle mesure.
Malheureusement les émigrés n'avaient pas souffert seuls. M. de
la Bourdonnaye posait le dilemne suivant : ou les actes des assemblées révolutionnaires étaient légaux, et les émigrés, dépouillés
légalement, n'ont rien à réclamer, ou ces actes étaient illégaux et
les émigrés devraient ressaisir leurs biens. M. Duplessis, tout-à-fait
logique, demandait la restitution sans indemnité : « L'article 9 de
« la charte porte : toutes les propriétés sont inviolables; si l'on
« cherche son sens vrai, on voit qu'il ne peut s'entendre que des
« propriétés *légitimement* acquises. Il serait trop absurde d'inter-
« préter une loi de manière qu'on pût en induire que les propriétés
« sont inviolables, *même quand elles sont volées.* » La loi nouvelle
réparait sans doute de grandes souffrances ; mais, accompagnée
de semblables commentaires, elle aigrit encore contre le parti de
l'émigration la bourgeoisie déjà fort mal disposée pour le
nouveau roi.

Article 1er de la loi du 27 avril 1825. « Trente millions de rente
« au capital d'un milliard sont affectés à l'indemnité due par l'Etat
« aux Français dont les biens-fonds, situés en France ou qui
« faisaient partie du territoire de la France au premier janvier
« 1791, ont été confisqués et aliénés en exécution des lois sur les
« émigrés, les déportés et les condamnés révolutionnairement.
« Cette indemnité est définitive ; et dans aucun cas il ne pourra y
« être affecté aucune somme excédant celle qui est portée au
« présent article. » Le Français seul a droit à l'indemnité : l'é-
tranger admis à établir son domicile en France ne pourrait la
réclamer (1). Il ne s'agit que des confiscations et aliénations de
biens-fonds : les chambres refusèrent d'y joindre les rentes sur
l'Etat. Le conseil d'Etat, interprétant les mots biens-fonds *stricto
sensu*, jugea qu'il n'était pas dû d'indemnité pour les arbres de
haute futaie qui se trouvaient sur le fonds à l'époque de la confiscation (2). Le possesseur de l'immeuble grevé d'une rente

(1) Paris, 13 juin 1814.
(2) 16 février 1827.

foncière devait être indemnisé à l'exclusion de son créancier ; le propriétaire de l'immeuble donné à domaine congéable devait être indemnisé à l'exclusion de son fermier (1).

Article 2. « Pour les biens-fonds vendus en exécution des lois « qui ordonnaient la recherche et l'indication préalable du re- « venu de 1790, l'indemnité consistera en une inscription de « rente 3 pour cent sur le grand-livre de la dette publique, dont « le capital sera fixé à dix-huit fois le revenu, tel qu'il a été cons- « taté par les procès-verbaux d'expertise ou d'adjudication. Pour « les biens-fonds dont la vente a été faite en vertu des lois an- « térieures au 12 prairial an III, qui ne prescrivaient qu'une « simple estimation préalable, l'indemnité se composera d'une « inscription de rente 3 pour cent sur le grand livre de la dette « publique, dont le capital sera égal au prix de vente réduit en « numéraire au jour de l'adjudication, d'après le tableau de dé- « préciation des assignats, dressé en exécution de la loi du « 5 messidor an V, dans le département où était située la pro- « priété vendue. Lorsque le résultat des liquidations aura été « connu, les sommes restées libres sur les trente millions de « rentes déterminés par l'article premier, seront employées à « réparer les inégalités qui auraient pu résulter des bases fixées « par le présent article, suivant le mode fixé par une loi ». 370. 617 ventes avaient été conclues avant le 12 prairial an III, sans qu'il fût tenu compte du revenu de 1790. La plupart des ventes ayant été faites à vil prix, quand on prenait pour base le prix fixé par les acquéreurs, les indemnitaires pouvaient se croire lésés. Cette différence d'évaluation souleva dans la Chambre des Députés un débat confus qui dura quatre jours. Le projet ministériel, disait-on, faisait des heureux et des *malheureux.* La Chambre finit par décider que le prix des biens vendus anté- rieurement au 12 prairial demeurerait fixé d'après le prix de vente, mais que les biens adjugés postérieurement à cette date seraient estimés à *dix-huit fois* seulement leur revenu. (Le gou- vernement proposait *vingt fois.*) Les deux vingtièmes ainsi re- tranchés étaient destinés à former un fonds commun, qui servi- rait à réparer les inégalités établies par le mode d'évaluation adopté pour l'autre catégorie. Le conseil d'Etat a jugé : 1° que

(1) Cf. Observations de M. Pardessus à la Chambre des Députés, de MM. Portalis et de Martignac à la Chambre des Pairs.

l'indemnité due pour les immeubles aliénés par voie de loterie, en exécution de la loi du 29 germinal an III, devait se composer d'un capital égal à l'estimation portée dans le prospectus (1); 2° que si, après une première publication, les biens étaient revendus à la folle-enchère, c'était le prix de la seconde vente qui devait servir de base à l'indemnité (2).

Article 3. « Lorsqu'en exécution de l'article 20 de la loi du « 9 floréal an III, les ascendants d'émigrés auront acquis, au « prix de l'adjudication déclarée, les portions de leurs biens-« fonds attribués à l'Etat par le partage de la présuccession, le « montant de l'indemnité sera égal à la valeur des sommes qui « auront été payées : en conséquence, l'échelle de dépréciation « des départements, pour les assignats et les mandats, et le ta-« bleau du cours pour les autres effets reçus en paiement seront « appliqués à chacune des sommes versées, à la date du ver-« sement. L'indemnité sera délivrée à l'ascendant, s'il existe, et, « à son défaut, à celui ou ceux de ses héritiers qui, par arran-« gement de famille, auront supporté la perte. Lorsque l'Etat aura « reçu d'un aîné ou autre héritier mâle institué le prix des légi-« times que des légitimaires frappés de confiscation avaient droit « de réclamer en biens-fonds, le montant de la somme payée pour « prix de cette portion légitimaire sera restitué à ceux qui y « avaient droit ou qui les représentent. » Cet article est assez obscur : les lois révolutionnaires s'étaient attaquées même aux ascendants d'émigrés : celle du 9 floréal an III ouvrit le partage de ces biens d'ascendants, avant l'ouverture de la succession, dans la vue de déterminer et de faire appréhender par l'Etat la part de l'émigré. L'émigré sera le seul indemnitaire, s'il a seul, dans le partage, supporté la perte de la somme déboursée par l'auteur commun : si chacun a supporté sa part dans ce malheur, tout le monde a droit à une indemnité.

Article 4. « Lorsque les anciens propriétaires seront rentrés en « possession des biens confisqués sur leur tête, après les avoir « acquis de l'Etat directement ou par personnes interposées, l'in-« demnité sera fixée sur la valeur réelle payée à l'Etat confor-« mément aux règles établies par l'article 3. Lorsque, par les « mêmes moyens, ils les auront rachetés à des tiers, l'indemnité

(1) 7 juin 1826.
(2) 26 juillet 1826.

« sera égale aux valeurs réelles qu'ils justifieront avoir payées,
« sans que, dans aucun cas, elle puisse excéder celle qui est dé-
« terminée par l'article 2. A défaut de justification, ils recevront
« une somme égale aux valeurs réelles formant le prix payé à
« l'Etat. Dans les deux cas ci-dessus, les ascendants, descendants
« ou femme de l'ancien propriétaire, seront réputés personnes
« interposées. Lorsque les héritiers de l'ancien propriétaire seront
« rentrés directement dans la possession des biens confisqués
« sur lui, l'indemnité à laquelle il aurait droit sera fixée de la
« même manière. » *Première hypothèse* : le bien a été racheté par
l'ancien propriétaire. A. Il l'a racheté de l'Etat. B. Il l'a racheté à
des tiers, acquéreurs de l'Etat. *Deuxième hypothèse* : le bien a été
racheté par les héritiers des anciens propriétaires : même subdivision. A. L'indemnité est égale à la valeur payée à l'Etat. B.
L'indemnité est égale aux valeurs réelles payées à des tiers,
à moins que toute justification soit impossible. Mais le revenu de l'année 1790, multiplié par 18, est un chiffre *maximum*
qu'on ne peut dépasser : de même le prix de la vente antérieure à
l'an III est une base invariable pour les ventes de cette catégorie.
L'Etat peut toujours exciper contre les indemnitaires de la règle
posée dans l'article 2, même quand la vente lui a procuré un prix
supérieur au revenu multiplié par 18 (1). Du reste, ces mots « seront
rentrés en *possession* » doivent être entendus dans un sens large :
l'émigré peut n'être plus en possession : la revente postérieure
n'est pas un obstacle à l'indemnité.

Article 5. « Les rentes 3 pour cent affectées à l'indemnité seront
« inscrites au grand livre de la dette publique et délivrées à chacun
« des anciens propriétaires ou à ses représentants, par cin-
« quième et d'année en année, le premier cinquième devant
« être inscrit le 22 juin 1825. L'inscription de chaque cinquième
« portera jouissance des intérêts du jour où elle aura dû être
« faite, à quelque époque que la liquidation ait été terminée et
« la délivrance opérée. Néanmoins les liquidations donnant droit
« à des inscriptions inférieures à 250 francs de rente ne seront
« pas soumises aux délais prescrits ci-dessus. L'inscription aura
« lieu en totalité et avec jouissance du 22 juin 1825 (2). »

---

(1) C. d'Etat, 15 novembre 1826.
(2) Cette dernière disposition fut introduite par un amendement proposé
dans la Chambre des Députés.

Article 6. « Pour l'exécution des dispositons ci-dessus, il est
« ouvert au Ministre des finances un crédit de trente millions de
« rente 3 pour cent qui seront inscrits, savoir : six millions le
« 22 juin 1825; six millions le 22 juin 1826; six millions le
« 22 juin 1827 ; six millions le 22 juin 1828 ; six millions le 22 juin
« 1829, avec jouissance pour les rentes inscrites, du jour où leur
« inscription est autorisée. »

Telles sont les premières et les plus importantes dispositions
de la loi du 27 avril 1825. En cinq ans, dit M. de Lamartine, peut-
être avec quelque exagération, la grande plaie de la révolution
fut fermée, et le milliard, réparti entre *des millions* de victimes
ou d'héritiers de victimes, rendit la paix aux consciences, la sécurité aux acquéreurs, l'aisance aux indemnisés, la valeur aux
terres, la solvabilité au crédit public, la circulation au sol.

De nouvelles questions naissent après celles qu'avait déjà fait
naître l'article 8 de la loi du 5 décembre 1814. La loi de 1825 (article 16) vint fixer la situation respective des émigrés et des
hospices. Les biens d'émigrés définitivement cédés aux hospices
leur appartiendront en toute propriété : l'émigré n'a droit qu'à
une indemnité. Quant aux biens cédés provisoirement, les émigrés pourront en demander la remise à deux conditions : 1° quand
ces établissements auront reçu un accroissement de dotation
égal à la valeur des biens; 2° en transmettant à l'hospice détenteur une inscription de rente 3 pour cent dont le capital sera
égal au montant de l'estimation qui leur est due à titre d'indemnité. La commission voulait donner aux anciens propriétaires le
droit de revendiquer, jusqu'au 22 juin 1828, les biens affectés
même *définitivement* aux hospices. La Chambre s'y refusa.

Mais la situation respective des émigrés et de leurs créanciers
avait soulevé d'autres débats. La loi de 1825 prend en main la
cause des créanciers, mais leur fait subir la réduction qu'elle impose aux émigrés; elle autorise, en effet, (article 18) ceux-ci à
se libérer en transférant aux créanciers, sur le montant de la
liquidation en rente 3 pour cent, un capital nominal égal à la
dette réclamée. Mais, comme le faisait remarquer M. de Martignac, la loi n'empêchait pas les créanciers de se faire payer sur
les autres biens, conformément aux règles ordinaires de nos lois
civiles et suivant les distinctions introduites par la jurisprudence : elle réglait simplement les oppositions que pouvait provoquer la délivrance des inscriptions de rentes aux indemnitaires.

Enfin un article additionnel proposé par M. Duhamel, dans la vue de favoriser les transactions entre les nouveaux acquéreurs et les anciens propriétaires, souleva d'interminables orages à la Chambre élective. Il s'agissait de soumettre à un simple droit fixe de trois francs l'enregistrement de tous les actes translatifs de propriété qui pourraient intervenir dans les cinq ans entre les anciens propriétaires et les détenteurs actuels des biens confisqués. Cette proposition, disait avec quelque exagération le général Foy, viole l'article 2 de la Charte qui établit l'égalité des charges entre tous les Français; elle viole l'article 9 qui défend toute distinction entre les propriétés, quelle que soit leur origine. Vous faites de votre loi, ajoutait-il, une déclaration de guerre, un instrument de haine et de vengeance. Cette proposition fut néanmoins adoptée.

Tel fut le dernier mot de la législation française sur les aliénations révolutionnaires des biens d'émigrés.

Mentionnons en terminant le décret du 22 octobre 1808 et la loi du 12 mars 1820.

Aux termes du décret (article 5), les quittances délivrées pour solde ou dernier terme aux acquéreurs de biens nationaux devaient valoir comme décomptes définitifs et les libérer, s'ils ne recevaient un décompte définitif dans les six ans. La loi du 12 mars 1820 déclara libérés tous acquéreurs ayant reçu leur quittance pour solde ou dernier terme postérieurement au décret, mais auxquels aucune notification n'avait été adressée dans un même délai de six ans. Pour les autres, à l'exception des adjudicataires en vertu de la loi du 15 floréal an x qui avait fixé la législation, tous les décomptes devaient être terminés et signifiés avant le premier janvier 1822. Ce délai marquait l'époque de la libération.

Ainsi furent définitivement libérés envers l'État tous les acquéreurs de l'ancien domaine.

CHAPITRE V.

COMPÉTENCE EN MATIÈRE D'ALIÉNATION DE BIENS NATIONAUX.

SOMMAIRE. — Système de la Constituante. — Lois du 25 juillet 1793 et du 1er fructidor an III. — Arrêté du 2 nivôse an VI : analyse de la circulaire du ministre de la justice. — Loi du 24 pluviôse an VIII : le Conseil de préfecture doit statuer au premier degré sur tout le contentieux des ventes nationales. — Délimitation des compétences. — Enumération des principales règles qui dirigèrent les Conseils de préfecture et le Conseil d'Etat dans les contestations sur les aliénations de biens nationaux. — Arrêts du Conseil d'Etat insérés au Bulletin des Lois.

La loi des 16-24 août 1790 ayant formellement interdit aux corps judiciaires d'entraver, d'une manière quelconque, les opérations des corps administratifs, on en conclut plus tard que l'autorité judiciaire était incompétente toutes les fois qu'il s'agirait d'arrêter l'exécution des actes administratifs ou seulement de les interpréter. La Constituante, il est vrai, n'aperçut pas elle-même la portée du nouveau principe, car tout en ordonnant aux citoyens de se pourvoir d'abord par simple mémoire auprès des directoires de district et de département sur les difficultés relatives aux ventes nationales, elle s'empressa de réserver le recours au pouvoir judiciaire. Au contraire, la loi du 25 juillet 1793, qui traitait si mal les émigrés, attribua juridiction aux directoires de département et à l'administrateur des domaines nationaux pour statuer sur les difficultés de la liquidation : mais elle prohiba formellement tout recours au pouvoir judiciaire. Cependant la Convention fut saisie de cette question le 10 germinal an II : les tribunaux vont-ils être incompétents même pour statuer sur les revendications de fonds autrefois possédés par les émigrés ? elle se prononça pour la compétence judiciaire.

La Convention, le 1er fructidor an III, n'hésita pas à tirer une conséquence nouvelle du principe inscrit dans la loi de 1790 : elle attribua les contestations sur la validité des adjudications de biens nationaux à l'autorité administrative. Elle ordonna que ces contestations seraient exclusivement renvoyées à son comité des finances (section des domaines). Ce principe est consacré par une loi du 29 vendémiaire an IV qui renvoie aux comités compétents les acquéreurs de domaines nationaux troublés dans leur jouissance par voie administrative ou judiciaire. Un arrêt du conseil d'Etat du 11 février 1820 décida même que tous les jugements antérieurs au 29 vendémiaire an IV, annulant des ventes de biens nationaux, avaient été annulés implicitement par cette loi.

Cependant la première règle que la Convention reconnût sur les questions de compétence, c'était sa propre souveraineté. Le 7 vendémiaire an IV, elle détermina les cas dans lesquels les fermiers de biens nationaux, dont les baux avaient été annulés, jouiraient de la récolte de l'an III, et cassa, sans hésiter, tous les jugements qui ne s'étaient pas conformés d'avance à sa propre interprétation.

Le 2 nivôse an VI parut un arrêté célèbre du Directoire, ordonnant l'impression d'un rapport du ministre de la justice où la question suivante était posée : Est-ce à l'autorité administrative, est-ce à l'autorité judiciaire à statuer sur la validité de la vente d'un domaine national, aliéné comme tel, et contre laquelle on réclame sous prétexte que le domaine vendu est devenu une propriété particulière ? Le ministre de la justice tranche la question en faveur de la juridiction administrative.

Il s'appuie d'abord sur les lois antérieures, en premier lieu sur la législation de 1790. L'action dirigée contre la nation devait être intentée contre le procureur général syndic, mais le demandeur était tenu de se pourvoir au préalable, par simple mémoire, d'abord devant le directoire du district, ensuite devant le directoire du département. Si les directoires avaient omis de statuer dans le mois, il était permis de s'adresser directement aux tribunaux. Ici le ministre de la justice est bien obligé de reconnaître qu'un avis du Comité d'aliénation de la Constituante, en date du 27 août 1791 , autorise un citoyen, dans une espèce analogue, à défendre son droit de propriété contre la nation devant les tribunaux. Mais qu'en conclure, d'après ce ministre ? C'est que, s'il avait fallu recourir au Comité, la loi n'était pas claire et que, si le Comité l'avait interprétée dans un sens, rien n'empêchait le gouvernement de l'interpréter dans un autre. Le ministre arrivait ensuite à la loi du 1er fructidor an III : « Toutes « les questions relatives à la validité ou nullité des adjudications « des domaines nationaux ou réputés tels, sont exclusivement « renvoyées au Comité des domaines. » Le ministre des finances prétendait qu'il ne s'agissait là que de l'interprétation des procès-verbaux d'adjudication et autres titres administratifs. Le ministre de la justice répondait qu'il faut lire dans la loi tout ce qui est écrit dans la loi. Puis il argumentait d'un décret du 15 vendémiaire an IV, qui prononçait l'adjonction du Comité de législation au Comité des domaines, pour connaître de la validité des ventes nationales. Il se montrait facile sur les questions de théorie pure, et reconnaissait que, s'il y avait un litige sur une question de propriété, la nation elle-même devait se dépouiller, *par une admirable fiction*, de sa souveraineté, et se présenter, par des agents, vis-à-vis de tribunaux impassibles devant lesquels elle discuterait ses droits et se soumettrait d'avance aux condamnations qui peuvent atteindre un simple particulier. Mais il reproduisait cet éternel argument « que la force d'une loi ne consiste pas « dans son plus ou moins de conformité à tel ou tel principe, « mais dans sa propre existence. » D'ailleurs il jugeait la loi conforme aux principes du droit public et au sens commun. Il était convaincu que, si le pouvoir judiciaire venait à déclarer *propriété privée* ce que le pouvoir administratif avait vendu comme *propriété nationale*, le propriétaire et l'adjudicataire, armés de titres contradictoires, se trouveraient dans l'impossibilité légale de faire valoir et juger leurs droits. Que si les administrateurs se croient, par hasard, obligés de déférer à la décision du pouvoir judiciaire et d'annuler l'acte de vente, le ministre s'indigne et s'effraie de cette subordination : la société tout entière est en péril. Mais il se hâte, avec grande raison, de revenir aux textes, et invoque l'article 374 de la Constitution de l'an III. Un de ses derniers arguments, c'est que les juges, pouvant être indéfiniment continués dans leurs fonctions, montrent, dans leur manière d'interpréter les lois, une indépendance qui, dans la pensée du Directoire, pourrait être fatale à la liberté.

Le ministre de la justice pouvait craindre, en effet, l'indépendance des juges ordinaires. « Il y a des tribunaux, dit M. de Cor-« menin, qui, même en 1793, ont cassé des ventes nationales. »

La loi du 24 pluviôse an VIII statue en ces termes : « Le Conseil « de préfecture prononce au premier degré sur tout le contentieux « relatif aux ventes des domaines nationaux. » Cette attribution fut transportée plus tard aux consultes, pour les pays conquis : à Turin, le Conseil extraordinaire de liquidation prononça sur le contentieux des domaines en première instance.

Mais parmi les Conseils de préfecture, lequel est compétent ? Celui où se trouvent situés les objets et non celui du département où, par erreur, les mêmes objets auraient été aliénés (1).

Le Conseil d'Etat jugea même (2) qu'au lieu d'autoriser une commune à ester devant les tribunaux, sur une contestation élevée entre elle et un particulier quant au sens et à l'étendue d'une vente passée devant l'autorité administrative, le Conseil de préfecture devait se saisir de l'affaire dans les limites de sa compétence et statuer sur l'interprétation du contrat. « Autoriser la « commune, dit M. de Cormenin, c'est faire un acte de tutelle, « interpréter la vente, c'est faire un acte de juridiction ; celui-ci « doit précéder l'autre. » La règle se formule ainsi : le Conseil de préfecture doit *préalablement* prononcer sur le contentieux des ventes nationales. Voilà le principe : suivons-le dans ses conséquences (3).

Le Conseil de préfecture doit décider :

1° Si tel objet réclamé ou possédé par un tiers, ou par l'ancien propriétaire, ou par un autre acquéreur, ou par une commune, ou par le domaine, a été ou non vendu à l'acquéreur. Le Conseil de pré-

---

(1) 23 avril 1807.

(2) 12 juin 1822. 11 février 1824.

(3) Cf. l'exposé de M. de Cormenin. Il ne s'agit dans tout ce chapitre que des biens *nationaux*, c'est-à-dire, vendus révolutionnairement.

fecture n'excède pas ses pouvoirs en déclarant que le domaine intervenant n'a pas cessé d'être propriétaire. Ainsi l'a jugé le Conseil
d'Etat.

2° Si un bien national attribué à une fabrique appartient au
domaine. Ainsi l'a jugé le Conseil d'Etat. « La question de
« propriété est ici administrative, » dit M. de Cormenin ; en effet
il faut chercher la solution dans les actes administratifs qui,
pour réparer la spoliation des fabriques, leur ont affecté certains
biens nationaux. D'ailleurs le texte de la loi de pluviôse est
absolu.

3° Si une soumission de biens nationaux, faite en exécution de
la loi du 28 ventôse an IV, et non suivie de contrat, vaut vente.
La raison historique, c'est la compétence des administrations
centrales établies par la loi du 6 floréal an IV; la raison logique,
c'est que la solution de cette question mène droit à l'annulation
ou au maintien de la vente; la meilleure raison, c'est le texte de
la loi de pluviôse.

4° « Si une vente est nulle, soit pour avoir été payée par une
« autorité illégale, soit pour avoir compris des biens dont les
« lois ont prohibé l'aliénation, soit pour priorité d'aliénation du
« même objet, soit pour vices matériels dans sa forme, soit
« pour être entachée de fraude, soit pour avoir été faite sous la
« réserve des droits des tiers opposants, depuis reconnus par
« des jugements définitifs qui seraient intervenus entre le domaine
« garant et les opposants, soit enfin pour déchéance définitive-
« ment reconnue faute de paiement dans les cas et délais prévus
« par la loi (1). »

5° Si un ancien propriétaire peut attaquer la validité et les effets
d'une vente nationale dont il ne conteste pas la réalité. Cette
réclamation donne lieu à l'examen des lois politiques, dont on
veut soustraire l'interprétation au pouvoir judiciaire.

6° Si une opposition antérieure à la vente, formée régulièrement,
confère au tiers réclamant le droit d'obtenir la restitution de la
chose, ou une indemnité.

7° Si les cessions par l'Etat à des établissements publics de biens
nationaux vendus antérieurement doivent être maintenues au
préjudice des acquéreurs.

8° Comment doivent être réglées les limites et charges respec-

(1) Cormenin.

tives de deux propriétés nationales contiguës après les adjudications.

9° Si un acquéreur est tenu de souffrir un bail emphytéotique de biens vendus nationalement. C'est toujours l'interprétation de l'acte de vente et des conséquences de la vente.

10° Si un acquéreur est tenu de maintenir à perpétuité le fermier ou colon d'une métairie. Il ne faut pas confondre ce cas avec le cas d'un bail administratif, dont l'interprétation, même sous la loi de pluviôse, revient au pouvoir judiciaire.

11° Si des cheptels ont été compris ou exclus dans la vente d'une métairie; et, pour généraliser cette règle, si tel ou tel objet, litigieux ou non, a été compris dans la vente. En un mot, le Conseil de préfecture a mission de statuer sur l'étendue de la vente administrative (1). Une difficulté s'élève à propos des servitudes. Rien de plus difficile à déterminer, sous la loi de pluviôse, que la limite des compétences administrative et judiciaire. Le Conseil de préfecture a le droit de déclarer que la servitude désignée dans l'acte de vente a été aliénée ou réservée par la nation. Voilà le principe. Le Conseil d'Etat l'appliquait d'abord, même au cas où le contrat de vente ne parlait qu'en termes généraux de la réserve des servitudes actives et passives. Il allait jusqu'à s'attribuer l'application des maximes du droit civil. M. de Cormenin voit là des excès de pouvoir. En quoi donc le texte de la loi de pluviôse est-il violé ? Le reproche de M. de Cormenin serait juste, s'il était vrai, comme il semble le croire, que l'unique *criterium* fût dans la solution de cette question : « Y-a-t-il un inconvénient politique à ce que ces « débats soient portés devant les tribunaux ? » Mais cela n'est écrit nulle part. D'ailleurs, M. de Cormenin admet sans difficulté la compétence administrative, quand il faut trancher la question de savoir si des cheptels ont été compris ou non dans la vente d'une métairie : le grand inconvénient politique à ce que cette question et d'autres semblables soient portées devant les tribunaux! Mais, ajoute M. de Cormenin, il faut descendre pour résoudre ces questions dans l'examen des règles du droit civil ! La jurisprudence administrative doit-elle donc s'isoler entièrement des règles du droit civil? Le peut-elle? Sans doute la loi de

(1) Par exemple un droit de pêche est-il ou non compris dans la vente? etc., etc.

pluviôse aurait bien fait de réserver aux juges ordinaires, comme
le veut M. de Cormenin, les questions de servitude qui ne peuvent
être résolues que par l'application des titres anciens, par la possession immémoriale ou par les maximes du ·droit civil ! Le
Conseil d'Etat a fini par adopter ces distinctions : mais sa première jurisprudence était plus conforme au texte et à l'esprit de
la loi de pluviôse.

12° Si une vente de biens indivis avec l'Etat est nulle.

13° Quel doit être le partage proportionnel des eaux entre
plusieurs acquéreurs.

14° Comment doit être déterminé le partage respectif des fruits,
fermages ou redevances des biens vendus 1° entre deux acquéreurs d'un bien indivis; 2° entre l'acquéreur et le domaine.

15° Si l'acquéreur a pu combler ou couvrir un canal, ou abattre
des arbres, ou dénaturer l'objet acquis avant le paiement du prix
d'adjudication.

16° Si les déclarations de command sont bonnes ou valables.

17° Si les entreprises faites par les tiers sur un cours d'eau qui
traverse un bien national sont contredites par l'acte d'adjudication.

18° Si divers objets mobiliers compris dans une revente sur
folle enchère d'un acquéreur déchu et insolvable appartiennent
ou non à ses créanciers.

19° Si l'acquéreur d'un bien indivis a pu verser la totalité du
prix entre les mains du receveur des domaines, ou seulement la
portion afférente à l'Etat.

20° Si l'acquéreur d'un étang a droit de le convertir en pré,
au préjudice d'une commune qui prétend pouvoir y faire abreuver
ses bestiaux.

21° S'il faut statuer sur des demandes en réintégration dans
des maisons séquestrées pour cause d'émigration.

22° S'il y a lieu d'employer, comme moyens auxiliaires d'interprétation, les enquêtes, les expertises, les applications de
plans, etc.

23° Si l'opposition aux contraintes et poursuites exercées par
les agents du domaine pour recouvrer tout ou partie du prix des
ventes des domaines nationaux est ou non valable. La raison en
est simple : cette question mène à l'examen des dispositions les
plus essentielles de la vente sur l'importance du prix, la nature
des valeurs admises, le mode et les termes du paiement, etc.

24° Dans quel sens doivent être tranchées les contestations
entre le Domaine et l'acquéreur, au sujet des ventes de biens na-

tionaux faites par la caisse d'amortissement ou par les anciennes administrations centrales.

25° Si les demandes en garantie formées par les acquéreurs contre l'Etat doivent être admises. Sur ce point, M. de Cormenin s'est contredit. A trois pages de distance, il attribue la compétence, en pareille matière, d'abord au pouvoir administratif, ensuite au pouvoir judiciaire. Il est vrai que le Conseil d'Etat s'est contredit comme M. de Cormenin.

D'après M. de Cormenin, en dehors de ces questions et d'autres strictement analogues, la compétence judiciaire est de droit.

Peut-être faudrait-il distinguer trois époques dans la jurisprudence du Conseil d'Etat. La première suit la promulgation de la loi de pluviôse; c'est la plus favorable à la compétence administrative : on interprète étroitement l'article 4 de la loi : la réaction commence à la fin de l'Empire; la chute de l'Empire inaugure une troisième période plus favorable à la compétence judiciaire.

Le Conseil d'Etat finit par se laisser guider, dans la délimitation des compétences, par ces deux principes : le débat qui s'agite se complique-t-il d'une question politique ? Le débat peut-il être jugé sans qu'il faille descendre à l'examen des principes du droit civil ? Une solution négative à ces deux questions faisait pencher la balance du côté de l'autorité judiciaire.

On donne encore cette formule : en général toutes les questions qui, dans le silence des actes de vente nationale, ne peuvent être résolues que par l'application des titres anciens, des maximes du droit commun ou des usages locaux, doivent être résolues par le pouvoir judiciaire. Ainsi l'a jugé le Conseil d'Etat le 21 janvier 1813.

Ce qu'il faut remarquer avant tout, c'est qu'à la suite de la loi de pluviôse, une sorte de droit non écrit se forma dans le Conseil d'Etat sur la solution des questions administratives. La loi ne fixait pas même le principe de la délimitation des compétences. Le pouvoir administratif dut suppléer le législateur; il se fit à lui-même une série de règles qui le guidèrent, moins invariablement que des textes législatifs, mais qui le guidèrent enfin dans les débats nombreux soulevés par les ventes nationales. Quelques textes constitutionnels, l'interprétation des lois de la République et de quelques arrêtés du Directoire ou des Consuls; tels furent les premiers éléments de cette jurisprudence.

Examinons rapidement les plus importants des principes qui

dirigèrent les Conseils de préfecture et le Conseil d'Etat dans cette matière.

I. Les anciens émigrés n'ont de droit à prétendre que sur les biens non encore vendus. *Conséquence :* Dès qu'ils ne contestent pas la *réalité* de la vente, ils n'ont pas qualité pour réclamer les biens vendus.

II. La garantie de l'article 94 de la Constitution de l'an VIII ne s'applique qu'aux biens *légalement* et réellement vendus. *Conséquence :* Citons un seul exemple : les anciens propriétaires de biens confisqués ou sequestrés pour cause d'émigration ont qualité pour revendiquer ceux de ces biens qu'ils prétendent n'avoir été compris dans aucune vente nationale et ne se trouver dans les mains des détenteurs actuels que comme usurpés sur le domaine. « Il n'y a pas d'exemple, dit au reste M. de Corme- « nin, qu'un émigré ait été admis par le Conseil d'Etat, de- « puis la Charte, à faire déclarer une vente de biens nationaux « aliénables nulle pour vices de formes, soit dans la publication « des affiches, soit dans la solennité des enchères, soit dans la « rédaction du contrat.... Quant à ceux de leurs biens que des « tiers avaient usurpés, ils ont l'action en réintégrande devant « les tribunaux. »

III. Les procès-verbaux d'adjudication font foi jusqu'à ins- cription de faux, et aucune preuve n'est admise contre et outre leur contenu. (Cf. L. du 25 juillet 1793). *Conséquence :* Les erreurs ou omissions qui ont pu se glisser dans la rédaction des affiches de vente sont étrangères à l'adjudicataire et ne pourront lui pré- judicier ; ce qui réduit les hypothèses de résiliation aux cas pré- vus par la loi ou qui résultent nécessairement de la nature des choses. *Cas de résiliation prévus par la loi :* Il y a eu erreur en même temps dans la désignation des tenants et aboutissants et dans la contenance énoncée. (Art. 24 et 25 de la loi du 3 juin 1793.) On a compris par mégarde dans l'aliénation des dépendances du Domaine public qui ne sont pas susceptibles de propriété privée ou des grandes masses de forêts (1). Une soumission a été faite sans consignation. (Lois des 6 floréal, 22 prairial, 9 messidor an IV, 17 ventôse an V.) L'acquéreur a encouru la déchéance dans

(1) Ou des terrains militaires inaliénables, en vertu des lois du 10 juil- let 1791 et du 11 fructidor an IV.

les cas et délais prévus par la loi. *Cas de résiliation résultant de la nature même des choses :* La vente n'a été consentie que sous la réserve des droits éventuels des tiers, qu'un jugement définitif a réalisés. Le bien a déjà été aliéné nationalement à un tiers (1). Avant toute soumission, l'emphytéote, en rachetant la rente, conformément aux lois, a fixé irrévocablement la propriété sur sa tête. Malgré un jugement rendu sur l'opposition d'un tiers et passé en force de chose jugée, le contrat de vente a été ultérieurement fait avec un soumissionnaire. Le contrat de vente a été fait sous une soumission irrévocablement annulée. Des soumissionnaires, après avoir sollicité et obtenu la restitution de leurs consignations, ont demandé la délivrance du contrat. Des biens vendus après la confiscation sur les condamnés à mort sont ensuite rentrés dans les mains du Domaine par la déchéance de l'acquéreur; il y a lieu de les remettre aux héritiers des condamnés.

IV. Tout ce qui touche à l'examen des *titres administratifs* est de la compétence administrative (2).

V. Les baux administratifs dont l'examen appartient au pouvoir judiciaire, peuvent servir au conseil de préfecture de moyens d'interprétation, en tant qu'ils tirent, de leur relation indivisible avec l'acte de vente, leur caractère interprétatif. Il faut et il suffit que l'acte de vente s'y réfère spécialement pour la mise à prix ou la description des choses vendues.

VI. Dans les ventes *en bloc*, tout ce qui fait partie du domaine fait partie de la vente, à moins que les dépendances ne soient pas administrativement reconnaissables. *Conséquence :* L'objet réclamé est-il une dépendance nécessaire et indivisible du domaine vendu ou se trouve-t-il exactement renfermé dans l'enceinte du bien vendu en corps? le conseil de préfecture doit déclarer qu'il en fait partie. De là, du reste, une foule de questions de fait qu'il ne nous est pas loisible d'examiner. *Exemples :* Quand on a vendu un moulin avec ses dépendances, il faut décider que le

---

(1) La question des *secondes ventes* a soulevé de véritables difficultés. Le Conseil d'Etat a quelquefois donné la préférence aux secondes ventes. Mais ce principe n'a pas prévalu. Toutefois, la vente d'un même objet, faite par l'administration départementale de la situation des biens, serait préférée à la vente antérieurement faite, par erreur, dans un département voisin. (V. Cormenin.)

(2) Nous retrouverons ce principe plus loin.

canal qui conduit l'eau au moulin est compris dans la vente. Au contraire, les glaces, statues, objets d'art, etc., non fixes et inhérents aux bâtiments sont censés n'y être pas compris. C'est la jurisprudeuce du Conseil d'Etat.

VII. Les ventes *en détail* n'embrassent que ce qu'elles désignent; ici tout est de stricte interprétation.

Dans le doute, il faut plutôt considérer la vente comme faite en détail, et raisonner en conséquence (1).

Dans les ventes à la mesure, il n'y a de vendu que la quantité fixe et rien au-delà.

VIII. L'Etat est censé avoir vendu les biens « avec toutes les « servitudes actives et passives. » Comme le progrès de la jurisprudence tendait chaque jour davantage à restreindre la compétence administrative à l'interprétation des *actes* administratifs, M. de Cormenin restreint ici, en s'appuyant sur de nombreux arrêts, la juridiction des conseils de préfecture *aux servitudes envisagées comme clauses spéciales de la vente.*

IX. Le Conseil d'Etat admet, sur le caractère et les effets de la possession, les principes du droit civil.

X. Pour savoir si l'objet réclamé a été ou non vendu, il y a lieu d'examiner si cet objet est renfermé *dans les confins assignés à la vente* ou plus brièvement : « c'est par les limites que la « chose vendue se détermine et se circonscrit. »

XI. Les biens nationaux ont été vendus sans garantie de mesure, consistance et valeur. *Conséquence :* L'erreur dans cette mesure, ou la différence de la contenance réelle à celle de l'estimation, ne peut donner lieu ni à un recours en indemnité contre le Domaine pour défaut, ni à une demande en supplément de prix contre l'acquéreur pour excédant; et cela serait ainsi, quand la mise à prix excéderait vingt fois la valeur du revenu (2). De même, pour les ventes de biens nationaux faites en pays étrangers, le gouvernement n'est tenu envers les acquéreurs que des troubles et évictions qui proviennent de son propre fait.

XII. Les questions : 1° de déchéance; 2° de recouvrement du prix des ventes, rentrent dans le contentieux des domaines nationaux, parce que les raisons qui ont fait attribuer à l'autorité

(1) Arrêt du Conseil d'Etat du 21 juillet 1824.

(2) Arrêt du Conseil d'Etat du 20 janvier 1819.

administrative les questions relatives à la validité des ventes, lui confèrent la même compétence en matière de liquidation. , Mais c'est le *Préfet* qui prononce la déchéance; c'est le Préfet qui approuve ou rejette les décomptes du prix des ventes des biens nationaux.

Tels sont les principes les plus importants que la jurisprudence du Conseil d'Etat ait établis en matière de ventes nationales après la promulgation de la loi de pluviôse. L'Empereur fit insérer aux Bulletins des lois de 1812 et de 1813 des arrêts du Conseil d'Etat annulant ou confirmant des arrêtés de conseils de préfecture : il résultait de ces arrêts que, de l'avis de l'Empereur, 1° En matière de vente de biens nationaux, les questions de propriété devaient revenir aux tribunaux ordinaires ; 2° le pouvoir administratif devait néanmoins juger les questions relatives à la contenance et aux limites de ces biens ; mais si les tribunaux administratifs ne pouvaient s'éclairer par la situation naturelle des lieux, la connaissance du débat appartenait au pouvoir judiciaire.

CHAPITRE VI.

DE LA PRESCRIPTION DE QUARANTE ANS ÉTABLIE PAR LA CONSTITUANTE.

Aux yeux de l'Assemblée constituante, le détenteur d'un bien domanial était détenteur précaire; son titre était éternellement résoluble. Le rapporteur du Comité des domaines s'exprima donc en ces termes : « La Nation était alors très-rarement convoquée, « et dans ces assemblées, connues sous le nom d'Etats-Généraux, « elle n'était représentée que d'une manière imparfaite. Il était « donc juste alors de la comparer à un mineur destitué de défen- « seurs, et, dans cet état de faiblesse et d'injustice, on ne pou- « vait lui opposer une possession valable. » Il est douteux que ces motifs eussent dicté la maxime d'imprescriptibilité. Quoi qu'il en soit, la Nation allait être désormais représentée : une foule d'administrateurs étaient hiérarchiquement distribués dans les départements pour veiller au maintien de ses droits : rien ne s'opposait à l'abrogation de l'ancienne règle. Cependant l'Assem- blée ajoute, dans la loi du 1er décembre 1790 (article 36), un espace de dix ans au laps de temps requis pour les prescriptions ordinaires. « La prescription aura lieu à l'avenir pour les do- « maines nationaux dont l'aliénation est permise par les décrets « de l'Assemblée nationale; et tous les détenteurs d'une portion « quelconque desdits domaines qui justifieront en avoir joui à

« titre de propriétaires par eux-mêmes ou par leurs auteurs, pu-
« bliquement et sans trouble, pendant *quarante ans* continuels
« à compter du jour de la publication du présent décret, seront
« à l'abri de toute recherche. »

Dans la séance du 1er juillet 1791, un membre proposa, au nom
du Comité d'aliénation, un projet de décret qui fut adopté ainsi
qu'il suit : « L'Assemblée nationale, ouï le rapport du Comité
« d'aliénation, décrète que la prescription contre la Nation, pour
« raison des droits corporels et incorporels dépendant des
« biens nationaux, est et demeure suspendue, depuis le 2 no-
« vembre 1789 jusqu'au 2 novembre 1794, sans qu'elle puisse
« être alléguée pour aucune partie du temps qui sera écoulé
« pendant le cours desdites cinq années. » Enfin, le 19 août 1791,
la Constituante, pour empêcher les usurpations et prescriptions,
traça quelques règles administratives aux régisseurs des biens
du domaine.

L'article 2227 du Code civil abrogea l'article 36 de la loi du
1er décembre 1790.

CHAPITRE VII.

DU DOMAINE DÉPARTEMENTAL AVANT LA LOI DU 10 MAI 1838.

Nous n'avons presque rien à dire du domaine départemental avant la loi du 10 mai 1838. En effet, on n'est arrivé que tard à reconnaître une personnalité juridique aux départements. La Constituante ne voulut établir, en les créant, que des divisions territoriales ; elle se garda bien de leur transférer les propriétés des anciens pays d'Etats. Les édifices nationaux consacrés à la tenue des séances des Directoires de département restèrent dans le domaine national : l'Etat touchait même le prix du loyer. De là, sous l'Empire, d'interminables discussions entre l'administration des domaines et les administrations locales.

Le décret du 9 avril 1811, où Napoléon déclare qu'il veut donner une nouvelle marque de sa munificence impériale à ses sujets des départements, contient la concession gratuite aux départements, arrondissements ou communes de la pleine propriété des édifices et bâtiments nationaux actuellement occupés pour le service de l'administration, des cours et tribunaux, et de l'instruction publique.

Cette concession était plus onéreuse que profitable aux départements. Il fallait des sommes considérables pour approprier à

leur destination les édifices cédés par le décret de 1811. Néanmoins plusieurs départements, plus tard, purent vendre à l'Etat
quelques-uns de ces édifices. Ainsi furent vendus, par exemple,
les anciens bâtiments diocésains d'Ajaccio, d'Albi, d'Angou-
lème, de Blois, de Gap, etc. (1).

Mais ce décret ne reconnaissait pas encore la personnalité juridique des départements, puisqu'il mettait sur la même
ligne les départements et les arrondissements. Or jamais l'arrondissement n'a constitué une personne morale.

La personnalité juridique des départements ne fut nettement
établie que sous la monarchie constitutionnelle.

(1) **Cf. Macarel** et Boulatignier. II. 440.

CHAPITRE VIII.

ALIÉNATION DES BIENS DES COMMUNES.

SOMMAIRE. — Loi du 14 décembre 1789. — Décrets spéciaux de la Cons·
tituante. — Théories de l'Assemblée législative : décrets des 14 août
et 28 août 1792. — Décret du 10 juin 1793. Opinion de Proudhon :
analyse du décret. Des biens communaux et des biens patrimo·
niaux. — La Convention confisque le patrimoine des communes :
décret du 24 août 1793. — Il est sursis à l'exécution de la loi
du 10 juin 1793. — Loi du 9 ventôse an XII. — Avis du Conseil d'Etat
du 3 nivôse an XIII. — Décret du 21 mars 1806. — Le gouvernement
transfère à la caisse d'amortissement la propriété des biens des communes : titre premier de la loi des finances du 20 mars 1813. — Bonnes
intentions de la Restauration. — L'ordonnance du 23 juin 1819 vient
régler définitivement la situation que la loi du 10 juin 1793 avait faite
aux communes.

Les priviléges étant abolis dans la nuit du 4 août 1789, les provinces et les villes allaient être régies par le droit commun. Aux
franchises municipales succède le *droit municipal.*

Le décret du 14 décembre 1789 confie l'administration des
biens de la commune aux corps municipaux (1). Le conseil général de la commune, composé de notables en nombre double
des membres du corps municipal et le corps municipal seront
convoqués toutes les fois qu'il y aura lieu de délibérer sur des
aliénations d'immeubles et sur l'emploi du prix des ventes. Ces

_____
(1) C'est-à-dire au maire et à deux ou plusieurs autres membres , suivant la population.

délibérations ne pourront être exécutées qu'avec l'approbation des directoires de département qui sera donnée, s'il y a lieu, sur l'avis des directoires de district. Il importe à la grande communauté nationale, disait l'instruction qui suivit la loi, que toutes les communautés particulières qui en sont les éléments soient administrées.

Quelques mesures partielles suivirent cette loi générale. Un décret du 16 octobre 1790 ordonna que les édifices sur lesquels les villes ne justifieraient pas leur propriété seraient vendus comme biens nationaux. Un décret des 18-19 décembre 1790 détermina le mode suivant lequel le prix de rachat des rentes ou redevances foncières appartenant à une communauté d'habitants serait liquidé, et les obligations des officiers municipaux dans cette circonstance. Un décret des 5-11 février 1791 défendit aux communautés d'habitants de faire des baux qui excédassent neuf années. Aux termes de l'article 4 du décret des 29 mars-3 avril 1791, les villes furent autorisées, sous la direction et avec l'approbation des directoires de district et de département, à vendre ceux de leurs biens patrimoniaux dont l'aliénation serait jugée nécessaire pour contribuer au remboursement de leurs dettes. C'était un simple encouragement à l'aliénation ; car cette faculté avait été déjà reconnue aux communes par la loi de décembre 1789.

Le 15 août 1792, il fut ordonné que les communes rendraient compte du produit de la vente des biens communaux. L'Assemblée législative prit à ce moment l'initiative d'une mesure funeste dont la Convention devait poursuivre la rigoureuse exécution. Le 14 août, sur la motion d'un de ses membres, elle décréta : 1° « Que dès cette année, immédiatement après la récolte, tous « les terrains et usages communaux, autres que les bois, seraient « partagés entre les citoyens de chaque commune ; 2° que ces « citoyens jouiraient en toute propriété de leurs portions respec- « tives ; 3° que les biens connus sous le nom de sursis et de va- « cants seraient également divisés entre les habitants. »

Le décret des 28 août-14 septembre 1792 rétablit les communes et les citoyens « dans les propriétés et droits dont ils avaient « été dépouillés par l'effet de la puissance féodale. » Les communes ne pourront ressaisir ces biens qu'autant que les ci-devant seigneurs se trouveront en possession actuelle des biens dont elles auront été « dépossédées ; » mais elles ne pourront exercer aucune action en délaissement, si les ci-devant seigneurs ont vendu ces biens *à des particuliers non seigneurs*, par

des actes suivis d'exécution. Si les ci-devant seigneurs n'en
ont pas reçu le prix, ce prix tournera au profit des communautés,
avec les intérêts qui pourraient se trouver dus. S'il y avait eu
aliénation à titre de bail à cens, emphytéose, ou de tout autre
bail à rente, les ventes stipulées, ainsi que les arrérages et le
prix du rachat, tourneront au profit des communes.

Le décret du 10 juin 1793, sur le mode de partage des biens
communaux, fut un des actes les plus déraisonnables de la
Convention. Proudhon a dit avec raison de cette loi « qu'elle
« était contraire à la destination du communal, qui devait servir
« dans le futur comme dans le présent aux aisances des habi-
« tants ; tandis que la distribution qu'on en fait vient anéantir
« tout espoir pour les générations à venir. »

Nous allons analyser la loi du 10 juin 1793.

SECTION I. — Une *commune* est une société de citoyens unis
par des relations locales, soit qu'elle forme une municipalité
particulière, soit qu'elle fasse partie d'une autre municipalité,
de manière que, si une municipalité est composée de plusieurs
sections différentes et que chacune d'elles ait des biens communaux séparés, les habitants seuls de la section qui jouissait du
bien communal auraient droit au partage. (Article 2.) Les *biens
communaux* sont ceux sur la propriété ou le produit desquels
tous les habitants d'une ou plusieurs communes, ou d'une section
de commune, ont un droit commun. (Article 1er.) Mais la loi
excepte du partage 1° le domaine public communal ; 2° les bois,
à moins qu'ils ne soient d'un produit insuffisant.

SECTION II. — Qui a droit au partage ?

Le partage est fait par tête d'habitant domicilié, de tout âge
et de tout sexe. Nul ne peut y avoir droit dans deux communes.
Les père et mère jouissent de la portion qui doit revenir à leurs
enfants, jusqu'à ce que ceux-ci aient atteint quatorze ans. Les
tuteurs veillent à la conservation de la portion échue aux orphelins ; les corps municipaux veillent à la conservation de la portion échue aux défenseurs de la patrie en temps de guerre. La
loi excepte le ci-devant seigneur qui a usé du droit de triage, car
il a déjà sa part (1). Elle reconnaît à chaque citoyen un droit de

(1) Triage. — Droit pour un seigneur de distraire à son profit le tiers
des bois ou marais que lui ou ses auteurs ont concédés gratuitement à la
commune. (Merlin.)

toute propriété sur la portion à lui échue ; mais elle en défend l'aliénation pendant dix ans , déclarant la vente nulle et non avenue, et ne permet pas que cette part soit saisie , sauf pour le paiement des contributions publiques. Tout autre mode de partage est de nul effet.

SECTION III. — Mais la loi, malgré son caractère tyrannique et démocratique, ne prétend pas *imposer* le partage aux communes. Non , ce partage est *facultatif ;* telle est du moins la prétention dérisoire et paradoxale de la Convention : il devra être requis par le tiers des voix dans l'assemblée des habitants; si le bien de la commune est impartageable et si la jouissance en commun n'est pas utile à la commune, l'assemblée pourra délibérer sur la vente ou la location. « Mais ladite délibération ne pourra avoir son effet « qu'après avoir été autorisée par le Directoire de département sur « l'avis du Directoire de district, qui fera constater si le bien « communal est ou non partageable, et si l'intérêt de la commune « demande la vente ou l'afferme. » La délibération qui déterminera la jouissance en commun ne pourra être révoquée pendant un an ; elle sera transmise elle-même au Directoire de département pour être autorisée sur l'avis du Directoire de district.

Supposons le partage décidé. L'assemblée des habitants nommera trois experts pris hors la commune, dont un au moins sera arpenteur, et deux indicateurs. Ces experts procèderont au partage et à la fixation comparative et proportionnelle de chaque lot, suivant les différentes qualités du sol; aux bornages distinctifs. Chaque lot sera numéroté. Les experts , conjointement avec les indicateurs , désigneront préalablement les chemins nécessaires pour toutes les issues, ainsi que ceux qu'il conviendra de laisser pour les communications intérieures et l'exploitation particulière, etc... Leur procès-verbal clos, le lot de chacun sera tiré au sort. Les frais de partage sont mis uniformément à la charge des copartageants. « Si un bien communal était assujetti à une « rente foncière ou redevance non supprimée par les précédents dé- « crets , elle sera rachetée avant de procéder au partage et le prix « de rachat sera réparti par tête entre les copartageants , si mieux « n'aiment les intéressés aliéner une portion suffisante desdits « biens, pour payer les frais de partage et rembourser les capitaux « des rentes ou redevances (1) dont le communal sera chargé. »

---

(1) V. d'autres dispositions dans le cas où le bien communal est affermé, où il a été ensemencé par un citoyen , etc.

Enfin l'article 37 de cette section porte que les revenus provenant du prix des fermes, des biens patrimoniaux ou communaux qui ne seraient pas partagés, ou de la vente de ces biens, ne seront plus employés à l'acquit des charges locales, mais partagés par tête dans la forme prescrite pour le partage des biens communaux.

SECTION IV. — Il résulte des dispositions de la loi de 1793 : 1° que cette loi distingue les biens patrimoniaux et les communaux (articles 15 de la section 2, 37 de la section 3) : 2° qu'elle s'occupe en même temps du partage des biens communaux et des biens patrimoniaux. Ce point a été contesté, mais le texte de l'article 15 de la section 2 est un argument sans replique (1). Qu'est-ce donc qu'un bien patrimonial et qu'est-ce qu'un bien communal ? Il faut distinguer selon nous : 1° Un domaine public municipal, rues, chemins, etc. 2° Un domaine patrimonial, maisons, fermes, rentes, etc. 3° Des communaux. L'article 1er de la section 4 de la loi de 1793 donne une idée assez complète de cette dernière espèce de biens : « Article 1er. Tous les biens « communaux en général, connus dans toute la république sous « les divers noms de terres vaines et vagues, gastes, garrigues, « landes, pacages, pàtis, ajoncs, bruyères, bois communs, « hermes, vacans, palus, marais, marécages, montagnes, et « sous toute autre dénomination quelconque, sont et appartien « nent, de leur nature, à la généralité des habitants ou membres « des communes ou des sections de communes dans le territoire « desquelles ces communaux sont situés; et comme tels, lesdites « communes ou sections de communes sont fondées et autorisées « à les revendiquer, sous les restrictions et modifications por « tées par les articles suivants. »

On s'est demandé quelle était la nature du droit des habitants sur ces communaux. La commune, disent les uns, n'a en quelque sorte qu'un droit de nue-propriété. Les communaux auraient été laissés dans cette indivision lors du *partage primitif* : la copropriété était préexistante à la formation de la commune. M. Vuatrin, dans son cours à la Faculté de droit de Paris, s'attache à faire ressortir le vice de cette doctrine. Si les habitants jouis-

(1) Article 15. — Tout acte ou usage qui fixerait une manière de procéder au partage des biens communaux ou patrimoniaux, différente de celle portée par le présent décret, sera regardé comme nul.

sent des communaux, ils en jouissent précairement , sans que le droit supérieur de la commune en soit altéré. Tel bien qui était parmi les communaux peut être transformé par la volonté de la commune en bien patrimonial : la commune peut l'aliéner en toute propriété. Quant aux habitants pris individuellement, ils n'ont aucun droit propre ou personnel. Seule, la *commune* paie les impôts : seule, elle exerce les actions; à elle seule compètent les droits.

La Convention ne comprit pas la nature de la propriété communale. Sans doute le partage des communaux sera parfois une conquête de l'agriculture. Des biens seront mis en circulation! mais les communaux sont la réserve des classes pauvres, et les pauvres, devenus propriétaires de lots aussi peu considérables, les vendront à vil prix en dépit des prohibitions législatives.

La section IV s'occupe des communaux possédés concurremment par plusieurs communes; même entre commune, le partage sera facultatif.

Tout partage antérieur au 10 juin 1793 est nul; pourtant les partages faits en vertu du décret des 13-20 avril 1791 sont garantis. Les possesseurs des terrains desséchés et défrichés, aux termes et en exécution de l'édit du 14 juin 1764 et de la déclaration du 13 avril 1766 , sont maintenus dans leurs droits.

La possession de quarante ans exigée par le décret du 28 août 1792 pour justifier la propriété d'un ci-devant seigneur sur les terres vaines et vagues, gastes, garrigues, landes, marais, biens, hermes , vacants , ne pourra en aucun cas suppléer le titre légitime, et le titre légitime ne pourra être celui qui émane de la puissance féodale, mais seulement un acte authentique constatant qu'il a légitimement acheté ces biens, conformément à l'article 8 du décret du 28 août 1792. Mais comme l'esprit du présent décret « n'est pas de troubler les possessions particulières et paisibles, » il excepte des dispositions précédentes toutes concessions, ventes, collocations forcées , partages ou autres possessions, depuis et au-delà de quarante ans, jusqu'au 4 août 1789, en faveur des possesseurs actuels , *mais non acquéreurs volontaires ou donataires, héritiers ou légataires du fief à titre universel.* La Convention excepte de même les possesseurs qui ont *un titre légitime* et qui ont défriché par leurs *propres mains ou celles de leurs auteurs.* Les autres seront dépossédés.

Mais elle confisque au profit de la nation les communaux appartenant aux bénéfices ecclésiastiques, monastères, etc., etc., *même si ces communaux ont été déjà vendus.*

Section V. — Cette section porte que les contestations sur le *mode de partage des biens communaux* seront jugées par le directoire du département sur simple mémoire. La loi ne parle pas des biens patrimoniaux. Mais toutes les contestations qui s'élèveront soit entre plusieurs communes, soit entre communes et particuliers sur la propriété ou la jouissance des biens patrimoniaux ou communaux, seront décidées par la voie de l'arbitrage.

La loi de 1793 n'avait pas statué sur les bois. On demanda s'il fallait, comme par le passé, partager les coupes par feu, ou adopter le partage par tête. Le 26 nivôse an II, la Convention décréta que les partages seraient faits par tête (1). Un décret du 28 ventôse an II annulle les partages faits par feu depuis la loi du 10 juin 1793. Mais à peine le règne de la Terreur était-il passé, qu'un membre s'éleva contre la loi du 10 juin (2) qu'il qualifia d'injuste, de destructive de l'agriculture et de contraire aux intérêts de la nation. La Convention renvoya ces observations au Comité de législation, et le 21 prairial an IV, tout en maintenant provisoirement les possesseurs actuels dans leur jouissance, elle ordonna de surseoir à la loi de 1793.

Il y a une époque en France où les communes n'ont pas eu de patrimoine. Nous avons péniblement cherché les traces du patrimoine des communes dans les ténèbres du moyen-âge. Nous avons vu que l'invasion n'avait pu l'abolir et que la féodalité l'avait respecté. Au milieu des misères de la société du douzième siècle, l'image de la commune apparait encore dans les pays du nord : sa personnalité se dessine avec une merveilleuse clarté. La commune a ses défaillances; mais plus tard nous l'avons vue survivre même aux excès de la centralisation et aux empiétements du despotisme administratif. Eh bien ! ce que ni la monarchie féodale ni la monarchie absolue n'avaient fait, la Convention voulut l'accomplir. Le 24 août 1793, elle prétendit supprimer l'existence juridique et le patrimoine des communes ; elle déclara leurs dettes, dettes nationales ; leurs créances, créances nationales ; réunit leur actif au domaine de l'Etat et ordonna la vente de leurs meubles et de

---

(1) Un avis du Conseil d'Etat du 20 juillet 1807 adopta formellement la solution contraire.

(2) Séance du 20 thermidor an III.

leurs immeubles au profit de la nation. *Ex quo intelligi potest eos qui perniciosa et injusta populis jussa descripserint.... quidvis potius tulisse quam leges.*

Mais enfin, comment concilier cette loi prodigieuse du 24 août 1793 avec la loi du 10 juin 1793 ? La Convention ne s'en était pas préoccupée. La loi du 2 prairial an v défendit enfin les aliénations des biens communaux et ordonna que ces aliénations ne pourraient avoir lieu qu'en vertu d'un décret émané de la puissance législative.

Le gouvernement consulaire, à peine constitué, rendit aux communes leur personnalité, mais en les assujettissant à la tutelle administrative. Si la gestion de la fortune communale fut attribuée aux conseils municipaux, de grands pouvoirs furent conférés au Préfet. C'est à lui qu'il appartient de donner son avis sur l'aliénation des biens de la commune. Un arrêté des Consuls du 13 nivôse an x annula un arrêté du conseil de préfecture de l'Aude qui s'était arrogé ce droit. Un arrêté des Consuls du 27 messidor an ix, conforme à l'organisation nouvelle, avait déjà décidé qu'il appartenait aux conseils municipaux seuls et non à l'assemblée générale des habitants de délibérer sur les concessions de terrains communaux.

Mais que faire de la loi du 10 juin 1793? La loi du 21 prairial an iv, qui avait ordonné de surseoir à toutes actions ou poursuites relatives à des biens communaux, fut rapportée le 9 ventôse an xii. Les tiers qui avaient des droits sur ces biens sont admis à les faire valoir; les copartageants sont maintenus définitivement dans les portions à eux échues. Dans les communes où des partages ont eu lieu sans qu'il en ait été dressé acte, les détenteurs des biens communaux qui ne pourront justifier d'aucun titre écrit, mais qui auront défriché ou planté le terrain dont ils ont joui, ou qui l'auront clos de murs, fossés ou haies vives, ou qui enfin y auraient fait quelques constructions, sont maintenus en possession provisoire, à la charge de faire dans les trois mois, devant le sous-préfet de l'arrondissement, la déclaration du terrain qu'ils occupent, de l'état dans lequel ils l'ont trouvé, et de l'état dans lequel ils l'ont mis, et de se soumettre, dans le même délai, à payer à la commune une redevance annuelle, rachetable en tout temps pour vingt fois la rente qui sera fixée, d'après estimation, à la moitié du produit annuel du bien. Tous les biens communaux possédés sans acte de partage ou en dehors des conditions ci-dessus énoncées rentreront dans le patrimoine des communes (1).

Mais l'Empire oublia les traditions du Consulat. Le gouvernement songeait encore à briser l'existence juridique et à ressaisir le patrimoine des communes. Un avis du Conseil d'Etat du 3 nivôse an XIII vise l'article 91 de la loi du 24 août 1793. Le Conseil est d'avis « que les propriétés susceptibles d'être réunies au domaine national sont, outre les créances dues par la République aux communes ou par des particuliers aux mêmes communes, les biens patrimoniaux que les communes afferment ou louent pour en retirer une rente. » Il excepte de la réunion les *communaux*, les halles, places, marchés, hôtels-de-ville, prisons, établissements publics, dont il laisse l'entretien aux communes. Cet avis du Conseil d'Etat ne fut pas suivi d'exécution.

Du reste, le gouvernement impérial agit militairement avec les communes. Le 21 mars 1806, par exemple, il ordonna qu'il serait fait, sur le produit des coupes des quarts en réserve que les communes pouvaient vendre avec l'autorisation requise, un prélèvement de 25 pour cent dans la vue de former un fonds commun de travaux publics pour tout l'Empire.

Comme la situation des finances empirait de jour en jour, le gouvernement recourut à un fàcheux expédient. Il disposa de tous les biens des communes qui ne servaient pas à une jouissance en commun ou qui n'étaient pas consacrés à un service public. Ces propriétés furent cédées à la Caisse d'amortissement qui devait payer en échange une rente proportionnée au revenu net des biens dont l'Etat s'emparait. La régie de l'enregistrement en prendra possession, dit l'article 4 de la loi. Ils seront mis en vente devant les préfets à la diligence des préposés de la régie, en la forme ordinaire, sur une première mise à prix de vingt fois le revenu pour les biens ruraux, et de quinze fois pour les maisons et usines. Le prix des adjudications sera payable un sixième comptant, un second sixième dans les trois mois de l'adjudication, et les deux autres tiers d'année en année, à compter de l'échéance du premier terme. Le jugement des contestations ap-

_____

(1) Un décret du quatrième jour complémentaire an XIII déclare la loi du 9 ventôse an XII applicable même aux partages antérieurs à la loi du 10 juin 1793.

partient au préfet, sauf le recours au Conseil d'Etat. Ces dispositions forment le titre premier de la loi des finances du 20 mars 1813.

La Restauration fit payer ces rentes aux communes. S'il faut en croire le préambule de l'ordonnance du 6 juin 1814, « elles « avaient pu craindre d'être dépouillées de leurs biens sans en « obtenir de dédommagements. » Il est vrai qu'une ordonnance du 27 décembre de la même année ordonne un prélèvement de 50 pour cent sur les fonds provenant des coupes de quarts en réserve et autres coupes extraordinaires des bois des communes. Une autre, du 16 juillet 1815, ordonne que les ventes des biens des communes soient continuées. Une autre du 6 septembre 1815, tout en déplorant les divers prélèvements que subissaient les revenus municipaux, prescrit d'opérer pendant l'année 1816 : 1° le prélèvement de 50 pour cent sur les coupes de quarts en réserve; 2° le prélèvement du centième sur les revenus communaux pour la dotation de l'Hôtel des Invalides; 3° les prélèvements qui mettent à la charge des communes la moitié du traitement des préfets.

Enfin l'article 15 de la loi du 28 avril 1816 abrogea la loi du 20 mars 1813 ; il fut décidé que les biens des communes non encore vendus seraient remis à leur disposition, comme ils l'étaient avant ladite loi. Mais les ventes opérées au nom du domaine s'élevaient à cinquante-huit millions, et les biens vendus appartenaient à la portion la plus fertile du patrimoine communal.

Cependant le gouvernement de Louis XVIII pensa qu'il était du plus grand intérêt ponr les communes de rentrer dans la jouissance de leurs biens communaux usurpés, et d'être indemnisées de tant de pertes, comme il était du plus grand intérêt pour les acquéreurs d'obtenir la consolidation de leurs droits par une transaction. L'ordonnance du 23 juin 1819 oblige les administrations locales à s'occuper sans délai de la recherche et de la reconnaissance des biens usurpés sur les communes depuis la loi du 10 juin 1793, et généralement de tous les biens d'origine communale, actuellement en jouissance privée, dont l'occupation ne résulte d'aucun acte de concession ou de partage, écrit ou verbal. Chaque détenteur est tenu de faire, dans le délai de trois mois, la déclaration des biens communaux dont il jouit sans droit. Cette déclaration indique l'origine de l'usurpation, la quotité, la situation, les limites des terrains usurpés, les améliorations survenues par le fait du déclarant, etc. Le détenteur peut alors, sur la proposition du conseil municipal et de l'avis du sous-préfet et du préfet, être mis en possession définitive des biens par lui déclarés, s'il s'engage, par soumission écrite, à payer à la commune propriétaire les quatre cinquièmes de la valeur actuelle de ces biens, déduction faite de la plus-value résultant des améliorations, ou une redevance annuelle égale au vingtième du prix des fonds, évalué à dire d'experts. Mais s'il ne veut pas suivre les règles tracées par la loi, il sera poursuivi à la diligence du maire, devant le conseil de préfecture, en restitution des terrains usurpés et des fruits exigibles. Il se peut que, troublé par ces poursuites, il s'avise alors de se porter acquéreur; mais désormais la vente ne pourra plus lui être faite que moyennant le paiement de la valeur intégrale du fonds, sans remise ni modération, et suivant toute la rigueur du droit commun. Dans aucun cas l'aliénation ne pourra être définitivement consommée qu'en vertu de l'autorisation royale et après l'accomplissement de toutes les formalités applicables aux actes translatifs de la propriété communale.

LIVRE CINQUIÈME.

DROIT ACTUEL.

CHAPITRE I.

DOMAINE PUBLIC NATIONAL, DÉPARTEMENTAL ET COMMUNAL.

SOMMAIRE. — Articles 538 et 540 du Code Napoléon. — Fleuves et rivières navigables. — Rivages de la mer. — Mer territoriale. — Mer intérieure. — Livres et manuscrits des bibliothèques. — Cathédrales. — Article 22 du décret du 10 août 1853. — Distinction entre les biens du domaine public. — Comment un bien passe du domaine privé de l'Etat dans son domaine public, et de son domaine public dans son domaine privé. — Domaine public départemental : édifices et routes. — Comment un bien passe du domaine public du département dans son domaine privé, et réciproquement. — Domaine public municipal. — Des églises. — Des chemins vicinaux. — Comment un bien tombe du domaine privé de la commune dans son domaine public, et réciproquement.

Il existe en France un domaine public national, un domaine public départemental, un domaine public communal.

La Constituante avait séparé le domaine public national et le domaine de l'Etat. Le Code civil, reproduisant la loi du 1er décembre 1790, déclara dépendances du domaine public national les chemins, routes et rues à la charge de l'Etat, les fleuves et rivières navigables ou flottables, les rivages, lais et relais de la mer, les ports, les havres, les rades, et généralement toutes les portions du territoire national qui ne sont pas susceptibles de propriété privée (article 538), les portes, murs, fossés, remparts des places de guerre et des forteresses (article 540). Il est du reste évident que le Code civil n'a pas fait une distinction bien nette entre le domaine public national et le domaine privé de l'Etat. Le mot « domaine public » n'était pas même inséré dans l'article 538 sans une réclamation du tribunat. L'article 540 qui traite du domaine public, placé entre les articles 539 et 541 qui traitent du domaine privé, brise l'ordre des idées, et le texte de l'article 541 contient une fausse assimilation. D'autre part, le Code reproduit l'erreur de la Constituante en assignant une place dans le domaine public aux lais et relais de la mer qui ne sont pas, comme les côtes et les rivages, nécessaires à la défense du territoire et aux besoins de la navigation ; aussi l'Empire règle-t-il (16 septembre 1807) *le mode de concession des lais et relais de la mer* (1). Quant à l'inexactitude de l'article 539, qui range dans le domaine public les biens vacants et sans maître, l'honneur exclusif en revient à l'éditeur de 1807, qui crut devoir corriger ces mots de l'édition primitive : « appartiennent à la nation. »

La doctrine et la jurisprudence interprètent largement ces expressions de l'article 538 : « fleuves et rivières navigables ou flot-« tables. » Que faut-il d'abord entendre par rivières flottables ? Celles qui ne sont flottables qu'à bûches perdues avaient été rangées dans le domaine public par le Conseil d'Etat (2) ; mais la loi du 15 avril 1829 a consacré l'interprétation contraire de la Cour de Cassation (3). Des auteurs (4) avaient voulu attribuer ces rivières au domaine public, même dans la partie de leur cours qui n'est encore ni navigable ni flottable : ce système a été justement condamné par la Cour de Cassation le 23 août 1819. L'ordonnance du 10 juillet 1835 a désigné pour toute la France les rivières qui font partie du domaine public, en déterminant le point à partir duquel elles sont navigables soit avec bateaux, soit avec trains. Mais il faut néanmoins attribuer au domaine public les bras de ces rivières qui ne sont pas navigables (5), les noues ou anses qui se rattachent au fleuve (6); le canal creusé de main d'homme qui en dérive les eaux pour les lui rendre en un autre point (7).

(1) Cf. loi du 11 nivôse an II.
(2) 31 mars 1825.
(3) 22 août 1823.
(4) Tardif et Cohen sur Dubreuil.
(5) Conseil d'Etat, 11 février 1836.
(6) Conseil d'Etat, 11 janvier 1826.
(7) Conseil d'Etat, 28 janvier 1835.

M. de Cormenin établit que les canaux de navigation sont assimilés par leur nature aux cours d'eau navigables, et ce principe doit être appliqué aux canaux d'irrigation et de dessèchement généraux (1). M. Daviel (2) croit que les canaux de navigation font partie du domaine public, même lorsqu'ils ont été concédés à une compagnie. Nous n'admettons ce principe, comme on le verra plus loin, que pour les concessions temporaires. Proudhon va jusqu'à penser que les ruisseaux, sources, rigoles et réservoirs d'où l'on fait découler les eaux pour alimenter un canal de navigation, sont des dépendances du domaine public comme le canal lui-même (3). D'après la Cour de cassation (4), les francs-bords d'un canal de navigation sont imprescriptibles, ces canaux, lors même qu'ils sont la propriété des particuliers, constituant, à raison de l'usage public auquel ils sont destinés, un tout indivisible qui ne peut être démembré, ce qui met hors du commerce chacune de leurs parties prises isolément. Le lit du fleuve ou de la rivière navigable appartient, du reste, au domaine public comme le fleuve lui-même (5), et par conséquent les remblais opérés dans le lit du fleuve, ne peuvent être acquis par la prescription (6) : la limite du lit d'un fleuve est fixée au point où arrivent les plus hautes eaux dans l'état normal du fleuve, et au-dessus duquel elles commencent à déborder (7). Nous pensons enfin, avec la majorité des auteurs, que les courants non navigables, dérivés d'une rivière navigable pour ne plus s'y réunir, ne dépendent pas du domaine public (8), et avec tous les auteurs que les îles et atterrissements formés dans le lit des rivières navigables ou flottables tombent dans le domaine privé de l'Etat. C'est, du reste, à l'administration qu'il appartient exclusivement de prononcer : 1° sur les questions de navigabilité; 2° sur la délimitation des fleuves et rivières navigables ou flottables (9).

(1) Cf. Demolombe. De la distinction des biens, n° 457 bis.
(2) Cours d'eau, n°s 32 et 33.
(3) Domaine public, t. 3, n° 794.
(4) 22 août 1837.
(5) Proudhon. Domaine public, t. 1, n° 223.
(6) Rouen, 16 décembre 1842.
(7) Lyon, 25 février 1843 et 10 janvier 1849.
(8) Contra Nadault de Buffon. Des usines sur les cours d'eau.
(9) Tribunal des conflits, 3 avril 1850.

Proudhon, dans son traité du domaine public, avait rangé les rivières non navigables et non flottables parmi les dépendances de ce domaine. Tel est, en effet, le système du Code civil sarde. Mais cette opinion, contredite par tous les textes, est aujourd'hui presque universellement abandonnée. D'une part, en effet, le troisième projet de notre Code civil rangeait les petites rivières parmi les dépendances du domaine public, et cette rédaction n'a pas été conservée ; d'autre part, si le législateur, dominé par une question d'intérêt général, a placé dans le domaine public les rivières navigables et flottables, il a compris avec une haute sagesse que les petites rivières n'étaient pas consacrées à un usage public, que dès-lors rien ne devait empêcher les riverains d'exercer sur ces cours d'eau certains droits exclusifs, et par une conséquence naturelle, il s'est abstenu de les clas ser parmi les dépendances du domaine public national. Nous croyons que ces petites rivières sont la propriété des riverains en France comme en Angleterre, en Espagne et en Russie (1) : la Cour de Cassation, il est vrai, depuis le 10 juin 1846, décide qu'elles doivent être considérées comme des *res nullius* dont l'usage est commun à tous, et la question de la propriété des riverains est immédiatement écartée par la Chambre des requêtes, qui refuse au propriétaire, lorsque l'établissement d'un chemin de fer exige l'expropriation d'une prairie, tout droit à une indemnité pour la suppression du cours d'eau (2). Mais ni dans un système ni dans l'autre on ne saurait rattacher la propriété des petites rivières au domaine public national.

Le mot « rivages, » de l'article 538, a toujours sa définition légale, pour la Méditerranée, dans ce texte des Instituts : « *Est autem littus maris quatenus hibernus fluctus maximus excurrit;* » et pour l'Océan, dans l'ordonnance de Louis XIV sur la marine (livre IV, titre VII, article 1er) : « sera réputé bord et rivage de la « mer tout ce qu'elle couvre et découvre pendant les nouvelles et « pleines lunes et jusques où le grand flot de mars se peut étendre « sur les grèves (3). » Mais cette définition doit être interprétée

(1) Cass. 7 décembre 1842 ; Amiens, 28 janvier 1843.

(2) 6 mai 1861.

(3) Cf. Demolombe. De la distinction des biens, n° 457 *bis*.

stricto sensu. Des terrains non limitrophes de la mer et accidentellement couverts par les eaux ne forment pas une dépendance du domaine public, aux termes d'un arrêt de la Cour de cassation du 17 mars 1857, alors même que les travaux exécutés par l'Etat auraient rendu l'immersion de ces terrains plus fréquente. Le terrain que les flots viennent couvrir, même périodiquement, mais en s'introduisant accidentellement par une section de la falaise, ne peut être considéré comme rivage de la mer et comme dépendance du domaine public (1). Le rivage des rivières ayant leur embouchure dans la mer, même couvert périodiquement par les eaux de cette mer, n'appartient pas davantage au domaine public (2). Mais, d'autre part, des terrains qui sont à de certains intervalles couverts par les flots ne tombent pas dans le domaine privé de l'Etat à titre de lais et relais : cette dernière qualification n'appartient qu'aux terrains entièrement abandonnés par les eaux (3). Les étangs salés ne font partie du domaine public que lorsqu'ils communiquent immédiatement et directement avec la mer. Ils n'appartiennent pas au domaine public, si la communication a lieu au moyen d'un canal fait de main d'homme qui unit l'étang à une rivière dont les eaux se déversent dans la mer (4). Il existe sur les bords de la Méditerranée des établissements de pêcherie appelés *bourdigues* : quelques-uns de ces établissements communiquent à la mer par des canaux. La Cour de Cassation rejetant, le 26 décembre 1860, le pourvoi du préfet des Bouches-du-Rhône contre un arrêt de la Cour impériale d'Aix, a jugé qu'un canal de cette nature était susceptible de propriété privée.

Les définitions du droit romain et de l'ordonnance du roi Louis XIV ont perdu d'ailleurs leur importance depuis le décret du 21 février 1852, comme l'a très-bien montré la Cour de Bordeaux (10 mars 1856). Une décision du Conseil d'Etat, en date du 24 janvier 1850, avait attribué au Ministre des finances la délimitation des rivages à l'embouchure des fleuves et rivières. A la suite d'une délibération du Conseil d'administration de la direction générale de l'enregistrement et des domaines (18 juin 1850),

---

(1) C. rej., 4 mai 1836.
(2) C. rej., 23 juin 1830. Cf. Rouen, 26 août 1840.
(3) C. rej., 4 mai 1836.
(4) C. rej., 6 février 1849.

le département des finances confia les opérations de délimitation au département des travaux publics. Les limites de la mer, aux termes du décret de 1852, sont déterminées par des décrets impériaux rendus dans la forme des réglements d'administration publique, tous les droits des tiers réservés, sur le rapport du Ministre des travaux publics, lorsque la délimitation a lieu à l'embouchure des fleuves et rivières; sur le rapport du Ministre de la marine, lorsqu'elle a lieu sur un autre point du littoral. Dans ce dernier cas, les opérations préparatoires sont indistinctement confiées aux préfets maritimes ou aux préfets de département. Mais il n'appartient pas aux préfets de déterminer l'étendue et les limites de la mer; quatre arrêtés de ce genre ont été annulés le 19 juin 1856, les 7 et 28 janvier 1858, par le Conseil d'Etat. Cependant la dernière phrase du décret est ainsi conçue : « Quant « aux déclarations de domanialité relatives à des portions du « domaine public maritime, elles seront faites par les mêmes « fonctionnaires, dont les arrêtés déclaratifs seront visés par le « Ministre de la marine. » Quel est alors le sens de cette disposition finale? La Cour de Cassation (1) ne parait reconnaître aux préfets ce droit que dans le cas d'urgence, et la Cour de Bordeaux n'attribuait, le 10 mars 1856, d'autre effet à l'arrêté préfectoral que *de poser officiellement une question préjudicielle, jusqu'à ce que la question pût être vidée dans les formes établies par le décret du 21 février.*

La Cour de Cassation a jugé, le 21 juin 1859, que les rivages de la mer ne prenaient le caractère des lais et relais, et par conséquent ne devenaient prescriptibles qu'à partir de la délimitation établie par l'Etat entre la portion de ces rivages qui reste dans le domaine public, et celle qui tombe dans son domaine privé. Mais elle décidait en même temps qu'un acte de concession pouvait suppléer le décret de délimitation.

Ce ne sont pas seulement les rivages, ni même les ports et les rades, les golfes et les baies qui font partie du domaine public national. Si la pleine mer, la haute mer ne peut être soumise au droit de propriété ni au droit d'empire au profit d'aucun peuple, il n'en est pas de même d'une mer intérieure enclavée dans le territoire d'un seul Etat et qui fait partie intégrante de ce territoire. D'autre part, chaque Etat voisin de la mer a comme une

(1) 30 novembre 1857.

ceinture d'eau sur laquelle se prolonge sa puissance, et sa frontière terrestre est suivie d'une frontière maritime qui s'étend aussi
loin qu'elle peut être dominée d'une manière continue par les
moyens d'action établis sur le rivage. La République de Venise
revendiquait jadis la mer Adriatique comme une dépendance
de son domaine public. Le Pape Alexandre VI, traçant du doigt,
sur la mappemonde, une ligne qui s'étendait d'un pôle à l'autre,
à une distance d'environ cent lieues des Açores, adjugeait au
domaine public de l'Espagne la partie occidentale, au domaine
public du Portugal la partie orientale de l'Océan. Le bon sens
moderne a fait justice de ces prétentions. Mais la *mer territoriale*
et la *mer intérieure* appartiennent au domaine public d'une nation. La propriété de la mer territoriale est seulement grevée
d'une servitude de libre navigation pour tout bâtiment inof-
fensif.

L'article 538 ajoute : « Toutes les portions du territoire fran-
« çais qui ne sont pas susceptibles d'une propriété privée. » Il
faut entendre dans un sens très-large le mot *territoire*. C'est ainsi
qu'aux termes de trois arrêts de la Cour de Paris (1), les livres et
manuscrits des bibliothèques nationales sont imprescriptibles,
comme dépendances du domaine public. Il faut encore ranger
dans le domaine public national les ponts qui sont aussi des
rues ou des routes (loi du 14 floréal an x); les cathédrales, car
si la propriété des églises appartient aux communes, la propriété
des cathédrales appartient à l'Etat comme celle de tous les édifices
diocésains (2); enfin tous les édifices qui reçoivent de leur affectation à un service public le caractère de domanialité (3).

L'article 540 considère seulement comme dépendances du domaine public les portes, murs, fossés, remparts des places de guerre
et des forteresses. Mais cette disposition législative doit être complétée par l'article 22 du décret impérial du 10 août 1853 : « La zone
« des fortifications, tant des places et des postes que des ouvrages,
« s'étend depuis la limite intérieure de la rue militaire ou du rem-
« part jusqu'aux lignes qui terminent les glacis, et comprend, s'il
« y a lieu, les terrains extérieurs annexés de la fortification, tels
« que les esplanades, avant-fossés et autres ayant une destination

---

(1) 3 janvier 1846, 18 août 1851, 30 novembre 1860.

(2) L. Dufour. Police des cultes, p. 619.

(3) Nous parlerons plus loin des chemins de fer.

« défensive. Elle est inaliénable et imprescriptible, et les cons-
« tructions particulières y sont prohibées. » A Paris, cette zone
est de 250 mètres.

Le trait distinctif des biens qui composent le domaine public,
c'est qu'ils sont hors du commerce. Ils ne peuvent donc être aliénés
ni prescrits (articles 1598 et 2226). Du reste, comme le fait remarquer Toullier, ces articles n'empêchent pas qu'on n'y acquière
des droits compatibles avec les usages publics auxquels ces biens
sont destinés. La Cour de Douai a donc pu juger, sans violer aucun principe, que le droit de jouir des herbes qui croissent sur
un terrain militaire imprescriptible peut être acquis par la prescription (1). Mais il importe de diviser le domaine public en
deux branches. Une partie de ces biens est naturellement et
nécessairement hors du commerce; par exemple, les rades et les
fleuves : l'autre n'est qu'accidentellement et provisoirement hors
du commerce : tels sont les chemins, routes et rues, les édifices
publics, les portes et remparts des places de guerre qui deviennent aliénables et prescriptibles dès que cesse leur destination.

Mais le non-usage suffit-il pour faire cesser l'affectation d'un
bien au service public, et par conséquent, pour le rendre aliénable et prescriptible? C'est l'avis de Proudhon dans son traité du
domaine public. Il est d'abord évident que cette solution extrême
est exclusivement applicable à la seconde classe des biens qui
composent le domaine public, et le Conseil d'État a très-bien
jugé (2), par exemple, que l'interruption plus ou moins prolongée
de la navigation ou du flottage dans une rivière précédemment
navigable n'empêchait pas cette rivière de rester soumise en tout
point au régime des cours d'eau navigables. Mais la solution n'est
plus admise aujourd'hui même pour les biens susceptibles de
propriété privée. La question s'est présentée surtout à propos des
remparts de places militaires et autres terrains dépendant des
fortifications. La Cour de Grenoble a jugé, le 2 juillet 1840, que les
remparts d'une place de guerre ne deviennent aliénables et prescriptibles que s'ils ont été rendus au commerce par une déclaration de l'autorité compétente ou s'ils étaient dégradés à ce point
d'avoir manifestement perdu tout caractère apparent de fortifications. La Cour de cassation avait admis, l'année précédente, un

(1) 6 décembre 1833.
(2) 22 février 1850.

système un peu plus large ; il suffit, disait l'arrêt du 30 juillet 1839, qu'un changement se soit opéré dans la destination primitive, et que ces terrains aient été abandonnés, *en fait*, par l'Etat, sans que le changement de destination doive nécessairement résulter d'une décision ministérielle. Depuis ce temps, la Cour suprême semble avoir définitivement condamné la doctrine de Proudhon par ses arrêts du 18 avril et du 27 novembre 1855.

Mais des biens de l'Etat, précédemment aliénables, peuvent être affectés à un service public et devenir, à leur tour, inaliénables. Cette affectation ne peut être faite que par le gouvernement (arrêté du 13 messidor an x). Une ordonnance du 14 juin 1833 exige l'accord du Ministre qui réclame l'affectation et du Ministre des finances ; l'avis de ce dernier doit être visé dans l'ordonnance, et l'ordonnance insérée au *Bulletin des Lois*. L'intervention du pouvoir législatif fut exigée par la loi du 18 mai 1850. « A l'avenir, « l'affectation d'un immeuble national à un service public ne « pourra être faite que par une loi. » Un décret législatif des 24-27 mars 1852 abrogea cet article : l'affectation ne change pas le caractère domanial de l'immeuble et les nécessités du service sont souvent urgentes. Mais l'ordonnance de 1833 est toujours en vigueur.

Il existe, à côté du domaine public national, un domaine public départemental. Ce sont les édifices départementaux affectés à un service public et les routes départementales. Le décret du 16 décembre 1811, après avoir divisé les routes impériales en trois classes, déclara départementales toutes les grandes routes non comprises dans les tableaux annexés au décret. Les Conseils généraux devaient indiquer dans leur session de 1812 celles des routes départementales qu'ils jugeraient devoir être supprimées ou rangées dans la classe des chemins vicinaux. Enfin les départements avaient la faculté d'ouvrir de nouvelles routes départementales en vertu d'un réglement d'administration publique.

La propriété du sol de ces routes souleva, dans le sein du Conseil d'Etat, en 1834, une longue discussion. Le Directeur général des Ponts-et-Chaussées soutenait que le décret de 1811 avait simplement mis les anciennes routes, dites de troisième classe, à la charge des départements, mais que jamais la propriété ne leur en avait été transférée. Le Conseil d'Etat se laissa guider par des motifs qu'on ne pourrait plus invoquer aujourd'hui : il est dit, par exemple, dans les *considérants* de l'avis du Conseil, que la propriété matérielle d'immeubles quelconques est plûtôt pour les départements une *fiction* qu'une *réalité* : ce langage est en contradiction formelle avec la loi du 10 mai 1838.

Le Conseil d'Etat, en 1834, commençait par reconnaître que les départements « étaient considérés comme investis de la propriété « des immeubles affectés aux services départementaux. » Le décret du 9 avril 1811 était, en effet, formel sur ce point. C'est ainsi que, dans toute l'étendue de la France, les bâtiments occupés par les tribunaux civils font partie du domaine public départemental, inaliénable et imprescriptible. On s'est longtemps demandé dans quelle branche du domaine public il fallait classer les bâtiment affectés aux Cours impériales ; un avis du Conseil d'Etat, en date du 5 décembre 1838, les atttribue au domaine public national, parce que les frais d'entretien sont à la charge de l'Etat. Ce *considérant* fait naître une question délicate : puisque dans les départements où le même édifice réunit tous les services judiciaires, les dépenses d'entretien se font d'après une ventilation déterminée par la superficie de l'espace qu'occupent la Cour impériale et les tribunaux inférieurs, il semble que la jurisprudence administrative doive, pour être logique, partager la propriété de l'édifice entre le domaine public national et le domaine public départemental. Cette question peut offrir un intérêt pratique le jour où le bâtiment, par un changement de destination, cessera d'être inaliénable.

Le Conseil d'Etat ajoutait : « Le décret du 16 décembre 1811 n'a « pas concédé aux départements la propriété du sol des routes « départementales, et ces routes continuent dès-lors à faire partie « du domaine public, c'est-à-dire du domaine public national. » MM. Macarel et Boulatignier pensent que cette solution devrait être encore admise, même depuis la loi du 10 mai 1838. Tel n'est pas notre sentiment. L'avis du Conseil (₰. 5) renvoie à la prochaine loi sur les *attributions départementales*. Or cette loi change la théorie qui voit une fiction dans la propriété des départements.

L'avis continue en ces termes : « Mais les nouvelles routes ou « portions de routes départementales acquises ou construites « avec les fonds départementaux sont la propriété des départe- « ments. » C'est parfaitement équitable. Le sol des routes devient une propriété pour les départements après le déclassement. Il est vrai que le déclassement fait ordinairement ranger la route parmi les chemins vicinaux ou parmi les routes royales. Néanmoins iJ arrive que le département aliène à prix d'argent le sol des routes déclassées : c'est lorsqu'il s'agit d'un déclassement partiel, par exemple, à la suite d'une rectification : « L'aliénation peut « alors se concevoir ; elle offre au département le moyen de se « rembourser en partie des frais d'acquisitions qu'entraînent « habituellement les rectifications (1).

L'ouverture des routes départementales est ordonnée par un décret. Aucune route ne peut être classée dans le domaine pu-.blic départemental sans une délibération du Conseil général et une enquête préalable faite par l'administration, soit d'office, soit sur la demande du Conseil général. Toutes les questions de classement et de déclassement reviennent à l'administration supérieure, même depuis le décret du 25 mars 1852. Le décret autorisant la rectification d'une route départementale n'a pas même pour effet de soustraire immédiatement au domaine public départemental les parties de la route comprises dans l'ancienne direction. Le déclassement doit encore être prononcé par l'administration supérieure (2). Au contraire, l'affectation d'un immeuble départemental à un service public peut être autorisée par le Préfet, depuis le décret du 25 mars ; mais si l'immeuble doit passer du domaine public dans le domaine privé du département, il doit être statué par un décret impérial.

Il existe encore un domaine public municipal, qui comprend les chemins vicinaux, les rues et places publiques des villes et villages, les promenades, les fontaines communales, les cimetières, les églises, ainsi que leurs accessoires. On s'est longtemps demandé si les églises appartenaient aux communes ou aux fabriques ; la majorité des auteurs et des arrêts adopte la première solution (3). Les chapelles qui forment un édifice à part et une propriété privée seront donc susceptibles de prescription (4) ; mais toute chapelle qui forme une dépendance inhérente à l'église appartient au domaine public municipal et, par conséquent, est

---

(1) Macarel et Boulatignier, t. ii, p. 498.

(2) Conseil d'Etat, 5 janvier 1855.

(3) Grenoble, 2 janvier 1836. Limoges, 3 mai 1836. G. Dufour : *Droit adm.*, t. 3, n° 1797. L. Dufour : *Police des cultes*, p. 619. Clérault, *Revue de droit français*, t. 4, 1847, p. 533.

(4) Affre : *Adm. des par.*, p 164 s.

imprescriptible comme l'église (1). Les bancs des églises eux-mêmes sont imprescriptibles (2). Les biens des églises, même les bancs, ne peuvent donc faire l'objet d'aucune action possessoire (3). Mais le principe d'imprescriptibilité ne s'étend pas aux terrains existant entre les piliers extérieurs ou contreforts qui soutiennent les murs de l'église. Dès-lors si des constructions ont été élevées sur ces terrains depuis plus de trente ans par un particulier, celui-ci a prescrit la propriété du sol et des constructions (4). Un arrêt de la Cour suprême du 7 novembre 1860 pose un principe général en celle matière. Les terrains dépendant des édifices consacrés au culte ne sont imprescriptibles qu'autant qu'ils sont une dépendance nécessaire de ces édifices et indispensables à leur destination publique.

Les chemins vicinaux sont imprescriptibles; mais il n'en est pas de même d'une autre partie de la voirie municipale qu'on appelle chemins ruraux. Proudhon, dans son traité du domaine public, regardait aussi les chemins ruraux comme imprescriptibles. Ce système a été condamné, peut-être à tort, par la Cour de cassation, le 3 juillet 1850.

Le Conseil d'Etat déclarait, le 5 septembre 1856, qu'un chemin vicinal, étant hors du commerce, « ne pouvait être l'objet d'une « action possessoire portée devant le juge de paix. » La Cour de cassation (5) fait sur ce point une distinction très-raisonnable, admise, au reste, par le Conseil d'Etat (6). Il ne faut pas confondre les actions possessoires fondées sur des faits antérieurs à la reconnaissance du chemin et les actions fondées sur des faits postérieurs à cette reconnaissance. Un particulier peut avoir intérêt à intenter une action possessoire, non pour se faire réintégrer dans une possession que lui enlève l'arrêté déclaratif de vicinalité, mais dans la vue de faire constater sa possession antérieure, à l'effet d'établir son droit à une indemnité.

On s'est demandé si les chemins vicinaux devenaient prescriptibles après un changement de destination ou seulement après

(1) C. rej. 18 juillet 1838.
(2) Limoges, 22 août 1838.
(3) Affre, p. 155 et 161.
(4) Caen, 11 décembre 1848.
(5) 8 juillet 1841.
(6) 13 décembre 1845.

l'arrêté de déclassement. MM. Duranton, Troplong et Vazeille admettent la première solution que repousse M. de Cormenin. La Cour de Rouen s'est prononcée contre l'avis de M. de Cormenin (1).

Un chemin vicinal tombe dans le domaine public municipal par l'arrêté préfectoral de classement. Le Gouvernement n'intervient lui-même qu'au cas unique où serait supprimée une portion de route impériale et où la commune garderait un intérêt à la mise en circulation de l'ancienne voie (2). Le chemin ne peut sortir du domaine public municipal que par un arrêté préfectoral de déclassement. Quant aux chemins *ruraux*, le Maire en dresse un tableau qu'il transmet au Préfet, et le Préfet prend un arrêté de classement. Mais d'après la Cour de cassation, nous l'avons vu, cet arrêté de classement ne fait pas tomber le sol des chemins ruraux dans le domaine public municipal, sans doute à cause de leur moindre importance.

Après le déclassement, le chemin vicinal tombe au rang des propriétés communales ordinaires. Le Conseil municipal examine s'il convient de le transformer en chemin rural, de le conserver comme un autre bien communal ou de le vendre. Dans ce dernier cas, le Préfet autorise l'aliénation, quelle que soit la valeur des terrains (3). L'article 19 de la loi du 21 mai 1836 accorda un droit de préemption aux propriétaires riverains. Le Maire les prévient individuellement et les invite à déclarer s'ils entendent user du bénéfice de la loi. Si ces propriétaires font leur soumission dans le délai, ils nomment un expert; un autre expert est nommé par le Sous-Préfet; le tiers expert, en cas de partage, est nommé par le Conseil de préfecture. L'expertise est soumise à l'homologation du Préfet. Si les propriétés des deux rives appartiennent au même individu, c'est sur sa tête que réside le droit exclusif de soumissionner; si de deux propriétaires riverains un seul soumissionne, on lui concède toute la largeur du chemin vicinal. Si les deux propriétaires riverains soumissionnent, le sol revient à chacun d'eux jusqu'au milieu du chemin. Si personne ne se présente, la commune recouvre le droit d'aliéner ces terrains dans la forme ordinaire.

(1) 11 février 1825.
(2) Loi du 24 mai 1842.
(3) Décret du 25 mars 1852.

L'article 1596 du Code Napoléon défend aux administrateurs de se rendre adjudicataires des biens des communes. Le Maire, chargé de vendre, aurait, dans les cas ordinaires, un trop grand intérêt à écarter les enchérisseurs. L'objection ne saurait être faite au Maire qui veut soumissionner une partie retranchée sur le chemin vicinal dont il est riverain. C'est l'acquéreur naturel, et sa soumission sera valable.

CHAPITRE II.

BIENS DE LA COURONNE.

SOMMAIRE. — Chiffre de la liste civile. — Dotation immobilière de la couronne. — Dotation mobilière. — Principe de dévolution. — Inaliénabilité et imprescriptibilité. — Sénatus-consulte du 23 avril 1856. — Sénatus-consulte du 20 juin 1860. — Impôts supportés par le domaine de la Couronne. — Douaire de l'Impératrice. — Dotation des princes de la famille impériale : sénatus-consulte du 28 février 1859. — Dernière difficulté relative à l'apanage de la maison d'Orléans : le prince apanagiste n'a pas la propriété de la rente foncière apanagère; cette rente est prescriptible. — Domaine privé de l'Empereur.

La liste civile de l'Empereur et la dotation de la Couronne sont réglées, pour la durée de chaque règne, par un sénatus-consulte spécial. La liste civile de l'Empereur Napoléon III est de 25 millions.

Aux termes de l'article 2 du sénatus-consulte du 12 décembre 1852, la dotation immobilière de la Couronne comprend aujourd'hui le palais des Tuileries avec la maison de la rue de Rivoli, n° 16 (ancien), et l'hôtel de la place Vendôme, n° 9 ; le Louvre, l'Elysée avec les écuries, rue Montaigne, n° 12; le Palais-Royal et ses dépendances ; les châteaux, maisons, bâtiments, terres, prés, corps de ferme, bois et forêts composant principalement les domaines de Versailles , Marly, Saint-Cloud , Meudon , Saint-Germain-en-Laye, Compiègne , Fontainebleau , Rambouillet, Pau , Strasbourg , Villeneuve-l'Etang , Lamothe-Beuvron , la Grillère , les manufactures de Sèvres, des Gobelins et de Beauvais, le garde-meuble à l'île des Cygnes, les bois et forêts de Vincennes, Senart, Dourdan , Laigue.

L'administration des domaines remet ces biens à l'administration de la liste civile. La remise des immeubles est constatée contradictoirement par les délégués du Ministre des finances et ceux du Ministre de la Maison de l'Empereur. Il en est de même pour les états de consistance de ces immeubles et pour les inventaires des meubles. Les états, plans et inventaires sont faits en double : un de ces doubles reste déposé aux archives du Sénat.

La dotation mobilière comprend les diamants, perles , pierreries, statues, tableaux, pierres gravées , musées, bibliothèques et autres monuments des arts , ainsi que les meubles meublants contenus dans l'hôtel du Garde-Meuble et les divers palais et établissements impériaux. Cette partie de la dotation est aussi fixée au commencement du règne, ce qui signifie qu'aucune demande de nouveaux objets mobiliers ne peut être présentée ni votée pendant le règne. Mais il est clair que l'Empereur ou l'Etat peuvent acheter des objets d'art et les placer dans un palais impérial. Afin de prévenir toute difficulté sur la propriété ou l'affectation de ces objets , l'article 6 du sénatus-consulte dispose que les monuments et objets d'art qui seront placés dans les maisons impériales, soit aux frais de l'Etat, soit aux frais de la Couronne, demeureront, dès ce moment, propriétés de la Couronne. Mais l'Empereur pourrait très-bien conserver la propriété des collections qu'il déposerait dans un bâtiment de la Couronne pour les livrer provisoirement à la curiosité du public , en faisant ses réserves au moyen d'une déclaration authentique et d'un inventaire détaillé. C'est ainsi que le musée Standish , longtemps exposé dans les salles du Louvre, a été restitué à la famille d'Orléans.

Le principe de la dévolution est rétabli. Mais il résulte d'un décret impérial du 14 septembre 1853 que la réunion de plein droit, ordonnée par le sénatus-consulte du 12 décembre 1852, s'opère à titre onéreux. Ce décret ouvre au ministère des finances un crédit extraordinaire de 1,241,200 fr. pour la portion payable du prix d'acquisition des immeubles réunis au domaine de l'Etat, en vertu du principe de dévolution.

Les biens meubles et immeubles de la Couronne sont inaliénables et imprescriptibles. Neanmoins la Couronne peut aliéner,
à la charge de les remplacer, les biens susceptibles de se dété-
riorer par l'usage et inventoriés avec estimation. L'échange, les
baux de plus de 21 ans doivent être autorisés par un sénatus-
consulte. Enfin les biens de la Couronne peuvent être l'objet
d'une expropriation pour cause d'utilité publique.

Aux termes du sénatus-consulte du 23 avril 1856, l'administrateur de la dotation de la Couronne a seul qualité pour procéder
en justice, soit en demandant, soit en défendant, dans les instances relatives à la propriété des biens faisant partie de cette
dotation ou du domaine privé. Il a seul qualité pour préparer
et consentir les actes relatifs aux échanges du domaine de la
Couronne et tous autres actes conformes aux prescriptions du
sénatus-consulte du 12 décembre 1852. Il a pareillement qualité, dans les cas prévus par les articles 13 et 26 de la loi du
3 mai 1841, pour consentir seul les expropriations et recevoir les
indemnités, sous la condition de faire emploi desdites indemnités, soit en immeubles, soit en rentes sur l'Etat, sans toutefois
que le débiteur soit tenu de surveiller le remploi.

L'article 14 du sénatus-consulte du 12 décembre 1852 mettait
l'entretien et les réparations de toute nature à la charge de la
liste civile. Un sénatus-consulte du 20 juin 1860 en excepta les
grands travaux de reconstruction devenus nécessaires par suite
de force majeure, d'accidents fortuits ou de vétusté.

Il ne peut être fait, dans les forêts de la Couronne, une coupe
extraordinaire quelconque, ni une coupe des quarts en réserve
ou des massifs réservés par l'aménagement pour croître en futaie,
si ce n'est en vertu d'un sénatus-consulte.

Le domaine de la Couronne est affranchi des impôts dus à la
Nation. L'Etat, en exigeant ces impôts, ôterait d'un côté ce qu'il
donnerait de l'autre. Mais si le sénatus-consulte avait affranchi la
dotation des contributions locales, il aurait injustement fait
subir une charge plus lourde aux autres propriétaires. Les
biens de la dotation contribuent donc aux dépenses des chemins vicinaux; ils paient les centimes affectés aux dépenses
ordinaires pour être appliqués aux dépenses votées par les
Conseils généraux, mais non les centimes additionnels destinés à couvrir les dépenses départementales centralisées au
Trésor.

Le douaire de l'Impératrice est fixé par un sénatus-consulte au moment du mariage de l'Empereur. Aucun sénatus-consulte n'a fixé le douaire de l'Impératrice Eugénie.

Pendant la régence, l'administration de la dotation de la Couronne continue selon les règles établies. L'emploi des revenus est déterminé dans les formes accoutumées sous l'autorité de l'Impératrice-Régente ou du Régent.

Le sénatus-consulte du 12 décembre 1852 fixait à 1,500,000 fr. la dotation des princes et princesses de la famille impériale. Un sénatus-consulte du 28 février 1859 éleva cette dotation annuelle à la somme de 2,200,000 fr. En cas de décès de S. A. I. le prince Napoléon, il était alloué à la princesse sa veuve une somme de 200,000 fr. à titre de douaire, ainsi qu'une habitation conforme à son rang. A la mort du Prince Jérôme, dernier frère de Napoléon Ier, l'Empereur décida que, sur le million laissé disponible par ce décès, 300,000 fr. seraient ajoutés à la dotation de la princesse Mathilde, et 700,000 fr. feraient retour au Trésor. Enfin, aux termes du statut du 21 juin 1853, les immeubles des princes de la famille impériale, mineurs, ne peuvent être aliénés qu'avec l'autorisation du conseil de famille et l'homologation de l'Empereur, substituée à celle des tribunaux. Le conseil de famille, institué par l'article 28 du même statut, doit encore connaître des actions purement personnelles intentées par les princes et princesses de la Maison impériale ou contre eux. Les actions réelles ou mixtes sont toujours portées devant les tribunaux ordinaires.

Cependant la constitution de l'apanage du duc d'Orléans en 1791 et 1792 a soulevé, jusqu'en 1860, un vif débat judiciaire devant le tribunal de la Seine, la Cour impériale de Paris et la Cour de cassation. La Constituante avait excepté le Palais-Royal de la révocation des apanages; l'Assemblée législative avait autorisé le duc d'Orléans à vendre des terrains du Palais-Royal « moyennant une rente foncière et apanagère de 7 livres 19 sols « par toise. » La propriété de cette rente foncière avait-elle reposé sur la tête de l'apanagiste avec simple droit de reversion à la Couronne, et, par conséquent, avait-elle été protégée, pendant toute la durée de l'apanage, par l'imprescriptibilité du domaine apanager? Le Préfet de la Seine prétendait qu'avant la confiscation de 1793 et après la restitution de 1814, cette rente avait appartenu au domaine apanager, et partant qu'on n'avait pu s'en libérer par la prescription. Mais la Cour de cassation, le 9 juillet 1860, considérant que la rente avait été créée rachetable, que le rachat en devait être opéré aux mains des commissaires régisseurs des domaines nationaux (article 2 du décret du 14 septembre 1792); que la nation, en ce cas, devait être chargée du service de la rente envers le duc d'Orléans et ses descendants, déclara qu'une rente foncière de cette nature appartenait à l'Etat, sauf le droit de jouissance du prince apanagiste, et par conséquent qu'elle était susceptible de prescription.

L'Empereur peut avoir un domaine privé comme tout autre citoyen. Ce domaine privé se compose des biens qu'il acquiert à tire onéreux ou gratuit pendant son règne. A sa mort, les biens du domaine privé dont il n'aurait pas disposé retournent à l'Etat et font partie de la dotation de la Couronne.

26

CHAPITRE III.

DE LA PRESCRIPTION ET DE L'ALIÉNATION
DES BIENS DE L'ETAT.

SOMMAIRE. — Du domaine incorporel — Article 2227 du Code Napoléon. — La vente d'un immeuble domanial peut-elle être faite sans le concours du pouvoir législatif? — Formalités antérieures à la vente. — Formalités même de la vente. — Formalités postérieures à la vente. Intérêts. Décomptes. — Effets de l'adjudication. — Règles d'interprétation tracées par la jurisprudence. — Concessions. Diverses sortes de concessions. Sénatus-consulte de décembre 1852. — Prises d'eau. — Lais et relais de la mer. — Droits concédés sur le rivage de la mer. — Parcelles de terrains maritimes autres que des lais ou relais. — Etangs. — Cessions à des particuliers. — Concessions aux départements, aux communes et aux établissements publics. — Marais. — Dispositions générales du décret du 16 août 1853. — Terrains expropriés qui n'ont pas reçu leur destination. — Portions de routes abandonnées à la suite d'un simple alignement. — Portions de routes abandonnées par suite d'un changement de tracé. — Terrains usurpés. — Mines. Jusqu'à quel point une concession de mine peut-elle être considérée comme une aliénation de la part de l'Etat? Discussion du système de la loi de 1810. — Concessions de lignes télégraphiques. — Chemins de fer. Jusqu'à quel point une concession de chemin de fer peut-elle être considérée comme une aliénation domaniale? Discussion et distinction entre les concessions perpétuelles et les concessions temporaires. — Canaux. Même distinction. — Echanges. Exception unique au principe qui exige l'intervention du pouvoir législatif. Formalités. Il est traité en ce chapitre de l'échange du domaine forestier.

APPENDICE — Aliénation du mobilier de l'Etat. — Vente des objets mobiliers mis à la disposition des ministres. — Papiers et registres. — Donations de livres. — Tabacs. — Poudres. — Papier timbré.

Rappelons, au début de ce chapitre, le principe consacré par la Constituante dans ses séances du 8 et du 10 novembre 1790. Les droits qui participent de la nature de l'impôt sont incessibles. Mais il importe de ne pas confondre de semblables droits avec les droits incorporels qui font partie du domaine de l'Etat : 1° le droit de pêche dans les rivières navigables et flottables ; 2° les droits de bacs et bateaux de passage ; 3° les droits de péage sur les ponts et les rivières ; 4° le droit de péage pour correction des rampes sur les routes impériales et départementales ; 5° le droit de chasse dans les forêts domaniales qui ne font pas partie de la dotation de la Couronne. Ces droits peuvent être directement perçus par l'Etat ou affermés. L'Etat, dans toutes ces hypothèses, agit comme propriétaire et non comme souverain.

Mais l'Etat ne pourrait affermer ni céder d'aucune manière : 1° le droit de confiscation mobilière ; 2° le droit de percevoir des amendes ; 3° le droit d'occupation sur certains objets mobiliers ; 4° le droit de déshérence ; 5° le droit d'acquérir les îles et atterrissements des rivières navigables et flottables, et de profiter des lais et relais de la mer ; 6° le droit de s'approprier le trésor trouvé sur un fonds domanial, qui rentrent encore dans son domaine incorporel. C'est une conséquence du principe même qu'avait posé la Constituante, en défendant d'affermer les *droits casuels*, quelle que fût leur quotité (1).

Le domaine de l'Etat est soumis aux mêmes prescriptions que la propriété particulière. (Article 2227 N.) Mais nous allons examiner les différentes règles relatives à l'aliénation des biens de l'Etat. La Constituante, en jetant les bases de notre droit public, avait posé deux principes fondamentaux en cette matière : 1° le domaine de l'Etat est aliénable ; 2° il ne peut être aliéné qu'en vertu d'une loi. La première de ces maximes a été maintenue par la législation contemporaine ; nous verrons jusqu'à quel point la seconde a été respectée, en nous occupant successivement des ventes, des concessions et des échanges.

(1) Article 6 de la loi du 9 mars 1791.

VENTES (1).

C'est par une interprétation tout-à-fait extraordinaire de notre législation domaniale qu'il est aujourd'hui procédé à la vente des biens de l'Etat sans le concours du pouvoir législatif. L'article 8 de la loi du 1er décembre 1790 exige pour toute aliénation de ce genre « un décret formel du corps législatif sanctionné par « le roi. » La loi du 16 brumaire an v, il est vrai, déclarait dans ses articles 8 et 9 que « tous les domaines nationaux, à l'excep-« tion de ceux réservés pour le service public, etc., seraient mis « en vente et que les ventes seraient faites par les administrations « de département, quinzaine après l'affiche, sur enchères. » Mais il est hors de doute que cette loi de brumaire an v, loin de poser un principe de législation domaniale, autorisait simplement le gouvernement à vendre une quantité suffisante de biens nationaux pour payer les dépenses extraordinaires de la guerre, évaluées à 550 millions. La loi du 15 floréal an x est-elle plus explicite? « La vente des fonds ruraux réservés à la nation, dit-« elle, continuera d'avoir lieu par la voie des enchères. » Cette loi détermine donc une manière de faire la vente, sans parler du droit de la consentir. Quant à celle du 5 ventôse an xii, elle ne confère ce droit exceptionnel au gouvernement que pour les domaines situés dans quelques départements au-delà des Alpes et jusqu'à concurrence de quarante millions. Admettons cependant avec M. Bérard des Glajeux (2) que les lois de brumaire an v, de floréal an x et de ventôse an xii abrogent sur ce point la loi du 1er décembre 1790, l'article 25 de la loi du 22 avril 1815 a fait indubitablement revivre l'ancien principe : « Aucun « domaine ne peut être aliéné ou échangé qu'en vertu d'une loi. » L'administration des domaines, il est vrai, n'a pas accepté le joug de la loi du 22 avril 1815. M. Batbie est allé jusqu'à dire (3) : « Il n'est pas possible de revenir sur ce long usage, et la discus-« sion doctrinale n'est même plus autorisée. » Mais une loi, d'ail-

---

(1) Nous ne nous occupons plus des biens *nationaux*, c'est-à-dire vendus révolutionnairement.

(2) De l'aliénation et de la prescription des biens de l'Etat, p. 204.

(3) *Journal de droit administratif*, Toulouse, T. 2.

leurs conforme aux vrais principes constitutionnels, ne saurait être abrogée en France par le non usage, et le silence même des chambres législatives ne peut effacer le droit de la nation.

Une autre loi de circonstance (1) avait validé les ventes de biens nationaux où se trouvaient compris même des biens appartenant à un tiers; celui-ci n'avait plus qu'une action en indemnité. Mais une pareille règle ne pouvait évidemment s'appliquer qu'aux ventes révolutionnaires. La jurisprudence s'est hâtée de reconnaître que cet odieux principe était implicitement abrogé par la Charte de 1814. Même avant cette Charte, le Conseil d'Etat avait réagi contre une maxime destructive du droit de propriété, en décidant qu'elle ne pouvait s'appliquer aux ventes faites par la caisse d'amortissement (2).

On peut distinguer les formalités antérieures à la vente, celles de la vente même et les formalités postérieures à la vente.

A. Les biens à vendre doivent être d'abord évalués par un expert. Les lois du 15 floréal an x et du 5 ventôse an xii lui fixent la règle suivante : la mise à prix des fonds ruraux égalera vingt années de revenu réunies ou capitalisées; la mise à prix des bâtiments, maisons et usines, douze années de revenu. L'expert est nommé par le Préfet, sur la présentation du directeur des domaines. La loi du 9 brumaire an v (article 9) exige l'apposition d'affiches : mais l'omission de cette formalité n'entraîne pas la nullité de l'adjudication.

B. L'adjudication doit avoir lieu aux enchères et à l'extinction des feux (3). Les Préfets sont chargés d'y présider. Ils peuvent déléguer leurs pouvoirs soit au Sous-Préfet, soit au Maire du chef-lieu du canton ou de la commune de la situation : dans ce cas il faut adresser au Préfet : 1° tous les actes préparatoires de la vente; 2° la minute du procès-verbal d'adjudication. Le concours du directeur des domaines ou d'un de ses préposés est absolument indispensable (4). La présence de l'acquéreur est également nécessaire, et son adhésion postérieure ne validerait

---

(1) Loi 22 frim. an viii. Art. 94.

(2) 17 janvier et 12 mars 1814.

(3) Cf. Instruction gén. m. des fin. 1860 modifiée par les instructions 1885, 2004, 2016, 2056, 2092, 2109 et 2182.

(4) Cf. article 16 de l'ord. du 31 mai 1838.

pas le contrat (1). Mais il peut être représenté par un mandataire spécial. La mise à prix est déclarée par le fonctionnaire qui préside à la vente. Les enchères doivent être au moins de cinq francs, quand la mise à prix dépasse 100 francs ; de 25 francs quand elle dépasse 1,000 francs ; de 100 francs, lorsqu'elle dépasse 10,000 francs. Les personnes notoirement insolvables ne peuvent prendre part à l'adjudication. Aucune offre exagérée ne doit être acceptée, à moins que la personne qui l'a faite ne fournisse à l'instant bonne et valable caution. Toute personne se présentant pour autrui doit justifier : 1° d'une procuration régulière, que le mandataire dépose sur le bureau après l'avoir certifiée ; 2° de la solvabilité du mandant. Si plusieurs personnes, ayant fait simultanément des enchères égales, ont un droit égal à être déclarées adjudicataires, il est ouvert de nouvelles enchères auxquelles ces personnes sont admises seules à prendre part. S'il n'y a pas d'enchères, il est procédé à un tirage au sort entre les mêmes personnes, suivant le mode indiqué par le fonctionnaire présidant à la vente. La faculté de déclarer ami ou command devra être conservée par l'acte de vente, et ne pourra être exercée que par l'adjudicataire direct au profit d'un seul individu. Nul ne pourra être élu command, s'il ne réunit les qualités requises pour être adjudicataire direct. La déclaration de l'adjudicataire et l'acceptation du command auront lieu simultanément, par acte passé, dans les trois jours de l'adjudication, au secrétariat de la Préfecture, Sous-Préfecture ou Mairie devant laquelle il aura été procédé à l'adjudication. Il ne sera pas dû de droit proportionnel pour l'enregistrement de la déclaration de command, lorsqu'elle aura été passée conformément aux dispositions qui précèdent, et avec le concours d'un préposé de l'administration de l'enregistrement, ou si, à défaut de ce concours, elle a été enregistrée ou notifiée au receveur de l'enregistrement dans les trois jours de l'adjudication. L'adjudicataire et le command, s'il en est déclaré, seront tenus de faire, le premier dans l'acte d'adjudication et le second dans l'acte d'acceptation de la déclaration passée à son profit, élection de domicile dans l'arrondissement du bureau des domaines où l'immeuble aura été vendu ; faute par eux de faire cette élection, tous actes postérieurs leur seront valablement signifiés au secrétariat du lieu de la vente. Le préposé des domaines qui concourt à l'adjudication peut requérir que l'adjudicataire ou le

(1) Cf. décis. de la régie du 24 novembre 1843.

command élu fournisse bonne et valable caution, laquelle s'obligera solidairement. Si la caution présentée par le command n'est pas reçue, l'adjudication restera pour le compte de l'adjudicataire direct, à moins que celui-ci ne consente à se porter caution solidaire du command déclaré. Toutes les contestations qui pourront s'élever pendant les opérations sur la qualité et la solvabilité des enchérisseurs, sur la validité des enchères, sur l'admission du command et de la caution et sur tous les autres incidents relatifs à l'adjudication seront décidées, le préposé des domaines entendu, par le fonctionnaire qui présidera ou aura présidé à la vente. La minute du procès-verbal des opérations sera signée sur-le-champ par les fonctionnaires présents et par l'adjudicataire ou son fondé de pouvoirs. En cas d'absence de ces derniers, ou s'ils ne veulent ou ne peuvent signer, il en sera fait mention au procès-verbal (1).

C. Aux termes de la loi du 15 floréal an X, le prix de la vente devait être acquitté par cinquièmes : le premier dans les trois mois de l'adjudication, le second un an après le premier, les trois autres d'année en année. La loi des 15-22 mai 1850 déclare que « le prix des adjudications sera payable avec intérêts, à partir « de l'entrée en possession de l'acquéreur, de la manière et dans « les délais qui seront fixés par un cahier des charges approuvé « par le Ministre des Finances. » Le cahier des charges du 19 juillet 1850 (instr. gén. 1860) avait ainsi fixé les époques de paiement : le premier cinquième dans le mois, les quatre autres cinquièmes de six mois en six mois à partir de l'expiration du terme accordé pour le premier paiement. Le 14 juin 1854, ce délai fut abrégé ; le point de départ du paiement des quatre derniers cinquièmes fut reporté au jour même de l'adjudication. Mais le ministère des finances prit bientôt un parti tout opposé : depuis le 2 novembre 1857, le premier cinquième est payé dans le mois et les quatre autres cinquièmes d'*année* en *année*, à partir, non pas de l'adjudication, mais de l'expiration du terme accordé pour le paiement du premier cinquième. Si le prix n'excède pas cent francs, il est intégralement exigible dans le premier mois. Il est encore exigible dans le mois, à quelque chiffre qu'il s'élève, aux termes d'une instruction ministérielle du 20 août 1860, quand il s'agit de la cession de

(1) V. inst. gén. 1860.

terrains retranchés de la voie publique à la suite d'un alignement. La règle de l'instruction du 2 novembre 1857 s'applique, du
reste, en principe, aux cessions amiables comme aux adjudications. Les frais de vente demeurent à la charge de l'Etat :
il faut entendre ici par frais de vente : 1° ceux d'estimation ;
2° ceux de papier, d'impression, de port et apposition d'affiches, criées et bougies : car l'adjudicataire est tenu de payer,
en sus du prix même de la vente : 1° les droits de timbre de
la minute et des expéditions du procès-verbal ; 2° les droits
d'enregistrement, à raison de 2 fr. 50 c. pour cent, décime
compris ; 3° s'il y a lieu, le droit fixe de l'enregistrement de la
déclaration de command et le droit proportionnel du cautionnement, à raison de 55 centimes pour 100 francs. Le paiement
des droits d'enregistrement doit avoir lieu dans les vingt jours
de la date des actes, sous peine d'un droit en sus. L'adjudicataire ne peut pas même obtenir la remise de l'expédition de
l'adjudication et des baux courants, s'il n'a acquitté les droits
de timbre et d'enregistrement et effectué le paiement du premier
cinquième. Les paiements sont poursuivis et les recouvrements
effectués en vertu du procès-verbal d'adjudication. En cas de
retard dans le paiement, le domaine a la faculté de poursuivre
l'adjudicataire par voie de contrainte administrative et par toutes autres voies légales. Il peut en outre, s'il le juge convenable,
faire prononcer la déchéance conformément à l'article 8 de la
loi du 15 floréal an x. La déchéance est prononcée par le Préfet,
sur la demande du directeur des domaines, et l'arrêté de
déchéance mis à exécution après l'approbation du Ministre des
finances. La reprise de possession n'a lieu qu'un mois après la
notification de l'arrêté de déchéance à l'acquéreur primitif, au
détenteur, aux acquéreurs intermédiaires, s'ils sont connus,
et aux créanciers inscrits ayant hypothèque spéciale sur l'immeuble. Pendant le cours de ce délai, l'acquéreur primitif, le
détenteur, les acquéreurs intermédiaires et les créanciers hypothécaires sont admis à payer la somme exigible en capital, intérêts et frais. Les tiers qui effectuent le paiement de cette manière
sont subrogés par la quittance aux droits de l'Etat, conformément
aux dispositions de l'ordonnance du 11 juin 1817. L'adjudicataire
déchu n'est pas sujet à folle enchère ; mais l'article 8 de la loi
du 15 floréal an x lui impose l'obligation de payer, par forme de
dommages-intérêts, une amende égale au dixième du prix, s'il
n'a fait encore aucun paiement, au vingtième, s'il a payé un ou

plusieurs à-compte, sans préjudice de la restitution des fruits qui, sans égard au produit réel, sont aujourd'hui liquidés à raison de 5 pour cent du montant total du prix de la vente, à dater du jour de l'adjudication jusqu'à celui de la reprise de possession. Les acquéreurs déchus sont responsables des détériorations et dégradations commises sur l'immeuble; mais il doit leur être tenu compte des améliorations (1). Le décompte de la répétition ou du remboursement à faire est dressé par le directeur des domaines. Si l'acquéreur déchu se trouve débiteur du trésor, il sera contraint au paiement pour toutes les voies de droit; s'il est créancier, il sera remboursé, sauf toutes déductions et imputations. L'Etat ne sera jamais tenu de maintenir les baux consentis par l'adjudicataire déchu (2).

Aux termes de la loi des 5-15 ventôse an XII (article 106), le premier cinquième ne porte pas intérêts; mais les quatre derniers cinquièmes et le premier cinquième lui-même, s'il n'a pas été payé dans le mois courant du jour de l'adjudication, porteront intérêt à 5 pour cent à partir du jour fixé pour l'échéance du premier cinquième. Dans les calculs d'intérêts, tous les mois seront comptés pour 30 jours; pour les fractions de mois, chaque jour sera compté pour un trois cent-soixantième. L'acquéreur qui voudra se libérer par anticipation de la totalité ou d'une partie seulement des quatre derniers cinquièmes ne devra que l'intérêt qui aura couru jusqu'au jour du paiement : une décision du 16 germinal an XIII allait plus loin, et récompensait par une remise l'anticipation de paiement. Mais les adjudicataires doivent-ils les intérêts des intérêts? L'Assemblée législative avait, le 30 août 1792, voté une loi d'après laquelle les intérêts du prix de vente produisaient intérêts, et ces intérêts eux-mêmes étaient indéfiniment capitalisés pour donner naissance à des intérêts nouveaux. Aux termes d'un décret du 22 octobre 1808 (article 2), pour les décomptes non soldés (3), l'intérêt à 5 pour cent ne pouvait plus être capitalisé d'année en année, pour produire un intérêt des intérêts : mais ce qui restait dû, tant en principal

(1) Cf. C. d'Etat, 28 mai 1812.

(2) Cf. instr. gén. 1860.

(3) Le décompte est le compte du prix d'une vente et des paiements successifs, avec le calcul des intérêts et des à-compte sur le prix principal jusqu'au solde définitif.

qu'en intérêts, après chaque échéance fixée par le contrat, « était susceptible d'un intérêt simple de 5 pour cent par an « jusqu'au jour de l'acquittement. » Du reste, comme le fait très-bien remarquer M. Bérard des Glajeux (1), ce décret venait encore heurter la règle générale de notre législation civile, d'après laquelle les intérêts échus des capitaux ne sont productifs d'intérêts qu'en vertu d'une demande judiciaire ou d'une convention spéciale : aussi s'était-on demandé si la Charte de 1814 n'avait pas implicitement abrogé le décret de 1808. Mais le Conseil d'Etat a jugé le 12 avril 1832, à propos d'une vente opérée en 1825, que l'acquéreur devait, après chaque échéance, les intérêts à 5 pour cent non-seulement du capital, mais encore des intérêts échus.

Au fur et à mesure de chaque paiement partiel, le receveur des domaines délivre à l'acquéreur une quittance qui n'est qu'un récépissé provisoire. Les quittances délivrées par le receveur n'opèrent la libération définitive de l'acquéreur qu'autant que les paiements ont été reconnus réguliers et suffisants par un décompte réglé conformément au décret du 22 octobre 1808. Donc, en matière de décomptes dressés pour le dernier terme, l'intérêt à 5 pour cent ne commence à courir qu'un mois après la notification (2). D'autre part, au bout de six ans, les quittances délivrées pour solde ou dernier terme vaudront comme décomptes définitifs (3). Le but des décomptes étant de procurer à l'acquéreur son *quitus* définitif, le directeur des domaines y procède au vu de la série des bordereaux de paiement fournis par les receveurs. Le décompte, comme le fait remarquer M. Fessard (4), forme dans la main de l'acquéreur un titre aussi indispensable que le contrat lui-même avec lequel il s'identifie. Il sert à l'acquéreur, par exemple, en cas de vente à un tiers, pour justifier qu'il est devenu propriétaire incommutable, etc., etc. Quand un immeuble est indivisément adjugé à plusieurs particuliers pour un seul et même prix, on doit former un seul décompte, quoique le bien ait été ensuite divisé entre les acquéreurs : en effet, la

---

(1) De l'aliénation et de la prescription des biens de l'Etat, p. 207.

(2) Article 4 du décret.

(3) Articles 5 et 6 du décret.

(4) Dictionnaire de l'enregistrement et des domaines, v° Décompte d'acquér., n° 22.

créance de l'Etat étant indivisible (1), les différentes parties du bien adjugé demeurent affectées à la totalité du paiement et sujettes à la déchéance. L'acquéreur peut se pourvoir en révision du décompte devant le préfet, et si le décompte est confirmé, se pourvoir devant le Ministre des finances. S'il résulte du décompte que l'acquéreur ait trop payé, il doit se pourvoir en restitution. Un règlement du 19 décembre 1833 autorise les Préfets à liquider ces restitutions sur les rapports des directeurs des domaines : ces arrêtés ne sont soumis à l'approbation du Ministre que lorsque les sommes liquidées excèdent 300 francs. Si l'acquéreur, par le résultat du décompte, est établi débiteur d'un reliquat pour solde, on l'invite administrativement à se libérer. En cas de refus, on lui signifie le décompte par acte extra-judiciaire, puis on poursuit le jugement par voie de contrainte administrative, conformément à l'arrêté du 4 thermidor an XI (article 5) (2).

Il nous reste à examiner les effets de l'adjudication et les principales règles d'interprétation tracées par la jurisprudence.

L'adjudicataire jouira des servitudes actives et souffrira les servitudes passives, occultes, apparentes, déclarées ou non, sauf à faire valoir les unes et à se défendre des autres à ses risques, périls et fortune, sans aucun recours contre l'Etat, vendeur, et sans pouvoir, dans aucun cas, appeler l'Etat en garantie (3). Les biens de l'Etat sont vendus francs et libres de toutes dettes et hypothèques. Aucune résiliation ne peut donner ouverture à une demande quelconque en dommages-intérêts. L'adjudicataire paie la contribution foncière à compter de la vente. Il a droit aux loyers ou fermages à compter du jour de la vente, sans pouvoir exercer néanmoins aucun recours en garantie ni requérir aucune indemnité ou diminution de prix pour raison des loyers ou fermages qui auraient pu être payés d'avance. L'adjudicataire, enfin, demeurera subrogé aux droits et actions de l'Etat vis-à-vis des fermiers ou des locataires, mais il n'aura pas droit aux loyers ou fermages échus qui n'auraient pas été payés avant le jour de l'adjudication, non plus qu'au prorata « de ceux courus, mais « non échus à la même époque. » Telles sont les conditions

(1) Cf. décr. 3 juillet 1791.

(2) Cf. Dalloz, V° vente administrative.

(3) Instruction générale précitée.

rigoureuses que le cahier général des charges impose à l'acqué-reur. Celui-ci est, du reste, propriétaire par le seul fait de l'adju-dication ; mais la propriété ne se fixe irrévocablement sur sa tête que du jour où il a rempli toutes les conditions de son acqui-sition. Jusqu'à cette époque, l'immeuble demeure spécialement affecté et hypothéqué à la sûreté des droits du domaine et l'admi-nistration se réserve de requérir l'inscription, au bureau des hypothèques, du privilège du l'Etat, sans préjudice du droit de déchéance : cette inscription est prise à la diligence du receveur des domaines (1). Jusqu'à la même époque, l'adjudicataire est tenu d'entretenir la propriété en bon état de réparation, d'ex-ploiter ou de faire exploiter les biens en bon père de famille, et demeure garant des dégradations, excepté dans le cas de force majeure : il ne peut opérer dans la propriété aucun changement, faire aucune coupe de bois, démolition ou extraction du sol, sans avoir obtenu à cet effet une autorisation du Ministre des finances, fourni bonne et valable caution et rempli les conditions sous lesquelles cette autorisation lui aura été donnée. En cas de contravention, la totalité du prix devient immédiatement exigible (2).

L'article 1596 du Code Napoléon défend aux officiers publics de se rendre adjudicataires, soit par eux-mêmes, soit par per-sonnes interposées, des biens nationaux dont les ventes se font par leur ministère, et ce, sous peine de nullité. Ces officiers sont les Préfet, Sous-Préfet, Maire, de la situation des biens et certains proposés de l'administration des domaines. Ceux-ci, aux termes d'une décision ministérielle du 21 avril 1816, sont en outre punis de la destitution. M. Regnaud de Saint-Jean d'Angely, répondant à une interpellation de M. Réal, dit au Conseil d'Etat que cette disposition ne s'appliquait pas aux administrateurs, s'ils ne diri-geaient pas eux-mêmes la vente. MM. Duvergier et Dalloz com-battent avec raison cette solution, en faisant observer que la pro-hibition a pour but, non-seulement de prévenir les abus, mais en-core d'écarter les soupçons, et citent à l'appui de cette thèse un arrêt du Conseil d'Etat du 11 avril 1810.

L'interprétation de la vente doit d'abord être faite par l'acte de vente. Les titres anciens et les actes préparatoires ne doivent

(1) L'adjudicataire est tenu de rembourser le coût de l'inscription.
(2) Instruction générale précitée.

être consultés que dans deux cas, 1° si l'acte est rédigé dans des termes ambigus, 2° si l'acte s'y réfère expressément (1); les baux antérieurs dans un seul cas, quand l'acte s'y réfère expressément (2). Une possession longue, paisible, non interrompue, de bonne foi, conforme à la délivrance des agents du domaine, prise immédiatement après l'adjudication, suivie du paiement et continuée en présence de la régie, peut être encore un auxiliaire d'interprétation (3). Lorsqu'un immeuble du domaine a été vendu sans garantie de mesure et sans désignation de limites, la vente comprend toutes les dépendances de l'immeuble au moment de la vente, par exemple les arbres, les berges entourant les réservoirs d'un moulin, la chaussée d'un étang (4); il ne faut excepter que les objets expressément réservés. Mais si la vente a été faite en détail, elle ne comprend que ce qui s'y trouve expressément désigné (5). Quand la vente est faite avec désignation de confins, elle embrasse tout ce qui est compris dans ces confins, sol, superficie, plantations, excroissances naturelles, chemins, constructions, même quand on excède la mesure énoncée au procès-verbal (6) : l'étendue de l'objet vendu est alors déterminée par les tenants et aboutissants : un bâtiment renfermé dans ces limites est compris dans la vente, même quand ce bâtiment ne serait pas indiqué au procès-verbal (7). Mais les objets indiqués dans l'acte de vente comme *confins* ne font pas partie de la vente; c'est la jurisprudence du Conseil d'Etat, contredite par un seul arrêt, du 4 juillet 1827, qui décide que le chemin de halage fait partie de la vente, quand l'excavation d'un canal est donnée pour limite à l'immeuble vendu. Cette jurisprudence ne fléchit que si les confins sont eux-mêmes une dépendance *nécessaire* de l'immeuble vendu. Quand la vente est faite avec déclaration

(1) C. d'Etat, 20 octobre 1819, 27 avril 1825, 2 juin 1819, 22 juin 1836, 16 mai 1837.

(2) C. d'Etat, 31 mai 1825.

(3) C. d'Etat, 25 février 1818 et 23 février 1828.

(4) C. d'Etat, 22 mai 1813, 26 février 1817, 1er novembre 1820, 20 février 1822.

(5) C. d'Etat, 12 juin 1822.

(6) C. d'Etat, 20 juin 1821, 26 mai 1824, 26 octobre 1825, 19 janvier 1832.

(7) C. d'Etat, 8 novembre 1838.

de contenance, la contenance fait la loi des parties lorsque les limites ne sont pas indiquées d'une manière précise (1). Cependant le Conseil d'Etat a jugé, le 24 août 1821, que, si la vente était faite en bloc, tout ce qui surpassait la contenance énoncée au procès-verbal d'adjudication appartenait à l'acquéreur. Un adjudicataire est, du reste, mal fondé à réclamer une indemnité ou une réduction de prix pour défaut de contenance, lorsque la vente a eu lieu sans garantie de mesure et que les limites ont été exactement indiquées (2). Mais on pourrait, ce semble, appliquer aux biens de l'Etat un arrêt du 28 juillet 1818 qui décide, pour les biens nationaux, que s'il y a erreur dans la contenance de la vente et omission dans l'énonciation des limites, de telle sorte qu'on ne peut la composer avec les confins énoncés ni avec les actes relatés, on doit prononcer la résiliation du contrat et le remboursement du prix, après compte fait des fruits perçus et des loyaux coûts.

CONCESSIONS.

La vente aux enchères est, pour l'Etat, le mode naturel d'aliénation. L'Etat n'y substitue un contrat de concession que s'il repousse, par exception, la libre concurrence. Il veut peut-être favoriser un ancien détenteur, une commune, un établissement public. Mais, la libre concurrence écartée, il est encore moins conforme aux saines maximes du droit public d'abandonner la puissance exécutive à elle-même. En théorie pure, un acte de concession, qu'il soit fait à titre onéreux ou gratuit, doit émaner de la puissance législative. Quelquefois l'expertise précèdera la loi et le législateur déterminera les conditions de la concession d'après le rapport des experts : quelquefois il ordonnera simplement l'expertise contradictoire, laissant au gouvernement le soin de statuer d'après les résultats. Le pouvoir législatif, en France, a souvent délégué ses droits au gouvernement. Son intervention, aux termes du sénatus-consulte des 25-30 décembre 1852, est singulièrement restreinte pour toute une classe de concessions qui, d'ailleurs, ne rentrent dans l'objet de ce livre qu'autant

(1) C. d'Etat, 27 novembre 1814, 18 mars 1816, 23 juin 1819.
(2) C. d'Etat, 24 décembre 1818.

qu'elles entraînent accessoirement une aliénation de la part de l'Etat : tous les travaux d'utilité publique, toutes les entreprises d'intérêt général sont ordonnées ou autorisées par décrets impériaux rendus dans les formes prescrites pour les règlements d'administration publique. Néanmoins si ces entreprises ont pour condition des engagements ou des subsides du trésor, le crédit doit être accordé ou l'engagement ratifié par une loi avant la mise à exécution.

Nous allons examiner différents cas de concession.

A. *Prises d'eau sur les rivières navigables et flottables.* — Ces concessions n'auraient dû être régulièrement faites, avant le sénatus-consulte de 1852, qu'avec le concours du pouvoir législatif. C'est ainsi qu'une loi du 17 avril 1822 permit au gouvernement d'aliéner les chutes et prises d'eau du canal Saint-Maur, près Paris. Dans les sessions de 1837 et de 1838, le ministre des travaux publics présenta à la Chambre des députés un projet qui autorisait le gouvernement à concéder pour une période de quatre-vingt-dix-neuf ans et moyennant une redevance annuelle, les chutes et prises d'eau sur les rivières et canaux navigables : ce projet fut rejeté. Plusieurs projets d'ordonnances dont le but était de concéder diverses chutes et prises d'eau *moyennant redevances*, furent soumis en 1839 au Conseil d'Etat, qui les regarda comme illégaux et refusa d'y donner suite. Le droit du gouvernement se restreignait donc, en pareille matière, à de simples actes d'administration, c'est-à-dire, à des baux de neuf ans au plus, concédés sans redevance : telle était la jurisprudence du Conseil d'Etat. L'administration avait fini par prendre un biais; elle concédait des chutes et prises d'eau dans les rivières et canaux navigables ou flottables en assujettissant les impétrants à la condition de payer quelque jour le prix annuel de location qui serait ultérieurement fixé par une loi. Cet usage s'enracina si bien dans la pratique administrative que les assemblées de 1848 et de 1849 ne songèrent pas même à revendiquer leur droit : le Président de la République seul, jusqu'au 2 décembre 1851, statua sur les demandes de concession. La Constitution des 14-22 janvier et le sénatus-consulte des 25-30 décembre 1852 effacent, à notre avis, les anciennes distinctions : il serait étrange que le chef du pouvoir exécutif eût la faculté d'autoriser toutes les entreprises d'intérêt général et ne pût pas concéder avec redevance une prise d'eau sur une rivière navigable. Bien mieux, les Préfets ont le droit d'autoriser les prises d'eau faites au moyen de machines, qui, eu égard au volume du cours d'eau, n'auraient pas pour effet d'en altérer sensiblement le régime. Aux termes du décret du 25 mars 1852, les autres concessions sont faites par l'Empereur et insérées à la partie supplémentaire du *Bulletin des Lois*. Quelques jurisconsultes y voient une aliénation, dès que leur durée dépasse neuf ans ; mais la concession perpétuelle entraîne seule, à notre avis, une aliénation de la part de l'Etat. Encore cette aliénation n'est-elle pas complète et radicale, puisque la jurisprudence administrative admet en principe que la concession, *même perpétuelle*, peut être modifiée ou révoquée sans indemnité, quand l'intérêt public l'exige, par arrêté préfectoral non susceptible d'être attaqué par la voie contentieuse. Le principe de la révocabilité souffre exception pour les propriétaires d'usine justifiant d'une concession domaniale antérieure à 1566 : la cour de cassation a même jugé qu'un particulier pouvait être déclaré propriétaire incommutable *d'une digue* dans un fleuve en vertu d'une concession antérieure à l'ordonnance de 1669 (1). Le Conseil d'Etat admet une autre exception , c'est quand une force motrice a été spécialement affectée à une usine acquise dans une vente nationale (2) ; il estime qu'il est de la dignité de l'Etat de ne pas enfreindre un engagement de cette nature. Enfin l'administration accorde, *en fait*, une indemnité, mais sans y être obligée rigoureusement, quand la concession a été opérée à prix d'argent ou à la charge d'exécuter certains travaux d'utilité publique.

B. *Lais et relais de la mer.* — On entend par *lais* les alluvions que le flot dépose, par *relais* les terrains qu'il abandonne insensiblement. Pourquoi ne pas adjuger ces lais et relais comme d'autres biens de l'Etat ? L'article 41 de la loi du 16 septembre 1807, qui laissait, en cette matière, un pouvoir discrétionnaire au gouvernement fut expliqué par l'orateur du tribunat au Corps-législatif : ces biens, disait-il, dépendent de travaux faits ou à faire, ou ne peuvent être utilement acquis que par les détenteurs des propriétés adjacentes. L'expérience a démontré le contraire, car l'administration , maîtresse, en définitive, de déroger à l'exception qu'on créait en sa faveur, usa souvent de cette faculté : sur 4,475 hectares vendus de 1807 à 1835, 870 hec-

(1) 6 décembre 1826, 16 juin 1835.
(2) 22 mars 1841.

tares seulement furent concédés. M. Luneau proposa donc en 1835 et en 1838 d'interdire au gouvernement la faculté d'aliéner les lais et relais de la mer par voie de concession ; sa proposition, deux fois adoptée par la Chambre des Députés, fut deux fois rejetée par la Chambre des Pairs. Le Gouvernement actuel a du reste adopté le principe de la vente aux enchères et n'a eû recours aux concessions que dans des cas très exceptionnels, surtout de 1852 à 1856. L'ordonnance du 28 septembre 1825 énumère les formalités à remplir pour l'obtention des concessions. La demande est adressée au ministre des travaux publics. La concession est précédée : 1º de plans levés, vérifiés et approuvés par les ingénieurs des ponts-et-chaussées ; 2º d'un mesurage et d'une description exacte avec l'évaluation en revenu et en capital ; 3º d'une enquête administrative *de commodo et incommodo ;* 4º d'un arrêté préfectoral rendu sur l'avis des ingénieurs des ponts-et-chaussées, du directeur des domaines et même du directeur du génie militaire, lorsque les objets à concéder seront situés dans la zone des frontières et aux abords des places fortes ; 5º de l'avis respectif des conseils généraux des ponts-et-chaussées et des domaines ; 6º de l'avis du ministre de la guerre, dans l'intérêt de la défense du pays ; 7º de l'examen en Conseil d'Etat (section des finances) des demandes en concession, ainsi que des charges et conditions proposées de part et d'autre. M. le ministre de la marine Ducos vit une lacune regrettable dans l'ordonnance de 1825 : l'administration de la marine, n'étant pas consultée, n'avait pas le moyen d'arrêter une concession préjudiciable aux intérêts maritimes. Le décret du 21 février 1852 déclare qu'aucune concession de lais ou relais ne pourra désormais être faite sans l'avis du ministre de la marine. Ces formalités remplies, le concessionnaire est propriétaire incommutable.

La Cour de cassation a jugé, le 21 juin 1859, qu'une concession pouvait avoir pour objet des lais et relais non encore formés.

C. Mais la jurisprudence n'applique pas seulement aux prises d'eau la maxime de révocabilité. Le Gouvernement peut encore concéder à des particuliers certains droits sur le rivage de la mer. C'est ainsi qu'un décret du 31 juillet 1855 concède à un nommé *Conil* le droit d'enlever du sable et des galets, moyennant une redevance, sur tout le littoral de l'île de la Réunion. C'est ainsi que plusieurs ordonnances royales ont autorisé des habitants du littoral de l'Océan à établir des pêcheries sur le rivage. Bien que la Cour de Caen (1) ait décidé que les pêcheries ou établissements analogues constituaient vis-à-vis des tiers des propriétés immobilières transmissibles par succession et susceptibles d'hypothèque, la jurisprudence administrative envisage de semblables concessions comme. étant essentiellement précaires et révocables vis-à-vis de l'Etat.

D. Ces concessions sur le rivage peuvent donc être assimilées, quant à leurs effets, aux concessions de prises d'eau : mais le Gouvernement fait encore, et sans le concours de la puissance législative, quoiqu'aucun texte précis ne l'y autorise, d'autres concessions sur le littoral, qui peuvent être assimilées, quant à leurs effets, aux aliénations des lais et relais opérées d'après l'ordonnance de 1825. C'est ainsi qu'un décret du 3 mai 1852 autorise l'administration des domaines à concéder aux détenteurs actuels les terrains insubmersibles de la chaussée de Sillon à Saint-Malo, dont quelques-uns seront *rachetables* par l'Etat ; qu'un autre décret du 16 février 1856 concède à un sieur Bourgeois, au prix de 1 fr. 50 c. le mètre, une parcelle de terrain située au pied des falaises, au nord-est du port de Boulogne (2).

E. C'est encore par l'Empereur, d'après la pratique administrative, que doivent être concédés les terrains faisant partie d'un étang qui dépend du domaine de l'Etat. C'est ainsi qu'un décret du 31 décembre 1859 autorise le Préfet de l'Hérault à concéder aux sieurs *Séguineau* et Compagnie, au prix de cinq cents francs, pour établir un chantier de constructions navales, un emplacement d'un hectare quatre-vingt-sept ares cinquante centiares faisant partie de l'étang de Thau. Les acquéreurs sont, en outre, obligés à certains travaux : ils encourent la déchéance pour inexécution de ces travaux et sont tenus, dans ce cas, de payer, sous forme de dommages-intérêts, une somme égale au quart du prix principal de la concession. Le décret se réfère, du reste, au cahier général des charges du 19 juillet 1850, que nous avons analysé.

E. Mais il semblerait qu'en dehors de ces cas exceptionnels les concessions de terrains ou de bâtiments à des particuliers ne pussent être faites sans le concours du pouvoir législatif. C'est, en effet, une règle à peu près universellement reconnue. Cependant une superficie de terrain militaire de 2,675 mètres a été

(1) 3 avril 1824.
(2) Cf. Décret impérial du 12 décembre 1860.

concédée, par décret impérial, le 27 novembre 1859, dans les environs de Bayonne, au profit d'un sieur *Burguburu*, moyennant une redevance annuelle de cinq cents francs. Cette concession s'explique comme la précédente, parce que le but principal du contrat n'est pas d'aliéner une parcelle de terrain domanial, mais d'imposer un travail d'utilité publique à l'impétrant. Dès-lors on applique sans distinction la règle posée par le sénatus-consulte de décembre 1852. Ce dernier décret, du reste, consacre formellement, au profit de l'Etat, le principe de révocabilité. Mais le concours du pouvoir législatif est tellement indispensable, dans notre hypothèse, en dehors de l'exécution de travaux publics, que le baron de Veauce ayant demandé le droit d'extraire de la forêt domaniale des Colettes (Allier) des terres propres à la fabrication de la porcelaine, pendant quatre-vingts ans, moyennant une indemnité de *six* francs par chaque are de terrain fouillé dans les trente premières années, de *douze* francs dans les cinquante autres, le Gouvernement ne crut pas pouvoir accorder lui-même cette faveur. La concession ne fut opérée qu'en vertu d'une loi (5 mai 1855).

F. *Concessions aux départements, aux communes, aux établissements publics.* Les concessions aux départements et aux communes se font tantôt par un simple décret, tantôt par une loi. C'est par décret que les bâtiments de l'ancienne Sorbonne furent concédés en toute propriété à la ville de Paris, le 8 février 1852; que des terrains provenant d'anciennes fortifications furent concédés à la ville de Carentan (Manche), le 25 mars 1852; que l'ancien palais du roi de Sardaigne à Nice fut concédé au département des Alpes-Maritimes, le 21 novembre 1860 (1). Au contraire, c'est avec le concours du Corps Législatif que l'esplanade des Invalides, les avenues de Villars et de Ségur furent concédées à la ville de Paris, le 4 juin 1853; que de nouveaux terrains furent concédés à la ville de Paris le 14 juin 1854, le 22 juin 1854 et le 2 mai 1855, des immeubles aux villes de Boulogne et Hesdin, les 19 mai et 6 juin 1857. Mais le pouvoir législatif a toujours contrôlé les concessions aux établissements publics ou aux établissements particuliers ayant un caractère d'utilité publique. L'affectation de l'ancien couvent de la Visitation, à Nevers, aux dames hospitalières

_____

(1) On peut néanmoins remarquer que de ces trois décrets, les premiers ont été rendus dans la période dictatoriale, le troisième en vertu d'un sénatus-consulte. Le principe théorique de l'intervention législative est, à notre avis, incontestable.

de la charité chrétienne (4 juin 1853), l'affectation à la congrégation des religieuses dominicaines, dites de *la Croix*, des bâtiments de l'ancienne maison conventuelle du même ordre (4 juin 1853), la cession gratuite à la Société des Antiquaires de Picardie, des terrains domaniaux de l'ancien arsenal d'Amiens à condition d'y établir un musée, (20 avril 1854), la concession moyennant 307,396 francs 81 centimes des terrains et bâtiments de l'ancien couvent des Grands-Carmes à la congrégation des filles de l'Enfant-Jésus établie à Lille (5 mai 1855), ont été faites par des lois.

Quelques-unes de ces concessions mentionnent expressément le droit de retour à l'Etat. Faut-il le sous-entendre dans les autres? Ainsi le pense M. Dalloz, quelque absolus que soient les termes du décret. Mais cette solution ne doit pas être admise si la concession a été faite à titre onéreux. La loi du 5 mai 1855, par exemple, que nous citions tout-à-l'heure, statue que le prix sera payé par cinquièmes, le premier dans le mois, les quatre autres de six mois en six mois, ces quatre derniers cinquièmes produisant intérêt à 5 pour cent, et réserve le droit de déchéance à l'Etat à défaut de paiement au terme convenu. Nous ne sommes plus au temps des parlements et des domanistes : l'Etat ne saurait rentrer dans un terrain ainsi concédé que par la voie de l'expropriation pour cause d'utilité publique. La concession est irrévocable toutes les fois qu'il résulte clairement de l'acte que le gouvernement a voulu transférer la propriété de l'immeuble : elle ne devient révocable que lorsqu'elle revêt le caractère d'une *affectation* domaniale. Mais dans ce cas le concessionnaire peut-il réclamer une indemnité? Non en droit rigoureux: la jurisprudence et la doctrine paraissent la refuser sans restriction aux départements et aux communes; mais la Cour de Rennes, le 8 février 1841, accordait à un établissement public évincé le remboursement des impenses utiles et le droit de rétention jusqu'au parfait paiement (1). C'est un tempérament que l'administration peut accepter dans bien des cas. En pareille matière, du reste, elle fera bien de tout préciser au moment de la concession, jus-

(1) C'est à tort que M. Dalloz cite à ce propos un arrêt du Conseil d'Etat du 31 janvier 1817. Un individu *non concessionnaire* avait été indemnisé *administrativement* du dommage que lui causait le changement de destination d'un immeuble domanial, et le Conseil d'Etat rejeta simplement une requête en supplément d'indemnité.

qu'au chiffre de l'indemnité qu'elle peut éventuellement accorder au concessionnaire, et si elle ne veut pas indemniser, jusqu'à son droit de refuser tout dédommagement.

G. *Marais.* — Le gouvernement concède, aux conditions qu'il a réglées, les marais dépendant d'une propriété domaniale.

La commission mixte des travaux publics, instituée par le décret du 16 août 1853, pour examiner certaines questions de défense territoriale, doit délibérer sur les concessions de marais salants, de lais et relais de la mer, de dunes et lagunes, d'accrues, alluvions et atterrissements domaniaux, mais seulement au point de vue des réserves que peut dicter l'intérêt stratégique, sur les concessions et règlements d'eau qui peuvent avoir quelque influence sur les inondations défensives, et généralement sur toutes les concessions d'enrochements ou d'endiguements à la mer ou sur le rivage. (Décret impérial du 12 décembre 1860.)

Mais en outre le gouvernement peut prescrire des dessèchements dans les marais dépendant d'une propriété particulière : ces dessèchements sont opérés par l'Etat ou par des concessionnaires de son choix. Remarquons-le bien : c'est une pure et simple concession de travaux qui n'emporte aucune translation de propriété. Le concessionnaire, après le dessèchement opéré, n'a droit qu'à l'indemnité représentative de ces travaux. Mais cette indemnité, payable, par les anciens propriétaires, en argent comptant ou en une rente 4 pour cent, peut aussi s'acquitter par l'abandon d'une portion de terrains desséchés. Dans ce dernier cas, la concession aboutit, en définitive, à une translation de propriété. Ce droit de propriété devient définitif à partir de la réception des travaux de dessèchement et non pas seulement depuis le partage ultérieurement fait avec les propriétaires de marais. Ainsi l'a jugé la Cour de cassation le 10 décembre 1845.

H. *Terrains expropriés qui n'ont pas reçu leur destination.* — Si des terrains acquis pour des travaux d'utilité publique n'ont pas reçu cette destination, les anciens propriétaires peuvent en demander la remise (L. 3 mai 1841, art. 60), pourvu que ces terrains n'aient pas été acquis sur leur réquisition, en vertu de l'art. 50. Le prix des terrains rétrocédés est fixé à l'amiable et, en cas de désaccord, par le jury. La fixation par le jury ne peut, en aucun cas, excéder la somme moyennant laquelle les terrains ont été acquis. Un avis fait connaître les terrains que l'administration entend revendre. Dans les trois mois de cette publication, les anciens propriétaires qui veulent réacquérir la propriété de ces terrains doivent le déclarer ; le contrat de rachat sera passé dans le mois de la fixation amiable ou judiciaire du prix, et ce prix payé dans le même délai à peine de déchéance des anciens propriétaires. Le contrat de rétrocession est passé devant le Préfet ou le Sous-Préfet délégué, avec le concours d'un préposé de l'administration des domaines et d'un agent du ministère pour le compte duquel l'acquisition avait été faite.

I. *Portions de routes abandonnées par suite de simple alignement.* — Les riverains ont un droit de préemption (loi du 16 septembre 1807, art. 53), ou pour mieux s'exprimer, tous autres que les riverains seraient non recevables à demander une concession semblable : on ne pourrait autoriser des tiers à s'interposer entre eux et la nouvelle route. Mais ce droit entraîne une obligation corrélative : les riverains, s'ils refusaient d'acquérir, pourraient être dépossédés de toute leur propriété par l'administration qui leur en paierait la valeur estimée avant les travaux. Il a été convenu entre les Ministres des finances et de l'intérieur (instruction du 25 août 1835) qu'au lieu de remettre ces terrains à l'administration des domaines, on ferait suivre à la diligence des ingénieurs des ponts-et-chaussées les opérations relatives à la cession, et que ces opérations auraient lieu devant le Préfet, en présence du directeur des domaines ou de son délégué, qui demeurerait chargé de recouvrer le prix de la vente.

J. *Portions de routes abandonnées par suite d'un changement de tracé.* — La loi de 1807 n'avait pas prévu ce cas. Cependant l'équité commandait d'accorder aux riverains un droit de préemption. Le législateur était donc, en théorie du moins, obligé d'intervenir chaque fois qu'un changement de tracé entrainait une concession de ce genre; l'administration se passait, dans la pratique, du concours des Chambres. On voulut régulariser cet état de choses. Aux termes de la loi du 24 mai 1842, les terrains délaissés, lorsqu'ils n'ont pas été classés, soit parmi les routes départementales, soit parmi les chemins vicinaux (art. 1), sont rendus à l'administration des domaines qui est autorisée à les aliéner (art. 2). Les propriétaires sont mis en demeure d'acquérir, dans la forme tracée par la loi du 3 mai 1841, les parcelles attenantes à leur propriété. Les tribunaux administratifs annuleraient une cession faite au mépris de ce droit de préférence (1).

_____

(1) C. d'État, 17 juillet 1843.

Depuis le décret du 25 mars 1852, les Préfets statuent sur ces cessions en conseil de préfecture.

K. *Terrains usurpés.* La loi du 20 mai 1836 autorise le Gouvernement à concéder, pendant dix ans, aux détenteurs, sur estimation contradictoire et aux conditions qu'il aura réglées, les terrains dont l'Etat n'est pas en possession et qu'il pourrait revendiquer comme usurpés sur les rives des forêts domaniales où sur la partie du domaine étrangère au sol forestier, lorsque, dans ce dernier cas, la contenance du terrain n'excède pas cinq hectares. Les enclaves étaient formellement réservées. La loi du 10 juin 1847 prorogea cette faculté pour dix autres années, tout en la restreignant à cinq hectares pour les terrains provenant du sol forestier, à moins qu'ils ne fussent possédés par des communes, à dix ares pour les terrains situés dans les villes de plus de cinq mille âmes. Les détenteurs doivent souscrire une soumission d'acquérir sur estimation aux Préfets qui la communiquent au directeur des domaines et au conservateur des forêts, à l'ingénieur des ponts-et-chaussées, aux chefs du génie militaire, aux agents de la marine, suivant les cas. Si ces fonctionnaires émettent un avis défavorable, la soumission est réputée non avenue. S'ils émettent un avis favorable, l'immeuble est estimé d'après sa valeur vénale actuelle, déduction faite de la plus-value résultant des impenses faites par le soumissionnaire. Les préfets autorisent seuls la concession, lorsque le prix n'excède pas deux mille francs; si le prix excède deux mille francs, l'approbation du ministre des finances est indispensable. Si le ministre refuse cette approbation, la soumission est réputée non avenue. S'il l'accorde, le préfet passe l'acte de concession. Tous les frais sont supportés par le concessionnaire. Dans le cas où l'expertise ne serait pas suivie de concession, les frais de cette expertise tombent à la charge de celle des parties dont le refus aurait amené ce résultat négatif.

Telles étaient les règles tracées par l'ordonnance du 14 décembre 1837 et le décret du 25 mars 1852. Mais le second délai de dix ans expirait en 1857 et n'a pas été prorogé. Cependant le ministre des finances a concédé de cette manière, en 1859, plusieurs parcelles de terrain domanial, se fondant sur ce « qu'il « s'agissait seulement de compléter des concessions antérieu- « rement consenties. » Si le Gouvernement fit approuver, dans la session de 1861, des concessions de cette nature par le Corps

Législatif et le Sénat, c'est uniquement, y fut-il dit, parce qu'elles excédaient cinq hectares (1).

L. *Mines.* Jusqu'à quel point une concession de mine peut-elle être considérée comme une aliénation de la part de l'Etat? Pour que l'Etat puisse aliéner, il faut qu'il soit propriétaire. Or la mine appartient-elle à l'Etat?

Un acte règlementaire du 30 mai 1415, confirmé en 1437, semble bien proclamer le droit du Prince. En effet, en 1429, Charles VII donne le bail des mines à Jacques Cœur. En 1471, Louis XI crée une charge de maître général des mines. Cet officier a seul le droit de rechercher les mines et de les faire exploiter sur les terres du domaine, même sur les terres seigneuriales. La charge fut supprimée en 1748. Une compagnie fut instituée et investie du privilége de l'exploitation des mines de France.

La Constituante fut très-embarrassée. Il s'agissait de restaurer partout les droits individuels, partout méconnus. D'autre part, le système économique qui exagère le rôle de l'Etat au détriment de l'initiative individuelle n'a jamais cessé d'avoir ses partisans en France. Le rapporteur des comités de constitution, des finances, d'agriculture et de commerce, vint soutenir que la liberté d'exploitation n'aboutirait qu'au gaspillage des mines et à la diminution de leurs produits. Mirabeau, d'accord avec la commission, défendit énergiquement les droits de l'Etat. Mais le système de Mirabeau lui-même n'est pas bien net : « Ce « serait une absurdité de dire que les mines sont à la disposi- « tion de la Nation, dans ce sens qu'elle pût ou les vendre, ou « les faire administrer pour son compte, ou les régir à l'instar « des biens domaniaux, ou les concéder arbitrairement. » Pourquoi serait-ce une absurdité, dans le système du grand orateur? Il admet que la Nation « peut et doit concéder les mines », il admet que les mines « sont à la disposition nationale », il admet que son droit « excède celui d'une simple surveillance. » Qu'admet-il donc? La Nation est-elle définitivement propriétaire des mines? Mirabeau ne répond pas et nous déclare seulement que la Nation *a droit à l'exploitation*, et que c'est là le fondement de son système. Ainsi donc, le droit à l'exploitation aboutit au droit de concession. Ne serait-ce pas le cas de dire avec Portalis ? « Méfions-nous des systèmes dans lesquels on ne semble faire

(1) V. La séance du Sénat du 29 mai 1861.

« de la terre la propriété de tous que pour se ménager le pré-
« texte de ne respecter le droit de personne ».

On sait quel système bizarre sortit de la discussion. L'Etat peut
concéder, non plus en vertu d'un droit domanial, mais en vertu
d'un droit de souveraineté. Mais voici le texte de l'article 3 :
« Les propriétaires de la surface auront toujours la préférence
« et la liberté d'exploiter les mines qui peuvent se trouver dans
« leurs fonds, et la permission ne pourra leur en être refusée
« lorsqu'ils la demanderont. » Où donc est le droit? Quel est le
droit?

Le système de la loi du 21 avril 1810 est autrement conçu. Le
comte de Fourcroy, dans son rapport, n'hésite pas à justifier le
droit de l'Etat : « La législation à cet égard est uniforme chez
« toutes les nations. » (C'est une erreur grossière.) « Partout les
« mines sont regardées comme propriétés publiques, comme
« partie du domaine national, ou appartiennent aux souverains,
« qui les font exploiter pour leur compte ou les concèdent à des
« particuliers avec de certaines conditions et des droits plus ou
« moins considérables. Ainsi la France sera d'accord avec toutes
« les puissances de l'Europe dans la législation des mines. »

L'Empereur, avec une haute supériorité de raison, refusait
d'admettre cette théorie. Le principe de l'article 552 du Code civil
« que la propriété du sol emporte la propriété du dessus et du
« dessous et que le propriétaire fait faire au dessous toutes les
« constructions et fouilles qu'il jugera à propos, et tire de ces
« fouilles tous les produits qu'elles peuvent fournir » lui paraissait parfaitement simple et logique. Suivant l'Empereur, il fallait
commencer par reconnaître et dire que la mine fait partie de la
propriété de la surface et n'imposer aux droits des propriétaires
du sol sur la mine que les restrictions et transformations com-
mandées par les exigences d'un bon système d'exploitation.

La loi de 1810 ne fut pas conçue dans cet esprit : Art. 5. « Les
« mines ne peuvent être exploitées qu'en vertu d'un acte de
« concession délibéré en Conseil d'Etat. » Art. 6. « Cet acte règle
« les droits des propriétaires de la surface sur le produit des
« mines concédées. » Art. 7. « Il donne la propriété perpétuelle
« de la mine.... »

On le voit, cette concession devient une véritable aliénation,
et l'on comprend très-bien comment un économiste moderne,
grand défenseur du système de 1810, a pu dire : « Les auteurs de
« ce projet ayant admis que les mines forment une partie du

« domaine public, ils auraient dû, pour être conséquents, recon-
« naître qu'elles ne pouvaient être concédées que dans les for-
« mes usitées pour la vente des biens de l'Etat. Il aurait donc
« fallu qu'après avoir déterminé les conditions auxquelles seraient
« assujettis les concessionnaires, les mines fussent adjugées à
« ceux qui offriraient de payer les redevances les plus élevées ou
« qui consentiraient à donner à l'Etat la part la plus grande dans
« les bénéfices (1). »

Mais constatons d'abord l'erreur du comte de Fourcroy. Nous
avouons qu'en Allemagne le droit de l'Etat est proclamé de la façon
la plus absolue. La législation de la Prusse a servi de type au reste
des Etats allemands; or, en Prusse : 1° une concession est nécessaire; 2° même après la concession, l'Etat perçoit une redevance
du sixième du produit brut; 3° l'Etat se réserve un droit de préemption des produits de l'exploitation. On voit que l'Etat, s'il
aliène, *aliène moins* qu'en France. Chez nous l'Etat ne retient
guère que le droit d'empêcher toute vente par lots ou tout partage sans une nouvelle autorisation (art. 7). Le système de tutelle
administrative est aussi poussé plus loin qu'en France. Les agents
des mines, par exemple, ont mission de s'inquiéter si le concessionnaire exploite en bon père de famille.

Tel n'est pas le système de l'Angleterre. Là, le droit régalien
n'existe réellement que par exception pour les mines d'or et
d'argent qui ne sont pas nombreuses dans le pays. Les droits de
préemption de la Couronne pour les autres mines sont absolument tombés en désuétude, et le principe, c'est que la propriété
de la surface emporte la propriété du dessous. Nous préférons
le système de l'empereur Napoléon et de la Grande-Bretagne à la
théorie de la loi de 1810.

En effet, est-il plus juste d'attribuer aujourd'hui la propriété
des mines à la Nation qu'il ne l'était autrefois de l'attribuer au
roi? Les mines font partie du sol; donc la propriété des mines
fait partie de la propriété du sol. Où faire cesser la propriété de
la surface? se demande un économiste. A un mètre de profondeur, à deux, à dix, à cent? M. Comte s'écrie : « S'il est vrai que
« le territoire sur lequel une nation s'est développée et a toujours
« vécu forme sa propriété nationale; si tout ce qui ne passe pas
« au moyen du travail dans le domaine des particuliers, reste

(1) Ch. Comte; Traité de la propriété, tome I.

« dans le domaine public, il est évident que les matières souter-
« raines continuent de faire partie du domaine de l'Etat. » *Le
territoire sur lequel une nation s'est développée forme sa propriété
nationale :* quel est le sens de cet axiôme? *Tout ce qui ne passe
pas, au moyen du travail, dans le domaine des particuliers, reste
dans le domaine public :* pourquoi? La réponse est bizarre. C'est
que la valeur de la mine est due aux lois et aux institutions, aux
hommes qui ont favorisé l'accroissement de la population et sa
richesse, à ceux qui l'ont instruite et moralisée, « à ceux qui ont
« fait et font encore des chemins de fer, des canaux, des routes
« et d'autres établissements d'utilité publique », en un mot, au
travail lent et successif de la nation entière pendant de nombreuses
générations. Donc la mine doit appartenir à la Nation (1).

Mais quelle valeur aurait la moindre parcelle du sol, s'il
fallait supprimer l'éducation morale et matérielle d'un pays ? De
quelle manière les propriétaires de Paris accueilleraient-ils un
économiste qui leur tiendrait ce langage : « C'est à l'intelligente
« administration du gouvernement de l'Empereur qu'est due la
« plus value des maisons de la capitale; donc cette plus value
« doit appartenir à l'Etat. » Armé d'une logique un peu rigoureuse, l'Etat irait jusqu'à s'attribuer la maison tout entière. Le
raisonnement du Journal des Economistes nous mène à la néga-
tion de la propriété privée.

Turgot professe un autre système. « Les matières souterraines
« n'appartiennent à personne, jusqu'à ce que le terrain ait été
« fouillé. Celui qui entreprend de les extraire s'en empare au
« titre de son travail, comme premier occupant, et le proprié-
« taire du sol qui fouille dans son terrain, n'a pas d'autre droit. »
Autant le premier système nous parait faux, autant le second
nous parait impraticable dans une société bien organisée. Mirabeau le battit en brèche de son impétueuse parole : « Je ne dirai
« qu'un mot du système du premier occupant, il ferait de nos
« mines un labyrinthe inextricable. Ce genre de conquête au
« milieu de l'état social laisserait les mines au hasard, ne per-
« mettrait pas même d'accorder la préférence aux propriétaires
« du sol, offrirait un combat perpétuel entre les mineurs et serait
« une source intarissable de querelles. Si un premier occupant
« ouvre une mine sous mon fonds sans m'en avertir, je puis

---

(1) Journal des Economistes, T. xxxiv, p. 398 et 399.

« aussi fouiller le sien sans lui rien dire; eh bien! il y aura tou-
« jours à parier mille contre un que l'un des deux sera noyé ou
« écrasé par l'autre. »

Revenons donc à l'idée du Code civil. On objecte que les propriétés sont trop morcelées pour que chaque propriétaire puisse
exploiter au-dessous de lui. M. Dunoyer répond très-bien :
« Comment veut-on que les propriétaires de petites parcelles de
« terre eussent eu l'idée de s'engager dans les énormes dépenses
« qu'exigent la recherche et l'exploitation d'une mine? N'au-
« raient-ils pas été en conséquence forcés à se réunir, à se ren-
« contrer? » D'ailleurs n'était-il pas possible de prévenir les
dangers résultant de l'exploitation privée des mines sans les
enlever à la propriété privée? La loi de 1810 s'est enfin montrée
bien inconséquente. Car il est difficile d'admettre que la propriété
du sol implique la propriété de certains minéraux et non de
certains autres; celle des pierres et non celle des métaux (1).

Nous avons donc les éléments d'une réponse. Peut-être,
en théorie pure, la question ne devait-elle pas même être
posée. Mais, dans la législation française, la concession d'une
mine est une aliénation de la part de l'Etat, propriétaire de la
mine.

M. *Concessions de travaux publics sans aliénation domaniale.* —
Elles ne rentrent pas dans l'objet de ce livre.

N. *Concessions de lignes télégraphiques.* — La loi du 10 juin 1853
concède à une compagnie l'exécution d'une ligne télégraphique
entre la France et l'Algérie : elle accorde un monopole de cinquante ans à la compagnie concessionnaire, lui garantit un
minimum d'intérêt de 4 pour cent, qui fut élevé plus tard à 5
pour cent par la loi du 7 juillet 1855, et se dessaisit au profit de
la compagnie, pendant toute la durée de la concession, du droit,
qui revient exclusivement à l'Etat sur le continent, de percevoir
la taxe des dépêches privées. Un décret du 19 mai 1857 concède
à *William Glower* l'exécution d'une ligne télégraphique, partant
de Bordeaux, entre l'Amérique et la France, sans subvention,
monopole ni garantie d'intérêt, et se dessaisit à son profit, pendant quarante ans, du droit de percevoir la taxe des dépêches
privées. C'est là, sans aucun doute, une sorte d'aliénation.
L'Etat exerce dans notre pays un monopole : il abdique, dans

(1) V. Dunoyer. De la liberté du travail.

un cas spécial, son monopole par voie de concession. On voit, du reste, que cette abdication peut être faite sans le concours du pouvoir législatif : on comprend néanmoins que le gouvernement n'ait pas voulu garantir un *minimum* d'intérêt, dans la première hypothèse, sans être autorisé par une loi.

0. *Chemins de fer.* — Jusqu'à quel point une concession de chemin de fer peut-elle être considérée comme aliénation de la part de l'Etat ?

Les Chambres avaient une double question à résoudre en 1842. L'exécution et l'exploitation des voies ferrées devaient-elles être confiées à l'industrie privée ? S'il en était ainsi, devaient-elles lui être confiées à perpétuité ? La première solution semblait entraîner la seconde. Si l'Etat, comme on le disait alors à la Chambre des députés, excédait son rôle en intervenant dans la confection des travaux publics, si les gouvernements libres devaient s'adresser au travail libre et à l'industrie privée, il semblait illogique que les rôles fussent brusquement intervertis au bout d'un certain temps, et les droits des compagnies transférés à l'Etat. Il n'y a pas deux caractères plus incompatibles que celui de marchand et de souverain, a dit Adam Smith. Si ce principe économique est vrai pour une période de 99 ans, il l'est encore au bout de cette période.

Mais les théories inflexibles n'ont pas ordinairement un grand succès dans les assemblées délibérantes. Adam Smith lui-même, après avoir tiré les conséquences de son principe, ne recule pas devant une contradiction, lorsqu'il se met à parler des postes. C'est peut-être, dit-il, la seule affaire de commerce qui ait été conduite avec succès par toute espèce de gouvernement.

Les Chambres pouvaient craindre, en 1842, d'engager l'Etat dans des spéculations aventureuses, d'être obligées à voter de nouveaux impôts pour satisfaire aux charges des nouvelles entreprises, et partant d'épuiser la génération présente au profit des générations à venir. Elles admettaient que les travaux indispensables seraient faits plus vite et à moins de frais par des Compagnies ; on alla jusqu'à soutenir qu'une voie ferrée de trente lieues coûterait quarante millions aux Compagnies et cent millions à l'Etat ! Elles pouvaient en même temps, néanmoins, reculer devant une aliénation perpétuelle. L'Etat, en limitant les concessions, gardait le droit d'imposer des travaux onéreux, mais utiles, au prix d'une concession nouvelle. Plus tard, peut-être, au milieu d'embarras financiers, il trouverait une grande ressource en ressaisissant les chemins de fer. Il pourrait, en tout cas, s'il le voulait, appliquer les principes de l'économie politique en reculant indéfiniment les premières limites, à l'expiration de la concession primitive.

Mais, le système de la concession perpétuelle une fois admis, ce contrat renferme évidemment une *aliénation*. Bien que l'article premier de la loi du 1er juillet 1845 classe les chemins de fer dans la grande voirie, bien qu'une théorie universellement admise les range parmi les dépendances naturelles du domaine public, l'Etat, selon nous, aurait aliéné le sol même des voies concédées (1). Nous verrions trois éléments dans le contrat : 1° la concession des travaux; 2° la concession d'un service de voirie; 3° la concession de la voie à exploiter. En effet, la voie ferrée ne serait plus ni du domaine public ni du domaine privé de l'Etat. L'Etat *détient* les biens du domaine public en raison de leur affectation au service de la société, dit Gabriel Dufour. Or l'Etat n'est pas même détenteur, dans notre hypothèse. Les routes impériales sont à sa charge, mais les routes départementales sont à la charge des départements, les chemins vicinaux à la charge des communes, et rentrent, par conséquent, dans le domaine public départemental et municipal, tant que leur destination n'a pas changé. Dès lors, comment mettre une voie ferrée à la charge perpétuelle d'une compagnie et l'attribuer néanmoins au domaine public national? Il est encore plus évident que la voie ferrée n'appartient pas au domaine privé de l'Etat. On objecte, il est vrai, que si la compagnie était devenue propriétaire, elle pourrait abuser de la voie, c'est-à-dire la tranformer, l'ensemencer, par exemple. Mais la propriété n'a jamais été un droit absolu : la définition de l'art. 544 du Code Napoléon est très-exacte, et le droit du maître est sans cesse limité par les réglements ou par les lois. La propriété de la compagnie est grevée d'une servitude d'utilité publique dont l'étendue est déterminée par l'acte même de concession.

_____

(1) Nous ne parlons que des voies livrées à l'exploitation exclusive d'une compagnie. Il ne s'agit pas ici des chemins de fer dits *américains*, comme celui de Rueil à Marly. Dans cette dernière hypothèse, l'Etat n'accorde à la compagnie que le droit de poser des rails sur une portion de la route et de faire, à l'aide de ces rails, un service de voirie.

En 1828, les chemins de fer de Saint-Etienne à Lyon, d'Andrezieux à Roanne, furent livrés à titre de concession perpétuelle. Mais la concession primitive, pour ces deux lignes, a disparu dans les nombreuses lois d'ensemble qui la suivirent. En définitive, ce système n'a prévalu presque nulle part. La durée des concessions est de quatre-vingt-dix ans en Autriche, de quatre-vingt-dix-neuf ans en Hollande, de soixante-quinze ans en Russie, excepté pour le chemin de fer du Volga au Don concédé pour quatre-vingt-dix ans, de cinquante en Turquie pour la ligne de Smyrne à Aïdin, de quatre-vingt-dix-neuf ans pour la ligne de Tsernavoda à Kustendjie. C'est à peine si nous pouvons trouver un ou deux chemins de fer assimilables à des propriétés privées, par exemple, en Belgique, la ligne du Haut et du Bas-Flénu, dont le parcours est de cinquante-six kilomètres. Quoi qu'il en soit, dans l'hypothèse exceptionnelle d'une concession perpétuelle, la voie concédée, selon nous, est aliénée par l'Etat à la compagnie : une parcelle du sol, pour appartenir au domaine public national, doit apppartenir d'abord au domaine national.

Tel n'est pas, nous le répétons, le système français. L'art. 2 du projet qui fut présenté aux Chambres en 1842 était ainsi conçu : « L'exécution des grandes lignes de chemins de fer définies par « l'article précédent aura lieu par le concours de l'Etat, des dé- « partements traversés et des communes intéressées, de l'indus- « trie privée dans les proportions et suivant les formes ci-après « déterminées. » Un amendement fut présenté par M. Duvergier de Hauranne : « Néanmoins ces lignes pourront être concédées « en totalité ou en partie à l'industrie privée en vertu de lois « spéciales et aux conditions qui seront alors déterminées. » La commission s'étant ralliée à cette proposition , M. de Lamartine prit la parole contre l'amendement : « La pensée du projet pri- « mitif, dit-il, la voici : l'Etat, dans sa perpétuité et dans sa puis- « sance, doit rester *propriétaire* de son sol, de sa viabilité, de ses « lignes défensives nationales... L'amendement dit précisément « le contraire... C'était cette nationalité des lignes qui faisait « pour nous la vertu, le mérite, le caractère principal, pres- « que unique de votre projet! Vous l'abandonnez! » M. de Lamartine, dans une péroraison chaleureuse, priait la Chambre de se rappeler, dans l'avenir, qu'il avait protesté contre cette spoliation de l'Etat, des contribuables et des générations futures.

L'orateur se trompait. Le Ministre des travaux publics répondit avec beaucoup de sens que jamais ces idées de spoliation n'étaient

entrées dans l'esprit des membres du cabinet ni des membres de la commission : « Nous disons, dans l'article 2 accru du para-
« graphe additionnel, à l'industrie privée : Voilà comme le gou-
« vernement entend exécuter les grandes lignes de chemins de
« fer; ce mode sera appliqué. Si vous avez à faire des proposi-
« tions, nous consulterons les chambres et nous présenterons
« une loi spéciale. Je suppose qu'une Compagnie se présente
« pour traiter de la jouissance et demande un bail de cinquante
« ans, aux conditions voulues par le projet de loi, avec un tarif
« élevé, à la condition par elle de fournir les rails et les locomo-
« tives, et qu'au contraire, dans le système du paragraphe addi-
« tionnel, une Compagnie vienne dire : Je me contente de la
« jouissance de cinquante ans, avec un tarif plus bas, et je ferai
« non seulement la dépense que votre projet rejette sur les
« Compagnies, mais encore les terrassements et les ouvrages
« d'art. Eh bien! dans ce cas, je m'adresse à M. de Lamartine
« lui-même, et je lui demande s'il serait assez superstitieusement
« entiché de son principe d'inaliénabilité du sol, pour avoir le cou-
« rage de repousser une telle proposition. » On le voit : les prévisions du ministre ne dépassent pas une concession de simple jouissance dont il déterminait approximativement la durée.

L'article 6 indique bien la pensée générale de la Chambre :
« La voie de fer, y compris la fourniture du sable, le matériel
« et les frais d'exploitation; les frais d'entretien et de réparation
« du chemin, de ses dépendances et de son matériel, resteront
« à la charge des Compagnies auxquelles l'exploitation du chemin
« sera donnée à bail. *Ce bail règlera la durée de l'exploitation.* »
Il s'agit seulement d'un bail, et d'un bail limité! L'article 7
est encore plus décisif : « A l'expiration du bail, la valeur
« de la *voie de fer et du matériel* sera *remboursée* à dire d'ex-
« perts, à la Compagnie, par celle qui lui succèdera ou *par*
« *l'Etat.* »

Nul n'a mieux compris ni mieux expliqué cette théorie que
M. Rossi, à la Chambre des Pairs, (séance du 1er juin) : « Le pro-
« jet de loi a pris les choses telles qu'elles sont. La propriété!
« à l'Etat. Le sol! à l'Etat. Bref, tout ce qu'on peut regarder
« comme tenant à la chose publique, à l'Etat! Il y a ensuite la
« partie commerciale, l'exploitation et le bail. Pour cela on appelle
« l'industrie privée. Les conditions de ce bail sont connues,
« déterminées, et l'on ne peut pas dire que ces fermiers se
« mêlent à la chose publique. On a dit : mais les Compagnies

« n'auront pas la propriété du chemin, et on a paru s'étonner
« de ce résultat. Cependant qu'y a-t-il d'étrange dans les combi-
« naisons du projet? L'Etat agit comme un propriétaire de ter-
« rains en friche, qui ne pourraient être mis en culture qu'après
• des travaux de dessèchement et de nivellement coûteux. Il se
« dit qu'un fermier ne pourrait pas faire ces travaux prépara-
« toires ; il fait, à ses frais, les nivellements, les fossés d'écoule-
« ment. et ensuite il trouve un fermier pour la culture de la
« propriété. L'Etat fait ici la même opération ; elle n'a rien d'extra-
« ordinaire ni d'insolite. »

Nous voyons donc désormais trois éléments dans le contrat :
1º la concession des travaux. La Compagnie est chargée de la
construction et de l'entretien du chemin de fer ; 2º la concession
d'un service de voirie. La Compagnie, par ses préposés, recueille
les droits de péage et de transport; 3º un bail de la voie qu'il
s'agit d'exploiter. L'Etat en conserve la propriété.

Mais si la voie ferrée demeure dans le domaine national, de-
meure-t-elle dans le domaine *public* national? Il faut chercher la
solution dans la nature du bail. Si l'Etat loue cette voie à la Compagnie pour qu'elle l'exploite à sa guise et qu'elle l'ensemence au
jour où le commerce de transport commence à lui peser, la voie
n'est pas restée dans le domaine *public* national. Mais il n'en est
pas ainsi. Le cahier des charges est là pour obliger les concessionnaires à remplir les conditions du contrat. Au cas d'inexécution
des clauses, l'Etat conserve le droit de déchéance. Cette déchéance
est prononcée par le ministre des travaux publics. Bien entendu,
la Compagnie peut soutenir que ses droits sont violés et réclamer par la voie contentieuse devant la juridiction administrative.

La jurisprudence et la doctrine admettent donc : 1º qu'il n'y a
pas aliénation de la propriété de la voie ; 2º que la voie appartient
au domaine public national. Citons seulement à ce propos un
jugement du tribunal de la Seine du 28 juillet 1850 et un arrêt du
Conseil d'Etat du 8 février 1851.

Deux créanciers de la Compagnie du chemin de fer de
Sceaux soutenaient que la voie ferrée pouvait être l'objet
d'une expropriation forcée. Le tribunal de la Seine déclara
que le concessionnaire d'un chemin de fer n'étant pas le
véritable propriétaire du terrain sur lequel le chemin est établi ;
que, par leur nature de voie publique, les chemins de fer n'étant
pas susceptibles de propriété privée ; que nul ne pouvant admettre
qu'une telle voie créée pour l'utilité de tous fût soumise aux

28

modifications partielles ou totales dont est susceptible la propriété privée ; que le droit de perception étant seul accordé au concessionnaire sur le chemin ; que nul ne pouvant raisonnablement, pour détruire cette vérité, s'armer du mot *propriété* qui se rencontre parfois dans les cahiers des charges, etc., etc..., la saisie opérée à la requête des créanciers était nulle. En exécution de la loi du 20 février 1849, portant établissement d'une taxe annuelle sur les biens de main-morte, la Compagnie du chemin de fer du Centre avait été imposée, pour 1849, dans diverses communes des départements du Cher et du Loiret, en raison du sol du chemin et de ses dépendances. Elle en demanda la décharge sur le motif que le chemin de fer du Centre n'était pas la propriété de la Compagnie anonyme qui l'exploitait, mais de l'Etat ; que la Compagnie n'était que fermière, et que dèslors la taxe, si elle était due, devait être payée par l'Etat. Cette théorie fut admise par deux conseils de préfecture ; sur le pourvoi du ministre des finances, le Conseil d'Etat déclara que la taxe représentative des droits de transmission entre vifs et par décès, créée par la loi du 20 février 1849, ne portait que sur les biens immeubles passibles de la contribution foncière aux termes de l'art. 1er de la loi ; que si le chemin de fer du Centre et ses dépendances constituaient des immeubles soumis à la contribution foncière par le cahier des charges annexé à la loi du 26 juillet 1844, comme il résultait, soit de cette loi, soit des lois générales de la matière, le chemin de fer n'appartenait pas à la Compagnie à laquelle l'exploitation temporaire en avait été adjugée à titre de bail, mais faisait partie du domaine public ; que les conseils de préfecture avaient donc, avec raison, déchargé la Compagnie défenderesse (1).

Mais, remarquons-le bien, si l'Etat n'aliène pas le sol, il ne ne s'en dessaisit pas moins d'un droit précieux. La meilleure preuve qu'il y a « *dévestissement* » du côté de l'Etat, c'est qu'il y a « *investissement* » du côté de la Compagnie. L'Etat pourrait exploiter lui-même (2) ; s'il ne le fait pas, c'est au grand avan-

(1) Enfin la Cour de cassation a déclaré très-nettement, le 15 mai 1861, que la compagnie concessionnaire n'avait sur la voie ferrée et ses dépendances ni droit de propriété ni aucun droit immobilier, les chemins de fer faisant partie du domaine public, c'est-à-dire appartenant à l'Etat.

(2) En Belgique, en Hollande, et généralement dans toute l'Allemagne, un grand nombre de chemins de fer sont directement exploités par l'Etat.

tage des concessionnaires. C'est ce qui faisait qu'autrefois tout chemin de fer d'un embranchement de moins de vingt mille mètres de longueur devait être autorisé par une loi. Aujourd'hui le Gouvernement autorise. Autrefois encore, on attachait un assez grand prix à ménager, dans l'octroi des concessions, l'avantage de la concurrence. C'est ainsi que les chemins d'Orléans à Bordeaux, de Paris à la frontière de Belgique, de Tours à Nantes, de Paris à Strasbourg, de Paris à Lyon, de Creil à Saint-Quentin, durent être concédés par voie d'adjudication. Aujourd'hui les concessions ont généralement lieu de gré à gré.

Mais l'Etat conserve un droit supérieur qui se manifeste à l'expiration de la concession. Quel est précisément ce droit? On conçoit qu'il peut varier avec chaque cahier des charges. Cependant certaines clauses qu'on retrouve, par exemple, dans les cahiers des charges du 16 juillet 1845 et du 5 janvier 1852 forment une sorte de droit commun en cette matière. Le plus long terme d'une concession, en France, est de quatre-vingt-dix-neuf ans : à l'expiration du délai, le Gouvernement est subrogé à tous les droits immobiliers de la Compagnie; il entre immédiatement en jouissance du chemin de fer, de ses dépendances et de ses produits. La Compagnie doit donc remettre en bon état d'entretien le chemin de fer et ses dépendances immobilières. Dans les cinq dernières années de la concession, le Gouvernement peut mettre saisie-arrêt sur les revenus du chemin et les employer à rétablir en bon état le chemin et ses dépendances, si la Compagnie ne satisfaisait pas entièrement à cette obligation. Quant aux objets immobiliers qui auraient pour destination distincte et spéciale le service des transports, et aux objets mobiliers tels que machines locomotives, wagons, chariots, voitures, matériaux, combustibles et approvisionnements de tout genre, l'Etat est tenu de les reprendre à dire d'experts, si la Compagnie le requiert, la Compagnie de les céder à l'Etat si l'Etat le requiert de son côté. La concession peut encore finir par le *rachat*. Le rachat ne peut ordinairement être opéré qu'après quinze ans. On relève les produits nets annuels des sept dernières années; on déduit le produit net des deux plus faibles années, et l'on établit le produit net moyen des cinq autres. Le produit net moyen forme le montant d'une annuité due à la Compagnie pendant chacune des années qui restaient à courir sur la durée de la concession. Enfin la déchéance peut être prononcée pour inexécution des clauses du cahier des charges; dans ce cas, le cautionnement de la Compagnie reste acquis au trésor public.

P. *Canaux*. Les considérations théoriques que nous avons présentées sur les concessions perpétuelles ou temporaires des chemins de fer s'appliquent aux voies de navigation, mais avec cette différence qu'aucun chemin de fer français n'est concédé à perpétuité, tandis que sur cinq mille kilomètres de canaux ouverts ou en cours d'exécution, près de sept cents kilomètres ont été l'objet de concessions perpétuelles. En Angleterre, la concession d'un canal est toujours perpétuelle. En France, au contraire, on se croit obligé de justifier cette sorte de dérogation. Sous Louis XIV, le canal de Briare et le canal du Midi avaient été aliénés à perpétuité : « Un ouvrage qui demandait tant d'attention, d'ha-
« bileté et de dépenses, disait Colbert à propos de ce dernier
« canal, ne pouvait être laissé sans les plus graves inconvénients
« aux soins de la régie publique : il est plus sûr d'en confier la
« conduite et *d'en accorder la propriété* à un particulier intelli-
« gent qui pût la maintenir par une vigilance continuelle, et qui
« eût intérêt à le faire, comme étant sa chose propre. » M. Lainé
disait en 1825 à propos de la concession à perpétuité du canal
de la Corrèze : « A supposer que cette clause contrariât nos idées
« habituelles sur la munificence publique, on serait réduit à ba-
« lancer le léger inconvénient d'un péage perpétuel avec la pri-
« vation d'un canal que la concurrence provoquée n'a pas per-
« mis de faire à une autre condition. Si l'on considère, d'autre
« part, qu'à l'expiration des quatre-vingt-dix-neuf ans, terme
« ordinairement fixé à ces sortes d'entreprises, le gouvernement
« est obligé d'entretenir les travaux qui, après un siècle, com-
« menceront à dépérir, et de prendre les frais d'entretien et
« de réparation sur les contributions générales, on verra que
« l'Etat n'a aucun intérêt à s'opposer à la perpétuité du péage. »

Nous croyons fermement, malgré un arrêt du conseil d'Etat du 27 avril 1826 et un arrêt de la cour de de cassation du 22 août 1837, que les canaux concédés à perpétuité sont aliénés par l'Etat. Cette solution, rejetée ordinairement chez nous, admise cependant par la cour de cassation dans un cas spécial (1), est adoptée unanimement chez nos voisins d'Outre-Manche. Notre argument est toujours le même : une voie de navigation, pour appartenir au

(1) 22 avril 1844.

domaine public national, doit d'abord appartenir au domaine national. Sans doute le concessionnaire ne peut pas transformer le canal ni en modifier la destination : cela prouve simplement que son droit est limité par les lois ou les réglements; telle est en France la nature même du droit de propriété. M. Dalloz est bien obligé d'avouer (1) que le principe admis par cette jurisprudence « ne paraît pas s'harmoniser avec les règles générales du » droit civil. » Puis la jurisprudence introduit en cette matière la plus subtile des distinctions; la cour de Lyon s'est vue forcée de juger, le 4 juillet 1839, que si ces canaux étaient une dépendance du domaine public « sous le rapport de la navigation, » ils étaient, « sous tous les autres, » une propriété privée. Décision vraiment singulière et qui placerait dans une situation tout à fait bizarre les canaux concédés à perpétuité, en créant, au profit des concessionnaires et de l'Etat, je ne sais quel droit de co-propriété. La jurisprudence et la doctrine ont, au reste, déduit plusieurs conséquences de ces principes, par exemple, l'impres-criptibilité de ces canaux et de leurs dépendances.

Au contraire, nous admettons que le canaux navigables et leurs dépendances, concédés temporairement, doivent appartenir au domaine public (2).

Les concessions de canaux, comme celles de chemins de fer, se font par décret impérial.

Les *concessions* faites par l'Etat sont de nature si diverse qu'on ne saurait tracer en cette matière de règles générales d'interpré-tation.

ÉCHANGES (3).

Aucun échange de biens domaniaux ne peut être fait qu'en vertu d'une loi. Ce principe reçoit une exception dans l'hypothèse prévue par l'art. 4 de la loi du 20 mai 1836. L'administration peut céder, sur estimation contradictoire et à titre d'échange, des portions de terrains dépendant d'anciennes routes, aux pro-priétaires de terrains sur lesquels des routes neuves doivent être

---

(1) V° Eaux. § 162.

(2) V. nos réflexions sur la propriété des chemins de fer.

(3) Pour ne pas scinder l'analyse de l'ordonnance du 12 décembre 1827, nous traitons dès à présent de l'échange du domaine forestier.

exécutées. Aux termes du décret du 25 mars 1852, les préfets sont compétents pour statuer sur ces sortes d'échanges.

En dehors de ce cas exceptionnel, toute demande contenant proposition d'échange est envoyée au ministre des finances avec les titres de propriété et la déclaration authentique des charges, servitudes et hypothèques dont est grevé l'immeuble offert en échange. Le ministre, s'il veut donner suite à la demande, la communique au préfet de la situation des biens. Le préfet, après avoir consulté les agents des domaines et, s'il y a lieu, des forêts, donne son avis sur la convenance de l'échange. Si les immeubles sont situés dans deux départements différents, le ministre s'adresse aux deux préfets. Les réponses et pièces sont communiquées à l'administration des domaines et, s'il y a lieu, à celle des forêts. Les conseils d'administration donnent leur avis. Le ministre, s'il reconnaît alors l'utilité de l'échange, prescrit au préfet de faire procéder à l'estimation. Trois experts sont nommés: un par le préfet, un par l'échangiste, un par le président du tribunal (1). Les experts prêtent serment, visitent, estiment les immeubles, en constatent la valeur eu égard aux charges réelles et servitudes dont ils sont grevés. Lorsqu'il s'agit d'échanges de bois, ils font mention : 1° de la contenance du bois; 2° de l'évaluation du fonds; 3° de l'évaluation de la superficie, en distinguant le taillis de la nouvelle écorce et en mentionnant les claires voies, s'il y en a; 4° des rivières flottables ou navigables qui servent aux débouchés, et des villes et usines à la consommation desquelles les bois sont employés. Les procès-verbaux d'expertise sont remis au préfet et communiqués au directeur des domaines et, s'il y a lieu, au conservateur des forêts, puis envoyés au ministre des finances, avec les observations et avis de ces fonctionnaires. Le conseil d'administration des domaines et, s'il y a lieu, le conseil d'administration des forêts les examinent ensuite; puis la section des finances du conseil d'Etat : « Nous nous réservons, ajoute l'ordonnance, « sur le compte qui nous sera rendu de ces délibérations par « notre ministre secrétaire d'Etat des finances, de l'autoriser, « s'il y a lieu, à passer l'acte avec l'échangiste, *lequel, dans*

---

(1) S'il s'agit de forêts, le conservateur présente trois préposés de l'administration entre lesquels le directeur des domaines choisit. La nomination est soumise à l'approbation du préfet.

« *tous les cas* , *n'entrera en jouissance que lorsque la loi aura été*
« *rendue.* »

Le contrat détermine la soulte à payer : il contient la désignation de la nature et de la contenance de l'immeuble, des charges
dont il est grevé : il relate les titres de propriété, les actes qui
constatent la libération du prix, enfin les procès-verbaux d'estimation. Il peut être stipulé que l'acte d'échange sera non avenu,
si la loi approbative n'intervient pas dans un certain délai. Le
contrat d'échange sera enregistré *gratis* : la soulte sera régie,
quant au droit proportionnel d'enregistrement dont elle est passible, par les lois relatives aux aliénations ordinaires des biens
de l'Etat. S'il existe des inscriptions hypothécaires sur l'échangiste, il sera tenu d'en rapporter main-levée et radiation dans
les quatre mois du jour de la notification à lui faite par l'administration des domaines : sinon le contrat est résilié de plein
droit (1). Le projet de loi ne sera présenté qu'autant que la main-
levée et radiation des inscriptions existant au jour du contrat
auront été rapportées et qu'il ne sera point venu d'inscription
dans l'intervalle.

Nous traiterons à part des autres modes d'aliénation du
domaine forestier.

APPENDICE.

ALIÉNATION DU MOBILIER DE L'ÉTAT.

D'après l'ordonnance du 14 septembre 1822, quand les objets
mobiliers mis à la disposition d'un ministre sont susceptibles
d'être vendus, la vente n'en peut être faite qu'avec le concours de
la régie des domaines, publiquement et aux enchères. Néanmoins
ces ventes ont lieu quelquefois par voie de soumission. Le Conseil d'Etat a jugé le 21 mai 1840 qu'en cas pareil le délai à observer pour la réception des soumissions n'est pas celui des affiches,
mais celui du cahier des charges.

Quand les papiers et registres des administrations ont cessé
d'être utiles, on les supprime. « Ces suppressions, disent les

---

(1) Tous les frais auxquels l'échange aura donné lieu seront supportés
par l'échangiste, si l'échange a été résilié par son fait. (V. art. 7, 10 et 12
de l'ordonnance).

« auteurs du traité de la Fortune publique, fournissent d'ailleurs
« au Trésor public des occasions de quelques revenus. Mais
« l'intérêt de l'Etat et celui des particuliers exigent que l'on
« procède à la suppression des anciens registres et papiers avec
« une grande discrétion. Il ne faut pas que dans la vue de la
« recette, plus ou moins importante, que peut produire la vente
« de semblables objets, on disperse ou détruise des documents
« utiles (1). »

Le gouvernement a fait de tout temps des dons de livres et
ouvrages imprimés ou gravés aux frais de l'Etat. On blâma sous
la monarchie de Juillet la trop grande part que les particuliers
avaient dans ces donations, le retour des mêmes noms dans les
états de distribution et l'insuffisance des dons faits aux bibliothèques. L'article 4 de la loi du 31 janvier 1833 obligea les Ministres à publier dans leurs comptes les noms des particuliers ou
des établissements donataires ; l'article 4 de la loi du 23 mai 1834
disposa que les livres et ouvrages imprimés ou gravés par ordre
du gouvernement ou auxquels il aurait souscrit ne pourraient
être distribués qu'aux bibliothèques publiques de Paris et des
départements, et que si, par exception, il en était accordé à des
particuliers, à titre de récompense, ce serait par une décision
spéciale et motivée du Ministre, dont il serait rendu compte aux
Chambres. La sous-commission chargée du projet de budget du
Ministère de l'instruction publique, pour l'exercice 1837, proposa
de remplacer cette disposition par une autre, qui restreindrait
les distributions aux bibliothèques de Paris et des départements,
et à des établissements publics nationaux ou étrangers. Les particuliers étaient frappés de l'incapacité de recevoir ces dons, sauf
les auteurs ou éditeurs des ouvrages publiés par le gouvernement. Cette proposition fut rejetée par la Chambre des députés.
On avait pris des précautions suffisantes (2).

Enfin la fabrication des tabacs appartient à l'Etat. La vente est
faite par l'administration des contributions indirectes qui livre
les produits au public par l'intermédiaire d'entreposeurs et de
débitants. La vente des poudres, dont la fabrication est placée
dans les attributions du Ministère de la guerre, est de même
confiée à l'administration des contributions indirectes. —

(1) 1, p. 615.
(2) Cf. Loi du 10 juin 1839.

Tabacs. Les entreposeurs les vendent aux débitants et ceux-ci au public. Les entreposeurs sont comptables directement envers la Cour des comptes des matières déposées entre leurs mains; sous-comptables envers les Receveurs principaux des contributions indirectes des deniers par eux encaissés. La vente des tabacs est nécessairement faite au comptant dans les entrepôts. Les tabacs sont livrés par la régie aux débitants et par les débitants aux consommateurs à des prix fixés par décrets impériaux. La loi du 28 avril 1816 (article 179) autorise cependant la régie à vendre pour l'exportation à des prix déterminés par le Ministre des finances (Déc. min. Fin. 17 janvier 1817), soit des tabacs fabriqués, soit des tabacs en feuille. Dans ce cas il est délivré à l'acheteur un acquit à-caution avec obligation de justifier de la sortie des tabacs (1). — *Poudres.* De même l'administration des contributions indirectes reçoit des poudrières les quantités demandées par elle et les transmet aux entreposeurs qui les distribuent aux débitants. Les débitants constatent sur des registres la date des ventes, les noms, profession et domicile des acheteurs. Les entreposeurs doivent adresser tous les quinze jours un état au Sous-Préfet. Un tableau fourni par l'administration et indiquant les prix de vente est affiché dans chaque débit. Le débitant ne peut excéder ces prix sous peine de révocation. Des règles spéciales sont établies pour la vente des diverses espèces de poudres. Ainsi les poudres de chasse sont vendues en rouleaux par les entreposeurs et les débitants. Les poudres de marine et de commerce extérieur, les poudres de guerre destinées aux armateurs et artificiers patentés, sont vendues en barils par les entreposeurs (2).

Enfin on sait que le gouvernement perçoit en partie l'impôt du timbre par la vente du papier timbré. Longtemps les préposés de l'enregistrement ont été seuls chargés de la distribution. Nul, aujourd'hui, sous peine d'amende, ne peut vendre ou distribuer du papier timbré, si ce n'est en vertu d'une commission de l'administration.

(1) Cf. Décrets du 29 juin 1853, du 18 août 1853, du 31 mai 1854. V. aussi le dictionnaire de l'administration française.

(2) V. le dictionnaire de l'administration française.

CHAPITRE IV.

COMPÉTENCE EN MATIÈRE D'ALIÉNATION DES BIENS DE L'ÉTAT.

SOMMAIRE. — Idées théoriques. — Compétence en matière de vente. — Jurisprudence du conseil d'État. — Jugement du tribunal de Grasse du 19 février 1849. — Quand et comment le pouvoir judiciaire peut statuer sur le débat sans renvoyer l'interprétation de l'acte au pouvoir administratif. — Droit conservé par le pouvoir judiciaire après l'interprétation du pouvoir administratif. — Compétence en matière d'échange. — Discussion d'un arrêt du conseil d'État du 23 avril 1837. — Compétence en matière de concession. — Distinction entre les actes où l'État agit comme propriétaire et les actes d'administration. — De la distinction proposée entre les concessions émanées du pouvoir législatif et les concessions émanées du pouvoir exécutif. — De l'attribution de compétence expresse au pouvoir administratif. — Résumé.

L'État, lorsqu'il aliène, ne fait ni un acte de souveraineté ni un acte administratif. Il agit comme le premier propriétaire venu qui veut se défaire de son immeuble. Ce principe, qu'il faut immédiatement restreindre en matière de concessions, nous semble très-clair pour les ventes et les échanges. Autant il serait bizarre de prendre un individu dans l'État et d'établir une juridiction exceptionnelle pour trancher tous les procès que ce personnage pourrait avoir avec ses acheteurs ou ses échangistes, autant il est anormal de donner à l'État le bénéfice d'une semblable juridiction. Ce privilége est même plus dangereux encore aux mains de l'Etat qu'on peut accuser d'être à la fois juge et partie. Nous n'entendons pas infliger ici le moindre blâme à notre juridiction administrative. La sagesse de ses décisions est incontestée. Mais on ne saurait se contenter de juger une telle anomalie par ses résultats pratiques, qui peuvent varier à chaque révolution. C'est sur un autre terrain que la question doit être portée. Or il est impossible, en se plaçant dans la sphère de la théorie pure, d'approuver une semblable attribution de compétence.

Nous avons vu que la loi du 28 pluviôse an VIII déférait aux conseils de préfecture le contentieux des domaines nationaux. On sait qu'aux termes des Constitutions de l'an III et de l'an VIII, lorsque le bien d'autrui avait été vendu nationalement, le véritable propriétaire n'avait droit qu'à une indemnité. Ce regrettable principe, étroitement lié à une attribution de compétence exceptionnelle, était incompatible avec les articles 9 et 10 de la Charte de 1814. La compétence administrative, introduite en pareille matière, n'était-elle pas de même implicitement abrogée? On n'osa ni maintenir ni supprimer l'ancienne compétence : on la scinda. Le Conseil d'Etat décida sagement que les tribunaux étaient compétents pour connaître, en matière de vente des biens de l'Etat, des questions de propriété : mais il réserva aux corps administratifs les questions que pouvait soulever l'interprétation même des actes de vente. On comprend l'arrêté du gouvernement du 26 nivôse an IX, déclarant que l'administration est seule compétente pour statuer sur la propriété d'objets saisis pendant la guerre étrangère ou civile sur l'ennemi ou les rebelles. Le Gouvernement tient à conserver aux corps administratifs la connaissance d'actes exclusivement politiques. Mais on ne comprend pas aussi facilement qu'il enlève aux tribunaux l'interprétation de contrats qui n'offrent pas même le caractère d'actes administratifs. Par une inconséquence manifeste la jurisprudence renvoie aux tribunaux l'interprétation, non seulement des baux administratifs, mais encore des contrats de ventes passés amiablement entre l'Etat et des particuliers. C'est ce qu'ont décidé le Conseil d'Etat le 20 juin 1837, la cour de cassation le 17 juillet 1849 et le tribunal des conflits les 15 mars et 30 novembre 1850. La forme des enchères ne transforme pourtant pas le caractère du contrat. Il arrive encore quelquefois qu'une sentence isolée de tribunal inférieur réagisse contre la jurisprudence du Conseil d'Etat. Le tribunal de

Grasse (1) statuait en ces termes le 19 février 1849 : « La
« vente d'un bien de l'Etat, quoique faite aux enchères de-
« vant un fonctionnaire de l'ordre administratif, n'a pas moins
« été une vente pure et simple d'un objet appartenant à l'Etat
« comme propriétaire, et qui ne diffère que par la forme d'une
« vente opérée entre particuliers. En effet, l'Etat, en se dessai-
« sissant de son terrain que chacun avait le droit d'acheter, n'a
« pas fait un acte d'autorité, un usage de son pouvoir adminis-
« tratif, agissant pour l'exécution des lois ou procurant un avan-
« tage commun au public au moyen d'une mesure d'utilité gé-
« nérale, mais il a coopéré à un contrat synallagmatique pour
« lequel le concours d'une volonté correspondant à la sienne a
« été indispensable, et qui, par sa nature, ainsi que par ce qui
« en a été la matière, a tous les caractères d'un traité conclu
« entre deux individus s'engageant librement, traité soumis aux
« règles du droit civil et dont l'application est exclusivement
« dans les attributions de l'autorité judiciaire. » Ce jugement a
été immédiatement l'objet d'un conflit.

Quand le débat porte exclusivement sur la question de propriété, sans se compliquer d'une interprétation d'acte administratif, il n'est pas à craindre que les tribunaux ordinaires mécon-
naissent le principe de la séparation des pouvoirs. Ils peuvent
donc immédiatement, sans renvoi ni sursis, trancher le litige
tout entier. Ainsi l'ont jugé la Cour de cassation les 17 août
1857, 4 août 1858, 25 janvier 1859 et le Conseil d'Etat le 27 novembre 1856. La loi du 9 ventôse an XIII, en conférant à l'administration le pouvoir de rechercher et de reconnaître les anciennes limites des chemins vicinaux, déroge seule à ce principe : la
jurisprudence (2), interprétant cette loi, reconnaît à l'autorité
administrative le droit d'interroger les titres, d'étudier et de
caractériser les possessions, etc., mais restreint rigoureusement
ce droit aux chemins vicinaux (3).

Si l'on produit aux débats un acte administratif, et si cet acte
n'est pas susceptible de deux sens, il serait absurde d'obliger
les juges ordinaires à renvoyer, sur une contestation dérisoire,
l'examen du titre aux tribunaux administratifs. Quand le sens

---

(1) Dalloz. V° vente administr. n° 295.
(2) C. d'Etat, 10 mai 1855.
(3) Req. 17 avril 1823. Cf. C. rej. 25 février 1857.

n'en est pas sérieusement contestable, quand il s'agit purement
et simplement d'*appliquer* l'acte, les tribunaux ordinaires sont
compétents (1). Au contraire, s'il s'agit d'interpréter l'acte et non
plus seulement de l'appliquer, les tribunaux ordinaires, tout en
gardant le jugement du fond, renvoient les parties devant l'autorité administrative qui a retenu ce droit exclusif d'interprétation. Il peut arriver aussi qu'il y ait lieu de procéder à la délimitation du domaine public, et c'est encore à l'autorité administrative qu'appartient le droit de statuer préalablement. Mais
c'est à tort que M. Cabantous (2) conseille aux tribunaux ordinaires de se dessaisir entièrement, quand le litige porte sur une
parcelle du domaine public proprement dit. Les questions de
propriété ne doivent revenir aux conseils de préfecture que
dans le cas unique prévu par l'arrêté du 6 nivôse an XI, c'est-à-
dire, lorsqu'il s'agit d'une contestation entre l'Etat et une commune sur la propriété d'une source minérale.

Mais enfin le conseil de préfecture a interprété le titre administratif. L'autorité judiciaire n'aura-t elle qu'à enregistrer et à
constater le résultat de cet examen, comme le croit M. Cabantous?
Ce serait une grave erreur. Le pouvoir administratif déclare, je
le suppose, qu'un immeuble fait partie du domaine *public*. Les
juges ordinaires ne pourront pas décider que cet immeuble n'est
pas une dépendance du domaine public : rien de plus évident :
mais ils pourront constater le droit antérieur d'un propriétaire.
Cette décision n'aboutira pas à une réintégration, mais elle servira
de base à l'allocation d'une indemnité. C'est ce qui a été jugé
par la Cour de Rennes le 24 mai 1851, et reconnu par le Conseil
d'Etat le 30 juin 1853 en matière d'arrêtés de domanialité, par
le tribunal de Bordeaux le 27 avril 1855, par la Cour de cassation
les 23 mai 1849 et 17 mars 1857, et par le Conseil d'Etat les 17
décembre 1847 et 30 mars 1853, en matière d'arrêtés de délimitation, soit de cours d'eau navigables, soit des rivages de la mer.
Ce principe fléchit seulement en matière de chemins vicinaux :
le Conseil d'Etat reconnaît au Préfet le pouvoir de fixer les droits
antérieurs à l'incorporation (3). Les tribunaux ordinaires ne sont
pas entièrement dessaisis, comme dans l'hypothèse de l'arrêté

---

(1) Cf. cass. 4 janvier 1854.
(2) Revue critique de législation et de jurisprudence, t. x. p. 260.
(3) 10 mai 1855.

consulaire de nivôse an xɪ : mais ils n'ont, pour emprunter les expressions de M. Cabantous, qu'à enregistrer et à constater la décision du pouvoir administratif.

Leurs attributions sont également circonscrites quand l'acte, une fois interprété, ne comporte plus l'appréciation de droits préexistants, par exemple, si le pouvoir administratif déclare que l'immeuble litigieux a toujours appartenu au domaine public. En définitive, le pouvoir judiciaire ne peut apprécier les questions de propriété que si la constatation du droit de propriété est conciliable avec l'interprétation du pouvoir administratif.

Quand il s'agit de décider si le terrain sur lequel une *servitude* est réclamée, constitue une voie publique, le pouvoir judiciaire est compétent pour trancher cette question préjudicielle (1).

Le Conseil d'Etat prétend enfin réserver aux conseils de préfecture le droit de statuer sur les actions en garantie contre l'Etat. La cour de Douai, le 8 août 1855, a jugé très-bien que les questions de garantie appartenaient exclusivement aux tribunaux ordinaires. C'est l'application du principe établi par la jurisprudence administrative elle-même qui renvoie au pouvoir judiciaire les questions dont il faut chercher la solution dans les règles du droit commun.

L'ordonnance de 1827 (article 12) attribue au pouvoir judiciaire les contestations en matière d'échange. Mais la jurisprudence administrative renvoie aux conseils de préfecture les contestations relatives aux formalités qui précèdent la loi d'échange, telles que les enquêtes, les expertises, l'interprétation même de l'ordonnance d'envoi en possession provisoire. Si le Conseil d'Etat, dit M. Bérard des Glajeux, entend par là rester seul juge de l'irrégularité ou de la régularité de l'échange, sa décision peut être justifiée, car tous les actes qui préparent l'échange avant la loi sont purement administratifs. Mais dès l'instant où la loi a été rendue, l'échange, dit M. Dufour, prend le caractère d'un contrat, il sort de la sphère administrative pour passer dans le domaine du droit commun ; ce sont désormais les dispositions du droit civil qui font sa force et qui doivent présider à son exécution. M. Bérard des Glajeux (2) combat à ce propos avec beaucoup de

(1) C. rej. 4 août 1858 et 25 janvier 1859.

(2) De l'aliénation et de la prescription des biens de l'Etat. p. 230 et 231.

force un arrêt du Conseil d'Etat du 23 avril 1837. Cet arrêt interprétant certains actes administratifs déclarait qu'un bois du département du Jura avait été compris dans un échange : que l'échange, d'ailleurs, devenu définitif, était inattaquable. Cette fin de non-recevoir est tout-à-fait étrange, puisqu'elle a pour effet d'enlever à tout propriétaire un bien compris par erreur dans un acte de cette nature. Quant à la première partie de la décision, elle violait ouvertement le décret de 1812 et l'ordonnance de 1827, d'après lesquels les tribunaux ordinaires sont seuls compétents pour statuer sur la revendication faite par un tiers de tout ou partie de la propriété des immeubles échangés. M. Bérard des Glajeux oppose donc à cet arrêt un arrêt de la Cour de Paris, du 24 juin 1838, confirmé par la Cour de Cassation le 30 juin 1841 : « Les lois qui autorisent les échanges des domaines de l'Etat ou « de la couronne, dit la Cour de Paris, confèrent seulement la « capacité nécessaire pour contracter, mais n'ont pas pour effet « de soustraire les actes passés en vertu de ces lois aux règles « des contrats de cette nature : si les tribunaux ne peuvent « déclarer *irrégulier* un échange autorisé par une loi, ils doivent « cependant appliquer ces lois, *interpréter les contrats*, et en « assurer l'exécution conformément à l'intention des parties. »

Les plus grandes difficultés s'élèvent sur l'interprétation des concessions. Le Conseil d'Etat a revendiqué pour la jurisprudence administrative l'interprétation des lettres-patentes, arrêts de l'ancien conseil du roi et titres émanant des princes souverains (2 août 1838, 22 mars 1841); des actes de concession d'usine et prises d'eau (27 mars 1839); des lois, décrets et ordonnances portant affectation d'immeubles domaniaux à un service public (6 mars 1835, 13 janvier 1847); des lois et décrets portant concession d'immeubles aux départements, aux communes, à l'Université, aux hospices (6 février 1839, 5 mars 1841, 8 juin 1842, 15 septembre 1843, 20 juin 1844, 30 août 1845); des actes de concession de mines et de ponts (30 juillet 1840 et 15 septembre 1848); de chemins de fer (18 mars 1848), et de canaux (31 juillet 1845).

Mais on n'admet généralement cette jurisprudence qu'avec une foule de distinctions et de restrictions. M. Cabantous revendique l'interprétation des concessions pour le pouvoir judiciaire et s'appuie sur ce motif qu'il faut envisager comme un contrat « tout « acte administratif qui influe sur la propriété. » La cour de cassation, le 2 mai 1848 et le 21 mai 1855, reconnaît aussi ce droit au pouvoir judiciaire, « attendu, dit-elle, que lorsque le

« gouvernement concède une partie du domaine public ou du
« domaine de l'Etat, il ne figure pas dans l'acte comme pouvoir
« administratif, mais comme représentant l'Etat propriétaire. »
Cette doctrine est encore développée dans un arrêt du 8 janvier
1861, qui casse un arrêt de la Cour impériale de l'île de la
Réunion.

Le gouvernement ne figure-t-il donc jamais dans un acte de
concession comme pouvoir administratif? Telle est précisément
la question, selon nous. Parmi les concessions qui entraînent
une aliénation du domaine, il faut, à notre avis, distinguer celles
où le gouvernement représente simplement l'Etat propriétaire et
celles où il agit *en même temps* comme pouvoir administratif.
Dans cette seconde hypothèse, le contrat de concession offre un
caractère très-complexe, et c'est là l'origine des divergences qui
se sont produites dans l'opinion des auteurs et des tribunaux.
Il est évident, par exemple, qu'une concession de lais ou relais
de la mer est ordinairement une vente amiable : dès-lors rien de
plus logique que d'enlever l'interprétation de l'acte à l'autorité
administrative. Mais en est-il de même d'une prise d'eau dans
une rivière navigable? La cour de Montpellier poussa si loin l'o-
pinion contraire qu'elle reconnut, le 24 décembre 1855, l'incompétence absolue du pouvoir judiciaire en cette matière : la Cour
suprême cassa cet arrêt le 24 août 1857 : « en supposant, dit-
« elle, que pour éclairer la question de propriété, il fallût préa-
« lablement interpréter des actes administratifs, la cour de
« Montpellier devait se borner à surseoir (1) au jugement jusqu'à
• cette interprétation, mais non se déclarer absolument incom-
« pétente. » La cour de cassation, on le voit, paraît douter qu'il
y eût lieu d'envisager comme acte administratif un édit portant
concession de prise d'eau. Mais la distribution des eaux et singulièrement la dérivation d'un volume d'eau quelconque emprunté
à une rivière navigable ne constituent-t-elles pas des objets d'administration? Il est manifeste, a-t-on dit, que les questions de
propriété qui touchent au domaine public se lient toujours à un
intérêt général! Cette évidence ne nous frappe pas : elles peuvent
très-bien, ce semble, n'être liées qu'à l'intérêt privé de l'Etat,
agissant comme propriétaire. C'est donc, à notre avis, le caractère même de la concession que les tribunaux doivent envisager :

(1) Rien de plus exact.

le contrat revêt le caractère d'un acte administratif, quand il se rapporte à un objet d'administration. Dans ce cas, les tribunaux doivent surseoir à l'appréciation des questions de propriété jusqu'à l'interprétation du pouvoir administratif : dans le cas contraire, ils ne nous paraissent pas plus obligés qu'en matière de vente ou d'échange de prononcer le sursis et peuvent statuer immédiatement sur le litige.

On propose une autre distinction entre les concessions émanées du pouvoir législatif et les concessions émanées du pouvoir exécutif. Cette distinction est-elle bien exacte? Qu'on suppose le Corps Législatif investi du droit de faire des concessions, même perpétuelles, de chemins de fer et de canaux. L'interprétation de l'acte de concession reviendra-t-elle, en bonne logique, aux tribunaux ordinaires? Non, parce que l'aliénation du domaine n'est ici que le but accessoire du contrat. Cette seconde distinction devrait donc, à notre avis, s'absorber dans la première. Cependant le conseil d'Etat lui-même, quand la concession a été faite avec le concours du Corps Législatif, reconnaît aux tribunaux ordinaires le droit de statuer sur les questions de déchéance pour inexécution des conditions, d'ordonner le déguerpissement des concessionnaires et même de prononcer la révocation qu'exige l'intérêt public (1). D'autre part, les tribunaux ordinaires se regardent comme exclusivement investis du droit d'interpréter les lois. Aussi, quand la concession a pour objet principal un acte administratif, le Gouvernement, pour prévenir tout conflit, a-t-il l'habitude de stipuler expressément une attribution de compétence à l'autorité administrative, que la concession ait été faite par un décret ou par une loi. Il suffit d'ouvrir un cahier des charges de cette nature pour y lire la clause suivante : « Les con-« testations qui s'élèveraient entre la Compagnie et l'administra-« tion au sujet de l'exécution ou de l'interprétation des clauses « du présent cahier des charges seront jugées administrativement « par le conseil de préfecture du département de..., sauf recours « au conseil d'Etat. »

Du reste, le conseil d'Etat revendique pour l'autorité administrative le droit de décider si la concession a le caractère d'un acte administratif (2).

(1) C. d'Etat, 15 août 1821, 6 septembre 1825, 19 mars 1840.
(2) 31 janvier 1856.

Résumons-nous :

En bonne logique, le pouvoir judiciaire doit toujours garder l'examen des questions de propriété. C'est ce qu'admet la jurisprudence, excepté dans l'unique hypothèse de l'arrêté de nivôse an XI.

En bonne logique, il devrait également garder le droit d'interpréter le titre de vente qui ne peut jamais être regardé comme un acte administratif, puisque la vente n'a pas pour objet un acte d'administration.

Mais la jurisprudence, à tort selon nous, n'admet pas ce principe et distingue sans raison sérieuse entre les ventes amiables et les ventes aux enchères, renvoyant l'interprétation des ventes aux enchères à l'autorité administrative. Néanmoins, même dans ce cas, la jurisprudence permet aux tribunaux civils de ne pas surseoir à l'examen du fond, quand le sens de l'acte n'est pas douteux.

Le renvoi devant le pouvoir administratif ne réduit pas nécessairement les tribunaux civils à enregistrer purement et simplement les décisions des tribunaux d'exception. Les tribunaux civils peuvent reconnaître et fixer un droit antérieur : cette fixation servira de base à l'allocation d'une indemnité.

En matière d'échange, l'interprétation des actes préparatoires revient au pouvoir administratif, l'interprétation du contrat lui-même au pouvoir judiciaire.

En matière de concession, la jurisprudence n'est pas bien fixée. Quand l'Etat, dans l'acte de concession, n'agit que comme propriétaire, le pouvoir judiciaire doit interpréter le titre : ce droit revient au pouvoir administratif, quand la concession est un acte d'administration.

CHAPITRE V.

BOIS ET FORÊTS.

SOMMAIRE. — Situation du sol domanial forestier. — Prescriptibilité des grandes masses de forêts depuis la loi de 1817. Réfutation d'une opinion de M. Serrigny. — Des affectations. — Discussion aux Chambres législatives. — Droits d'usage et faculté de cantonnement. — Coupes ordinaires et extraordinaires. — Vente de coupes. — Formes. — Abolition des surenchères et loi du 4 mai 1837. — Adjudication de certaines servitudes. — Cinq compétences. — Obligations de l'adjudicataire. — Examen juridique de la discussion soulevée par l'art. 367 de l'instruction ministérielle du 17 juin 1840.

Quelle est aujourd'hui la condition du sol domanial forestier? Est-il aliénable et prescriptible?

La cour de cassation admit l'imprescriptibilité des grandes masses de forêts, jusqu'à ce que la loi de 1817 vint affecter les bois de l'Etat à la caisse d'amortissement. M. Serrigny blâme cette jurisprudence. D'après cet auteur, l'imprescriptibilité des grandes masses de forêts cesse à partir de la promulgation du Code civil. L'imprescriptibilité des bois domaniaux dans l'ancienne monarchie tient à l'incapacité du monarque. Au contraire, la loi du 1er décembre 1790 proclame *la capacité* de la Nation. Il est vrai que la Constituante défend l'aliénation des grandes masses de forêts, et déclare imprescriptibles les biens domaniaux dont l'aliénation n'a pas été permise par une loi; mais ces règles auraient été abrogées par le Code civil. La cour de cassation croit que l'art. 2227 du Code civil s'applique exclusivement au domaine aliénable. Or M. Serrigny n'admet pas que la Constituante ait eu le dessein de frapper le sol forestier d'*inaliénabilité*. C'est là, suivant nous, une erreur. En effet, la loi du 22 décembre 1789 s'exprime ainsi : « Les administrateurs de départements sont « chargés, sous l'autorité et l'inspection du roi..., de toutes « les parties de l'administration ; notamment de celles qui « sont relatives..., à la conservation des propriétés publiques ; « à celles des *rivières*, *forêts*, *chemins*... » Cette énumération n'a pas été faite au hasard ; et ce n'est pas sans quelque dessein que la Constituante place les *forêts* entre les rivières et les chemins. L'art. 7 de la loi du 28 ventôse an IV dit encore : « Ne sont pas « compris dans les domaines nationaux hypothéqués aux man- « dats, les *bois et forêts* au-dessus de trois cents arpents et les « maisons et édifices destinés par la loi à un service public. » L'assimilation n'est pas douteuse. Il faut bien en conclure que le législateur avait voulu placer les grandes masses de forêts dans cette partie du domaine qu'il a mise hors du commerce. Autrement on ne pourrait s'expliquer que les assemblées révolution- naires, si prodigues des biens de la Nation, eussent reculé devant l'aliénation du sol forestier. Cette idée, d'ailleurs, s'explique his- toriquement et logiquement. La Chambre des comptes de Paris professait cette doctrine que le sol forestier domanial « ne pou- « vait pas tomber dans le commerce des hommes. » D'autre part on pensa que les grandes masses de forêts, comme les che- mins et les fleuves, sont essentiellement destinées à *l'usage com- mun ou public*. En avril 1802, le conseil privé ne voulut pas rendre les grandes masses de forêts aux émigrés, parce qu'elles étaient d'une utilité *indispensable* pour le service de la guerre et de la marine. Nous reproduisons donc en toute confiance l'argument de la cour de cassation. Le Code civil a déclaré les biens de l'Etat prescriptibles comme ceux des particuliers, mais il n'avait en vue que les biens de l'Etat susceptibles d'être aliénés.

La loi de 1817 a-t-elle changé le principe ? Non, d'après M. Ser- rigny. L'affectation au profit de la caisse d'amortissement n'est en réalité qu'une espèce de nantissement pour rassurer les créan- ciers de l'Etat et relever le crédit public. Mais les bois de l'Etat, à l'exception de cent cinquante mille hectares, ne sont ni plus ni moins aliénables qu'auparavant. Nous ne saurions partager cette opinion.

. Une transformation dans les idées du législateur s'opère en 1814. Jusqu'alors les nécessités de la guerre le poussaient à considérer les grandes masses de forêts comme essentiellement affectées *à un service public*. Aujourd'hui la situation des finances le porte à envisager autrement le sol forestier domanial. Une loi de 1814 autorise l'aliénation des grandes masses de forêts jusqu'à concurrence de 300,000 hectares : l'exécution en est suspendue par la loi du 28 avril 1816 (1). La loi du 25 mars 1817 affecte tous les bois de l'Etat à la caisse d'amortissement; elle en transporte dès à présent la propriété à cette caisse (2 . Or l'article premier du décret du 17 février 1809 s'exprimait en ces termes : « Les biens cédés à la caisse d'amortissement ne sont plus « censés faire partie du domaine public. » — « L'indépendance « de la caisse d'amortissement étant bien établie, disait M. Beu-« gnot à la Chambre des Députés, elle apparaît comme une « puissance intermédiaire entre deux Etats rivaux. » Est-ce clair?

La Cour suprême, par un arrêt longuement motivé du 27 juin 1854, casse un arrêt de la Cour impériale de Nancy du 25 juin 1852, qui refusait d'admettre l'abrogation des lois antérieures par la loi de 1817. « Attendu, dit-elle très-bien, que la *nécessité d'une « loi* pour autoriser la vente ou l'aliénation est une condition « commune à toutes les parties du domaine de l'Etat, et la *seule « forme* par laquelle l'Etat, propriétaire, puisse exprimer son « consentement ; qu'elle ne fait point obstacle au libre cours de « la prescription à l'égard des forêts domaniales, qui, aliénables « depuis la loi de 1817, au même titre et aux mêmes condi-« tions que toutes autres propriétés domaniales, sont devenues « par cela même susceptibles d'une possession utile ; qu'il faut « distinguer, en effet, entre le domaine de l'Etat, aliénable et « prescriptible de sa nature, et le domaine public toujours inalié-« nable et imprescriptible tant que la destination qui lui imprime « ce double caractère n'est pas changée... » Il n'y a donc aujourd'hui d'inaliénables et d'imprescriptibles que les bois et forêts compris dans le domaine de la couronne.

Bien que la vente des bois encore sur pied et des produits accessoires que peuvent donner les forêts, soit plutôt un acte

---

- (1) Il est donc plus sûr de ne reconnaître l'innovation comme chose fixe et constante qu'à partir de la loi de 1817.

(2) Cf. Article 147.

d'exploitation que d'aliénation des biens de l'Etat, comme il y a
là, en définitive, un acte translatif de propriété, nous donne-
rons un rapide exposé de la législation sur cette matière.

Nous ne nous occuperons pas des *affectations* spéciales établies
pour le service de la marine. Disons seulement que le département de la marine a le droit de faire *choisir* et *marteler* par
ses agents les arbres propres aux constructions navales. On ne
peut voir là rien qui ressemble à une aliénation. En effet, les
arbres ainsi marqués sont compris dans les adjudications et
livrés par les adjudicataires à la marine. Ceux-ci traitent de gré
à gré de leurs bois avec ce ministère. En cas de contestation le
prix est réglé par experts (1).

Lors de la discussion du Code forestier, on se demanda si les
concessions de bois, autrefois connues sous le nom d'*affectations*,
pouvaient être considérées comme de véritables aliénations du
domaine de l'Etat. La question n'avait pas seulement une importance théorique. Si ces affectations étaient des aliénations, on
pouvait les révoquer, comme faites en violation des règles du
droit public français, et particulièrement de l'ordonnance de
1566. M. de Chantereyne, à la Chambre des députés, montra
qu'on ne pouvait refuser le titre d'aliénations à des actes par
lesquels le Gouvernement, abandonnant à vil prix tantôt une
quantité de bois énorme et tantôt un droit exclusif aux coupes
d'une immense portion de forêts, cède à jamais tous les avantages de la propriété et ne s'en réserve que les charges.
M. de Martignac rappela, en outre, qu'à côté de l'édit de 1566 il
existait un autre édit de 1669 qui allait jusqu'à prohiber toute
attribution de chauffage pour quelque cause que ce fût, et faisait
défense aux cours de parlement d'enregistrer aucunes lettres ou
brevets qui en auraient été accordés. M. le comte d'Argout attaqua vivement cette doctrine à la Chambre haute. Ou l'interprétation donnée aux lois anciennes ne laissait aucun doute, et alors
les tribunaux jugeaient dans le sens du projet, dont la disposition devenait superflue, ou elle était douteuse, et dès-lors devait
être renvoyée aux tribunaux. L'honorable membre rappelait que
la cour de cassation ne considérait pas les affectations comme
de véritables aliénations. M. Roy, rapporteur, répondit en citant
les anciennes ordonnances et montra que la révocabilité était de

(1) Art. 123 et 127 du Code forestier.

l'essence des affectations. Du reste, au cas où les concessionnaires se prétendraient nantis de droits irrévocables, il déclara
qu'il appartenait aux tribunaux de juger des prétentions respectives. M. le baron Pasquier soutint que les affectations n'étaient pas
des aliénations; loin d'être un détournement du domaine public,
elles avaient toujours été, au contraire, d'utilité publique : or le
projet empirait injustement la position des concessionnaires en
assimilant les affectations et les aliénations, ce qui devait changer leur position devant les tribunaux. M. de Martignac, comme à
la Chambre élective, répondit par ce dilemme : Est-ce une aliénation ? La prohibition est écrite dans l'ordonnance de 1566 ; n'est-ce
pas une aliénation ? Elle est écrite dans l'ordonnance de 1669.
Le projet révoque les concessions faites en dépit des lois
prohibitives : si les concessionnaires prétendent échapper à
ces lois, s'ils jugent leur droit irrévocable, les tribunaux ap-
précieront.

Les affectations révocables durent cesser le 1er septembre 1827.
Les concessionnaires qui se croyaient nantis de titres d'un autre
genre durent intenter leur action dans l'année, sous peine de
déchéance. S'ils triomphaient, le Gouvernement se réservait le
droit de cantonnement (art. 58 F.).

Nous n'avons pas à nous étendre sur les droits d'usage et sur
la faculté de cantonnement reconnue par l'art. 63 F. Ces droits
d'usage proviennent, disait-on alors, de concessions faites par
les rois et les seigneurs à des communautés d'habitants ou à des
familles de tenanciers. Mais le Code forestier, jaloux de la conservation des bois et forêts, prohiba ces concessions pour l'avenir
dans ceux de l'Etat et des communes (1). Bien plus, il voulut diminuer par une mesure énergique le nombre de ces servitudes en
accordant à l'Etat et aux communes la faculté du cantonnement :
« Le cantonnement, dit M. Laferrière, est la conversion du droit
« d'usage en un droit de *propriété* sur une partie déterminée du
« bois généralement soumis à l'usage. » Le cantonnement dont
il est question ne s'applique qu'aux droits d'usage qui s'exercent

---

(1) Quant aux droits existants, il n'admettait que ceux qui, au jour de
sa promulgation, avaient été reconnus fondés, soit par des actes du Gouvernement, soit par des jugements ou arrêts définitifs, ou qui seraient
reconnus tels par suite d'instances administratives ou judiciaires engagées à cette époque ou qui seraient intentées dans le délai de deux ans.

sur le *bois même*, alors que le bois est délivré en nature, soit pour le chauffage, soit pour d'autres besoins des usagers.

Aucune parcelle du sol domanial forestier, nous l'avons vu, ne peut être aliénée qu'en vertu d'une loi. Aucune coupe extraordinaire ne peut être faite qu'en vertu d'un décret. Le directeur-général des forêts autorise les coupes ordinaires, et celles d'arbres épars, morts ou dépérissants. Le ministre des finances autorise les coupes des autres arbres épars. Dans les bois des communes ou des établissements publics, une coupe extraordinaire ne peut être autorisée que par décret et après délibération du conseil municipal ou des administrateurs. Les préfets peuvent accorder exceptionnellement une semblable autorisation dans des cas très urgents, sauf à faire régulariser leurs arrêtés.

Les mêmes règles sont applicables aux ventes et coupes ordinaires ou extraordinaires dans les bois de l'Etat, des communes ou des établissements publics. L'article 100 du Code forestier est formel sur ce point. Toute vente faite par l'ordre des maires ou des administrateurs, en violation des règles prescrites pour les bois de l'Etat, donne lieu contre eux à une amende de 300 francs à 6,000 francs, sans préjudice des dommages-intérêts, s'il y a lieu. Les ventes ainsi faites sont nulles.

Le principe de la forme des ventes est posé dans l'article 17 du Code forestier : « Aucune vente ordinaire ou extraordinaire « ne peut avoir lieu dans les bois soumis au régime forestier « que par voie d'adjudication publique, laquelle doit être annon- « cée au moins quinze jours d'avance par des affiches apposées « dans le chef-lieu du département, dans le lieu de la vente, « dans la commune de la situation des bois et dans les communes « environnantes. » Si la vente n'est pas faite par adjudication publique, elle est réputée clandestine et déclarée nulle. Les fonctionnaires qui l'ont ordonnée ou faite sont punis d'une amende de 3,000 à 6,000 francs ; l'acquéreur, d'une amende égale à la valeur du bois vendu. Le Code forestier annule encore les ventes faites « dans d'autres lieux ou à un autre jour que ceux « qui auront été indiqués par les affiches. » A la Chambre des Pairs, on demanda quel serait le sort de la vente faite à une *autre heure*. Il fut répondu qu'on aurait égard à cette observation dans la rédaction de l'ordonnance réglementaire : en effet, l'article 84 de cette ordonnance dispose que les affiches annonceront l'heure de la vente, mais sans prononcer de nullité,

parce que, comme le dit Dufour, « la nullité constitue une sanc-
« tion pénale qui excède les limites du pouvoir règlementaire. »
La Cour de cassation a jugé, le 22 avril 1837, que cette mention n'était pas prescrite à peine de nullité (1).

Les adjudications des coupes ordinaires et extraordinaires ont
lieu devant les préfets et les sous-préfets. L'article 100 du Code
forestier ordonne que ces coupes soient faites en présence du
maire ou d'un adjoint pour les bois des communes, et d'un des
administrateurs pour ceux des établissements publics, sans
toutefois que l'absence des maires ou administrateurs dûment
appelés entraîne la nullité des opérations. Les préfets, sur la
proposition des conservateurs, peuvent permettre que les
coupes dont l'évaluation n'excède pas 500 francs, soient adjugées au chef-lieu d'une des communes voisines et sous la
présidence du maire. Les adjudications se font, dans tous les
cas, en présence des agents forestiers et des receveurs chargés
du recouvrement des produits (2). D'après une ordonnance
du 15 octobre 1834, le ministre des finances est autorisé à permettre, sur la proposition des préfets et de l'administration des
forêts, que des coupes ou portions de coupes affouagères, de
la valeur de 500 francs et *au-dessus*, soient mises en adjudication dans la commune propriétaire, sous la présidence des
maires.

D'après une ordonnance du 20 mai 1837, les bois *chablis* et
de délit provenant des forêts domaniales, *quelle qu'en soit la
valeur*, ainsi que les coupes exploitées par économie pour être
vendues en détail et par lots, peuvent, par exception aux dispositions de l'article 86 de l'ordonnance règlementaire de 1827, être
adjugés aux chefs-lieux de canton ou dans les communes voisines
de ces forêts. Cette ordonnance est applicable aux bois communaux (ordonnance du 15 septembre 1838). Une ordonnance
du 24 août 1840 statua que si, faute d'offres suffisantes, l'adjudication de coupes communales ordinaires ou extraordinaires, d'une valeur supérieure à cinq cents francs, avait été
tentée sans succès au chef-lieu d'arrondissement, le préfet, sur
la proposition du conservateur, pourrait autoriser l'exploitation

(1) V. Dufour iii, 47.
(2) V. l'article 86 de l'ordonnance du 1er août 1827.

de ces coupes par économie, et la vente, en bloc ou par lots, des produits façonnés, au chef-lieu d'une des communes voisines de la situation des bois. En cas de dissentiment entre le préfet et le conservateur, le ministre des finances devait décider après avoir pris l'avis de l'administration des forêts. Aujourd'hui, depuis le décret sur la décentralisation administrative, les préfets statuent, en conseil de préfecture, sans l'autorisation du ministre des finances, mais sur l'avis et la proposition des chefs de service, quand il s'agit de la vente sur les lieux des produits façonnés provenant des bois des communes et des établissements publics, quelle que soit la valeur de ces produits.

L'art. 21 du Code forestier énumère les incapacités édictées dans l'intérêt de la libre concurrence : « Ne pourront prendre « part aux ventes, ni par eux-mêmes, ni par personnes inter- « posées, directement ou indirectement, soit comme parties prin- « cipales, soit comme associés ou cautions : 1° les agents et « gardes-forestiers et les agents forestiers de la marine, dans « toute l'étendue du royaume; les fonctionnaires chargés de « présider ou de concourir aux ventes et les receveurs des pro- « duits des coupes dans toute l'étendue du territoire où ils « exercent leurs fonctions; en cas de contravention, ils sont « punis d'une amende qui ne peut excéder le quart, ni être « moindre du douzième du montant de l'adjudication, et ils « sont en outre passibles de l'emprisonnement et de l'inter- « diction prononcées par l'art. 175. P.; 2° les parents et alliés « en ligne directe, les frères et beaux-frères, oncles et neveux « des agents et gardes forestiers et des agents forrestiers de la « marine, dans toute l'étendue du territoire pour lequel ces agents « ou gardes sont commissionnés ; en cas de contravention, il y a « lieu à l'application d'une amende égale à celle qui est pronon- « cée par le paragraphe précédent; 3° les conseillers de préfec- « ture, les juges, les officiers du ministère public et greffiers « des tribunaux de première instance, dans tout l'arrondisse- « ment de leur ressort. En cas de contravention, ils sont pas- « sibles de tous dommages et intérêts, s'il y a lieu. Toute adjudi- « cation faite au profit de l'un de ces fonctionnaires ou agents « est déclarée nulle. » Dufour fait observer que l'art. 32 de l'ordonnance règlementaire a tempéré la rigueur de la pro- hibition pour les agents forestiers *propriétaires ou fermiers de forges*, en leur permettant de faire leurs approvisionnements dans une conservation *autre que celle où ils exercent leur emploi*.

L'art. 22 ajoute : « Toute association ou manœuvre entre les « marchands de bois ou autres tendant à nuire aux enchères, à « les troubler ou à obtenir les bois à plus bas prix, donne lieu à « l'application des peines portées par l'art. 412 P., indépendam- « ment de tous dommages-intérêts, et si l'adjudication est faite « au profit de l'association secrète ou des auteurs desdites ma- « nœuvres, elle sera déclarée nulle. » L'art. 412 du Code pénal punit d'un emprisonnement de quinze jours à trois mois, et d'une amende de cent francs à cinq mille francs les entraves apportées à la liberté des enchères, soit par voies de fait, violences ou me- naces, soit par dons ou promesses. Cette mesure législative, comme l'ont fait remarquer MM. Chauveau et Faustin Hélie, est née du sein de nos discordes civiles. La vente des biens natio- naux soulevant dans plusieurs provinces une grande opposition qui se manifestait par des violences ou des manœuvres secrètes, le législateur intervint pour protéger la liberté des enchères. A l'égard des fonctionnaires, il poussa la rigueur aux dernières limites; un décret du 7 messidor an II les punit, en cas pareil, de douze années de fer. Il faut remarquer que, même aujourd'hui, les officiers publics chargés de surveiller les enchères, qui au- raient à ce point abusé de leurs fonctions, seraient condamnés au *maximum* de la peine, conformément à l'art. 198 du Code pénal.

Le Code forestier admettait qu'après la vente, toute personne pouvait, jusqu'au midi du lendemain de l'adjudication, faire une offre de surenchère qui devrait être du cinquième au moins du montant de cette adjudication. On critiqua justement ce système. Il devint évident, en effet, que les surenchères tournaient sou- vent au préjudice des vendeurs. L'adjudicataire avait la faculté de surenchérir lui-même; or, dès qu'une offre de surenchère était faite sur son adjudication, on obtenait de lui des sa- crifices qui l'empêchaient de remplir ses engagements, « et « cela quelquefois, dit Dufour, au moyen d'une surenchère fac- « tice que le surenchérisseur n'aurait eu ni l'intention ni les « moyens de réaliser. » La loi du 4 mai 1837 abolit la suren- chère.

Cette même loi, en disposant que les divers modes d'adju- dication seraient déterminés par une ordonnance royale, autorisa de nouvelles combinaisons qui rendent les coalitions

plus difficiles : les adjudications sur soumissions cachetées et
les adjudications au rabais. « Mais ces adjudications auront
« toujours lieu avec publicité et libre concurrence (1). »

La glandée, le panage et la paisson (c'est-à-dire la faculté d'introduire des porcs dans une forêt pour leur faire manger les
glands ou autres fruits) sont adjugés selon les mêmes règles
que les coupes de bois(2). Mais les adjudicataires ne pourront introduire plus de bestiaux dans les forêts qu'il n'en aura été déterminé par l'acte d'adjudication, sous peine d'une amende double
de celle qui est prononcée par l'art. 199 du Code forestier. En
outre, les adjudicataires seront tenus, sous certaines peines, de
faire marquer les porcs d'un fer chaud et de déposer au
greffe du tribunal l'empreinte de cette marque. Enfin les
adjudicataires ne devront pas laisser leurs porcs se promener
hors des cantons désignés par l'acte d'adjudication. Défense
leur est faite également d'abattre, de ramasser ou d'emporter
des fruits, semences ou productions des forêts sous peine
d'amende.

Il y a cinq espèces de compétences en cette matière : 1° Pour
les contestations qui s'élèvent pendant les opérations, soit sur
la validité de ces opérations, soit sur la solvabilité de ceux qui
auront fait des offres ou de leurs cautions, la juridiction la plus
simple, la plus prompte, la plus économique est celle du président de la séance d'adjudication : la Chambre des Pairs n'admit
même pas qu'on pût appeler de ses décisions au conseil de préfecture ; 2° le juge compétent, en principe, c'est le juge des contrats, le juge du droit commun. Ne s'agit-il pas d'une vente ? L'Etat,
qui contracte, n'est-il pas une personne privée ? Le Conseil d'Etat
laisse ici la plus grande latitude au pouvoir judiciaire : « Que le
« juge civil procède à l'application et, au besoin, à l'interprétation
« de l'acte d'adjudication, dit Dufour, l'autorité administrative ne
« saurait avoir à s'en plaindre. » Cet auteur a d'ailleurs peut-être
tort de citer à ce propos l'arrêt du Conseil d'Etat du 12 juin 1853 :
il ne s'agissait, ce jour-là, que du bail à ferme du droit d'écorçage dans les forêts domaniales (écorçage des chênes-liéges).
Mais la jurisprudence administrative admet la compétence des

_____

(1) Nouvel art. 26 du Code forestier.

(2) Toutefois, dans les cas prévus par les art. 18 et 19 F., l'amende in-
fligée aux agents varie ici de 100 à 1,000 fr.

tribunaux ordinaires en matière d'adjudication des coupes;
3° c'est au préfet qu'il appartient de prononcer la déchéance de
l'adjudicataire qui n'aura pas fourni, dans le délai prescrit, les
cautions exigées par le cahier des charges (art. 24 F.) ; 4° les
adjudicataires ne peuvent exercer leurs droits de panage dans
les cantons déclarés *défensables* par l'administration forestière,
sauf le recours au conseil de préfecture (1) ; 5° comme les conseils
de préfecture n'ont pas la plénitude du contentieux administratif,
c'est au ministre qu'il appartient de statuer dans tous les cas
non prévus par la loi, lorsque la juridiction administrative est
compétente.

Mais dans le silence de la loi, quand cette juridiction est-elle
compétente? Le Conseil d'Etat a évidemment voulu fixer les
principes en cette matière dans son arrêt du 25 mars 1852. La
commune de Péron avait été autorisée à vendre une coupe
extraordinaire de vingt hectares de ses bois. L'adjudication eut
lieu en novembre 1848. Le conseil municipal trouva le prix très-
inférieur à la valeur réelle de la coupe : il se pourvut devant le
conseil de préfecture du département de l'Ain, pour faire prononcer la nullité de la vente, se fondant sur ce qu'elle n'avait
pas été annoncée quinze jours d'avance, conformément aux articles 17 et 19 F. Le conseil de préfecture se déclara incompétent.
La commune porta son action devant le tribunal de Gex et lui
demanda : 1° l'annulation de l'adjudication ; 2° des dommages-
intérêts contre l'Etat, responsable des irrégularités commises par
ses agents. L'exception d'incompétence, opposée par l'administration forestière, fut rejetée par le tribunal. En appel, le préfet
proposa un déclinatoire qui fut rejeté par la Cour. De là un conflit.
L'arrêté de conflit fut confirmé par le Conseil d'Etat : 1° parce
que, s'il est contesté que les formes administratives aient été
observées, c'est à l'autorité administrative qu'il appartient de
prononcer sur la contestation ; 2° parce qu'il ne peut appartenir
à l'autorité judiciaire de déterminer la responsabilité qui
pèse sur l'Etat par suite des opérations des agents de l'administration.

Les obligations de l'adjudicataire sont nombreuses. Il ne peut
faire aucun changement dans l'assiette des coupes; il doit res-

(1) Cf. art. 67 F.

pecter les arbres désignés pour rester en réserve; il doit obtenir' de l'agent forestier local la permission d'exploiter. Il est tenu d'avoir un facteur ou garde-vente agréé par l'agent forestier local; il doit déposer chez cet agent et au greffe du' tribunal l'empreinte du marteau destiné à marquer les arbres et bois de sa coupe; il doit effectuer la coupe et l'enlèvement pendant le jour; il ne peut peler ou écorcer sur pied aucun des bois de la coupe; il doit s'en tenir strictement aux clauses du cahier des charges, quant au mode d'abattage des arbres et au nettoiement des coupes; il ne peut établir des fosses ou fourneaux, des loges ou ateliers, que conformément aux indications des agents forestiers; il doit suivre, pour l'extraction et le charroi, les chemins désignés au cahier des charges. S'il n'exécute pas les travaux qu'il s'est engagé à faire, les agents forestiers, après l'avoir mis en demeure, les font exécuter à ses frais.

Comme l'objet de cet ouvrage n'est pas une étude de notre régime forestier, nous nous bornerons à ces généralités.

Une seule question nous reste à examiner. L'article 367 de l'instruction du 17 juin 1840 porte qu'en cas de faillite d'un adjudicataire de coupes, le receveur-général doit, conformément aux règles du Code de commerce, faire saisir les bois qui seraient encore gisants sur le parterre de la coupe. Au contraire, d'après un arrêt de la cour d'Amiens du 12 janvier 1849, l'Etat n'a pas le droit de revendication dans cette hypothèse.

Un point hors de doute, c'est que l'Etat doit être assimilé à tout autre vendeur d'une coupe de bois. Il est évident qu'il n'a pas le privilége accordé au vendeur d'effets mobiliers par l'article 2102, §. 4 N, puisque l'article 550 du Code de commerce n'admet pas ce privilége en cas de faillite. De même, il est clair que l'instruction ministérielle de 1840 se trompe dans son renvoi à l'article 577 du Code de commerce; l'Etat n'a pas ici un droit de rétention, puisque la délivrance est faite; il n'y a plus lieu à *retenir* ce qui a été une fois délivré. Nous croyons au contraire que l'Etat, dans l'espèce, conserve le droit de *revendication* contre la masse des créanciers de l'acheteur failli. Il en serait autrement si le parterre de la coupe pouvait être considéré comme *un magasin* : l'Etat serait alors invariablement écarté par l'article 576 §. 1 du Code de commerce. Mais nous pensons avec M. Serrigny qu'on ne peut regarder les bois abattus en forêt comme étant dans les magasins de l'acheteur. Au contraire, les acquéreurs de bonne foi seront préférés à l'Etat par application de l'article 576 §. 2. En effet, l'adjudicataire ne peut payer son propre vendeur qu'en vendant la coupe, et celui-ci est nécessairement présumé lui avoir donné pleine et entière autorisation de procéder à cette vente. Les tiers avec lesquels il traite doivent donc être maintenus dans les effets de ces ventes, conformément au texte du Code de commerce. C'est ce qu'a très-bien montré M. Serrigny (1).

(1) Revue critique de législation et de jurisprudence, t. III. p. 417 s.

CHAPITRE VI.

DE LA PRESCRIPTION ET DE L'ALIÉNATION DU DOMAINE DÉPARTEMENTAL.

SOMMAIRE. — Article 29 de la loi du 10 mai 1838. — Modifications apportées à cette loi par le décret du 25 mars 1852. — Décret du 9 janvier 1861. — Aliénation du mobilier départemental.

Le domaine départemental est soumis aux mêmes prescriptions que la propriété particulière.

D'après l'article 29 de la loi du 10 mai 1838, les délibérations du conseil général, relatives à des acquisitions, aliénations et échanges de propriétés départementales, ainsi qu'au changement de destination des édifices et bâtiments départementaux, doivent être approuvées par une ordonnance royale, le conseil d'Etat entendu : toutefois l'autorisation du préfet en conseil de préfecture est suffisante pour les acquisitions, aliénations et échanges, lorsqu'il ne s'agit que d'une valeur n'excédant pas 20,000 fr. Cette législation a été modifiée par le paragraphe premier du tableau A du décret sur la décentralisation administrative. Les préfets statuent désormais, mais toujours en conseil de préfecture, sur les acquisitions, aliénations et échanges de propriétés départementales, *non affectées à un service public.* Il faut bien remarquer ces derniers mots : l'intervention du préfet

suffit, pourvu que la propriété départementale ne soit pas affectée à un service public. L'autorité centrale, comme le disait l'instruction ministérielle du 5 mai 1852, n'a pu se dessaisir du droit
de statuer sur le sort d'immeubles « qui empruntent un caractère
« exceptionnel de leur affectation. » D'ailleurs, bien que l'aliénation
d'une propriété départementale, dans tous les autres cas, soit
affranchie de l'approbation par décret, le ministre de l'intérieur
exigeait, dans la même instruction, qu'il lui fût rendu compte
de tous actes de vente ou d'échange, quand la valeur de l'immeuble excèderait 20,000 fr.

Les transactions devaient être autorisées par une ordonnance
du roi, le Conseil d'Etat entendu. Désormais l'approbation du
préfet suffira. Mais ce fonctionnaire devra statuer en conseil de
préfecture et demander l'avis de trois jurisconsultes, conformément à l'arrêté du 21 frimaire an XII, qui n'est abrogé par aucun
texte. Le ministre de l'intérieur exige qu'il lui soit rendu compte
des transactions.

L'article 7 du décret sur la décentralisation administrative laissait le département de la Seine sous l'empire de l'ancienne loi.
Mais cet article fut lui-même abrogé par le décret impérial du
9 janvier 1861. Dès le mois de mars, M. Reverchon, dans la
Revue critique de législation et de jurisprudence, contesta la légalité de ce dernier décret. Deux pétitions conçues dans le même
sens furent adressées au Sénat : la seconde dénonçait l'inconstitutionnalité du décret de janvier 1861 qui violait, disait-elle :
1º le décret-loi du 25 mars 1852; 2º les lois du 18 juillet 1837, du
10 mai 1838, du 7 juin 1843, du 7 août 1851, dans leurs dispositions concernant les acquisitions et les aliénations des propriétés départementales. Le décret du 25 mars, rendu dans une
période où le président de la république exerçait le pouvoir législatif, avait pu légalement modifier des lois : mais il ne pouvait
plus être modifié que par une loi sous l'empire de la constitution de 1852 : les lois qu'il laissait subsister pour le département
de la Seine ne pouvaient pas être abrogées par un simple décret.
Ainsi raisonnait le pétitionnaire.

Le préfet de la Seine voulut donner sur le champ quelques
explications au Sénat. Il soutint que l'Empereur, maître de déléguer la plénitude de la souveraineté, pouvait en déléguer une
fraction : rien ne l'empêchait donc, même en temps normal, de
remettre à ses préfets le droit d'exercer en son nom et sous le
contrôle de ses ministres, certains actes de tutelle administrative

que la loi lui réservait : il tâcha de démontrer que le département et la ville ayant une organisation spéciale et commune
depuis plus de soixante-dix ans, et la loi de 1837 (article 74)
ayant placé la ville hors du droit commun, le département
n'avait pu y être soumis; que par conséquent la loi de 1838
ne pouvait être applicable au département de la Seine. Enfin,
abordant la question de l'aliénation des propriétés départementales, il l'examina tour à tour pour le Palais de Justice,
le dépôt de mendicité de Villers-Cotterets, les prisons, les
casernes de gendarmerie, les sous-préfectures de Saint-Denis
et de Sceaux, et s'efforça de prouver que ce côté de la question n'avait aucun intérêt pratique. Une commission spéciale
fut nommée par le Sénat et fit son rapport en ces termes
dans la séance du 29 juin : « L'acte dénoncé comme inconstitu-
« tionnel est un décret; il pourrait, *dans la mesure de son ap-*
« *plication, porter atteinte à certaines lois* ou les respecter toutes.
« Le texte de ce décret, ses effets étudiés sur l'économie des
« lois auxquelles il se réfère, ont été, entre la commission spé-
« ciale et les ministres commissaires du gouvernement, l'objet de
« communications et de conférences. La commission a tout lieu
« d'en espérer une solution prochaine et satisfaisante. Elle a éga-
« lement la confiance que, *dans l'exécution qui sera donnée, du-*
« *rant cet intervalle*, au décret du 9 janvier 1861, aucun des
« principes engagés dans la question ne sera compromis. Dans
« ces termes, et nul intérêt ne demeurant en péril devant un
« ajournement à la session prochaine, c'est la proposition de cet
« ajournement qu'au nom de la commission spéciale, son rap-
« porteur a l'honneur de vous présenter. » Le Sénat adopta ces
conclusions.

On peut induire de là que le décret du 9 janvier sera ratifié
par une loi ou rapporté. Aucune mesure de ce genre n'est encore
intervenue au moment où nous écrivons ces lignes.

Nous arrivons à l'aliénation du mobilier départemental. Le
renouvellement du mobilier des préfectures est à la charge des
départements. Lorsqu'on supprime des meubles pour cause de
vétusté, il est dressé un état estimatif où la valeur vénale actuelle
est indiquée. Cet état estimatif fait connaître, par approximation,
le produit que le département pourra retirer de la vente ; il est
soumis au conseil général qui délibère sur la vente proposée.
La vente des meubles supprimés se fait avec publicité et concurrence, en présence d'un agent de l'administration des domai-

nes. Le produit en est versé chez le receveur général pour le compte du département et porté en recette à la première section du budget, parmi les produits éventuels ordinaires.

La vente des pièces inutiles dans les archives départementales a été l'objet de plusieurs circulaires et décisions ministérielles. Sous la monarchie de Juillet, les papiers ou registres provenant des bureaux ou des archives ne pouvaient être vendus qu'après une autorisation du ministre de l'intérieur. Cette autorisation n'était donnée que sur un inventaire explicatif de la nature des pièces dont la vente était proposée, et sur l'avis d'une commission locale de trois à cinq personnes nommées par le préfet. Cet objet n'étant pas énuméré dans les vingt-trois exceptions qui suivent le paragraphe 55 du tableau A du décret sur la décentralisation administrative, il en faut conclure que les attributions du ministre ont passé au préfet. D'après une décision du ministre des finances, en date du 2 mai 1829, la vente des papiers et registres qui sont déposés en vertu des règlements par les receveurs généraux et particuliers des finances et par les percepteurs des contributions directes, dans les archives départementales, pourra être faite dix ans après le dépôt. Ces papiers et registres existent déjà depuis dix ans dans les bureaux des receveurs et depuis trois ans dans les bureaux des percepteurs; l'Etat n'a plus d'intérêt à conserver ces documents. Le ministre de l'intérieur, de l'avis du ministre des finances, a décidé qu'on ne pourrait jamais vendre les papiers relatifs aux affaires contentieuses jugées par les conseils de préfecture, ou ceux qui concernent les adjudications des baux domaniaux (9 novembre 1835) (1).

La vente une fois faite, quelle est l'affectation donnée aux produits? Les départements revendiquaient ces produits comme une indemnité de dépenses de service. Le ministre des finances, au nom de l'Etat, démontrait d'abord que les départements n'ont aucun droit sur les papiers dont l'origine est antérieure à la division de la France en départements. La loi des 12-17 avril 1791 ne déclare-t-elle pas domaines nationaux tous les biens meubles ou immeubles des anciens pays d'Etat? la loi du 7 messidor

(1) Il y a des papiers qu'on ne veut ni conserver, ni vendre, ni laisser circuler. A Paris on les vend à condition que les papiers seront mis au pilon et réduits en pâte en présence d'un délégué de l'administration. Dans les départements on les brûle.

án II ne dispose-t-elle pas que tous les dépôts publics de titres ressortissent « aux archives nationales » comme à leur centre commun ? Quant aux papiers dont l'origine est postérieure à la division de la France en départements, l'Etat fait les frais de leur acquisition, l'Etat doit percevoir les profits de la vente. Le ministre de l'intérieur voulut bien reconnaître que l'Etat revendiquait à juste titre le produit de la vente des papiers provenant des anciennes administrations provinciales ou déposés aux archives par les comptables de l'Etat : il réclama pour les départements tout ce qui avait été acquis avec les fonds des centimes additionnels. Le ministre des finances, dans l'intérêt des principes, crut devoir établir alors une distinction entre les centimes purement départementaux et les autres centimes additionnels ; mais, convaincu des difficultés pratiques qu'amènerait un triage fait d'après cette distinction, il accorda : 1° que l'Etat avait droit au produit de la vente des papiers hors de service dont l'origine serait antérieure à la division de la France en départements, et des papiers et registres déposés par les agents des finances dans les archives des préfectures et des sous-préfectures ; 2° que le produit de la vente de tous les papiers inutiles, non compris dans l'article précédent, appartiendrait aux départements ; 3° que les ventes faites antérieurement soit au profit de l'Etat, soit au profit des départements et contrairement à la distinction nouvelle, ne donneraient lieu à aucune répétition (1).

La vente de ces papiers se fait avec publicité et concurrence, en présence d'un délégué de l'administration des domaines. Les produits afférents aux départements sont versés chez le receveur général sous le titre de produits éventuels ordinaires et portés en recette à la première section du budget départemental.

Les règles de compétence sur l'aliénation du domaine municipal sont applicables à l'aliénation du domaine départemental.

_____

(1) V. la circulaire du ministre de l'intérieur du 9 novembre 1835.

CHAPITRE VII.

DE LA PRESCRIPTION ET DE L'ALIÉNATION DES BIENS DES COMMUNES.

SOMMAIRE. — Art. 46 de la loi du 18 juillet 1837. Décrets du 25 mars 1852 et du 9 janvier 1861. — La loi du 10 juin 1793 est-elle abrogée? Partage des biens communaux entre les habitants d'une même commune. — Fluctuations de la jurisprudence administrative. — Questions de compétence. — Le gouvernement de l'Empereur favorise les partages. — Concessions. — Ventes. — Des aliénations à titre gratuit. — Formes de la vente. — Questions. — Circulaire de M. Duchâtel. — La vente doit-elle être toujours faite aux enchères ? — Droit d'opposition. — Dernier paragraphe de l'article 46 de la loi de 1837. — Questions de capacité. — Main-levée des hypothèques. — Compétence. — De la surenchère. — Échanges. — Le gouvernement les envisage avec défaveur. — Transactions. — De l'effet de l'autorisation. — Effet du défaut d'autorisation d'après Henrion de Pansey. Loi des 19-25 juin 1857. — Lois du 28 juillet 1860.

L'article 2227 du Code Napoléon soumet les communes aux mêmes prescriptions que les particuliers. Bien qu'elles soient assimilées aux mineurs, la prescription de dix ans contre l'action en rescision leur est opposable, lorsqu'une aliénation a été consentie sans autorisation par le maire. (Cass. 19 juin 1838.)

L'article 46 de la loi du 18 juillet 1837 est ainsi conçu : « Les « délibérations des conseils municipaux ayant pour objet des ac- « quisitions, des ventes ou échanges d'immeubles, le partage de.

« biens indivis, sont exécutoires sur arrêté du préfet, en conseil
« de préfecture, quand il s'agit d'une valeur n'excédant pas trois
« mille francs pour les communes dont le revenu est au-dessous
« de cent mille francs et vingt mille francs pour les autres com-
« munes; s'il s'agit d'une valeur supérieure, il est statué par une
« ordonnance du Roi. » Cet article souleva quelques critiques
dans la discussion; le prix des objets à partager, à acheter, à
échanger ne sera connu qu'après la consommation du partage,
de la vente ou de l'échange; comment savoir si la valeur de
l'objet excède ou non 3,000 ou 20,000 fr.? M. Moreau (de la
Meurthe) demanda qu'on dressât un procès-verbal d'estimation
préalable. « La fixation des valeurs, dit M. Vivien, est une chose
« facile qui se fait tous les jours dans toutes les administrations,
« et à l'égard de laquelle on continue de suivre les formes
« adoptées jusqu'ici. Ces formes se réduisent toujours à une es-
« timation plus ou moins régulière. Si par hasard une chose es-
« timée moins de 3,000 fr. était vendue aux enchères, par une
« commune dont le revenu est au-dessous de 100,000 francs,
« moyennant une somme supérieure à 3,000 francs (4,000 francs
« par exemple), pourrait-on critiquer la vente parce que la déli-
« bération du conseil municipal n'aurait été approuvée que par
« arrêté du préfet? Je ne le pense pas. La loi, en n'indiquant pas
« un mode pour déterminer la valeur de la chose mise en vente,
« a nécessairement supposé que l'appréciation faite suivant les
« usages admis par l'administration, était la base légale à con-
« sulter pour savoir de quelle autorité devait émaner l'approba-
« tion; elle n'a pas pu vouloir que la validité du contrat fût su-
« bordonnée à la condition que le prix n'excèderait pas l'estima-
« tion préalable. Il en serait autrement s'il était démontré que
« l'estimation a été faite précisément pour éluder la loi et que
« l'acheteur a concouru à la fraude. »

Ces remarquables observations n'ont plus qu'un intérêt historique. Aujourd'hui, quel que soit le chiffre, l'approbation du
préfet suffit pour les partages, les ventes et les échanges. (Déc.
25 mars 1852.) Le décret du 9 janvier 1861 a supprimé toute distinction sur ce point entre la ville de Paris et les autres communes
de l'Empire (1).

_____

(1) V. dans le chapitre précédent les réserves faites sur ce point, le
29 juin 1861, par la commission du Sénat.

PARTAGES.

La loi du 10 juin 1793 est-elle abrogée? C'est la première question que nous devions examiner.

Comment serait-elle encore en vigueur, disent les partisans d'un premier système? La loi du 21 prairial an IV prononce un sursis indéfini, et ce sursis n'est levé par la loi du 9 ventôse an XII qu'en ce qui touche les partages consommés. Que dit l'article 2 de la loi de prairial an v? A l'avenir, les communes ne pourront plus aliéner leurs biens *sans une loi particulière.* Qu'est-ce donc qu'un partage? *Un acte translatif de propriété;* la singulière fiction de l'article 883 du Code Napoléon doit être resserrée dans d'étroites limites. D'ailleurs, le décret du 9 brumaire an XIII, en statuant que les communes qui n'ont pas profité de la loi de 1793 continueront à jouir de leurs communaux comme par le passé, présuppose l'abrogation de cette loi. Arrivons à la discussion de la loi de 1837. M. Legrand proposait, quand on discuta l'article 19, d'ajouter aux matières sur lesquelles le conseil municipal pouvait délibérer, « le partage facultatif des terres « vaines, vagues, et autres fonds de même nature susceptibles « d'être partagés. » La chambre, en rejetant cet amendement, parut regarder une loi comme nécessaire pour régler ce qui serait fait à cet égard *à l'avenir.* La question vint au Conseil d'Etat. Un avis du 21 février 1838 déclara que *les partages de biens communaux étaient contraires aux lois administratives et civiles,* soit qu'ils comprissent la pleine propriété du fonds, soit qu'ils s'appliquassent exclusivement à la jouissance. Le 27 mars 1847, à propos d'une pétition tendant à remplacer le mode de jouissance en commun par des mesures propres à rendre les biens communaux à l'agriculture, M. Rouland, rapporteur, s'exprimait ainsi à la Chambre des Députés : « La loi de 1793 violait le prin-« cipe de perpétuité d'après lequel les communaux n'appar-« tiennent pas moins aux générations futures qu'à la génération « présente. La propriété des communaux est, en thèse, grevée « d'une espèce de substitution éternelle : on supprimait donc « le principe fondamental de sa constitution; en outre, en don-« nant le droit de provoquer le partage entre les habitants, on « privait les communes, d'un seul coup, de ressources nécessaires « à l'avenir; en un mot, on dépouillait la commune considérée « comme être moral au profit des individus….Le Conseil d'Etat

« a pour jurisprudence que l'action en partage des biens com-
« munaux n'appartient plus aux habitants, et que le principe de
« la loi du 10 juin 1793 est aujourd'hui inapplicable. Faut-il
« faire *revivre* ce principe? » M. Rouland ne parle pas du
maintien, mais de la résurrection du principe. Enfin une proposition tendant à *remettre en vigueur* la loi de 1793 fut faite à l'Assemblée constituante par M. Champvans, en juin 1848,

Le grand argument du second système est dans la loi du 9 ventôse an XII, qui n'a jamais été abrogée et qui, en rapportant la loi
du 21 prairial an IV, semble avoir remis tout dans le même état
qu'avant cette loi.

La jurisprudence adopte un système mixte : tout n'est pas
abrogé dans la loi du 10 juin 1793.

Un bien communal peut être en état d'indivision entre deux
communes. Entre ces deux communes, le partage doit s'opérer
par feux. Deux avis du Conseil d'Etat ne laissent aucun doute sur
la question. La règle s'efface devant un titre contraire.

Le partage entre deux communes peut encore être fait à *l'a-
miable*. Des experts seront nommés pour représenter chaque
commune; s'il y a litige, quelle sera la juridiction compétente? Les
difficultés qui peuvent s'élever sur le partage des biens patrimoniaux reviennent au pouvoir judiciaire : en effet, la loi de 1793
se tait sur ce point. En l'absence de titre et de possession, le bien
est censé appartenir pour moitié à chacune des communes.

S'il s'agit de biens communaux, les questions de propriété reviennent au pouvoir judiciaire : il peut y avoir litige sur la composition des lots et l'interprétation des actes de partage. Ici le principe de la compétence administrative, introduit par la loi de 1793,
a été confirmé par tant de décisions ultérieures que la doctrine
et la jurisprudence n'hésitent plus aujourd'hui à le reconnaître.

Les préfets interviennent dans les partages entre communes,
toutes les fois que, le fond du droit étant établi, il n'y a plus à
faire que des actes d'exécution pour appliquer les titres. Ainsi,
lorsque les proportions relatives aux droits de propriété que chacune des deux communes prétend exercer sur les domaines litigieux ont été réglées par les tribunaux et qu'il s'agit d'une simple
opération de partage, le conseil de préfecture doit s'abstenir d'en
connaître et renvoyer les communes devant le préfet (1).

---

(1) Arrêts du Conseil d'Etat du 7 mai et du 18 juin 1823.

Un bien patrimonial ou communal peut être indivis entre une commune et un particulier. A notre avis, les lois politiques rendues pendant la révolution ne peuvent s'appliquer à cette hypothèse ; on retombe sous l'empire du droit commun.

Nous arrivons au partage des biens communaux entre les habitants d'une même commune. Sur ce terrain, les partisans et les adversaires du maintien de la loi du 10 juin 1793 sont en lutte ouverte. Dans bien des cas, le Conseil d'Etat a poussé jusqu'aux dernières limites le respect des partages faits en vertu de la loi du 10 juin 1793. L'irrégularité des formes, l'absence même d'une délibération des habitants à l'effet d'émettre le vœu sur le partage l'ont trouvé inflexible (1). Ainsi (2) un conseil de préfecture n'a pu, sur les réclamations d'un habitant qui n'aurait pas été compris dans le partage, en permettre une rectification ; par exemple, ordonner que la commune fît au réclamant délivrance d'une part égale à celle des autres co-partageants. Néanmoins quelques circonstances exceptionnelles ont amené le Conseil d'Etat à se départir de cette jurisprudence (3). Mais il faut remarquer qu'en dépit de ses variations, il s'attache à la loi de 1793 qu'il vise dans beaucoup de ses arrêts.

Depuis la loi de 1837, des arrêts de Cours impériales continuent à s'appuyer sur le texte de la loi révolutionnaire ; par exemple, un arrêt de Caen du 6 juillet 1839. La Cour de cassation rejeta le pourvoi contre cet arrêt. Il s'agissait de savoir si l'aliénation anticipée du droit de chaque habitant au partage des communaux était licite. La Cour suprême, dans son arrêt de rejet, déclare : 1° Que si les dispositions législatives postérieures ont substitué, quant aux communaux, le partage par feux au partage par tête, « ces dispositions n'ont pas abrogé toutes les « autres prescriptions de cette loi fondamentale dans la ma- « tière ; » 2° Que conformément à la loi de 1793, les propriétaires non habitants n'ont aucun droit au partage ; 3° Qu'on ne peut

---

(1) 11 décembre 1818.

(2) 11 septembre 1813.

(3) Par exemple, un partage avait été fait sur la demande d'un seul habitant et malgré le vœu formel de tous les autres. Les biens étaient restés en commun ! Le partage fut annulé. V. même un arrêt du Conseil d'Etat du 16 août 1808, où un partage a été annulé pour irrégularité de formes.

déroger au mode de partage établi par les lois postérieures au 10 juin 1793 ; 4° Que les lois n'ayant pas consacré le droit d'aliénation à l'égard des biens communaux non partagés, ce droit n'existe pas ; que d'ailleurs, comme il peut n'y avoir jamais de partage, l'aliénation pouvant être autorisée au profit de la commune, et comme c'est dans un intérêt public que les lois ont réservé aux chefs de famille domiciliés dans la commune le droit de prendre part « au partage, » l'article 6 du Code Napoléon serait violé si l'on consacrait l'aliénation anticipée d'un droit éventuel de cette nature (1).

Que devient l'avis du Conseil d'Etat du 21 février 1838 ? Selon nous, une commune ne devrait être admise, sous l'empire de la loi de 1837, à partager les communaux qu'en se conformant aux formes prescrites pour l'aliénation. Les choses se passèrent ainsi dans la pratique. Beaucoup de communes furent admises à partager leurs biens sous une forme déguisée. Des ordonnances les autorisèrent à vendre tel bien communal par lots (autant de lots que de chefs de famille). C'est là, comme on voudra l'appeler, un partage ou une aliénation. La Cour de Caen qualifie une pareille vente de partage, quand même l'ordonnance royale a voulu et entendu formellement autoriser *une vente;* le paiement d'une somme minime imposé aux concessionnaires ne dénature pas le caractère du contrat.

Aujourd'hui, sous l'empire du décret du 25 mars 1852, la commune veut-elle faire un partage de biens communaux ? le conseil municipal délibère et le préfet approuve. Le paragraphe 41 du tableau A met sur la même ligne les aliénations, les échanges et les *partages* de biens de toute nature.

La loi du 10 juin 1793 n'avait renvoyé aux directoires de département que les contestations sur le mode de partage des biens communaux. La loi du 9 ventôse an XII alla plus loin : elle attribua aux conseils de préfecture toutes les contestations relatives à l'occupation de communaux qui pourraient s'élever entre les co-partageants détenteurs depuis la loi de 1793 et les communes, sur les *actes* et les *preuves de partage* de ces biens.

(1) M. Trolley pense que la Cour de cassation admet d'une manière absolue la nullité de la clause pour laquelle un propriétaire se ferait céder, comme condition de bail, le droit éventuel de prendre part au partage des biens communaux.

Nous n'avons pas besoin de faire remarquer le caractère exceptionnel de cette compétence. Ici, comme dans d'autres matières
analogues, la doctrine et la jurisprudence se préoccupent singulièrement des *moyens* invoqués de part et d'autre. Si le défendeur
conteste l'origine communale de la propriété, s'il arrive armé de
titres privés, le conseil de préfecture est incompétent; si l'on
invoque tout à la fois le partage et les moyens de droit commun,
le conseil de préfecture prononce sur la question de partage et
renvoie les parties aux tribunaux ordinaires pour les moyens
tirés du droit commun. Si la régularité du partage est seule en
question, le conseil de préfecture est seul compétent.

Mais le décret du quatrième jour complémentaire an XIII crée,
en cette matière, un pouvoir de juridiction tout à fait anormal et
extraordinaire. « Toutes les fois que les conseils de préfecture,
« par suite de l'attribution qui leur est faite dans l'article 6 de la
« loi du 9 ventôse an XII, connaîtront de contestations en ma-
« tière de partages de biens communaux, soit antérieurs, soit
« postérieurs à la date de cette loi, et auront à prononcer sur
« le maintien ou l'annulation desdits partages, les jugements
« rendus par eux ne pourront être mis à exécution qu'après
« avoir été soumis au Conseil d'Etat, pour être confirmés, s'il y
« a lieu, par un décret. » On enlève la connaissance des partages
aux tribunaux : va-t-on la transporter aux conseils de préfecture ?
l'arrêté du conseil de préfecture n'est ici qu'un simple avis : le
Conseil d'Etat prononce en premier et en dernier ressort, et
comme d'après la jurisprudence la voie du recours est interdite
contre les décrets contradictoirement rendus, les parties lésées
dans leurs droits n'ont pas la ressource de faire réformer la
sentence.

Cependant un avis du Conseil d'État du 18 juin 1809 parut
encore étendre la compétence administrative en décidant que
tout litige relatif à l'occupation de biens communaux, depuis
la loi du 10 juin 1793 jusqu'à la loi de ventôse an XII, devait
être jugé par les conseils de préfecture, qu'il y eût ou non partage. Mais dès le 10 février 1816, le Conseil d'Etat jugeait que cet
avis de 1809 s'appliquait exclusivement à des usurpations de
terrains *dont la qualité communale* n'était pas contestée. Puis,
se plaçant à un autre point de vue, le 25 juin 1857, il restreignit
très-nettement la compétence administrative aux usurpations
commises entre les lois de 1793 et de l'an XII.

C'est donc avec cette restriction si bien posée par le Conseil d'Etat, en ce qui touche le droit de juger le fait et l'étendue des usurpations, qu'il faut interpréter l'article 6 de l'ordonnance du 23 juin 1819, ainsi conçu : « Conformément aux dispositions de « la loi du 9 ventôse an XII et de l'avis interprétatif du 18 juin « 1809, les conseils de préfecture demeureront juges des contes- « tations sur le fait et l'étendue de l'usurpation, sauf le cas où « le détenteur, niant l'usurpation et se prétendant propriétaire à « tout autre titre qu'en vertu d'un partage, il s'élèverait des « questions de propriété pour lesquelles les parties auraient à se « pourvoir devant les tribunaux, après s'y être fait autoriser, « s'il y a lieu, par les conseils de préfecture (1). » Mais le Conseil d'Etat n'a pas entendu enlevever à l'autorité administrative, par son arrêt de 1857, le droit de statuer sur les difficultés rela- tives aux actes et à la preuve du partage. La Cour de cassation, elle-même, lui reconnaît ce droit. (21 janvier 1852.)

Le gouvernement de l'Empereur pense que l'administration doit favoriser les partages plutôt que les empêcher : « L'indivision, « en effet, est une source d'embarras et de difficultés ; elle encou- « rage les usurpations et peut dès-lors compromettre gravement « les intérêts des copropriétaires. Il importe, d'ailleurs, d'éviter « autant que possible, dans la composition des lots, de trop « fortes compensations en argent (2).

CONCESSIONS.

On a fait observer avec quelque raison que ces actes devaient être envisagés tantôt comme des baux, tantôt comme des ventes. C'est ainsi que le tribunal de Dunkerque, par un jugement du 31 juillet 1857, assimile à un acte de vente la concession du droit d'enlever des boues. Au contraire, la concession d'une place dans un marché a été regardée comme un acte de lo- cation.

Les lois qui traitent du domaine municipal ne s'occupent que d'une seule espèce de concession. L'article 10 du décret du

---

(1) Cf. arrêts conformes du C. d'Etat (12 janvier 1850 et 20 mars 1852).
(2) Circulaire ministérielle du 5 mai 1852.

23 prairial an XII avait statué qu'il pourrait être fait, dans les lieux consacrés aux inhumations, des concessions de terrains aux personnes désireuses d'y posséder une place distincte « pour y fonder leur sépulture ou celle de leurs parents ou suc- « cesseurs, et y construire des caveaux, monuments ou tom- • beaux. » L'ordonnance du 6 décembre 1843 divisa ces concessions en trois classes : 1° concessions perpétuelles, 2° concessions trentenaires, 3° concessions temporaires; ces dernières non renouvelables et faites pour quinze ans au plus ; les secondes indéfiniment renouvelables à l'expiration de chaque période de trente ans, moyennant une nouvelle redevance qui ne pouvait dépasser le taux de la première. A défaut de paiement de cette nouvelle redevance, le terrain concédé devait faire retour à la commune, mais il ne pouvait être repris par elle que deux années révolues après l'expiration de la période pour laquelle il avait été concédé, le droit de renouvellement appartenant encore aux concessionnaires ou à leurs ayant-cause dans l'espace de ces deux années. Aucune concession ne peut avoir lieu qu'au moyen du versement d'un capital, dont les deux tiers au profit de la commune et un tiers au profit des pauvres ou des établissements de bienfaisance. Le terrain nécessaire aux séparations et passages établis autour des concessions doit être fourni par la commune. En cas de translation d'un cimetière, les concessionnaires ont droit d'obtenir, dans le nouveau cimetière, un emplacement égal en superficie au terrain qui leur avait été concédé, et les restes qui y avaient été inhumés sont transportés aux frais de la commune.

Le décret du 25 mars 1852 donnait aux préfets le droit d'approuver les tarifs de concessions dans les cimetières. Le décret du 13 avril 1861 confère aux sous-préfets le droit d'homologuer ces tarifs, quand ils sont établis d'après les conditions fixées par un arrêté préfectoral.

VENTES.

Le gouvernement est moins favorable aux ventes qu'aux partages. « Au fond, on doit veiller à ce que les communes ne « déshéritent pas trop facilement les générations futures. Ainsi « il convient de ne les autoriser à aliéner leurs biens qu'en cas « de nécessité bien constatée et de faire en sorte d'ailleurs qu'elles

« combinent celte ressource avec la voie de l'emprunt rem-
« boursable au moyen d'impositions extraordinaires (1). »

Le ministre de l'intérieur ne parle pas des aliénations à titre
gratuit : en effet la pratique ne s'en préoccupe guère. Néanmoins
la capacité civile des communes sur ce point est hors de doute.
Ces donations ont été fréquentes sous la révolution : elles avaient
pour but d'exciter les volontaires à courir au secours du pays.
Le Conseil d'Etat a jugé le 10 mai 1812 qu'une commune était
mal fondée à demander l'annulation d'une concession de marais
faite sans autorisation ni approbation de l'autorité supérieure,
quand cette concession avait eu lieu dans l'extrême péril de
l'Etat, pour récompenser les citoyens qui s'étaient offerts librement et des premiers à voler au secours de la patrie.

La commune peut mettre à la vente telles conditions qu'il lui
plaira. Ainsi rien ne l'empêche d'imposer à l'acquéreur l'obligation de contribuer aux dépenses d'un égoût, même si cet égoût
doit être avantageux à l'acheteur lui-même (2).

Les formes de la vente sont assez simples. Le conseil municipal délibère sur l'opportunité de la vente, même s'il ne s'agit
que d'une vente mobilière. La délibération est suivie d'une
enquête *de commodo et incommodo* : d'après les circulaires ministérielles, il faut éviter d'en charger le maire. Le commissaire à qui
l'on a confié l'enquête ne peut pas déléguer ses pouvoirs. L'enquête est suivie de l'autorisation préfectorale. Mais le contrat de
vente doit-il encore être approuvé par le préfet, une fois le traité
conclu ? La jurisprudence admet que l'adjudication n'est définitive qu'après *l'approbation*, si cette clause est insérée au cahier
des charges. Le préfet, dans cette hypothèse, peut donc refuser
de *sanctionner* la vente (3). On s'est demandé si, dans le silence du
cahier des charges, le préfet pouvait aller jusqu'à rapporter son
arrêté d'autorisation même après la conclusion d'un acte de vente
entre la commune et l'acquéreur. Le préfet de la Vendée crut pouvoir aller jusque-là le 12 février 1859. Ce fonctionnaire, il est vrai,
s'appuyait sur l'inaccomplissement d'une formalité : dans l'espèce,
les oppositions soulevées par l'enquête *de commodo et incommodo*
n'avaient pas été suivies d'une nouvelle délibération du conseil

(1) Circulaire du 5 mai 1852.
(2) Arrêt de la Cour de Cassation du 13 mars 1811.
(3) Ainsi l'a jugé le Conseil d'Etat le 3 juin 1818.

municipal. Le Conseil d'Etat (1) annula néanmoins l'arrêté préfectoral, parce que le contrat avait créé des droits au profit de l'acquéreur, droits auxquels l'administration ne pouvait plus porter atteinte. Cette solution, parfaitement incontestable dans notre hypothèse où la seconde délibération du conseil municipal, conseillée par la circulaire ministérielle du 5 mai 1852, n'est exigée par aucun texte législatif, serait encore exacte dans le cas où l'autorisation n'aurait pu *légalement* intervenir par l'inobservation de quelque formalité : ce n'est plus l'autorisation, c'est l'acte même de vente qu'il faudrait alors attaquer.

Si les biens appartiennent à deux communes situées dans deux départements différents, les préfets doivent se concerter pour autoriser la vente; en cas de dissentiment, le ministre de l'intérieur doit statuer (2).

Mais comment la vente elle-même doit-elle être faite? Aux enchères : le principe n'est pas douteux. D'après un avis du comité de l'intérieur, on doit y appeler non-seulement les habitants, mais encore les étrangers. Le prix des immeubles doit être ordinairement acquitté à échéances fixes, en divers paiements; aux termes d'une circulaire ministérielle du 4 mai 1857, il doit être inséré dans le cahier des charges des adjudications et dans les contrats de vente des biens appartenant à des communes ou à des établissements publics, une clause spéciale portant que l'adjudicataire ou l'acquéreur qui voudrait se libérer par anticipation, ne pourra le faire valablement qu'en opérant son versement, non plus à la caisse du receveur municipal ou hospitalier, mais à celle du receveur particulier de l'arrondissement, et à titre de placement au trésor public pour le compte de la commune ou de l'établissement.

Lorsque le maire procède à une adjudication publique pour le compte de la commune, il est assisté de deux membres du conseil municipal, désignés d'avance par le conseil, ou, à défaut, appelés dans l'ordre du tableau.

Le receveur municipal est appelé à toutes les adjudications. Sa présence n'est pas indispensable comme celle des deux conseillers municipaux. « La commission, dit M. Ladoucette, a « demandé que le receveur communal fût appelé; mais elle n'a

(1) 4 avril 1861.
(2) Lettre ministérielle du 22 juillet 1839

« pas exigé qu'il fût présent; car au cas de son absence qui peut être
« causée par maladie ou affaire urgente dans une autre commune,
« l'adjudication se trouverait forcément ajournée ou entachée
« d'irrégularité. » Mais, comme disait le rapport à la chambre élective, nul n'est plus à même que ce fonctionnaire de donner les renseignements les plus exacts sur la solvabilité des enchérisseurs.

La commune est-elle tenue d'employer le ministère d'un notaire? Des doutes s'élevèrent dans plusieurs départements. On rappelait que le décret du 12 août 1807 et l'ordonnance du 7 octobre 1818 prescrivent cette formalité pour les baux consentis par les hospices et les communes : on en inférait que la même formalité devait être exigée pour les ventes, qui sont des actes plus importants. D'un autre côté, on objectait qu'aucune disposition législative ne rend nécessaire l'intervention d'un officier ministériel ; puis il convient, dans un grand nombre de cas, d'éviter des frais aux communes. Une instruction ministérielle du 19 décembre 1840 déclare qu'il faut laisser les corps municipaux libres « d'appeler un notaire ou de s'en passer, » à moins que l'autorité supérieure, en accordant la permission de vendre, ne juge nécessaire, soit à cause de l'importance des biens, soit pour tout autre motif, d'y attacher la condition de passer l'acte par devant notaire. « Une règle nouvelle, introduite
« par la loi du 18 juillet 1837, ajoute le ministre de l'intérieur,
« peut suppléer, jusqu'à un certain point, *au défaut de force*
« *exécutoire* des actes de vente consentis par les communes sans
« le concours d'un notaire. Je veux parler de l'article 63 de cette
« loi, ainsi conçu : *Toutes les recettes municipales pour les-*
« *quelles les lois et règlements n'ont pas prescrit un mode spécial*
« *de recouvrement, s'effectuent sur des états dressés par le maire.*
« *Ces états sont exécutoires après qu'ils ont été visés par le sous-*
« *préfet. Les oppositions, lorsque la matière est de la compétence*
« *des tribunaux ordinaires, y sont jugées comme affaire sommaire,*
« *et la commune peut y défendre sans autorisation du conseil de*
« *préfecture.* » En vertu de cette disposition, si un adjudicataire
« refusait ou négligeait de payer au terme fixé, le prix du bien
« communal, le maire pourrait obtenir un titre exécutoire sans
« recourir aux tribunaux, et le recouvrement forcé du prix s'effec-
« tuerait de la même manière que si la commune avait un con-
« trat notarié, sauf les oppositions que le débiteur aurait la
« faculté de former. » Aujourd'hui cette doctrine est universellement admise.

La vente, avons-nous dit, doit être faite aux enchères. Une circulaire ministérielle du 23 janvier 1836 énumère les exceptions suivantes. Les communes peuvent traiter de gré à gré : 1° quand l'usurpateur d'un bien communal fait sa déclaration conformément à l'ordonnance de 1819; 2° quand l'objet n'a qu'une médiocre valeur; 3° si l'aliénation présente un avantage évident pour la commune. (La doctrine de la circulaire, dans ces deux cas, paraît être en contradiction parfaite avec le texte et l'esprit de la loi de 1837, votée l'année suivante); 4° lorsque la vente est faite à un établissement public. (Cette exception se conçoit plus facilement); 5° lorsqu'il s'agit de l'exécution d'un alignement de voirie urbaine ou vicinale. La date de cette circulaire en diminue beaucoup l'importance pratique. Une circulaire du directeur de la dette inscrite autorisait, avant le décret du 25 mars, l'aliénation des rentes appartenant aux communes, sur un simple arrêté préfectoral : ici, le cours de la Bourse règle inévitablement le taux de la vente.

Les habitants intéressés à ce que les biens dont la vente est en projet restent dans le domaine commun adressent leur opposition au préfet avec les pièces à l'appui. L'acte qui confère l'autorisation emporte le rejet de cette opposition; mais il faut distinguer : 1° l'intérêt froissé ; 2° le droit lésé. Dans cette dernière espèce, l'acte d'autorisation ne préjuge rien. Le droit de propriété reste entier dans la personne des tiers, si la commune a vendu le bien d'autrui : le droit à une indemnité subsiste dans son intégrité, si, par exemple, un riverain allègue ses droits de vue ou d'issue sur un chemin naguère vicinal, aujourd'hui déclassé.

Le dernier paragraphe de l'article 46 décide que la vente des biens mobiliers et immobiliers des communes autres que ceux qui servent à un usage public, pourra, sur la demande de tout créancier porteur de titres exécutoires, être autorisée par une *ordonnance royale* qui déterminera les formes de la vente. La commission de la chambre des pairs avait demandé la suppression de ce paragraphe par le motif « que l'intention générale de la « loi était de conserver les biens des communes et que l'usufruit « de la génération présente doit passer à la génération future. » On répondit avec beaucoup de sens : « Vis-à-vis des tiers, les « communes, l'Etat lui-même, est comme un simple particulier, « à moins de conditions expresses que des intérêts supérieurs « commandent. Lorsqu'une commune a des dettes et que son « créancier a un titre exécutoire, il faut que ce créancier soit

« payé comme s'il s'adressait à un simple particulier. Quand la
« commune a des propriétés et que la vente de ces propriétés
« est le meilleur mode de paiement, il faut que la commune
« vende ses propriétés. Mais, dit-on, elle peut avoir recours à des
« contributions extraordinaires, à des emprunts. Il y a des cas
« où ces moyens peuvent être bons, d'autres où la vente peut
« être préférable ; le gouvernement se gardera bien de l'autoriser
« si elle est préjudiciable à la commune ou aux intérêts généraux
« de l'Etat. Il faut à cet égard, comme sur beaucoup d'autres
« points, s'en rapporter à l'administration. » Ces observations
sont le meilleur commentaire de la disposition finale de l'article 46.

Le décret sur la décentralisation administrative est-il venu
modifier cette disposition? Dufour ne le pense pas ; mais
la question est controversable. On sait comment se termine le
paragraphe 55 du tableau A : les préfets statuent sur *tous les*
autres objets d'administration départementale ou communale,
sauf vingt-trois exceptions insérées à la fin du tableau : or cette
exception n'est point prévue.

Qui peut être acquéreur ? le maire ne peut se porter adjudicataire ; mais les membres du conseil municipal? sans doute ils
participent à l'administration; ils délibèrent sur la mise en vente :
mais il ne faut pas multiplier les incapacités. L'administrateur,
c'est le maire et le maire seul. Le conseil municipal n'est pas
chargé de vendre. Les prohibitions de la loi civile ne peuvent
s'appliquer aux membres de ces assemblées.

On exige, en général, pour consentir hypothèque comme
pour en donner main-levée, la capacité d'aliéner. Le maire ne
peut-il donc donner main-levée d'une inscription prise au profit
de la commune? Une ordonnance du 15 juillet 1840 porte : « Se-
« ront exécutoires, sur arrêté du préfet en conseil de préfecture,
« toutes délibérations des conseils municipaux ayant pour objet
« d'autoriser les maires à donner main-levée des hypothèques
« inscrites au profit des communes. » La régie a donc décidé,
dans une instruction du 24 juillet 1841, que la radiation peut
être opérée sur la présentation : 1° de l'acte de main-levée consentie par le maire ; 2° d'une expédition authentique de la délibération du conseil municipal et de l'arrêté du préfet, en conseil
de préfecture, qui autorisent la main-levée.

Ces dispositions sont modifiées par le décret du 25 mars. S'il
s'agit d'autoriser la main-levée des hypothèques prises sur les

biens *des adjudicataires* ou de leurs cautions en matière de travaux publics, il faut, à notre avis, appliquer le paragraphe 12 du tableau D. Le préfet statuera sur l'avis ou la proposition des ingénieurs en chef.

Les bornes de la compétence administrative et judiciaire en pareille matière ne sont pas difficiles à tracer. Les tribunaux ordinaires sont exclusivement compétents, à moins qu'on ne mette en question la validité d'un acte purement administratif. Ainsi l'a jugé le conseil d'Etat le 14 février 1849. Or l'administration a rempli toute sa mission quand elle a [donné son autorisation : dès ce moment, la commune n'est plus qu'un simple particulier, traitant avec un particulier, et toutes les questions d'interprétation reviennent aux juges de droit commun.

Après une vente aux enchères, peut-on former une surenchère conformément aux dispositions du Code de procédure sur l'aliénation des biens des mineurs? La cour de Nîmes a jugé l'affirmative le 28 novembre 1837, et la négative le 12 mars 1845. Les garanties particulières dont le législateur a cru devoir environner la vente des biens de l'Etat et des mineurs, disait le ministre de l'intérieur, constituent un droit exceptionnel dont l'application ne peut avoir lieu que dans les cas expressément déterminés par la loi. Cependant cette interprétation ministérielle ne lie pas les tribunaux. C'est, du reste, aux juges ordinaires qu'il appartient de statuer exclusivement sur l'admissibilité de la surenchère. Le préfet d'Ile-et-Vilaine ayant, en 1854, après une enchère du *quart*, refusé d'approuver une adjudication et ordonné qu'il serait procédé à une adjudication nouvelle sur une mise à prix égale aux offres des surenchérisseurs, le Conseil d'Etat décida, le 18 août 1856, qu'un préfet ne pouvait, sans excéder ses pouvoirs, trancher la question de savoir si une surenchère doit être admise en matière de biens communaux faite devant notaire, et régler les conséquences d'une telle surenchère.

ÉCHANGES.

Ils sont autorisés par des arrêtés préfectoraux. « En ce « qui concerne les échanges d'immeubles, dit la circulaire « qui suivit le décret sur la décentralisation administrative, la « première condition à exiger pour qu'ils soient autorisés, « c'est qu'ils présentent une utilité incontestable pour les com-

« munes, ou leur procurent un avantage évident. C'est la tradí-
« tion de l'administration. L'expérience a montré, disait le mi-
« nistre de l'intérieur en 1837, que les échanges sont, en général,
« peu avantageux pour les communes. »

La loi ne prescrit aucune formalité spéciale aux échanges. Les
experts chargés d'estimer les biens devront seulement faire porter
leur travail sur les deux immeubles. L'échangiste doit fournir
la preuve que le fonds donné par lui en contre échange est libre
d'hypothèques, et produire ses titres de propriété.

Si des offres de transaction sont faites à la commune, ou si le
maire juge la transaction raisonnable, il en est référé au préfet
qui désigne trois jurisconsultes chargés d'éclairer la commune
sur l'importance et la réalité de ses droits. Le conseil municipal
délibère; le préfet approuve là délibération. Le maire s'entend
avec l'adversaire et conclut la transaction qui devient définitive
en vertu de l'homologation du préfet. La transaction est nulle,
si elle n'a été précédée de l'avis des trois jurisconsultes (Conseil
d'Etat, 18 janvier 1813.) La délibération d'un conseil municipal,
non précédée de cet avis, est également nulle. Du reste, l'autorisation administrative n'empêche pas la commune de faire
valoir ses moyens de nullité contre la transaction devant les
tribunaux. (Conseil d'Etat, 20 juillet 1850.)

L'autorisation, en effet, n'est qu'une mesure de tutelle; elle ne
préjuge en rien la validité du contrat. On peut toujours attaquer
ce contrat pour cause de dol, d'erreur, de fraude, et par tous
les moyens de nullité du droit commun. Quand le préfet dit :
J'autorise, cela veut dire : *J'estime* que l'aliénation est opportune ; la commune peut passer outre.

D'après Henrion de Pansey, l'autorisation touche seulement à *l'ordre public*, et non au *droit public*. L'inobservation de cette formalité peut donc être couverte par le silence
des parties intéressées; car si rien ne peut prévaloir contre
le droit public, c'est-à-dire contre la constitution et les lois fon-
damentales de l'Etat, il n'en est pas de même des mesures
d'ordre public qui ne font que diriger les mouvements de la
société, mais ne la constituent pas. D'ailleurs, si le défaut d'autorisation entraînait la nullité du contrat, et cela de plein droit,
ce serait tourner contre les communes une mesure manifestement établie en leur faveur. La nullité tirée du défaut d'autorisation est donc purement relative. Ainsi l'a jugé la Cour de cassation le 3 mai 1841. La Cour ne conteste pas que l'autorisation

administrative soit exigée par les lois. « Il est de principe,
« ajoute-t-elle, que les personnes capables de s'engager ne
« peuvent, pour se dispenser de remplir leurs engagements,
« opposer l'incapacité de celle avec laquelle ils ont contracté, et
« que juger le contraire, ce serait faire tourner contre les inca-
« pables les précautions que la loi a prises dans leur intérêt. »

« Les progrès de l'agriculture, a dit l'Empereur Napoléon III,
« doivent être un des objets de notre constante sollicitude, car
« de son amélioration ou de son déclin date la prospérité ou la
« décadence des empires. » Cette pensée a manifestement inspiré les lois de 1857 et de 1860.

En 1857, les landes communales occupaient, dans les deux
départements de la Gironde et des Landes, une étendue de
408,949 hectares. Il importait d'assainir et d'ensemencer cette
grande étendue de terres, condamnées à l'abandon et à l'insalu-
brité. Le sable qui compose le sol des landes se prête très-bien,
d'ailleurs, à la végétation forestière : quelques parcelles peuvent
même être immédiatement défrichées après le dessèchement.
Les terrains communaux soumis, dans ces départements, au parcours du bétail doivent donc, aux termes de la loi des 19-25 juin
1857, être assainis et ensemencés ou plantés en bois aux frais
des communes propriétaires. Si la commune ne peut ou ne veut
procéder à ces travaux, il y est pourvu aux frais de l'Etat qui
se rembourse de ses avances sur le produit des coupes et des
exploitations. Le baron Viard voulait que dans ce cas les communes fussent contraintes de s'arranger avec des particuliers ou
des sociétés, soit à prix d'argent, soit en abandonnant une partie du sol sur lequel les travaux auraient été exécutés. M. Corta
voulait que l'Etat intervint, si les communes reculaient devant la
cession partielle de leurs landes. Cette contrainte, disait M. de
Saint-Germain dans son rapport au Corps Législatif, introduirait
dans la loi un principe qu'elle ne renferme pas.

Les ensemencements ne doivent être faits annuellement que
sur un douzième des terrains dans chaque commune, à moins
qu'une délibération du conseil municipal n'autorise les travaux
sur une étendue plus considérable. Les parcelles de terrains
communaux susceptibles d'être mises en culture doivent, après
leur assainissement, être vendues ou affermées par la commune.
Les avances faites par l'Etat sont prélevées sur ce prix. Les for-

malités préalables à la mise en vente ou en location des terrains assainis et destinés à la culture ont été déterminées par le règlement d'administration publique des 28 avril-7 mai 1858. Après l'achèvement des travaux d'assainissement exécutés soit par les communes, soit par l'Etat, les parcelles assainies sont visitées par un expert désigné par le préfet. Cet expert dresse le périmètre des terrains susceptibles d'être mis en culture, et désigne les parcelles qu'il reconnaît devoir être vendues ou affermées. Le conseil municipal est appelé à donner son avis sur la proposition de l'expert. Sur le vu du procès-verbal d'expertise et de la délibération, le préfet arrête le périmètre des terrains susceptibles d'être mis en culture. Les communes sont immédiatement appelées à faire leur choix entre la vente et l'affermage des terrains assainis et reconnus propres à la culture. Si les conseils municipaux, dans les deux mois de la mise en demeure, n'ont pas délibéré sur la vente ou l'affermage, il est statué d'office par le préfet. Lorsque les terrains ont été assainis par l'Etat, il est procédé soit à la vente, soit à l'affermage, par les soins de l'administration des domaines, en présence des receveurs municipaux des communes intéressées, et conformément aux règles applicables aux biens de l'Etat. Les prix de vente ou de ferme sont recouvrés par la même administration et d'après les mêmes règles. Les fermiers ou acquéreurs de terrains assainis sont tenus de supporter les frais d'entretien des travaux d'assainissement.

Mais ces mesures partielles devaient bientôt être suivies de mesures plus générales.

La loi du 28 juillet 1860 (1), sur la mise en valeur des marais

(1) Art. 1er. Seront desséchés, assainis, rendus propres à la culture ou plantés en bois, les marais et les terres incultes appartenant aux communes ou sections de commune, dont la mise en valeur aura été reconnue utile.

Art. 2. Lorsque le préfet estime qu'il y a lieu d'appliquer aux marais ou terres incultes d'une commune les dispositions de l'art. 1er, il invite le conseil municipal à délibérer :

1° Sur la partie des biens à laisser à l'état de jouissance commune;

2° Sur le mode de mise en valeur du surplus;

3° Sur la question de savoir si la commune entend pourvoir par elle-même à cette mise en valeur.

S'il s'agit de biens appartenant à une section de commune, une comet des terres incultes appartenant aux communes, organise, pour un cas spécial, l'aliénation des propriétés communales. Aux termes de cette loi, les marais et les terres incultes appartenant aux communes ou sections de commune, dont la mise en valeur aura été reconnue utile, doivent être assainis et desséchés. Le préfet invite le conseil municipal à délibérer : 1° Sur la partie des biens à laisser à l'état de jouissance commune; 2° Sur le mode de mise en valeur du surplus; 3° Sur la question de savoir si la commune entend pourvoir par elle-même à cette mise en valeur. Si le conseil municipal refuse de prêter son concours au préfet ou si la délibération qu'il a prise ne reçoit pas d'exécution, un décret impérial rendu en Conseil d'Etat, après avis du conseil général, déclare l'utilité des travaux et en règle le mode d'exécution. Les travaux sont exécutés aux frais de la commune ou des sections propriétaires. Si les sommes nécessaires à ces dépenses ne sont pas fournies par les communes, elles sont avancées par l'Etat, qui se rembourse de ses avances, en principal et intérêts, au moyen de la vente publique d'une partie des terrains améliorés.

mission syndicale nommée conformément à l'article 3 de la loi du 18 juillet 1837 est préalablement consultée.

Art. 3. En cas de refus ou d'abstention par le conseil municipal, comme en cas d'inexécution de la délibération par lui prise, un décret impérial rendu en Conseil d'Etat, après avis du conseil général, déclare l'utilité des travaux et en règle le mode d'exécution. Ce décret est précédé d'une enquête et d'une délibération du conseil municipal prise avec l'adjonction des plus imposés.

Art. 4. Les travaux sont exécutés aux frais de la commune ou des sections propriétaires.

Si les sommes nécessaires à ces dépenses ne sont pas fournies par les communes, elles sont avancées par l'Etat, qui se rembourse de ses avances, en principal et intérêts au moyen de la vente publique d'une partie des terrains améliorés, opérée par lots, s'il y a lieu.

Art. 5. Les communes peuvent s'exonérer de toute répétition de la part de l'Etat, en faisant l'abandon de la moitié des terrains mis en valeur.

Cet abandon est fait sous peine de déchéance, dans l'année qui suit l'achèvement des travaux.

Dans le cas d'abandon, l'Etat vend les terrains à lui délaissés, dans la forme déterminée par l'article précédent.

Art. 6. Le découvert provenant des avances faites par l'Etat, pour l'exé-

opérée par lots, s'il y a lieu. Les communes peuvent, du reste, s'exonérer de toute répétition de la part de l'Etat, en faisant l'abandon de la moitié des terrains mis en valeur. Cet abandon est fait, sous peine de déchéance, dans l'année qui suit l'achèvement des travaux ; l'Etat procède alors à la vente de ces terrains.

Voici donc une loi qui vient encore diminuer, pour l'avenir, le patrimoine des communes ; mais de sérieuses considérations d'intérêt général l'ont inspirée. Le territoire de l'Empire renferme encore aujourd'hui plus de 50,000 hectares de marais et plus de 2,700,000 hectares de landes, pâtis, garrigues, terres vaines et vagues appartenant aux communes. Le domaine communal comprend une étendue de 4,800,000 hectares ; c'est donc plus de la moitié de ce domaine qu'il s'agit d'arracher à une stérilité séculaire. On a dit sans doute au Corps Législatif (séance du 19 juillet 1860) que, si l'on voulait augmenter la production agricole du pays, il fallait faire produire davantage aux terres déjà cultivées ; que l'hectare cultivé donnait, en France, une moyenne de 12 à 17 hectolitres de blé ; qu'il fallait lui en faire produire,

cution des travaux prescrits par la présente loi, ne pourra dépasser, en principal, la somme de 10 millions.

Art. 7. Dans les cas prévus par l'article 3 ci-dessus, le décret peut ordonner que les marais ou autres terrains communaux soient affermés.

Cette location sera faite aux enchères, à la charge par l'adjudicataire d'opérer la mise en valeur des marais ou terrains affermés.

La durée du bail ne peut excéder vingt-sept ans.

Art. 8. La loi du 10 juin 1854, relative au libre écoulement des eaux provenant du drainage, est applicable aux travaux qui seront exécutés en vertu de la présente loi.

Art. 9. Un règlement d'administration publique déterminera :

1° Les règles à observer pour l'exécution et la conservation des travaux ;

2° Le mode de constatation des avances faites par l'Etat, les mesures propres à assurer le remboursement en principal et intérêts, et les règles à suivre pour l'abandon des terrains que le premier paragraphe de l'article 5 autorise la commune à faire à l'Etat ;

3° Les formalités préalables à la mise en vente des portions de terrain aliénées en vertu des articles qui précèdent ;

4° Toutes les autres dispositions nécessaires à l'exécution de la présente loi.

sinon 30 ou 40 comme en Angleterre , au moins 25 ou 30 ; que c'était là le véritable programme agricole. Mais le président du Conseil d'Etat répondit avec une haute raison qu'il ne dépendait pas du gouvernement, si ce n'était par des encouragements généraux , d'augmenter la production des terres déjà cultivées , tandis qu'il pouvait provoquer directement un résultat utile par le dessèchement des marais et la mise en valeur des communaux incultes. La loi présente, en effet, des avantages qui compensent l'inconvénient très-sérieux des aliénations ; elle se propose, dans un intérêt de salubrité générale , le dessèchement des marais, qui dégagent des miasmes délétères et répandent autour d'eux des maladies endémiques ; elle se propose également d'arrêter la formation de ces torrents qui ravagent des vallées entières dans nos départements du sud , en jetant la plus grande masse possible de végétation sur les terrains menacés ou le long des torrents déjà formés ; elle se propose enfin de mettre à la portée des habitants pauvres les lots cédés par la commune et vendus ensuite par l'Etat, mesure qui ferait de nouveaux propriétaires et enchaînerait au sol rural des populations aujourd'hui trop promptes à le délaisser. D'ailleurs, les conseils municipaux avaient prêté un concours immédiat à l'administration pour l'exécution de la loi partielle de 1857. « Les communes , disait l'exposé des mo-
« tifs du 9 janvier 1860 , ont pris elles-mêmes l'initiative de l'a-
« liénation d'un tiers de leurs propriétés en faveur des habitants,
« au prorata de leurs contributions foncières, à charge de clore,
« assainir et planter, et moyennant un prix qui doit former le
« capital nécessaire à l'amélioration des deux tiers restant. »
Dans la séance du 19 juillet 1860, un député posa deux questions aux commissaires du gouvernement. « Le projet primitif
« ne parlait pas de l'éventualité du partage des biens communaux.
« La commission s'en est préoccupée. Ce point a été l'objet de
« discussions prolongées entre MM. les conseillers d'Etat et la
« commission. La commission a présenté des amendements ou
« plutôt des contre-projets où elle demandait que le partage ne
« fût qu'une éventualité de l'application de la loi. Le Conseil
« d'Etat n'a pas admis ces amendements. La commission a
« cédé. Le rapport expose les motifs de la commission , mais il
« ne fait pas connaître ceux qu'a eus le gouvernement pour re-
« pousser les amendements. L'honorable membre demandait
« donc une explication. » Le président du Conseil d'Etat répondit
que le partage n'était ni dans le projet ni dans l'esprit du projet.

Voici la seconde observation : « La commision , avec raison,
« ne s'est pas occupée seulement des biens communaux , mais
« aussi des biens appartenant à des sections de communes....
« L'orateur suppose la vente décidée par le conseil municipal :
« il demande ce que deviendra le prix de ces terrains. Ira-t-il
« dans la caisse municipale ? Sera-t-il partagé entre les habitants
« de la section de commune ? S'en réfèrera-t-on aux tribunaux ? »
Le président du Conseil d'Etat répondit que la loi ne changeait
rien à l'état actuel des choses; dans l'hypothèse indiquée par
l'honorable membre, on emploierait autant que possible le prix
dans l'intérêt des sections de communes, ainsi que l'a décidé la
jurisprudence.

Une autre loi du 28 juillet 1860 s'occupe du reboisement des
montagnes. Si les communes (1), après la déclaration d'utilité
publique , refusaient d'exécuter ces travaux sur leurs terrains ,
l'Etat pouvait les prendre à sa charge. Dans ce dernier cas, il
conservait l'administration et la jouissance des terrains reboisés
jusqu'au remboursement de ses avances en principal et intérêts,
la commune étant réduite à la jouissance du droit de pâturage
sur les terrains reboisés, dès que ces biens seraient reconnus
défensables. Les communes pouvaient, dans tous les cas, s'exonérer
de toute répétition de l'Etat en abandonnant la propriété de la
moitié des terrains reboisés. Le décret du 27 avril 1861 a déterminé les règles à suivre en cette matière. Si la commune consent
à l'abandon, le conseil municipal prend une délibération motivée,
dans un délai de dix ans à partir de la notification de l'achèvement des travaux , à peine de déchéance. Cette délibération est
elle-même notifiée au préfet. Un expert nommé par le préfet et
un agent forestier désigné par l'administration des forêts divisent les terrains reboisés en deux lots d'égale valeur. L'attribution des lots a lieu par voie de tirage au sort , si les parties intéressées n'ont pu s'entendre à l'amiable à ce sujet. Il est procédé
à cette opération devant le sous-préfet de l'arrondissement. Enfin,
si une partie des travaux a été exécutée par la commune, il lui en
est tenu compte, dans le partage, par une réduction proportionnelle sur le lot échu à l'Etat.

(1) Ces dispositions s'appliquent également aux établissements publics.

CHAPITRE VII.

DE LA PRESCRIPTION ET DE L'ALIÉNATION DES BIENS DES ÉTABLISSEMENTS PUBLICS.

SOMMAIRE. — Prescription. — Biens des évêchés. — Biens des cures. — Biens des chapitres. — Biens des séminaires. — Biens des congrégations religieuses autorisées et non autorisées. — Biens des fabriques. Le conseil de fabrique et le bureau des marguilliers. — Questions de compétence. — Biens des consistoires. — Biens des établissements de bienfaisance. — Le décret sur la décentralisation n'est pas applicable aux établissements généraux de bienfaisance. — Article 1596 du Code Napoléon. — Articles 9 et 10 de la loi du 7 août 1851 : observations de M. Mortimer-Ternaux à l'assemblée législative. — Arrêt de la Cour de Paris du 9 avril 1836. — Décret du 11 thermidor an XII. — Assimilation des autres établissements publics aux établissements généraux de bienfaisance, quant aux questions d'aliénation. — Circulaire du général Espinasse. — Circulaires de M. Delangle. — Les aliénations consenties par l'Etat, les départements, les communes et les établissements publics sont-elles soumises à la loi du 23 mars 1855 sur la transcription?

Il existe encore des pays où les établissements publics sont protégés par des prescriptions particulières. C'est ainsi qu'aux termes des articles 629 et 641 du Code prussien on ne prescrit contre les églises et les corporations privilégiées que par un laps de quarante-quatre ans. Mais les biens des établissements publics ne jouissent d'aucun privilége en France. Nous allons donc nous occuper exclusivement des questions d'aliénation.

ÉTABLISSEMENTS ECCLÉSIASTIQUES.

Biens des évêchés. L'évêché peut être considéré comme un établissement public capable de posséder, d'acquérir et de transmettre. Aux termes du décret du 6 novembre 1813, l'évêque doit jouir en bon père de famille : il ne peut faire les actes d'aliénation ni en général des dispositions qui changent la nature ou diminuent les produits des biens de l'évêché sans une autorisation du gouvernement. Ainsi l'a jugé la cour de Colmar le 2 avril 1833. L'évêque ne peut même faire des baux de plus de neuf ans sans une autorisation préfectorale précédée d'une expertise : ces baux doivent être adjugés par la voie des enchères. (Décret du 6 novembre 1813.)

Biens des cures. Le curé ne peut les aliéner ni les grever sans une autorisation du chef de l'Etat. Il est assujetti, pour les baux excédant neuf années, aux mêmes conditions que l'évêque; mais l'autorisation du sous-préfet est suffisante. (Même décret.)

Biens des chapitres. Le chapitre ne peut prendre aucune délibération relative à la gestion des biens, si les membres présents ne forment au moins les quatre cinquièmes du nombre total des chanoines : ses délibérations doivent être approuvées par l'évêque; si l'évêque refuse, le chapitre peut en référer au ministre des cultes. Les baux de plus de neuf ans ne peuvent être passés qu'aux enchères, sur un cahier des charges approuvé par le chapitre. Le gouvernement peut seul autoriser les aliénations. (Même décret).

Biens des séminaires. Ils sont administrés par un bureau composé de l'un des vicaires-généraux qui préside en l'absence de l'évêque, de l'économe et du directeur du séminaire et d'un trésorier nommé par le ministre des cultes sur l'avis de l'évêque et du préfet. Ce bureau n'a guère que voix consultative, à la différence du chapitre. Du reste, les règles relatives à l'aliénation des biens des chapitres sont applicables aux biens des séminaires. (Même décret.)

Biens des congrégations religieuses autorisées. C'est à ces corporations qu'est applicable l'article 6 de la loi du 2 janvier 1817, ainsi conçu : « Les immeubles ou rentes appartenant à un éta-« blissement ecclésiastique seront possédés à perpétuité par ledit « établissement et seront inaliénables, à moins que l'aliénation « n'en soit autorisée par le roi. » La demande en autorisation doit être transmise au ministère des cultes avec les pièces qui constatent l'observation des formalités, l'avis de l'évêque et celui du préfet, et qui indiquent l'objet et le but de la demande. L'autorisation est ensuite accordée par un décret rendu en Conseil d'Etat. Si l'emploi est prescrit, cet emploi ne devient pas, par là même, une condition de la validité de l'aliénation. La cour de Rouen a jugé, le 9 avril 1837, que l'acquéreur était mal fondé à refuser de payer son prix jusqu'à ce qu'il lui fût justifié de l'emploi indiqué; par suite, que les offres réelles faites *à la charge de cette justification* étaient irrégulières.

Biens des congrégations religieuses non autorisées. Ces congrégations n'ayant pas d'existence juridique, l'aliénation de leur patrimoine n'a pu être soumise à aucune règle spéciale.

Biens des fabriques. L'article 76 de la loi du 18 germinal an x statuait qu'il serait établi des fabriques pour veiller à l'entretien et à la conservation des temples, ainsi qu'à l'administration des aumônes. Ainsi reparurent ces antiques conseils institués pour administrer les biens des églises et emportés par la révolution. L'évêque nommait ces conseils; mais le décret du 7 thermidor an xi institua des *marguilliers*, nommés par le préfet. Le gouvernement réunit les deux institutions par un décret du 30 décembre 1809. Les fabriques sont organisées par le décret de 1809 et par une ordonnance du 12 janvier 1825.

Aujourd'hui la *paroisse* existe à côté de la commune. « Comme « les communes, les paroisses forment une société dans le sein « de la société générale ; comme les communes, elles ont leur « individualité et constituent des êtres moraux susceptibles des « droits, des obligations et des actes de la vie civile; comme « elles enfin, elles sont représentées par des mandataires qui « agissent et contractent en leur nom (1). »

La mission des fabriques est d'administrer la paroisse considérée comme personne civile. L'article 12 de l'ordonnance de 1825 énumère les fonctions du conseil de fabrique. Il délibère

(1) Dufour.

sur les objets suivants : 1º Le budget de la fabrique ; 2º Le compte annuel de son trésorier ; 3º L'emploi des fonds excédant les dépenses, du montant des legs et donations, et le remploi des capitaux remboursés ; 4º |toutes les dépenses extraordinaires au-delà de 50 francs dans les paroisses au-dessous de 1,000 âmes et de 100 francs dans les paroisses plus populeuses ; 5º les procès à entreprendre ou à soutenir, les baux emphytéotiques ou à longues années, les aliénations ou échanges et *généralement tous les objets excédant* les bornes de l'administration ordinaire des biens des mineurs.

Le bureau des marguilliers, pris dans le sein du conseil de fabrique, est chargé de l'administration journalière du temporel de la paroisse. Le trésorier passe les baux de moins de neuf ans en vertu d'une délibération de ce bureau. Si le bail doit être d'une plus longue durée, il ne peut avoir lieu sans une délibération du conseil de fabrique, l'avis de l'évêque et l'autorisation de l'Empereur. Ces dernières formalités sont aussi exigées pour la vente ou l'échange d'un immeuble (art. 62 du décret du 30 décembre 1809). Un arrêt d'Angers, du 2 août 1850, avait admis qu'un échange loyalement formé, entièrement réalisé, conforme à l'intérêt public, mais simplement consenti par les administrateurs de la ville et de la fabrique, devait être maintenu. Mais un arrêt de la Cour suprême, du 27 juin 1853, cassant l'arrêt de la cour d'Angers, déclara qu'un échange d'immeubles était nul lorsqu'il n'avait été autorisé que par le conseil de fabrique d'une part et d'autre part par le conseil municipal, sans l'intervention des autorités supérieures compétentes, à savoir, l'évêque diocésain et le chef du gouvernement pour la fabrique ; le préfet, le ministre ou le chef du gouvernement pour la commune.

La loi laisse les meubles à la disposition des marguilliers, puisqu'elle ne parle que des immeubles.

Ces contrats constituent des actes de droit commun qui reviennent naturellement aux tribunaux ordinaires. Une église avait perçu une somme de cent huit francs provenant de la vente de la coupe d'une haie servant de clôture au cimetière ; la commune, prétendant que la haie était sa propriété, demanda contre la fabrique la restitution de cette somme. Un arrêté du conseil de préfecture de la Charente-Inférieure, qui, saisi de la contestation, s'était prononcé contre la fabrique, fut annulé pour incompétence par le Conseil d'Etat, le 24 mars 1849. Cependant le conseil de préfecture statue sur les contestations entre les fàbriques et les chapitres oụ entre les fabriques et les séminaires.

La concession d'une place réservée dans l'église ne peut avoir lieu pour un temps plus long que la vie du concessionnaire. Cependant celui qui bàtit entièrement une église |peut retenir la propriété d'un banc ou d'une chapelle pour lui et sa famille, tant qu'elle existera. Le simple donateur ou bienfaiteur d'une église peut même obtenir une semblable concession, sur l'avis du conseil de fabrique, approuvé par l'évêque et le ministre des cultes. (Décr. 30 décembre 1809, art. 68 et 69.)

Tout litige en matière de concessions doit être déféré aux juges de droit commun, quand il porte sur la validité même du contrat ou l'exécution de ses clauses. Mais dès qu'une question de police intérieure de l'église complique le débat, les tribunaux ordinaires deviennent incompétents. C'est ainsi que le conseil de préfecture est seul compétent pour connaître de l'action exercée par un paroissien à l'effet de faire rétablir à son ancienne place le banc concédé, quand le conseil de fabrique, loin de contester la concession, prétend seulement assigner au concessionnaire un autre emplacement (C. d'Etat, 14 décembre 1857.)

Les consistoires des églises protestantes sont soumis aux mêmes règles que les fabriques (1). On peut encore assimiler aux biens des fabriques ceux des synagogues consistoriales.

ÉTABLISSEMENTS DE BIENFAISANCE.

Parmi les établissements publics de bienfaisance, les uns sont à la charge des communes, d'autres à la charge des départements, d'autres enfin à la charge de l'Etat. La loi place à la tête des premiers et des seconds des commissions administratives; à la tête des derniers, un conseil supérieur et une commission consultative.

Quand la loi de vendémaire an v vint rendre une individualité aux établissements publics supprimés par la Convention, les trois cinquièmes du patrimoine des hospices étaient absorbés par les ventes nationales. On leur remit les biens qui se trouvaient

(1) Colmar, 13 novembre et 12 décembre 1833.

encore dans les mains de l'Etat. On remplaça les biens aliénés (1).
Un avis du Conseil d'Etat du 4 pluviôse an XIII décida que
l'Etat qui s'était chargé des dettes, lors de la réunion des biens
des hospices, était déchargé de ces dettes et que désormais
chaque hospice était *redevenu* obligé. Un arrêté du 14 fructidor
an X déclara « que les remboursements faits dans les caisses
« nationales, antérieurement à la loi du 9 fructidor an III (2),
« des créances et des rentes foncières constituées, originaire-
« ment dues aux pauvres, étaient valables. »

Voilà le domaine des établissements de bienfaisance recons-
titué ; voyons comment il peut être aliéné ou prescrit.

Les préfets, aux termes du paragraphe 55 du tableau A du décret sur la décentralisation administrative, doivent statuer « sur
« tous les objets d'administration départementale, communale
« ou d'assistance publique, » sauf vingt-trois exceptions énumérées par le décret. Le droit d'autoriser les aliénations des
biens des établissements départementaux ou communaux de
bienfaisance, ne figurant pas dans ces exceptions, est compris
dans les attributions du préfet. Le décret du 9 janvier 1861 confère même ce droit au préfet de la Seine « pour les établisse-
« ments de bienfaisance de Paris. » Il s'agit là, selon nous, des
établissements départementaux de la Seine ou des établissements
communaux de Paris ; mais nous ne saurions induire de ce texte
que le préfet de la Seine puisse autoriser les aliénations des établissements généraux de bienfaisance situés dans ce département.
Ce droit revient naturellement au pouvoir central pour les sept
grands établissements de l'Etat, c'est-à-dire : 1° L'hospice des
Quinze-Vingts ; 2° l'institution des jeunes aveugles ; 3° l'institution
des sourds-muets de Paris ; 4° l'institution des sourds-muets de
Bordeaux ; 5° la maison impériale de Charenton ; 6° l'hospice impérial du Mont-Genèvre ; 7° les asiles impériaux de Vincennes et
du Vésinet.

Aux termes de l'article 6 du décret du 13 avril 1861 (§ 17), les
sous-préfets peuvent désormais statuer sur les ventes et échanges d'objets mobiliers des bureaux de bienfaisance. Ces autorisa-

---

(1) V. le livre précédent pour de plus longs développements.

(2) La loi de fructidor avait ordonné de surseoir à la vente des biens
des établissements de bienfaisance.

tions, comme les homologations de tarifs de concessions dans les cimetières, peuvent être annulées ou réformées par les préfets, soit pour violation des lois et des règlements, soit sur la réclamation des parties intéressées, sauf recours devant l'autorité compétente (article 7 décr. 13 avril 1861).

Toute vente d'immeubles appartenant aux hospices doit être faite par adjudication publique, à la chaleur des enchères, à moins que l'administration, en autorisant l'aliénation, n'ait fait, par des circonstances particulières, une exception à ce principe (1). Mais le ministère d'un notaire n'est pas indispensable pour la vente, par adjudication publique, des biens des établissements charitables. Il en serait autrement, bien entendu, si l'administration avait attaché cette condition spéciale à l'autorisation (2).

Les administrateurs, aux termes de l'article 1596 du Code Napoléon, ne peuvent acheter les immeubles des établissements publics confiés à leurs soins. « Une foule d'arrêts, intervenus en
« forme de règlement, disait Portalis, ont constamment pro-
« noncé la nullité des adjudications faites à des juges et à des
• administrateurs chargés par l'Etat de la surveillance des biens
« adjugés. On a pensé que le titre public de leur charge les
« soumet à de plus grandes précautions que les personnes pri-
« vées, pour les mettre à couvert du soupçon d'abuser de leur
« autorité dans les occasions où ils ne peuvent et ne doivent
« se montrer que comme administrateurs et comme magis-
« trats (3). »

Les ventes passées au mépris de cette prohibition sont nulles, soit qu'elles aient été faites directement aux incapables, soit qu'elles leur aient été faites indirectement au moyen de personnes interposées. La question de savoir si *Paul*, qui figure comme acheteur, est ou non une personne interposée, est entièrement abandonnée à l'appréciation du juge. Les présomptions légales d'interposition de personnes des articles 911 et 1100 ne peuvent pas s'appliquer à la vente. Ainsi l'ont jugé des arrêts de la Cour de cassation du 4 avril 1837 et du 3 avril 1838.

Ces ventes pourraient être maintenues par ce seul motif

(1) V. instruction du 23 août 1821.
(2) Cf. le chapitre précédent.
(3) Exposé des motifs.

qu'elles profitent au vendeur (arrêt de la Cour de cassation du 26 août 1807). En effet, la nullité dont elles sont entachées n'est que relative et ne peut être établie par les personnes contre lesquelles a été faite la prohibition (arrêt d'Orléans du 11 février 1841 (1).

Les articles 9 et 10 de la loi du 7 août 1851 exigent, avant toute autorisation administrative, pour la validité d'une aliénation : 1° une délibération de la commission; 2° l'avis conforme du conseil municipal. La commission de l'assemblée législative avait d'abord proposé un autre système et demandait l'avis conforme du *conseil général*. M. Mortimer-Ternaux dit très-bien : « Il faut « bien comprendre qu'il s'agit ici du conseil général du départe- « ment, lequel ne se rassemble qu'une fois par an pendant quinze « jours, et qui, pendant ces quinze jours, doit faire face à d'é- « normes travaux. Vous voulez que toutes les fois qu'un hospice « demandera à aliéner une portion quelconque de ses immeu- « bles, si minime que soit cette rente ou cet immeuble, le con- « seil général du département soit obligé de donner son avis, « c'est-à-dire que pendant neuf mois, l'hospice, qui a peut-être « un besoin urgent de vendre une portion de rente, qui, dans « un traité à faire avec un particulier, lui abandonne une par- « celle de terrain, attende la session du conseil général pour « obtenir que cette cession soit autorisée!... Or le conseil gé- « néral n'a rien à voir dans l'administration des hospices ; c'est « une affaire entre l'administration de l'hospice, l'administra- « tion communale et l'autorité supérieure. » La commission, se ralliant à cet avis, changea la rédaction de l'article 10.

Mais l'article du projet était ainsi conçu : « Néanmoins l'alié- « nation des *rentes* et des propriétés formant la dotation des « hospices et hôpitaux ne peut avoir lieu qu'avec l'avis con- « forme, etc. » Au contraire, l'article 10 de la loi porte simple- « ment : « Néanmoins l'aliénation des biens *immeubles*... » Peut-être n'a-t-on pas assez remarqué ce changement de rédaction.

Les établissements publics ne peuvent transiger qu'avec l'autorisation du préfet. On suit, pour l'obtenir, la même voie que pour l'autorisation à l'effet d'aliéner. L'administration prend en outre l'avis d'un comité consultatif, créé par l'arrêté du 7 mes-

_____

(1) Les arrêts que nous citons s'appliquent à toutes les prohibitions de l'article 1596.

sidor an IX, dont les attributions ont été successivement étendues par les arrêtés des 9 fructidor an IX, 10 thermidor an XI,
11 thermidor an XII et par l'article 16 de l'ordonnance du 18 décembre 1839. Ses fonctions consistent à donner un avis sur
toutes les questions contentieuses ; il est composé de trois jurisconsultes choisis par le préfet.

L'obligation de prendre l'avis du comité consultatif s'étend-
elle aux établissements publics de bienfaisance à la charge de
l'Etat? La question s'est présentée devant le tribunal civil de la
Seine à l'occasion de la maison royale de Charenton. Le 4 février
1825, le tribunal décida qu'aucune loi ne plaçait l'hospice de Charenton hors du droit commun. Ce jugement fut infirmé par la
Cour royale, le 9 avril 1836, sous ce prétexte que la maison
royale de Charenton était placée, par l'arrêté du 27 germinal an V,
sous la surveillance immédiate du ministre de l'Intérieur, et directement à la charge de l'Etat. Mais la surveillance ministérielle
peut-elle bien suppléer l'intervention d'un comité consultatif
composé d'hommes spéciaux ? Le principe de l'arrêté de messidor est dans cette règle fondamentale de notre organisation
administrative qui entoure tout établissement public de protec-
tions analogues à celles que la loi assure aux mineurs.

Enfin les receveurs des établissements de charité ne pourront
donner main-levée des oppositions formées pour la conservation
des droits des pauvres et des hospices, ni consentir aucune radiation ou limitation d'inscriptions hypothécaires, qu'en vertu d'une
décision spéciale du conseil de préfecture, prise sur une proposition formelle de l'administration et de l'avis du comité consultatif (Décret du 11 thermidor an XII.)

Les établissements publics tels que les Invalides, la Légion
d'Honneur, etc., etc., doivent être assimilés aux établissements
généraux de bienfaisance, qui ne peuvent aliéner leurs biens
sans un décret impérial.

Nous avons vu que le gouvernement du roi Louis XVI, pressé
par des embarras financiers, avait prétendu mobiliser le patrimoine des hospices, quelque temps avant la Révolution. Le 15
mai 1858, une circulaire du général Espinasse, ministre de l'intérieur, vint prescrire cette désastreuse mesure dans le plus im-
périeux langage qu'eût jamais employé l'administration française.
Le tort irrémissible de la propriété immobilière des hospices,

aux yeux du général Espinasse, c'est l'infériorité relative du revenu. Les statistiques l'évaluent à 2 1/2 pour 100, mais le général n'hésite pas à le réduire à 2 pour 100. Il prescrit donc la transformation de la propriété foncière en rentes sur l'Etat. Mais il prévoit immédiatement une objection ; il importe de garantir le patrimoine des hospices contre la dépréciation du numéraire. La circulaire a une réponse toute prête, « bien connue d'ail- « leurs, » nous dit-elle. « La précaution consiste à capitaliser « une partie des arrérages de la rente ; la proportion jugée suffi- « sante n'est que de 10 pour 100. La première objection ne sou- « tient donc pas un sérieux examen. » La seconde est toute morale et fondée sur les plus sacrés motifs. On a pu léguer ou donner des immeubles dans une vue de charité prévoyante, pour laisser aux établissements. publics un gage fixe, inébranlable, assuré contre tous les genres de révolutions. Mais il ne s'agit que de bien comprendre les sentiments du donateur. Le donateur était peut-être lui-même le jouet de ses erreurs économiques. La circulaire croit se conformer « aux intentions tacites des « bienfaiteurs » en opérant la conversion.

« Je vous autorise donc, monsieur le préfet, à user de toute « votre influence, et, au besoin, de votre autorité, pour amener « les commissions administratives des établissements de bien- « faisance à voter l'aliénation des biens-fonds dont le revenu « net serait notablement inférieur aux neuf dixièmes des arré- « rages de la rente sur l'Etat, qui pourrait être achetée avec le « prix de vente de ces biens. » Cependant le général prévoit l'indocilité des commissions administratives : en effet, les commissions administratives opposèrent à la circulaire une résistance presque universelle. « J'aime à croire, monsieur le préfet, pour- « suit le général, que ces instructions seront écoutées. Les mem- « bres des commisions administratives sont généralement trop « éclairés et trop animés de l'amour du bien public pour ne pas « s'empresser de répondre aux vues philanthropiques du gouver- « nement. » Voici la conséquence, qui n'était pas propre à rallier les commissions administratives au projet ministériel : « Enfin, « si une commission, par ses préjugés et son inertie, vous plaçait « dans l'alternative de provoquer sa dissolution ou de laisser « se prolonger indéfiniment une mauvaise administration des « biens, vous ne devriez pas balancer à prendre le premier « parti. » Le dernier moyen de coaction n'est pas moins violent ; le général annonce qu'il privera de toute subvention les établis-

sements de bienfaisance qui ne se conformeront pas à ses doctrines économiques. Les préfets devaient donc adresser, tous les trois mois, au ministre de l'intérieur, un état indiquant : 1° le nom des établissements charitables qui auraient voté la vente des immeubles ; 2° la nature, la contenance, l'évaluation et le prix de vente de ces immeubles ; 3° le montant de la rente acquise et le taux du cours de la Bourse auquel elle aurait été achetée ; 4° l'étendue et la valeur des biens-fonds non encore vendus et susceptibles d'être aliénés.

Ainsi, l'on jetait 500 millions d'immeubles sur le marché général de la France, à une époque où la propriété immobilière, chargée de lourds impôts, n'avait pu se relever encore du coup fatal que la révolution de février 1848 lui avait porté. Quand tout conspirait à la dépréciation du sol français, l'essor immodéré du crédit, l'entraînement des capitaux vers les valeurs industrielles, la dépopulation des campagnes, la perte des avantages politiques attachés à la propriété foncière, le ministre de l'intérieur ne reculait pas devant une mesure capable d'empirer cette situation ! Cependant, si la France, attentive à ces paroles, eût aveuglément adopté la doctrine contenue dans la circulaire, elle délaissait tout entière, avec empressement, cette terre improductive aux yeux du général-ministre, et les hospices eux-mêmes n'eussent plus trouvé d'acquéreurs. Personne n'avait pourtant plus d'intérêt à garder ses propriétés que les établissements publics dont la personnalité se prolonge et se perpétue à travers les siècles. Un capital de cent mille livres, placé en rentes sur l'Etat, il y a trois siècles, par un sujet du roi Henri IV, ne serait encore aujourd'hui qu'un capital de cent mille livres, encore le supposons-nous sorti sain et sauf des crises financières et des secousses politiques. Placé en biens-fonds, sa valeur eût triplé, quadruplé, décuplé peut-être. Aussi la circulaire du général Espinasse souleva-t-elle une violente opposition. Le sentiment universel monta jusqu'à l'Empereur Napoléon III, si profondément habile à pénétrer, souvent à pressentir l'opinion publique. Le général Espinasse tomba du ministère, et la circulaire de mai 1858 contribua, sans nul doute, à sa chute.

M. Delangle, à peine ministre de l'intérieur, adressa, le 14 août 1858, une circulaire aux préfets pour expliquer, atténuer et corriger celle de son prédécesseur. Le vice énorme et palpable de la première circulaire était l'ordre imposé militaire-

ment aux commissions « de voter l'aliénation des biens-fonds
« dont le revenu net serait notablement inférieur aux neuf
« dixièmes des arrérages de la rente sur l'Etat, qui pourrait être
« achetée avec le prix de vente de ces biens. » C'était obliger,
en définitive, les établissements de bienfaisance à vendre toutes
leurs propriétés foncières. Le nouveau ministre ne pouvait ni
démentir brutalement la politique du ministre tombé ni l'exalter
et la prendre pour son compte. Il entend respecter l'indépendance des commissions ; il déclare que l'administration n'a
jamais pensé à transformer en rentes sur l'Etat tous les immeubles des établissements charitables. D'une part, en effet,
certaines propriétés foncières ont été données à charge d'inaliénabilité ; la condition doit être accomplie, n'eût-elle pas de
force légale. D'autre part, des établissements dont la durée n'a
pas de limite ne doivent pas aliéner sans nécessité « des immeu-
« bles gérés avec sollicitude et intelligence, cultivés avec zèle,
« et dont le revenu, sans atteindre celui de la rente, ne diffère
« pas sensiblement du loyer de la propriété purement privée. »
Voici donc un autre *criterium*. Ce n'est plus à la propriété foncière même, mais à la mauvaise administration de cette propriété
que le gouvernement a déclaré la guerre. Partout où cette propriété soutient à peu près le parallèle avec la propriété privée,
les hospices garderont leurs immeubles ; mais il n'en est pas
toujours ainsi des biens de main-morte. « Qui ne sait, disait la
« circulaire, que parmi les immeubles appartenant aux établis-
« sements de bienfaisance, plusieurs ne donnent qu'un revenu
« de 1 1/2 et même de 1 pour 100 ? Une propriété affermée
« 600 francs n'a-t-elle pas été vendue récemment moyennant le
« prix principal de 60,000 francs ? » Le ministre conseille donc
l'aliénation des immeubles mal entretenus et mal exploités. On
s'écartait habilement et sagement du système adopté par le
général Espinasse.

La circulaire du 15 mai 1858 souleva quelques difficultés de
détail dont la solution fut demandée par les préfets au ministre
de l'intérieur. L'administration désirait savoir si les arrérages
des rentes nouvelles à provenir de la capitalisation du dixième,
prescrite par la circulaire du 15 mai, devraient se cumuler avec
le dixième des arrérages de la rente primitive ou pourraient être
employés comme revenus ordinaires. M. Delangle se prononça le 26
octobre 1858 contre le système de capitalisation restreinte. « Quant
« aux questions touchant la durée de la capitalisation, disait en

« terminant le ministre, il n'est pas possible de les résoudre dès à
« présent, ni de fixer à cet égard une règle uniforme pour tous
« les établissements charitables. En principe, on devra capita-
« liser aussi longtemps que les circonstances générales et la
« situation particulière de chaque établissement rendront né-
« cessaire cette mesure de prévoyance. C'est seulement dans des
« cas exceptionnels qu'on pourrait la suspendre ou même y re-
« noncer, comme, par exemple, si les désastres d'un incendie
« exigeaient l'emploi immédiat de toutes les ressources disponi-
« bles, ou, dans une hypothèse bien différente, si des libéralités
« faites à un établissement étaient tellement importantes, eu
« égard à ses besoins ordinaires, qu'on n'eût plus de motifs de
« s'inquiéter de son avenir financier. »

Il nous reste à traiter une dernière question qui intéresse à la
fois l'Etat, les départements, les communes et les établissements
publics. *Les aliénations par eux consenties sont-elles soumises à la
loi du 23 mars 1855 sur la transcription en matière hypothécaire* (1)?

Il semble que dans l'esprit de la loi nouvelle, dont les termes
sont si généraux, *tout acte entre-vifs qui déplace la propriété* doive
être transcrit. M. Troplong dit cependant : « Il est facile de voir
« que, quelle que soit la nature des aliénations administratives,
« la loi nouvelle ne les a pas envisagées dans ses prévisions. »
Qu'est-ce, en effet, que la transcription ? « *Un acte de méfiance*
« de la part du nouveau propriétaire contre son vendeur. Or
« cette méfiance peut-elle exister vis-à-vis de l'Etat et peut-on
« craindre que l'Etat, ayant vendu un terrain à un citoyen,
« vende ensuite ce terrain à un autre ? Il est certain que les au-
« teurs de la loi (ils l'ont solennellement déclaré), n'ont pas pu
« penser que l'Etat, les départements qui ne peuvent vendre
« qu'au moyen d'une loi précédée de toutes les précautions
« usitées en pareille matière, arrivent jamais à porter préjudice
« aux droits accordés à des citoyens. »

M. Mourlon attaque M. Troplong sur ces mots : « *Ils l'ont solen-
» nellement déclaré.* » Ne trouvant cette déclaration ni dans

---

(1) Voir, sur cette matière, un article de M. Mourlon, publié dans la
Revue pratique de Droit français (15 septembre 1857).

l'exposé des motifs, ni dans le rapport de M. de Belleyme, ni dans la discussion au Corps Législatif, il en conclut qu'elle a dû être faite au Sénat, et, comme les délibérations du Sénat restaient alors secrètes, il semble croire qu'il est impossible d'en tirer la moindre induction : d'ailleurs, le Sénat, gardien du pacte fondamental, n'a pas été institué pour fixer le sens des lois, et les explications que lui aurait suggérées la résolution du Corps Législatif n'auraient aucune valeur législative. Or les termes de la loi sont absolus. Quant à cet argument : « La transcription est « un acte de méfiance, etc., » M. Mourlon trouve le raisonnement bon pour l'Etat, mauvais pour les communes et les établissements publics qu'embrasse pourtant la proposition de M. Troplong. Ces personnes juridiques n'inspirent pas plus de confiance que les particuliers. Personne ne néglige de prendre contre elles les mesures conservatoires de ses droits. D'ailleurs la transcription est une mesure aussi bien prise contre l'erreur ou l'oubli que contre la mauvaise foi. Les administrateurs actuels ne peuvent-ils pas perdre de vue, par exemple, l'aliénation que leurs devanciers ont consentie? La transcription est, en outre, un moyen pour l'acquéreur de mettre son acquisition à l'abri de certains actes *indépendants* de la volonté de leur auteur. « Tout le monde sait, en effet, que les hypothèques résul- « tant des jugements atteignent tous les biens de la partie con- « damnée, et par conséquent ceux-là même qu'elle a précédem- « ment aliénés, si l'acquéreur n'a pas eu soin de se mettre à « couvert par la transcription de son titre. Dès-lors comment « M. Troplong a-t-il pu penser que la transcription des ventes « administratives ne serait, dans le système de la loi nouvelle, « qu'une mesure vaine et inutile ? Ignore-t-il combien sont fré- « quentes les condamnations pécuniaires prononcées contre les « établissements publics et même contre l'Etat ?

Or, si l'on n'adopte pas le système de la loi du 23 mars, lequel prendre? Celui de l'article 2166 N.? mais il est abrogé par l'article 834 du Code de procédure ! Celui de cet article 834? mais il est lui-même abrogé par la loi du 23 mars. M. Troplong nous dit que la transcription est un *acte judiciaire* du domaine *des tribunaux*, et que l'interprétation des actes administratifs est de la compétence de l'administration ; or il est clair que la trans- cription « contiendrait, si elle était appliquée aux actes adminis-. « tratifs, un empiètement sur la ligne de démarcation qui sépare « le domaine des tribunaux de l'administration. » M. Mourlon

répond avec justesse : « Supposons que l'administration ait
« aliéné un bien grevé d'hypothèques du chef des anciens pro-
« priétaires, est-ce que les questions d'inscription, de radiation,
« de purge, d'ordre et autres de même nature seront jugées
« administrativement ? »

Nous admettons la doctrine de M. Mourlon. Nous l'appliquons
même aux concessions administratives d'un droit d'emphytéose
ou de superficie.

Faut-il l'appliquer à des actes qui, pour employer l'expression
de M. Troplong, ont un caractère administratif encore plus marqué, par exemple, à un décret de concession de canal ou de
chemin de fer ? Un pareil décret pourrait être, dans certaines
circonstances, regardé comme un acte d'aliénation : nous n'hési-
tons pas cependant à répondre négativement. M. Troplong remarque que ces décrets sont insérés au *Bulletin des Lois* et
qu'ils ne peuvent avoir d'autre publicité. On est, d'ailleurs, trop
peu accoutumé à trouver le germe d'une aliénation dans de pareils actes de concession pour qu'il soit possible, malgré les
termes absolus qu'emploie le législateur, d'interpréter ainsi sa
pensée.

CHAPITRE IX.

ALGÉRIE.

SOMMAIRE. — Section I. De la propriété domaniale avant la conquête française et du cantonnement. — Loi musulmane. Terres décimales et terres de tribut. — Cantonnement. — Articles 11, 17 et 14 de la loi du 16 juin 1851. — Instruction ministérielle du 7 septembre 1859. — Périmètres de colonisation. — Article 1, §§. 2 et 3 du décret du 30 avril 1861. — Section II. Du domaine public en Algérie. — Articles 1. 2, et 3 de la loi du 16 juin 1851. — Décret du 27 octobre 1858 (§. 2 du tableau B et §. 9 du tableau C). — Section III. De l'aliénation des biens de l'Etat. — Arrêtés du 8 novembre 1830 et du 12 décembre 1831. Ordonnance du 21 août 1839. — Arrêté du 18 avril 1841. — Ordonnances du du 21 juillet et du 9 novembre 1845. — Ordonnances du 5 juin et du premier septembre 1847 : elles commencent la décentralisation. — L'œuvre de décentralisation est poursuivie par le décret du 26 avril 1851. — Lettre de l'Empereur à M. de Persigny. — M. Albert de Broglie et *la Revue des Deux-Mondes*. — Décret du 25 juillet 1860. — Chute du ministère spécial. — Décrets du 10 décembre 1860 et du 30 avril 1861. — Résumé de la législation actuelle. — Section IV. De l'aliénation du domaine départemental. — Section V. De l'aliénation du domaine municipal. — Ordonnance du 28 septembre 1847. — Arrêté du 4 novembre 1848 et décret du 28 juillet 1860. — Règles posées par le décret du 27 octobre 1858. — Section VI. De l'aliénation des biens des établissements publics. — Dans quelle mesure les décrets et règlements faits pour la métropole sont applicables aux hospices et aux bureaux de bienfaisance en Algérie. — Décret du 18 septembre 1860.

SECTION I.

DE LA PROPRIÉTÉ DOMANIALE AVANT LA CONQUÊTE FRANÇAISE ET DU CANTONNEMENT.

La loi musulmane divise les hommes en deux catégories : la race conquérante et la race vaincue. La race conquérante se réserve la propriété collective du sol ; elle en abandonne la culture et la jouissance aux anciens habitants, moyennant le paiement d'une taxe personnelle et d'une taxe foncière. La taxe foncière, appelée *kharadj*, peut atteindre la moitié du revenu : la terre qu'elle frappe est la terre de *tribut*. Au contraire, l'Arabie et certaines parcelles de territoire enlevées aux anciens possesseurs par les soldats de la race conquérante, après leur victoire, sont envisagées comme terres *décimales*. La dîme se prélève en nature sur le produit de la terre et le loyer des esclaves. Les terres de *tribut* appartiennent à la grande communauté musulmane, tandis que les terres *décimales* restent susceptibles d'appropriation privée. En Algérie, les terres situées dans le voisinage des villes étaient presque seules classées parmi les propriétés individuelles; le domaine de l'Etat comprenait plus des deux tiers du territoire.

Un jurisconsulte indigène de la province d'Oran, consulté par le gouverneur général en 1849, sur la transmission de la propriété chez les musulmans, répondit en ces termes : « Grâce à « Dieu, l'iman ne peut pas concéder la terre de tribut en toute « propriété, mais il peut la concéder en usufruit, ainsi que les « princes ont coutume de le faire. Il la concède en usufruit seu- « lement, se conformant à la maxime du Cheik-Khalil : *Et il ne* « *concède pas en toute propriété le mamour* (1) *de l'anoua* (2),

---

(1) *Mamour*, c'est-à-dire terre susceptible de culture et située dans la campagne.

(2) *Anoua*, c'est-à-dire terre de tribut.

« *mais en usufruit*. Et cela est ainsi parce que le simple fait de
« la conquête de ces terres les rend *ouakf* (immobilisées), et par
« conséquent leur *kharadj* appartient au peuple musulman. »

Ce système tout oriental ne devait pas résister à l'action de la
civilisation européenne. Le gouvernement français devait dégager
de telles entraves la propriété privée; quant à la propriété collective des tribus, s'il ne la supprimait pas, au moins devait-il la
leur assurer à titre incommutable en la circonscrivant; c'était
le plus sûr moyen de féconder le sol de l'Afrique; c'était le seul
moyen de constituer le domaine de l'Etat et par conséquent de
coloniser l'Algérie. Le gouvernement, en conférant aux tribus
un droit stable et précis sur le territoire soumis à l'appropriation
collective, pouvait légitimement resserrer ce territoire, et partant
ouvrir aux colons cette nouvelle portion de son domaine.

La loi des 16 juin - 15 juillet 1851 s'exprime en ces termes
dans son article 11 : « Sont reconnus tels qu'ils existaient au
« moment de la conquête ou tels qu'ils ont été maintenus, réglés
« ou constitués postérieurement par le gouvernement français,
« les droits de propriété et *les droits de jouissance* appartenant
« aux particuliers, aux tribus et aux fractions de tribus. » Néanmoins l'article 17 statuait qu'aucun acte translatif de propriété
immobilière au profit d'une autre personne qu'un musulman ne
pourrait être attaqué pour cause d'inaliénabilité fondée sur la
loi musulmane, et cette disposition législative fut étendue par le
décret du 30 octobre 1858 « aux transactions passées ou à venir
« de musulman à musulman et de musulman à israélite. » Mais
ce principe de liberté n'était pas indistinctement applicable aux
immeubles sur lesquels la tribu gardait un droit de jouissance
ou de propriété : l'article 14 de la loi de 1851, toujours en vigueur, interdit expressément toute aliénation d'un pareil droit
au profit de personnes étrangères à la tribu.

Aussi le comte Randon, dans sa circulaire du 20 mai 1858, dé-
clare-t-il qu'il y a lieu de procéder, dans l'opération du cantonnement, par attribution à l'ensemble de la tribu, à moins de
circonstances spéciales.

Trois principes dominent cette opération. Les commissions
chargées du cantonnement doivent en même temps reconnaître
et dégager les propriétés domaniales; ces deux œuvres sont
essentiellement connexes, parce qu'elles fixent à la fois la part
des deux populations. En second lieu, les cantonnements ne
doivent être ni trop dispersés ni trop compactes; leur division

rendrait impossible la formation des établissements européens par groupes : le principe contraire isolerait les deux populations qui doivent s'aider en se rapprochant. Enfin les territoires affectés aux tribus cantonnées doivent être strictement proportionnés au chiffre des habitants et à l'importance des troupeaux. Telles sont les instructions de la circulaire ministérielle des 7 septembre-15 octobre 1859.

L'établissement des périmètres de colonisation est lié à l'opération du cantonnement. Le décret du 25 juillet 1860 a récemment ordonné d'inscrire sur les sommiers de consistance des domaines les terres dont l'État était propriétaire à un titre quelconque. Ces terres sont affectées en tout ou en partie à l'établissement des périmètres de colonisation. Réserve est faite, s'il y a lieu, de terrains propres à l'exécution de travaux publics, à la fondation de villes, de villages et de hameaux, à la formation de communaux ou autres biens d'établissements publics. Les terres domaniales dont les périmètres sont déterminés au fur et à mesure des partages qui peuvent être faits avec les tribus, sont divisées en lots d'étendue différente selon la nature et les conditions du terrain.

Aux termes du décret du 30 avril 1861, le conseil consultatif institué auprès du gouverneur général est appelé à donner nécessairement son avis sur les questions relatives au cantonnement des indigènes : la solution définitive de ces questions est réservée au pouvoir central par le décret du 27 octobre 1858. Les projets de périmètres de colonisation, après avoir été préparés en territoire civil par les préfets, en territoire militaire par les généraux de division, doivent être soumis de même au conseil consultatif : le décret du 25 juillet 1860 réservait au ministre de l'Algérie le droit de les arrêter définitivement : ce droit appartient-il aujourd'hui au ministre de la guerre ou au gouverneur général? La seconde solution nous paraît plus conforme à l'article 7 §. 2 du décret du 10 décembre 1860.

SECTION II.

DU DOMAINE PUBLIC.

L'article 1er de la loi du 16 juin 1851 est ainsi conçu : « Le « domaine national comprend le domaine public et le domaine « de l'État. » Le domaine public, aux termes de l'article 2, se compose : 1º des biens de toute nature que le Code Napoléon et les lois générales de la France déclarent non susceptibles de propriété privée ; 2º des canaux d'irrigation, de navigation et de dessèchement exécutés par l'Etat ou pour son compte dans un but d'utilité publique ; 3º des lacs salés, des cours d'eau de toutes sortes et des sources. Le général Lamoricière développa cette pensée devant l'Assemblée législative : « Nous avons dit que les « eaux seraient du domaine public et non du domaine de l'Etat, « parce que nous voulons qu'on puisse les louer et non pas les « aliéner; parce que nous voulons réserver les droits de l'Etat, « à l'avenir, pour les colons qui pourront venir et qui viennent « chaque jour; parce que dans ce pays, désolé souvent par la « sècheresse, si l'on aliénait la jouissance des eaux (1), l'Etat se « trouverait, à tel ou tel jour, dans le plus immense embarras. » Aussi l'article 3 s'exprime-t-il en ces termes : « L'*exploitation* et « la *jouissance* des canaux, lacs et sources pourront être con- « cédés par l'Etat dans les cas, suivant les formes et aux conditions « qui seront déterminées par un règlement d'âdministration pu- « blique. »

Les règles de la législation française sont applicables au domaine public départemental et au domaine public municipal. Aux termes du décret du 27 octobre 1858, les conseils généraux délibèrent sur les changements de destination ou d'affectation des édifices départementaux, et le pouvoir central peut seul les autoriser : cependant s'il s'agit seulement d'affecter à un service d'utilité départementale une propriété départementale non affectée à un autre service, l'autorisation du préfet en conseil de préfecture est suffisante. Les changements de destination des édifices communaux ne sont pas compris parmi les matières que le décret du 27 octobre réserve à l'approbation du pouvoir central.

SECTION III.

DE L'ALIÉNATION DES BIENS DE L'ÉTAT.

Cette matière offre un intérêt tout spécial. L'Etat n'a conservé que de faibles débris de son domaine sur le territoire de la mère-patrie; il reste maître de vastes possessions immobilières

---

(1) C'est-à-dire si l'Etat abdiquait tout droit sur les cours d'eau.

en Algérie. D'une part, en effet, le gouvernement auquel la France a succédé détenait directement de grandes propriétés. D'autre part, le nouveau gouvernement a singulièrement agrandi cet ancien domaine par l'opération du cantonnement. Il aurait pu, par une rigoureuse application de la loi musulmane, se considérer comme propriétaire de presque tout le sol algérien ; mais il substitua les idées administratives et politiques de l'Europe à cette constitution bâtarde de la propriété chez les Orientaux. Il gardait encore un domaine capable de suffire à toutes les nécessités de la colonisation.

Le 8 novembre 1830, un arrêté du gouverneur général Clauzel prohiba toute aliénation d'immeubles domaniaux. Mais, dès le 12 décembre 1831, le gouverneur général baron Berthezène proclamait la nécessité de vendre au plus tôt ces biens « dont la « possession était une charge très-onéreuse. » Ces deux systèmes étaient également contraires au véritable intérêt de la colonie. Le règlement général du 2 avril 1834 organise une première théorie des concessions. Le mot *concessions* est pris dans un sens large et s'applique à des aliénations de gré à gré comme à des aliénations amiables. Ces concessions ne peuvent être que temporaires et n'excèdent jamais quatre-vingt-dix-neuf ans. L'ordonnance royale du 21 août 1839 est conçue dans un esprit moins étroit; elle admet les principes et les diverses formes de l'aliénation, mais exige dans tous les cas l'approbation du ministre de la guerre.

La législation des concessions fut règlementée pour la première fois avec détail par un arrêté du gouverneur général Bugeaud (18 avril 1841). L'état de proposition dressé par le directeur de l'intérieur et provisoirement arrêté par le gouverneur général, l'envoi en possession provisoire, la faculté de subroger un tiers au bénéfice de la concession, la vérification de l'accomplissement des charges et la consolidation du titre provisoire, subordonnée à cet accomplissement, par un arrêté du gouverneur général soumis à l'approbation ministérielle, tels sont les principes de ce premier règlement général. On y remarque tout d'abord une idée fort vicieuse; c'est la constitution d'une propriété conditionnelle. Modifié dix ans plus tard, ce malheureux système ne devait entièrement disparaître qu'en 1860.

Une ordonnance royale du 21 juillet 1845 vint compléter et corriger le règlement général. Aux termes de cette ordonnance il est statué par le roi sur les concessions de terres, de forêts, de mines et bancs de sel gemme ou artificiel, de sources minérales, de sources d'eau salées, de dessèchements de marais, de force motrice pour l'établissement de moulins et usines sur les rivières et cours d'eau, et de prises d'eau pour les irrigations; mais les concessions à faire pour des terrains au-dessous de cent hectares sont autorisées par le ministre de la guerre, qui soumet au roi, tous les trimestres, un état des concessions délivrées, pour être sanctionné par ordonnance royale. La concession soumet généralement l'acquéreur à payer au domaine de l'Etat une rente annuelle et perpétuelle dont la quotité est, dans chaque cas, déterminée par l'acte de concession, qui fixe également l'époque à partir de laquelle cette rente est exigible. S'il est constaté, à l'expiration des délais déterminés par l'acte de concession, que les clauses et conditions ont été accomplies, une nouvelle ordonnance royale déclare la concession définitive. Si la vérification établit l'inaccomplissement des charges, le concessionnaire peut être, en tout ou en partie, déchu du bénéfice de la concession. Cette déchéance est prononcée par le ministre de la guerre, sur le rapport du gouverneur général. Enfin, tant que le titre n'est pas déclaré définitif, le concessionnaire ne peut aliéner ni hypothéquer les biens concédés, sans une autorisation du même ministre.

L'ordonnance royale du 9 novembre 1845 s'occupe en détail des autres modes d'aliénation, c'est-à-dire des ventes amiables ou aux enchères et des échanges. Les premières sont précédées d'une estimation contradictoire et ne sont valables qu'après l'approbation du ministre de la guerre, ou du roi si le procès verbal d'expertise établit une estimation égale au capital de 5,000 francs. Les secondes ont lieu par une autorisation du ministre de la guerre qui doit encore les approuver après l'adjudication. L'échange est précédé d'une expertise, de la délibération du conseil supérieur d'administration, d'un avis du gouverneur général, d'un arrêté ministériel qui décide s'il y a lieu de passer acte, et doit être sanctionné par le roi.

Cependant l'ordonnance du 21 juillet 1845, en exagérant l'action du pouvoir central, entraînait de funestes lenteurs. Cet inconvénient frappa bien vite le gouvernement du roi Louis-Philippe, et deux ordonnances (5 juin 1847, 1er septembre 1847) vinrent remanier la législation des concessions. Aux termes de la première, les concessions à opérer sur le territoire des nou-

veaux centres de population durent être autorisées par le gouverneur général, quand leur étendue ne dépasserait pas 25 hectares, par le ministre de la guerre, quand elle serait inférieure à
100 hectares. Les concessions d'une superficie de 100 hectares et
au-dessus, qu'elles s'appliquassent ou non au territoire des nouveaux centres de population, ne pouvaient être autorisées que
par le roi. Mais la seconde ordonnance entra plus franchement
encore dans la voie de la décentralisation. Au gouverneur général elle substitua, pour les concessions au-dessous de 25 hectares, le directeur des affaires civiles de la province dans les
territoires civils, et le lieutenant-général commandant la province dans les territoires mixtes. Au ministre de la guerre elle
substitua, pour les concessions au-dessus de 25 hectares et au-
dessous de 100 hectares, le gouverneur général. L'ordonnance
de juin réservait au gouverneur général pour les concessions au-
dessous de 25 hectares, au ministre de la guerre pour les concessions au-dessus de 25 et au-dessous de 100 hectares la faculté
d'autoriser les constitutions d'hypothèque, les substitutions et
les prorogations de délai. Cette faculté fut transportée par l'ordonnance de septembre aux directeurs des affaires civiles, aux
lieutenants-généraux et au gouverneur général pour les propriétés qu'ils étaient autorisés à concéder. Enfin l'ordonnance
de juin avait introduit le principe du cautionnement pour les
concessions de 100 hectares et au-dessus : l'ordonnance de septembre exempta de cette obligation les concessionnaires indigènes. Quant aux concessions de forêts, de mines, de sources
minérales, de sources d'eau salée et de marais, le pouvoir central se les réservait expressément.

On reprochait au gouvernement de juillet d'avoir multiplié,
sans raison, les formalités administratives et d'avoir trop timidement appliqué les idées de décentralisation. Le gouvernement
de la République s'efforça de remédier à ces inconvénients. Les
concessions de 50 hectares, aux termes d'un décret du 26
avril 1851, purent être autorisées par les préfets en conseil de
préfecture. Les actes de concession durent conférer à l'avenir
la propriété immédiate des immeubles concédés. Ce décret
abroge le principe du cautionnement. Si le concessionnaire ne
requiert pas sa mise en possession dans le délai de trois mois,
la déchéance a lieu de plein droit. Le concessionnaire peut hypothéquer ou aliéner les immeubles concédés, mais les détenteurs
successifs sont subrogés à ses obligations. Une commission de

33

trois membres vérifie l'accomplissement des conditions dans le
mois qui suit l'expiration du délai fixé pour leur exécution. Si
les conditions sont accomplies, le préfet déclare l'immeuble
affranchi de la condition résolutoire, sinon le concessionnaire
obtient un nouveau délai ou l'on prononce sa déchéance. Ce
système était préférable à ceux qu'on avait essayés depuis vingt
ans ; mais il ne hâta pas l'œuvre de la colonisation. Neuf ans
plus tard l'Empereur écrivait à M. de Persiguy (1) : « Puis-je
« dissimuler que l'Algérie, malgré ses avantages dans l'avenir,
« est une cause d'affaiblissement pour la France qui, depuis
« trente ans, lui prodigue le plus pur de son sang et de son or ? »

Cependant on avait institué, le 24 juin 1858, un ministère spécial pour l'Algérie et les colonies. La *Revue des Deux-Mondes*, par
l'organe de M. le prince de Broglie, critiqua vivement les nouvelles réformes. La *Revue contemporaine*, par l'organe d'un jeune
et laborieux publiciste (2), s'efforça de justifier l'administration
française ; elle annonça, du reste, qu'on allait modifier la constitution de la propriété dans la colonie. Bientôt, en effet, le décret
du 25 juillet 1860 modifia la législation de l'Afrique française.

L'Etat, dispensateur unique des terres en Algérie, avait cru
devoir imposer aux colons des obligations nombreuses. « De
« 1840 à 1857, dit le prince de Broglie, pas un colon nouveau
« ne s'est établi en Algérie qu'avec la permission de l'Etat, et
« sous son bon plaisir, dans le lieu que l'Etat avait choisi pour
« lui, et pour s'y livrer aux travaux que l'Etat lui a prescrits.
« Un colon qui met le pied en Algérie ressemble donc plus à un
« fonctionnaire du gouvernement qu'à un paysan de nos cam-
« pagnes, ou, si l'on veut une comparaison plus exacte, un
« colon, en Algérie, est, vis-à-vis de l'Etat, dans la situation d'un
« débitant de bureau de tabac. » C'était faire la critique du système d'aliénation des terres domaniales presque constamment
suivi jusqu'en 1860.

Jusqu'en 1856, en effet, l'Etat, au lieu de vendre son terrain,
l'avait toujours concédé (3). En vingt ans, 194,000 hectares

---

(1) *Morning-Post* du 30 juillet 1860.

(2) M. Fernand Giraudeau.

(3) « La première et, je crois, la seule exception considérable à cette
« règle, a été faite, il y a deux ans, pour trois ou quatre milliers d'hec-
« tares dans la province d'Oran. » (Le prince de Broglie.)

avaient été concédés : sur 194,000 hectares il n'en était que 31,000 sur lesquels les concessionnaires eussent rempli les obligations imposées à peine de déchéance. L'Etat, placé dans cette alternative d'expulser les concessionnaires ou de leur accorder de nouveaux délais, prenait ce dernier parti. La situation des colons n'en restait pas moins provisoire et précaire. Le prince de Broglie a sévèrement, mais justement, caractérisé cette situation. « Il y avait déjà chez les Arabes une propriété collec- « tive ; on a créé chez les Européens une propriété condition- « nelle. »

Un grand nombre de publicistes avaient donc proposé de prendre exemple sur l'Amérique du Nord et de substituer le régime des ventes au régime des concessions. Mais tandis que l'Amérique du Nord offrait de vastes étendues de terrains libres sur lesquelles les nouvelles populations pouvaient se répandre à leur aise, il fallait, en Afrique, respecter les droits des indigènes, partant chercher, reconnaître et déterminer le sol qu'on pouvait consacrer à la colonisation. Néanmoins le système des concessions était condamné. Si l'on avait pu jadis l'étayer sur ce motif que « plus d'un de nos hardis pionniers dut défendre, les « armes à la main, la terre qu'il avait défrichée, qu'on ne pouvait « songer alors à *vendre* au colon le champ qu'il devait garder « en soldat (1), » tout prétexte s'était évanoui depuis que le temps, en assurant la conquête, avait pacifié l'Algérie. Au contraire, les vices du régime apparaissaient tous les jours plus clairement à l'administration supérieure, en butte à de nombreuses sollicitations, obligée de se prononcer entre des postulants qui présentaient, en apparence, des titres égaux, profondément convaincue, d'ailleurs, des résultats fàcheux que la clause résolutoire des concessions préparait au sol de l'Afrique.

Le décret du 25 juillet 1860 pose en principe et comme règle générale, que les terres destinées à la colonisation seront vendues. Trois modes de vente sont prévus : 1° la vente à prix fixe ; 2° la vente aux enchères ; 3° la vente de gré à gré.

Vente à prix fixe. — Elle est affranchie de toute charge relative à la mise en valeur du sol. Le prix de chaque lot à vendre est fixé par le ministre de l'Algérie, sur l'avis d'une commission

---

(1) V. le *Moniteur* du 31 juillet 1860.

composée du préfet ou du général commandant la division, suivant le territoire, du chef du service des domaines, d'un membre du conseil général de la province, désigné par le ministre, et de deux autres personnes également nommées par lui. Le prix est payable par tiers, dont un tiers comptant et les deux autres d'année en année. Au moment du paiement du premier tiers, le receveur des domaines (1) mentionne la vente sur le tableau indicatif et sur le plan de lotissement, fait signer à l'acquéreur le contrat de vente et le fait mettre immédiatement en possession. Les acquéreurs ne sont admis qu'à dater du jour fixé par le ministre pour l'ouverture de la vente. Si plusieurs personnes, voulant acquérir le même lot, se présentent le même jour, pendant le temps compris entre l'ouverture et la fermeture règlementaires du bureau du receveur, une enchère publique est ouverte à huitaine par les soins du receveur, et le lot est acquis au plus offrant. A l'expiration de l'année qui suit le jour fixé pour l'ouverture de la vente, le ministre détermine à nouveau le mode d'aliénation des lots qui n'ont pas été vendus. Voilà le mode d'aliénation le plus simple. « Dans la pensée du décret, ce mode est en quelque « sorte la règle et doit être employé d'abord dans tous les terri- « toires où nous pouvons offrir des espaces assez vastes à la « colonisation. C'est celui qui permet à tout émigrant qui arrive « de se procurer sans démarches, sans perte de temps, la terre « qu'il vient chercher en Afrique ; c'est celui qui, dès-lors, semble « mériter la préférence (2). •

Vente aux enchères. — Mais qu'on suppose des terres d'une valeur vénale assez considérable, soit parce qu'elles sont à la porte d'une ville ou d'un village, soit parce qu'elles sont facilement arrosables, etc.. etc.; il faut laisser au trésor toutes les garanties possibles : les enchères publiques peuvent seules les lui offrir ; le décret les lui conserve. La mise à prix de ces terrains est établie par expertise, et le jour de la vente est fixé par le ministre ; mais les adjudications ne sont valables et exécutoires qu'après l'approbation du ministre de l'Algérie. Cette approbation doit toujours précéder l'entrée en possession de l'adjudicataire, à moins qu'il n'y ait urgence reconnue.

Vente de gré à gré. Cette troisième espèce de vente est tout

---

(1) Les ventes à prix fixe sont faites par le receveur des domaines.
(2) Rapport du ministre de l'Algérie à l'Empereur.

exceptionnelle. Le décret a dû l'autoriser, disait le comte de Chasseloup-Laubat dans son rapport à l'Empereur, mais en même temps il la renferme dans d'étroites limites, en dehors desquelles elle présenterait de graves inconvénients. L'article 17 du décret est ainsi conçu : « Sauf en ce qui concerne les départements, les « communes et les établissements publics, les aliénations de gré « à gré ne peuvent être faites qu'en cas d'indivision, d'enclave, « et de préemption légale ou d'indice de possession de bonne « foi. » Les ventes de gré à gré sont précédées d'une estimation contradictoire : l'acte de vente, dressé par le directeur des domaines, est transmis, avec avis, au ministre par le préfet ou le général commandant la division. Il est statué définitivement, par arrêté ministériel, quand l'estimation est inférieure à 10,000 fr., par décret impérial dans les autres cas. Aux termes du décret du 27 octobre 1858, les préfets sont compétents pour autoriser, en conseil de préfecture, la cession des terrains domaniaux compris dans le tracé des routes impériales.

Cependant, le gouvernement n'a pas voulu s'interdire absolument les concessions. Il a cru pouvoir tendre une main libérale à d'anciens soldats qui voudraient défricher un sol arrosé de leur sang : il a conservé le droit de leur céder gratuitement quelques lots nécessaires à la construction des premières maisons d'un village où viendraient se grouper des artisans et des cultivateurs. Le comte de Chasseloup-Laubat a parfaitement justifié la restriction mise au nouveau principe : « Dans ces postes « avancés où vont se placer nos pionniers, exiger que toutes les « terres soient vendues, ce serait bien souvent en déshériter « notre colonisation ; car les premiers, quelquefois les seuls ac- « quéreurs qu'on rencontrerait alors, seraient ces indigènes qui, « confiants dans notre justice et dans notre administration, sont « toujours prêts à acquérir le sol sur lequel nos nouvelles popu- « lations ne sont pas encore répandues. » Nous avons vu qu'on faisait une réserve, en déterminant les périmètres de colonisation, de terrains destinés à la fondation de hameaux et de villages, etc. Toute concession doit être prise sur cette réserve. Elle ne peut dépasser 30 hectares. Elle doit être faite au profit d'anciens militaires, d'immigrants ou de cultivateurs résidant en Algérie. On ne peut imposer d'autres conditions au concessionnaire que la construction d'une habitation. Le ministre peut, par une décision spéciale à chaque lotissement, déléguer aux préfets et aux généraux le droit de faire ces concessions. Des concessions plus étendues peuvent être exceptionnellement accordées par l'Empereur, le Conseil d'Etat entendu. C'est surtout dans la vue de faciliter les dessèchements et les irrigations que l'Etat se réservait cette dernière faculté. Dès le 25 février 1860, le comte de Chasseloup-Laubat exposait à l'Empereur que le dessèchement complet des marais et les travaux de distribution des eaux exigeraient de grands sacrifices. C'est donc par la concession des terrains à dessécher ou à arroser, et par des subventions accordées aux compagnies chargées de l'exploitation, quelquefois aussi par certains travaux faits au compte de l'Etat, qu'il espérait, tout en ménageant les intérêts du trésor, obtenir d'utiles résultats (1).

Enfin le décret s'occupe des échanges. Toute demande d'échange doit être adressée directement au ministre. Si le ministre prend cette demande en considération, il la renvoie au préfet ou au général de division, suivant le territoire. Il est fait estimation contradictoire des biens par experts désignés, l'un par le directeur des domaines, l'autre par le propriétaire. Un tiers expert est désigné par le président du tribunal de la situation des biens. Les résultats de l'expertise sont constatés par un procès-verbal, affirmé par les experts. Le dossier de l'affaire, accompagné des titres de propriété et de l'état des charges, servitudes et hypothèques, est renvoyé à l'examen du conseil de préfecture ou du conseil des affaires civiles, qui délibère sur l'utilité et les conditions de l'échange. Le préfet ou le général de division donne son avis et le ministre de l'Algérie décide s'il y a lieu de passer acte avec l'échangiste. Le contrat d'échange détermine la soulte à payer, s'il y a lieu; il contient la désignation de la nature, de la consistance et de la situation des immeubles, avec énonciation des charges et servitudes dont ils peuvent être grevés; il relate les titres de propriété, les actes qui constatent la libération des prix, enfin les procès-verbaux d'estimation qui doivent y demeurer annexés. Si la valeur de l'échange est inférieure à 10,000 francs, le contrat est approuvé par le ministre; au cas contraire, par l'Empereur (2). L'entrée en possession de l'échan-

(1) V. le *Moniteur* du 28 février 1860.

(2) L'échange de terrains provenant de déclassement de routes, dans le cas prévu par le §. 1 de l'art. 4 de la loi du 20 mai 1836, est autorisé par les préfets en conseil de préfecture. (Déc. 27 octobre 1858).

giste n'a lieu qu'après l'approbation. Elle est subordonnée, dans tous les cas, à la radiation des hypothèques de l'immeuble cédé par l'échangiste. S'il existe des inscriptions sur l'immeuble cédé par l'échangiste, il est tenu d'en rapporter mainlevée et radiation dans les quatre mois de la transcription du contrat d'échange, à moins qu'il ne lui ait été accordé un plus long délai. Faute par lui de rapporter ces mainlevée et radiation, le contrat d'échange est résilié et l'échangiste demeure passible de tous les frais auxquels l'échange a donné lieu (1).

Le décret contient enfin quelques dispositions transitoires. Il affranchit des obligations relatives aux plantations et au mode de mise en culture les anciens concessionnaires qui auront rempli la condition de bâtir stipulée dans leur titre.

Le décret du 25 juillet 1860 offrait un grave inconvénient ; tandis que les ordonnances de 1847 et le décret de 1851 s'étaient efforcés de décentraliser l'administration de l'Afrique française, il ramenait tout à l'examen du ministère spécial qui siégeait à Paris. C'était au reste la conséquence même des décrets de 1858 qui avaient constitué ce ministère. Les concessions au-dessous de 100 hectares avaient été jusqu'alors réglées et délivrées en Afrique. Le ministère spécial revendiqua pour lui seul le service des aliénations domaniales et ne put, de si loin, donner l'impulsion nécessaire à la marche des nouveaux rouages, ce qui paralysa tout le mouvement de la colonisation. Le système du ministère spécial fut abandonné.

Ce revirement administratif laisse subsister dans la législation de l'Afrique française une lacune que n'ont pas comblée les décrets du 10 décembre 1860 et du 30 avril 1861. L'article premier du décret de 1860 annonce que le gouvernement et la haute administration de l'Algérie sont centralisés à Alger sous l'autorité d'un gouverneur général. L'article 7 s'exprime en ces termes :
« Les actes de haute administration et de gouvernement qui
« doivent émaner de nous et qui ne concernent ni la justice, ni
« la marine, ni l'instruction publique et les cultes nous sont, sur

---

(1) Le contrat est enregistré gratis et transcrit sans autres frais que le salaire du conservateur. La soulte est régie, quant au droit proportionnel d'enregistrement, par les dispositions relatives aux aliénations des biens de l'Etat. Les frais de l'échange sont supportés moitié par l'Etat, moitié par l'échangiste.

« les propositions du gouverneur général, présentés par notre
« ministre de la guerre et les décrets sont contre-signés par lui.
« *Le gouverneur général statue sur toutes les autres affaires ad-*
« *ministratives qui n'ont point été placées dans les attributions*
« *d'une autre autorité.* » Mais que faut-il entendre par cette
dernière phrase? Ainsi, par exemple, les attributions conférées
au ministre de l'Algérie par divers décrets passent-elles au gouverneur général, excepté dans les cas formellement prévus par
un texte législatif? La combinaison des articles 1er et 7 mène à
cette solution ; mais on regrette de ne pas la trouver plus formellement exprimée.

Le décret du 25 juillet doit donc être combiné désormais avec
les décrets du 18 décembre 1860 et du 30 avril 1861. L'article 10
du premier décret énonce que tout acte engageant le domaine
de l'Etat ou contenant aliénation de ce domaine à un titre quelconque et rentrant dans les pouvoirs du gouverneur général
doit être fait en conseil consultatif; que toute amodiation
de biens domaniaux dépassant dix-huit années doit être faite
par décret impérial, le conseil d'Etat entendu ; enfin que le
conseil consultatif doit délibérer sur tous les actes concernant
le domaine et de nature à être soumis au Conseil d'Etat. Le décret du 30 avril 1861 (article 1er, § 6, 7, 8, 9, 10, 12 et 13) détermine encore avec plus de précision les attributions du conseil consultatif.

Voici le résumé de la législation actuelle. *Ventes à prix fixe.*
Le prix de chaque lot est déterminé par le gouverneur général
qui fixe aussi le jour de la vente. Si l'on ne consultait que le
décret de décembre 1860, le conseil consultatif devrait être
appelé à délibérer; mais l'article 4 du décret du 30 avril 1861
abrogeant toutes les dispositions qui lui sont contraires, et ce
décret ne soumettant pas à l'examen du conseil consultatif
les ventes à prix fixe, on peut en induire que cet examen
n'est pas indispensable. *Ventes aux enchères publiques.* Les
adjudications ne sont valables et exécutoires qu'après l'approbation du gouverneur général; elles sont affranchies de l'examen
du conseil consultatif comme les ventes à prix fixe. *Ventes de
gré à gré.* Quand l'estimation est inférieure à dix mille francs,
l'acte est approuvé par le gouverneur général sans le concours
du conseil consultatif; quand elle atteint ou dépasse dix mille
francs, l'Empereur statue après délibération du conseil consultatif et du Conseil d'Etat. *Amodiations dépassant dix-huit ans.*

L'Empereur statue après délibération du conseil consultatif et du Conseil d'Etat. *Concessions d'exploitation de biens domaniaux pour une durée de plus de neuf ans, avec charges supérieures à mille francs.* Le gouverneur général statue au conseil consultatif. *Concessions d'exploitation de biens domaniaux pour une durée de neuf ans et au-dessous, ou pour une durée de plus de neuf ans et ne dépassant pas dix-huit ans avec charges de mille francs ou au-dessous.* Le gouverneur statue sans le concours du conseil consultatif. *Concessions de terres d'une étendue de plus de trente hectares.* L'Empereur statue après délibération du conseil consultatif et du Conseil d'Etat. *Concessions de terres d'une étendue de trente hectares et au-dessous.* Le gouverneur général statue sans le concours du conseil consultatif. *Concessions d'immeubles domaniaux aux provinces, aux communes, aux hospices et aux établissements d'utilité publique.* Le décret du 25 juillet 1860 ne s'appliquant pas à ces concessions (article 25), nous croyons qu'il faut suivre la règle posée par l'arrêté du général Cavaignac, chef du pouvoir exécutif, en date du 4 novembre 1848 (articles 4 et 8). Ces concessions sont faites par décret, le conseil consultatif et le Conseil d'Etat entendus. *Concessions de mines et de dessèchement de marais.* L'Empereur statue après délibération du conseil consultatif et du Conseil d'Etat.

SECTION IV.

DE L'ALIÉNATION DES BIENS DES DÉPARTEMENTS.

Aux termes de l'article 33 du décret du 27 octobre 1858, les Conseils généraux délibèrent sur les aliénations du domaine départemental et sur les transactions qui le concernent. Les préfets statuent en conseil de préfecture 1° sur les aliénations et échanges de propriétés départementales non affectées à un service public (tableau B du décret, §. 1); 2° sur les transactions (même tableau, §. 5); 3° sur les cessions de terrains domaniaux compris dans le tracé des routes départementales (même tableau, §. 30).

SECTION V.

DE L'ALIÉNATION DES BIENS DES COMMUNES.

L'organisation municipale de l'Algérie ne date que de la fin du dernier règne. L'ordonnance du 28 septembre 1847, dans son art. 34, charge les conseils municipaux de délibérer sur l'aliénation des propriétés communales, leur affectation aux différents services publics et les transactions concernant le domaine communal; dans son article 27, elle charge le maire de *souscrire* les actes de vente, échange, partage et les transactions sous la surveillance de l'administration supérieure. Un arrêté du chef du pouvoir exécutif, en date du 4 novembre 1848, constitue définitivement la propriété communale en concédant gratuitement aux communes la pleine propriété des édifices domaniaux affectés aux services de l'administration municipale (1) et en abandonnant à chaque commune une dotation immobilière productive des revenus, et tirée du domaine de l'Etat. Les revenus provenant de cette dotation devront être exclusivement affectés aux dépenses d'utilité publique; les biens qui la composaient ne pouvaient être aliénés qu'à la charge de remploi du prix des ventes, si toutefois ils n'étaient échangés contre des immeubles d'égal produit. L'Etat avait, à un double titre, le droit d'imposer cette prohibition aux communes; d'une part, il se dépouillait de certains biens pour l'organisation des services communaux; d'autre part, il exécutait lui-même la plupart des travaux nécessaires à la création des centres de population. Mais trente années après la conquête, la nation pouvait se décharger d'une partie de ces travaux et laisser plus d'initiative aux communes. « Sans doute, disait M. de Chasseloup-Lau- « bat, les communes ne sauraient avoir la libre disposition de « leurs biens; elles ne doivent pas pouvoir, par d'imprudentes « aliénations, sacrifier l'avenir au présent; mais lorsqu'il s'agit

---

(1) L'Etat se réservait seulement la faculté de reprendre, pendant cinq ans, parmi les édifices actuellement occupés, ceux qu'il jugerait convenables, à la charge de donner en échange d'autres bâtiments domaniaux susceptibles de recevoir la même destination.

« de créer des établissements d'utilité publique qui quelquefois
« même devront augmenter leurs revenus et profiteront aux
« générations futures, pourquoi leur en enlever la possibilité et
« empêcher ainsi tout travail, même productif? » En conséquence, aux termes d'un décret du 28 juillet 1860, les communes
affranchies de l'obligation du remploi peuvent être autorisées
à aliéner leur dotation immobilière, pourvu qu'elles affectent le
prix de la vente à la construction d'édifices communaux, à l'exécution des travaux d'intérêt commun, à la part incombant à la
commune ou au concours offert par elle dans la dépense des travaux publics à exécuter par l'Etat. Ces aliénations devaient être
autorisées par arrêté du ministre de l'Algérie après délibération
du conseil municipal pour les communes de plein exercice, et
avis du préfet en conseil de préfecture ou du général en conseil
des affaires civiles. Le décret du 10 décembre 1860 nous paraît
avoir substitué l'autorisation du gouverneur général à celle du
ministre.

Pour tout le reste du patrimoine municipal, le préfet autorise
en conseil de préfecture les ventes, les échanges, les partages et
les transactions concernant ces biens. Il autorise encore en conseil de préfecture les tarifs de concessions dans les cimetières,
et la vente sur les lieux des produits façonnés provenant des
bois des communes (1).

SECTION VI.

DE L'ALIÉNATION DES BIENS DES ÉTABLISSEMENTS PUBLICS.

L'article 5 du décret du 13 juillet 1849 est ainsi conçu : « En
« conséquence des dispositions qui précèdent, sont rendus exé-
« cutoires en Algérie les lois, ordonnances et règlements de la
« métropole actuellement en vigueur, touchant l'organisation, la
« dotation, l'administration et la comptabilité des hospices et
« bureaux de bienfaisance. » Mais cet article ne s'applique pas

---

(1) Les commandants de territoire militaire statuent en conseil des
affaires civiles sur les matières attribuées au préfet en conseil de préfecture. (Art. 15 déc. 27 déc. 1858.)

aux dispositions législatives postérieures au 13 juillet 1849. Celles-ci (1) ne sont exécutoires qu'après avoir été promulguées en vertu d'un décret spécial ou d'un arrêté minstériel. « Il serait inutile, « disait le ministre de la guerre, de promulguer des lois dont « l'introduction dans la colonie ne serait opportune qu'avec cer-« taines modifications en harmonie avec le régime des établisse-« ments hospitaliers de l'Algérie, et dont la plupart des dispo-« sitions devraient nécessairement rester à l'état de lettre « morte. »

En effet, la propriété des anciens établissements publics avait disparu dans les premières années qui suivirent la conquête. Le gouverneur-général Clauzel, en réunissant au domaine les pro-priétés des beys et du dey, avait enveloppé dans la même me-sure les immeubles « affectés à la Mecque, à Médine et aux Mos-« quées ou ayant d'autres affectations spéciales » (8 septembre et 7 décembre 1830). D'autre part, la charité privée n'avait pas encore doté de pieuses fondations comme dans la mère-patrie. L'Empereur Napoléon III, visitant l'Afrique en 1860, voulut, à peine débarqué, venir en aide à ces colons algériens que de cruelles maladies viennent parfois atteindre au milieu des tra-vaux de la colonisation. Un décret du 18 septembre 1860 cons-titua, en faveur de chacune des trois provinces de l'Algérie, une dotation immobilière dont les revenus seraient exclusivement affectés aux dépenses des hôpitaux et hospices civils. Le mode de gestion de ces biens, délibéré en conseil général, dut être alors réglé par le ministre de l'Algérie et doit être aujourd'hui ré-glé, selon nous, par le gouverneur-général. Toutefois, quand il s'agit d'amodiations dont la durée excède dix-huit ans, les actes doivent être approuvés par l'Empereur, son Conseil d'Etat en-tendu (2). Les biens des dotations immobilières ne peuvent être échangés que contre des immeubles d'une valeur égale et vendus qu'à la charge de faire le remploi du prix des ventes, soit en immeubles, soit en rentes sur l'Etat. Les échanges, les ventes et le remploi du prix des ventes ne peuvent avoir lieu qu'en vertu de décrets, le Conseil consultatif et le Conseil d'Etat entendus.

---

(1) *Décis. minist.* 24 mars 1858.

(2) Par conséquent, après délibération du conseil consultatif placé auprès du gouverneur-général.

Le droit d'approuver les aliénations du domaine des établissements publics proprement dit n'est pas réservé au pouvoir central par le tableau C du décret du 27 octobre 1858. Cependant
l'assimilation des communes et des établissements publics n'est
expressément prononcée par le décret que dans deux paragraphes
du tableau B, pour la vente des produits façonnés provenant des
bois et pour les autorisations de travaux à exécuter sur le sol forestier.

CHAPITRE X.

COLONIES.

SOMMAIRE. — Iles Saint-Pierre et Miquelon. — Mayotte et dépendances. — Pondichéry et districts voisins. — Sénégal. — Guyane française. — Ile de la Réunion.

Deux ordonnances royales, l'une du 12 mai 1859, l'autre du 26 juillet 1833, ont réglé les ventes et concessions de grèves et de terrains dans les îles Saint-Pierre et Miquelon. La première maintenait les concessions faites par les administrateurs de ces îles depuis 1793, mais exigeait des détenteurs la justification de leur droit par-devant le commandant de la colonie : à défaut de justification, la réunion au domaine était prononcée. Du reste, le commandant de Saint-Pierre et Miquelon était autorisé à concéder les grèves « qui pourraient être successivement dans le cas « de la réunion au domaine », « à la charge d'établir le terrain « conformément aux usages du pays et à la charge aussi de re- • tour au domaine à défaut d'établissement dans les deux ans. » La seconde ordonnance compléta cette législation. Les concessions ont pour objet des grèves ou d'autres terrains : il y est pourvu par le commandant de la colonie, en conseil de gouvernement et d'administration, sous la condition expresse de retour au domaine quand le concessionnaire ne remplira pas ses obligations. Les demandes devront être inscrites par ordre de date et de numéros, au greffe de la colonie, sur un registre spécial. Les grèves destinées à sécher le poisson provenant de la pêche, qui resteront sans emploi pendant deux années consécutives sans qu'il y ait une force majeure, seront réunies au domaine : le concessionnaire devra justifier de la force majeure avant l'expiration des deux années. Le commandant est autorisé à concéder en conseil les grèves dont la réunion au domaine aura été prononcée : la nouvelle concession ne pourra avoir lieu avant le premier mai qui suivra l'époque de cette réunion : le titre de cette concession contiendra la mention expresse qu'elle est faite à la charge d'établir la grève conformément aux usages du pays, dans un délai qui sera déterminé par délibération du conseil, et que l'inaccomplissement des obligations en amènera la révocation. S'il existait, au moment de la révocation, quelque établissement sur la grève, le concessionnaire dépossédé aurait le droit de l'enlever, mais sans pouvoir y être contraint par le nouveau concessionnaire : si le premier n'a pas usé de cette faculté dans le mois à partir de la mise en demeure, le second aura le droit de lui rembourser le prix des matériaux et de la main-d'œuvre ou une somme égale à la valeur actuelle de l'établissement. Lorsqu'une grève concédée sera sans emploi, le commandant pourra autoriser celui qui en aurait besoin à s'en servir provisoirement, à charge de la rendre au concessionnaire ou à ses ayants-cause, s'ils se présentaient pour l'occuper avant l'expiration du terme de deux années. Les grèves concédées sont inaliénables et indivisibles. Les héritiers des concessionnaires n'ont pas eux-mêmes le droit d'en jouir, s'ils ne résident dans la colonie et s'ils ne sont d'âge et de sexe à les faire valoir par eux-mêmes : sinon le commandant prononce dans le mois la réunion au domaine. Les concessionnaires sont obligés de faire valoir leurs grèves par eux-mêmes : il leur est interdit de les affermer, à moins que leur titre ne soit antérieur à l'ordonnance du 12 mai 1819. Quant aux terrains autres que les grèves, le commandant peut les concéder après délibération en conseil de gouvernement et d'administration, à la charge par les concessionnaires d'y faire, dans le délai de six mois, les établissements nécessaires : à défaut de l'accomplissement de cette condition, le terrain concédé retourne au domaine. Enfin, si les établissements formés sur un terrain concédé sont détruits par la force majeure, le concessionnaire est tenu de les rétablir dans le délai d'un an : sinon la réunion au domaine est encore prononcée. Nulle part les colons ne sont soumis à un régime aussi dur.

Une ordonnance du 21 octobre 1845 et un décret du 5 mars 1856 ont réglé les concessions de terrains à Mayotte et dans les dépendances de Mayotte. Quelques-unes des dispositions de l'ordonnance ont été abrogées par le décret; l'ordonnance avait organisé tout un système de concessions provisoires et n'autorisait la mise en possession définitive avec droit d'aliénation qu'après un délai de cinq ans dans lequel les terrains devaient avoir été mis en valeur. Le décret rendit définitives toutes les concessions provisoires, mais continua de prohiber toute aliénation avant la complète mise en valeur. Le commandant supérieur de Mayotte est autorisé à faire, en conseil d'administration, des concessions de terres de 400 hectares et au-dessous. Un décret rendu sur le rapport du ministre de la marine statue sur les demandes de concessions au-dessus de 400 hectares. Le littoral de chaque île, sur une profondeur de 80 mètres, à partir du point où croît la première végétation, est déclaré à perpétuité inaliénable; il est fait, de plus, réserve expresse au profit du domaine des mines, houillères, sources minérales qui existeraient dans l'étendue des terrains concédés ainsi que des plaines boisées en cocotiers et en arbres utiles aux constructions; cette réserve ne s'étend pas aux arbres épars non plus qu'aux arbres plantés par les concessionnaires eux-mêmes. L'exploitation de ces mines, houillères, sources et terrains boisés, peut être mise en adjudication pour une durée de cinq à dix ans. Dans ce cas, le concessionnaire du sol, s'il se rend adjudicataire, aura droit à la remise d'un quart sur le prix de l'adjudication, et, à défaut, à l'attribution d'un terrain en dédommagement de celui qui lui aura été enlevé. Les concessions sont soumises à la taxe suivante : 5 fr. par hectare concédé au-dessous de 50 hectares; 10 fr. par hectare concédé au-dessous de 100 hectares; 15 fr. par hectare concédé au-dessous de 200 hectares; 20 fr. par hectare concédé au-dessous de 300 hectares; 25 fr. par hectare concédé au-dessous de 400 hectares et au-dessus. Toute demande de concession doit être accompagnée du plan régulier du terrain à concéder. Le demandeur supportera les frais de ce travail, lors même qu'il ne pourrait être fait que par les soins de l'administration. Le concessionnaire doit, après avoir, au préalable, acquitté le montant de sa taxe, requérir sa mise en possession au bout de trois mois s'il est à la Réunion, et de six mois s'il est en France, à partir de la date de la concession, sous peine de déchéance; la taxe, dans tous les cas, demeure acquise au Trésor. Un titre définitif de propriété est remis au concessionnaire dès son entrée en possession. Enfin les concessionnaires étant depuis plus de trois ans en possession de leurs terres doivent payer un impôt annuel de 1 franc par hectare concédé.

A Pondichéry et dans les districts voisins, les terres sont divisées en cinq classes; une de ces classes forme les terres *adamanon* qui sont cultivées par des laboureurs indigènes. D'après une ordonnance du 7 juin 1828, les détenteurs de ces terres n'exerçaient sur elles qu'un droit de jouissance et le domaine était seul propriétaire. Un décret du 16 janvier 1854 a fait tomber cette réserve d'un droit domanial et déclaré les possesseurs propriétaires incommutables.

Au Sénégal, l'Etat s'est réservé l'exploitation des mines d'or. Il a fait d'assez nombreuses concessions dans le Oualo et dans le Fouta pour encourager la fabrication de l'indigo : il n'est pas rare de voir des concessions de 20 hectares expressément accordées pour la culture des plantes indigofères. « Là comme ailleurs, « dit M. Jules Duval (1), l'administration aime à procéder par con- « cessions provisoires, méthode mauvaise, condamnée par la « raison et par l'expérience. La vente des terres à un prix quel- « conque, le plus faible possible, mais suivi d'une appropriation « définitive, donne seule au colon la sécurité, la liberté d'action, « le sentiment de la propriété, forces morales aussi indispen- « sables à l'agriculture que les forces matérielles. »

L'Etat, sous Louis XIV, accorda gratuitement de vastes con- cessions en Guyane, mais à titre purement provisoire, en écar- tant les hérétiques et les juifs qui portèrent leurs capitaux à Surinam. Le duc de Choiseul jeta les yeux sur la Guyane pour y prendre une revanche du traité de Paris, qui nous faisait perdre la Louisiane et le Canada ; mais il commença par en partager la propriété entre les deux branches de sa famille, à titre de fief héréditaire : cet essai de colonisation coûta la vie à douze mille personnes et trente millions au pays. Malouet fut le premier à réclamer contre le régime des concessions gratuites. « On rede- « mande des concessions de terre dans la Guyane, dit-il dans

(1) *Revue des Deux Mondes*. Livraison du 15 octobre 1858.

« un de ses mémoires ; je propose de les vendre. Les Anglais,
« qui aiment à se rendre raison de leurs usages, disent que la
« concession des terres en Amérique est nuisible au défriche-
« ment, que le plus grand nombre de ceux qui se présentent pour
« obtenir des concessions, n'ayant pas le moyen de les mettre en
« valeur, en privent ceux qui seraient en état d'en tirer un
« meilleur parti ; qu'en vendant à un prix modique les terres à
« défricher, le colon aisé ou celui qui projette des établissements
« n'en peut être empêché par une légère avance qui lui assure
« sa propriété, tandis que l'homme pauvre et stérile est dans
« l'impuissance d'usurper sa place. » Ces raisons n'ont pas
prévalu contre le système des concessions gratuites en Guyane.
De 1817 à 1847, on essaya de fonder un grand établissement
colonial sur les bords de la Mana, mais sans accorder aux
colons la propriété incommutable des terres qu'ils cultivaient :
il fallut renoncer à ce système en 1847, et les noirs, en devenant propriétaires des terrains défrichés par eux, acquirent
soudain des vertus de prévoyance, d'épargne et d'ordre dont
ils paraissaient incapables (1). Enfin le gouvernement français,
en 1857, accorda, sur une étendue de 200,000 hectares, dans
le bassin de l'Approuague, à une compagnie de propriétaires
guyanais, un privilége d'exploitation et d'exploration pendant
cinq ans, sans redevance. Au bout de cette période, les conditions de la colonisation dans cette vaste étendue de terrains
durent être réglées par un contrat définitif entre la compagnie
et l'Etat.

La loi du 30 mai 1854 sur l'exécution de la peine des travaux forcés permet au gouvernement d'accorder aux condamnés des deux sexes qui se sont rendus dignes d'indulgence
par leur bonne conduite, leur travail et leur repentir, des concessions de terrains et la faculté de les cultiver pour leur propre
compte. Ces concessions ne peuvent devenir définitives qu'après
la libération des condamnés. Des concessions provisoires ou
définitives de terrains peuvent encore être faites aux individus
qui ont subi leur peine et qui restent dans la colonie. Ce fut une
erreur longtemps accréditée que la Grande-Bretagne avait dû
la prospérité de quelques-unes de ses colonies à un pareil système ; mais on reconnaît généralement aujourd'hui que cette

(1) V. la *Revue des Deux-Mondes* du 15 septembre 1861.

prospérité date du moment où la population des *convicts* s'est absorbée dans une population de travailleurs libres et de colons honnêtes, seule capable de fonder ou de renouveler une société.

Sous l'ancien régime, la compagnie des Indes orientales reçut de la munificence royale de vastes terrains dans l'île de la Réunion : elle fit alors un grand nombre de concessions : comme l'île est coupée en deux par une chaîne de montagnes, elle divisa les terres concédées en triangles dont la base s'appuyait sur la mer, dont les côtés remontaient, en se rapprochant, les pentes du cône montueux jusqu'au sommet. Deux siècles n'ont pas changé cette bizarre configuration de la propriété.

Un décret colonial du 5 août 1839, sanctionné par le roi le 27 avril 1841, règle la législation domaniale dans l'île de la Réunion. Les terrains domaniaux sont divisés en trois catégories : 1° Terrains inaliénables ; 2° terrains aliénables à titre onéreux ; 3° terrains pouvant être concédés gratuitement. *Terrains inaliénables.* Aucune portion des cinquante pas géométriques réservés sur le littoral ne peut être aliénée. Tous établissements sur cette portion du littoral ne peuvent être autorisés que par simple tolérance, sous la condition du déguerpissement sans indemnité, à la première réquisition du gouverneur. Ces *permis d'établir* obligent le concessionnaire au paiement d'une redevance qui se détermine par la voie des enchères, sauf le cas où il s'agit d'un établissement d'utilité générale. Le propriétaire du fonds limitrophe est néanmoins appelé à user d'un droit de préférence, et l'*adjudication* n'a lieu que s'il refuse d'exercer ce droit; s'il l'exerce, le prix de la redevance est fixé par voie d'expertise. *Terrains aliénables à titre onéreux.* Leur limite a pour point de départ la ligne des pas géométriques et se détermine, du côté des montagnes, par les soins de l'administration, *sous la réserve expresse des droits acquis et des titres de propriété privée.* Deux avis insérés dans les journaux de chaque arrondissement à quinze jours d'intervalle annoncent la vente. L'aliénation a lieu par la voie des enchères au chef-lieu de la colonie pour les immeubles au-dessus de 3,000 francs, au chef-lieu de la commune pour les autres immeubles. Les paiements sont poursuivis en vertu d'une contrainte décernée par l'inspecteur des domaines, rendue exécutoire par le président du tribunal. Les acquéreurs sont déchus de plein droit s'ils ne se sont pas libérés un mois après la signification de la contrainte. *Ter-*

rains aliénables à titre gratuit. Les terrains susceptibles, par leur étendue, de former une commune ou de recevoir une agglomération d'habitants, pourront être concédés gratuitement. Chaque acte de concession déterminera les obligations spéciales des concessionnaires. Néanmoins ceux-ci seront tenus, sous peine de déchéance, d'occuper par eux-mêmes les terrains et d'en commencer l'exploitation dans les six mois de la concession. La concession sera déclarée définitive au bout de quatre ans, si toutes les conditions ont été remplies. L'acquéreur pourra seulement à cette époque disposer directement ou indirectement de son lot à l'égard des tiers.

Aux termes du sénatus-consulte du 3 mai 1854, des décrets impériaux rendus dans la forme des règlements d'administration publique statuent sur les matières domaniales pour la Martinique, la Guadeloupe et la Réunion. Mais cette disposition s'applique simplement aux innovations à introduire dans la législation domaniale des trois colonies. Aujourd'hui les conseils coloniaux n'existent plus, le gouverneur est investi de très-grands pouvoirs; « il représente l'Empereur, dit expressément le « sénatus-consulte, et il est dépositaire de son autorité. » Ce sénatus-consulte, d'autre part, ne dit pas que le conseil général de chacune des trois colonies doive intervenir dans les aliénations à titre onéreux ou à titre gratuit; il se contente d'attribuer au conseil général le droit de donner son avis sur toutes les questions d'intérêt colonial dont la connaissance lui est réservée par les règlements.

APPENDICE.

DE L'ALIÉNATION ET DE LA PRESCRIPTION
DU DOMAINE INTERNATIONAL.

SOMMAIRE. — La convention peut transférer le domaine international. — Droits des puissances étrangères au contrat. — Distinction entre l'obligation de transférer le domaine international et la translation du domaine international. — Modalités. — Enumération des modes de translation. — Le prince a-t-il la faculté d'aliéner le domaine international ? — Examen de la question dans les Etats despotiques; — dans les Etats républicains ; — dans les Etats monarchiques. — Une province abandonnée et démembrée de l'Etat est-elle obligée de recevoir le nouveau maître qu'on veut lui donner ? -- La tradition est-elle nécessaire pour opérer la translation de la propriété internationale? — Une décision arbitrale peut-elle entraîner cette translation ? — De la guerre. — La puissance dépossédée par la guerre est-elle légitimement dépossédée? — Meubles. — Immeubles. — Opinion de Vattel.
De la prescription du domaine international. — Raisonnement de Vattel — Position de la question. — Base de la prescription entre nations. — Abandon volontaire et prescription. — Débat sur la propriété de l'ile Sainte-Lucie. — Conditions de la prescription. — La durée ne saurait en être mesurée. — Comment peut être interrompue la prescription du domaine international.

Ce travail serait incomplet si, après avoir envisagé l'Etat dans ses rapports avec les nationaux, nous n'élevions plus haut notre pensée.

Chaque peuple, envisagé dans ses rapports avec les autres peuples, est propriétaire de son territoire. Comme le droit d'aliénation est le corollaire du droit de propriété, le domaine international peut donc être aliéné. *Si le domaine international peut être aliéné*, l'Etat, acquéreur, a le droit de tirer toute l'utilité possible du territoire acquis et d'y exercer sa souveraineté. C'est là un droit *réel*, *absolu*, qui doit être respecté non-seulement par les parties contractantes, mais encore par les puissances étrangères au contrat.

La convention peut-elle transférer le domaine international ? Oui sans doute, mais elle ne saurait préjudicier aux droits des tiers. Trois puissances se disputent un territoire ; la convention conclue entre deux parties intéressées n'est pas opposable à la troisième. Celle-ci peut acquiescer ; elle peut protester. En avril 1834, la Russie et les Etats-Unis signèrent à Saint-Pétersbourg une convention par laquelle ils stipulèrent qu'il ne serait formé aucun établissement des Etats-Unis au nord du 54ᵈ 40ᶜ de latitude et aucun établissement russe au midi de cette même ligne. La Grande-Bretagne protesta. Il est évident que la convention des Etats-Unis et de la Russie ne pouvait pas avoir fixé la propriété des territoires litigieux à l'égard de la Grande-Bretagne.

Les publicistes distinguent avec raison, dans la sphère du droit international, l'obligation de transférer la propriété et la translation de la propriété.

Supposons qu'une nation s'engage à transmettre une portion de son territoire. Cet engagement ne produit qu'un droit purement personnel et relatif. C'est une convention entre la France et la Belgique, par exemple ; elle a pu demeurer secrète, et quand elle serait devenue publique, il se peut que la Belgique soit mise dans l'impossibilité d'exécuter son obligation. Mais une obligation pèse déjà sur les autres puissances, c'est de ne mettre aucun obstacle aux moyens légitimes que la nation créancière voudrait employer pour forcer la nation débitrice à s'exécuter envers elle.

Supposons encore que la Belgique s'engage envers la France à lui livrer une portion indéterminée de son territoire. Des faits analogues se présentent souvent dans l'histoire du droit international. « On convient ordinairement de faire arrêter les limites « par des ingénieurs communs ; les cessions réciproques qui

« doivent avoir lieu en pareil cas sont des cessions de ter-
« rains qui ne sont fixées que par l'opération de la reconnais-
« sance, et la propriété n'est transférée qu'après que cette re-
« connaissance a eu lieu (1). » Rien n'empêche la nation débitrice de transférer, dans l'intervalle, la propriété de toute la contrée à une tierce nation : il ne restera plus à la nation créancière
qu'une action en indemnité.

Ces obligations sont même quelquefois soumises à l'accomplissement d'un évènement futur et incertain. Prenons pour
exemple l'art. 99 et l'art. 102 de l'acte général du Congrès de
Vienne. Art. 99. « S. M. l'Impératrice Marie-Louise possèdera en
« toute propriété et souveraineté les duchés de Parme, de Plai-
« sance et de Guastalla, à l'exception des districts enclavés dans
« les Etats de S. M. impériale et royale apostolique sur la rive
« gauche du Pô. La *réversibilité* de ces pays sera déterminée de
« commun accord entre les cours d'Autriche, de Russie, de
« France, d'Espagne, d'Angleterre et de Prusse, toutefois ayant
« égard aux droits de reversion de la maison d'Autriche et de
« S. M. le roi de Sardaigne sur lesdits pays. » Art. 102. « Le *cas*
« *de reversion échéant*, le grand duc de Toscane *s'engage à céder*,
« dès qu'il entrera en possession de la principauté de Lucques,
« au duc de Modène, les territoires suivants :

« 1° Les districts toscans de Fivezano, de Pietra Santa et Barga;
« 2° les districts Lucquois de Castiglione et Gallicano, enclavés
« dans les Etats de Modène, ainsi que ceux de Minucciono et de
« Monte Ignose contigus au pays de Massa. »

Dans la sphère des aliénations par la convention, la translation
du domaine international résulte :

1° Des traités *de cession* en général. L'Etat transfère la propriété moyennant un équivalent quelconque. Ce sont les traités
les plus fréquents.

2° Des traités de *vente*. L'Etat transfère la propriété moyennant
un prix en argent.

3° Des traités de *transaction*. Deux peuples terminent une contestation par des concessions réciproques.

4° Des traités d'*échange*.

5° Des traités de *délimitation*.

6° Des traités de *partage*.

(1) Eug. Ortolan.

Si ces traités sont irréguliers, l'aliénation manque de cause et le domaine international n'est pas transféré.

Mais la nation peut-elle s'interdire par une loi fondamentale le pouvoir d'aliéner? On a souvent cité cette phrase de Leibnitz : « *Quod domania regnorum inalienabilia et semper revocabilia di-* « *cuntur, id respectu privatorum intelligitur; nam contra alias* « *gentes divino privilegio opus foret.* » Vattel dit très-bien : « Ce « serait vouloir s'interdire tout contrat avec d'autres peuples ou « prétendre les tromper (1). » Aussi la question n'a-t-elle jamais été douteuse.

Mais ce pouvoir qu'on ne peut guère contester à la nation, on peut le contester au mandataire de la nation. Le prince a-t-il la faculté d'aliéner le domaine international? Dans les états despotiques, il n'est pas douteux qu'il ne puisse l'aliéner, puisque la qualité de prince et celle de *souverain* se confondent en la même personne. M. Eugène Ortolan affirme assez témérairement que *même dans l'ancien temps, les rois de France ne pouvaient valablement aliéner une partie du royaume sans l'approbation des Etats généraux.* Cela pouvait être vrai sous François Ier, puisque les notables de France, à l'occasion du traité de Madrid, déclarèrent après le retour du roi, « que son autorité ne s'étendait point « jusqu'à démembrer la couronne. » Le traité fut déclaré nul, comme étant contraire à la loi fondamentale du royaume. Mais écoutons Vattel : « Aujourd'hui que les Etats généraux ne s'as- « semblent plus en France, le Roi demeure le seul organe de « l'Etat envers les autres puissances; elles sont en droit de « prendre sa volonté pour celle de la France entière, et les ces- « sions que le Roi pourrait leur faire demeureraient valides, en « vertu du consentement tacite par lequel la nation a remis tout « pouvoir entre les mains de son roi, pour traiter avec elles. S'il « en était autrement, on ne pourrait contracter sûrement avec la « couronne de France. Souvent, pour plus de précaution, les « puissances ont demandé que leurs traités fussent enregistrés « au parlement de Paris, mais aujourd'hui cette formalité même « ne paraît plus en usage. » Dans les Etats républicains, les droits du chef du pouvoir exécutif sur la transmission du territoire sont nécessairement limités. Les vrais principes nous semblent avoir été reconnus sur ce point par la constitution de 1848. Art. 43.

(1) Le droit des gens, 1, 21

« Le peuple français délègue le pouvoir exécutif à un citoyen qui « reçoit le titre de Président de la République. » Art. 51. « Il (le « président) ne peut *céder aucune portion du territoire.....* » D'ailleurs, aux termes de l'article 53, aucun traité n'est définitif qu'après l'approbation de l'assemblée nationale. C'est là l'esprit d'une véritable constitution républicaine. Dans les États monarchiques, nous nous trouvons en face de deux systèmes opposés. La constitution de 1791, par exemple, déclare qu'il appartient au corps législatif de ratifier tous les traités; au contraire, d'après l'article 13 de la Charte de 1830, le roi « déclare la guerre, fait « les traités de paix, d'alliance et de commerce. » Néanmoins, même sous l'empire de ce second système, nous croyons qu'aucune cession de territoire, dans un état monarchique, ne peut être raisonnablement consentie par le roi sans le concours de la puissance législative. Un traité, c'est un acte ordinaire de la vie d'un peuple; une aliénation du domaine international, c'est un évènement anormal et prodigieux. Si le premier devoir d'une nation est de se conserver elle-même, comment refuser aux chambres le droit de contrôler les aliénations du domaine international? La vieille Europe le comprenait bien ainsi. Le roi de Pologne jurait : « Je ne diminuerai en rien les limites du royaume « et du grand duché, mais je les défendrai et les étendrai. » Le roi de Hongrie jurait : « Nous n'aliénerons aucune partie du ter- « ritoire; loin de restreindre les frontières, nous les étendrons « autant qu'il sera en notre pouvoir. » Le roi de Bohême jurait : « Je n'aliénerai ni ne donnerai en gage aucune partie du royaume; « mais je chercherai plutôt de tout mon pouvoir à l'accroître et « à l'étendre. »

Mais les anciens publicistes avaient déjà reconnu qu'une province abandonnée et démembrée de l'État n'est pas obligée de recevoir le nouveau maître qu'on voudrait lui donner. Grotius le déclare positivement et dit que, comme les sujets ne peuvent pas dépouiller le roi, malgré lui, de la couronne, lorsqu'ils la lui ont une fois donnée, le roi n'est pas non plus en droit de se substituer un autre souverain sans le consentement de ses sujets. Puffendorff s'en va chercher un exemple jusqu'au temps de l'empereur Jovien et décide qu'en dépit de tous les traités le vainqueur ne devient pas légitime souverain sans le consentement des habitants eux-mêmes. Vattel déclare qu'en pareil cas la résistance est légitime, et cite l'exemple de la Bourgogne repoussant énergiquement le traité de Madrid et menaçant de prendre les armes.

Mais Vattel ajoute avec son bon sens ordinaire : « Il est vrai
« que rarement les sujets sont en état de résister dans ces occa-
« sions, et d'ordinaire, le meilleur parti qu'ils aient à prendre est
« de se soumettre à leur nouveau maître, en faisant leurs condi-
« tions aussi bonnes que possible. »

Une nation peut-elle s'engager à livrer un territoire qui ne lui
appartient pas? C'est là une condition parfaitement valable qui
peut être suivie du paiement d'une indemnité en cas d'inexécution.
En 1662, le roi d'Angleterre vend à la France Dunkerque, qu'il venait de prendre aux Espagnols, mais dont la propriété ne lui était
encore garantie par aucun traité. Il s'oblige, dans ce traité de
vente, à remettre la ville à la France; il y joint une obligation de
garantie : il s'engage à aider pendant deux ans la France à défendre cette ville « en cas qu'il arrivât, durant ledit temps, que
« le roi d'Espagne ou quelqu'autre agresseur voulût la disputer
« à Sa Majesté très-chrétienne. » « C'était reconnaître par là
« même, dit M. Ortolan, que cette convention n'était pas valable
« à l'égard de l'Espagne, et la propriété ne put être considérée
« avoir été acquise à la France qu'après que ces dispositions
« eurent été confirmées par l'aquiescement de l'Espagne dans le
« traité d'Utrecht : jusque-là, il n'y avait qu'une obligation de
« l'Angleterre envers la France. »

Mais entre nations, une fois la convention faite, la tradition,
la prise de possession est-elle nécessaire pour opérer la translation de propriété? Grotius et Puffendorff démontrent que cette
tradition n'est pas nécessaire en pur droit naturel, même quant
à la propriété privée. M. Eugène Ortolan explique très-bien
comment le législateur n'exige un signe extérieur de la translation que dans un intérêt de publicité; que les traités de ce genre
sont toujours connus de toutes les puissances, et que, du reste,
en l'absence de textes, il faut se référer, comme l'a fait Grotius,
aux principes de la raison. Or, le système le plus simple et le plus
raisonnable est à coup sûr celui de la translation par le traité
même en dehors de toute prise de possession. « En pratique,
« enfin, ajoute-t-il, les actes de cessions, d'échanges, de ventes,
« de donations, énoncent ordinairement que la souveraineté
« territoriale est transmise d'une nation à l'autre au moment
« de la ratification du traité, et disposent sur le temps et sur le
« mode quant à la prise de possession. »

L'avènement d'un prince à un second trône ne peut pas absorber une des nations dans l'autre, ni amener, au profit d'un des

deux États, le moindre démembrement du domaine international. Quand la maison de Hanovre succéda à la maison des Stuarts, le Hanovre conserva l'intégrité de son territoire comme sa nationalité. Si le principe contraire a prévalu souvent au moyen-âge, c'est que la notion de l'État et l'idée de la personnalité des nations n'étaient pas descendues des hauteurs de la théorie dans la sphère du droit positif.

Une décision arbitrale peut-elle opérer la translation du domaine international? On pourrait concevoir un tribunal supérieur composé des délégués de toutes les puissances. Ce tribunal siègerait au centre de l'Europe; il prononcerait souverainement sur toutes les contestations entre États pour un partage de territoire ou pour un règlement de limites. L'exécution de ses arrêts serait garantie par la bonne foi du monde civilisé. Si quelque nation cherchait à secouer ce joug salutaire, chaque puissance serait tenue d'envoyer un nombre déterminé de soldats au service du tribunal pour assurer le respect de ses sentences. On comprendrait qu'une action *finium regundorum* fût portée devant un pareil juge, et ce juge pourrait prendre pour délimitation tel arbre, tel rocher, tel ruisseau qui marquerait d'une manière plus fixe ou plus apparente les bornes de chaque propriété. Mais cette juridiction n'existe pas.

Le germe en existe pourtant dans deux grandes institutions : la Diète germanique et le Congrès de Philadelphie. Les États de l'Allemagne doivent soumettre à la Diète leurs différends sur les questions de souveraineté territoriale; en pareille matière, les États de l'Union doivent subir les décisions du Congrès.

Mais les autres nations peuvent se soumettre volontairement à une juridiction arbitrale. Il faut alors que les États donnent aux arbitres le pouvoir d'opérer les adjudications ou les cessions nécessaires. M. Eugène Ortolan remarque que cette plénitude de pouvoirs ne se rencontrera pas souvent dans la pratique. Deux nations ne confieront pas à une tierce puissance le pouvoir de transiger définitivement sur leurs droits; presque toujours elles se réserveront la faculté de ratifier la convention.

Les nations n'ont pas toujours la sagesse de recourir à cette juridiction arbitrale. Alors il faut en venir aux mains. La guerre, « cette procédure entre puissances qui ne reconnaissent pas de « supérieur légitime, » tranchera seule la contestation. Mais la puissance dépossédée par la guerre sera-t-elle légitimement dépossédée?

Vattel se contredit singulièrement quand il avance ces deux propositions : « La guerre fondée sur la justice est un moyen « légitime d'acquérir suivant la loi naturelle (1). Les immeubles, « les terres, les villes, les provinces passent sous la puissance « de l'ennemi qui s'en empare; mais l'acquisition ne se con- « somme, la propriété ne devient stable et parfaite que par le « traité de paix ou l'entière soumission et l'extinction de l'Etat « auquel ces villes appartiennent (2). » Est-ce la guerre? Est-ce le traité?

Quoi! je ne saurais être dépouillé par la violence parce que je suis un individu, et la nation pourrait être dépouillée par la guerre! A l'improviste, un peuple se précipite sur un autre et lui ravit son territoire; ce peuple en deviendrait propriétaire! Un pareil fait a pu fonder un pareil droit!

Vattel se trompe même quand il dit que « la propriété des « choses mobilières est acquise à l'ennemi, du moment qu'elles « sont en sa puissance. » Ce publiciste se réfute lui-même autre part : « Les choses se recouvrent par le droit de *postliminium*, « lorsqu'ayant été prises par l'ennemi, elles retombent sous la « puissance de leur nation. Naturellement, toutes sortes de biens « pourraient se recouvrer par droit de *postliminium* ; et pourvu « qu'on les reconnaisse certainement, il n'y a aucune raison « intrinsèque d'en excepter les biens mobiliers. » Ainsi donc, la nation n'avait pas aliéné : la guerre ne fait pas perdre le droit de propriété sur les meubles. Mais il est vrai que, d'après les usages du droit des gens, on admet pour les meubles une prescription de vingt-quatre heures au bout de laquelle le possesseur acquiert un droit incommutable. Grotius rapporte, d'après de Thou, l'exemple d'une ville de Brabant qui avait été prise et reprise en un même jour. Le butin fait sur les habitants leur fut rendu parce qu'il n'avait pas été vingt-quatre heures entre les mains de l'ennemi. M. Eugène Ortolan voit dans cette prescription une dérogation conventionnelle aux principes, amenée par la difficulé de distinguer et de reconnaître les objets mobiliers, et conforme aux tendances modernes sur l'appropriation des meubles.

Quant aux immeubles, le traité peut seul en fixer la propriété.

(1) III, 13, §. 193.
(2) III, 13, §. 197.

Vattel place à côté du traité la soumission entière de la nation et son extinction. Si ces deux mots ne signifient qu'une seule et même chose, une abdication volontaire de la souveraineté, Vattel a raison. La nation qui abdique consent à voir absorber ses droits de souveraineté territoriale dans ceux d'une autre nation. Mais si le mot *soumission* veut dire simplement la fin de la résistance, Vattel se trompe. Un peuple, brisé par la lutte et qui s'endort un moment, n'aliène pas le domaine international par son silence; il se réveillera pour protester contre une pacification violente qui ne peut rien consacrer. La possession intérimaire n'aura pas engendré le droit de propriété.

L'occupation peut encore avoir un autre effet, dit M. Eugène Ortolan, c'est de servir de *juste cause* pour une transmission ultérieure de la propriété. Nous ne comprenons pas bien cette proposition : comment l'occupation violente peut-elle servir de juste cause à la transmission d'un droit quelconque? La preuve que la guerre n'est pas une juste cause, c'est qu'elle n'entre jamais que comme un élément matériel et non comme un élément juridique dans la transmission du domaine international. En fait, elle détermine le traité; en droit, peu importe qu'on ait fait ou non la guerre.

La prescription, qui s'applique à la propriété privée, peut-elle s'appliquer au domaine international?

Vattel envisage de trop haut la question; il bâtit une sorte de raisonnement syllogistique qui peut se réduire aux termes suivants :

La prescription est de droit naturel;

Or le droit des gens n'est autre chose que l'application du droit naturel aux nations;

Donc la prescription s'applique au domaine international.

Mais Vattel, pour démontrer que la prescription est de droit naturel, enferme ses raisonnements dans la prescription du droit privé; il prouve que la prescription, *quant à la propriété privée*, est de droit naturel; ce qui resterait à démontrer, c'est la légitimité de la prescription entre nations.

Pour résoudre la question, tâchons de la poser nettement; et d'abord écartons l'hypothèse suivante comme étrangère à notre sujet. Une nation conquérante a, par la force des armes, détruit de fait une nation voisine et se l'est incorporée violemment. La nation subjuguée ne peut pas se trouver réunie ou asservie par la prescription. La prescription n'est pas faite pour consacrer le

vol, le brigandage à main armée, les tentatives sanglantes d'extinction des nationalités. « Le peuple, incorporé ou assujetti
« malgré lui, aura le droit incontestable, dès que les évènements
« le lui permettront et quelle que soit la longueur du temps
« écoulé, de reprendre sa nationalité, son indépendance et son
« rang d'égalité entre les autres peuples (1). »

Un auteur pose très-bien le problème en ces termes : « Lors-
« qu'un peuple aura possédé, comme s'il en avait le domaine in-
« ternational, un territoire appartenant véritablement à un autre
« peuple, aura-t-il au bout d'un certain temps de cette posses-
« sion acquis ce territoire, et pourra-t-il justement repousser les
« réclamations du peuple qui voudrait en exiger la restitution en
« prouvant son droit antérieur de propriété? »

Quelle peut être la base de la prescription entre nations ? Est-ce
une présomption d'abandon de la part de l'Etat propriétaire?
Vattel apercevait déjà le vice d'un pareil système; il remarquait
« que le conducteur de la société n'ayant pas ordinairement le
« pouvoir d'aliéner ce qui appartenait à l'Etat, son silence ne
« peut faire préjudice à la nation ou à ses successeurs, quand
« même il suffirait à faire présumer un abandonnement de sa
« part. » M. Eugène Ortolan distingue avec beaucoup de soin les
questions d'abandon volontaire et les questions de prescription. Il cite à ce propos la contestation qui s'est élevée entre la
France et l'Angleterre au sujet de la propriété de l'île Sainte-Lucie,
l'une des Antilles. Les Anglais s'étaient établis dans l'île en 1639 :
traqués, harcelés par les sauvages, ils abandonnèrent l'île en 1640
et restèrent dix ans sans y revenir. En 1630, les Français prirent
possession de l'île et s'en prétendirent propriétaires par droit
d'occupation. Les Anglais soutinrent qu'ils n'étaient point partis
sans esprit de retour, mais au contraire en conservant leur intention et leur droit de propriété. « La question, commme on le
« voit, était une question d'abandon et non de prescription; les
« Français ne prétendaient pas être devenus propriétaires par le
« laps de temps... » Cherchons donc une autre base à la prescription du domaine international.

On ne peut pas davantage asseoir la prescription sur la présomption que tout souvenir et toute trace de conventions inter-

(1) M. Eugène Ortolan.

nationales seraient effacés. Les traités ne se perdent guère. D'ailleurs, au cas même où il serait prouvé qu'aucun titre n'est perdu, la prescription n'en existerait pas moins.

Vattel se rejette sur les raisons utilitaires : « La tranquillité « des peuples, le salut des Etats, le bonheur du genre humain, « ne souffrent point que la possession, l'empire et les autres droits « des nations demeurent incertains, sujets à contestation, et tou- « jours en état d'exciter des guerres sanglantes. Il faut donc ad- « mettre entre les peuples la prescription fondée sur un long « espace de temps. » Mais l'intérêt n'est pas la mesure du droit.

Le travail individuel est le principe de la propriété privée; le travail collectif est le principe de la propriété internationale. L'appropriation, résultat du travail, ne peut s'évanouir en un moment; mais lorsque pendant un certain temps l'individu ou l'Etat, propriétaire, déserte son devoir, abdique son travail, le *droit* se reporte insensiblement sur l'individu ou sur l'Etat possesseur. Prenons l'Etat : il exerce sur ce territoire une action publique et supérieure; il le défend, il le gouverne, il le protège; au bout d'un certain temps, ces actes de possession de peuple à peuple, ces actes de protection, de commandement constituent la propriété internationale.

On peut se demander quelles seront les conditions de cette prescription. Pour pouvoir prescrire, dit l'article 2229 du Code Napoléon, il faut une prescription *à titre de propriétaire*. Cette condition nous semble applicable au domaine international. Les Vénitiens, qui prêtèrent à Henri de Gonzagues, duc de Mantoue, une somme de quatre millions hypothéquée sur la ville de Mantoue, avec garnison dans cette ville pour sûreté de leur créance, n'avaient pas une possession qui pût conduire à la prescription. L'occupation des principautés par l'Autriche ne pouvait pas davantage être une cause d'appropriation pendant la guerre d'Orient. Cette possession de peuple à peuple doit être publique, continue, non interrompue. On appelle ici possession discontinue celle qui, par exemple, n'aurait consisté qu'en des descentes réitérées dans une île pour y faire des chasses, y couper du bois, y prendre quelques produits et se retirer ensuite (1).

Nous pensons que l'occupation militaire ne peut servir à la

(1) M. Eugène Ortolan. *Du domaine international.*

prescription. L'occupation militaire est essentiellement *violente*. La nation qu'on étouffe ne peut pas réclamer. C'est du jour où cessera cette occupation *militaire* que pourra commencer la possession à fin de prescrire.

Nous n'exigerons pas plus de bonne foi dans la prescription du droit international que dans la prescription du droit privé.

Quant à la durée de la possession, elle ne saurait se mesurer sur celle qu'on exige pour l'acquisition de la propriété privée. La vie des nations ne saurait être comparée à celle des individus. Vattel demande *une très-longue* possession. Mais on sent bien qu'il est impossible de rien fixer à ce sujet.

La prescription du domaine international peut être interrompue : 1° par voie de négociation diplomatique; 2° par la guerre; 3° par la reconnaissance; 4° par l'engagement de soumettre la difficulté à un débat diplomatique; 5° par une protestation solennelle, pourvu qu'elle soit faite en face des représentants de la puissance adverse, par exemple, les significations faites autrefois chaque année aux Tartares, par les Moscovites, de leurs prétentions sur la Russie-Blanche et sur certaines provinces aux environs de la mer Caspienne; 6° par des indices de pure forme, lorsque le Polonais, par exemple, mettait son écu sur les armoiries de Bohême et de Hongrie écartelées, en signe de ses prétentions sur ces royaumes. Mais ce dernier point n'est pas admis par tous les publicistes.

TABLE.

APPENDICE.

Beauvais. — Imprimerie d'Ach. DESJARDINS.

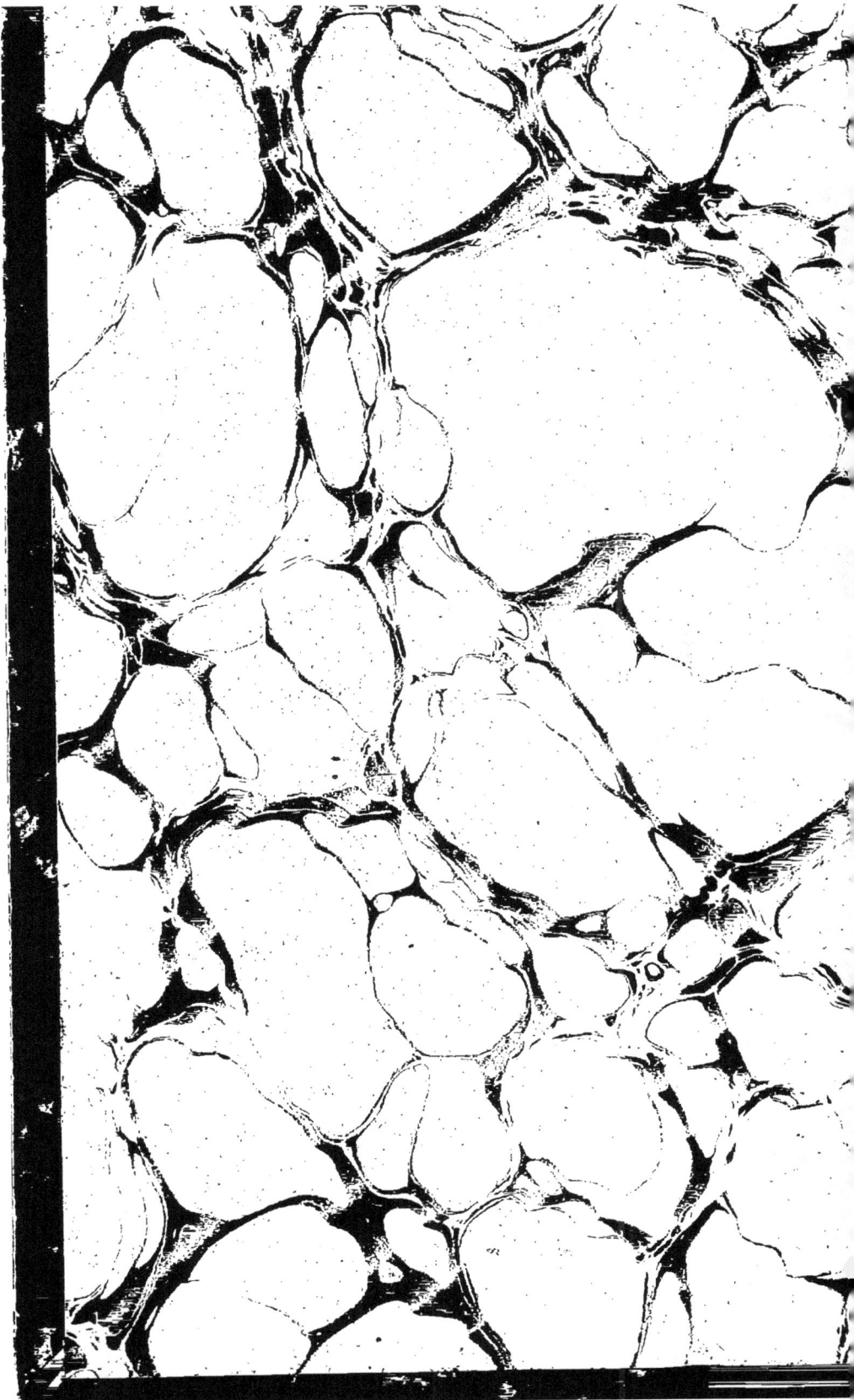